U0478990

想象另一种可能

理
想
国

imaginist

Karen Armstrong

The Great Transformation: The World in the Time of Buddha, Socrates, Confucius and Jeremiah

轴心时代

人类伟大思想传统的开端

[英] 凯伦·阿姆斯特朗 著

孙艳燕 白彦兵 译

上海三联书店

地图审图号：GS（2019）4470号

图书在版编目（CIP）数据

轴心时代：人类伟大思想传统的开端 /（英）凯伦·阿姆斯特朗著；孙艳燕，白彦兵译．—上海：上海三联书店，2019.12（2024.10 重印）

ISBN 978-7-5426-6714-4

Ⅰ．①轴… Ⅱ．①凯… ②孙… ③白… Ⅲ．①思想史—世界 Ⅳ．① B1

中国版本图书馆 CIP 数据核字 (2019) 第 128952 号

著作权合同登记图字：09-2019-210

轴心时代
人类伟大思想传统的开端
[英] 凯伦·阿姆斯特朗 著；孙艳燕，白彦兵 译

责任编辑 / 殷亚平
特约编辑 / 黄　燕　王家胜
装帧设计 / 陆智昌
内文制作 / 陈基胜
责任校对 / 张大伟
责任印制 / 姚　军

出版发行 / 上海三联书店
（200041）中国上海市静安区威海路755号30楼
邮　　箱 / sdxsanlian@sina.com
联系电话 / 编辑部：021-22895517
发行部：021-22895559
印　　刷 / 山东临沂新华印刷物流集团有限责任公司

版　　次 / 2019 年 12 月第 1 版
印　　次 / 2024 年 10 月第 7 次印刷
开　　本 / 965mm × 635mm　1/16
字　　数 / 500千字
印　　张 / 34.5
书　　号 / ISBN 978-7-5426-6714-4/B·637
定　　价 / 98.00元（精装）

如发现印装质量问题，影响阅读，请与印刷厂联系：0539-2925659

目 录

第二部分　开 端

第三部分　辉 煌

第四部分 落 幕

地图与图表

推荐序

人类伟大宗教传统的开端

20 世纪 40 年代末，德国哲学家卡尔 · 雅斯贝尔斯提出的“轴心时代”的命题在国际思想界和学术界产生了巨大反响，并引发了长期而广泛的讨论。本书作者凯伦 · 阿姆斯特朗基于这一重要命题，着眼于古代中国、印度、中东和希腊这四个“非同一般”的地区，对它们哺育出的人类宗教和哲学传统的开端作出了精彩的评述，使读者对中国的儒道思想、印度的印度教和佛教、以色列的一神教，以及希腊的哲学理性主义的初始形成阶段及其社会背景一目了然。该书内容丰富，涵盖面广，且颇具思想深度，加之作者旁征博引、文笔优美、深入浅出，将宏观理论的阐释与对微观事件和人物的细腻描述巧妙结合，因而具有很强的可读性。

当今国际社会冲突不断，其中的宗教因素不可忽视。该书作者通过论述宗教、哲学思想在古代社会中的形成发展过程，深入挖掘了宗教对于战争与和平的特殊意义，展现了古人的灵性智慧，对当代人的和平事业不无启迪。作者对世界、对人类的热爱溢于言表，使本书具有强大的精神感染力。

中国社会在市场经济浪潮的冲刷下，世俗主义甚嚣尘上，物质至上的观念占据了很多人的心灵，对神圣和精神性的追求严重缺失。而人类是必定存在精神需求的。《轴心时代》一书以古鉴今，展示了人类先祖艰辛的灵性探求，更激励人们在当下的社会中反思过往，追求高层次的精神生活。

因此，无论是针对个人层面的修身养性，还是社会层面的治国安邦，该书都具有一定的指导意义。作者充分论述了古代世界四大地区宗教哲学传统的形成，而我们可以从字里行间看出作者对中国古代文化特别喜爱和推崇。读者能够通过阅读本书深入了解人类古代宗教、哲学思想的发展脉络，同时认识到中国传统文化在世界历史长河中的重要地位，这对传承中华民族的文化传统及社会主义精神文明建设非常有利。

目前，国内宗教学界对于各古代宗教初始阶段的研究尚不充分，本书在一定程度上弥补了这方面的缺憾，犹如敞开一扇门，为我们提供了大量研究素材和参考文献，因此具有相当高的学术价值。

高师宁
中国社会科学院世界宗教研究所研究员

前言

人类精神的重大突破

也许每一世代的人们都相信，历史已到了一个转折点，但是我们当下遇到的问题似乎特别难以解决，未来愈发不可预见。我们所面临的许多困境背后隐藏着更深刻的精神危机。在 20 世纪当中，我们目睹暴力以空前的规模爆发。令人悲痛的是，我们彼此伤害的才能已然可与人类非凡的经济和科学进步相媲美。我们似乎缺乏将侵害控制在安全和适度范围之内的智慧。最早的两枚原子弹在日本的广岛和长崎爆炸，在人类现代文明辉煌成就的中心展现出恐怖的自我毁灭。由于我们不再将地球尊为神圣，而仅将其视为一种“资源”，人类面临着环境灾难的危险。除非发生某种能与人类的科技发展相并行的精神变革，否则我们将不太可能拯救这个星球。纯粹理性的教育无济于事。直到付出代价我们才发现，一所杰出的大学可与集中营比邻而居。奥斯维辛、卢旺达、波斯尼亚，以及纽约世贸中心的垮塌，无一不是现实真谛阴郁的显露。这些揭示出，当每个人都是神圣不可侵犯的这种认知丧失之后将会发生什么。

人们认为，宗教是可以帮助我们培养这种态度的，但它却似乎往往投射出我们这个时代的暴力和绝望。几乎每天，我们都能看到由宗教而引发的恐怖主义、仇恨和褊狭。越来越多的人发现传统的宗教教义和宗教实践落后于时代潮流并且令人难以置信，从而转向艺术、音乐、文学、舞蹈、运动甚或毒品，以求得到似乎是人类所需要的超越的体验。当我们比以往更加充分地关注自己的人性时，会感到被来自内心的东西深深触动，在刹那间超越自我而感到欢欣鼓舞，所有人都会追寻这种狂喜和入迷的瞬间。我们是探寻意义的造物。而且，不同于其他动物，如若我们不能在生命中找到意义和价值，便很容易陷入绝望。一些人正在寻找信奉宗教的新途径。自20世纪70年代后期以来，世界许多地区出现了宗教信仰的复兴。我们常称作“基要主义”或“原教旨主义”的好战的虔信只是后现代社会的人们寻求启蒙的一种表现形式。

在现今的困境当中，我相信人们能够找到德国哲学家卡尔·雅斯贝尔斯（Karl Jaspers）所称的“轴心时代”（the Axial Age）* 给予我们的启示，因为它对于人类的精神发展颇为关键。[1] 自大约公元前900年至公元前200年，在世界四个非同一般的地区，延绵不断抚育着人类文明的伟大传统开始形成——中国的儒道思想、印度的印度教和佛教、以色列的一神教，以及希腊的哲学理性主义。这是佛陀、苏格拉底、孔子，以及耶利米、《奥义书》的神秘主义者、孟子和欧里庇得斯生活的时代。在这一具有高度创造力的时期，宗教和哲学天才们为人类开创了一种崭新的体验。他们中的很多人未曾留下姓名，而另一些成为我们的导师，至今仍能使我们心存感动，因为他们教导我们人之为人该有的样子。在人类有文字记载的历史中，轴心时代是在知识、心理、哲学和宗教变革方面最具创造性的时期之一。直至创造现代科学技术的西方大变革发生之前，没有任

---

* “轴心时代”是卡尔·雅斯贝尔斯的著名命题。他认为，公元前800年至公元前200年之间，尤其是公元前500年前后，是人类文明的“轴心时代”。“轴心时代”发生的地区大概是在北纬30度上下，即北纬25度至35度这一区间。这段时期“结束了几千年古代文明”，是人类精神的重大突破时期。——译者注（本书页下脚注，若无特别说明，皆为译者注。以下不再一一标记。）

何历史阶段可与之相提并论。

但是，身处不同境遇中的轴心时代的贤哲们会对我们当下的社会有什么启示呢？我们为何应当向孔子或佛陀求助呢？的确，当我们需要的是创建一种更具创新性的、反映我们自身之社会现实的信仰时，研究那个遥远的年代只不过是人类精神考古的一次演练。而事实上，我们从未超越轴心时代的洞见。当人们历经精神和社会危机之时，往往回溯那段历史以寻求引导。他们或许以种种不同的方式诠释了轴心时代的发现，却从未更胜一筹。例如，拉比犹太教、基督教和伊斯兰教均为轴心时代之后结出的硕果。正如我们将在本书最后一章看到的，这三种宗教传统都重塑了轴心时代的见解，并且奇迹般地赋予其某种地方特色，使它直接适用于它们各自所处的社会环境。

轴心时代的先知、神秘主义者、哲学家和诗人们是如此超前，他们的见解是如此激进，以至于后世的人们往往倾向于将它淡化。在此过程中，人们常常创造出某种宗教虔信，而这却恰恰是轴心时代的改革家们希望摆脱掉的。我认为，这种情况也正发生在现代社会当中。轴心时代的贤哲为我们的时代带来一则重要的信息，而他们的洞见会令当今许多自认为信奉宗教的人感到惊讶甚至震惊。例如，人们往往假定，信仰大概就是相信某些教义命题。的确，人们一般都将信奉宗教的人称作“信徒”，似乎认同那些宗教信条便是他们的主要活动。然而，大多轴心时代的哲人对任何教条或玄学都不感兴趣。像佛陀这样的人对神学信仰漠不关心。一些贤哲甚至断然拒绝探讨神学问题，声称它会分散人的注意力且具有破坏性。另一些人则认为，寻找某种绝对的确定性——这正是很多人都期望宗教能够提供的——是不成熟、不切实际和不恰当的。

在轴心时代得到发展的各种思想传统延展了人类意识的边界，并在其存在之本质当中显现出超验的一面。然而贤哲们未必将其视为超自然的，他们之中的大多数拒绝讨论这个问题。恰恰由于精神体验是不可言喻的，唯一正确的态度就是谦恭地保持沉默。贤哲们当然不会试图将其自身关于终极实在的观点强加于人。与此相反，他们认为，人们永远都不应将任何宗教教条或道听途说的东西接受为信仰。质疑一切并对照个人体验，以经验为依据去检测任何教义，是非常重要的。事实上，正如我们将会看到的，如若一位先知或哲人开始强调那些强制性的教条了，这大抵便是轴心时代已失去其前进动力的征兆。假使有人曾问及佛陀或孔子，他是否信仰上帝，或许他会微微皱起眉头，非常礼貌地说明这并不是一个恰当的问题。假使有人曾问及阿摩司（Amos）或以西结（Ezekiel），他是否是一位"一神论者"，只信仰一个上帝，他或许同样感到困惑。一神论并非问题所在。我们在《圣经》中很少发现明确维护一神论的语句。然而有趣的是，一些强烈支持这类教义的表述实际上却背离了轴心时代的精神实质。

问题的关键并不在于你相信什么，而在于你的行为举止。宗教关乎你所做的事，而这可以深刻地改变一个人。在轴心时代之前，宗教仪式及动物献祭曾处于宗教探求的核心地位。人们在神圣的戏剧性场面中体验神明。正如今天人们所感受到的强烈的戏剧震撼，那些场面引领你进入现实生活的另一层面。轴心时代的贤哲改变了这种状况：他们仍然重视仪式，但赋予了它新的伦理意义上的重要性，并将道德置于精神生活的中心。唯一能与他们所指称的"上帝""涅槃""梵"或"道"相配的是过一种富于同情心的生活。在当时，宗教就是同情。今天，我们在开始接受一种宗教性的生活方式之前，往往假定一个前提，即必须证实"上帝"或"神"（Absolute）是存在的。这是个有益的科学实践：首先确立一个原则，然后才能应用。但轴心时代的贤哲们可能会说，这是本末倒置。首先你应当实践一种道德性的生活；接下来，个人修为和平素的仁爱之心而非理论上的认信，将为你揭示出所要寻求的超越。

这便意味着你必须准备做出改变。轴心时代的贤哲对于训诫他们的弟子以使其得到小小的进步并不感兴趣。在此之后他们可能会带着重新恢复的活力再次回到以自我为中心的平常生活中。贤哲们的目的是创造一种完全不同的人格。所有圣贤都颂扬一种同情和怜悯的精神，他们强调，人必须摒弃自大、贪欲、暴力和冷酷。不仅杀人是错误的，你甚至不应对别人说出一句带有敌意的话，或者做出一个过激的手势。进一步说，几乎所有轴心时代的贤哲都意识到，你不能只对自己的亲友行善，而应当以某种方式将你的关切扩展至整个社会。事实上，一旦人们开始局限自己的视野和同情心，这便是轴心时代即将落幕的另一征兆。每一种思想传统都发展出“己所不欲，勿施于人”这一“金规则”（Golden Rule）* 的独特程式。就轴心时代的贤哲而言，尊重一切生命的神圣权利——而非正统的信条——即是宗教。如若人们怀着善意行事，对其同伴宽大为怀，则有可能拯救这个世界。

我们需要重温轴心时代的这种精神气质。在地球村里，我们不能再固守一种狭隘或排他的视角。我们在生活中的行为举止方面，必须学会将身处遥远国度的人们看得与我们自身同等重要。轴心时代的贤哲并非在田园牧歌式的环境中创造了其富于同情的伦理规范。每一种思想传统都是在与我们所处的社会相类似的境遇中发展起来的，都面临着前所未有的暴力和战乱的痛苦折磨。的确，宗教变革最初的催化剂往往是有原则地对侵略行径进行遏制，这些侵略行径就发生在贤哲身边，为他们所亲历。当轴心时代的哲人着手从精神层面寻索暴力的缘由时，他们洞察自己的内心世界，并开始探究迄今为止人类经验当中尚未被发现的领域。

轴心时代的一致见解昭示了人类共同的精神追求。轴心时代的人们都发现，富于同情的伦理规范卓有成效。这一时期创造出的所有伟大的思想传统一致认同博爱和仁慈的极端重要性。这也告知我们关于人性的一些重要信息。发现我们自身的信仰与他人如此深切

---

* 又译“金科玉律”“黄金法则”“金箴”或“金律”等。

地相合，使我们体验到一种确证。因此，我们在并不背离自身传统的前提下，即能够向他人学习如何在现实生活中提升对同情的特殊追求。

如若不熟悉轴心时代之前的历史，便不能鉴识这一时期的成就。因此，我们有必要了解前轴心时代的古代宗教。它具有某些普遍特征，对于轴心时代非常重要。例如，当时的大多数社会都有对高位神（High God）的早期信仰，通常被称为“苍天神”（Sky God），因为他与天空相关。[2] 由于不为人们所见，他逐渐淡出了人们的宗教意识。一些人说他“消失”了，另一些则认为他被年轻一代更富有活力的神灵以暴力所取代。人们通常在其周围世界和内心之中体验到神圣存在于宇宙万物之中。一些人相信，神明、男人、女人、动物、植物、昆虫和岩石共同分享着神圣的生命。万物均受到维系一切的宇宙苍穹秩序的控制。即便是神明也必须顺从这种秩序，并与人类合作以维护宇宙神圣的能量。如若这些能量得不到更新，世界将会堕入原始的虚空之中。

动物献祭在古代社会是一种普遍的宗教实践活动。这是一种使损耗的能量再生，以维持世界正常运转的方式。人们深信，生与死、创造与毁灭无法解脱地纠缠盘绕在一起。他们意识到，自己能够存活下来是由于其他生物为他们放弃了自己的生命。故而，献祭的牲畜因着自我牺牲而受到人们的尊重。[3] 由于没有这样的死亡便不会有生命，一些人设想，在太初之时，世界是作为一种牺牲的结果而产生的。另一些人则讲述一位创造之神的故事，他杀死了一条龙——无形体和未分化的共同象征——以使世界脱离混沌，带来秩序。当人们在礼拜仪式中重演这些神话事件时，敬拜者感到自己已身处神圣时代之中。他们通常会在展开新计划时上演再现宇宙诞生初始的仪式，给他们脆弱的凡间活动注入神圣的力量。如若不赋予这些活动一种“生命”或“灵魂”，它们便无法持久。[4]

古代宗教依赖于人们所称的永恒哲学，因为它以某种形式存在于大部分前现代文化之中。地球上的每一个人、每一个物体或每一种体验都是复制品——是神圣世界在现实中一个暗淡的影像。[5]因此，神圣世界是人类生活的原型。因为它比地球上的任何事物都更加丰富、强大和持久，人们不顾一切地想要参与进去。在一些土著部族的生活中，永恒哲学至今仍是一个关键要素。例如，相对于物质世界，澳大利亚原住民更为真切地体验到其神圣的黄金时代王国。他们在睡眠或瞬间闪现的幻象中隐约感受着黄金时代，它是永恒并“时时”存在的。它构成了常常被死亡、动迁和无休止的变化所折磨的人们日常生活的永久背景。一个澳大利亚人去打猎时，会极力模仿“原初狩猎者”的行为，以至于感到完全与他融为一体，能够企及他那更为强有力的本体。之后，当这个澳大利亚人脱离那种原始而深沉的精神体验时，他害怕死亡命运的势力会将自己吞没，使他和他所做的一切归于虚无。[6]这也是古人的体验。只有当他们在宗教仪式中效法神灵而抛弃世俗生活中孤独脆弱的个性时，他们才真正存在着。当他们不再仅仅是他们自己，而是再现他人的姿态时，其人性便达到圆满。[7]

人类是极具模仿能力的。[8]我们常常努力对自身的天性加以改进，使其接近于一种理想状态。即便是在当下，我们已然遗弃了永恒哲学，一些人仍盲目地追随时尚的指引，甚至粗暴地对待他们的面容和身形，以迎合对于美丽的流行评判标准。对名人的狂热崇拜说明，我们仍然敬畏那些“超人”形象。有时候，人们竭尽全力观察他们的偶像，在偶像面前体验到一种心醉神迷的提升感。他们模仿偶像的衣着和行为举止。似乎人类天生即趋向于原型和典范。轴心时代的贤哲们将这种灵性发展成更为可信的形式，教导人们探寻内心深处理想的、原型的自我。

轴心时代并非完美。其主要缺点是对女性漠不关心。轴心精神大多在城市环境中产生，由军事力量和富于掠夺性的商业活动所支配，妇女在此则逐渐失去了其在乡村经济中曾经享有的地位。轴心时代的贤哲中没有女性。即使当妇女被允许在新的宗教信仰中发挥积极作用的时候，她们也通常是被边缘化的。并非轴心时代的贤哲们憎恶女性，多数情况下，他们只是没有注意到她们。当贤哲们论及“伟大的或觉醒的人类”时，他们并非意指“男人和女人”——虽然如若受到责问，他们中的大多数也许会承认，女性同样有资格获得解脱。

由于女性问题并不涉及轴心时代的本质，我认为继续讨论这一话题有些离题。每当我试图陈述这个问题，似乎都显得很生硬。我觉得应当对它进行专门研究。轴心时代的贤哲们并非像教会中某些神父那样，彻头彻尾地厌恶女人。他们是那个时代的人，全神贯注于男人们富有挑衅性的行为，以致很少认真考虑有关女性的问题。我们不能刻板地遵从轴心时代的改革家；的确，这样做会从根本上违背轴心时代的精神要旨——它强调，盲目遵从会将人们限制在一种自卑和不成熟的自我当中。我们所能做的是，将轴心时代普遍关切的理念延展到包括女性在内的每一个人。当我们尝试对轴心时代的见解进行再创造时，必须应用现代社会中的最佳理念。

各个轴心民族并非遵循了同样的道路，而是沿着各自的轨迹前进。他们有时获得了在轴心时代完全值得称道的洞见，而后却又放弃了。印度人始终引领着轴心时代前进的步伐。以色列的先知、祭司和历史学家零零星星、断断续续地接近理想，直到公元前 6 世纪被放逐巴比伦，其非凡创造力得到了短暂而激烈地发挥。中国缓慢渐进地发展着，直到公元前 6 世纪晚期，孔子首先发扬了完满的轴心精神。希腊人从一开始便走向与其他民族全然不同的道路。

雅斯贝尔斯以为轴心时代在各个地区发生的时间十分接近，例如他以为佛陀、老子、孔子、墨子和琐罗亚斯德（Zoroaster），都几乎生活在同一时代。但现代的学术成果修正了这种年代测定。目前可以肯定的是，琐罗亚斯德并非生活在公元前 6 世纪，而是早得多。要想确切知道这些社会运动发生的时间是非常困难的，特别是在印度，由于历史不受重视，很少有确切的年代资料被保存下来。现在，多数印度学研究者一致认为，佛陀生活的年代比人们从前料想的晚了整整一个世纪。而与雅斯贝尔斯所假设的不同，道家的圣人老子并非生活在公元前 6 世纪。他不是与孔子和墨子同时代的人，而几乎被确认生活在公元前 3 世纪。我试图追踪最新的学术争论，但目前这类时间大多都是推测，而且可能永远也不会确定无疑地为人们所知。

尽管面临重重困难，我们仍能从轴心时代的总体发展状况中洞察到这一重要典范时期精神演进的历程。我们将按时间顺序追寻这四个轴心民族的发展进程，以及新见解的生根、发展直至高潮，并最终在公元前 3 世纪末期慢慢逝去。然而，这并不是故事的终结。轴心时代的先行者们已经为后人奠定了发展基础。每一代人都设法改造这些原初的洞见，使之适用于他们自身的特殊境况，而这也应是我们当下的任务。

第一部分

酝　酿

第一章

轴心民族

（约公元前 1600 年—公元前 900 年）

一、雅利安文明

尝试实践轴心时代精神的第一个民族是居住在俄罗斯南部大草原的牧人，他们自称为雅利安人。雅利安人并非一个特质鲜明的民族，因此它不是一个表示种族的术语，而是一种自豪的宣示，大意为“高贵的”或“可敬的”，等等。雅利安人是享有共同文化的一些部族的松散联合。由于他们所讲的语言构成了亚洲和欧洲若干语言的基础，故也被称作讲印欧语的人（Indo-Europeans）。他们自公元前 4500 年起居住在高加索大草原，但是到公元前第三个千年的中叶，某些部族开始离开家乡向远方游走，直至今天的希腊、意大利、斯堪的纳维亚和德国。与此同时，那些留在大草原上的雅利安人逐渐分散开来，成为两个操着不同形式原始印欧语言的独立民族。其中一支使用阿维斯陀方言（Avestan dialect），另一支使用古代梵语。然而他们能够保持联系，因为在这一时期他们的语言仍十分相近，而且直到公元前 1500 年左右，他们继续相安无事地生活在一起，拥有同样的文化和宗教传统。[1]

这是一种宁静的定居生活。雅利安人不能走得太远，因为马匹还没有受到驯养，所以他们的视野被大草原限制住了。他们耕种土地，牧养绵羊、山羊和猪，珍视稳定和连续性。他们并非尚武的民族，除了为数不多的几次内部的或是与敌对族群之间发生的小冲突之外，他们没有敌人，也没有征服新领地的野心。他们的宗教朴素而平和。如同其他古代民族一样，雅利安人在内心深处，以及在他们看到、听到和触摸到的万物当中体验到一种无形的力量。暴雨、狂风、树木与江河都不是无人格、无意识的现象。雅利安人感受到与它们的亲和关系，并将其尊为神圣。人类、神灵、动物、植物以及自然力，都是同一神圣"精神"的表现形式，阿维斯陀语将它称作"mainyu"，而梵语则称其为"manya"。这种精神鼓舞、支持着雅利安人，并将他们凝聚在一起。

众神体系

随着时间的流逝，雅利安人发展出了更加有条理的众神体系。起初，他们崇拜一位被称作"Dyaus Pitr"的苍天神作为创世者。[2]然而，正如其他高位神那样，"Dyaus"是如此遥不可及，以致最终被一些更易为人们亲近的神灵所取代，而它们全都与自然和宇宙之力融为一体。伐楼拿（Varuna）维护宇宙的秩序，密特拉（Mithra）是风暴、雷电和赋予生命的雨露之神，正义和智慧之神马兹达（Mazda）与太阳和星宿相关联。神圣的武士因陀罗（Indra）与一条叫作布利陀罗（Vritra）的长着三个头的龙搏斗，使混乱中的世界恢复秩序。对于文明社会至关紧要的火也是一位神灵，雅利安人将他称为阿耆尼（Agni）。阿耆尼不仅仅是火的神圣守护者，他就是在每一个炉膛中燃烧的火。甚至激发雅利安诗人灵感的、能够引起人幻觉的植物也是一位神灵，在阿维斯陀语中被称为豪麻（Haoma），在梵语中被称为苏摩（Soma）。他是一位神圣的祭司，保护人们免于饥荒，并看顾他们的牲畜。

讲阿维斯陀语的雅利安人将他们的神灵称作迪弗（daevas，“闪光者”）和阿梅沙（amesha，“不朽者”）。在梵语中，这些术语变成迪弗（devas）和甘露（amrita）。[3] 然而，这些神圣者都不是我们今天通常所称的“神”。他们并非全能，对宇宙也没有终极的控制。像人类和所有自然力一样，他们必须服从将天地万物结合在一起的神圣秩序。由于这一秩序，季节及时更替，雨水适时落下，庄稼每年按指定的月份生长。讲阿维斯陀语的雅利安人将这种秩序称为天则（asha），而讲梵语者则称之为梨多（rita）。它使生命成为可能，使万物各得其所，并界定是非对错。

人类社会同样依赖这一神圣秩序。人们必须制订关于草场分配、放牧、婚姻及物品交易等方面的牢固而有约束力的契约。将“天则”和“梨多”译为现代社会的名词，即表示忠诚、真理和敬重，它们是由秩序的护卫者伐楼拿和他的助手密特拉体现出来的理念。这些神灵监督所有经由庄严的誓约而确证的盟约协定。雅利安人十分重视口头语言。像其他所有现象一样，言语也是一位神灵，即迪弗。雅利安人的宗教并不是非常形象化的。据我们所知，雅利安人并没有制作神灵的肖像。他们发现，倾听反而能使他们接近神圣。一首赞美诗除了含义之外，它的声音本身即是圣洁的；即使是一个单一的音节也可将神圣的意义浓缩其中。与此相类似，一句誓言一旦被说出来，便具有永恒的约束力，而一句谎言则绝对是邪恶的，因为它滥用了话语世界中特有的神圣权威。[4] 雅利安人从来也没有丧失这种对纯粹真实的热爱。

雅利安献祭

雅利安人每天都向他们的神灵献祭，以补充神灵们为了维持世界秩序而消耗的能量。其中的一些仪式是非常简朴的。献祭者会将一把谷物、凝乳或燃料投入火中，滋养火神阿耆尼，或者将苏摩草的茎捣碎，把浆汁献给水女神，制成一种神圣的酒水。雅利安人也献祭牲畜。他们种植的庄稼不足以维持生计，因而杀生便是不得已而发生的悲剧。但雅利安人只食用根据仪式被人道地屠宰的肉类。当一头牲畜在仪式上被献给神灵的时候，它的灵魂并未消失，而是回归家畜的原型“Geush Urvan”（意为“公牛的灵魂”）。雅利安人感到与他们的牲畜非常亲密。食用未曾献祭过的牲畜的肉是有罪的，因为世俗的屠宰会将其永久地消灭，这样就亵渎了使一切生灵都具有亲缘关系的神圣生命。[5]同样的，雅利安人从来没有彻底丧失与他人共同分享的这种对于“灵魂”谦恭的敬重，而这将成为其轴心时代一条至关重要的原则。

剥夺任何生命都是可怕的行为，不能轻率地采取这种行动，献祭仪式迫使雅利安人正视这一残酷的生存法则。献祭成为并一直是雅利安文化的有机象征，雅利安人据此解释世界和他们所处的社会。他们相信，宇宙自身即起源于献祭。据说，起初遵照神圣秩序工作的神灵经由七个步骤创造了世界。首先，他们创造了天，它由一块类似圆形贝壳的巨石制成；然后是地，如同一个扁平的盘子靠在聚拢在贝壳底的水边。在地的中心，神灵安置了三个生物：一株植物、一头公牛和一个人。最后，神灵创造了阿耆尼——火。但起先一切都是静止的、没有生命的，直到神灵进行了三次献祭——碾碎了植物，杀死了公牛和人——世界才变得生机勃勃。太阳开始在空中运行，确立了季节的更替，三个供献祭的牺牲者产生出了各自的后代。花卉、农作物和树木萌芽于化为浆汁的植物，动物来自公牛的尸体，而第一个人的遗体孕育了人类。雅利安人始终认为献祭是具有创造性的。通过反思这样的仪式，他们意识到，自己的生命依赖于其他生灵的死亡。三个原型生物放弃了他们的生命，因而其他生物才有了生存的可能。如果没有自我牺牲，便不会有物质或精神上的进步。[6]这也成为轴心时代的原则之一。

雅利安人没有精致的神殿和庙宇。献祭在户外一小块平坦的土地上进行，以一条犁沟与人们居住的区域分割。七个原始的被造物都在这里象征性地得以体现：土地象征地，水在器皿中，火在炉膛中燃烧；燧石刀代表石制的天空，被碾碎的苏摩草茎代表植物，献祭的牲畜代表公牛，第一个人由祭司体现。而人们认为神灵也会到场。擅长在礼拜仪式上吟诵圣歌的赞诵祭司（hotr），会唱一首赞美诗召唤众迪弗参加盛筵。众神进入圣地之后坐在播撒于祭坛周围刚刚割下的青草上，倾听赞诵圣歌。由于这些有灵的声音本身就是神，当歌声弥漫在空气中并进入众人意识里的时候，人们感到被神力所围绕并受其鼓舞。最后，原始的献祭再现了。家畜被宰杀，苏摩草被碾碎，祭司将挑选出的献祭牲畜的精华部分放到火上，因此阿耆尼可以将它们转送到神灵之地。仪式以圣餐礼作为结束，祭司和仪式的参加者与众神分享祭餐，食用祭祀过的兽肉并饮用令人陶醉的苏摩酒，这样似乎可以把他们提升至生命的另一个维度。[7]

献祭也会带来实际利益。仪式由族群中的一名成员作为施主，他希望那些答应其邀请并出席献祭仪式的迪弗将来会帮助他。如同任何热情好客的举动，献祭仪式使神灵负有偿还的责任，赞诵祭司时常提醒他们保护施主的家庭、庄稼和牧群。献祭同时提高了其施主在族群中的名望。现在他的客人像神灵一样欠了他的情，通过为盛筵提供家畜并送给司祭优厚的礼品，他向众人表明，他是一个有资产的人。[8]宗教的利益完全是物质上的、关乎此世的。人们希望神灵供给他们家畜、财富和安全保障。起初，雅利安人并不对死后生活心怀盼望，但是到了公元前第二个千年的末期，一些人开始相信，曾经主办过多次献祭的富人死后可能会在天上加入神灵的行列。[9]

当雅利安人发现了新式技术之后，这种节奏缓慢的平静生活便终止了。大约在公元前 1500 年，他们开始与高加索以南更发达的美索不达米亚和亚美尼亚地区开展贸易往来。他们向亚美尼亚人学习制作青铜武器，并发现了运输的新方法：起初他们得到了牛拉的木车，后来则是战车。一旦学会如何驯服大草原上的野马并把它们套在战车上，他们便体验到了迁移的乐趣，生活从此改变。雅利安人已经成为战士，他们现在能够快速地进行长途旅行，能以精良的武器对邻近部族发动闪电般的袭击，夺取牲口和庄稼。这样做比从事畜牧业要更惊心动魄、有利可图。一些较年轻的男子充当了南方王国军队的雇佣兵，成为战车作战的行家里手。当他们回到大草原的时候，便利用其新本领，开始偷盗邻居的牲口。他们杀戮、抢劫，四处掠夺,吓坏了那些更保守的雅利安人。他们不知所措,惊恐万状，彻底陷入混乱，感到自己的生活被完全颠覆了。

暴力升级了，这在大草原上是前所未有的。即使是比较传统的、仅仅希望能够独处的部族，也不得不掌握新的军事技术以保护自己。一个英雄时代拉开了帷幕。权力是正当的，族长们聚敛财物和荣誉，游吟诗人颂扬侵略、蛮勇和军事威力。古老的雅利安宗教曾经劝诫人们互利互惠、自我牺牲，以及对动物的友善，而这对那些偷窃牲畜的盗贼来说已不再具有吸引力。他们心中的英雄是精力充沛的因陀罗，他杀死了巨龙，驾着战车行驶在天上的云层中。[10] 因陀罗如今是那些劫掠行凶者所立志追求的神圣典范。“英雄们骑着高贵的战马，渴望战斗，经过精心选拔的勇士们邀我一同作战，”他喊道，“我，慷慨的因陀罗，引发冲突，激起混乱，是卓越的活力之王！”[11] 雅利安牛仔们在搏斗、杀戮、抢劫的时候，感到自己是与因陀罗和好斗的迪弗们在一起，为因陀罗和迪弗们通过武力建立了世界秩序而自豪。

琐罗亚斯德

但是，那些更传统的、讲阿维斯陀语的雅利安人被因陀罗赤裸裸的侵略所震骇，并开始怀疑迪弗。他们都是暴虐和邪恶的吗？地上发生的事件往往反映了天上的事件，因此，他们推论，这些可怕的袭击必定有其神圣的原型。以因陀罗的名义作战的偷窃牲畜的盗贼必然是他在俗世中的同类。但谁是在天上发动侵袭的迪弗呢？最重要的神灵——如“秩序的守护者”伐楼拿、马兹达和密特拉都被尊称为“主”，即阿胡拉（ahura）。或许正是象征正义和真理、尊重生命和财产的爱好和平的阿胡拉们，经受着因陀罗和那些更好斗的迪弗的攻击？至少这是一位具有远见卓识的祭司的观点。这位祭司在大约公元前1200年声称，阿胡拉·马兹达（Ahura Mazda）委托他来恢复大草原的秩序。[12] 他的名字是琐罗亚斯德。

当这位新先知领受这一神圣的天职之时，大约30岁，并对雅利安信仰坚定不移。他大概从7岁起便开始学习如何成为一名祭司，而且专心致志地钻研传统，以便能在祭祀仪式中为神灵即席演唱圣歌。然而，琐罗亚斯德被袭抢牲畜的行为深深地搅扰了。在完成学业之后，他与其他祭司进行磋商，并在宗教仪式中沉思冥想，以求解决问题之法。在主持庆祝春季节日的仪式期间，一天拂晓，琐罗亚斯德到河边打水，以备当天祭祀之用。他蹚水到河里，把自己浸入纯净的水中。当他浮出水面的时候，看到一个闪光体立于河堤。他告诉琐罗亚斯德，他的名字是“Vohu Manah”（“善思”）。当他确知琐罗亚斯德本人的美好意向时，他让琐罗亚斯德来到阿胡拉中最伟大的一位——马兹达的面前，他是智慧和正义之主，由七位光芒四射的神灵随从围绕着。他吩咐琐罗亚斯德动员他的人民，投入一场反对恐怖和暴行的圣战。[13] 这段传说由于应许了一个崭新的开端而著名。一个前所未有的新时代泛出曙光：每个人必须作出抉择，神灵也是如此——他们是站在秩序一边，还是站在邪恶一边？

琐罗亚斯德的幻象使他确信，马兹达神不仅仅是伟大的阿胡拉中的一个，而且是至上神。对于琐罗亚斯德和他的追随者来说，马兹达不再是内在于自然世界的，而是已经超越并不同于任何其他神祇。[14] 这与一神论不尽相同，并不是只信仰一个单一的、独一无二的神。马兹达的七个光芒四射的随从——神圣的不朽者（Holy Immortals）——也是神，每一个都表现了马兹达的一个属性，同时又以传统的方式与七个原始造物相关联。然而，在琐罗亚斯德的幻象中也存在一神论的倾向。马兹达神创造了神圣的不朽者；他们与马兹达具有“同一个精神，同一个声音，同一个行动”。[15] 马兹达并非唯一的神，但却是第一个神。琐罗亚斯德或许是通过默想创世传说产生这个观点的，传说中称太初有一株植物、一只动物和一个人。因此，最初只有一个神才合理。[16]

但是，琐罗亚斯德对神学思考本身不感兴趣。他潜心关注破坏草原安宁的暴虐行为，并急切地寻求令其结束的方法。《伽萨》（*Gathas*）——琐罗亚斯德得到灵感而作的 17 首赞美诗，充满忧心如焚的脆弱、无力和恐惧。“呵，马兹达！我明白我为什么那样软弱无力，”先知喊道，“我的财产微不足道，我的亲朋好友寥寥无几。”他的部族被“为破坏生活而迫使人们弃善从恶的”劫掠行凶者恐吓。在邪恶的因陀罗的命令之下，冷酷的武士突袭那些热爱和平、遵纪守法的部族。他们摧残和劫掠了一个又一个部族的居住地，杀死村民，夺走他们的牛群。[17] 劫掠者认为他们是英雄，与因陀罗并肩作战，但《伽萨》给我们展示出其受害者是如何看待这一英雄时代的。甚至连牛都向马兹达神抱怨：“造出我来干什么？创造我的又是谁？欺压、残酷、暴虐和专横令我难以忍受！”当马兹达神答复她，雅利安人中唯一倾听他教导的人——琐罗亚斯德将是她的保护者时，她不以为然。琐罗亚斯德有什么用？她需要一个更有力的帮手。《伽萨》为正义而呐喊。神圣的不朽者、天则的守护者在哪里？马兹达神何时才会为我们解除痛苦？[18]

人民的痛苦和无助使琐罗亚斯德受到了震动，令他进入一种分裂的、矛盾冲突的幻象中。世界似乎两极分化了，分裂为两个无法和解的阵营。由于因陀罗和那些劫掠牲畜的人与马兹达神没有任何共同之处，他们必然忠诚于一个不同的阿胡拉。琐罗亚斯德断定，如果存在一个向善的神圣源泉，必定同时存在一个邪恶的神，鼓动了那些劫掠行凶者的残暴行径。琐罗亚斯德认为这个敌对的神灵阿赫里曼（Angra Mainyu）与马兹达神的威力相当，却是他的对手。

起初，存在着“两个原始的孪生神灵，他们注定会互相冲突”。他们各自作出了一个选择。恶灵把自己的命运同多罗格（druj）——谎言欺诈连在了一起，并且是邪恶的缩影。他是天则和一切正义及真实之物的永恒敌人。但是马兹达神选择了善良并创造了神圣的不朽者和人类作为他的同盟者。现在，每一个男人、女人和孩童必须在天则与多罗格之间作出同样的选择。[19]

雅利安人世世代代崇拜因陀罗和其他迪弗，但现在琐罗亚斯德断定，迪弗必然已决心与恶灵一道作战。[20]那些劫掠牲畜的人是他们在俗世的同类。大草原上空前的暴力促使琐罗亚斯德将古老的雅利安众神划分为两个敌对的集团。善良的男女必须不再向因陀罗和迪弗献祭，不应邀请他们来到神圣的领地。相反，他们必须完全献身于马兹达神、神圣的不朽者和其他阿胡拉，唯有他们能带来和平、正义和安全。迪弗及其邪恶的追随者——那些劫掠牲畜的人，应当全部被击败和消灭。[21]

生活的全部如今变成了战场，每个人在其中都担负一项任务。甚至妇女和奴仆也可以作出重要的贡献。曾经管理宗教仪式的古老而纯粹的律法，如今被赋予了新的意义。马兹达神曾为他的追随者们创造了一个绝对纯洁和完美的世界，但是恶灵侵入尘世，并使其充满了罪恶、暴力、谎言、混乱、肮脏、疾病、死亡和腐朽。善良的男男女女因此应使他们当前的环境免除污秽和腐败。通过隔离纯洁与污秽、善良与邪恶，他们会为马兹达神解放这个世界。[22]人们每天必须祈祷五次。冬天是迪弗占优势的季节，因此在这段时间内，所有善良的人必须通过默想多罗格的危害来阻遏他们的势力。人们必须在夜间邪灵悄悄潜入尘世之时起身，将熏香投入火中，以激励阿耆尼在战争中打败邪恶。[23]

然而，战斗不会永久持续下去。在古老而安宁的世界里，生命似乎是轮转循环的：季节更替，日夜往复，播种之后迎来收获。但琐罗亚斯德不再信仰这些自然的律动。世界正向着灾难急速狂奔。

琐罗亚斯德和他的追随者们生活在一场猛烈的宇宙冲突之“有限时间”里，但他们很快就会见证良善的最终胜利和黑暗势力的毁灭。经历一场恶战之后，马兹达神和诸神会下至尘世并献祭。这里会进行一次伟大的审判。邪恶的人将被从凡间清除，一条炽热的河流向阴间，烧毁恶灵。于是宇宙将恢复其最初的完美。山峦河谷夷为一片巨大的平原，神灵和人类在那里共同生活，永远敬拜马兹达神。那里再也不会有死亡。人类会像神一样，脱离疾病、衰老和必死的命运。[24]

我们今天很熟悉这类预示世界末日的描述，但这在琐罗亚斯德之前的古代社会却从来没有过。它来自琐罗亚斯德对其人民所遭受苦难的愤慨和对正义的渴望。他希望邪恶的人因其对善良、无辜的人造成的痛苦而受到惩罚。然而随着时间的流逝，他开始意识到，他不会活着看到最后审判日了。另一个超凡的人将在他之后到来，他是位“出类拔萃的超人”。[25]《伽萨》称他为苏什扬特（Saoshyant，“赐予恩惠者”）。他将取代琐罗亚斯德，率领马兹达神的军队进行最后的战斗。

几个世纪之后，当轴心时代开始时，哲人、先知和神秘主义者都试图通过宣传一种基于非暴力的精神，去反对他们所处时代的残酷和侵略行径。但是，琐罗亚斯德遭受精神创伤之后的见解及其对烧杀抢掠的描述，都是复仇性的。他的经历提醒我们，政治动荡、暴行和痛苦不会必然产生轴心风格的信仰，但却能激发一种富于战斗精神的虔诚，它把复杂的现实过于单纯地分为善与恶。琐罗亚斯德的幻象具有强烈的竞争性。我们将会看到，“竞争”（agon）是古代宗教的共同特征。琐罗亚斯德将一场善与恶在宇宙中的竞争置于其预言的中心地位。就这一点来说，他属于古老的精神世界。他将那个时代的暴力投射为神圣并使其绝对化。

但是，在琐罗亚斯德那充满热情的伦理观中，他确实期盼着轴心时代的到来。他尝试将一些道德成分引入新的武士精神。真正的英雄不会恐吓他们的同伴，而是努力反击侵略。神圣的武士献身于和平，那些选择为马兹达神而战的人坚韧不拔、遵守纪律、英勇无畏，会毫不犹豫地保卫一切善良的生灵，抵御邪恶势力的袭击。[26]秩序（天则）的捍卫者（ashavans，向善者）必须效法诸神看顾环境。例如，在河堤向琐罗亚斯德显现的“善思”是母牛的守护者，向善者应当以他为榜样，而不是仿效劫掠行凶者，把牲畜从牧场驱赶出来，拴在车上，杀死它们，不经仪式就把它们吃掉。[27]“善治”（Good Dominion）——神圣正义的化身，是石天的保护者，因此向善者应当只运用他们的石制武器去保卫穷人和弱者。[28]当琐罗亚斯德教徒保护脆弱的人民，细心照管他们的牲口，并净化他们的自然环境时，他们成为诸神的同伴，并加入诸神打击恶灵的斗争。

尽管琐罗亚斯德的观点以古老的雅利安传统为基础，但他的预言激起了强烈的反对。人们认为它过于苛刻；一些人被他对妇女和农民所做的说教，以及所有人——而不仅是社会精英——都能到达天堂的信仰所震惊。许多人可能都因他对迪弗的否定而感到不安：因陀罗会报复吗？[29]在对他自己的部族传道多年之后，琐罗亚斯德只得到一名皈依者，因此他离开了自己的村庄，在维斯塔巴（Vishtaspa）找到了一位支持者。这位支持者是另一个部族的首领，在他的领地确立了琐罗亚斯德的信仰。琐罗亚斯德在维斯塔巴居住了很多年，与邪恶势力进行了英勇的斗争，最终受到暴力袭击而痛苦地死去。依照一种传说，他被反对他的祭司杀害，他们被他排斥古老宗教的言行所激怒。我们对琐罗亚斯德死后的祆教*历史一无所知。到公元前第二个千年末期，讲阿维斯陀语的雅利安人向南迁移，定居在伊朗东部。在那里，祆教成为国教。它一直是个以伊朗为主的宗教。奇怪的是，正是琐罗亚斯德曾经谴责的偷窃牲畜的雅利安

* 即琐罗亚斯德教、拜火教。

盗贼，最终创建了轴心时代第一个稳固的宗教，并以戒杀——非暴力为主要原则。

二、雅利安人的迁徙

当一部分讲梵语的雅利安人给大草原带来浩劫之时，另一部分雅利安人开始南迁，成群结队地穿过阿富汗，最终在旁遮普（Punjab）这片被印度河众支流环抱的肥沃土地上定居。他们把新的家园称作萨普塔天竺（Sapta-Sindhu），意为“七河之地”（Land of the Seven Rivers）。对于雅利安人在印度的定居，存在很多争论。[30] 一些学者甚至否认曾经发生过此事，他们认为是印度土著居民创造了这一时期在旁遮普发展起来的文明。雅利安人在这段印度早期的历史上没有留下任何考古遗迹。他们经常迁移，在野外或临时露营地居住。我们掌握的唯一原始资料是宗教仪式的经文，用梵语撰写，被收集在一起合称为《吠陀》（Vedas，意为“知识”）。《吠陀》的语言与阿维斯陀语如此相似，它的文化前提与《伽萨》如此接近，几乎可以确定它是一部雅利安典籍。现今的大部分历史学家都认可，在公元前第二个千年之中，来自大草原的雅利安各部落确实在印度河谷拓殖。但它既不是人口的大规模迁移，也非军事入侵。这里没有搏斗、抵抗或大规模破坏的痕迹。相反，在一段相当长的时间里，或许曾有不同的雅利安群体向这个区域进行了持续的渗透。

印度河谷文明

当第一批雅利安人到达这里时，他们可能看到了先前印度河流域文明 * 的遗迹。[31] 这个古老的印度帝国在其国力最盛、最兴旺发达

* 亦称印度河文明，或哈拉帕文化，是印度次大陆青铜时代城市文明，起止时间约为公元前 2500 年至公元前 1750 年，其遗址中摩亨佐—达罗和哈拉帕的规模最大。

的时期（约公元前 2300 年—公元前 2000 年），比埃及或美索不达米亚更为庞大。它拥有两个令人叹为观止的重要城市：位于现代信德（Sind）的摩亨佐—达罗（Mohenjo-Daro），以及向东大约 250 英里的哈拉帕（Harappa）。但另外几百座较小的城镇也被发掘出来，它们沿着印度河绵延了 800 英里，又沿着阿拉伯海岸延伸了 800 英里，都是按照相同的网格形式建造的。印度河谷文明曾经拥有一个完善而强大的贸易网络，它向美索不达米亚出口金、铜、木材、象牙和棉花，进口青铜、锡、银、天青石和皂石。

遗憾的是，我们对哈拉帕和他们的宗教几乎一无所知，尽管某些诱人的线索显示，一些在轴心时代之后变得非常重要的宗教崇拜仪式可能源于印度河谷文明。考古学家曾经找到母亲神（Mother Goddess）的小雕像、石制的男性生殖器雕塑以及三个印章，上面画有被动物包围的坐像，看上去像是瑜伽的姿态。这是湿婆（Shiva）神吗？在正统的印度教中，湿婆是动物之主，也是一个伟大的瑜伽修行者，但他不是雅利安人的神，也从未在梵语《吠陀经》中被提及。由于缺乏确凿的证据，我们不能证实这种连续性。当第一批雅利安人到达这个地区的时候，哈拉帕帝国实际上已经消失了，但在那些荒废的城市里可能还有一些散居者。或许存在重叠和交流的情况，而且一些雅利安人也可能接受了当地宗教信仰的要素，并与他们自己的宗教信仰结合起来。

雅利安移民并不向往重建古老的城市并使帝国复活。在迁移过程中，他们始终轻视安全的定居生活，并选择了瑜伽（yoga）——在发动袭击之始将马匹“连接”（yoking）到战车上。与琐罗亚斯德不同，他们对宁静、和平的生活不感兴趣。他们热爱自己的战车和有力的青铜剑；他们是牧人，靠窃取邻居的家畜谋生。由于他们的生活依赖于偷盗牲畜，这便不仅仅是娱乐消遣，同时也是一种神圣的活动，宗教仪式为它注入了神圣的力量。印度雅利安人需要一种充满生气的宗教；他们的英雄是艰苦跋涉和驾驭战车的斗士。他们

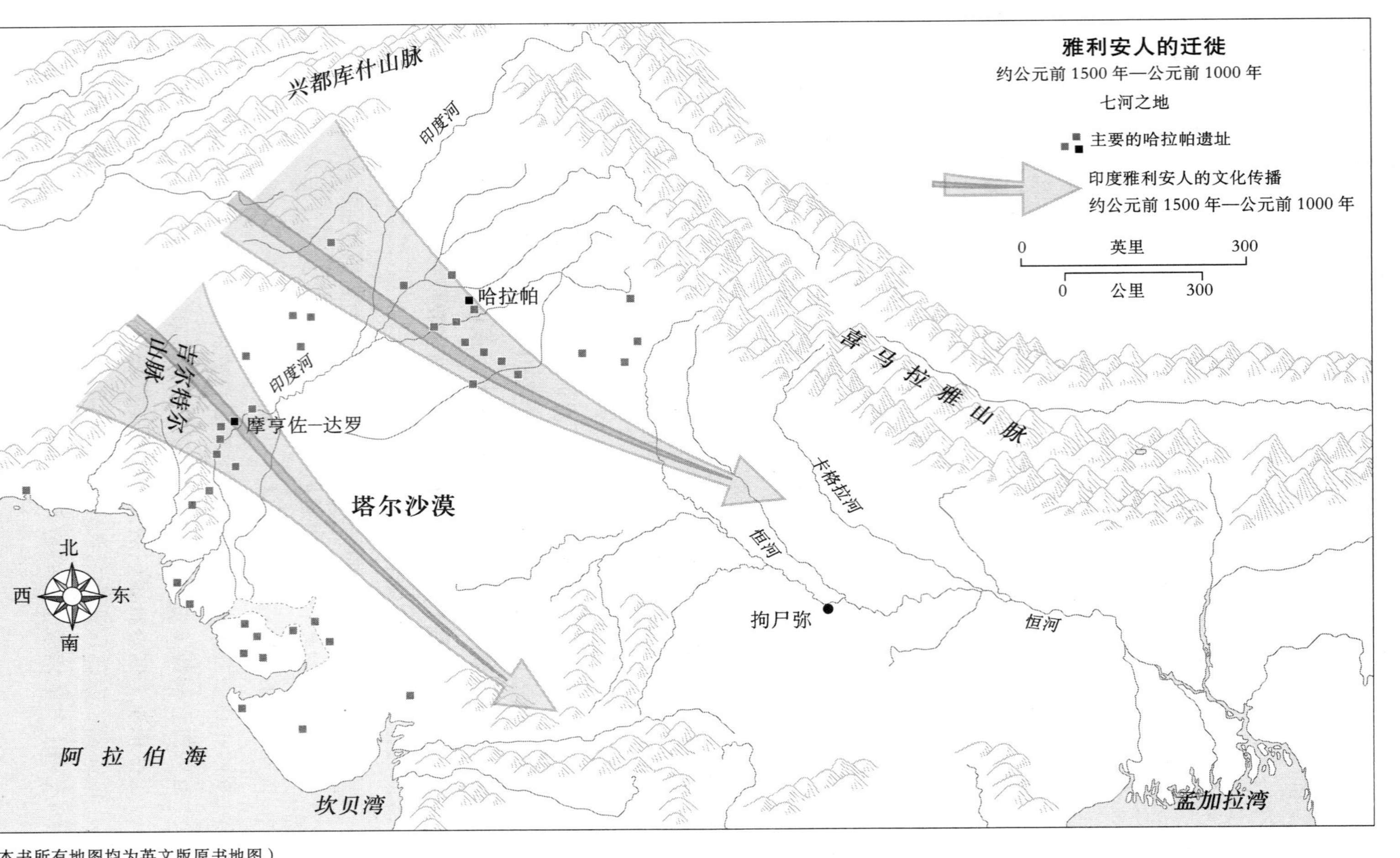

（本书所有地图均为英文版原书地图）

逐渐发觉琐罗亚斯德所崇拜的阿修罗(asuras*)令人厌烦,缺乏生气。谁能被一个像伐楼拿那样的阿修罗所鼓舞呢？他只是在他的天国圣殿里无所事事，从一个遥远的安全地带对世界发号施令。他们更喜欢充满冒险精神的迪弗，“他驾驭着战车，而此时阿修罗们正坐在家中的厅堂里”。[32]

到他们在旁遮普安家落户的时候，对伐楼拿——最高阿修罗的崇拜已经开始减弱，而因陀罗正成为至上神。[33] 因陀罗长着狂乱飘拂的胡须，腹中充满苏摩酒，并且热爱战斗，因而是所有武士向往的典型的雅利安人。太初之时，因陀罗将他闪光、致命的霹雳投向布利陀罗。布利陀罗是一条长着三个头的龙，曾经阻塞滋养生命的水流而使大地干旱。因此，因陀罗通过与势不可挡的强大力量进行骇人的战斗，而不是像伐楼拿那样无力地坐在家里，才使这个世界变得适合人们居住。在《吠陀》经文中，伐楼拿的所有特性——管理法律、守护真理、惩罚谬误，都转到了因陀罗身上。然而，令人不安的事实依然存在，就因陀罗的魔力而言，他是个杀手，只是通过谎言和欺骗才击败了布利陀罗。这是频繁战乱的社会产生的暴力和不安的想象。在《吠陀》赞美诗中，整个宇宙都处于可怕的冲突和激烈的斗争中。迪弗和阿修罗在天堂里搏斗，雅利安人在尘世中为生存而战。[34] 这是一个经济匮乏的时代，雅利安人能在印度河谷立足的唯一手段就是窃取当地土著居民的家畜——这些土著居民是不喜欢离开家的阿修罗在世间的同类。[35]

《梨俱吠陀》

雅利安人是生活艰苦、豪饮狂放的民族，他们热爱音乐、赌博和美酒。但即使在遥远的古代，他们也展示出了宗教天赋。他们到达旁遮普后不久，一位博学者就开始编纂《梨俱吠陀》(Rig Veda,

---

*　在梵语中，阿维斯陀语的“ahura”变成了“asura”。——作者原注

意为“诗文中的知识”）中最早的一部分赞美诗，它们是吠陀经典著作中声望最高的部分。著作完成之时大概由1028首赞美诗组成，分为10卷。这只是大量文献中的一部分，还有歌曲选集、颂歌（用于宗教仪式的短小的散文体），以及对诵经所做的指导。这些经文和诗歌都受到了神灵的启示，它们是闻智（shruti），意为“听到的事”，由古代伟大的圣人（rishis）获得，具有绝对的权威，没有被人修订过，是神圣和不朽的。

《梨俱吠陀》中的一些赞美诗可能确实是非常古老的，因为到雅利安部落抵达印度的时候，它的语言已经不通用了。这些诗歌归七个祭司家族所有，每一个家族对其诗歌珍藏本都拥有“版权”，他们会在献祭仪式中吟诵这些诗歌。家族成员熟记这些赞美诗，并将它们以口耳相传的方式传给下一代。直到公元前第二个千年，《梨俱吠陀》才开始由文字记录。自从人们掌握了读写能力，记忆力便减弱了，我们很难相信，人能够记住如此之长的经文。但是即使古老的梵语已经几乎不能被人理解了，吠陀的经典著作还是被十分精确地流传了下来。而直到今天，长期遗失的原始语言之准确的声调和音调变化，以及宗教仪式中规定的手臂和手指的姿势，仍被保存了下来。声音对于雅利安人永远是神圣的，而且当他们聆听这些神圣的经文时，会感到被神灵附体。当他们背诵经文的时候，其精神被临在的一股神圣力量所充满。吠陀的“知识”不是真实的信息资料的汇集，而是人们体验到的一种神圣的状态。

《梨俱吠陀》中的诗歌并没有连贯地讲述关于神灵的故事，或对献祭仪式进行清晰地描述，而是以一种朦胧的、谜一般的方式间接提到人们早已熟悉的神话传说。它们试图要表现出的真理无法用系统的逻辑论述来传达。诗作者是一位圣人，也是一位先知。他并没有创造这些赞美诗，是这些赞美诗在似乎来自另一个世界的幻象中向他显露出来。[36] 圣人能够领会真理并将它们联系起来，这对普通人来说并非易事。但圣人具有神赐的非凡才能，能将真理传授给任何懂得聆听的人。这些圣诗之美使听众受到震动，进入敬畏、惊异、恐惧和愉悦的状态，以至于他们感到被神圣力量直接触碰到了。《吠陀经》的神圣知识不仅来自词句的语义内涵，更是来自它们的声音，而声音本身就是一位迪弗。

《梨俱吠陀》中幻象般的真理悄悄地转移到了听众心里，他们仔细聆听那些似乎矛盾的论点当中隐藏的含义和赞美诗中奇异的、谜一般的隐喻，它们似乎将一些完全不相干的事物结合在了一起。当他们聆听的时候，感到自己与将世界联结在一起的神秘力量发生了联系。这种力量是“梨多”，翻译成人类的语言就是神圣的秩序。[37] 当圣人清晰地发出神圣的音节，“梨多”便鲜活起来，成为旁遮普那分裂和充满争斗的社会中一个活跃而逼真的实体。听众感觉到他们与一种力量产生了联系，它让季节有规律地交替，让星宿维持在其既定轨道上，让庄稼生长，让人类社会中完全不同的组成部分凝聚起来。因此，经文并没有传授什么理念，而是给予人们一种更为直观的认识。它是一座桥梁，联结了生活中有形与无形的维度。

圣人们学习如何时刻准备好接受灵感之语，它们似乎来自外界，但同时也是内心的声音。他们或许已经开始发展集中精力的技巧，以便能够洞察潜意识。他们发现，如果摆脱平常分散的注意力，“精神之门也许就会打开”。[38] 他们还发现，阿耆尼——辉煌语言的发明者、世界之光，能使他们以与神灵相同的方式去观察世界。这些圣人为印度的轴心时代奠定了基础。在遥远的古代，他们已然深思熟虑，努力超越以经验为依据的知识，直观地认识到更加深入而根本性的真理。

然而，圣人只代表了雅利安社会中的很少一部分人。那些武士和劫掠者生活在一个完全不同的精神世界里，他们在格兰马（grama，村落）和丛林（aranya，阿兰若）之间轮流生活。在季风雨时节，他们不得不像阿修罗那样生活在临时搭建的营地中。但在冬至日之后，他们套上马和牛动身去旷野中，开始新一轮的劫掠，以增加部族中的财富。这种村庄和森林的对照构成了印度社会和精神生活的模式，[39]两者互相补充。定居的部族种植庄稼，饲养家畜，供给武士们使用；但他们经常受到成群结队偷窃牲畜的盗贼的攻击，这些盗贼就在栖居地的边界处游荡。热带森林是武士证明其勇猛和探索未知世界的地方。在后来的轴心时代中，隐士们会退居森林，开拓精神王国。因此，在丛林（阿兰若）之中，雅利安人体验了暴力，也体验了宗教启蒙；而从这一久远的时期开始，两者交织在一起，无法分开。与耐心等待、虚己的圣人不同，一名武士懂得自己必须通过斗争才能实现开悟。

自从雅利安人开始在大草原上从事劫掠活动，他们就改变了宗教仪式的程式，以反映其日常生活中的斗争性。琐罗亚斯德虽然没有对此作出任何详细的描述，但却为这些偷窃牲畜的盗贼们的新型献祭仪式感到非常不安。"我们必须按照神灵起初的做法去做"，后来的一段有关印度宗教仪式的经文解释道。[40]"神灵这样做，人也这样做"，另一段如此说道。[41]雅利安武士在他们的劫掠和战斗中再现了天堂里发生的迪弗和阿修罗之间的战争。当武士战斗的时候，已不仅仅是他们自己，而是感到与因陀罗合成一体；这些宗教仪式为他们的战斗赋予了"灵魂"，而且通过将现世中的战斗与其神圣的原型相结合，现世中的战斗也变得神圣起来了。

印度献祭

因此，献祭居于印度雅利安社会的精神核心，而它对经济同样重要。大草原上古老而平静的仪式已变得更具挑衅性和竞争性，并反映出偷窃牲畜者危险的生活。雅利安人的献祭如今与美洲西北部土著印第安部落庆祝的冬季赠礼节（potlatch）有些相似，他们自豪地展示出自己赢得的战利品，并大量宰杀牲畜，用于奢侈的献祭筵席。如果一个部落积累了超出所需的牲畜和庄稼，剩余的部分必须被"烧掉"。一个永远在迁移中的游牧群体是不可能储存这些东西的，而冬季赠礼节是一种重新分配社会财富的原始方式。这个仪式也能显示出首领有多么成功，并提高他的威望。

在印度，拉贾（raja，“酋长”）以一种类似的态度主持献祭。[42] 他邀请部族里的长老和一些邻族的首领到一个专门的献祭场所，展示其过剩的战利品——牲畜、马匹、苏摩和农作物。其中的一些供奉给神灵，或者在狂欢的奢侈宴会上吃掉，余下的当作礼物分发给其他首领。这样便使客人们欠了人情债，将来要回报这些恩惠。首领们互相竞争，不断举行更为盛大的献祭仪式。擅长吟诵圣歌的赞诵祭司向神灵献上赞美诗，同时也赞扬施主，许诺他的慷慨施舍会给他带来更多财富。因此，当施主奉承神灵并视因陀罗（因陀罗本身也是一个奢侈的东道主和献祭者）与其为一体时，他也希望赢得赞美和敬重。每次当他期望超越俗世中的自我，与自己在天堂中的对应者成为一体时，他亦表现出盛气凌人的骄横作风。古代宗教仪式中的这种悖论会成为轴心时代许多改革者所关注的问题。

献祭也使早已肆虐于这一地区的暴力行为升级。当献祭结束后，施主已经没有剩余的牲畜，而不得不开始一系列新的劫掠以补充其财富。我们没有与这些献祭同时代的记述，但后来的文本包含一些零碎的信息，使我们了解到当时发生的一些事。献祭是一个庄严的时刻，但也是一个盛大而喧闹的狂欢节。大量的酒和苏摩被喝光，因而人们不是醉倒就是惬意地微醺。男人会与拉贾俘获的女子随意发生性行为，也会参与惊心动魄的仪式性比赛：战车竞赛、射击竞赛和拔河。一队队舞者、歌手和琴手互相竞争。还有下大赌注的掷骰赌博。成群的武士进行模拟作战。这非常有趣，但也很危险。在这种高度竞争的气氛中，渴望名誉和声望的有经验的武士之间进行的模拟战斗，会很容易变成真正的搏斗。一位首领可能在掷骰赌博中以一头母牛作为赌注，而失去了整个牧群。在受到这种场合的刺激而失去理智的情况下，他可能会向他的“敌人”——一位与他不和或正主持另一场献祭仪式的邻族首领决战。文献显示，迪弗和阿修罗经常扰乱对方的献祭，并抢得物品和人质。这就表明，这种暴力侵扰在人间也同样常见。[43] 一位没有受到邀请参加献祭仪式的首领被冒犯了，他感到应为荣誉而奋勇冲进敌人的营地，赢得战利品。在这些由礼拜仪式引发的劫掠中，真的有人被杀死。

在一种得到升华的仪式背景下，献祭重现了雅利安人英雄准则的荣耀和骇惧。[44] 武士的一生就是一场斗争，一场为了食物和财富而进行的、具有毁灭性的危险斗争，可能会以他的死亡而告终。雅利安人自从开始在大草原上居住就相信，他们中最好的和最富有的人将会在天堂加入神灵的行列。如今他们确信，一名在战斗中壮烈牺牲的武士可以立刻前往神灵的世界。因此，在英雄法典中，开悟与由暴力造成的死亡是分不开的。一则古老的故事可以解释这一点。一群武士聚集在一起进行一场长时间的、精心准备的献祭。但正如经常发生的情况一样，他们被一个敌对的部族包围了，之后便是一场激战。他们的头领斯图罗（Sthura）不幸被杀死了。当战斗结束之后，部族成员围坐在一起，哀悼他的牺牲，但其中一人得到了一个幻象。他看见斯图罗穿过献祭场走向圣火，然后开始升往天堂。“不要悲伤，”他对同伴们喊道，“因为你们正在哀悼的人已经从祭火中升入天堂了。”[45] 斯图罗加入神灵的行列只是因为他在一场危险的宗教仪式中惨遭杀害。他的同伴得到这个壮观的幻象只是因为其首领过早而毫无意义地丧了命。

一些武士认识到了他们这种英雄精神的无益。《梨俱吠陀》中几段后期的诗歌表现了一种新的厌倦和悲观主义。人们感到疲惫不堪。“穷困、赤裸和疲惫痛苦地折磨着我，”圣人悲叹道，“我的思绪像鸟儿般颤抖。就像老鼠啃咬编织者的线，忧虑使我憔悴。”[46] 这种脆弱性标志着吠陀时代晚期，即一个社会变革的动乱年代的开始。[47] 公元前 10 世纪，古老的平等主义的部族组织已经开始瓦解，被称为刹帝利（kshatriyas，“得到授权的人”）的武士家庭中的贵族阶层逐渐占据统治地位。那些没有高贵血统的吠舍（vaishyas），即普通的部族成员，开始放弃劫掠行凶而成为农夫。当一个新的劫掠季节开始的时候，刹帝利将他们的马匹套上战车，而吠舍则留在村庄里。和非雅利安居民首陀罗（shudras）一样，现在的吠舍好像阿修罗，待在家中的厅堂里，成为劫掠者的攻击对象。[48]

几个部族首领开始创建王国的雏形。人们绝不会选举出终身制的国王，他每年都必须参加即位礼祭（rajasuya）——一种宗教献祭仪式的严峻考验，以证明他配得上这个职位。总是有人准备向他发起挑战，而老拉贾必须在仪式中领导一次成功的劫掠，并在掷骰赌博中打败他的竞争者，才能夺回权力。如果他输了，就会逃亡到森林里，但他通常会回来，在另一次即位礼祭中挑战他的对手。印度王国的不稳定性是如此根深蒂固，以致一部早期的治国方略居然将国王的敌人算作国家的一个组成部分。[49]

雅利安人东扩

吠陀时代晚期又兴起了一股新的移民浪潮。公元前 10 世纪，一部分雅利安人开始稳步向东推进，在位于亚穆纳河（Yamuna）和恒河之间的河间地定居。这一地区成为雅利安邦（arya varta），意为“尊者之地”。一些非常小的王国在这里发展起来。拘罗—般遮罗（Kuru-Panchala）的国王定居在恒河平原的西北边缘，其首都是哈斯提纳普拉（Hastinapura）。与此同时，耶达婆（Yadava）部族在南方的马图拉（Mathura）地区定居。这里的地形与旁遮普截然不同。具有异国风情的树木构成的青葱的森林是个绿色的天堂，但是要建造小型城镇和营地，拓荒者们不得不为了开垦土地而纵火烧毁树木。火神阿耆尼于是在这一殖民化的新阶段成为必不可少的神灵。殖民是缓慢的，一步一步的。在每年的凉爽季节，拘罗—般遮罗派遣几队武士，深入茂密的森林，征服当地居民，建立一个新的前哨基地，比前一年再向东拓展一点。[50]他们劫掠首陀罗的农田，夺取他们的庄稼和牲畜，在雨季到来之前回到家中，耕作自己的田

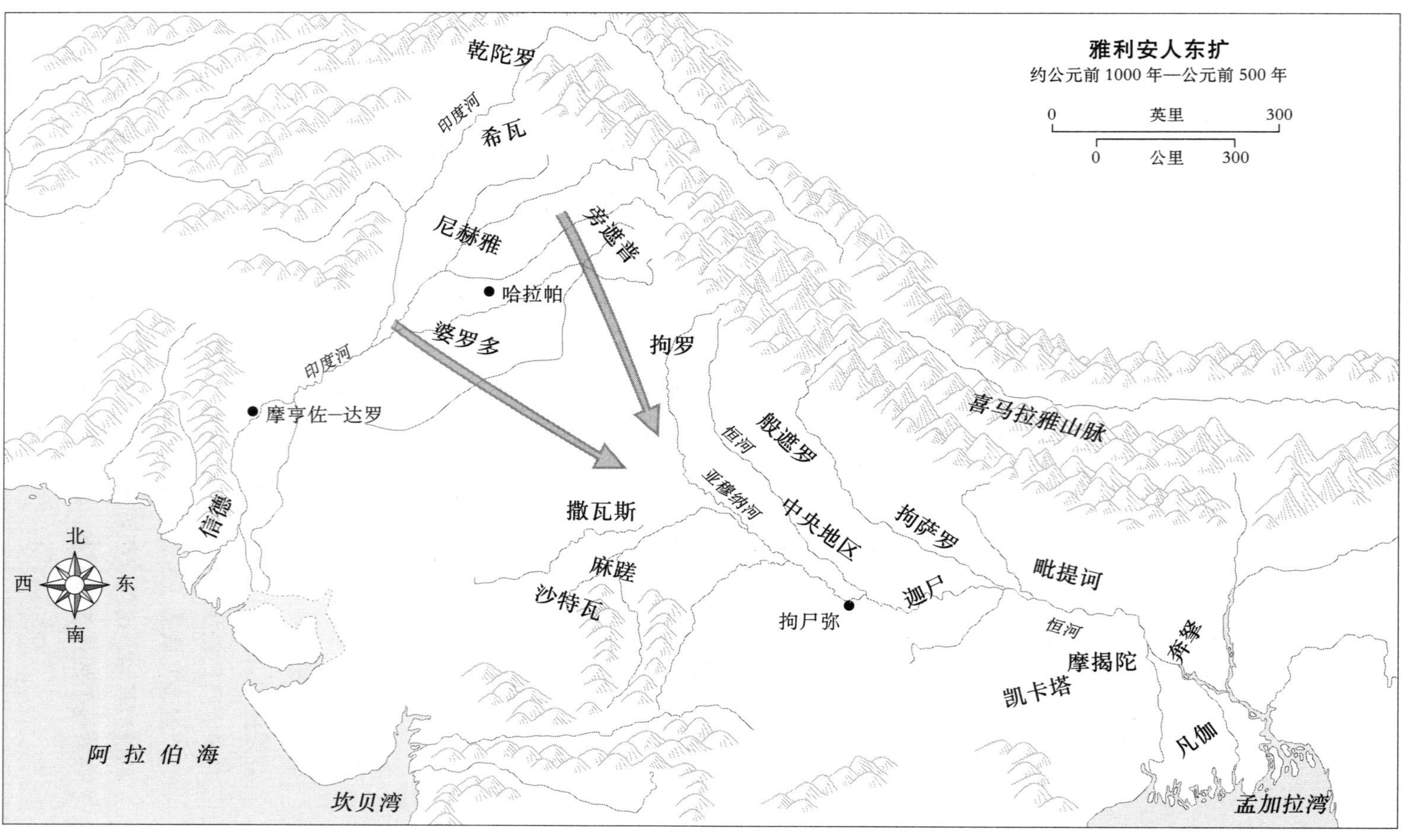
雅利安人东扩
约公元前 1000 年—公元前 500 年
0
英里
300
0
公里
300
乾陀罗
印度河
希瓦
尼赫雅
旁遮普
哈拉帕
婆罗多
拘罗
印度河
摩亨佐–达罗
喜马拉雅山脉
般遮罗
恒河
亚穆纳河
中央地区
拘萨罗
撒瓦斯
信德
北
西
东
南
麻睺
沙特瓦
拘尸弥
迦尸
毗提诃
恒河
摩揭陀
凯卡塔
奔簦
凡伽
阿 拉 伯 海
坎贝湾
孟加拉湾

地。[51] 雅利安人的边境逐渐向前延伸——那是一个严守纪律的、坚忍的过程，它预示着雅利安人将在轴心时代有条不紊地征服其内部空间。

雅利安人设计了新的宗教仪式，以使这种向东方的逐渐推进神圣化。流动性依然是一个神圣的价值标准：献祭的场所只用一次，在仪式完成之后便被永远遗弃。在献祭场的西端，是一个茅草屋，用作定居家庭的厅堂。在仪式进行过程中，武士们庄严地将火从茅草屋转移到场地的东端，那里有新建的露天火床。第二天，一个新的献祭场建了起来，比原有的稍稍向东移了一点，仪式重演。这个仪式再现了阿耆尼胜利推进到新领地的情景，正如后来一位精通仪礼者所阐明的："这圣火应当为我们创造空间；应当走在前面，征服我们的敌人；它应当猛烈地攻克敌人；应当在斗争中赢得战利品。"[52]

阿耆尼是移民者的守护神。他们的殖民地是一个新的开端，并像最初的创造那样，将混乱扭转为秩序。火象征着武士控制环境的能力。他们深切地将火与他们视为一体。如果一名武士能从吠舍农夫的火床窃取到火，他也能引诱他的牲畜，因为它们总是会跟随火光的。"他应当从敌人的家里偷取明亮燃烧的火，"后来的一段经文讲道，"由此夺走他的财富。"[53] 火象征着一名武士的力量和成就；重要的一点是，这也是他的另一个自我。他能创造新的火，控制并教化它。火就像他的儿子一般；当他死去，受到火葬时，便成为殉葬品，阿耆尼会将他送到神的国度。火象征着他最好和最深刻的个我（atman），[54] 而由于火是阿耆尼，这一自我是庄严而神圣的。

阿耆尼无处不在，但他神秘地隐藏着。他存在于太阳、雷声、暴风雨和将火带到地球的闪电中。他存在于池塘和溪流中，在河堤的泥土中，也在可以点燃的草木之间。[55] 阿耆尼必须被人们从这些隐藏的地方虔诚地找回来，以应人们之急需。当一个新居留地建立起来之后，武士们会用砖正式为阿耆尼修建一座新的祭坛，举行一

吠陀献祭场

展示三种圣火

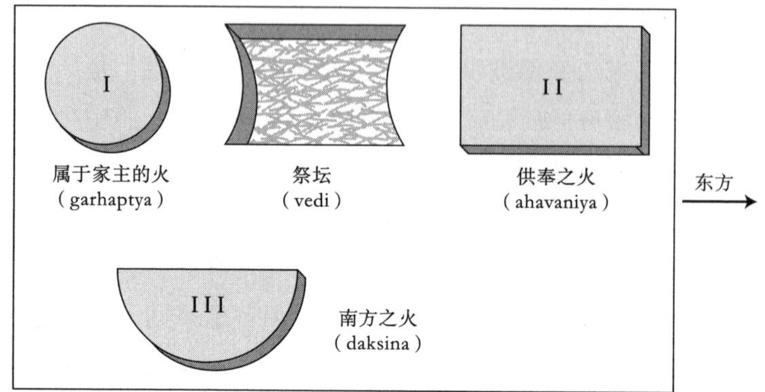

（I）“属于家主的火”（garhaptya）用来准备祭祀食物。它有一个圆形祭台，象征大地。

（II）“供奉之火”（ahavaniya）是放置备好的祭品的地方。它有一个方形祭台，象征四个方向的天空。祭品通过阿耆尼从大地（I）传向天空（II）。

（III）“南方之火”（daksina）——较少用于大型宗教仪式中——用以挡住邪恶的神灵，并接受献给特别祖先的祭品。一个半圆形的祭台象征大地与圆拱形的天空之间的空气。

中间的祭坛（vedi）是一个以青草作衬垫的深坑，里面放置不用的祭品和器具以保存其能量。

祭台通常用沙子、泥土、石子和木块建成。

场火坛祭（Agnicayana）仪式。首先，他们列队行进到河堤，在阿耆尼隐藏的地方收集泥土，象征性地占有他们的新领地。他们可能不得不与当地阻止这一占领行动的居民进行搏斗并杀死他们。凯旋的武士返回献祭场后，按照阿耆尼的象征物之一——鸟的形态修建祭坛。当新的火焰向外迸发时，阿耆尼便会现身。[56]只有这时新的殖民地才成为现实。“当一个人修建了祭火坛，便成为一名殖民者，”后来的一段经文讲道，“谁修建了祭火坛，谁就可以安家。”[57]

你就是梵

劫掠被列为雅利安人宗教仪式的组成部分。在苏摩仪式中，圣酒似乎可以使武士们升入神灵的世界。一旦他们充满了神灵的神圣力量，便感到“已经超越了天堂和整个广阔的大地”。但这首赞美诗是这样开头的：“它，甚至连它都是我的决心，去赢得一头母牛，赢得一匹战马：我不是喝过苏摩酒了吗？”[58]在仪式进行过程中，施主和他的宾客必须离开献祭场，抢劫邻近的村落，为献祭获取牲畜和苏摩。在即位礼祭中，当新国王喝过苏摩酒之后，便被派出进行一次劫掠。如果他带着战利品归来，司祭将承认他的君主地位：“国王啊，你就是梵！”[59]

吠陀时代后期，雅利安人发展出“梵”（brahman）的理念，意为至高的实在。“梵”并非一个迪弗，但却是比神灵更高、更深，且更基本的力量，是将宇宙中所有完全不同的元素结合起来，并阻止其分裂的力量。[60]“梵”是能够使一切事物强大并扩张的根本原则。它是生命本身。[61]“梵”永远都不能被定义或描述，但它是包含一切的：人类无法离开它到其外部去客观地观察它。但它可以在宗教仪式中被体验到。当国王带着从战斗中掠夺的战利品安全归来时，他就成为“梵”的一部分。他如今是国家的轴心，是使他的王国团结合作、繁荣昌盛并向外扩张的领袖。“梵”也能在静默中被体验到。一场宗教仪式往往以“谜题问答”（brahmodya）作为结束，以找到表达梵之神秘的口头用语。挑战者提出一个高深莫测的难题，他的对手以同样令人困惑的方式作出回答，直到其中一位参赛者不能作出回应为止：他沉默下来，被迫出局。[62]“梵”的超越性在那些无法回答的问题之神秘碰撞中被感知，它引起人们对语言之无力的强烈认识。在神圣的瞬间，参赛者感觉到一个人拥有将整个生命融为一体的神秘力量，优胜者可以说他自己确实就是“梵”。

原人与生主

到公元前10世纪时，一些圣人开始创立一种新的神学话语。传统的迪弗似乎开始显得原始而不能令人满意；他们必须提出超越其自身的东西。一些《梨俱吠陀》后期的赞美诗提到一位更值得崇拜的神灵。“我们应当以祭品敬拜怎样的神灵？”一位圣人在《梨俱吠陀》第10卷第121首赞美诗中问道，“谁是人和牲畜真正的主？谁拥有被白雪覆盖的山峦和威力无边的海洋？哪位神灵能够撑起天空？”在这首赞美诗中，诗人找到了一个答案，它将成为印度轴心时代的基本神话之一。诗人描述了一位从原始的混沌中出现的造物主，是梵的人格化变体。他的名字是生主（Prajapati）——“一切”。生主与宇宙完全相同；他是支撑宇宙的生命力，意识的来源，以及无意识的物质之水中射出的光芒。但生主也是宇宙外面的一位神灵，能够安排自然法则。他是内在而又超越宇宙的，是独一无二的“众神之神，无与伦比”。

但这对于另一位圣人来说似乎太过明确了。[63]他主张，起初什么都没有——既无实在物也无非实在物，既无死亡也无不朽，而只有“杂乱的混沌”。怎样才能使这种混乱状态变得有序而能自行生长呢？诗人断定，这个问题没有答案：

> 谁能真正知晓并在此公之于众，世界生于何时，
>
> 来自何方？

神灵的产生晚于这世界，那么谁能知道
　　它最初在哪里形成？
他，这世界的初端，无论塑造了它的全部还是
　　没有塑造它，
在至高天俯视这世界，他真的知道
　　——或许他根本不知道。[64]

诗歌是一种谜题问答。圣人提出一个又一个深奥的问题，直到他和他的听众处于未知静默的状态。

最终，在著名的《原人歌》(Purusha Hymn) 中，一位圣人反思雅利安人古老的创造传说，并为印度的轴心时代奠定了基础。[65]他追忆起原人 (purusha) 的牺牲使人类得以形成。如今他记述这个原人，依照其自由意志走进献祭场，躺在刚刚播撒的青草上，听任神灵杀死他。这一甘心屈从的举动使宇宙开始运转。原人自身就是宇宙。万物都由他的尸体产生出来：鸟儿、野兽、马匹、牲畜、人类社会的等级、天空和大地、太阳和月亮，甚至迪弗阿耆尼和因陀罗也是从他的尸体中形成的。但和生主一样，他也是超凡的：他生命中四分之三的部分是不朽的，并且不会受到时间和死亡的影响。与武士们竞赛式的宗教仪式不同，在这次献祭中没有战斗。原人没有经过丝毫挣扎便放弃了自身。

原人和生主是朦胧而遥远的形象，并没有具体的事迹。关于他们，可讲的东西非常少。据说生主的真实姓名是一个问题："谁 (Ka)？"在印度轴心时代的边缘，理想主义者们正逐渐超越概念和言语，而实现对不可言说之物的默默欣赏。然而，正如《原人歌》所显示出的那样，他们仍然受到了古老宗教仪式的启发。即使那些仪式是如此危险和暴虐，它们仍会保留印度社会的巨大转变所赋予人们的启示。到公元前 10 世纪末期，圣人们已经建立起了复杂的符号体系，它将创造轴心时代的首个伟大精神信仰。

三、中国早期文明

自公元前 16 世纪起，统治中国黄河流域的商朝君王们相信，他们是神灵之子。据说，“帝”，一位平素与人类没有接触的具有至高威力的神，派一只玄鸟下凡到中原。这只玄鸟下了一个蛋，被一女子*吞食。过了一段时间，她生下了商朝君王的始祖†。[66] 由于他与帝的独特关系，这个君王便是世界上唯一被允许直接与至高神打交道的人。通过向帝献祭，他能独自为他的人民赢得平安。在占卜者的帮助下，他会向帝请教，派遣军队或拓殖是否可行。他可以询问帝，他的庄稼是否会获得丰收。君王的合法性来自他作为先知及作为世俗世界与神圣世界之间的媒介所获得的权力。然而在更为世俗的层面上，他也依靠其优质的青铜武器装备。第一批商朝的城市可能就是由这个行业的工匠建立起来的，他们最早开始制造青铜武器、战车和用于献祭的耀眼器皿。新技术的威力意味着，君王可以动员数千农民，强迫他们参加劳动或作战。

尧、舜、禹

商朝人知道他们不是中国的第一批君王。他们声称是从夏朝(约公元前 2200 年—公元前 1600 年）最后一个君王手中夺取了权力。我们没有关于夏朝的考古或文献证据，但到公元前第三个千年末期时，中原地区很可能存在某种王国。[67] 文明缓慢而痛苦地来到中国。中原被周围的高山和不适于人类居住的沼泽地所隔离。那里气候恶劣，夏季酷热，冬季寒冷，夹杂着沙粒的彻骨寒风侵袭着人们的居住地。在黄河里很难航行，而且河水经常泛滥。古代的开拓者必须开凿运河，排出沼泽地的水，建筑堤坝，防止洪水毁坏庄稼。中国

---

* 此女子名为简狄。
† 简狄所生的男婴，名为契。

人没有关于这些古代工程建造者的历史记忆，但他们会讲述一些关于君王的故事，这些君王在夏朝之前统治着中国，并使乡村变得适合人们居住。黄帝与一个可畏的人 * 进行搏斗，确定了日月星辰的运行轨道。神农创造了农业生产。公元前 23 世纪，贤明的君主尧和舜开创了和平繁荣的黄金时代。在舜统治期间，土地一直受到可怕洪水的侵害，舜委托负责工程建设的首领禹 † 去解决这个问题。禹用了 13 年时间，修建运河，驯服湿地，将河流井然有序地引向大海，使河水的流动像贵族们参加宴会一样有序。由于禹的巨大努力，人们从此可以种植谷粟。舜帝对此留下了深刻印象，因而选拔禹为继承人。于是禹成为夏朝的创立者。[68] 所有这些传说中的贤明君王都将给中国轴心时代的思想家们以启示。

商朝文化

商朝贵族肯定熟悉这些传说。他们明白，文明是一种不稳定且来之不易的成就。他们相信，人们的命运不可解脱地与先辈的灵魂有着密切联系。商朝君王也许不像尧、舜或禹那般强大有力，但他们控制了中原的广阔领域。[69] 他们的领地向东南方延伸到淮河流域，向东延伸到山东，向西最远到达渭河流域。这并非是一个中央集权的国家，而是一个由小型宫城构成的网络，每个宫城由一位王室成员来管理。城镇极小，仅由为君王及其仆从所建的综合住宅区组成，周围被高高的夯土墙围绕，以防水灾或他人攻袭。商朝最后一个都城殷，其城墙的周长仅有 800 码 ‡。商朝的城镇遵循统一的样式，通常呈长方形，四面城墙分别朝向正东、正南、正西和正北，所有居所都面朝南方。王宫有三进庭院，还有为宗教仪式和政治活动而设

---

* 即蚩尤。

† 禹的官职为司空。

‡ 约合 732 米。商都规模很大，原文有误。

的觐见室。宫殿东边是祖先的庙堂。集市在王宫北面，而工匠、战车和弓箭的制造者、铜匠、制陶工人，以及王室书吏、占卜者和宗教仪式专家，都居住在城南区域。

这并不是一个遵从平等主义的社会。商朝人显示出对等级排序的极大热情，这将成为中华文明的特点之一。作为天帝之子，君王占据权力金字塔的顶端，这一等级唯有他一人。其次是王族诸侯，即各个商朝城市的统治者。他们之下是担任官职的各大家族首领，以及靠来自城外乡野地区的税收维持生活的贵族。最后，在金字塔的底部，是普通的仆役和武士阶层。

城市是一小块贵族化的地区，一个自我封闭的世界。商朝的贵族阶层将时间完全用于宗教、战争和狩猎。他们从当地农民那里收取剩余的农产品，并以军事保护作为回报。但是在这一时期，只有很少的区域被开垦耕种。黄河流域的大部分地区仍被茂密的森林和沼泽所覆盖。在商代，大象、犀牛、水牛、黑豹和花豹，还有鹿、虎、牛、熊、猴，仍旧在森林中游荡。动物会变成对人有危害的东西，因此狩猎既是义务也是娱乐。君王凯旋回城时，猎物被作为供品献祭，并在规模庞大、喧闹而酗酒的宴会上被吃掉。

战争与狩猎之间几乎没有区别。战争是仅限于贵族的一种活动，只有他们才被准许拥有武器和战车。典型的军事行动规模不大，由大约100辆战车组成；步行跟随的农民并不参加战斗，而是担任随从、仆人和搬运者，并照看马匹。商朝人并没有强烈的扩张领土的野心，他们发动战争只是为了惩罚反叛的城市，夺取他们的财产——农作物、牲口、奴隶和工匠。有时候，派遣军队是为了对抗“蛮族”，这些民族住在商朝人居住地的周围，在商朝领地边缘，尚未吸收中原文化。按种族特征来说，他们与商朝人并没有什么不同，而当他们最终被同化之后，将对中华文明作出自己的贡献。在商朝领地之内，蛮族与商朝人保持着友善的关系，并与他们通婚和贸易。居住在商朝领地邻近地区的蛮族通常是商朝人的盟友。商朝人与偏远地

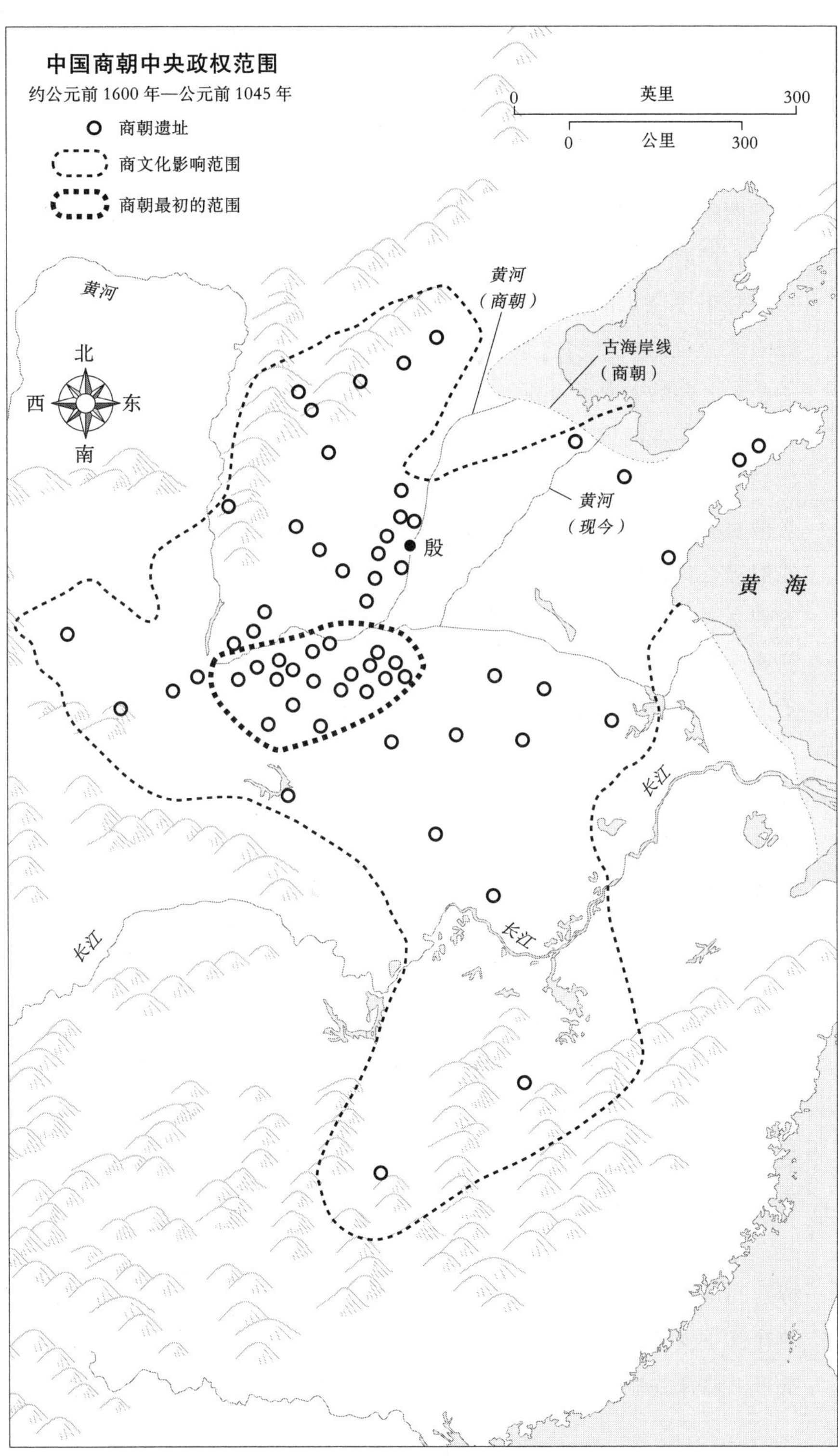

中国商朝中央政权范围
约公元前 1600 年—公元前 1045 年
商朝遗址
商文化影响范围
商朝最初的范围
0
英里
300
0
公里
300
北
西
东
南
黄河
黄河
（商朝）
古海岸线
（商朝）
殷
黄河
（现今）
黄 海
长江
长江
长江

区的蛮族几乎没有联系。

商朝贵族的城市生活与耕种土地的农民们的生活几乎没有相同之处。贵族几乎不把他们当作人来看待，然而，就像那些蛮族一样，农民对中原文化同样产生了持久的影响。农民与土地紧密相连，他们的社会根据大自然周而复始的循环运动而组织起来。农民的生活由冬夏之间的差别所支配。春天，劳动的季节开始后男人离开村庄，住进田间固定的棚屋里；在劳动季节中，除了妇女给他们送饭之外，他们与妻子和女儿没有接触。庄稼收获之后，土地被闲置一旁，男人搬回家中居住。他们将住处封闭，待在室内度过整个冬天。这是他们进行周期性休息和恢复体力的时节，而对于那些在夏季工作较少的女人，劳作的季节在这时开始了：编织、纺纱、酿酒。这种交替或许对中国的阴阳观念作出了贡献。阴是现实生活中女性的一面，正如农妇一样，它的季节是冬天，它的活动是内在的，并在黑暗、密闭的地方进行。阳是男性的一面，活跃于夏天和白昼，它是一种外向的力量，并能创造出丰富的物产。[70]

商朝贵族对农业不感兴趣，但是他们明确地感受到，山水风景是富于灵性意义的。山峦、江河与风都是重要的神灵，四方之主也是神灵。这些自然神归属大地，与苍天神“帝”相对应。由于他们能够影响收割，人们会通过献祭安抚和孝敬他们。而更为重要的是王室的祖先们，对他们的崇拜居于商朝宗教信仰的中心。在殷（今河南安阳）进行的考古发掘中出土了九位君王的墓葬，他们躺在放置于中央平台上的棺柩中，被士兵的遗骸围绕着，这些士兵是在君王的葬礼上殉葬的。君王死后，便获得了神圣的地位；他与帝一起住在天堂，并可以请求帝帮助他在世间的亲属。[71]

商朝人确信王朝的命运依赖于先王的善意。虽然帝自身并没有特别的信徒，自然神也没有固定的礼拜仪式，但是祖先们却在奢华的礼仪中受到敬拜。每一位祖先都在宗教仪式的历法中拥有自己的祭日。君王主持仪式，“宾祭”他们的祖先。王室成员装扮成其已故亲属，感到自己被他们所模仿的祖先附体。当他们进入庭院时，君王在祖先面前鞠躬。自然神被召集起来，在王宫庭院中分享盛宴，大量牲畜在那里被献祭和烹烧。随后，神灵、祖先和人类一同享用美餐。

然而，在这精心安排的宗教仪式背后隐藏着一种深深的忧虑。[72]帝是市镇的保护者，他支配风雨，向自然神发号施令，商王也同样对他的官员和士兵下达指示。而帝是不可预知的，他常常制造干旱、洪水和疾病，甚至祖先也是不可靠的。商朝人相信，死者的灵魂可能是危险的，因此，他们的亲戚将其尸体放在厚重的木棺中掩埋，以玉来陪衬他的尸体，堵塞他们身体的外口，以免灵魂逃脱，折磨生者。人们所安排的宗教仪式就是要将潜在的制造麻烦的鬼怪变成有益而仁慈的神灵。人们给死者取了新名字，分配给他一个特殊的祭日，希望他被妥善安置而对社会有利。随着时间的流逝，祖先的威力愈发强大，人们设计的宗教仪式是要劝说新近亡故的人为他们在地位更高的祖先面前说好话，让他们在帝面前替人们说情。

关于商朝的大部分信息来自兽骨和龟甲，王室卜官在上面铭刻了向帝、自然神和祖先所提出的问题。[73]考古学家发掘出 15 万片这样的甲骨。它们显示出，君王将一切活动向神灵们汇报，卜问他们对于一次狩猎、收割甚至牙痛的建议。这个过程很简单，君王或卜官向经过整治的龟甲或兽骨陈述他要占卜的事项，并用一根滚烫的火棍灼烧。他可能会说："我们要收获粟米。"或"我们向父甲（商朝第 17 代君王）祈求好收成（于父甲桒田）。"[74]随后他会研究甲壳里发出的噼啪声，并宣布神谕是否是吉兆。之后，王室雕工刻下这则占卜事项。有时他们也记录来自神或祖先的预言，偶尔也包括其结果。显然，这并非一个理性的过程，但卜官无疑在努力保存真实的记录。例如，一些卜官记录，君王预测他妻子的分娩会很"好（妨）"（就是说，她会生个男孩），不过君王算错了，最终她生了女孩，分娩的日子也不对。[75]

商朝君王尝试控制神圣世界的企图往往是失败的。祖先们屡次送来坏收成和不幸。帝有时会送来吉祥雨，但甲骨卜辞同样记述过：“是帝在危害我们的收成。”[76]帝是不可靠的军事同盟。他可能向商朝人“赠予援助”，或者又唆使他们的敌人。“方国在损害和攻击我们（貞方戋征），”甲骨卜辞哀叹，“是帝指挥他们，给我们制造灾难。（隹帝令乍我囚）”[77]他缺乏能力又不可信赖，因而难逃其他苍天神的命运，逐渐销声匿迹。商朝从未发展出一套常规崇拜仪式，以请求帝的帮助。到公元前12世纪，人们已经完全停止直接向他献殷勤了，而只是求助于祖先和自然神。[78]

商朝社会是优雅、精致和野蛮的奇特混合体。商朝人欣赏其环境的优美。他们的艺术是精致而富于创造力的，其用于宗教仪式的青铜器皿体现出他们对野兽和牛羊马匹精细的观察。他们依照绵羊、犀牛或猫头鹰的形象制作出极富创造力的青铜器。但他们并不在乎宰杀这些他们如此温情地观察过的动物，有时在一次祭祀中就要杀死100头牲畜。在王室狩猎的过程中，商朝人随意杀死野兽，在宾宴或葬礼上消耗掉几百头家畜。君王和贵族获得大量财富，包括牲畜、金属制品、农作物和猎物。他们生活的环境充满了野生动物，农民不断为他们提供谷物和稻米，因此他们的资源似乎是取之不尽、用之不竭的。他们丝毫没有为将来作储备的想法。[79]

墨子是轴心时代的思想家之一，后来回溯商朝君王（即“天子”）的奢华葬礼，明显表现出对其挥霍铺张，以及杀殉普通奴隶和侍从的厌恶：

> 乎诸侯死者，虚车府，然后金玉珠玑比乎身，纶组节约车马藏乎圹，又必多为屋幕，鼎鼓几梴壶滥，戈剑羽旄齿革，寝而埋之，满意。若送从，曰天子杀殉，众者数百，寡者数十。将军大夫杀殉，众者数十，寡者数人。（墨子·节葬下）[80]*

* 本书《墨子》引文中译参照王焕镳撰《墨子集诂》，上海古籍出版社2005年版。

商朝的宗教信仰中包含着残酷和暴力。对中国人来说，即使是缺乏道德责任感的帝，似乎最终都对其王朝统治失去耐心了。

周朝初期

公元前1045年，在渭河流域统治其封国的周文王，借商王离开其都城之时侵入了商朝领地。不幸的是，周文王在战场上被杀死[*]，而他的儿子武王继续伐商，在黄河以北的牧野之战中打败商军。商王被斩首[†]，周占领殷。武王随后分封采邑。武王决定留在位于渭河流域的旧都[‡]，所以派他的儿子成负责管理殷，并将商朝其他城市的管辖权委派给武庚，即末代商王的儿子。武王随后回到渭河流域，不久后便去世了。

武王死后，武庚乘机反叛周的统治。然而，通常被称为周公的文王之弟旦[§]，剿平叛乱，商因而失去了对中原的控制。王子成做了新君，但由于他仍未成年，由周公摄政并制定了一套准封建制度。王子们和周的盟友各分得一座城市，作为私人封地。周又新建了一座都城，以保持其在东部疆土的军事存在。为了向新君王表示敬意，它被命名为成周。

在许多方面，周都直接步商的后尘。像商朝人一样，周朝人喜爱打猎、箭术、驾驶战车，以及奢华的宴会。他们依照商朝的古老模式构建城市，敬拜自然神和祖先，并占卜神谕。他们还继续崇拜帝，但是在某种程度上正如典型的古代宗教那样，他们将自己的苍天神，即他们所称的“天”与帝结合起来。然而，他们在这个问题上陷入了困境。商朝显然是在帝的恩赐下统治了数百年。如果周想要拉拢仍居住在中原的商朝贵族，那么连续性就是必不可少的。周朝人应

* 周文王的死因说法不一。

† 一说商纣王自焚于鹿台。

‡ 即镐京。

§ 旦为武王之弟，原文有误。

当在敬拜他们自己祖先的同时也敬拜死去的商朝帝王。但是他们怎么能在摧毁商王朝之后还敬拜其神灵呢?

周公找到了解决问题的办法。帝有时会利用敌对部族对商进行处罚。如今，周似乎成为他的利用对象。正值新东都成周举行献祭仪式之时，周公作了一篇重要的演说，被收录在中国“六经”*之一的《尚书》当中。[81] 他说，商王已变得残暴和腐化。上天充满了对人民疾苦的怜悯之情，因此废除了从前赋予商的委托统治权，并四处寻找新的统治者。最终，他的目光落在了周王身上，因而他便成为至高无上的天帝之子。

上天的授权

据周公解释，成王就是这样成为天子的，虽然他还非常缺乏处世之道。这对这位年轻人来说是一项重大的责任。既然成王已经接受了委托，他就必须“敬德”。他应当“諴于小民……顾畏于民碞”。上天会从压迫其臣民的统治者手中夺走其授权，并将它授予一个更加值得托付的王朝。这就是夏、商王朝覆灭的原因。商朝的许多君王都是贤良君主，但商朝末年民不聊生。民众向上苍痛苦疾呼，上苍“亦哀于四方民”，决定将天命授予周，因“王其疾敬德”。但是周不能自鸣得意。

> ……今我初服，宅新邑，肆惟王其疾敬德。王其德之用，祈天永命。
>
> 其惟王勿以小民淫用非彝，亦敢殄戮用乂民，若有功。其惟王位在德元，小民乃惟刑用于天下，越王显。(尚书·周书·

* 即《礼》、《乐》、《书》、《诗》、《易》和《春秋》，亦称“六艺”。参见《史记·滑稽列传》:“孔子曰:‘六艺于治一也。《礼》以节人，《乐》以发和，《书》以道事，《诗》以达意，《易》以神化，《春秋》以道义。’”

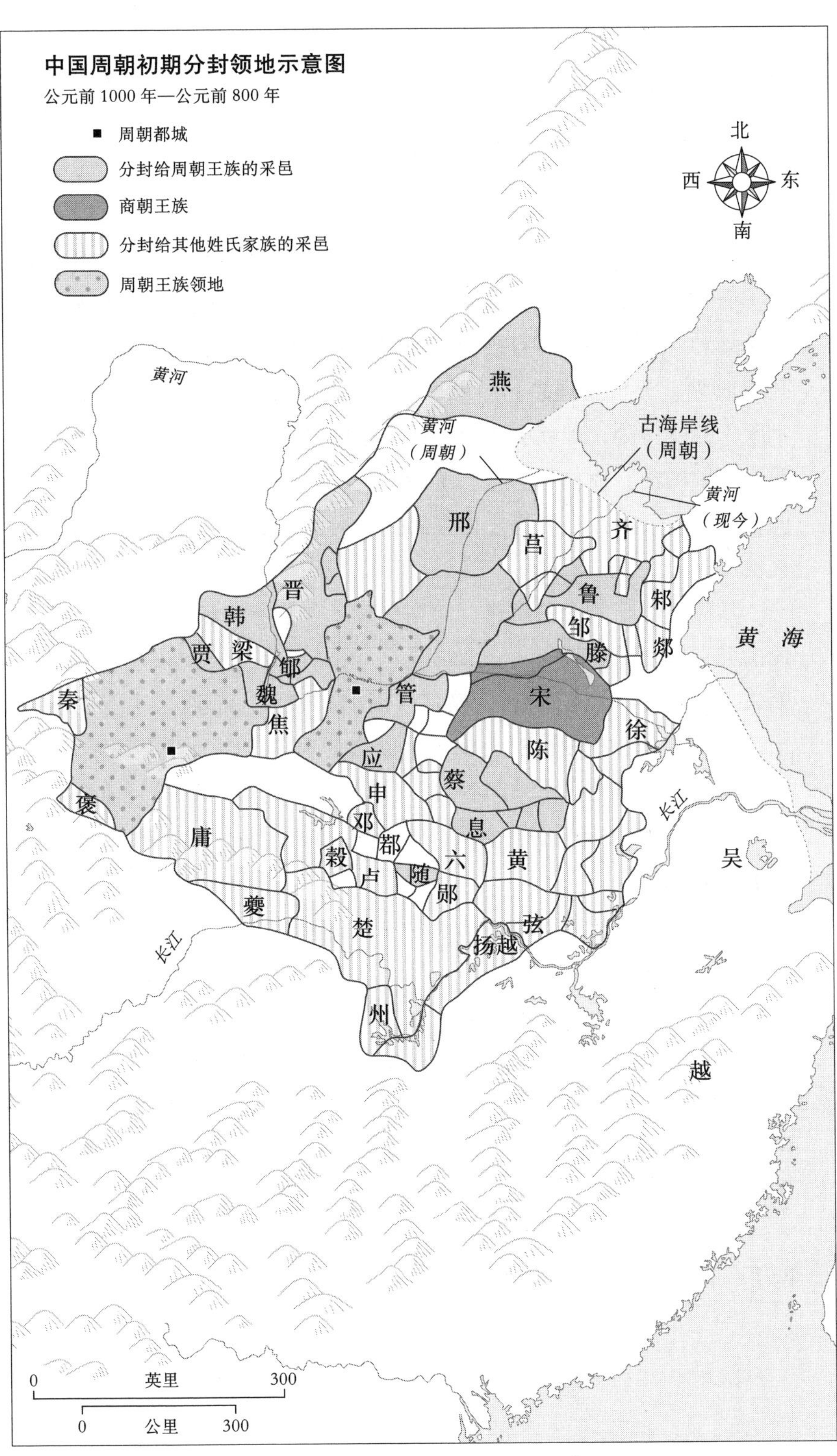
中国周朝初期分封领地示意图
公元前1000年—公元前800年
周朝都城
分封给周朝王族的采邑
商朝王族
分封给其他姓氏家族的采邑
周朝王族领地
北
西
东
南
黄河
燕
黄河
（周朝）
古海岸线
（周朝）
黄河
（现今）
邢
莒
齐
晋
鲁
郯
韩
邹
郯
贾
梁
滕
黄 海
郇
秦
魏
管
宋
焦
徐
应
陈
申
蔡
褒
邓
长江
庸
鄀
息
谷
六
黄
吴
卢
随
郧
夔
弦
楚
扬越
长江
州
越
0
英里
300
0
公里
300

召诰）[82]*

这是一个重要的历史时刻。周朝人在宗教中引入了一个伦理观念，而在此之前的宗教对道德伦理从不关心。上天不仅仅受到人们宰杀猪和牛的贿赂，而且被同情和正义所感化。天命在中国轴心时代将成为一个重要理念。如果一名统治者自私、残忍、压迫人民，上天不会支持他，他就会垮台。一个国家可能会显得弱小，就像征服商之前的周。而如果国家的统治者贤明、仁慈，真正关心其臣民的福祉，人民便会从四海之内聚集到他周围，上天会将他提升到至高地位。

然而，对于天命的阐释，起初出现了一些不同意见。[83]周公和他的兄弟召公之间产生了重大分歧。周公认为上天授权给所有周朝人，因此，新君王应当依赖其大臣们的建议。但召公主张，君王独自领受了委托权。召公恢复了原有的观念。因为君王是天子，所以他是唯一能够直接与上天打交道的人。的确，君王会征询大臣的意见，但他接受了一种无与伦比的神秘力量，赋予他统治国家的权力。

出于显而易见的理由，成王喜欢叔父召公的观点。两人联手，向周公施加压力，迫使其引退。周公居住到中原东部的鲁国——分封给他的私人采邑。他成为鲁国人的英雄，他们将周公敬为最尊贵的祖先。周公深信美德比神秘的超凡能力更为重要，这称得上是轴心时代的深刻洞见。人们不应崇敬一个不道德的人，即使他是位祖先，而应当尊重功德卓越的人。[84]但是，中国人尚未接受这种从道义角度看问题的创见，而退回到过去超自然的宗教仪式之中了。

对于成王之后的周朝君主，我们几乎一无所知，但在周王朝统治了一百年之后，尽管得到了上天的授权，它还是开始衰落了。采

* 本段《尚书》引文中译参照李民、王健撰《尚书译注》，上海古籍出版社 2004 年版。

邑制度有其内在的缺陷。年复一年，将各封国统治者和王族联结起来的血缘纽带逐渐松弛，因此各国诸侯只不过是周王的远房表亲，中间隔了两代或三代。周王依旧在西都维持统治，到公元前 10 世纪时，其东部地区变得动荡不安。周王朝开始瓦解，但在周王失去其政治权力以后相当长的一段时间之内，王朝保持了宗教和象征性的光环。中国人永远不会忘记周朝初期的岁月；他们的轴心时代会受到先人对一位正义统治者之探寻的启发，而这位统治者应是值得上天托付的人。

四、以色列的历史与神话

公元前 12 世纪，东地中海地区陷入一场危机，它席卷希腊、赫梯（Hatti）和埃及王国，使整个地区陷入了黑暗时代。我们并不能确切地知道那里究竟发生了什么。学者们往往将其归咎于埃及文献中记载的“海上民族”（sea peoples），即四处漂泊、无人辖管的水手，以及来自克里特岛（Crete）和安纳托利亚（Anatolia）的农民，他们横行于黎凡特（Levant）地区，大肆破坏城镇和村庄。但是，海上民族似乎只是这场灾难的表象而非原因。气候或环境的变化或许导致了大范围的干旱和饥荒，使当地经济遭到严重破坏，而缺乏适应性的当地经济不能对所遭受的破坏作出有效的反应。几个世纪以来，赫梯人和埃及人各自占领一部分近东地区。埃及人控制着南叙利亚（Syria）、腓尼基（Phoenicia）和迦南（Canaan），而赫梯人统治小亚细亚和安纳托利亚。到公元前 1130 年，埃及已经失去其大部分外省地区；赫梯的都城成了废墟；迦南人的大型港口乌加里特（Ugarit）、米吉多（Megiddo）和夏琐（Hazor）被毁坏；在希腊，迈锡尼王国（Mycenaean kingdom）分崩离析。无依无靠而绝望的人民四处游荡，寻求雇佣和保护。

这场危机的可怕结局给每一个经历过它的人都留下了不可磨灭

的印象。两个轴心民族在随后的黑暗时代中逐渐形成了。新的希腊文明在迈锡尼的碎石中复苏，被称为以色列的部落联盟出现于迦南高地。由于这确是一个黑暗时代，几乎没有史料记载，我们对这个时期的希腊和以色列知之甚少。直至公元前 9 世纪，我们实际上还是没有关于希腊的可靠资料，而对于早期以色列，我们只看到了几个发展片段。

以色列人的历史叙事

迦南的瓦解是一个缓慢的过程。[85] 自公元前 15 世纪起成为埃及帝国一部分的沿海平原上的大型城邦，随着埃及的衰微而一个接一个地解体了——这个过程持续了一个多世纪。我们不知道为什么这些城市会在埃及人离开之后崩溃。也许那里爆发了城市精英与农民之间的冲突，农民们耕种的土地是当地经济发展所依赖的。也许城市里出现了动荡局面，或是随着埃及政权的衰落，各城邦之间处于敌对状态。但是这些城市的瓦解产生了一个重要的后果。在临近公元前 1200 年之时，一个新定居地的网络在高地建立起来，从北部地势稍低的加利利（Galilee）一直延伸到南部的贝尔谢巴（Beersheba）。[86]

这些村庄并不能给人留下深刻印象：它们没有城墙，不设防，没有宏大的公共建筑、宫殿或神庙，也没有留下史料记载。朴素而式样一致的房屋显示出，这是一个平等社会，财富得以平均分配。那里的居民不得不与石质地貌艰难地搏斗。他们的经济以谷类作物和牧业为基础，然而从考古学的资料记载看来，这些村落发展昌隆。公元前 11 世纪期间，高地的人口激增，最多时约达 8 万人。学者们认同，这些村落的居民就是埃及法老迈尔奈普塔（Mernepteh）胜利碑（约公元前 1210 年）上所提到的“以色列”人。这是首次关于以色列的非《圣经》记载，它表明到这个时候，高地居民被他们的敌人认为是与居住在这一地区的迦南人（Canaanites）、胡里人

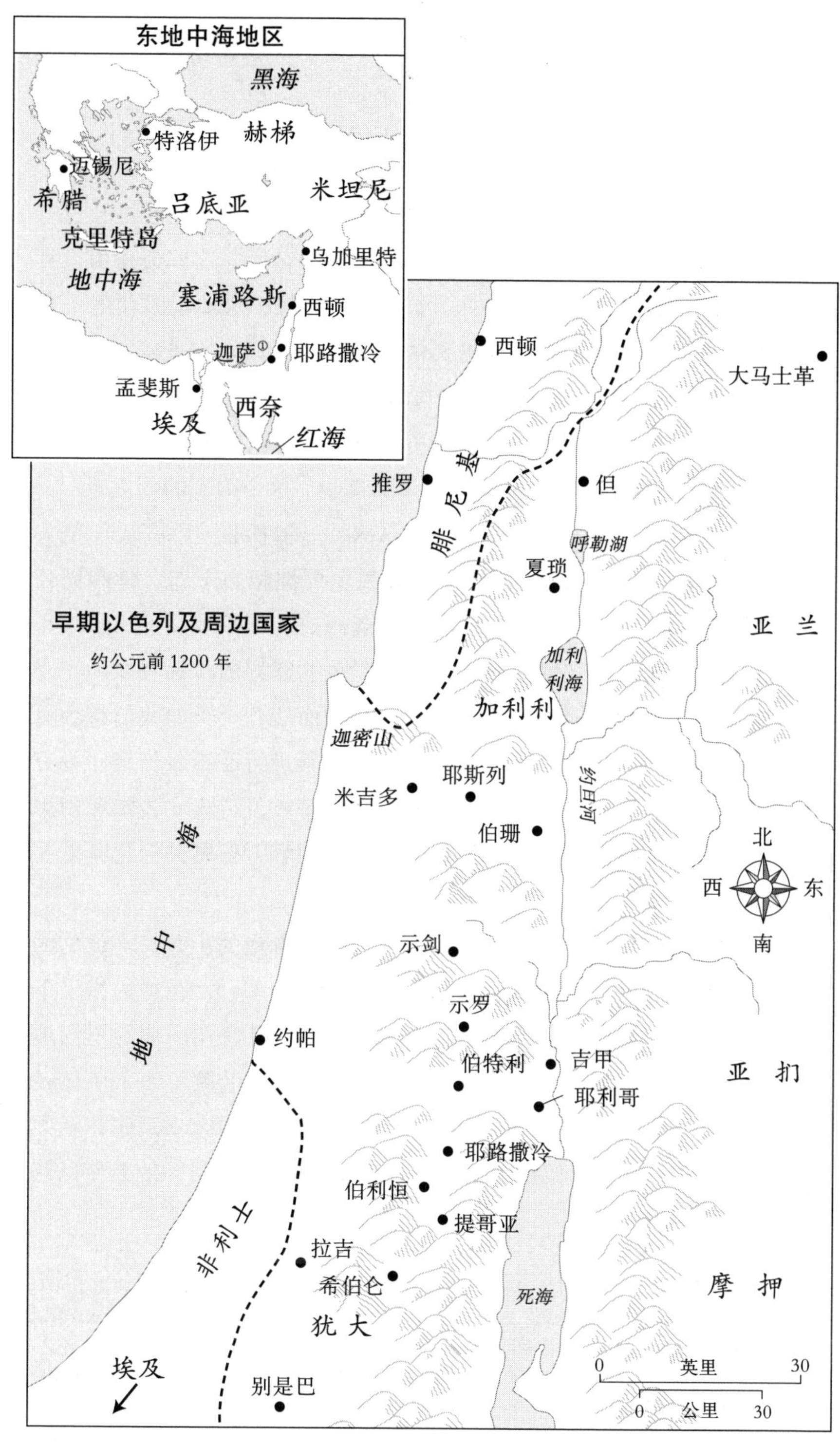
东地中海地区
黑海
特洛伊
赫梯
迈锡尼
希腊
吕底亚
米坦尼
克里特岛
乌加里特
地中海
塞浦路斯
西顿
迦萨①
耶路撒冷
孟斐斯
西奈
埃及
红海
早期以色列及周边国家
约公元前1200年
西顿
大马士革
腓尼基
推罗
但
呼勒湖
夏琐
亚 兰
加利利海
加利利
迦密山
耶斯列
米吉多
约旦河
伯珊
北
西
东
南
地中海
示剑
示罗
约帕
伯特利
吉甲
亚 扪
耶利哥
耶路撒冷
伯利恒
提哥亚
非利士
拉吉
希伯仑
死海
摩 押
犹 大
埃及
别是巴
英里
0
30
公里
0
30

① 今译为加沙。

（Hurrians）和贝都因人（Bedouins）截然不同的。[87]

我们没有关于早期以色列发展的同步记载。《圣经》对其进行了十分详细的记述，但经历了相当长的时间之后，这些最初由口耳相传的历史叙事才被记录下来。《圣经》的创作是轴心时代的一项成果，是持续了几个世纪的漫长精神历程。最早的《圣经》文本创作于公元前8世纪，《圣经》正典完成于公元前5世纪或4世纪期间。在以色列人的轴心时代中，历史学家、诗人、编年史作者、先知、祭司和法学家们都曾深切地思考其历史。这个国家的创立者——亚伯拉罕（Abraham）、摩西（Moses）、约书亚（Joshua）和大卫（David）——对以色列精神发展的重要性相当于尧、舜和周公对于中国的价值。以色列人对其历史起源进行不懈地反思，正如印度圣人回顾其祭祀仪式的意义。关于以色列起源的传说将成为一个有机象征，其轴心时代的重要成就围绕它而展开。正如我们将会看到的，以色列人创造了他们的传奇，并对其进行变革、修饰、补充和重新阐释，使它适应时代的特殊境况。每一位诗人、先知和幻想家都向不断推进的历史叙事中加入新一层内容，拓展并深化其重要意义。

权威性的历史叙事断言，以色列人不是迦南的土著民。他们的祖先亚伯拉罕来自美索不达米亚地区的乌尔（Ur），在神的指示下于公元前1750年左右在迦南定居。族长们各自住在山地的不同地区：亚伯拉罕住在希伯仑（Hebron），他的儿子以撒（Isaac）住在贝尔谢巴，他的孙子雅各（Jacob，也叫以色列，Israel）住在示剑（Shechem）地区。耶和华（Yahweh）* 向族长们许诺，他会使以色

* 即雅赫维，犹太教的“唯一真神”，在希伯来文《圣经》中写作JHWH。学者对JHWH的原意有各种解释，当前学术界认为最可能是“永存者”的意思。“耶和华”是基督教对雅赫维的读法。犹太教禁呼其神名，读经时以希伯来文“阿特乃”（意为“吾主”）代之。后基督教神学家误把“阿特乃”一词中的元音嵌入JHWH，乃读成“耶和华”，在基督教徒中长期沿袭。近代学者考证为误读。为翻译便利，本书沿用习惯译法“耶和华”。

列成为一个强大的国家，并使迦南归其所有。但是，在一场饥荒发生时，雅各和他的12个儿子（以色列各支派的创立者）移居埃及。起初，他们在那里繁荣发展，但后来却被埃及人奴役，以色列人在囚禁的困苦中度过了400年。最终，大约公元前1250年，他们受到耶和华的怜悯。他显示出强大的力量，使以色列人在摩西的领导下获得解放。在以色列人逃离埃及的时候，耶和华奇迹般地将红海的水分开，使得他们连脚和鞋子都不湿就穿过红海到达安全地带，耶和华随后却淹没了将以色列人穷追入海的法老和埃及军队。在迦南以南的沙漠地带，耶和华在西奈山（Mount Sinai）与以色列人立约，并赋予他们律法，这会使其成为圣洁的民族。然而，在耶和华带领他们到达迦南边境之前，以色列人不得不在旷野中流浪了40年。摩西在进入应许之地以前就去世了，而约书亚带领以色列军队于公元前1200年左右获得了胜利。在约书亚的领导下，以色列人摧毁了迦南人的所有城镇，杀死了那里的居民，使这片土地终归其所有。

然而，以色列考古学家自1967年以来的文物发掘并没有确证这段传说。他们没有找到在《约书亚记》中所描述的大规模毁灭的遗迹，没有外来入侵的迹象，没有埃及人的人工制品，也没有人口变化的征候。学术争论的激烈程度及时常互相敌对的状态，与印度关于吠陀文化起源的讨论旗鼓相当。大体一致的学术意见是，以色列人出埃及的传说并没有历史依据。《圣经》的记述并未反映公元前13世纪，而是公元前7世纪或6世纪的情形，当时大部分经文已经写作完毕。许多学者认为，在高地建立起新定居地的很多人可能是来自沿海地区衰落城邦的移民。因此，第一批以色列人中有很多大概都不是外来者，而是迦南人。《圣经》的开头部分表明，耶和华最初是南方山地的神灵，看来可能是其他支派从南方迁移到高地时，把对耶和华的信仰一同带来了。以色列人中的一部分——特别是约瑟（Joseph）的支派——甚至可能来自埃及。在埃及治下的沿海城邦生活的以色列人或许感到，他们的确从埃及人的奴役中解放了出来，但却是在自己的土地上被解放的。《圣经》作者并没有试图按照科学的方法写作一部精确的、令现代历史学家满意的叙事报道，他们是在探寻生存的意义。这些史诗故事和民族传奇曾帮助人们创建一种独特的身份认同。[88]

耶和华的宗族

如果以色列人事实上是迦南的土著民，那么他们为什么自称是外来者呢？人类学家发现了一些证据，以说明高地曾发生大规模社会经济混乱、人口变迁，以及敌对民族之间长达两个世纪的殊死搏斗。[89]甚至《圣经》的记述也表明，以色列并非从一个单一的祖先延续下来，而是包含了许多不同的种族——基遍人（Gibeonites）、耶拉篾人（Jerahmeelites）、基尼人（Kenites），以及来自希弗（Hepher）和得撒（Tirzah）等城市的迦南人——他们都成为“以色列”的一部分。[90]这些族群似乎是由一个盟约协定联结在一起的。[91]他们都作出了一个无畏而慎重的决定，背弃了迦南古老的都市文化。从这层意义上说，他们的确是外来者，而且生活在周边地区的经历或许激发了他们对以色列起源于异质文化的信仰，以及《圣经》中体现出的反迦南人的论战。以色列是这个民族团体中的新成员，在创伤和动荡中诞生，并不断遭到被边缘化的威胁。以色列人发展出一种与他人相对立的身份认同和历史叙事：他们与生活在这一地区的其他民族不同，因为只有他们享有与其神灵耶和华的独特关系。[92]

部族精神要求其成员为亲属的死复仇。亲属们拥有同一个肉体，部族成员分享同一个生命，[93]因此他们必须像爱自己一样爱他们的部族伙伴。通常被译为“爱”的术语“hesed”，最初是部族用语，表示忠诚于部族亲属关系，要求人们对家族群体慷慨无私。[94]与部族没有血缘关系的人可以通过婚姻或盟约协定加入本部族，这便赋予了他们兄弟身份。部族成员必须像爱他们自己一样爱这些新成员，因为他们如今是部族成员的“肉中肉，骨中骨”。许多中东地区的早期盟约曾使用这些亲族术语，而且将新以色列不同民族联结在一起的盟约很可能洋溢着这种部族精神。[95] 随着西闪米特（Semitic）世界中社会群体的不断扩大，亲族术语甚至比先前使用得更加频繁，以强调更大规模联盟之神圣不可侵犯。早期以色列的各项制度和律法从而被这种部族理念所支配。像这个地区的其他民族一样，以色列人感到与他们的民族神有亲缘关系，而称他们自己为“am Yahweh”，意为耶和华的“宗族”或“人民”。[96]

考古资料显示，居住在山地的人们生活中充斥着暴力。东地中海地区正值混乱的年代，早期定居者必定要为他们拓殖的土地而战。《圣经》保存了对约旦河一场伟大胜利的记忆：从南方移居来的支派穿过摩押（Moab）的领地，必须对付阻止他们过河的当地族群。一旦他们定居在一个村庄，就必须学会与邻人和平共处，并与之联合，共同反抗威胁其初建的社会安全的民族。人类学家认为，《士师记》和《撒母耳记 上》中描写的零星战争也许相当准确地记述了公元前 11 世纪和公元前 10 世纪时的情形。以色列人不得不与像非利士人（Philistines）这样的族群进行对抗，他们在公元前 1200 年左右定居在迦南的南部海岸，这与第一批村庄在高地建立的时间大致相同。在他的部族遭到攻击时，支派领袖（士师，sopet）必须能够集聚相邻支派的支持。因此，“herem”（“圣战”）对以色列社会来说是至关重要的。如果一个支派遭到攻击，士师便召集其他支派加入耶和华的队伍。以色列主要的崇拜对象是被称作“约柜”（Ark of the Covenant）的圣物，人们在进行战斗时携带着它，它象征着将耶和华的“宗族”联结在一起的约定。当军队启程时，士师召唤耶和华陪伴约柜：

> 耶和华啊，求你兴起，愿你的仇敌四散，

愿恨你的人从你面前逃跑。[97]*

这个备受折磨的民族在生活中时刻做好抵抗进攻和进行战斗的准备，因而发展出了一种设防的崇拜仪式。

以色列的神：从厄勒、巴力到耶和华

尽管以色列人感到与邻人如此不同，《圣经》的记载表明，直到公元前 6 世纪，以色列的宗教实际上与当地其他民族的宗教没有太大的差异。亚伯拉罕、以撒和雅各都敬拜迦南的高位神厄勒（El），而后世将对厄勒的崇拜与对耶和华的崇拜结合了起来。[98] 耶和华本人对摩西谈到了这个过程，他向摩西解释道，在以色列历史初期，族长们一直称他厄勒，只是到了现在，他才揭示出自己的真实姓名——耶和华。[99] 但是以色列人永远没有忘记厄勒。在很长一段时间内，耶和华的神殿是一个帐篷，就像是迦南人的圣幕，厄勒在里面管理其神圣会众。

厄勒在迦南最终遭遇了大多高位神的宿命。到公元前 14 世纪，对厄勒的崇拜逐渐衰落。他被生机勃勃的风暴之神巴力（Baal）取代。巴力是一位神圣的武士，驾驶战车乘着天堂的云朵，与其他神灵搏斗，并带来赋予生命的雨露。对耶和华的崇拜在早期与对巴力的崇拜十分相似，而且为巴力而作的一些赞美诗甚至在耶路撒冷被改编，用在耶和华的神殿中。中东地区的宗教是极富竞争性的，充满了关于战争、肉搏，以及神灵之间可怕争斗的故事。在巴比伦，战神马尔杜克（Marduk）杀死了“原始海洋”提阿马特（Tiamat），将她的躯体劈成两半，犹如一个巨大的贝壳，由此创造了天空与大地。这场战斗每年都会在埃萨吉拉（Esagila）神庙庆祝新年的典礼

* 本书《圣经》引文中译参照中国基督教两会《圣经——中英对照（和合本·新修订标准版）》（2000 年版），以及中国天主教教务委员会《圣经》（1992 年版）。

上再现，以维持世界在下一年的存在。在叙利亚，巴力与海中怪兽洛坦（Lotan）进行搏斗，他长着七个头颅，在《圣经》中被称为“鳄鱼”（利维坦,Leviathan）。巴力还与亚姆（Yam）和莫特（Mot）搏斗，亚姆是原始海洋、混沌的象征，莫特则是干旱、死亡和不育之神。为了庆贺胜利，巴力在萨潘山（Mount Sapan）——他的圣山上为自己修建了一座宫殿。直到公元前6世纪，以色列人还认为耶和华与像利维坦那样的海中怪兽搏斗，以创造世界并拯救他的人民。[100]

乌加里特赞美诗显示，神圣武士巴力的到来震撼了整个宇宙：当他挥舞闪电，与其“神圣”扈从一起进击敌人时：

天空如同卷轴般卷起，
它们所有的主人变得衰弱无力，
像葡萄藤叶枯萎，
像无花果实低垂。[101]

巴力的圣音震裂了大地，山峦在他的怒吼中颤抖。[102]当他凯旋萨潘山时，他的声音从宫殿中轰鸣而出，为大地带来雨水。[103]他的崇拜者通过在乌加里特礼拜仪式中再现这些战斗场面，来参与巴力与干旱和死亡进行的斗争。结束与莫特的殊死搏斗之后，巴力和安娜特（Anat）——他的妹妹兼情妇幸福团聚了。他的崇拜者也在仪式化的性交中对此予以庆祝，以激发土地的神圣活力，给他们带来好收成。我们知道，令以色列先知厌恶的是，以色列人直至公元前8世纪甚至更晚近的时候仍参与这些宗教性的纵欲狂欢。

在《圣经》最早的文本（写作于大约公元前10世纪并插入到晚期叙事中的独立诗文）中，耶和华是作为一位像巴力那样的神圣武士出现的。那时，各部族的生活充满了暴力和危险，需要神灵的帮助。诗文通常描写耶和华从他在南方群山中的家里出发，来到高地救助他的人民。“底波拉之歌”（Song of Deborah）是这样说的：

> 耶和华啊，你从西珥出来，
> 由以东地行走。
> 那时地震天漏，
> 云也落雨。
> 山见耶和华的面就震动，
> 耶和华以色列神。[104]

另一首早期诗歌描写道，当耶和华从巴兰山临到时，“他使地震动”，随着他的走近，永久的山崩裂，长存的岭塌陷。他向江河洋海发怒气，与以色列对抗的万民吓得发抖。[105]

古代以色列没有中央圣所，而在示剑、吉甲（Gilgal）、示罗（Shiloh）、伯特利（Bethel）、西奈和希伯仑等地有很多神殿。我们根据晚期《圣经》独立文本能够断定的是，约柜被人们从一个圣所抬到另一个圣所，以色列人聚集在当地的神殿中，在耶和华面前重申他们的誓约。神殿通常与以色列历史上的伟大人物有关：亚伯拉罕是希伯仑周围南方支派的英雄；雅各在伯特利创立了神殿；雅各最宠爱的儿子之一约瑟受到北方山地支派的格外崇敬；摩西在北方尤其是示罗深受爱戴。[106]在与契约相关的节日里，游吟诗人、祭司和士师讲述这些伟大人物的故事。他们可能会追忆，亚伯拉罕曾经在希伯仑附近的幔利（Mamre）的住处款待了三个陌生人，其中之一就是耶和华；雅各在伯特利得到耶和华的幻象，在梦中他看到一个巨大的梯子联结天地；约书亚在征服迦南地之后，在示剑以一项盟约将各支派结合在一起。每一个神殿或许都有它自己的传奇故事，一代接一代口头流传，并且在宗教仪式上吟诵，以提醒支派的亲缘职责。

以色列人或许在他们的宗教仪式上重现了这些伟大事件。例如，一些学者认为，《约书亚记》中有以色列人在吉甲守逾越节，庆祝各支派胜利穿过约旦河的记载。[107]《圣经》史学家中断了对宗教仪式的说明，他们解释道，在春天收割的日子，“约旦河水涨过两岸”。[108] 看来为了庆祝节日，河水被专门筑坝拦了起来，以纪念一个伟大的神迹。当约书亚带领众人来到洪水边上，他吩咐大家在约旦河水里站住，注视将要发生的事情。抬约柜的祭司脚一入水，那水便奇迹般地断绝，于是以色列国民从干地上全都安全过了约旦河，进入吉甲福地。当地人——“约旦河西亚摩利人（Amorites）的诸王和靠海迦南人的诸王”——听说发生的事，“他们的心因以色列人临近的缘故就软弱了，不再有胆气”。[109] 每年春天的逾越节，各支派在宗教仪式上再现这一伟大时刻。他们聚集在约旦河东岸，洁净自身，穿过被堤坝拦住的河水到达西岸，走进吉甲的神殿，那里立有代表以色列人 12 支派的 12 块石头，以纪念这个历史事件。以色列人在吉甲安营，重申誓约，并庆祝逾越节，吃无酵饼（mazzoth）和烘烤的谷物，追念祖先。他们的祖先在凯旋进入吉甲之后“第一次吃了那地的出产”。[110]

最终，也许那里会重现约书亚在以色列军队从吉甲启程之后所经历的异象。

> 约书亚靠近耶利哥的时候，举目观看，不料，有一个人手里有拔出来的刀，对面站立。约书亚到他那里，问他说：“你是帮助我们呢？还是帮助我们敌人呢？”
>
> 他回答说：“不是的，我来是要作耶和华军队的元帅。”约书亚就俯伏在地下拜，说：“我主有什么话吩咐仆人？”
>
> 耶和华军队的元帅对约书亚说：“把你脚上的鞋脱下来，因为你所站的地方是圣的。”约书亚就照着行了。[111]

逾越节是为夺取应许之地而进行的圣战所做的准备，这场圣战以进攻耶利哥城为开端。城墙奇迹般塌陷，以色列人夺取城池。“他们对城中所有的实施圣战——不拘男女老少、牛羊和驴，都用刀杀尽。”[112]

战神耶和华

耶和华是一位战神。吉甲的节日发生在春天收割季节，但那里并没有为丰收所做的祷告，而仅仅是对一场军事战争的纪念。以色列的神被称作耶和华上帝（Yahweh Sabaoth），意为“万军”之主；他由天主陪伴，他的统帅带领以色列人进行战斗。战争是一种神圣化的行动。人们在参加战斗之前要像参加宗教仪式那样洁净自身，而约书亚经历异象的战场则是一片圣地。中东地区的很多民族重演宇宙中的战争，而以色列的做法却开始变得不同。与纪念一场在神圣时代的原始神话世界获得的胜利不同，以色列人庆祝的胜利据他们认为是发生在人类生活的时代，而且发生在并不遥远的过去。

从神话到历史的转变在《圣经》最早期的一首诗歌里表达得很清楚。它可能在公元前10世纪吉甲的节日里被人们吟诵。[113] 在最终定稿的《圣经》文本里，《红海之歌》（the Song of the Sea）[114] 包含在以色列人出埃及的故事当中，是在以色列人穿过红海之后，由摩西的姐姐米利暗（Miriam）口中唱出的。但是《红海之歌》显示，最初以色列的敌人并不是被淹没在红海而是约旦河里。见证这一神迹的不是埃及人或西奈人，而是迦南和约旦河东岸诸王国的居民：

> 疼痛抓住非利士的居民，
> 以东的族长惊惶，
> 摩押的王侯被战兢抓住，
> 迦南的居民都怯懦了。
> 惊骇恐惧临到他们。[115]

这段经文描写了耶和华带领他的人民胜利行进，穿过了应许之地而不是穿过西奈半岛。它后来被改编以适合出埃及的故事，但似乎最初庆祝过约旦河的早期宗教仪式有助于后来过红海那段经文的成形。[116]

人们很容易将以色列人过红海的胜利与约旦河的神迹合为一体。在迦南神话中，巴力通过与亚姆搏斗并杀死它以使世界变得适于居住。巴力是原始海洋，在中东地区始终象征着混沌的破坏性力量。而亚姆也被称作王子河（Prince River）。海与河是可以互换的。《红海之歌》显示出对巴力的崇拜及其神话的强大影响力。[117] 像巴力一样，耶和华也是作为一位神圣的武士而受到赞美。

> 耶和华啊，你的右手摔碎仇敌。
> 你大发威严，推翻那些起来攻击你的；
> 你发出烈怒如火，烧灭他们像烧碎秸一样。[118]

像巴力一样，耶和华强有力地控制了海洋 / 河流：他发鼻中的气，水便“聚起成堆，直立如垒”，[119] 并在取得胜利之后，行进到他的圣山，在那里被人们永远尊立为王，正如巴力在战胜亚姆之后在萨潘山被尊为王。然而，两者存在着显著的差异。当巴力向前行进时，群山、森林和沙漠震撼；而在《红海之歌》中，当耶和华经过时，使当地的人们惊骇得战栗。古代神话的潜在意义赋予以色列历史上真实的战争以超验的内涵。

我们在下一章将会看到，以色列人后来变得敌视巴力，但在这一个时期他们感到对巴力的崇拜非常振奋人心。他们尚未成为一神论者。耶和华是其主要的神灵，但他们也承认其他神灵的存在并对其敬拜。耶和华直到公元前 6 世纪晚期才成为以色列人所敬拜的唯一神灵。在早期历史上他仅仅是“诸神”或“厄勒诸子”之一，身处众神之中。据说在上古之日，厄勒向每一个民族委派了一个“圣者”作为其守护神，而耶和华被指定为“以色列之神”。《申命记》（*Deuteronomy*）中的另一首早期诗歌表达了这种古老的神学：

> 至高者将地业赐给列邦，将世人分开，
> 就照以色列人的数目，立定万民的疆界。
> 耶和华的分，本是他的百姓，
> 他的产业，本是雅各。[120]

古阿卡德语（Akkadian）表示神圣的词是“埃鲁”（ellu），意为“清洁、显赫、光明”。它与希伯来语的“埃洛希姆”（elohim）相关，“埃洛希姆”通常被简单地译为“神”，但最初它却概括了神灵对人类来说所意味的一切。中东地区的“圣者”如同迪弗，即印度的“闪光者”。在中东，神圣是一种超越众神的力量，类似于梵。美索不达米亚的伊拉姆（ilam，“神”）与一种光芒四射的力量有关，超越任何个别的神。它是一个原始本体，不能依赖于一个单一而清晰的形态。众神并非伊拉姆的源极，而人类、群山、树木和星辰等都分享了这种神圣。接触到伊拉姆崇拜仪式的一切也都变得神圣：一个国王、一名祭司、一座神殿，甚至宗教仪式所使用的器具都通过这种联系而变得圣洁。对早期以色列人来说，将神圣限定在某个单一的神圣者身上似乎是奇怪的事。[121]

分裂：以色列国与犹大国

在公元前第一个千年之初，以色列社会非常发达而且变得更加错综复杂：古老的部族体制已不再令人满意。人们决定实行君主政体，尽管许多人反对这一举措。起初，依照《圣经》记载，大卫王（约公元前1000—公元前970年在位）和所罗门王（约公元前970—公元前930年在位）统治着一个联合王国，首都是耶路撒冷。然而到公元前10世纪时，它分裂为两个国家。以色列王国在北方，面积更大而且更加繁荣，拥有90%的人口。那里土地肥沃，物产丰饶，交通运输相对比较便利，耶斯列平原（Jezreel Valley）早已成为埃及与美索不达米亚之间的主要商贸路线。南方的小王国犹大由大卫王的后裔统治，比以色列王国小得多而且更加孤立，它那崎岖的地形很难进行农耕。[122]

但是，我们对犹大的宗教了解更多，因为《圣经》的作者更喜欢这个南方王国。它是一个典型的迦南君主国。由于与耶和华之间的祭礼关系，崇拜仪式以大卫式的国王为中心，他是神圣武士和圣者在人世间的对应者。在其加冕礼上，他成为神灵的一员，即上帝之子。耶和华拣选了他，并宣告："你是我的儿子；我今日生你。"[123]作为耶和华特殊的仆人，他和上帝众子一同位列圣会席位。作为耶和华的摄政者，他将毁灭其尘世间的仇敌，如同耶和华战胜海洋与河流的宇宙势力。

立约仪式的地位逐步下降。在犹大，耶和华与大卫王的立约使得耶和华与各部族结为同盟的圣约黯然失色。耶和华应许大卫，他的王朝会永远存续下去。原有的立约节日以以色列历史为中心，但王族祭仪回归了古老的神话。公元前10世纪的神殿圣诗描述，耶和华像巴力那样跨越海洋，当他急忙赶去拯救耶路撒冷时，他的雷声回荡在旋风中，电光照亮世界。[124]也许在庆祝新年的时候，一场盛大的游行重演了耶和华向锡安山（Zion）——他的圣山凯旋行进的情形，人们抬着约柜进入所罗门王修建的神殿。歌队轮唱圣歌："有力有能的耶和华，在战场上有能的耶和华！"其他"厄勒之子"，敌国的守护神，必赞颂耶和华。当耶和华进入圣殿时，他的声音震碎黎巴嫩的香柏树，使闪电光亮尖锐。[125]耶和华的声音震动旷野，树木也脱落净光。"洪水泛滥之时，耶和华坐着为王；耶和华坐着为王，直到永远！"[126]

耶和华仍是一位战神，但并不是以色列人崇拜的唯一神灵。其他神灵或女神更加温和，他们象征着融洽与和谐，使土地丰产。甚至勇猛的巴力在击败莫特与安娜特团聚之后，宣称自己的胜利开创了天空与大地深处完全的和谐："树的言谈和石的低语，天空与大地的交谈、海洋与星辰的对话。"[127] 以色列人需要神圣武士的支持，并且以耶和华为荣，但大多数人同时也需要神圣的其他形式。这一点将最终导致他们与希望只崇拜耶和华的少数人发生冲突。

轴心时代尚未开始。所有这些宗教传统都带有一种深切的忧虑不安的色彩。当人们在大草原上的生活被劫掠牲畜者的暴力所改变之前，雅利安宗教一向是平静而温和的。然而空前的侵略行为所造成的震撼迫使琐罗亚斯德发展出一种两极分化的、竞争性的视域。在以色列和印度，生活在全新而充满敌意的地区而产生的不安全感，以及维持一个社会所经历的艰辛，促使人们将暴力和富于侵略性的意象带到了宗教仪式中。但是，人们不能永无止境地生活在这样的紧张状态之下。宗教仪式教会他们直面黑暗，并且认识到，他们是有可能勇敢面对似乎是不可能做到的事并生存下来的。公元前 9 世纪，希腊人——第四个轴心民族，正开始摆脱黑暗时代。他们的经历告诉我们，有关宗教仪式的戏剧怎样帮助古代社会的人们创造性地应对历史上的灾难和绝望。

第二章

宗教仪式

（约公元前 900 年—公元前 800 年）

一、古希腊文明

在大约公元前 1200 年，地中海东部地区的一场危机袭击了希腊。很可能是迈锡尼的希腊人用尽最后的力量摧毁了小亚细亚的城市特洛伊（Troy）：考古学家发掘出了城市被毁坏的痕迹，而且认为它发生在公元前 13 世纪后半叶。但正如近东地区的王国一样，迈锡尼王国也崩溃了，希腊由此步入一段长达 400 年的黑暗时期。迈锡尼人自公元前 14 世纪起控制着这一地区。他们建立了城市商贸网络，出口橄榄油到安纳托利亚和叙利亚，换回锡和铜。与在此之前的米诺斯文明（Minoan civilization，约公元前 2200 年—公元前 1375 年）不同，迈锡尼社会具有侵略性并且尚武。而在克里特岛的克诺索斯（Knossos）进行统治的米诺斯人似乎是温和而爱好和平的。他们的宫殿以抒情浪漫、色调鲜明的彩色壁画作为美丽的装饰，但并不设防，战争对他们来说只是一种遥远的威胁。然而，迈锡尼的希腊人通过炫耀最新的军事技术统治民众。他们拥有从赫梯帝国进口的战车、强大的城堡和威严的坟墓。国王造就了一个高效的行政管理部门。迈锡尼人以迈锡尼（Mycenae）为首都统治了麦西尼亚（Messenia）、皮洛斯（Pylos）、阿提卡（Attica）、彼奥提亚（Boetia）、色萨利（Thessaly）、希腊诸岛和塞浦路斯（Cyprus）。据赫梯原始文献资料记载，到公元前 13 世纪时，迈锡尼人已经开始对小亚细亚的沿海城市发动袭击。

迈锡尼衰落

这个强大的文明几乎于顷刻间便消失了。位于迈锡尼中心地带的城市——皮洛斯、梯林斯（Tiryns）和迈锡尼，或许是被海上民族全部摧毁了。一些人口迁移到阿卡迪亚（Arcadia）和塞浦路斯，而伯罗奔尼撒半岛北部的亚该亚（Achaea）成为迈锡尼人的一块飞地，这些迈锡尼人此后被称为亚该亚人。[1] 但在其他方面，他们几乎没有留下一丝痕迹。迈锡尼人将米诺斯文字改造得适合于他们自己的语言，然而残存下来的文本仅仅是有关一些装备、杂货和物品交易的清单，因此我们对其社会状况知之甚少。但是，它似乎已经移迁到克里特岛和近东一线，而与轴心时代期间发展起来的希腊文化没有多少关系。

希腊人是印欧民族的一支，于公元前 2000 年左右开始定居在这一地区。[2] 像印度的雅利安人一样，他们对大草原并没有什么记忆，而是假定自己的祖先一直居住在希腊。但他们讲印欧语，并与印度雅利安人具有某种相同的文化和宗教传统。火在希腊人的崇拜仪式中是非常重要的，希腊人也同样热衷于竞赛，将他们能运用的任何事物都来进行比赛。起初希腊部族定居在米诺斯社会的边界地带，而到公元前 1600 年时，他们已经开始在大陆地区建立起强大的军事力量，并在米诺斯文明经历了一系列自然灾害行将衰落之时，基本控制住局势并建立迈锡尼王国。

我们对米诺斯或迈锡尼的宗教知之甚少。从考古学家发现的雕刻品和奉献的祭品来看，米诺斯人喜爱舞蹈和赛跑；他们崇拜神圣的树木，在山顶向神灵供奉牲畜作为祭品，并得到出神的幻象。金制指环和小雕像显示出男人和女人警觉地站立着，眼睛努力望向飘浮在空中的女神形象。坟场是圣地。国王是神灵的伙伴：印章显示国王和女神进行交谈，女神交给他一支矛或手杖。这些仪式中的一部分延续到后来的希腊宗教当中，而迈锡尼的文本资料提及在后来的希腊万神殿中依然十分重要的神灵：宙斯（Zeus）、雅典娜（Athena）、波塞冬（Poseidon）和狄俄尼索斯（Dionysus）。

然而，地中海东部地区灾难性的崩溃无可挽回地将希腊与这两种文明隔离开来。希腊堕入缺乏教育和相对野蛮的状态；不存在中央权力机构，地方首领统治着各个地区。各个社会群体相互割裂，与同处危机之中的近东国家不再有联系。那里再也没有雄伟的建筑和人像艺术，工匠技术也走向衰落。诗人使某些古老的传说流传下来。他们追忆迈锡尼文明时期，并将其视作伟大武士的英雄时代。他们讲述阿喀琉斯（Achilles）的故事，他是最伟大的亚该亚人，在特洛伊战争期间被杀死。他们回忆迈锡尼国王阿伽门农（Agamemnon），他在一场神定的族间仇杀中死去。他们延续了对底比斯（Thebes）国王俄狄浦斯（Oedipus）的记忆，他在不了解真相的情况下误杀其父并娶其母为妻。史诗的作者们漫游希腊，帮助那些分散的社会群体获得一致的身份认同和共同的语言。

在这场危机中幸存的少数城市之一是地处阿提卡东部的雅典，它曾经是迈锡尼的一个要塞。雅典在危机中衰败，人口也有所减少，但它从未被彻底遗弃。到公元前 11 世纪中期，雅典的工匠已开始制造精致的陶器，以我们今天所称的原几何风格（Proto-Geometric style）进行装饰。与此同时，一部分雅典人移居小亚细亚，在爱琴海沿岸建立定居地，使雅典的爱奥尼亚（Ionia）方言得以流传。公元前 10 世纪晚期，雅典周围的乡村地区开始出现新的村落，阿提卡的居民被分成四个部落（phylai），它们是行政单位而非种族单位——就像英国公立学校中的“宿

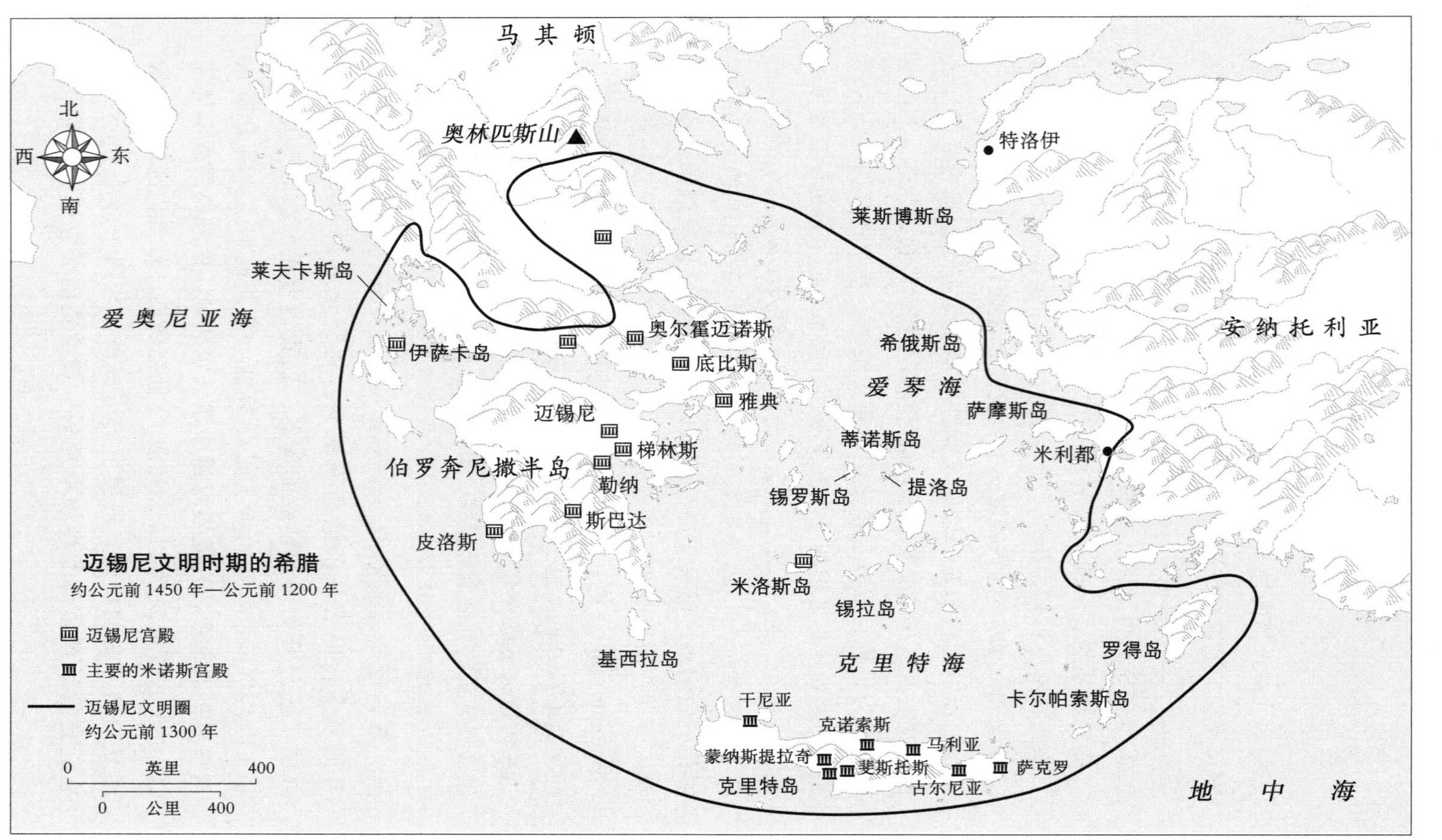
马 其 顿
北
西
东
南
奥林匹斯山
特洛伊
莱斯博斯岛
莱夫卡斯岛
爱 奥 尼 亚 海
奥尔霍迈诺斯
伊萨卡岛
底比斯
希俄斯岛
安 纳 托 利 亚
爱 琴 海
雅典
迈锡尼
萨摩斯岛
蒂诺斯岛
梯林斯
米利都
伯罗奔尼撒半岛
勒纳
锡罗斯岛
提洛岛
斯巴达
皮洛斯
迈锡尼文明时期的希腊
约公元前 1450 年—公元前 1200 年
米洛斯岛
锡拉岛
迈锡尼宫殿
主要的米诺斯宫殿
迈锡尼文明圈
约公元前 1300 年
基西拉岛
克 里 特 海
罗得岛
干尼亚
卡尔帕索斯岛
克诺索斯
马利亚
蒙纳斯提拉奇
斐斯托斯
萨克罗
古尔尼亚
克里特岛
0
英里
400
0
公里
400
地 中 海

舍”。历史潮流开始转向雅典。后来，人们把这一复兴归功于雅典神话中的国王忒修斯（Theseus）。[3]雅典人每年都要在卫城（雅典城边的圣山）的宗教节日举行仪式，庆祝忒修斯统一这个地区。

希腊社会在公元前9世纪时仍以乡村为主。我们主要的资料来源是直到公元前8世纪才开始写作的荷马史诗，但它保存了一些口头流传下来的古代传说。当地贵族（basileis，“领主”）的财富以绵羊、牛和猪来衡量。他们的生活远离畜牧者和农民，仍然认为自己是武士。他们不停地自夸其丰功伟绩，以求得到称赞和奉承。他们还热衷于竞争，也是利己主义者。他们首先忠于他们自己、他们的家庭和部落，胜过效忠整个城市。但是，他们认为自己与爱琴海地区的其他贵族有亲族关系，并准备与其慷慨协作，对旅行者也提供盛情款待。

然而，在黑暗时代即将结束时，商贸活动在爱琴海地区复苏。贵族需要铁来制造武器和盔甲，需要奢侈品在竞争者面前炫耀。他们最早的贸易伙伴是来自北方沿海城市的迦南人，希腊人称他们为腓尼基人（Phoenicians），因为他们在古代拥有对唯一不褪色的紫色（phoinix）染料的垄断权。起初，由于腓尼基人的文化远比希腊文化高深得多，希腊人对其心怀嫉恨。而到公元前9世纪时，他们已开始创造性地在一起工作。腓尼基人在塞浦路斯建立了一个基地，腓尼基工匠来到雅典、罗得岛和克里特岛工作。腓尼基殖民者首先开发了地中海西部地区，公元前814年，他们在北非海岸建立了迦太基（Carthage）。他们向希腊人展示出海洋的商业潜能，希腊人于是在叙利亚开始了新的对外接触。公元前9世纪晚期，腓尼基人、塞浦路斯人和希腊人在奥龙特斯（Orontes）河口创立了阿尔米那（Al-Mina）商业中心，买卖奴隶和白银，换得铁、金属制品、象牙和纺织品。[4]

诸神的诞生

希腊人恢复了正常生活，但他们仍停留在精神上的地狱边缘。古老的米诺斯和迈锡尼崇拜仪式中的几个要素依然存在，比如，雅典卫城上面有一棵神圣的橄榄树。[5]然而，公元前13世纪的危机粉碎了古老的信仰。希腊人目睹他们的世界崩溃，这一创伤改变了他们。米诺斯壁画曾经是自信而明快的，其中描绘的男人、女人和动物充满期待而怀有希望。女神舞蹈的幻影出现在多花的牧场，充盈着喜悦。但是到公元前9世纪，希腊宗教则是悲观而怪诞的，它的神灵危险、残忍，而且专横。[6]希腊人此后实现了光彩夺目的辉煌文明，但他们从未丧失其悲剧感，而这将成为他们为轴心时代作出的最重要的宗教贡献之一。他们的宗教仪式和神话故事将始终在暗示无以言表的被禁之物，在舞台后面无法看到的地方且通常在夜晚发生的可怕事件。当生活神秘莫测地在违犯禁忌中被完全颠倒，当使社会和个人保持清醒的边界突然间支离破碎，他们便在灾难中体验着神圣。

我们可以在希腊诸神诞生的可怖故事中领略这种阴郁的情景。太初之时，希腊社会没有仁慈的造物主和神圣秩序，而只有无情的仇恨和斗争。据说，起先那里曾有两个原始的力量——卡俄斯（Chaos，混沌）和盖娅（Gaia，地母神）。他们太过敌对以致不能共同繁衍，因此他们各自生育后代。盖娅生了苍天神乌拉诺斯（Uranus），之后生出了世界上的海洋、江河、丘陵和山脉。后来盖娅和乌拉诺斯结婚，生了六个儿子和六个女儿。他们就是提坦诸神（Titans），即第一代神族。

然而乌拉诺斯憎恶他的12个孩子，并强迫他们在出生的那一刻回到盖娅的子宫。最后，处于极大痛苦中的盖娅恳求孩子们的帮助，但只有最小的儿子克洛诺斯（Cronus）有勇气按照母亲的要求去做。他携带镰刀蜷缩在母亲的子宫里，等待着父亲。当乌拉诺斯再一次深入盖娅体内时，克洛诺斯切断了他的生殖器，将它抛到人间。高位神往往被他们更精悍的孩子推翻，但很少有神话创造出如此反常的原始斗争。克洛诺斯成了主神，他将兄弟姐妹从母亲体内解放出来。他们互相配对，生出了第二代提坦神，包括以双肩掮天的阿特拉斯（Atlas），以及从天上盗取火种带给人类的普罗米修斯（Prometheus）。

然而，克洛诺斯并未从过去的悲剧中吸取教训，反而像他父亲一样残暴。他娶了他的妹妹瑞亚（Rhea），生了五个孩子——第二代神族：赫斯提亚（Hester，神圣炉灶的守卫者）、得墨忒耳（Demeter，掌管农业的女神）、赫拉（Hera，婚姻守护神）、哈得斯（Hades，冥王），以及波塞冬（海神）。但克洛诺斯被告知，他的一个孩子将会取代他，因此他在每一个婴儿降生后立刻将它吞下。怀着第六个孩子的瑞亚绝望地向母亲盖娅求助。当婴儿宙斯降生时，盖娅将他藏在克里特岛，而瑞亚把一块用襁褓包裹的石头交给克洛诺斯，克洛诺斯马上把它吞下去了，什么都没注意到。宙斯长大后，迫使父亲吐出了他的兄弟姐妹，一家人在奥林匹斯山定居。克洛诺斯试图反抗，与其他一些提坦神在奥林匹斯山发动了十年战争，在其中的一次战斗中动摇了宇宙的根基。宙斯最终取得胜利，并将他的父亲和那些支持他的提坦神囚禁在塔耳塔洛斯（Tartarus）——大地深处暗无天日的恐怖深渊。

与此同时，另一个原始力量卡俄斯也生育了他自己可怕的后代：厄瑞卜斯（Erebus，“黑暗”，尘世最为幽深的地方[*]）和黑夜（Night）。之后，黑夜生育了一群女儿，其中包括命运三女神摩伊赖（Moirai）[†]、精灵刻瑞斯（Keres）和复仇三女神厄里倪厄斯（Erinyes）。[7] 厄里倪厄斯尤其令人恐惧，希腊人把她们想象为讨人嫌的女巫，像蛇一般缠绕卷曲，匍匐爬行着通过嗅觉追踪猎物，像狗一样嘶叫咆哮。

---

* 即阳间与阴间的交界处。

† 分别为克洛索、拉赫西斯和阿特洛泊斯。

一则神话中提到，她们是从克洛诺斯割下乌拉诺斯的生殖器时落地的血滴中诞生的。* 所以她们比奥林匹斯诸神更为年长，而家庭暴力在她们的生命中刻下了印记。

这些居住在大地深处的阴间力量在黑暗时代主导着希腊宗教。公元前9世纪时人们认为，是他们，而非奥林匹斯诸神，统治着宇宙。正如后来的一位诗人所阐释的那样，这些黑暗之神"捕捉到人和神的罪孽，他们永远不会停止发怒，直到使罪人受到惩罚"，[8] 因为针对亲族的任何暴行都违反了整个社会秩序。由于乌拉诺斯、克洛诺斯和宙斯都对其家族犯下了可怕的罪行，那些阴间的神灵其实代表了奥林匹斯诸神的阴暗面。一旦受到激发，他们的威力便会自动发挥作用而不能被召回。当一个受害者诅咒加害于他的人并高声恳求复仇时，厄里倪厄斯便被立刻释放出来，像一群野狗一般追逐罪犯，直到他可怕地暴亡，赎清罪过。

厄里倪厄斯永远不会在希腊人的幻想中彻底消失。黑暗时代结束很长时间之后，希腊人依然被谋杀父母、虐待孩子的男男女女的神话传说所吸引。即便这些残忍的行为是无意造成的，它们也包含着一种传染力（毒气，miasma），拥有不受制约的生命。除非它被作恶者献祭式的死亡所清除，否则社会将长期被痛苦和灾难所折磨。例如，阿特柔斯（Atreus）家族的神话讲述了阿特柔斯和堤厄斯忒斯（Thyestes）两兄弟为争夺迈锡尼王位而进行的骇人听闻的斗争。阿特柔斯有一次邀请弟弟赴宴，给他吃美味炖肉，而其中竟有堤厄斯忒斯亲生儿子的肉。这一可怕之举释放出具有传染性的毒气，传播到阿特柔斯的整个家族。所有人都陷入恐怖的血仇当中，其中一个暴力和变态的罪行会导致另一个罪行。阿特柔斯的儿子阿伽门农是迈锡尼王，他被迫将女儿伊芙琴尼亚（Iphigenia）献祭，以确保有顺风助希腊舰队驶往特洛伊。他的妻子克吕泰涅斯

* 此为赫西俄德的说法。

（Clytemnestra）为了复仇，当阿伽门农从特洛伊战争归来时将他谋杀，而她的儿子俄瑞斯忒斯（Orestes）为父报仇，不得不杀死了母亲。这个违反常情而令人费解的故事成为塑造希腊神话的最重要的故事之一。像许多其他希腊传说一样，它体现了人类极端的软弱无助。公元前 8 世纪，荷马坚信克吕泰涅斯和俄瑞斯忒斯别无选择，只能如他们所为；他们的行为甚至被当作义举而受到褒奖，因为他们清除了污秽尘俗的毒气。[9]

无论希腊人变得多么强大，他们从未真正感到在掌控着自己的命运。当希腊文明于公元前 5 世纪达到顶峰时，他们依然认为人们由命运三女神或者甚至由奥林匹斯诸神所驱使，去做神灵所做的事，而且一旦犯下一项罪行，就会给恰巧生活在被这罪行污染的环境中的无辜人带来无尽的灾难。人们不能期望得到奥林匹斯诸神的帮助，他们不负责任地干预人们的生活，不计后果地保护他们喜欢的人，而摧毁那些招致他们愤怒的人。神灵中只有厄里倪厄斯表现出一些伦理意识，她们被暴行所激怒，但完全缺乏同情心。因此在上述故事的一些版本中，俄瑞斯忒斯被迫杀死母亲之后，遭到厄里倪厄斯满世界地追击，直到由他那遭受厄运的家族所释放的毒气被最终消除为止。

希腊人被众神暴力和灾难的形象所折磨。奥林匹斯诸神不仅对人类冷酷无情，他们也会互相残害。例如，宙斯的妻子赫拉非常厌恶她瘸腿的儿子赫淮斯托斯（Hephaestus），当他出生时，赫拉将他扔到地上。赫拉是一位残忍而易怒的神灵，她无情地迫害因丈夫与其他女人私通而生下的孩子。她与提坦神密谋杀害宙斯与一位凡人女子塞墨勒（Semele）所生的儿子狄俄尼索斯，使他发疯。狄俄尼索斯在彻底康复之前用了很多年时间疯狂地跑遍东方国家。赫拉还试图杀害宙斯的另一个儿子赫拉克勒斯（Heracles），把毒蛇放进他的摇篮，也使他精神失常，杀害了自己的妻子和孩子。家庭是社会的基础。我们将会看到，在其他各种文明中，家庭被视为神圣的

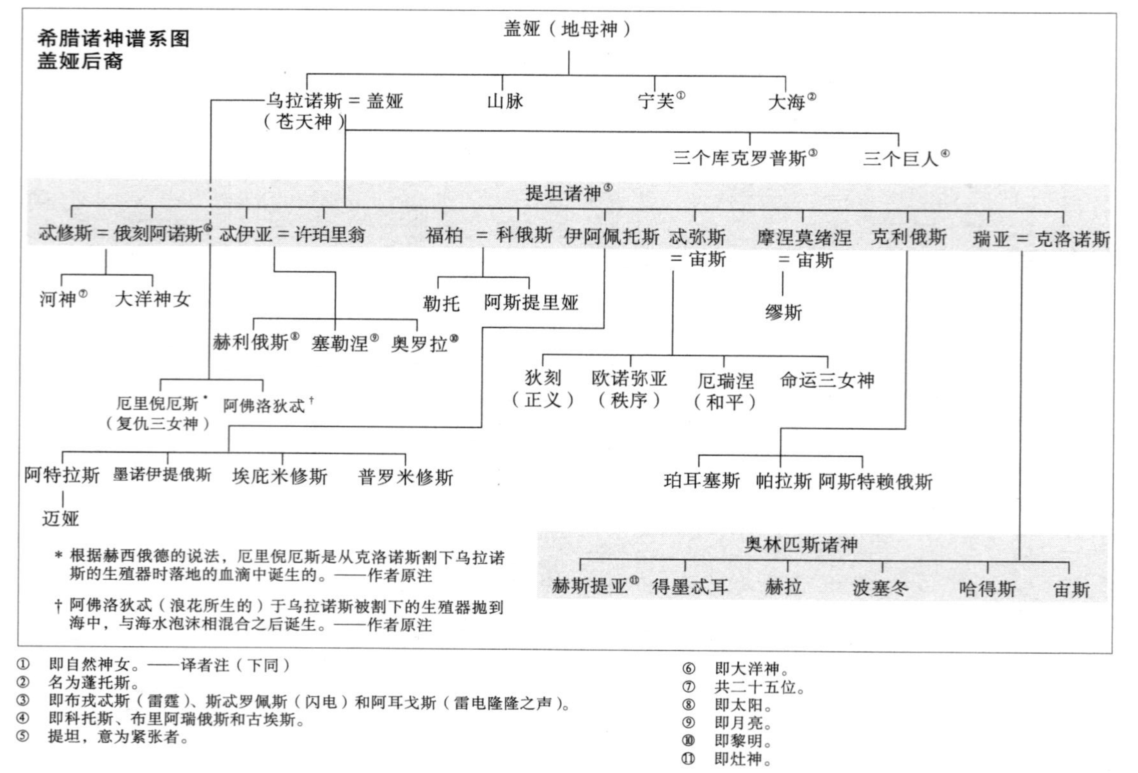

① 即自然神女。——译者注（下同）
② 名为蓬托斯。
③ 即布戎忒斯（雷霆）、斯忒罗佩斯（闪电）和阿耳戈斯（雷电隆隆之声）。
④ 即科托斯、布里阿瑞俄斯和古埃斯。
⑤ 提坦，意为紧张者。
⑥ 即大洋神。
⑦ 共二十五位。
⑧ 即太阳。
⑨ 即月亮。
⑩ 即黎明。
⑪ 即灶神。

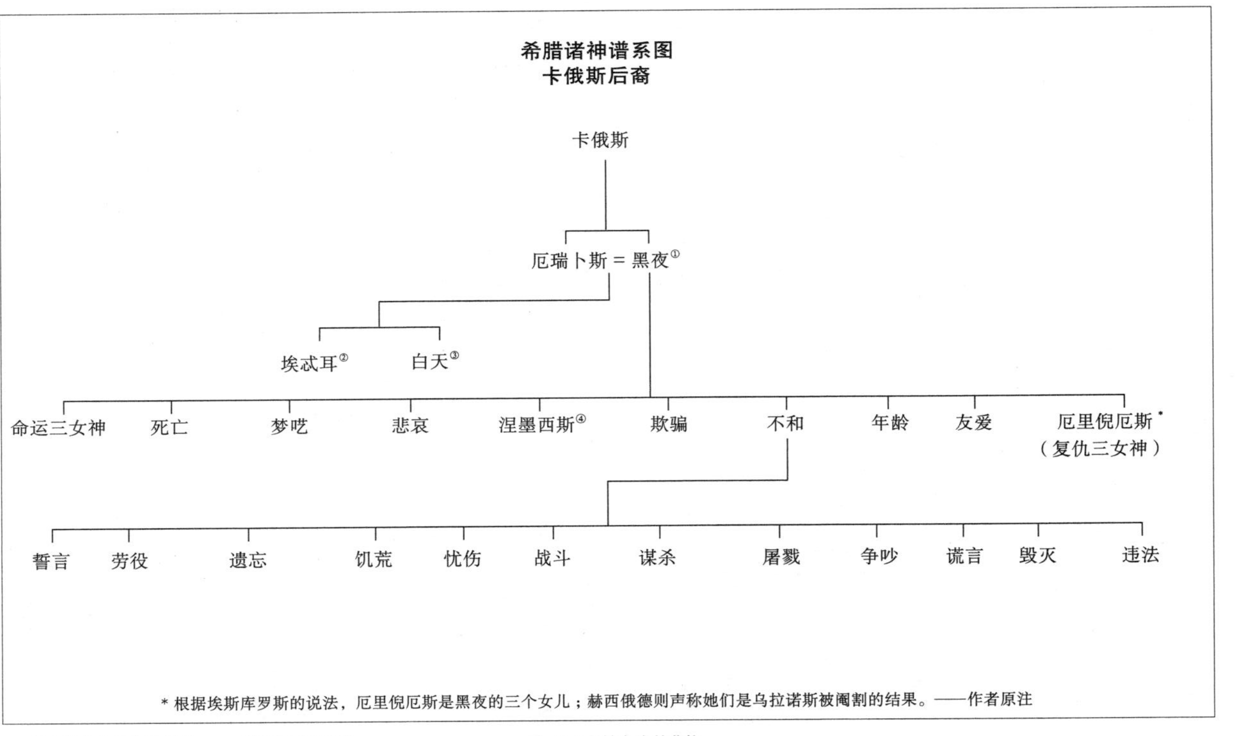

① 黑色的夜神名为纽克斯。——译者注（下同）
② 埃忒耳是“光明”的化身。
③ 白天之神名为赫莫拉。
④ 涅墨西斯是报应女神。

机构，人们在家庭里学会尊重他人的道德准则。而在希腊，家庭是一个毁灭性的战场，婚姻女神赫拉展示出的是，最为基本的亲属关系能激起凶恶而残酷的情感。对她的崇拜充满了内疚、恐怖和深深的忧虑。

黑暗时代之后建造的第一座希腊神庙就是小亚细亚沿海萨摩斯岛（Samos）上的赫拉神庙。在那里，对她的崇拜显示出她是一位神秘而且不可靠的女神，可能会即刻消失，并把生活中一切美好的东西都带走。每年在她的节日前夜，她的雕像——一块形状怪异的木板——都会从神殿中神秘消失。人们在黎明时分发现它失踪，萨摩斯岛上所有人都起身去寻找她。当他们找到崇拜偶像之后，把它清洗干净，并用柳枝绑好，以防她再次逃脱，但她总是会逃走。赫拉是生命之母，是一切生存之物的起源。她的消失威胁着整个自然秩序。

也许希腊人是从中东地区接受了神灵消失的神话传说，而这可能激发了他们最重要的宗教仪式。这些仪式教导人们，除非你已感受到失去的深切痛苦，否则便不可能获得生命和狂喜。粮食和丰产的守护神得墨忒耳是另一位从人们的视野中消失的女神。她为宙斯生下一个美丽的女儿，叫作珀尔塞福涅（Persephone）。宙斯将她许配给冥王，即他的兄弟哈得斯，虽然他知道得墨忒耳绝不会赞同这门婚姻，他还是帮助哈得斯劫持了珀尔塞福涅。怀着满腔愤怒和悲痛，得墨忒耳离开奥林匹斯山，不再关心大地的收获和丰产。她居住在人间，装扮成一位老妪，到处寻找女儿。世界变成了贫瘠的沙漠，五谷不生，人们慢慢被饿死。于是，依赖人类供奉的奥林匹斯诸神准备安排珀尔塞福涅的回归。然而，由于她已经吃了阴间的石榴籽，就必须每年花一些时间在那里陪伴丈夫。当她与得墨忒耳重逢时，世间花朵绽放，而冬季她生活在阴间，大地一片死寂。生命与死亡无法摆脱地纠缠在一起。得墨忒耳是谷物女神，但同时也是一位冥府的女神，因为谷物从大地深处生长出来。冥王哈得斯从而也是粮食的守护者和给予者。珀尔塞福涅是一位永远年轻的女孩（科瑞，kore），她是冥府的女主人。

在每年庆祝古老的塞斯摩弗洛斯节（Thesmophoria）* 期间，希腊人重演这一令人不安的戏剧性事件。[10] 连续三天，所有已婚妇女离开丈夫，像得墨忒耳一样消失。她们进行斋戒，并且像文明到来之前的原始人那样睡在地上。她们仪式性地咒骂男人，还有某种形式的猥亵行为作为仪式的一部分。为了追念哈得斯劫持珀尔塞福涅时被大地淹没的野猪，妇女们以小猪献祭，把它们的尸体抛到一个深坑里，任由其腐烂。而仪式并没有幸福的结局：妇女们不会庆祝珀尔塞福涅的归来。城市已处于完全混乱的状态；社会所依赖的家庭生活被扰乱；希腊人被迫考虑文明毁灭的前景、两性之间极度的不相容，以及当得墨忒耳收回她的恩赐时威胁世界的宇宙灾难。[11] 节日结束时，妇女们回到家中，生活恢复常态。然而，这种崇拜仪式使希腊人得以正视那不可言喻之事。他们目睹了黑暗时代社会的崩溃，尽管他们似乎压抑了对这场灾难的记忆。但是那个时代一些被遗忘的往事使他们意识到，无论他们取得什么样的成就，都可能在刹那间化为乌有。而死亡、毁灭和敌对则是永恒潜藏的威胁。宗教仪式在迫使希腊人经受并面对恐惧之后，也向他们表明，他们有可能安全脱险，到达彼岸。

酒神节

在世界上这四个地区的轴心时代创建起来的宗教传统都来源于恐惧和痛苦。它们都会强调，不去否认这种痛苦是非常重要的；的确，彻底承认它是获得启蒙必不可少的先决条件。即便是在这一早期阶段，离轴心时代的到来还有很长时间，希腊人已经理解了其重要性。这在纪念酒神狄俄尼索斯的节日中清晰地表现出来。酒神节

---

* 也称地母节。

在每年春季的安赛斯特里昂月（Anthesterion）* 一个新的葡萄收获期举行。[12] 狄俄尼索斯在东方获悉葡萄栽培的奥秘，并且——传说中是这样——将它透露给雅典人。或许自从黑暗时代就存在的安赛斯特里昂节 †，以其奇异的宗教仪式重现了这个故事，并庆祝酒的力量神圣地转换，将人们提升至另一个维度，人们因而在短时间内似乎分享到奥林匹斯诸神的祝福。

新葡萄酒的取样本该是一个令人欢欣的时刻，然而它却是一个有关死亡的节日。这个与宗教仪式相关的神话故事说明，狄俄尼索斯将第一枝葡萄藤送给阿提卡的农夫伊卡里俄斯（Ikarios），并为他示范如何收获葡萄。而当伊卡里俄斯的朋友们喝了葡萄酒之后，酒精上头，倒地昏迷。由于村民从未见过人的醉态，便以为是伊卡里俄斯杀死了他的朋友。于是村民们用棍棒将伊卡里俄斯打死，他的血与葡萄酒混在了一起。作为悲剧的尾声，当伊卡里俄斯的女儿厄里戈妮（Erigone）发现了他伤痕累累的尸体后，自缢身亡。唯有希腊人才会把一个快乐的春季节日转变成对无端暴行的纪念。

酒神节于日落时分在城外湿地中的狄俄尼索斯圣所开始举行。阿提卡的所有人，包括奴隶、妇女和儿童，走出家门一同行进，参加开幕仪式。此时人们倾倒出刚开瓮的新酒，向狄俄尼索斯行奠酒礼。第二天，所有神庙关闭，家门被涂上松脂。所有人都待在家里，每个家庭成员必须喝下至少两公升葡萄酒。这是一种严肃而沉闷的饮酒竞赛，没有嬉戏，没有歌唱，也没有交谈——这与雅典通常的社交活动完全不同。每个饮酒者独自坐在桌边，使用各自的酒瓮，周围是死一般的寂静。为什么会这样呢？当地的传说声称，当俄瑞斯忒斯逃避厄里倪厄斯的追击时来到了雅典，国王惧怕他所带有的毒气，但并不想把他赶走。他邀请俄瑞斯忒斯一起品尝新酿造的葡

---

* 也称花月，相当于公历二三月份。

† 即酒神节，也称花月节。

萄酒，但却让他独坐，也没有人和他讲话。然而，即便采取了这些防范措施，城市还是被污染了，而且自此以后分担了由俄瑞斯忒斯的谋杀所造成的罪恶。因此，意识到其不洁的雅典人在可怕的沉寂中饮酒。突然间，这种神秘的静谧被一场风格奇异的假面舞会所打断。扮演精灵刻瑞斯的人戴着面具，出现在街道上。他们乘着塞满酒瓮的马车，挑衅式地要求盛情款待，粗声大笑，叫嚷着侮辱性的言辞，并作出野蛮的恐吓。而到了夜晚，城市恢复了秩序。所有人都醉醺醺地蹒跚走回湿地中的小神庙，抬着空酒瓮边唱边笑。一位女祭司被献给狄俄尼索斯做新娘，酒神得到安抚，那些戴面具的精灵，即死亡的使者，于是也被赶走。

第三天意味着又一年的开始和一个崭新的起点，气氛变得更加轻松，人们热情洋溢。为了庆祝这个新时代，每人都吃一种谷类食品——据说这是在碾磨和烘烤技术发明之前，原始时代的第一批农夫吃的食物。人们进行各种竞赛，其中包括女孩们进行的一种特殊的荡秋千比赛。然而，恐惧甚至也潜藏在这里，因为荡秋千的女孩让人回想起可怜的厄里戈妮吊死的尸体。你永远不会忘记生命所固有的悲剧。整个希腊宗教仪式以净化（katharsis）作为结束。神灵得到抚慰，毒气消散，新生活和新希望油然而生。甚至关于厄里戈妮惨死的记忆也与处于生命之初兴奋欢笑着的孩子们的景象结合在了一起。节日的参与者体验到了一种入迷状态（ekstasis），那是一种“暂时离开”的心醉神迷的状态。连续三天，他们能够离开生活的常态，正视其隐匿的各种恐惧，克服它们，迎来崭新的生活。

那里没有自省，也没有对困扰希腊人心灵的潜藏的创伤进行分析的尝试。这些创伤只是由外在的宗教仪式间接而简单地触及。通过再现古老的神话，节日的参与者并非作为单独的个体来行动。他们搁置平常的自我，而按照相反方式行动。希腊人热衷于盛宴和欢闹，但他们一整天克制自己一贯的爱好，在悲伤的静寂中饮酒。通过模拟往昔的戏剧性事件，他们将个体自我抛于脑后，而被出现在醉人美酒中的狄俄尼索斯所触动和转变。宗教仪式是一个开端，是经由悲哀，经由对死亡和血污的恐惧而达到新生的“通过仪式”（rite of passage）。当他们濒临死亡之时，一些人可能会记起酒神节，并将死亡仅仅看作另一个开端。

二、以色列和犹大王国

东地中海地区正在复苏。到公元前 9 世纪末期，北方王国以色列已成为这个地区的主要强国。当埃及法老示撒（Shishak）在公元前 926 年入侵迦南时，不仅洗劫了耶路撒冷，使以色列和犹大的 150 座城镇变成废墟，还摧毁了米吉多、利合（Rehob）、伯珊（Beth-shean）和他纳（Taanach）这些古代迦南要塞。迦南文化从此一蹶不振。以色列扩张到从前迦南人的领地，同化了荒废城市中的居民，并充分发挥了他们的技能。[13] 国王暗利（Omri，公元前 885 年—公元前 874 年在位）在撒玛利亚（Samaria）以一座占地五英亩的巨大王宫卫城为基础修建了令人惊叹的新都城。他的儿子亚哈（Ahab，公元前 874 年—公元前 853 年在位）又在那里建造了一座宏伟的象牙宫殿，并与腓尼基、塞浦路斯和希腊建立了商贸联系。他还迎娶了一位腓尼基公主，名叫耶洗别（Jezebel），她的名字现已成为“邪恶”的代名词。

在《列王纪 上》中以非常消极的笔触记述亚哈所作所为的《圣经》历史学家，惊骇于耶洗别的行为，因为她将腓尼基人对巴力的崇拜引入了以色列。但他是在公元前 7 世纪的一个完全不同的社会环境中进行写作的。在公元前 9 世纪，亚哈的婚姻会被看作一种政治行为。对于以色列王国来说，与周围地区联合，巩固自身抵御大马士革（Damascus）、腓尼基和摩押是很重要的。亚哈并没有做出什么新奇的事。所罗门王同样与外邦公主结成外交式的婚姻，在王室崇拜中纳入她们的神灵，在耶路撒冷城外的山上为这些神灵建造

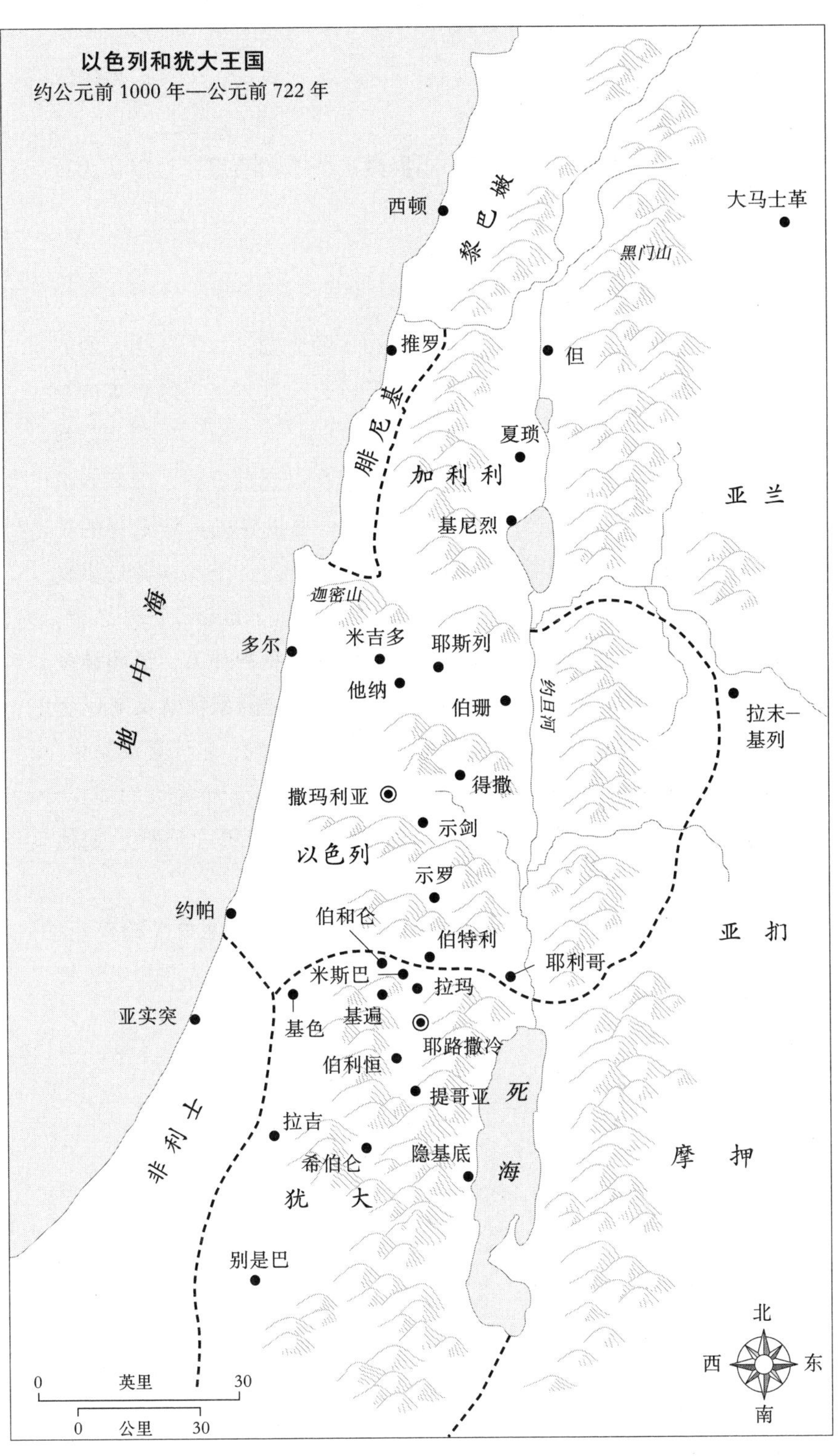

以色列和犹大王国
约公元前 1000 年—公元前 722 年
西顿
黎巴嫩
大马士革
黑门山
推罗
但
腓尼基
夏琐
加利利
亚兰
基尼烈
迦密山
地中海
多尔
米吉多
耶斯列
他纳
伯珊
约旦河
拉末—基列
得撒
撒玛利亚
示剑
以色列
示罗
约帕
伯和仑
伯特利
亚扪
耶利哥
米斯巴
拉玛
基色
基遍
亚实突
耶路撒冷
伯利恒
提哥亚
死海
非利士
拉吉
希伯仑
隐基底
摩押
犹大
别是巴
北
西
东
南
0
英里
30
0
公里
30

丘坛。[14]然而亚哈不幸激起了一小撮激进分子的愤怒，他们认为以色列人只应崇拜耶和华。

亚哈与以利亚的冲突

亚哈并非叛教者。他经常请教耶和华的先知，并不认为他的妃嫔对巴力的虔敬有什么错误。几个世纪以来，敬拜巴力的赞美诗和仪式滋养了对耶和华的崇拜。考古学家发现，大多数人也崇拜除耶和华之外其他当地的神灵，对巴力的崇拜在以色列直到公元前 6 世纪都很活跃。[15]然而到公元前 9 世纪时，一些以色列人所崇拜的神灵数目开始减少。在叙利亚和美索不达米亚，对神圣的体验过于复杂而且不可抗拒，以至于不能被限制在某个单一的象征符号之中。众神灵、神灵配偶谨慎的等级排列、他们的孩童和仆人，说明神圣是多面的，更表现为一个有序的统一体。[16]众神的象征意义对以色列人和犹太人来说非常重要，然而到公元前 9 世纪，它已逐渐简化。不像厄勒和他的配偶亚舍拉（Asherah）那样管理一个庞大的神族，耶和华独自掌管更少的神灵。[17]这些神灵是耶和华的“天军”，是他那神圣军队中的战士。

作为一个民族神，耶和华无可匹敌，也没有比他更高的权威。他被“圣者的会”和“神的众子”所围绕，他们都称赞耶和华对其子民的信实：

耶和华啊，在圣者的会中，
要称赞你的信实。
在天空谁能比耶和华呢？
神的众子中，谁能像耶和华呢？
他在圣者的会中，是大有威严的神，
比一切在他四围的更可畏惧。
耶和华万军之神啊，哪一个大能者像你耶和华？

你的信实，是在你的四围！[18]

当人们高喊：“其他神灵中，谁能像耶和华呢？”他们显而易见并非在否定其他神灵的存在，而是表明他们的守护神比其他“厄勒的众子”——其邻人的民族神——更有力。无人可与耶和华的信实相匹敌。[19]但耶和华是一位战神。他没有农业或丰产方面的专门技术，而很多以色列人照例举行古老的崇拜巴力和安娜特的宗教仪式，以确保得到好收成，因为巴力掌管使大地丰饶的权力。

然而，一小部分先知希望只崇拜耶和华，而且确信耶和华能够满足其子民的一切盼望。预言是古代中东地区一种公认的灵性方式。从迦南到幼发拉底河中游的马里（Mari），出神的先知们“代表”神灵讲话。*在以色列和犹大，先知通常与宫廷相关。《圣经》资料显示，他们常常批评国王，而且注意维护耶和华崇拜的纯洁性。但是，我们对早期以色列预言知之甚少，因为我们主要的资料来源于公元前 7 世纪的一位《圣经》历史学家，他的写作时间大大晚于他所记述的事件发生的时间。但在《列王纪》中记载的，关于公元前 9 世纪的先知以利亚（Elijah）及其门徒以利沙（Elisha）的传说，承载了更古老的口述传统的痕迹。这些材料并不纯粹依据史实，但那些故事很可能会反映出早期历史上的动荡，学者们称之为“独一耶和华运动”（Yahweh alone movement）。

这些故事记述了以利亚与亚哈之间的激烈冲突。他们认为耶洗别是一个邪恶的女人，她支持崇拜巴力的祭司，却迫害耶和华的先知。[20]以利亚的名字意为“耶和华是我的神！”他是史上记载的首位坚持独尊耶和华神的先知。在古代中东的宗教信仰体系中，厄勒向每个民族委派了一个神灵。耶和华是以色列的神，基抹

---

* 先知不是预测未来的人。这一词语来自希腊语“prophetes”，意为代表神灵讲话的人。——作者原注

（Chemosh）是摩押的神，米勒公（Milkom）是亚扪（Ammon）的神。然而一些先知开始感觉到，如果国王将一位外邦的神祇引入王室祭仪，而且对他的喜爱超越了以色列的神，那么对耶和华的崇拜将被削弱。以利亚并不怀疑巴力的存在，但由于他不是以色列的神，以利亚认为他应该待在腓尼基。

尽管有巴力的庇护，以色列还是被一场严重的旱灾所折磨，而这时以利亚看到了机会，招聚450名耶洗别的祭司来到迦密山（Mount Carmel），进行一场竞赛。[21]以利亚首先对前来观看的民众大声说道，现在是在耶和华和巴力之间断然作出抉择的时候了。然后，他要来两头牛犊，分别放置在耶和华和巴力的祭坛上。以利亚和巴力的先知分别求告各自神的名，看哪个神会降火显应，吃掉祭品。从早晨到午间，巴力的先知求告巴力的名，狂呼乱叫，用刀枪自割、自刺，直到身体流血，并在所筑的坛四周踊跳，可是什么都没有发生。而接下来以利亚求告耶和华的名，于是耶和华从天上降下火来，烧尽燔祭和祭坛。众民看见了，就俯伏在地：耶和华是他们的神！以利亚命众人在附近的山谷杀死了所有巴力的先知，之后爬上迦密山顶，屈身在地，将脸伏在两膝之中，专心祈求耶和华结束旱灾。霎时天降大雨，以利亚将毛外衣卷起塞进皮腰带，出神地奔在亚哈的战车旁边。耶和华成功地夺取了巴力的职权，证实他在维持土地丰产方面与作战同样有力。

通过提议以色列只崇拜一个神灵，以利亚为其传统宗教造成了新的紧张局势。不再崇拜巴力意味着人们要放弃一个重要而颇有价值的神圣源泉。数千人已经感到，崇拜巴力增强了他们对世界的理解，使耕地丰产，为抵抗贫瘠和饥馑的艰苦挣扎赋予了意义。当举行祭典时，他们相信其正在接近使大地丰饶的神圣活力。而以利亚要求以色列人放弃这一切，全心全意信仰耶和华，而耶和华在土地丰产方面本无美誉。[22]

在这次风波之后，以利亚变得意气消沉，为他的性命而忧虑，相信耶洗别一定会因为她的先知被杀而进行报复。他离开了以色列，在西奈山上的耶和华神殿中避难，北方王国的人将西奈山称为何烈山（Mount Horeb）。以利亚藏在磐石穴中，等待着神的启示。[23]从前，神圣的武士耶和华会像巴力那样，经常在自然界的激变中显示自身。当他走近时，山峦震动，树木扭曲，河流也感到恐惧。但这次不同了：

> 那时耶和华从那里经过，在他面前有烈风大作，崩山碎石，耶和华却不在风中。风后地震，耶和华却不在其中。地震后有火，耶和华也不在火中。火后有微小的声音。以利亚听见，就用外衣蒙上脸。[24]

这是一位隐藏的神，不再在激烈的自然力中，而是在细微的飒飒声音中、在几乎不被觉察的微小声音中显现，在一种有声之静寂的矛盾中显现。

这是一个超然的时刻。耶和华不再在自然界中无所不在地显现其神圣，而成为分离的他者。历史学家通常提及轴心时代之“超越的突破”（transcendental breakthrough）。这无疑是一个突破性的事件，但正如古代以色列的宗教，它也是极具竞争性的。它紧跟在大屠杀之后发生，而先于新一轮的对抗。以利亚站在洞口，用外衣蒙着脸，听到耶和华判决亚哈后继者的死刑。他们都将被杀，只留下那些“未曾向巴力屈膝的”。[25]当人们全神贯注于定义一个神灵，即他们进行超越所要达到的目标，而并不在意他们实现超越之前内心的贪婪、仇恨和自尊自大之时，就会面临一种尖锐和盛气凌人的沙文主义的危险。自由是轴心时代的重要价值，而以利亚采取的暴力行动会被后来一些轴心时代的贤哲称为“不善巧的”（unskillful）策略。强迫人们进入一种他们并不情愿的灵性信仰会起反作用而达不到预期目标，独断于一种根本无法确定的超然无济于事。

以利亚与巴力的先知之间的竞争标志着在以色列和犹大展开的新一轮冲突的开始。从此以后，与敌对神灵进行的激烈斗争注入先知们的灵性信仰。从某些方面来看，宗教崇拜变得更倾向和平了。古老的神圣武士的影像失去了人们的好感，因为它过于令人回想起巴力。先知自此以后不再将耶和华放在一场戏剧性的动乱中看待，而是在圣者的会中想象耶和华。[26] 但即使这样也变成了紧张的竞争。下面这篇希伯来赞美诗显示出，耶和华为寻求卓越的地位，与其他神的众子在会议中进行斗争：

耶和华站在有权力者的会中，
在诸神中行审判，说：

"你们审判不秉公义，
徇恶人的情面，要到几时呢？
你们当为贫寒的人和孤儿申冤，
当为困苦和穷乏的人施行公义；
当保护贫寒和穷乏的人，
救他们脱离恶人的手！

"你们仍不知道，也不明白，在黑暗中走来走去，
地的根基都摇动了。
我曾说：'你们是神，
都是至高者的儿子。'
然而你们要死，与世人一样；
要仆倒，像王子中的一位。"

耶和华啊，求你起来，审判世界，
因为你要得万邦为业。[27]

从前的赞美诗显示出，耶和华曾准备将其他“神的众子”作为埃洛希姆来接受，但眼下他们被废弃了；他们会像终有一死的人类一样消亡。已赢得圣者会议领导权的耶和华判决了诸神的死刑。

社会公义

耶和华谴责其他神灵忽视了秉承社会公义这项最重要的职责。以利亚也强调对贫穷和被压迫者的同情和尊重。当耶斯列平原的一位葡萄园主拿伯（Naboth）仅因拒绝交出邻近亚哈地产的葡萄园，便被耶洗别用石头打死之时，耶和华判决亚哈王恐怖的死刑：“狗在何处舔拿伯的血，也必在何处舔你的血。”[28] 亚哈听见这则神谕，深深懊悔；他禁食，睡卧也穿着麻布，耶和华于是宽恕了他。对社会公义的关注并非新生事物，也绝非以色列和犹大所特有。保护弱者是古代近东地区长期以来的普遍政策。[29] 早在公元前第三个千年，美索不达米亚的国王就曾强调，对穷人和孤寡给予公正待遇是一项神圣的职责，这是由倾听他们求助的太阳神沙玛什（Shamash）所颁布的天命。汉谟拉比（Hammurabi，公元前1728年—公元前1686年在位*）法典前言部分的敕令规定，唯有国王和当权者不压迫其弱小的国民，太阳才会光泽人类。埃及国王同样接到指令，要眷顾那些穷困者，[30] 因为太阳神瑞（Re）是“穷人的维齐（Vizier）†”[31]。在乌加里特，唯有正义和公平盛行，海湾地区的饥馑和干旱才会得到抑制；保护弱者维持了神圣的秩序，它是由巴力在与莫特进行的战斗中实现的。[32] 在整个中东地区，公义是宗教的核心要素，它同时也是有益的实用政策。如因不公正的社会政策在国内树敌，你就不会征服外邦敌人。

以利亚和以利沙因其实际的善举和激烈的言辞而被人们铭记。

---

* 关于汉谟拉比的在位时间，一说为公元前1792年至公元前1750年。

† “维齐”起初指阿拔斯哈里发的首席大臣或代表，后来指各伊斯兰国家的高级行政官员。

这些故事与以利亚和巴力之间的斗争同样卓著。[33]像中东地区的其他神灵一样，耶和华被那些穷人的困境、他们知恩图报的善举及其宗教崇拜的纯洁所感动。当一位西顿（Sidon）的穷苦妇人在旱灾期间将她最后一把面和油与以利亚分享时，耶和华许诺在饥馑期间提供给她所需的食物。[34]然而这些传说并非预示着一种新的轴心时代精神的开端；社会公义已经深深地扎根于这个地区的古代宗教传统中了。

一神崇拜

在以色列以东，一个完全不同的帝国正在慢慢形成。公元前876年，亚述（Assyria）国王征服了地中海东岸的腓尼基各城镇，而当撒缦以色三世（Shalmaneser III）在公元前859年登上王座时，以大马士革的哈大底谢（Hadadezer）为首、由当地国王组成的强大联盟，试图阻碍亚述的西进。公元前853年，亚哈派一支骑兵部队加入开往亚述的军队中，在奥龙特斯河的卡卡（Qarqar）战役中被打败。然而，亚述尚未强大到能够吞并西方的土地，大马士革仍是这一地区最强有力的国家。同一年晚些时候，亚哈试图挑战它的强权，却在一场与其从前的盟国进行的战役中阵亡，此即暗利家族的终结。在一次宫廷政变中，得到以利沙支持的人选耶户（Jehu）夺取了王位，并与亚述结盟。公元前841年，亚述打败大马士革，成为该地区的霸主。作为受惠的臣属，以色列王国享有了一段新的和平与繁荣的发展时期。

《约书亚记》第24章中叙述的在示剑举行立约仪式的故事，也许就发生在这一时期。[35]这是一段更为古老的经文，公元前7世纪的历史学家将之纳入其记载中，或许它正是基于人们在示剑圣殿庆祝的古老立约节日。经文记载，当以色列人首次到达迦南时，约书亚在一项正式条约中庄严地将百姓限制在对耶和华一神的崇拜中。如果他们希望成为耶和华的子民，就必须放弃其在约旦河的另一边所崇拜的神灵，而只侍奉耶和华。他们必须在耶和华与这一地区的其他神灵之间作出选择。约书亚警告他们，这是一个严肃的决定。耶和华是一位“忌邪的神，必不赦免你们的过犯罪恶。你们若离弃耶和华去侍奉外邦神，耶和华在降福之后，必转而降祸与你们，把你们灭绝”。而百姓的态度非常坚定。耶和华是他们的埃洛希姆。约书亚大声宣布：“你们现在要除掉你们中间的外邦神，专心归向耶和华以色列的神。”[36]

公元前 9 世纪晚期，其他神灵依然富有诱惑性，但他们只得待在约旦河对面。这并不是一段一神论的经文。因为如果没有其他神灵存在，人们便没有必要作出如此选择了。[37] 一神崇拜（只崇拜单一的神）[*] 是一种礼拜仪式上的安排。“独一耶和华”运动要求以色列人只向耶和华献祭，而忽视对其他神灵的祭礼。然而坚持这一立场需要勇气、神圣资源的收缩，以及对人们已然熟悉和热爱的神圣义务的丢弃。以色列即将踏上一段孤单、痛苦的征程，即将与中东地区普遍认同的神话和宗教崇拜分道扬镳。

三、周朝的仪礼

中国人不需要如此痛苦的决裂，他们的轴心时代不会脱离过去，而是从对周王所践行的古代宗教仪式更深刻的理解中发展而来。公元前 9 世纪是中国极度虚弱的年代。旧有的封邑制度正在瓦解，周朝领地频频遭到周围蛮夷的侵袭。我们对这一时期的历史事件知之甚少，然而零星的参考资料提及宫廷阴谋，至少两次迫使君王从其都城逃走。君王对中原地区的城市所能施加的控制力非常有限，原有的君主政体被诸侯同盟所取代，这些诸侯表面上由其对周朝意识形态上的忠诚而结合在一起，但实践中是独立施行管理的。[38] 唯一能将他们所有人联结在一起的就是宗教仪式。宗教仪式提醒君主的

---

* 一神崇拜并不否认其他神的存在。

臣属们，君主是天子，即“天帝的儿子”。他从天帝手中获得授权，统治中国人，只有他可以向天帝献祭。在渭河流域的都城宗周是整个周朝城市体系的宗教中心。除了鲁，因其国君是周公的直系子孙，其他城市都不允许举行享有威仪的王室祭典，纪念先王。

君主：天帝之子

在其他中原地区，每一座加筑城墙的城市（郭）由一位诸侯统治，他从周王那里得到这块领地作为采邑。每座城市都是模仿周朝都城而建造,诸侯的住所位于城中心,与其宗庙相邻。诸侯由贵族(大夫）和高级官员（卿）所侍奉，他们在行政管理机构担任要职，主持大型祭祀筵席，参与诸侯的军事活动，并为军队提供战车和士兵。大夫和卿之下是士，他们是一般的士子，是豪门望族中低级支系的子孙，在军队服役。这些城市逐年稳固扩展其领地范围，成为实质上的封国。其中最重要的封国：一是宋，其国君声称具有商朝王族血统，并保持着商朝的宗教传统；二是鲁，它热衷于周的宗教仪式。到公元前 8 世纪末期，中原地区有十多个这样的封国。

在所有这些城市中，人们的生活完全被宗教支配着。[39] 宗教崇拜仪式以君主即天子为中心。君主生来享有一种神秘的能力，承袭了统治权，而后又把它传送给各封国的统治者。如同这一时期的其他大多数宗教体系，中国的宗教体系也非常注重通过宗教仪式（“礼”）来维持宇宙的自然秩序，确保人间诸事顺和“天道”。人们认为，由君王所实践的宗教仪式能够控制自然力，并确保季节次序更替，雨水适时落下，天体在它们的既定轨道上运行。因此，君王是一个神圣的人物，因为他替天帝执掌人间的一切。然而天、地之间还没有本体论意义上的分离。中国人永远也不会对一个超越自然秩序的神感兴趣。以利亚对一位完全与世界分离的上帝的体验会令他们迷惑不解。对中国人来说，天与地是互补的：两者是神圣而平等的伙伴。

天帝具有人类的特征，但却从未获得一个清晰的人格或性别。他并不是从山顶雷鸣般轰隆着发布命令，而是通过他的代理人进行统治。人们通过君主（即天子），以及各个诸侯（每个诸侯在他的领地范围内是神子）体验到天帝的存在。地神在人间没有化身，但每个城市都有两个“社”（Earth altars）：一个在宗庙附近的宫殿南侧，另一个在南郊，毗邻稷坛。在中国宗教当中，位置意味着一切。“社”所处的方位显示出，对土地的耕作和农作物的收获使得人们与祖先有了直接的接触，从前祖先耕种土地，因而开创了“天道”。在收割前后，人们围绕着“地社”唱起感恩的圣歌；“天道”是“令人愉快的”，在神圣的连续中将过去与当下联结起来：

邦家之光……
胡考之宁！
匪且有且！
匪今斯今！
振古如兹！[40*]

当人们耕耘土地的时候，不仅仅是对他们自己的成就感兴趣，“匪今斯今”。他们的劳动成果已将他们与祖先——原始人类结合在一起，也因此与事物本有的“道”联结起来。

如果没有人类的劳作，天帝就无法施加影响。[41] 人世间平凡的活动于是被神圣化，成为神圣的行为，使人们得以分享这一神圣的过程。当人们清除森林、平整乡村、修建道路之时，周王即完善了天帝早已开始的创造。在《诗经》中，诗人使用了同一个词语“作”，用以描述天帝的神圣工作与人类在尘世间的活动。周太王和文王成

---

* 参见《诗经》之《周颂·载芟》。本书《诗经》引文中译参照程俊英的《诗经译注》（上海古籍出版社，2004 年版）。

为天帝的助手，而如今他们在世的子孙后代必须继续这一神圣使命：

天作高山。
大王荒之；
彼作矣，
文王康之。
彼徂矣，
岐有夷之行。
子孙保之！[42*]

中国人并不认为天地之间有一条鸿沟，而是将两者看作一个统一体。[43]他们最强大的祖先如今与天帝——至高的祖先在一起，但他们曾经一度在尘世中生活。天与地可以通过圣谕进行沟通，而人类——地上的居民，可以与祖先和神灵在宾宴仪式中共同进餐。

顺应天道

当中国人谈及大地、宇宙，或者甚至是华夏帝国，这些世俗的范畴也包含神圣的意义。相对于寻找某种“遥远的”神圣者，他们对通过确保此世符合上天的原型而使之彻底神圣化更感兴趣。在宇宙和自然进程中揭示出的“天道”，比起任何高高在上、被人们精确地予以阐释的神祇更为重要；他们在日常劳作中体验着神圣，在尘世中促使万事万物符合“天道”。上天更加令人敬畏，而大地对于城市政治生活来说却是根本性的。所有重大的采邑集会都是在地社举行的。周朝人依然将战争看作惩罚叛逆与邪恶的一种方式，如此便能够恢复道的秩序。一次军事远征通常从社出发，返回之后，

* 参见《诗经》之《周颂 · 天作》。文中两个“作”实际上都指的是上天的作为，本书作者理解有误。

军队要在那里用实施颠覆阴谋的囚犯来献祭。当一位诸侯被赋予一片封地，成为神子之一，周王便从社中取出一块土交给他。发生日食的时候，周王和他的诸侯聚集在社周围，处在各自合乎礼仪的位置上，以恢复宇宙秩序。地从而成为天的伙伴，天如若没有地上化身的帮助，便不能实现其道。

当君王被授予敕许统治权，成为最高天子，便为上天在地上“开了道”。他接受了一种神秘力量，被称作道德，即“道的力量”*，它使君王能够慑服敌人、笼络忠诚的拥护者，并加强威信。如果君王不能恰当地实践道德，它就变得邪恶。[44]据说，一旦君王拥有了这种力量，仅仅是他的到场就非常灵验；它会施加一种影响，驱使人类和自然现象有恰当的表现。君王一时的想法会立刻转化为产生效果的活动：

> 思无疆——
> 思马斯臧。……
> 思无邪——
> 思马斯徂。[45]†

当君王的力量强大之时，大地花朵绽放。如果其力量衰微，则臣民患病，过早死去，庄稼无收，水源枯竭。而且，这种观念也是整体性的。自然界与人类社会不可避免地互相关联。

君王的使命是确保人与自然界真正处于和谐状态。根据传统的说法，贤明的君王通过追随太阳的运行规律，巡游其疆土，维持四季正常的循环更替。[46]按照这种方式，黄帝周游天下，依照适当的次序巡视了罗盘上的四个方向。但尧的权势强大，因而不必躬亲，

* “道的力量”，即“道德”中的“德”。下文同。

† 参见《诗经》之《鲁颂 · 駉》。

只需派遣下属，代表他到四方，以定四季。舜又比尧更进一步。他只是在其都城的四个城门举行仪式，每个城门朝向一个方向。[47] 然而，周朝的君王甚至无须离开他们的宫殿。他们修建了一座专门的厅堂，通过站在其中的四个位置，面向东、南、西、北，作为四季的起始。随着一年的照常运行，君王必须更换衣物并节制饮食，以使自己完全与自然秩序相一致。冬季，君王穿黑衣，骑黑马，乘黑色马车出行，擎黑色旗帜。为了确立这个季节，他必须站在厅堂的西北角，食用冬季的食物——黍和猪肉。当春季临近时，君王穿青衣，擎青旗，吃发酵食品，站在厅堂的东北角。秋季，君王穿白衣，站在西边；夏季，君王穿缙衣，站在南边。

君王拥有至高的权力，但他不能为所欲为。在他生命中的每一个关键时刻，他都不得不遵照上天的榜样，其个人好恶完全不重要。他的职责并非为他自己制定内外政策，而仅仅是遵循“天道”。这一古老的理念日后为许多中国的轴心精神带来启示。据说，如果君王恰当地履行了宗教仪式方面的义务，他所拥有的力量（道德）会使万物“直而温”。[48] 无论大地、海洋、植物、动物、神灵、男人、女人、诸侯还是农民，全都欣欣向荣、意气风发，而且各司其职。这种完美的稳定状态被称为太平。但如果君王出于任何原因没能履行职责，力量衰落，则会出现混乱局面。雨水在不适当的时节降下，毁坏庄稼，太阳和月亮迷了路，造成日食或者地震。于是君王明白，他必须恢复秩序。他敲击一面巨大的鼓，使所有国民进入军事戒备状态，并召集各国诸侯。诸侯们身穿与其封地所处方向相符合的黑色、绿色、红色或者白色衣衫来到都城，站在都城中央广场各自适当的位置上。如果当时发生了旱灾，君王则公开忏悔他的过失，承认对其劣迹昭彰的朝政、平庸的官员及其宫廷的挥霍无度负有责任，并在南郊的地社供奉祭品。以这种神秘的方式恢复人类社会的秩序会给宇宙带来和平，并重建“天道”。

公元前 9 世纪，宗教仪式更具公众性了。[49] 在周朝早期，这些王室仪式很可能是不公开的家族事件，但如今却在大批公众面前举行。熟悉礼乐的专家（儒）主持仪式，确保仪式执行无误。新的公共礼仪意味着百姓可以观察并参与“道”的实现。于是都城里的所有居民每年春天都出来观看君王和王后举行新年典礼。君王乘坐一辆礼车，身穿一件绣有日月的礼服，行至南城的社，举行新年里的首次宗教活动，向上天献祭。君王模仿天上的生活，必须先于他人从事所有有关季节的活动，而百姓则遵循君王的导引。君王是世人最完美的榜样，百姓通过仿效他使自己的生活与“道”相协调。于是君王必须在冬季休整过后第一个用犁耕田，只有这样农民们才能开始他们的耕作。春天，“后妃帅九嫔御，乃礼天子所御，带以弓韣，授以弓矢，于高禖之前”（《礼记·月令》），因而君王可以开启这个与婚姻有关的季节。秋末，君王乘车与其大臣和官员一起出北郊，迎接冬天，带回寒冷。他在那里宣布，休整和黑暗的季节已经开始，并命令农民返回村庄。与往常一样，君王作出示范，献祭并封闭宫门。随后，城市的居民和农民效仿君王，退回家中。

我们所掌握的关于王室礼仪的信息来源于古代中国的经典著作。我们不知道这些描述有多么符合史实；或许它们在很大程度上被理想化了，但是它们所表达的理念深深植根于中国人的智慧之中，并对轴心时代至关紧要。在其他城市中，诸侯，即当地的神子，或许主持着类似的仪式。他们是朝廷扈从，与君王一同用餐；通过分享君王赐予的食物，他们吸收了他的一部分道德。君王在都城以复杂和戏剧性的祭典表达对已故商、周君王的敬畏，而在诸侯的封邑，诸侯们在其住所旁的宗庙内敬拜他们自己的祖先，即该城市的创立者。

宾祭

与商朝相似，周朝每五年举行一次特殊的宾祭，邀请自然神灵和祖先参加一场盛大的宴会。连续十天，宫廷里做好精细的准备，斋戒、清扫宗庙，将祖先牌位从壁龛中取出，竖立在王宫庭院中。到了盛宴当天，君王和王后分别步入庭院；随后，扮演各位祖先的王室年轻成员由一位司祭引导，被护送到他们的位置上，人们虔敬地向他们致意。为向他们表达敬意，牲畜被宰杀，而当烹煮牲畜的肉时，司祭们跑着穿过街道，召唤那些游荡的神灵去参加盛宴，他们喊道："先祖是皇，神保是飨。"盛大的筵席间有优美的音乐，每个人都以最规范而得体的礼仪行为扮演其角色。宴会即与祖先共同进行的圣餐，祖先会神秘地附体于他们年轻的子孙。宴会结束之后，人们以圣歌赞颂祭典的完美："礼仪卒度，笑语卒获。"[50*] 每一个面部表情和肢体动作，以及在宾宴中人们所说的每一句话都是规定好的。参与者将他们自身的个性置于脑后，遵从宗教仪式的理想世界。"我孔熯矣，"他们继续唱道，"式礼莫愆。"

既齐既稷。
既匡既敕。[51†]

这项活动是神圣世界的显现，像神圣世界那样栩栩如生；每个人都拥有他或她独特而无法替代的职责，通过忘却日常生活中的自我，人们感到被某种更为重大的东西所吸引。宗教仪式戏剧性地创造了一个天庭的复制品，在那里，天帝——首位祖先（由君王代表）庄重地与商、周的祖先和自然神灵坐在一起。诸神赐予人们祝福，但他们同样也服从神圣戏剧的各项仪式。商朝利用这些仪式获取祖先和神灵的帮助，而到公元前 9 世纪，准确而优雅地执行这些仪式变得越来越重要。一旦它们被完美地执行了，某种神秘的东西就会在参加者中间出现，赋予他们神圣的和谐。[52]

---

* 参见《诗经》之《小雅 · 楚茨》。

† 同上。

仪式以一场精心制作的六幕舞剧作为终结，它再现了文王和武王讨伐商纣王的战役。64 名身穿丝绸衣衫、佩带玉制战斧的舞者代表军队，而君王扮演其先辈周文王。每一幕都有特别的音乐和象征性的舞蹈，还有赞美确立君王天命的圣歌：

命之不易，
无遏尔躬。
宣昭义问，
有虞殷自天。
上天之载，
无声无臭。
仪刑文王，
万邦作孚。[53*]

表演结尾是一段平静的舞蹈（大夏），源于夏朝的创立者禹。它象征着朝政清明和天下太平，人们还相信，它会奇迹般地为周朝的领地带来秩序和安宁。

中国人懂得技巧的重要性，通过演绎这些复杂的戏剧，他们感到自己变得更加仁慈了。到公元前 9 世纪，他们已经开始意识到，宗教仪式的转化作用远比神灵的操纵更为重要。通过扮演一个角色，我们变得不同于我们自己；通过呈现一个不同的形象，我们暂时迷失其中。宗教仪式赋予参与者一种和谐、美丽和神圣的景象，当人们回到日常生活的混乱状态时，这些景象仍然陪伴着他们。在仪式进行过程中，某种崭新的东西在舞者、演员和侍臣中活跃起来。通过服从礼拜仪式的微小细节，他们将自己让位于更重要的原型，并且至少是暂时性地创造了一个神圣的共同体，古与今、天与地在这里交融。

* 参见《诗经》之《大雅 · 文王》。

然而，中国人才刚刚踏上征途。他们尚未开始反思这些仪式的效用。此时他们还缺乏一种自我意识，去分析其所作所为。但后来，在公元前3世纪，荀子——中国轴心时代最富于理性主义的哲学家之一，对这些古代仪式加以反思，并能够理解其精神上的重要性。荀子解释说，“君子以钟鼓道志，以琴瑟乐心”。在战阵舞中，他挥动盾牌、斧头等舞具；在和平舞中，他摇动野鸡毛和牦牛尾装饰的道具，象征着从交战到和谐的转变。这些外在的姿态会对其内在自我产生影响：“故乐行而志清，礼修而行成。耳目聪明，血气和平，移风易俗，天下皆宁，莫善于乐。”

最重要的是，这些复杂的宗教仪式能帮助参与者超越自我。荀子继续写道：“君子乐得其道，小人乐得其欲。”在轴心时代，人们将会认识到，对自私自利之局限性的超越会比纯粹的自我放纵带来更深刻的满足：“以道制欲，则乐而不乱；以欲忘道，则惑而不乐。”[54*]

在中国的轴心时代，一部分哲人抵制宗教仪式所运用的技巧，而另一些则以这些礼拜仪式为基础创建了深刻的灵性思想。后世公认，祭典的确立是周朝的伟大成就之一。轴心时代之后才完成的一部典籍《礼记》评论道，商朝人将神灵尊于首位，礼仪处于第二位，而周朝人恰恰相反。[55]商朝人希望通过其宗教仪式控制和利用神灵，而周朝人已经直观地体会到，礼仪本身即包含了更强大的转化力量。

到公元前9世纪末期，可以明显看出，周王朝陷于可怕的困境之中。公元前842年，周厉王被废黜并流亡他乡。君王窘迫的失败使一些人产生了怀疑。如果天子如此无能并且目光短浅，那么天帝本身又能好多少呢？诗人们开始写出讽刺性的诗歌：“上帝板板，下民卒瘅。”君王和他们的王室祭典不再体现“天道”：“出话不然……

---

* 本书《荀子》引文中译参照张觉的《荀子译注》（上海古籍出版社，1995年版）。

不实于亶。”[56*] 当周厉王于公元前 828 年在流亡中死去，他的儿子被拥戴为王，然而“道”并没有被重建起来。诗人们谈到，在那一段时期，自然灾害连续不断。尽管人们谨小慎微地举行祭典，干旱仍然席卷了周的土地，而祖先们根本就没有给予任何帮助：

> 大命近止，
> 靡瞻靡顾。
> 群公先正，
> 则不我助。
> 父母先祖，
> 胡宁忍予？[57†]

人们依然举行美好的宗教仪式，这些仪式也依然对参与者产生深刻的影响，然而少数比较现实的批评家开始不再相信它们的神秘功效。但是，对于这种不断增长的危机，其回应却是程度更甚的仪式化，而不是相反。

四、印度仪式革新

到公元前 9 世纪，印度的宗教礼仪专家已经开始着手进行一场开启印度轴心时代的礼仪改革。在对献祭仪式进行系统分析的过程中，他们发现了内在的自我。对于这些精通礼仪者的个人情况我们知之甚少。我们不知道他们的名字，至于达到这一新视界的心路历程，他们也没有留下任何个人记载。我们只知道，他们属于婆罗门（Brahmin）僧侣阶层，在吠陀时代晚期上升至显赫地位。[58] 他

---

* 参见《诗经》之《大雅 · 板》。

† 参见《诗经》之《大雅 · 云汉》。

们的著作被保存在《梵书》(*Brahmanas*)中，这是在公元前9世纪至公元前7世纪间编纂的关于礼仪的专门典籍。从这些稍显枯燥的论述中确实显示出，那些改革家由一种愿望所激发，即消除献祭仪式中的暴力。

雅利安人的生活逐渐变得更加安定。他们的经济发展依赖农业生产的程度开始胜于对外掠夺，虽然我们没有文献方面的证据，但那里的人们似乎逐渐达成了共识，掠夺与反掠夺的恶性循环必须停止了。传统的仪式不仅使这种恶性循环的模式合法化，还赋予其神圣意义。宗教仪式本身往往堕落为真实的搏斗，一场充斥暴力的献祭又会导致另一场这样的献祭。[59] 僧侣阶层的专家们决定对献祭仪式进行一次系统的评估，消除可能导致暴力的任何行为。他们不仅劝说刹帝利接受了这些经过纯洁化的仪式，其改革还引起了一场精神上的觉醒。[60]

戒杀

乍一看，似乎没有什么经文比《梵书》更应当被排除于轴心时代精神之外的了，因为《梵书》看起来只是纠缠于礼仪上的一些细枝末节。那些针对某种祭品使用什么类型的长柄勺，或者一名祭司把持火盂走向祭坛时应走多少步的徒劳论述，怎能激发一场宗教变革呢？然而，在一个变化着的世界中，礼仪研究者正在为寻找通往意义和价值的新途径而进行着大胆的尝试。[61] 他们渴望找到一种不会给任何参与者造成伤害的礼拜仪式。从前献祭仪式的高潮是戏剧性地将作为祭品的动物斩首，以再现因陀罗杀死布利陀罗的情景。然而，因陀罗已不再是雅利安人初到印度时的那个杰出形象了，他的重要性已经在逐步下降。如今，在经过改革的宗教仪式中，献祭的动物在献祭场之外的一个棚子里被尽可能没有痛苦地窒息致死。“你没有死，也没有受到伤害，”礼仪专家向动物保证，“你沿着虔诚的道路走向神灵。”[62] 在这些文本中，杀死动物往往被描述为“残忍的”，是一定要抵偿的罪恶。有时候动物祭品应免遭伤害，并作为礼物献给司祭。在这一古老的年代，礼仪研究者们就已经接近戒杀（ahimsa，“无害”）的理念了，而这将成为印度轴心时代必不可少的美德。[63]

革新的宗教仪式同样禁止任何侵犯人的行为。仪式上不再有对抗、战车赛、模拟作战或者劫掠。这些活动全部被系统地从仪式中剔除，而由平淡的圣歌和象征性的动作所取代。为了确保仪式上没有引起冲突的可能性，主办祭典的施主或献祭者自此以后就是唯一出席仪式的武士或吠舍。从前那嘈杂拥挤的献祭场，现在除了一位孤独的献祭者和他的妻子之外空无一人。那里没有敌对者能够扰乱祭典的进行；没有挑战者，施主也不能邀请宾客。宾客的位置由四位祭司及其助手代替，他们在仪式进行过程中引导施主，留意每个动作和颂歌（mantra）是否完全符合规则。献祭中一切狂热、骚乱和嬉戏的成分都已被清除。在这些无害的宗教仪式中，唯一的危险便是仪式进程中的错误，而它可以轻易地由一个“弥补”献祭仪式的特殊仪式所纠正。

我们可以分辨出礼仪专家在仪式中删掉了哪些部分，因为原有的竞争性活动在经过革新的仪式中留有清晰的痕迹。在很多与战争无关的段落中，有一些与之不相协调的涉及战争的文字。《梵书》文本解释道，压榨苏摩草重现了因陀罗杀死布利陀罗的场面；文本将庄严的唱和圣歌集与因陀罗致命的霹雳进行比较，祭司们“以强有力的声音”反复吟诵。[64]曾经在战车竞赛中吟唱的一段平静的圣歌仍然被称作“迪弗的战车”。《梵书》常常提及“敌人”，没有了他们便留下一个令人尴尬的断层。献祭场中的三种圣火之一仍然属于“敌人”，颂歌提到一场从未发生过的搏斗——“因陀罗和阿耆尼驱散了我的对手！”[65]任何涉及战争的内容都被严格地排除在火坛祭之外，而火坛祭起初曾经被用于神圣化武士们的东迁和对新领地的征服。最初，献祭者只是被告知拾起火盂，向东走三步，然后再把它放下。但是这看上去有点过于乏味，因此后来火盂被放在一个小车里推过献祭场。[66]

生主就是献祭

礼仪研究者声称，经过革新的祭典由生主所创立，他是《梨俱吠陀》晚期赞美诗中提到的造物主。他们还讲了一个故事，成为改革运动的经典神话。[67]一天，生主和死神共同举行一场献祭，依惯例在战车竞赛、掷骰赌博和音乐比赛中互争高下。但死神被拒绝使用传统“武器”作战的生主彻底挫败。生主使用的是新式宗教仪式的技法，他不仅打败了死神，还将死神吞下。死神被淘汰出献祭场，而正如经过革新的仪式中的施主，生主发现他是独一无二的：“现在没有宗教仪式的对抗了！”礼仪专家得意地作出了结论。生主成为原型献祭者。从此以后，任何在新式礼拜仪式中仿效生主的人，都不能通过在竞赛中打败对手或通过搏斗和杀戮征服死神。献祭者只能通过将它吸收进自己体内从而战胜死亡，因此“死亡已成为他的自我（个我）”。[68]这是一个惊人的比喻。通过生主吞下死神的神话，礼仪专家将人们的注意力由外部世界转移到精神领域。通过促使死神成为他自身的一部分，生主将其内在化并因此征服了它，他无须再对其有所畏惧。人间的献祭者同样如此。

在原有的祭典中，施主将死亡的责任转移到他人头上。宾客们应邀来到祭祀宴会，则必须为动物祭品的死亡负责。而在新式祭典中，献祭者自己要承担责任。他将死亡吸收到自己身上，而不是转嫁给他人，于是成为祭品的一部分。献祭者通过在新式祭典中象征性地死亡，将自己呈献给神灵，从而像作为祭品的动物一样，获得永生。一位礼仪专家解释道：“献祭者将自己变成祭品，从而摆脱了死亡。”[69]

在晚期吠陀赞美诗中，《梵书》将创造之神生主的形象与原人融合在一起，原人让神灵以他来献祭，世界因此得以形成。生主/

原人因而既是献祭者又是祭品，每次当施主执行献祭仪式时，他与这一原始的宗教仪式结成一体，并与生主合而为一。礼仪专家解释道："这里只有一种祭品。"所有献祭仪式都与太初之时的原始供奉相同，"生主就是祭品"。[70] 生主如今成为人们仿效的榜样。施主不再通过成为像因陀罗那样的杀手而获得永生，而是成为祭品，经历一次仪式化的死亡，从而——至少在仪式进行期间——进入了神灵的永恒世界。

然而，《梵书》强调，献祭者必须明白他在做什么。盲目而机械地作出献祭的姿态是没有用的：他必须领悟到生主就是祭品，他也必须谙熟有关新式宗教仪式的全部知识。在与死神的争斗中，生主的"武器"便是他熟知系缚（bandhus），即神圣物与尘世现实之间的"相似性"。吠陀宗教始终将自然物体视作神圣物的复制品。但礼仪改革者把这种原始直觉式的领悟制定成严格的规则。礼仪专家发掘了献祭仪式中的每一个动作、器械或颂歌与宇宙实体之间的相似性及相关性。[71] 这是一个整体性的瑜伽，是将不同层面的实体"连接"在一起。[72] 相似性构成了一种同一性。当人们在举行祭典时充分意识到这种关联体系，一切都以新的面貌出现了：神灵与人类相关联，人类与动、植物和各种器具相关联，超然物与内在物相关联，有形之物与无形之物相关联。

例如，生主是年度（季节的循环周期）的系缚，因为时间在创世当天从他的尸体中发源出来；生主曾是动物祭品，因为他曾奉献自己为祭物；从生主的尸体中形成的神灵也是生主的系缚。当施主举行献祭仪式时，他是献给火的祭物，因为他确实在奉献自身；出于同样的原因，他也是动物祭品。同时，他还是生主，因为他是献祭者，也是它的祭物。由于施主重复着最初的献祭，他已经可以和生主合为一体，摒弃了世俗世界的必死性，进入神圣王国。因此，他可以宣布："我已到达众神的天国，我是不朽的！"当然，这种原始的想法是典型的古代思想。然而，印度宗教仪式改革的区别在于，以上这些关联是在宗教仪式中依靠精神上的努力形成的。礼仪专家试图让仪式的参与者意识到这些系缚，变得更加自觉。即便是像火棍这样小的器具，也必须使人们在心中将它与曾在最初的祭典中使用过的火棍联系在一起。当祭司将净化的黄油投入火中时，他发出与生主如此献祭时完全一样的喊声："萨婆诃！（Svaha!）"通过献祭者和祭司的心理活动，这些尘世中的物体被"完美化"了；它们丢弃了其世俗生命的脆弱特性，而成为神圣王国中的一员。

正如所有古代民族一样，吠陀印度人相信，宗教仪式可以而且必定会恢复自然界日益消耗的能量。礼仪改革者讲述了另一个关于生主创世的故事。起初，生主认识到一个事实，他在世界上是孤身一人，他渴望拥有子孙后代。因此禁欲苦修——禁食、屏息、产生热量——现实中的一切渐渐从他的身体（原人）中产生出来：迪弗、阿修罗、吠陀、人类，以及自然界。但是生主不是一个能干的祖先，他的创造非常混乱。这些生物还没有与生主分离开，[73]他们仍是生主的一部分。而当生主劳动得精疲力竭而陷入昏迷时，他们差点都死掉了。[74]他们离开了生主，分散开来，其中一些因为害怕生主会吞掉他们，于是逃跑了。当生主醒来后，感到非常害怕，问道："我怎么才能把这些生物放回我的身体？"[75]只有一个办法，生主必须被重新组合起来，于是阿耆尼对他进行了再造，逐渐树立起他的形象。那些丢失和离散的生物重新获得了自己的身份，世界变得可以存活了。[76]因此，与此类似，当献祭者在火坛祭的过程中建造一座新的祭火坛时，他实际上在重建生主，并将生命赋予一切生物。每举行一次仪式都使世界变得更加强大。[77]礼仪改革者以象征着创立新的世界秩序的仪式取代了先前自我毁灭式的祭典。神灵和人类必须在持续革新的合作中共同工作。

神圣的个我

对于宗教仪式改革极其重要的是，人们深信人类是脆弱的生物，并且像生主一样极易崩溃。他们生来就是不完善的，只有在宗教仪式中促进自身以充满力量。当施主参与祭祀时，他经历了重生，并经受了一次重生仪式，象征性地再现了妊娠的各个阶段。[78] 祭典开始之前，施主退到一个茅屋（象征子宫）里蜷缩起来，身穿白色外衣和黑色羚羊皮（代表胎膜和胎盘），像胎儿一般双手握紧拳头。他以牛奶为食，必须像婴儿一样结结巴巴地说话。[79] 最后，他坐在火边，为了实现一次新生，汗流浃背，如同生主那样。一旦他喝下醉人的苏摩酒，便体验到一种通往神灵的攀升，而不必像在先前的宗教仪式里那样经历一次暴力死亡。[80] 他不能在天国停留很长时间，但如果他曾积累了足够的礼仪信誉，死后就会在神灵的世界中获得重生。

因此，献祭者在宗教仪式中重建其自我（个我），正如生主所做的那样。在献祭场，他将神圣个我整理好，它将在献祭者死后继续生存。通过正确地举行宗教仪式，并牢记系缚的知识，武士就能重建他自己的原人。婆罗门祭司"通过献祭仪式中的祭品塑造原人"，礼仪研究者解释道。[81] 那些"通过仪式"同样塑造人类。一个雅利安男孩必须经历入法礼（upanayana），才能开始学习吠陀及献祭的过程，否则他永远都不能塑造一个完整的个我。只有已婚男人可以主持宗教仪式，并开启自我塑造的进程，因此婚姻是另一项为男人和女人共同设置的"通过仪式"（女人只有在丈夫的陪伴下才能参加献祭）。人们死后，其尸体类似于精疲力竭的生主，必须通过正确的葬礼进行再造。[82]

但是，这一体系并非自动产生作用。除非一个人了解宗教仪式，否则将会在阴间迷失。他将不能认出活着的时候建立起的"神圣个我"，也不会知道他应当去往哪一个天国。"他被燃烧的葬火所迷惑，被烟尘所窒息，认不清自己的世界。但认得个我的人，当他离开这个世界后，说道：'这就是我。'他认得自己的世界。于是火焰将他带往天国。”[83]“认得个我的人”这个说法在《梵书》文本中重复出现。祭司不能什么都做。刹帝利和吠舍献祭者也必须了解仪式，因为唯有这种知识才能释放祭典的能量。

改革者所创建的礼仪在精神上一定非常令人满足，否则婆罗门绝不能说服武士们放弃他们的战争竞赛。我们很难领略祭拜仪式富有美感的改造能力，因为我们只能看到《梵书》中单调的语句。仪式开始之前，献祭者从其日常关注的事情中脱身出来；斋戒、坐禅、禁欲苦修、令人陶醉的苏摩酒，以及美好的颂歌，都会帮助他对礼仪专家那枯燥无味而抽象深奥的讲授产生情感上的共鸣。只阅读《梵书》而没有祭拜仪式的实际体验，就如同只阅读歌剧脚本却听不到音乐。有关宗教仪式的“知识”并非是在理念上接受的婆罗门形而上学的论断，而是通过宗教仪式引人注目的戏剧性场面得到的感悟，就像是从艺术当中获得的领悟。

然而，宗教仪式改革所发挥的最重要的作用是对精神世界的探索。通过着重强调献祭者的精神状态，礼仪专家将献祭者的注意力引向内心世界。而远古的宗教通常指向外部的现实世界。先前的祭典以神灵为中心，其目标是物质上的收获——牲畜、财富和地位，几乎没有自觉的内省。宗教仪式的改革者是这方面的先驱。他们改变了献祭最初的倾向性，使其以创造个我即自我意识为中心。但确切地说，什么是个我呢？沉迷于《梵书》讲述的宗教仪式的祭司们开始思索自我的本性，渐渐地，“个我”一词开始表示人类本质的、永恒的、使得每个人独一无二的核心特征。

个我：内心的火焰

“个我”并不是现在西方人所称的灵魂，因为“个我”不全是精神上的。在这种思索的早期阶段，一部分婆罗门认为自我与肉体有关：是与四肢相对的人体躯干。另一些人开始更深入地思考。声音是如此强大的神圣实体，或许人的个我就存在于他的言语之中？

还有人想到，生命不可缺少的呼吸一定构成了人类的本质特征。献祭者在圣火旁汗流浃背时出现在他体内的热力（tapas）为他注入神圣的能量，它也许就是个我。从这个角度出发，人们可以合乎逻辑地进一步想到，个我就是人类内心的火焰。长期以来，火已经被视为雅利安人的第二自我。如今，一些礼仪专家声称，起初唯有阿耆尼是不朽的，但是通过“不断的吟诵及运用宗教仪式”，其他迪弗也发现了怎样为自己创造不朽的个我。他们建起一座祭火坛，在祭拜仪式中创造了新的自我。以同样的方式，通过在祭火仪式中进行默想、吟诵颂歌，以及体验热力苦行，人类也能与神灵一样获得永生。[84]

最终，一些更晚近的宗教仪式文本提出了一种革命性的观点。一个人如果谙熟宗教仪式的相关知识，就根本不需要参加外在的祭拜仪式，独自默想可以与外在的仪式同样灵验。通晓宗教仪式知识的人无须参加一场宗教仪式就能找到通往天国的路。[85]如果献祭者曾是生主，他一定也拥有生主的创造力。在出现任何事物或任何人之前的太初之时，生主只是运用其精神力量便创造出了自己的形态、神灵、人类，以及物质世界。禁欲苦行者独自一人果真能努力创造出自己的神圣个我吗？

礼仪专家坚持认为，一旦内心的火焰——个我——在献祭者心中被创造出来，就由他所拥有，永恒不变而且无法剥夺。对此他们发展出一种奇特的宗教仪式来解释。当祭司或施主在一场祭拜仪式中向火花吹气以点燃新的火焰时，他应当通过呼吸将圣火吸入体内。[86]当迪弗创造永恒个我实现不朽之时，他就是这样做的。因此，从那一时刻起，献祭者与神灵平起平坐，再也不用敬拜他们了。对此有所领悟的人不再是“devayajnin”（“向迪弗献祭的人”），而是“atmayajnin”，即“自我献祭者”。[87]他不再必须通过频繁参与外在的祭拜仪式去修正其个我，因为他内心的火焰不需要燃料。他已坚定地完成了个我。对自我献祭者的全部要求就是要永远说出真相，这是迪弗和武士所具有的首要美德。通过依据真理和现实说话、做事，他会被梵的力量和能量所充盈。[88]

印度轴心时代拉开了序幕。在现代社会中，人们通常认为宗教仪式鼓励一种盲目的遵从，然而精通礼仪的婆罗门运用他们的知识将自己从外在的仪式和神灵中解放出来，并且创造了一种完全不同的、独立自主的自我认识。通过思考宗教仪式的内在动力，身为祭司的改革者学会了内向观察。他们如今开始倡导对内在世界的探究，并像奋力探索未知印度丛林的雅利安武士一样不懈努力。强调知识的积累在轴心时代也将是非常重要的；礼仪专家要求每个人都要对祭典进行反思，理解其中的含义：一种全新的自我意识诞生了。自此以后，印度的精神诉求不再集中于外在的神，而是不灭的自我。这是很困难的，因为内心的火焰很难与其他事物分隔开来，但《梵书》中有关宗教仪式的知识教导雅利安人，创造一个永恒的自我是有可能的。以消除献祭仪式中的暴力成分为开始的宗教改革，引领婆罗门及其世俗施主通往一个先前完全不曾预知的方向。尽管如此，印度人还缺少一种强烈的伦理观念，这种观念将使印度人内在的骄傲自足不至于发展成为可怕的自我中心主义。

第二部分

开　端

第三章

神性的放弃

（约公元前 800 年—公元前 700 年）

一、以色列和犹大王国的宗教转型

公元前 8 世纪是以色列和犹大王国的宗教转型期，我们在那里看到了轴心精神的最初生机，而它大约在 200 年后趋于成熟。吠陀时代的印度人通过祭祀仪式中的冥想获得清晰的领悟，以色列和犹大国的人们则对中东时事加以分析，他们发现当地的历史发展使许多神圣的观念遭到质疑。一些人开始对宗教仪式表示不满，而想要一种更倾向于以道德伦理为基础的宗教。读写技能于公元前 8 世纪在西闪米特世界和东地中海地区广泛传播。其间，写作主要应用于实际的行政事务。而如今，经师们开始建立王室档案以保存古老的传说和习俗。到公元前 8 世纪晚期，《圣经》前五卷——“摩西五经”（Pentateuch）的起始部分很可能已在写作之中。然而更为重要的是，我们发现了自我放弃的萌芽，它对于轴心时代的所有宗教传统都将产生决定性的影响。而此时此地，暴力冲突再一次成为促进变革的催化剂。

公元前 8 世纪上半叶，北方以色列王国正值春秋鼎盛。亚述的势力愈发强大，似乎很快就会统治整个以色列地区。作为效忠于亚述的附庸，以色列在国王耶罗波安二世（Jeroboam II，公元前786—公元前746年在位）的统治下经济蓬勃发展。王国繁荣兴盛，将橄榄油出口至埃及和亚述，人口也显著增长。耶罗波安在外约旦征服了新的领地，并在米吉多、夏琐和基色（Gezer）大范围建构防御工事。王国当前拥有完善的官僚机构和职业军队。[1]在撒玛利亚，贵族们居住在由雕刻精美的象牙镶板装饰的豪华房屋中。

然而，和任何农业国家一样，以色列的财富仅由上层阶级享有，贫富悬殊越来越显著，令人痛心。在乡村地区，农民的劳作为国王的文化和政治规划提供了资金积累，而他们却被重税盘剥，并被强制劳动。城镇里的工匠境遇也不会更好。[2]这种体制上的不公既是宗教问题也是经济问题。在中东地区，一个对贫苦大众滥用职权、不施恩泽的国王即违犯了诸神之谕，从而使其统治的合法性受到质疑。因此，先知们以耶和华的名义发动起义攻击政府便不是什么惊人之举了。阿摩司和何西阿（Hosea）是首批通晓文学的希伯来先知。其门徒通过口述传达他们的训导，在公元前8世纪末期以文字将其记录下来，并编纂成集。最终的文本也包含后来其他先知的言论，因而人们很难断定个别预言的真实性。但阿摩司和何西阿无疑均受到了当时社会危机的搅扰。

阿摩司的预言

公元前780年左右，一位来自南方犹大国提哥亚（Tekoa）的牧人突然感到被耶和华的威力所震慑，他对此毫无准备。阿摩司后来声明："我原不是先知，也并不是任何先知的门徒，我是牧人，也照看小无花果树。是耶和华选召我，让我停止牧羊，他说：'你去向我民以色列说预言。'"[3]阿摩司甚至没有被允许留在犹大国，而是在耶和华的指引下来到耶罗波安的王国。阿摩司体验到一种具有分裂性的神圣力量，它将阿摩司与他所熟悉的一切事物迅速分离开。而阿摩司觉得自己没有其他选择。他说："狮子吼叫，谁不感到恐惧？主耶和华发命，谁能拒绝说预言？"[4]希伯来先知并非神秘主义者。他们并不是在长期的自发进行的严格修炼之后感受到内心的启蒙。阿摩司的经历与我们将会看到的轴心时代印度和中国经历的启蒙不同。阿摩司感到被一种似乎是来自外部的力量所支配，它扰乱了阿摩司有意识的正常生活模式，使他不再能够自控。耶和华替代了阿摩司有控制力、有目的性的自我，将他推入一个完全不同的世界。[5]希伯来先知感受到的神圣是一种决裂、根绝和粉碎性的打击，他们的宗教体验通常伴随着紧张和痛苦。

此时，以色列和犹大的宗教是高度形象化的。《诗篇》作者的心中充满了目睹耶和华的渴望，"在圣殿中凝视你，看到你的权柄和荣耀"。[6]当阿摩司到达北方的时候，他得到一个幻象，耶和华在伯特利的神殿中，那是以色列王室的神殿之一。阿摩司注视着耶和华站在圣坛旁，指挥诸圣众摧毁神殿和以色列人。"'击打柱顶，'他命令道，'使屋顶坍塌！我要它们打破每个人的头颅，所剩下的人，我必用刀杀戮；无一人能逃避，无一人能逃脱！'"[7]阿摩司没有带来任何令人安慰的预言：耶罗波安由于未能体恤穷人将被杀死，以色列国将遭灭顶之灾，人民将"被掳去，远离故土，流亡异乡"。[8]

阿摩司并不是一定需要神圣的启示才作出这种预言。他可以看到，亚述正成为一个强大的帝国，让这一地区的弱小王国沦为其附庸。臣服的国王不得不发誓效忠，如有违抗便会遭到惩罚，上层精英被放逐。以色列先知很像现代社会中的政治评论者。阿摩司注意到，耶罗波安做亚述这个强大帝国的附庸是一个危险的游戏。一个错误便可招致亚述的愤怒，将矛头对准以色列王国。阿摩司带来一个令人震惊的新预言。耶和华不再像以色列人出埃及那段时期一样，自发地站在以色列一边。由于耶罗波安忽视了穷苦人民，耶和华将利用亚述国王对他进行惩罚。

阿摩司的布道被国王获悉，他因此被祭司长逐出了伯特利。但阿摩司并没有被吓住，他继续传道。当然，他没有其他选择，耶和华迫使他大胆陈词。他的布道是骇人听闻的，因为它颠覆了众人基于传统所确认的事情。以色列人向来将耶和华视作一位神圣的武士，从最古老的年代开始，人们就想象着他们的神从南部群山中行进至此，对他们施以援手。耶和华如今又怒气冲冲地出山，他会粉碎大马士革、非利士、推罗（Tyre）、摩押和亚扪等各个王国，但这一次他不再帮助以色列作战。他正将亚述作为其有利工具，领导一场反对以色列和犹大的圣战。[9]

轴心时代的精神往往会打破旧习。宗教并非继续怀念原有的习惯和信念；它通常会要求人们质疑其传统、评判其行为。除了将自古以来对神圣武士耶和华的虔诚崇拜予以颠覆之外，阿摩司还表现出对以色列人所钟爱的宗教仪式的鄙斥。“我厌恶你们的节期，”耶和华抱怨道，“也不喜欢你们的严肃会。”耶和华厌倦听到他的子民喧闹的歌唱声和他们虔诚弹琴的响声。他唯愿公平“如大水滚滚，使公义如江河滔滔”。[10] 最终，阿摩司削弱了以色列人由于与耶和华之间的独特关系而产生的自豪感。其他民族同样被耶和华所解放；他领非利士人出迦斐托（Caphtor），领亚兰人（Arameans）出吉珥（Kir），迁入他们的应许之地。[11] 如今他正准备将以色列王国从地图上抹去。

阿摩司沉重地打击了以色列人的自尊心。他想要击破其民族自豪感。这是以色列甘心屈从精神最早的表现之一，而它正是轴心理念的核心。以色列人不再利用宗教来支撑其自尊心，他们必须学会以正义和公平超越私利和权威。先知阿摩司就是被希腊人称为“神性放弃”（kenosis），即“虚己”的鲜活范例。阿摩司感到，他的主观性已经被上帝接管。[12] 他所讲的并非自己的话，而是耶和华的；他超越了自我，和上帝达成同感。上帝体验到的以色列社会的不公是对他自己的羞辱。[13] 这是一个重要时刻。轴心时代的宗教要求人们必须具有同情心，要体恤他人。阿摩司并不是感受到自己的愤怒，而是体会到了耶和华的愤怒。

何西阿的劝告

何西阿是与阿摩司大约同一时期、活跃在北方王国的先知。由于自身生活的悲剧，他与耶和华一道学会了同情他人。当时他的妻子歌篾（Gomer）在对巴力的丰产崇拜中沦为圣庙娼妓。[14] 何西阿意识到，这一定是当以色列的神耶和华的子民祭拜其他神灵之时，耶和华的感受。何西阿向往着将歌篾赎回，并准备给她另一次机会，这象征着耶和华同样渴望不忠诚的以色列迷途知返。[15] 何西阿此时抨击的是一项备受珍视的传统——对巴力的崇拜。他必须使人们确信，耶和华不仅是一位战神，而且能给他们带来好收成。像以利亚一样，何西阿力图说服以色列人将巴力废黜，只崇拜耶和华。但是，以利亚一心想要净化宗教仪式，而何西阿关注的是道德伦理。对巴力的崇拜导致了人们道德水准的下降——“起假誓、不践前言、杀害、偷盗、奸淫、行强暴、杀人流血，接连不断”。[16] 他们的两性关系很随意，因为所有人都经常去找圣妓，并在祭祀宴会之后醉醺醺地摊开四肢，四处躺卧。祭司们非但没有给予人们精神和道德上的指导，反而求问偶像，而那只不过是几块木头而已。[17]

所有这一切都是由于以色列人的宗教中缺乏内省的因素。[18] 人们跟从其他神灵只是因为他们并不真正了解耶和华。他们对宗教的理解是很肤浅的。像印度的宗教礼仪专家一样，何西阿迫切要求人们具有更强烈的意识。人们不能再继续想当然地将宗教实践机械地进行下去，而是必须更清醒地理解他们所做的事。何西阿所谈论的并不是纯粹抽象的知识；动词“yada”（“认识”）隐含着对耶和华情感上的依恋，以及精神上被圣者所独占。仅仅去参加祭祀或宗教节日是不够的。“我喜爱怜恤（hesed），”耶和华抱怨道，“不喜爱祭祀；喜爱认识神，胜于燔祭。”[19] 何西阿坚持不懈地让以色列人意识到上帝的精神生活。例如，以色列人出埃及不仅仅是耶和华行使了他的权力。耶和华在旷野中与以色列人一同生活了40年，他如同父母一般教孩子行走，用膀臂抱着他们，像引领蹒跚学步的孩子一样“用慈绳爱索牵引他们”。耶和华“待他们如人放松牛的两腮夹板，把粮食放在他们面前”。[20] 何西阿力图使人们透过表面现象去理解古代传说的意义，领会上帝的悲悯。

阿摩司和何西阿都为以色列宗教引进了一个崭新的重要维度。他们强调，如果没有美好的符合伦理道德标准的行为，宗教仪式本身毫无价值。宗教不应被用来驱使公众自尊心的不断膨胀，而应鼓励摒弃自我中心主义。尤其是何西阿，极力规劝以色列人审视他们的精神生活，分析其情感，在自省的基础上逐渐获得更深刻的洞察力。其中的一些品质同样在“摩西五经”较早的部分中得以体现,“摩西五经”创作于大约与此同时期的以色列和犹大。

两种历史记述

学者们早就公认，“摩西五经”的素材具有不同的混合层次。在《创世记》(*Genesis*)、《出埃及记》(*Exodus*)和《民数记》(*Numbers*)中，似乎两个较早的文本先被合在一起，到大约公元前6世纪，由一位祭司作家（“P”）进行编辑，加入了自己的一些宗教传统。其中一个早期文献资料被称作“J”，因为其作者称呼他的神为“耶和华”(Yahweh)，另一部文献被称作“E”，因为其作者选择了更正式的神圣称谓“埃洛希姆”(elohim)。然而“J”和“E”并不是原创作品，它们的作者只是将古老的传说记录下来，并把它们结集成连贯的叙事。这些古老的传说由古代以色列的游吟诗人在与立约相关的节日里叙述，一代一代口头流传。虽然以色列和犹大的国王们出于行政管理的目的都使用了写作的形式，但他们尚未利用写作来记录历史和国家的思想体系。直到公元前8世纪，写作一直被看作一项神圣而神秘的技艺，对人类存在着潜在的危险。[21] 民众的智慧属于每一个人，而不应为有文化的少数群体所拥有。但是到公元前 8 世纪末期，读写知识在近东地区越来越普及，而且新的政治形势促使国王记录下对其统治有利的宗教传统，将书面文献保存在图书馆里。

即使我们不能指出“J”和“E”的准确时间，但直到公元前 8 世纪，在以色列和犹大都还没有普及读写知识的迹象。看来尽管两者都包含更古老的素材，但它们很可能代表两支不同的传统——一支来自南方，一支来自北方——在公元前 8 世纪晚期被合在一起记录下来，保存在耶路撒冷王室档案馆中。[22] 它们是人们著述历史的早期尝试，但它们不能令现代历史学家感到满意，这些历史学家首要关注的是确切地查明在何时发生了何事。“J”和“E”的记述不仅仅是历史。它们在很长的一段时期内逐步完成，所关注的并不只是准确地描述过去发生的事件，还要发掘其中的意义。因此，它们既包括以历史为基础的记述，也包括神话素材。依照早期《圣经》作者的观点，人类的生活并不限于世俗世界，而是拥有超越的维度，它赋予那些历史事件更深刻和典范式的意义。但是，没有人认为“J”和“E”是具有权威性的文本。它们并非最终定论。后世作家可以自由地向这些经文中添加新的内容，甚至与之相抵触。“J”和“E”反映了公元前 8 世纪末期以色列人和犹大人的宗教思想，但在公元前 7 世纪到公元前 5 世纪期间，其他《圣经》作者向最初的文本中纳入了新素材，以一种适合于他们那个时代之社会环境的方式重写了以色列历史。

“J”和“E”所讲述的故事很可能被用于早期以色列的宗教崇拜仪式中。然而到公元前 8 世纪，立约节日已经被耶路撒冷和撒玛利亚的王室礼拜仪式所取代。这样，那些历史记述便脱离了宗教仪式的束缚，使得游吟诗人和其他游走各地的商贩能够逐步发展出一部更经得住时间考验的早期以色列编年史。[23] 其基本要点与“J”和“E”大致相同。故事开始于耶和华召唤以色列人的祖先——亚伯拉罕、以撒和雅各——结成亲密的关系。耶和华许诺，他们会成为一个伟大民族的祖先，总有一天会占有迦南地。后来，以色列人迁往埃及，他们在红海战胜埃及人，在西奈山 / 何烈山与上帝立约，向应许之地行进。但在这个基本框架中，"J" 和 "E" 的着重点不同，它们分别反映了各自的地方传统。

例如，几乎可以肯定，"J" 是在南方犹大王国逐渐形成的。在 "J" 的记述中，关键人物是亚伯拉罕而非摩西。"E" 并不包含《创世记》第一章至第十一章叙述的远古时期的故事，即世界的创造、亚当（Adam）和夏娃（Eve）的堕落、亚伯（Abel）被其兄该隐（Cain）杀害、大洪水，以及发生在巴别塔（Tower of Babel）的叛乱，但这些对 "J" 来说是非常重要的。其作者想要说明，在亚伯拉罕之前，历史曾是接连不断的灾难；人性似乎被叛乱、罪恶和惩罚所构成的恶性循环所感染，但是亚伯拉罕逆转了这一可怕的趋势。上帝与亚伯拉罕的立约是历史的转折点。亚伯拉罕对 "J" 来说超乎寻常，因为他是南方人。他在希伯仑定居；他的儿子以撒居住在别是巴（Beersheba，现名贝尔谢巴）。亚伯拉罕还得到撒冷（Salem）/ 耶路撒冷王麦基洗德（Melchizedek）的祝福。亚伯拉罕一生都盼望着大卫王的来临，他出生于南部城镇伯利恒，在希伯仑加冕为以色列和犹大国王，定都耶路撒冷。对犹太人来说，上帝与大卫家族永恒的立约远比在西奈山与摩西的立约意义重大得多。[24] 相对于西奈山的立约，"J" 对上帝应许亚伯拉罕成为一个伟大民族的祖先，以及祝福整个人类的缘由更感兴趣。

然而，"E" 对以色列各祖先的记述从未提及上帝与亚伯拉罕的立约，而是尤其突出了亚伯拉罕的孙子雅各，上帝将其改名为 "以色列"。但是对 "E" 来说更为重要的是以色列人出埃及的故事。不甚为人所知的神耶和华击败了这个地区势力最强大的埃及，这个故事说明，随着小小的以色列王国在公元前 9 世纪成为近东地区的强国，生活在社会边缘的民族是有可能摆脱受压迫的状态和低微的社会地位的。[25] 对“E”来说，摩西是最杰出的先知。是摩西，而非亚伯拉罕扭转了历史。“J”有时对摩西颇有微词，[26] 而“E”则对其主人公穿过旷野到达应许之地的漫长征途充满了同情。当耶和华向他的子民大发怒气之时，“E”动人地描述了摩西的痛苦。“你为何苦待仆人？”摩西问他的神，“管理这百姓的责任太重了，我独自担当不起。你这样待我，我若在你眼前蒙恩，求你立时将我杀了，不叫我见自己的苦情！”[27]“J”则对摩西没有类似的描写。

在“J”和“E”中，摩西都没有表现为一位伟大的立法者。当它们描写在西奈山的立约时，甚至没有提及“十诫”（Ten Commandments）。在“J”的记述中根本就没有立法的内容，而“E”仅仅收集了公元前9世纪的律法——通常被称作“圣约法典”（Covenant Code）——它们强调了替穷苦人民秉持正义的重要性。[28] 律法在以色列和犹大还不是超自然的。西奈山对“J”和“E”意义重大，因为摩西和长老们在那里看见了耶和华。“J”和“E”描写他们登上山顶与他们的神会面：“他们看见以色列的神，他脚下仿佛有平铺的蓝宝石，如同天色明净……他们观看神。他们又吃又喝。”[29] 这是对西奈山的异象最古老的记述，它有可能是再现神显灵的古老仪式，其中包含了圣餐仪式。[30]

“J”关于这一点没有问题，它描述的上帝与人同形。在它的记述中，耶和华像君主一样在伊甸园中漫步，享受着傍晚凉爽的空气；他关上诺亚方舟的门；洪水过后，他闻诺亚所献燔祭的馨香之气；亚伯拉罕看到耶和华以一个陌生人的样子显现出来，便在帐篷里招待了他。[31] 但在“E”的记述中，上帝越来越超然。他并不直接向人类显现，而是派遣其“天使”作为中介。“E”认为，摩西从燃烧的荆棘中看到上帝的异象标志着以色列的埃洛希姆的自我显现进入了一个新阶段。“你叫什么名字？”摩西向从燃烧的荆棘中呼召他的神问道。亚伯拉罕、以撒和雅各称他为厄勒，耶和华回答，但如今他准备向他的子民启示其真实姓名。那就是“ehyeh asher ehyeh”

（“我是自有永有的”）。[32] 这一高深莫测的语句是意味深长而语意模糊的希伯来方言，大意为：“不用关心我是谁！”或甚至为“管好你们自己的事！”在古代社会，知道某人的姓名意味着你享有控制他的权力。从这个意义上说，上帝是不可被控制和操纵的。

在“J”和“E”中，我们都可以看出神性放弃精神的早期体现。在“J”的记述中，耶和华在邻近希伯仑的幔利橡树（oak of Mamre）向亚伯拉罕显现，体现了这一精神。[33] 亚伯拉罕举目观看，见有三个人在他的帐篷对面站着。他马上就从帐篷门口跑去迎接他们，并“俯伏在地”。[34] 陌生人可能是很危险的，他们不受管理当地世仇之法律的制约，他们可以杀人而不受惩罚或者白白被人杀死。但是亚伯拉罕并没有为了保护自己的家庭而攻击他们，而是把他们当作神灵，拜倒在其面前。随后，他给客人精心准备了饭食，使他们加添心力，继续行路。舍弃自我的举动，加上对三个陌生人的同情，导致了一次神圣的相遇：在随即发生的交谈中，人们十分自然地发现，三个陌生人中的一位不是别人，正是耶和华。

“E”所记述的将以撒献祭的故事更为引人注目。[35] 亚伯拉罕得到上帝的应许，将会成为一个伟大民族的祖先，但他只有一个独生子。随后，“E”告诉我们：“这些事以后，埃洛希姆要试验亚伯拉罕。”神呼叫他的名字，亚伯拉罕喊道：“欣奈尼（Hinneni，我在这里）！”以色列的祖先和先知往往以这种呼喊应答上帝的召唤，显示他们的完全在场及准备为上帝做任何事的意愿。然而上帝随后发布了一道骇人的命令：“你带着你的儿子，就是你独生的儿子，你所爱的以撒，往摩利亚（Moriah）地去，在我所要指示你的山上，把他献为燔祭。”[36] 这段故事标志着对神圣者产生的新理解。在古代社会，第一胎生育的孩子通常被视为神的所有物，而必须通过献祭归还给神。年轻生命的鲜血使神灵耗尽的能量得以恢复，从而确保了宇宙当中的动力循环。但此时并没有这样的原则基础。埃洛希姆发出了一道完全专断的命令，亚伯拉罕只能以信仰来回应。[37] 这一位神灵完全不同于当地的其他神灵；他既没有像人类一样的困境，也没有要求男男女女为他输入能量，而是随意向人们发出任何命令。

亚伯拉罕没有犹豫。他立刻备上驴，带着两个仆人和儿子以撒，手里拿着准备杀死儿子的刀，也劈好了燔祭的柴，起身往神所指示他的摩利亚地去了。他捆绑以撒，把以撒放在祭坛上，伸手拿刀。这个举动表现出了对神的绝对服从，而这预示着他生命意义的枯竭。亚伯拉罕服侍了如此之久的神显示出，他是一个食言者和无情杀害儿童的凶手。只是在最后一刻，埃洛希姆才派他的“天使”阻止了亚伯拉罕，命令他将一只公羊献为燔祭，以代替其子。人们推断，这段故事标志着宗教仪式的一次重要转折，即动物祭品取代了人身献祭。然而故事带给人们的痛苦远远超出了它在礼仪方面的意义。以色列的埃洛希姆不仅仅是一位友好而慈善的神灵，他有时是可怕而残酷的，将其皈依者引向虚无的边缘。故事使亚伯拉罕和他的神都显得十分可疑。它显示出神圣体验具有破坏性的可能，在它确立起来之前，任何暴力行为——肉体上或心理上的——都与神圣不相容。

以赛亚预言

人类社会与神圣者之间逐渐出现一条以前从未有过的鸿沟。公元前 740 年，一位新先知看到了耶路撒冷圣殿中的耶和华。[38] 与“J”的记述相同，作为犹大王室成员之一，以赛亚（Isaiah）是南方人，他可以看见以人类形象出现的上帝，但耶和华不再是一位人们可与之共同进餐的和蔼可亲的神灵了。当熏香的烟充满举行崇拜仪式的圣殿，以赛亚看到了圣殿仪式背后的可怕现实。耶和华坐在高高的宝座上，由他那诸圣众所围绕。每边都有两个天使遮着脸，呼喊道：“圣哉！万军之耶和华，他的荣光充满全地！”圣殿门槛的根基震动，殿内充满了烟云，笼罩着在一片无法进入的云中的耶和华，他不再仅仅是以色列的圣者，而是全世界的君王。最重要的是，他是神圣的（qaddosh），与人类完全“不同”而“分离的”。以赛亚的心中充满了恐惧。“祸哉！”他喊道，“我灭亡了！”他是意志薄弱而不洁的人，又眼见大君王万军之耶和华。有一撒拉弗（seraph）*用红炭沾他的口，除掉了他的罪孽。耶和华问道：“我可以差遣谁呢？谁肯为我们去呢？”以赛亚立即答道：“我在这里！请差遣我！”

这条神圣的预言是令人沮丧的。当人们听从耶和华的时候，已经太晚了：

直到城邑荒凉，无人居住，
房屋空闲无人，
地土极其荒凉，
并且耶和华将人迁到远方。
在这境内撇下的地土很多，
境内剩下的人即使还有十分之一，
也必像栗树被吞灭。[39]

当以赛亚传布这条预言的时候，这一对荒凉而无人居住的土地的可怕描述正在中东地区成为现实。提革拉毗列色三世（Tiglath-pileser III）于公元前745年成为亚述国王，并开始创建一个完全新型的帝国，逐步废除旧有的分封制，将所有臣民直接合并到庞大的亚述国中。他拥有超级高效的常备军，配备最新的战车和一支技巧极其熟练的骑兵，威震四方。一旦出现叛乱的迹象，臣属的国王便被亚述总督替换，军队侵入该国，整个统治阶层被驱逐出境，由帝国其他地方的居民所取代。提革拉毗列色的第一个成就是征服巴比伦王国，随后他将目光转向西方。他注意到在耶罗波安二世死后，以色列王国处于混乱之中，于是亚述军队于公元前738年长驱直入，征服了以色列北方领土。

* 即六翼天使。

中东地区从未集结过如此大规模的军事力量，之后也不曾有过。大量人口被驱逐，引起了精神和物质上的普遍混乱，因为所有人都被迫在帝国周围四处迁移。每当亚述军队攻打一个国家，便会留下破坏的痕迹。人们逃到城镇避难，乡村被遗弃。亚述不仅决心在军事上统治中东地区，还要塑造统一的文化，要发展为统一的帝国、同一种经济、同一种语言。提革拉毗列色采用了阿拉姆（即亚兰）语言和文字，它比亚述的楔形文字更易于传播，有利于管理其日益壮大的帝国。书写在行政管理和经济活动中愈发重要，越来越多的人学习读写。这将促进书面而不仅是口头圣典的留传。

亚述的兴起引起了一个神学上的问题。每个隶属于亚述的民族都有一个民族神，像耶和华那样的“圣者”，是其领土的眷顾者。当各个王国保持独立的时候，这个体系运转良好。但正如以利亚和亚哈所发现的那样，当一个国家的神灵侵犯了他国神灵时，问题就出现了。亚述开始接连不断地吞并一个又一个国家，神灵之间的力量平衡也开始发生变化。像该地区的其他国王一样，亚述国王是民族神阿舒尔（Asshur）的代理人，阿舒尔许诺提革拉毗列色的王朝会永远持续下去：“你赐予他享有权力的高贵命运，并宣告他高贵的子孙后代永远不败。”[40] 如果阿舒尔的代理人征服了以色列王国，是否说明阿舒尔比耶和华更强大呢?

当以赛亚在公元前 740 年得异象看到耶和华的时候，犹大王国仍很弱小，没有引起亚述的注意。但是，以色列和大马士革国王于公元前 734 年结成联盟抵抗亚述西进时，事情发生了转变。犹大国王亚哈斯（Ahaz）拒绝加入他们的联盟，他们便派遣军队围攻耶路撒冷，废黜了亚哈斯，将一个更顺从的国王推上犹大的宝座。亚哈斯没有选择，只得向提革拉毗列色求助，成为亚述的附庸。[41] 犹大长时期默默无闻的和平结束了；事与愿违，它被拖入了这个地区的无尽灾难之中。提革拉毗列色不失时机地惩罚反叛他的附庸。他突袭大马士革，处死了国王利汛（Rezin），又暴风骤雨般袭击了地中

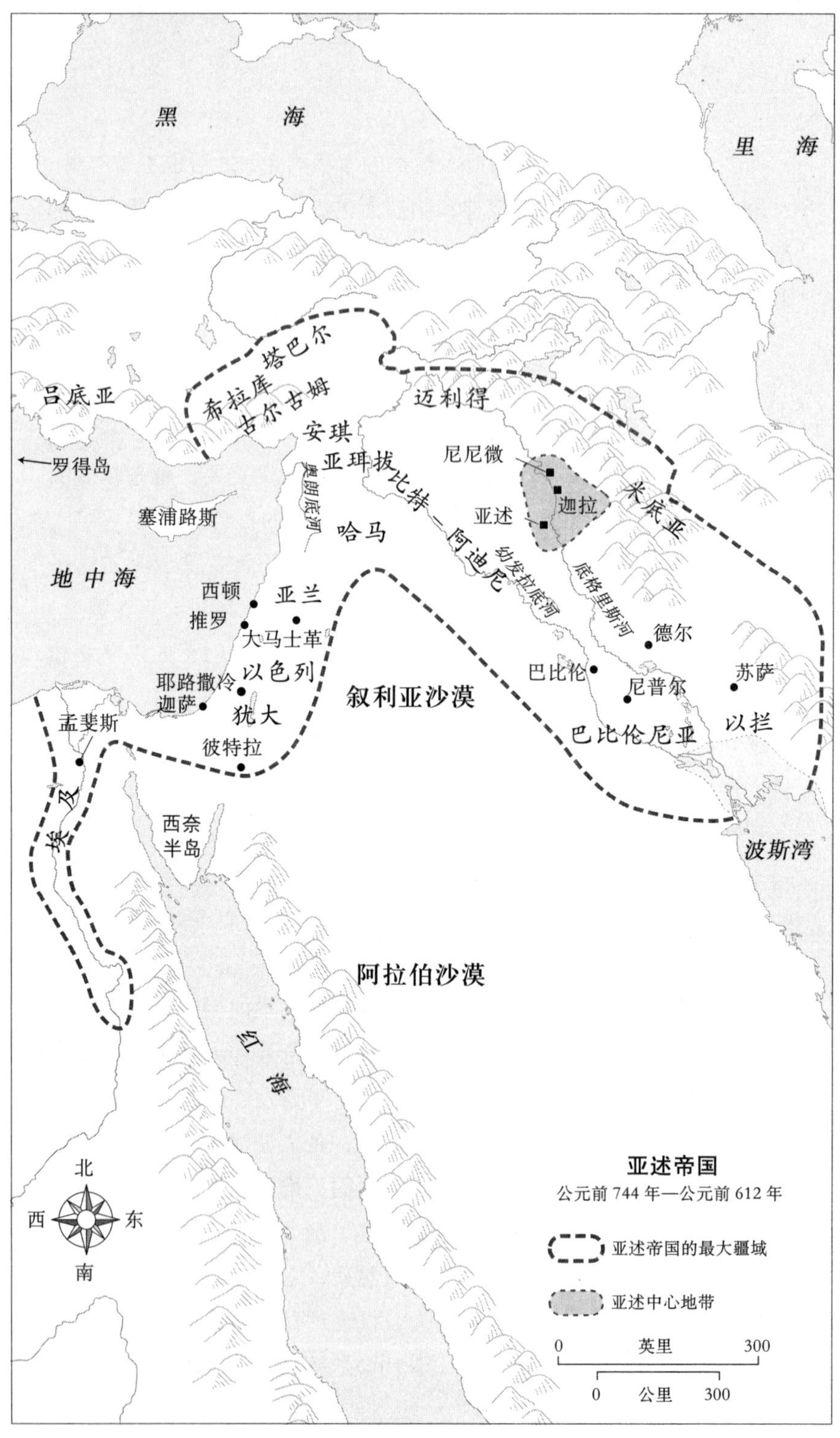
黑 海
里 海
塔巴尔
希拉库
古尔古姆
吕底亚
迈利得
安琪
罗得岛
亚珥拔
尼尼微
奥朗底河
比特—阿迪尼
塞浦路斯
迦拉
米底亚
亚述
哈马
幼发拉底河
地中海
底格里斯河
西顿
亚兰
推罗
德尔
大马士革
以色列
巴比伦
苏萨
耶路撒冷
叙利亚沙漠
尼普尔
迦萨
犹大
孟斐斯
以拦
巴比伦尼亚
彼特拉
埃及
西奈
半岛
波斯湾
阿拉伯沙漠
红
海
北
西
东
南
亚述帝国
公元前 744 年—公元前 612 年
亚述帝国的最大疆域
亚述中心地带
0
英里
300
0
公里
300

海沿岸，摧毁任何看上去可能背叛他的城市。最后，轮到了以色列。公元前 732 年，亚述军队夺取了加利利和耶斯列平原，侵占了约旦河东岸的以色列领土。顷刻之间，一度强大的以色列王国沦为北方山区残余的孱弱小国，只有一个傀儡国王。犹大国民在旁观看，惊骇不已。

然而以赛亚并不担心。他已见到耶和华被立为全世界的王，也知道耶路撒冷是安全的。与在北方王国的阿摩司和何西阿不同，以赛亚属于另一个宗教社会。他从未提及以色列人出埃及或在旷野中流浪多年的事。犹大宫廷并不从这些北方宗教传统中，而是从耶和华与大卫王永恒的立约及耶路撒冷圣殿的宗教传统中寻求慰藉。耶和华是耶路撒冷的王，大卫式的君主是他在尘世间的化身。只要耶和华主宰着耶路撒冷——这是以赛亚亲眼所见——这座城市就永远不会被征服：

神在其中，城必不动摇，
到天一亮，神必帮助这城；
外邦喧嚷，列国动摇，
神发声，地便熔化。[42]

犹大百姓必须只相信耶和华，北方王国被攻陷是因为他们以其武器和外交手段自傲。[43] 耶路撒冷是“贫寒人”的庇护所，因此它的百姓必只依靠耶和华，而不去相信财富和军事力量。[44]

以赛亚告知百姓，神圣的武士又一次在行进中了——为他的百姓而战。犹大不必惧怕亚述，它只不过是被耶和华利用的工具而已：“是我怒气的棍，手中拿我恼恨的杖。”[45] 以赛亚再现了古时耶和华前来帮助其百姓的情景，他们的敌人吓得退缩。当他兴起，使大地颤抖，看到“耶和华的惊吓和他威严的荣光”：

到那日，
眼目高傲的必降为卑，
性情狂傲的都必屈膝，
唯独耶和华被尊崇。
必有万军耶和华降罚的一个日子，
要临到骄傲狂妄的，
一切自高的都必降为卑。[46]

耶和华不仅是一位民族神，他正在成为历史之神。但是，耶和华的这种兴起同样也是侵略性的。他表现得像一个强权者，通过摧毁敌人具有破坏性的武器，用暴力为该地区带来和平：

他止息刀兵，直到地极，
他折弓、断枪，
把盾牌焚烧在火中。[47]

其他国的人都要接纳耶和华为王，将刀打成犁头，把枪打成镰刀。[48]

为了赢得最终的胜利，亚哈斯不应卷入世俗世界的政治纷争，而只应信仰耶和华。在锡安的宗教崇拜中，耶路撒冷是“贫穷者”的城市。但是贫穷并不意味着物质上的匮乏。“贫穷”的对立面并非“富足”而是“骄傲”。当人们登上锡安山时，时常吟诵这首赞美诗：

耶和华啊，我的心不狂傲，
我的眼不高大。
重大和测不透的事，
我也不敢行。
我的心平稳安静，
好像断过奶的孩子在他母亲的怀中，

我的心在我里面真像断过奶的孩子。

以色列啊，你当仰望耶和华，
从今时直到永远！[49]

如今以赛亚嘱咐亚哈斯，他不应依靠人间的力量、外国盟友或军事上的优越性，而应依靠耶和华。一味骄傲自大地仰仗人间的军队和防御工事便是偶像崇拜。这种仅对耶和华的信任及依靠是发生在北方的崇拜耶和华一神运动的犹大版本，而且以赛亚对谦卑和馈让的坚持乍一看与神性放弃的轴心精神有些相似。然而它在一个危险的历史时刻同样导致犹大民族自尊心的膨胀。以赛亚认为，耶和华不仅是以色列的守护神，而且能够操纵其他民族的神灵，这一革命性的观念基于一种目中无人的爱国主义。从许多方面来说，以赛亚属于旧式的偶像崇拜社会。他宣扬一种暴力和竞争性的观念，吸收并支持了当时的侵略性政治。它在本质上也是一种神秘主义神学，怂恿人们相信一支神圣的力量会使耶路撒冷坚不可摧。仅仅依靠耶和华作为制定外交政策的基础将被证明是十分危险的。

北方王国并不希望把一切都寄托在耶和华身上。公元前724年，提革拉毗列色死后，以色列国王何细亚（Hoshea）加入了其他亚述臣属的抵抗运动，拒绝交纳贡赋，并向埃及寻求支援。而亚述的新国王撒缦以色五世（Shalmaneser V）立即将何细亚投入监狱并包围了撒玛利亚。撒玛利亚于公元前722年投降，其统治阶层被驱逐到亚述，新移民者按照亚述的世界观重建这一地区。如今，不再有两种权威的耶和华宗教传统，而是只剩下一种。小小的犹大王国是继亚述一系列扩张性的军事行动之后在一定程度上保持独立的少数国家之一。考古资料显示，耶路撒冷在公元前8世纪末期发展显著。[50]人们扩展了新的城郊地区以收容北方以色列难民。在短短几年时间内，耶路撒冷从一个占地10到12英亩的山区中等城镇转变为一个拥有 150 英亩土地的城市，私人房屋和公共建筑林立。城市周围的乡村地区也取得了长足的发展。

以色列难民将他们的北方宗教传统带到了犹大，其中或许包括阿摩司和何西阿的预言，他们曾经预示了公元前 722 年的灾难。以色列王国的毁灭是刚刚过去的痛苦记忆，此时出现了保存北方宗教传统的愿望。像这一地区的其他国王一样，犹大国王也开始组建王室藏书室，“J”和“E”很可能就在其中，当时也许被合成了一个文本。人们有一种恢复大卫和所罗门联合王国的渴望，将以色列的残存部分融入复兴的犹大王国。

这种渴望反映在国王希西家（Hezekiah）的改革当中，希西家于公元前 715 年继承父位。[51] 我们没有当时的历史记载，但《圣经》传统表明，希西家想要使宗教崇拜仪式更加集中，只允许人们在耶路撒冷的圣殿中进行崇拜活动，而废止乡村的神殿。他的改革是短命的，考古学家也指出，广大民众继续崇拜其他神灵。但是，由于希西家进行了宗教改革，他被《圣经》历史学家视为最伟大的犹大国王之一而载入史册。然而，他的外交政策却是灾难性的。公元前 705 年，功勋卓著的亚述国王萨尔贡二世（Sargon II）驾崩，其涉世未深的儿子西拿基立（Sennacherib）继位。在随后的混乱中，亚述似乎控制不住其周边地区，希西家这时愚蠢地加入了反对亚述的联盟，耶路撒冷开始备战。公元前 701 年，西拿基立率领其强大的军队攻入犹大，一步步摧毁了乡村地区。最终，西拿基立的兵士包围了耶路撒冷。看来这座城市无法幸免于难，然而就在最后一刻，事情发生了转机。《圣经》作者写道：耶和华的使者在亚述营中杀了 185000 人，亚述军队被迫拔营撤退。[52] 我们不知道当时发生了什么。或许亚述军队中突然间瘟疫蔓延，而犹大军队奇迹般地脱离困境似乎无可辩驳地证明了耶路撒冷确实是神圣不可侵犯的。但人们无法否认的是，考古学家揭示出犹大乡村地区当时遭受了重大破坏。[53] 犹大第二大城市拉吉（Lachish）被夷为平地，包括儿童在内的 1500 人被埋在一个巨大的坟墓中。希西家继承了一个繁荣的王国，但是其轻率的外交政策致使他只保全了耶路撒冷这一个小小的城邦。骄傲的爱国情绪和沙文主义神学几乎毁灭了一个国家。

二、希腊的独特文化

在希腊，公元前 8 世纪是一段令人惊异的时期。在极短的时间内，希腊人摆脱了黑暗时代，并为其独特的文化打下基础。他们的命运处于上升趋势，而与此同时犹大似乎正在走向衰落。亚述对爱琴海地区不感兴趣，因而希腊人可以在没有军事入侵威胁的环境中发展其公共机构和各种制度。他们与东方和平往来，渴望向外来民族学习。其政治倾向趋于激进和革新主义，并开始尝试各种政府形式，但这并未触及宗教。当希伯来先知宣扬一神崇拜，即只敬拜一个上帝的时候，希腊人已成为多神论者。他们并没有脱离古老的宗教形式，而是变得更加系统地遵循传统。

希腊城邦

希腊在公元前 8 世纪最重要的发展便是创造了城邦。城邦是由城市及其周围领土所构成的范围很小的、独立的城市国家，居住其中的公民学习自治的本领。黑暗时代结束之后，旧有的政治体制被彻底淘汰，希腊人从此开启了全新的历史。[54] 公元前 8 世纪，希腊经历了人口的迅速增长和农业技术的改良，农民有了剩余的农作物。他们需要安全设施和某种形式的社会组织来守护其土地和庄稼免遭敌人破坏。希腊人如今可以用他们多余的农产品进行贸易，资助城邦建设事业，而且全体居民从一开始便可参与决策。[55] 到公元前 8 世纪末期，城邦已遍及希腊社会，所有城邦都具有显著的相似性。每个城邦都必有一堵城墙、一座神庙、一群居民和一个港口。[56] 城邦经济所依赖的乡村地区和作为社会身份认同之核心的城市中心并无区别。农民和城市居民拥有同样的权利和义务，并参加同样的管理集会。所有公民可以自由使用公共建筑和市场——即城市中心的空地，在那里做生意和召开公民大会。每个城邦都拥有自己的守护神，并发展其特殊的献祭仪式和宗教节日，以增强公民的凝聚力。

城邦是一个奉行平等主义的社会。农民们很早就开始对旧时的贵族阶级持尖锐批判的态度，并且拒绝接受一种屈从的地位。人人都可以成为公民——除了奴隶和女人。城邦是具有侵略性的由男性统治的国家。在黑暗时代，妇女享有更高的地位，但是在新兴的城市中，她们处于社会边缘，被隔离在家中隐蔽的庭院里，人们很少在街道上看到她们。城邦中的奴隶越来越多。大多数市民拥有自己的土地，为他人工作或挣取薪金被看作有失体面的事。在其他古代社会中，国王为了保持君主的至高权力必须限制其臣民的独立地位，但希腊农民不愿放弃其传统的自由权利，贵族则创建了独立自治的城邦，而并非要求地方统治者服从于最高权威的大型王国。这种独立自治的理念不是希腊人的发明创造。他们或许只是将古老的部落集会和宗族议事会的形式保存了下来，而其他民族在建立大型国家和帝国时则把它们放弃了。[57]

正如我们在《荷马史诗》中看到的，对于公元前 8 世纪的希腊贵族来说，公开演说的能力与作战的胆识同等重要。[58]在迈锡尼时代，国王只不过是地位同等的人当中居首位者，他必须听取领主们的建议。对公共政策的讨论在城邦中得以延续，而且由于农民参与到政议当中，他们也必须加强辩论的技巧。每个人在谈论实际问题时都必须考虑正义和道德的理论原则，尽管这种考虑很粗浅。农民开始越来越像贵族。城邦的一个重要特征便是，全体公民逐渐获得了早先的贵族精神气质。[59]

希腊城邦
黑海
博斯普鲁斯海峡
拜占庭
卡尔西顿
色雷斯
厄庇丹努斯
埃多尼亚人
马其顿
奥德里西亚人
普罗庞提斯
哈尔基季基半岛
贝罗亚
皮德纳
俄林土斯
阿堪苏斯
萨莫色雷斯岛
兰萨库斯
库齐库斯
达斯西利姆
伊姆罗兹岛
阿拜多斯
摩罗西安人
奥林匹斯山
托伦涅
西革昂
特洛伊
斯基奥涅
马格尼西亚
提涅多斯岛
安唐德罗斯
亚大米田
色萨利
莱斯博斯岛
爱奥尼亚海
马利斯
索利翁
埃维亚
螺克烈
爱琴海
库梅
福西亚
多里斯
哈尔基斯
埃托利亚
福基斯
萨迪斯
厄勒特里亚
埃利色雷
克拉佐曼纳
希俄斯岛
德尔斐
彼奥提亚
伊萨卡岛
底比斯
提奥斯
吕底亚
帕塔伊
亚该亚
迈加拉
诺伊提翁
埃琉西斯
西锡安
以弗所
萨拉米斯
雅典
科林斯
厄利斯
萨摩斯岛
阿提卡
萨罗尼克湾
迈锡尼
普里恩
奥林匹亚
阿卡迪亚
米利都
埃皮扎夫罗斯
凯奥斯岛
阿尔戈斯
帕特莫斯
伯罗奔尼撒半岛
特洛曾
狄杜玛
泰耶阿
提洛岛
麦西尼亚
纳克索斯岛
哈利卡那苏斯
斯巴达
皮洛斯
迈索尼
伊西翁
尼多斯
米洛斯岛
马莱阿角
锡拉岛
泰那戎
罗得岛
北
西
东
南
0 英里 400
0 公里 400
地中海
克里特海

竞赛与竞技会

辩论就是竞赛，是在各个演讲者之间进行的竞赛，辩得最好的就是胜者。希腊人保持了古代印欧人对竞赛的热情，而一些吠陀印度人却将其抛弃了。竞赛是生活的准则，而看似矛盾的是，贵族通过互相之间的竞争找到了团结一致的感觉。[60] 如今，整个城邦正在变成一个贵族化的尚武社会，农民也开始学到这种竞争的精神。荷马向人们展示出，希腊的军事首领在追求个人胜利时甚至不惜牺牲他人利益。每个军事首领力争实现其个人抱负，因而谈不上什么团体精神。每个人都被期待着成为不同凡响的人，这就意味着每个人都在追求优异的战斗中成为竞争对手，这种优异在每次行动中都会展现出来。在城邦里没有忍让和甘心屈从的精神，反而具有强烈的自我中心主义。城邦还具有一种固有的侵略性，城邦的创立往往需要暴力。建立一个可以抵御其周边邻人和竞争对手的城邦，其过程并不总是和平的。乡村经常被迫加入城邦。村镇联合主义（“统一”）意味着被迫离乡、反抗和许多不幸——这种分娩似的痛苦，反映在众多有关城邦创立的神话之中。[61] 城市将人们拉到了一起，但却是通过频繁使用暴力才实现的。为了权力和财富，每个城邦还必须经常与其他城邦进行竞争。

但是希腊人同样为其文化的统一感到自豪，并在泛希腊节日和风俗中加以庆祝。其中最著名的是在奥林匹亚举行的运动竞赛，首届有历史记载的运动竞赛于公元前 776 年举行，全希腊的贵族们都来参加。竞技会上的竞争是一种政治行为：它将你所代表的城邦标示在地图上，奥林匹克的胜利者返回家乡时会获得传奇般的名望。然而就像所有希腊的事物一样，竞技会也具有神秘可怕、与冥府相关的一面。最早的运动竞赛是在一位伟大武士 * 的葬礼期间举行的。[62] 由哀悼者展示的独特的身体技艺表演是人们在死亡面前

* 即帕特洛克罗斯（Patroclus）。

挑战式的生命宣言，它表达了哀悼者的愤怒、沮丧和悲痛。竞技会最终演变成为向当地英雄表达敬意而在圣殿里举行的宗教仪式。奥林匹克竞技会是为纪念珀罗普斯（Pelops）而举行的，传说中海神波塞冬非常喜爱珀罗普斯，而波塞冬也是一位伟大的运动员。

在奥林匹亚，运动员们不仅仅是为了个人声誉而竞争，也是在进行一项象征着由死到生的“通过仪式”。[63] 运动场西端是珀罗普斯墓——一个通向大地深处的黑暗深坑。它朝向运动场东端的宙斯祭坛，那是一大堆土和灰烬，是无数祭祀柴火的残留物。神和英雄就像白昼和夜晚、生命和死亡。赛跑的前夜，运动员在珀罗普斯的区域内献祭一只公羊，让它的血流向冥府深处。第二天早上，他们从珀罗普斯墓疾速奔向宙斯祭坛的最高点，投入冉冉升起的太阳的怀抱，逃离死亡和血腥的献祭，奔向纯净的火焰。像珀罗普斯一样，奥运会冠军终有一死，但他在比赛中获得的胜利赋予他的荣誉（kleos）世代留传在人们的记忆中。

对英雄的崇拜是希腊宗教的独特之处。[64] 终有一死的英雄是不死的神灵在冥府的化身。到公元前 8 世纪末期，一位杰出武士的坟冢在大多数城邦里都是受人景仰的。英雄被人们尊为半神（demigod），他不断提醒人们那些生活在英雄时代的更优秀的人类曾进行的高水平竞赛。如今他死去了，在大地深处过着不为人知的生活，但他的精神依然在人间传扬，令他与众不同的品质依然存在。然而，死亡使英雄的心中充满了怨愤，一种无法预知的、令人恐惧的气息从他的坟墓中散发出来，人们心怀敬意，静默地从此经过。与居住在奥林匹斯山顶的神灵不同，世间的英雄就在人们眼前。人们在其坟冢举行仪式，是为了平息他的怨愤，并祈求他的护佑。祭拜者造访他的圣墓，蓬头垢面，也没有花环，但每个城邦都以其英雄为荣，他象征着城邦的独特品质。他的坟冢往往建在城邦守护神的神庙旁，作为其在黑暗冥府的对应。

德尔斐神庙

在德尔斐，人们于公元前 8 世纪中期建造了一座神庙，快乐地祭拜音乐和诗歌之神阿波罗（Apollo）。这种快乐被人们对阿喀琉斯之子皮洛士（Pyrrhus）的悲惨记忆所抵消。皮洛士是躲在木马里进入特洛伊的武士之一。据说战争结束之后，皮洛士来到德尔斐，因他父亲的死谴责阿波罗，要求补偿。但他在圣炉边被神庙的仆从砍死，当时这些人正在为献祭的肉而争吵不休。[65] 皮洛士被埋葬在神庙门槛下。德尔斐的献祭仪式反映了皮洛士之死的暴力性。当祭品被宰杀时，当地人手持匕首站在周围，做好准备。一旦牲畜断了气，他们便围上来野蛮地切下尽可能多的肉，往往什么也不会给祭司留下。献祭的野蛮违背了城邦文明的价值观,形成了对阿波罗（秩序与节制之神）的光明祭拜的阴恶对照。

阿波罗曾经在德尔斐与一条雌性巨蟒搏斗并杀死了她，这一胜利象征着奥林匹斯诸神战胜了冥府的力量。阿波罗称这条巨蟒为皮同（Python），因为她的尸体在泥土中腐烂（pythein）掉了。后来阿波罗为了纪念她创立了皮提亚竞技会（Pythian games），而且全希腊的人都来请教阿波罗的预言女祭司皮提亚（Pythia）。[66] 她坐在神庙内殿圣火旁的鼎上面。受阿波罗意旨支配时，她就会痛苦地战栗，并吟唱甚至高呼灵授的话语，而事实上她的忠告往往是相当实用和明智的。

与其他大多神庙不同，德尔斐不属于一个城邦，它孤立在陡峭的山峰上，远离耕地。它是独立的，因此是基于精神而非政治权力的宗教中心。德尔斐没有自己的政治意图，于是成为一片“空地”，在这里请愿者和朝圣者可以聚集在一起，讨论各种问题和他们所发现的、由大多城邦共享的思想观念。德尔斐在公元前 8 世纪中期开始的新拓殖浪潮中发挥了重要作用。[67] 殖民者在离家之前往往会请教皮提亚，帮助他们作出明智的决定。到公元前 8 世纪末期，希腊人新的定居地已经在爱琴海周围建立起来。希腊复苏了，那里出现了黎明的躁动、探索的意识、新的贸易机会、不断扩大的视野，以及外来文化的刺激。

贸易的增长使得东西方发生新的接触。[68] 希腊商人行至中东地区，躲避亚述入侵的难民移居到希腊城邦，带来新的技艺。希腊人改造了腓尼基文字，使其适合自己使用，从而能够参与到当时自幼发拉底河延伸至意大利的有文字的文明之中。希腊人同样引入了东方的宗教思想。公元前 8 世纪，他们开始模仿近东的样式建造大型神庙，以放置神的雕像。对皮提亚的崇拜或许是受到了中东地区迷狂神谕的影响，诗人对冥界的描绘开始与美索不达米亚的地府相类似。一些最受希腊人欢迎的神灵也许来自东方。例如，成为最典型的希腊神灵的阿波罗，最初就来自小亚细亚。希腊人很可能在塞浦路斯岛上与中东地区的女神伊西塔（Ishtar）相遇，并把她当作爱情和丰产女神阿佛洛狄忒（Aphrodite）引入他们自己的万神殿。阿佛洛狄忒的情侣、悲剧人物阿多尼斯（Adonis）几乎可以确定就是植物之神坦木兹（Tammuz）*，中东地区所有妇女大肆哀悼他的死亡，将他视作“adon”——“主”！[69]

荷马的影响

但是没有人像荷马那样对希腊宗教的形成产生如此重大的影响，他把口头流传的叙事传说在公元前 8 世纪晚期用文字记录下来。大约与此同时，“J”、“E”传奇在耶路撒冷被合并为一个文本。几个世纪以来，游吟诗人在竞技会和节日里吟诵这些古老的传奇故事；到荷马时代，其中的一些故事或许已经流传了上千年之久。[70] 荷马的两部史诗——《伊利亚特》（*Iliad*）和《奥德赛》（*Odyssey*），只保存了一系列叙事史诗中的一小部分。关于特洛伊战争的史诗可能有八部之多。[71] 另外还有三部其他史诗传奇：一部追溯了底比斯国

---

* 又译搭模斯。

王俄狄浦斯及其家庭毁灭的故事；另一部叙述了赫拉克勒斯的冒险经历；第三部讲的是伊阿宋（Jason）夺取金羊毛的传说。

这些古老的史诗几个世纪以来发生了变化和扩展，但《伊利亚特》和《奥德赛》一旦被写下来，便亘古不变。像所有史诗一样，它们包含了一些非常古老的素材，但也反映了荷马所处时代的社会环境。他生活在一个过渡时期。黑暗时代结束之后在希腊形成的新的文明刚刚延续了几代人的时间。荷马的长篇叙事诗以迈锡尼文明晚期发生的特洛伊战争（约公元前1200年）为背景，其中结合了新的文化元素。也许我们永远也不会知道"荷马"到底是一个诗人还是两个——甚或是两个不同的诗派，但他的影响力怎样强调都不为过。《伊利亚特》和《奥德赛》被称作希腊的"圣经"，因为它们所反映出的理念和价值观为新的希腊文明留下了永久的印记。

《伊利亚特》描述了特洛伊战争中一个小小的事件——迈锡尼国王、希腊联军统帅阿伽门农与其麾下一名战将阿喀琉斯之间的一场争执，即关于自尊的激烈冲突。阿喀琉斯感到他的荣誉遭到非议，于是撤回了他的全部兵士，此举危及整个希腊。在后来的战争中，阿喀琉斯的挚友帕特洛克罗斯悲惨地死于特洛伊国王普里阿摩斯（Priam）的儿子赫克托耳（Hector）手下。《奥德赛》描述了战争之后，奥德修斯（Odysseus）在10年的海上旅程中，经过许多奇异的岛屿，最终回到伊萨卡与妻子团聚。在两部史诗中，荷马颂扬了战斗中的振奋、手足情谊的愉悦，以及当一名战士在"胜利的暴怒"（victorious rampage）中达到忘我境界，成为一股不可抗拒的力量而所向无敌之时，从他身上体现出的战士之英勇（aristeia）的荣耀。荷马似乎表明，男人们活得更富有激情。如若英雄的光荣事迹在叙事诗歌中被人们铭记，那么他就不会因死亡而被遗忘，并实现凡人所能获得的唯一一种不朽。

名誉因而比生命本身更为重要，两部史诗显示出，战士们为了得到它而不顾一切互相竞争。在对荣誉的追求中，每个人都全力以赴。英雄是以自我为中心的人，他们的头脑被有关荣誉和地位的问题所占据，不断夸耀其英勇行为，准备牺牲一切来提高自己的威望。那里没有神性放弃和甘心屈从的精神，一位战士能够“超越”自我之局限的唯一方式就是陷入对杀戮的入迷状态。当受到战神阿瑞斯（Ares）的控制时，他便会经历极为丰富的生命并具有神性，在战士的英勇中忘却自我，残杀任何阻碍他的人和动物。因此，战争是能够为生命赋予意义的唯一活动。每一名战士都期待着胜过他人，但成为“佼佼者”（aristos）单单意味着在战斗中功勋卓著，[72] 其他的品质或才能都不重要。在战士之英勇高涨的状态中，英雄经历了极为丰富的生命，在对死亡的藐视中辉煌地爆发出来。

在印度，祭司和武士逐渐接近了“戒杀”（非暴力）的观念，这也将出现在其他轴心文明中。但是希腊人从未彻底丢弃过其英雄气质：他们的轴心时代是政治、科学和哲学性的，但不是宗教性的。荷马把像阿喀琉斯那样的武士当作卓越的典范呈现出来，成为所有人奋斗的榜样，看起来与轴心时代的精神丝毫没有共通之处。然而荷马正处于一个新时代的前夕，他能够批判地看待英雄理想。他看到武士命运中的极度痛苦，为了实现死后的荣耀，亦即他存在的目的或理由，英雄必须赴死。他与死亡相结合，正如在宗教仪式上他被禁闭在幽暗的冥府，被其必死的命运所折磨。对荷马来说，死亡也是一个悲剧的结局。

《伊利亚特》是一部关于死亡的史诗，其中的角色由杀人或被杀的冲动所支配。故事残酷地走向无可避免的毁灭：帕特洛克罗斯、赫克托耳、阿喀琉斯的死，以及美丽的特洛伊城的灭亡。在《奥德赛》中，死亡也是一种不可言喻和令人难以置信的阴郁的超越。[73] 当奥德修斯探访冥府时，被眼前成群叽叽喳喳的死人的景象吓坏了，他们的人性已经可耻地分裂了。当他遇到阿喀琉斯的灵魂时，恳求他不要悲伤：“此前无人比你幸福，今后也不会有人赶超。先前，当你活着，我们亚该亚人敬你如神明；眼下，在此你有偌大的权威，在死人中称豪。”但是阿喀琉斯不接受这种说法。“不要抚慰我的亡悼，”他答道，“我宁愿做个帮工，在别人的田地上耕作，自家无有份地，只有些许家产凭靠，也不愿充当王者，对所有的死人发号施令。”[74*]他的话使其贵族英雄气质大打折扣。在英雄理想的核心出现了极度的空虚。

《伊利亚特》中所呈现出的武士的暴力行为和死亡往往不仅毫无意义，而且完全是自我毁灭性的。史诗中第三个被杀者是特洛伊的西摩埃西俄斯（Simoeisios），他是一个风华正茂的年轻人，本应享受家庭生活的温馨，却在战斗中被希腊英雄埃阿斯（Ajax）击倒：

> 他翻身倒地，卧躺泥尘，像一棵黑杨，
> 长在凹陷的洼地，伴邻大片的泽草，
> 树干光洁，但顶部枝丫横生、繁茂：
> 被一位制车的工匠用闪光的铁斧砍倒，
> 准备将它弯成轱轮，装上战车，由他精造，
> 杨树平躺海岸，在它的滩沿受风干燥。
> 就像这样，安塞米昂之子西摩埃西俄斯横躺地上，
> 被卓越的埃阿斯杀倒。[75†]

荷马倾注了对他的同情：这个年轻人的生命被无情地斩断，其自然成长残酷地遭到扭曲，并被人利用为杀戮工具。

阿喀琉斯被尊为最伟大的亚该亚人，在这个角色身上也体现了类似的冷酷和人性的扭曲。[76]他表现为一个拥有挚爱（philotes）和柔情的男人，我们可以从他对待母亲、帕特洛克罗斯及其年迈导师的行为中看到这一点。然而在他与阿伽门农的争吵中，这种挚爱

---

* 本章《奥德赛》引文中译参照荷马著、陈中梅译《奥德赛》，南京译林出版社 2003 年版。

† 本章《伊利亚特》引文中译参照荷马著、陈中梅译《伊利亚特》，南京译林出版社 2000 年版。

被一种倔强而自以为是的愤怒所遏止，促使他离开了他热爱的同胞。“阿喀琉斯已把自身高傲的心志推向狂暴”，他的同僚埃阿斯说道。[77] 他已变得酷戾而无情。[78] 阿喀琉斯陷入一种暴力而具破坏性的精神气质当中，他质疑这种气质，但却无法摆脱它。对于帕特洛克罗斯的死，他负有很大责任。在此之后，他的挚爱变成了没有丝毫怜悯之情的仇恨。在与赫克托耳的决斗中，为了替朋友复仇，阿喀琉斯变成恶魔一般。当垂死的赫克托耳请求将他的遗体归还其家人，得享火焚的礼仪时，阿喀琉斯回答说宁愿将他生吞活剥，[79] 并且卑鄙地将赫克托耳的尸体绑在马车后面，围绕帕特洛克罗斯的坟茔倒拖着跑了三圈。先前尊贵的阿喀琉斯从未如此行事。在任性的搏斗中，他迷失了自我。正如阿波罗在众神的会议中说明的那样，他已经成为一种感情淡漠的破坏性力量，已无有正直的用心，荡毁怜悯，抛弃了羞耻。他得到了什么呢？阿波罗说道：“此举既不能为他增光，也不会给他带来进益。”[80]

然而在史诗的结尾部分，当特洛伊国王普里阿摩斯祈求阿喀琉斯归还儿子赫克托耳的尸体时，阿喀琉斯在这个特别的情景中恢复了爱心。年迈的普里阿摩斯离开特洛伊，潜入敌营，悄无声息地出现在阿喀琉斯的帐篷中，令其随从大为惊诧。他“展臂抱住阿喀琉斯的膝盖，亲吻他的双手，这双可怕、屠人的大手曾杀死他众多的儿男”。[81] 希腊人相信，一同哭泣会在两人之间产生重要的感情纽带。老人的卑身屈节在阿喀琉斯心里激起“怀念父亲的伤悲”。他握住普里阿摩斯的手：

>……两人忆想死者，普里阿摩斯坐着，
>悲悼屠人的赫克托耳，缩蜷在阿喀琉斯脚边，
>而阿喀琉斯则时而哭念他的父亲，时而又为
>帕特洛克罗斯举哀。悲惋的哭声在营棚里传开。
>随后，当卓越的阿喀琉斯哭够，

> 悲悼的激情随之消逝他的肢体心怀，
> 于是起身离座，握着老人的手，将他扶站起来，
> 怜悯他头发和胡须的灰白。[82]

在对杀死挚友凶手的父亲所表现出的怜悯中，阿喀琉斯重新获得了其人性和挚爱。他以极大的机敏和柔情交还了赫克托耳的尸体，还担心尸身对老人来说太过沉重。之后，当他们共享晚餐时，昔日的敌人怀着敬畏默默地互相凝视。

> 达耳达诺斯之子普里阿摩斯凝目阿喀琉斯，
> 诧慕他的高大魁伟，俊美的相貌，看似神的外表。
> 阿喀琉斯亦在注目达耳达诺斯之子普里阿摩斯，
> 惊慕他高贵的长相，聆听他的谈讨。[83]

对虚己之怜悯的体验使他们能够看到彼此的神圣和庄严。[84] 如果在史诗的其他部分没有体现，那么在这一场景中，荷马完美地表达了轴心时代的精神。

可是荷马笔下的神灵却没有怜悯之情。希伯来先知正开始探究上帝的悲悯，而荷马描述的奥林匹斯诸神对人类的痛苦却漠不关心。如果说宙斯对赫克托耳之死有过一时的悲痛，那只不过是转瞬即逝的感动，它并没有引起持久的痛苦。诸神只是旁观者，观望着男男女女荒诞古怪的行为，就像一群贵族在竞技会上观看一场赛跑。[85] 帕特洛克罗斯死后，阿喀琉斯的神马为倒下的英雄哭泣，它们温热的泪水流淌到地上。宙斯感到了瞬间的怜悯，为它们注入了新的活力，它们立刻抖落鬃毛上的尘土，重返战场。它们短暂的痛苦和阿喀琉斯与挚友别离的极度悲痛形成了鲜明对照。

诸神谱系

诸神在史诗中似乎不如凡人角色那么严肃。神灵不必冒什么风险，他们不会死，任何事对他们来说都无关紧要。当阿瑞斯在战斗中被一名希腊武士所伤，他的伤口迅速愈合，而且能够坐在宙斯身边，在刹那的蒙耻之后，“享领光荣，扬扬得意”。[86] 当宙斯与赫拉争吵时，几乎没有什么损害。分别支持希腊人和特洛伊人的神灵之间爆发了争战，也没有造成严重的后果，他们的争斗与凡间人类毁灭性的战争相比几乎是喜剧性的。[87] 诸神的轻松生活似乎减轻了人类悲惨、有限、注定要死亡的命运之苦。

尽管如此，荷马对于奥林匹斯诸神的生动描绘使他们的性格特征永远固定了下来。他赋予他们清晰明了的性格特征，赋予众神前所未有的连贯性。当其他轴心时代的民族开始发觉古老的神灵令人不满或在改变对神圣的理解时，希腊人却愈发投身于更古老的宗教范式。他们并不将神灵视为超然的，而是重申了其诸神传统的内在性。与神灵的相遇并非灾难性的打击，人们感到希腊神灵与人类的关系是相当和谐的。神或女神会出现在任何卓著的胜利或杰出的成就中。[88] 当一位武士深陷对战斗的入迷状态时，他便知道阿瑞斯出现了。当他的世界被性爱不可抗拒的力量所美化，他将这称为“阿佛洛狄忒”。神圣的工匠赫淮斯托斯在艺术家的灵感中显现，雅典娜则出现在每一项文化成就当中。

众神象征着神性的复杂。在迦南人圣者的会中，没有一个“上帝之子”（sons of God）能够单独存在，他只有在与其他神灵的关系之中才有意义。奥林匹斯诸神家族也说明它是一个神圣的统一体，显示了神圣权威的关联和相互依存，这些正是希腊人在其社会中所经历的。唯一使希腊诸神体系与众不同的是其高度的连贯性和组织性。古典时代的希腊人从未背离古老的异教信仰。他们利用其非凡的分析才能改善了原有的体系，赋予它制度体系和逻辑基础。奥林匹斯诸神家族拥有令人愉悦的对称和平衡：它由父母（宙斯和赫拉）、叔父和婶母（波塞冬和得墨忒耳）、三个儿子（阿波罗、阿瑞斯和赫淮斯托斯）及三个女儿［雅典娜、阿耳忒弥斯（Artemis）和阿佛洛狄忒］组成。也有外人：众神的信使赫耳墨斯（Hermes）、司魔法的女神赫卡忒（Hecate），还有狄俄尼索斯，他的任务是挑战奥林匹斯的秩序。

众神不能作为个别而孤立的形象被单独看待。每一个神灵都是整体不可缺少的组成部分，而且只能相对于其他家族成员被人理解。希腊诸神被比喻为一种语言，每个单词语义学上的意义取决于它与词典中其他词的相似与差异。[89] 事实上，只崇拜一个神灵而忽视其他神灵是很危险的。一神崇拜在希腊社会是禁忌，而且可能导致可怕的惩罚。[90] 没有一个神灵阻止人们对其他神灵的崇拜，但只挑选你喜爱的神灵而忽视对万神殿中其他任何一个神灵的崇拜则是被禁止的。众神之间可能发生争吵和搏斗，但每一位都代表了现实情况的真实一面，缺少任何一方面，宇宙都会永久地受到损坏。通过对一系列神灵的敬畏，人们便有可能看到将各种矛盾结合起来的统一体。祭品在节日中往往不只献给一个神灵，神殿也通常供奉多个神灵。例如，波塞冬在雅典卫城与守护神雅典娜一起受到敬拜。

诸神往往以能够显示出生活的张力和悖论的方式配对。原型夫妻宙斯和赫拉的争吵反映了父权社会秩序的内在困境，这种秩序通过对立面的冲突肯定了自身。[91] 阿瑞斯和雅典娜都是战神，但阿瑞斯代表战争残酷和可恶的一面，而雅典娜体现了辉煌的胜利。[92] 波塞冬和雅典娜一同受到崇拜：海神波塞冬代表原始自然界的力量，而智慧女神雅典娜能够驯服、控制这些力量，使它们为人类所用。波塞冬创造了马，而雅典娜发明了马勒和笼头；波塞冬能激起波浪，雅典娜建造了船只。此外，由于雅典娜也是一位战神，她反映了任何文明核心处的暴力成分，以及任何城邦为了生存而进行的斗争。

波塞冬也和阿波罗联系在一起，他们代表了老年和青年，即对

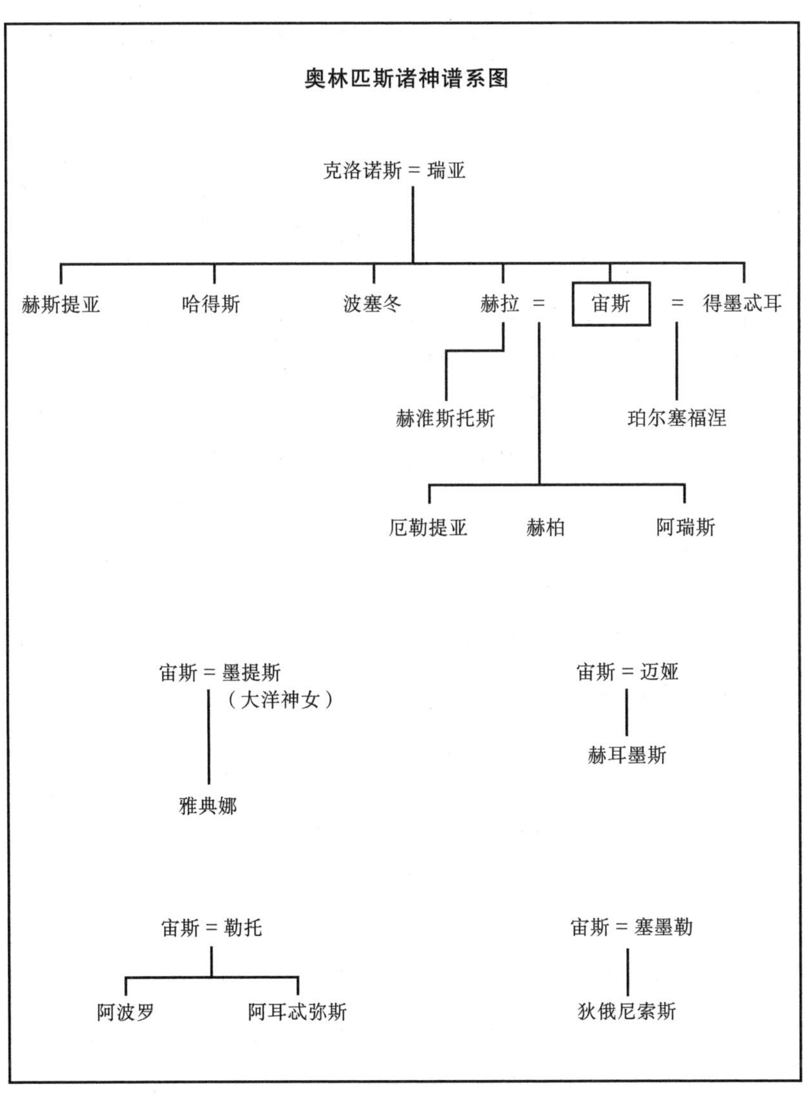
奥林匹斯诸神谱系图
克洛诺斯 = 瑞亚
赫斯提亚
哈得斯
波塞冬
赫拉 =
宙斯
= 得墨忒耳
赫淮斯托斯
珀尔塞福涅
厄勒提亚
赫柏
阿瑞斯
宙斯 = 墨提斯
（大洋神女）
雅典娜
宙斯 = 迈娅
赫耳墨斯
宙斯 = 勒托
阿波罗
阿耳忒弥斯
宙斯 = 塞墨勒
狄俄尼索斯

立而互补的两个方面。赫拉和狄俄尼索斯彼此极度敌对，但他们都与疯狂相关，这也许是一种神圣的灾难或者是释放出的狂喜。阿波罗和狄俄尼索斯是兄弟，他们彼此平衡和互相弥补：阿波罗象征形式、明晰、限定和纯洁，而狄俄尼索斯体现了瓦解的力量——他在德尔斐作为与阿波罗对等的、神秘的冥府神灵被人们敬拜。每一个希腊神灵都有其隐晦和危险的一面。没有一个神灵是完全慈善的，没有一个神灵关心道德规范。他们一同显示了生活的多样性和复杂性，并不回避生活中的悖论或否认世界上的任何一个部分。希腊人感到没有必要发展新形式的宗教，而是心满意足地延续着古老的宗教崇拜，这种崇拜在轴心时代结束之后又维持了 700 年之久。

三、中国春秋时代礼仪的发展

对于中国来说，公元前 8 世纪亦是一个转折期。公元前 771 年，困扰周王室 50 多年的蛮族犬戎，侵占了其都城宗周[*]并杀掉幽王[†]。然而，这并不是王朝的终结。平王（公元前 770 年—公元前 720 年在位）在东都成周受天命继承父位。但此后的周王们再也没有恢复先前的荣光。周王勉强维系其位于东都周边狭小且穷困的领地，履行典仪方面的义务，而在政治上没有实权。王朝在这般衰弱的状态下苟活了 500 多年。君王们有名无实，只保留着一个象征性的统治者的光环，但城市的诸侯却掌控实权。他们的封国稳步扩大。在名为血脉相连而实则频频对抗的封国之间，对典仪（礼[‡]）的热衷胜过对王权的忠诚。旧的习俗取代了王室的权威，在国家战争、族间宿怨、条约缔结、监管货物交换和服役等各个方面发挥作用，颇有几分国

---

* 即镐京。原文“Zhouzhuang”有误。

† 原文“King Yon”有误。

‡ 即“礼制”。下文同。

际法的味道，这就是历史学家所称“春秋”时代的开始，鲁国的编年简史以此冠名，它记述的内容涵盖公元前 722 年至公元前 481 年这段时期。当时，社会好像处在混乱的冲突与分裂之中，但事后我们会看到，中国正在进行一场从古老的君主政体到统一帝国的复杂转变。我们对公元前 8 世纪的中国知之甚少，但这一时期似乎见证了一种新领悟的显现。

君主政治的衰落仅仅是这个时代诸多令人不安的变化之一。在周王朝治下，中国人在平整土地、采伐森林上取得了巨大成果，开发了更多的土地用于耕作。但这种积极的发展却带来了令人忧虑的结果。[93] 能够用于狩猎和饲养牛羊的土地变得更少。由于破坏了许多自然物种的生存环境，采伐森林同样毁掉了该地区大批野生动植物。从前，中国人外出狩猎会得到很多动物，而到公元前 8 世纪时则少得多了。牛羊的饲养数量也急剧减少。在商朝和周朝早期，统治者不经任何考虑便屠宰数百牲畜，用于其奢侈的祭祀活动，他们确信拥有无尽的资源。在宴会上，他们慷慨地馈赠并吃掉大量各种各样的肉食，没有丝毫的顾虑。但初显的物质缺乏似乎使民众对这种挥霍无度报以怀疑。大量宰牲的做法被终止，动物祭品的数量被礼仪法规严加控制。礼仪官员们也试图抑制狩猎活动，将其限制在一个谨慎划定的季节。到公元前 771 年，葬礼已被管制得更严，以往的炫耀摆阔不为人所赞许。一种新的节制精神正逐渐改变着城里贵族家庭的生活。由于猎物减少，牲畜也不多，如今他们的财富对农业的依赖胜过狩猎和掠夺。贵族们的心里保留着武士情结，但正如我们将在下一章里看到的，他们的作战和以前相比变得更加仪式化，而减少了暴力成分。由于军事行动和狩猎活动更少了，君子（“绅士”）在宫廷里度过了更多的时间，越来越多地专注于礼仪、礼节和宗教仪式的细节。[94]

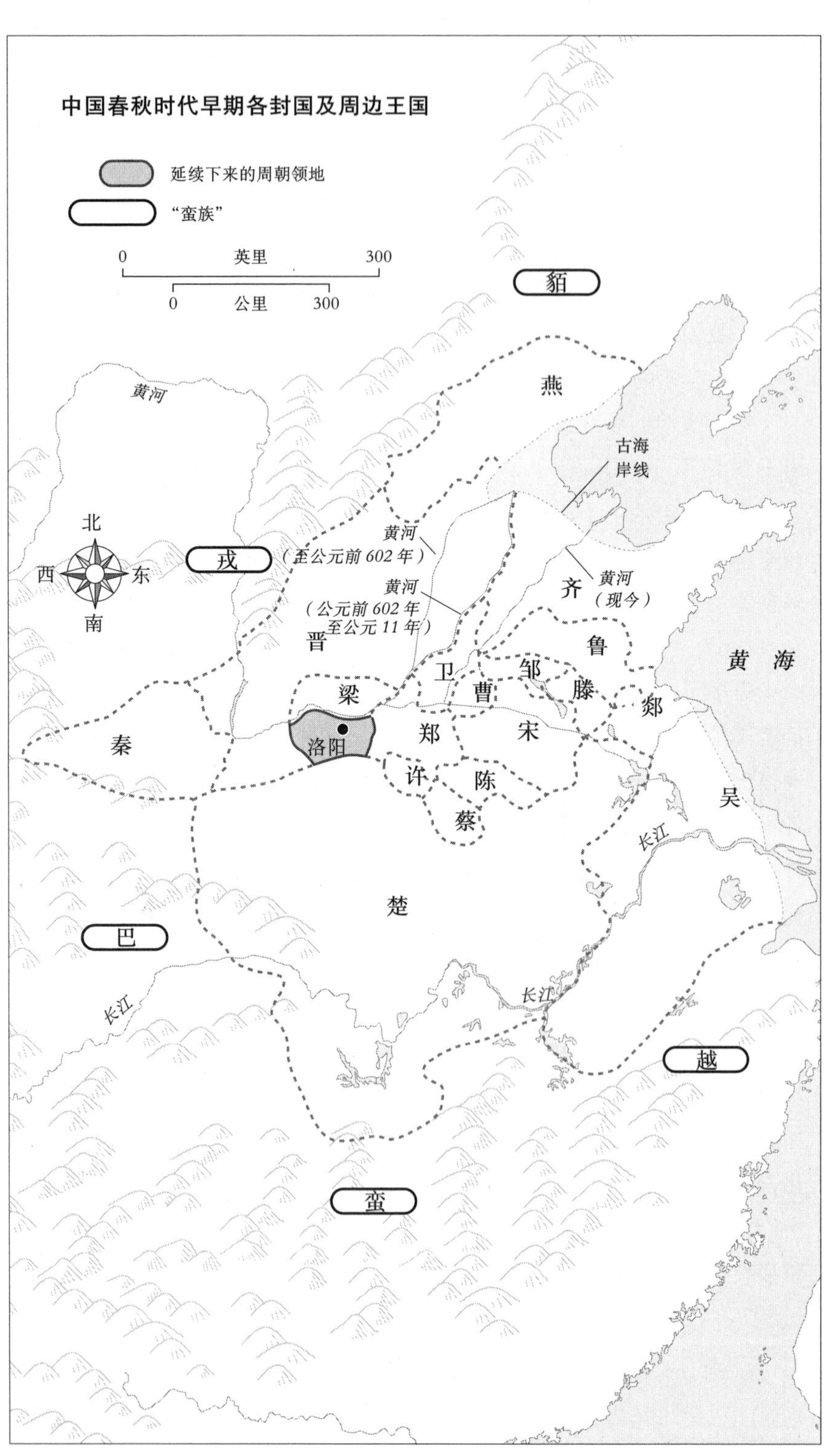
中国春秋时代早期各封国及周边王国
延续下来的周朝领地
“蛮族”
0
英里
300
0
公里
300
貊
燕
黄河
古海
岸线
北
西
东
南
戎
黄河
（至公元前 602 年）
黄河
（公元前 602 年
至公元 11 年）
齐
黄河
（现今）
晋
鲁
黄 海
卫
邹
梁
曹
滕
郯
秦
洛阳
郑
宋
许
陈
吴
蔡
长江
楚
巴
长江
长江
越
蛮

礼仪的发展

克己、节制和有度成了当时的格言，人们不得不更加周全地规划生活。过去炫耀性的铺张赠礼，被一个严密组织起来的交换体系所替代，且赠礼必须有记载的先例。[95] 贵族阶层的所有活动转变成一场精心准备的仪式。无论你做什么，都有一种恰当的方式。随着时间的流逝，周朝城市里的贵族们为促进社会的融洽和统治集团的福利，发展了他们设计的各种风俗规约。像所有社会一样，这些传统的形成更多是通过试错，而不是有意识的思考。这些行为模式或许经历了几个世纪的发展，并代代相传。[96] 君子依照礼仪的精细规则而生活：有所为，有所不为。在春秋时期，这种行为惯例开始形成文字并成为条理分明的制度。在这个变迁与不确定的时代，人民渴望清晰的指引。他们不得不反思自己的信仰。国君是古老祭拜仪式的关键人物。当他变成一个无助的傀儡时，如何让其臣民尊崇其权势？在资源匮乏的时期如何维持古老的献祭？

似乎是地处中原封国的一批批书吏、卜官、天文学家和案卷保管者使新的礼仪得以发展成形。在某些时期，作为低等贵族的士在各封国中发挥了更显著的作用。非长子或妾的孩子位在低级贵族和政府要员之下。他们从事级别较低的工作，在军队中服役、充当成文律法的保管者及各类分支学科的专家。一些书吏编纂的文集成为中国的经典著作：《尚书》、《诗经》、《易经》、《乐经》（已失传）和《春秋》。一部分士中的文人开始把礼仪和贵族家庭的习俗惯例编辑成典章。这些礼仪专家（儒）令贵族生活的准则清晰易懂地展现在人们面前。一名君子必须准确地知道集会时自己应置身何处，应保持什么站姿，怎样与人寒暄，如何举止恰当。他必须清楚什么时候该说话，什么时候保持沉默。他要衣着得体，姿态到位，在每个不同的场合呈现正确的面部表情。每件事都包含宗教意义。周朝早期，王室的仪式是用来维持自然秩序的。如今，君主政治步入衰落，儒士们为了中原的安宁与秩序，将整个社会生活投入到精心设计的礼仪之中。[97]

每个封国的国君都感到有必要配备一组优秀的礼仪顾问，以确保官方祭祖的宾宴及礼仪舞蹈都进行得恰如其分。儒士们协助王侯和臣子在政治场合使用礼仪，以使他们在封地集会上不至于表现糟糕，并了解一名君子如何适时发表反对意见。历史文献显示，关于礼的知识在外交上至关重要。有一次，一个小国国君去拜访另一位地位更高的国君，后者死于前者来访期间。臣子们试图强迫来访者按既定步骤为尸体着装，因为这是一个臣属的义务。如果服从，来访者将丧失其相对大国的政治自主权，可他怎样谦恭地拒绝呢？他的谋士们化解了难题。小国国君上前为尸体穿衣，但他带着一名巫士。依据礼的规定，这是他在自己领地内吊唁家臣的一贯做法。这一对“礼”的熟练运作令事态完全颠倒，挫败了那些大臣的阴谋诡计。这个故事说明，不管表面上显现得多么谦恭，人们在这些礼仪的实施过程中实际上并没有神性放弃的精神。贵族阶层仪式化的生活方式确实教导他们，行为在表面上要谦逊，要表现出对彼此的尊重，但礼通常充满了私利。做每件事的实质都是为了名望。贵族害怕失去其特权和荣耀，就利用礼来巩固其地位。[98]

鲁国的礼仪

最富资质和权威性的礼仪学派创立于鲁国，它始终把自己当作神圣传统的监护者。鲁国的礼仪专家和文牍人员逐步发展了《礼经》，成为第六部中国经典著作。[99] 鲁国的礼仪专家阐明了两条重要原则：第一，礼仪的功效依赖于其中每一个动作的完美演绎；第二，只有当所有参与者从总体上充分认识到礼仪的价值和意义，这种尽善尽美才可能实现。公元前 6 世纪晚期，一位鲁国的礼仪专家开启了中国的轴心时代，以这两条原则为出发点，他将揭示这种貌似追求私利和荒谬的修炼中蕴藏的精神力量。

即使处在早期阶段，一部分鲁国的礼仪专家便懂得忍让的重要性。[100]他们格外崇敬尧和舜——上古时代的贤明君王，并且可能是《尚书》最早的篇目《尧典》和《舜典》的作者。与其他文艺作品中的英雄不同，尧和舜不靠魔法技艺成事；他们既没有像黄帝那样同可畏的人进行战斗，也没有像夏朝的建立者禹那样去治理洪水，而只是以其自身的超凡魅力来统治人民。这与通过军事辖制获得统治权的武士迥然不同。据《尧典》所载，尧是一位真正的文雅之人："钦、明、文、思、安安，允恭克让。"[101]上达至高天界，下入悠悠尘世，这些优秀品质的内在力量播撒四方。它扩展到中国所有家庭和部族的生活，使大家能够和睦相处，从而建立起伟大的和平（太平）。作为王室特权的道德已处于变革之中。它由一种纯粹的巫术效应，变为一种给人民带来精神福祉的伦理力量。

舜的出身实在非常低贱。有些人认为他出生在一个东部的蛮族部落，有些人声称他曾身为农夫、陶匠或者渔民。舜的父亲和哥哥*企图杀死他，但舜设法逃跑了，而他对他们并未心存憎恶，继续和善虔敬地对待他们，是一个恪守孝道的模范。尽管舜地位卑下，但他的克己和节制给尧帝留下了极好的印象，而他当时正在考虑皇位继承人的问题。尧的嫡子丹朱†奸诈好辩，如何能得到上天的委任？处于困惑之中的尧向众神请教，四岳神灵向他讲述了舜的经历："瞽子，父顽，母嚚，象傲，克谐，以孝烝烝，乂不格奸。"[102]

尧通过考验，深信舜的确是个贤善之人，于是略过嫡子而把皇位传给了他。舜感到自己的德不足以服众，遂在尧死后，退避到中国南部地区，让位于尧的儿子。但大臣们都来和舜而不是尧的儿子商议国事，民间诗人只对舜吟唱赞美。最终，舜接受了上天的授权。即使贵为帝王，他依旧恭敬地对待父亲。当他退位时，便仿效尧的

---

* 应为弟弟。原文有误。

† 原文"Zhu"有误。

榜样，略过嫡子，促成负责工程建设的大臣*禹即位，即后来夏朝的开国君主。

尧和舜善良仁慈，成为圣贤，开创了天下太平的黄金时代。《尚书》所载的传说，明显隐含了对基于暴力和高压政治、由代代王朝所传承的统治方式的批评。尧和舜并未依靠其自身的地位和威望，而是将人民的福祉置于他们自己的天赋权力之前。他们是有度、谦逊、克己和恭敬的典范，这些品德正是“礼”欲培养的。在中国的政治生活变得愈加利己与无情时，尧和舜的传说延续为一种精神上的鼓舞。轴心时代的贤哲主张，每一个人都具备成为这样崇高之人的潜质。

新的礼仪化的节制和适度行为在中原封国中逐渐扎根。尽管处于紧张不安的时期，它亦有助于在这些古老的城市中维持和平，人们仍忠实于礼所表达出的中国传统理念。然而，富于侵略性的新对手出现了。公元前8世纪，三个地处中原边缘的封国通过对蛮夷之地的蚕食，逐步获得了大块富庶的土地：一是晋国，位于北部多山之地；二是齐国，踞有山东西北部丰饶的沿海地区；三是楚国，长江中游一带的巨头。三个国家仍然保持着周王朝的传统，但如今他们拥有大量并不遵行“礼”的蛮夷土著人口。楚将会第一个抛弃周王朝的旧传统，中国即将迎来一场文明的冲突。

四、印度的精神追求

在印度北部的恒河流域，人们的生活更加稳定，家庭中的男子成为社会的支柱。一旦成婚，家主就可以在家中拥有圣火，并且可以进行日常礼拜仪式，即经过改革的公共祭典的缩略形式。他的家成为一个私人献祭场所，他可以在这里创造能够经受死亡的考验而

* 即司空。

进入神灵世界的自我。但是，一些男子采取了特殊的手段，抛开家庭，背弃社会，退隐丛林。他们没有将家庭作为生活的中心，而是在经过考虑之后，决定离家出走。他们生活艰难，身无分文，行乞为生，有的蓬头垢面，有的身穿黄袍，有的赤身裸体。这些“隐修者”（samnyasins）将自己置于为社会所不容的境地，但却成为印度人精神追求的核心人物。从此以后，隐修者而非家主将成为宗教变革的动因，[103]是隐修者而非婆罗门祭司塑造了印度轴心时代的新阶段。

隐修者

我们很难断定这种发展趋势的确切时间，但它似乎是从公元前8世纪开始的。[104]隐修或许源于更古老的戒律。一些学者认为，它是由印度土著居民在雅利安人到来之前所实行的，[105]而另一些人主张，它不是吠陀宗教仪式的自然发展[106]，就是一种崭新的思想意识。[107]《梨俱吠陀》提到了留着“散乱长发”、穿着“肮脏黄衫”的流浪者，他们能在空中飞行，“到神灵曾经去过的地方”，还能从遥远的地方看到事物。他们供奉楼陀罗（Rudra），一位梳长辫的令人恐惧的神灵，他住在山林中捕食孩童和牲畜。[108]《梨俱吠陀》中很少提及楼陀罗，他也许是印度土著居民崇拜的神灵之一。隐修者还很像弗拉迪耶*（Vratya）武士，不停地在吠陀社会边缘游历。[109]弗拉迪耶操印欧方言，可能是早期雅利安移民，从未接受过吠陀宗教。当弗拉迪耶需要食物时，就从定居村社中偷盗。他们穿黑色（楼陀罗的颜色）的长袍，双肩搭着公羊皮，遵守他们自己的宗教仪式，练习“三呼吸”，调整自己的呼吸吐纳，引起意识的改变。这种早期形式的瑜伽，对隐修者的灵修十分重要，显示出在弗拉迪耶与新的禁欲苦行者之间或许存在一条思想的纽带。

---

* 即古代印度的流浪虔修者，生活在占统治地位的雅利安社会之外，实行自己刻苦的生活方式和秘密礼仪。

礼仪研究者已将暴力排除于宗教仪式之外，开始发展一种更加内敛的灵修。而如今古代的武士却成为非暴力的托钵僧的典范。隐修者正在回归先前劫掠牲畜者游移的生活方式。在其祖先开拓新领土的地方，他们将探索内心世界，并将古老的战争转变为追求开悟的内心的挣扎。[110] 在印度的轴心时代，作战的准则往往被转化为和平的、灵性化的笃行。这在年轻的梵志（brahmacarin）身上表现得尤为明显，他离开自己的家，住到导师家中学习吠陀经，[111] 他的生活也与弗拉迪耶有些类似。除了背诵圣典经文之外，他还必须照看导师的圣火，到森林里收集燃料并乞食。和弗拉迪耶一样，梵志也穿兽皮、持手杖。在世界上的其他地区，说印欧语的年轻人往往要在荒野中生活一段时间，作为培养其武士精神的一部分——他们要经受学习狩猎、自给自足和其他生存技巧的严峻考验。梵志也必须在森林里独自生活一段时间，作为开始进入成年生活的一部分，但却被明令禁止狩猎、伤害动物或乘坐战车。[112]

梵行

“梵行”（brahmacarya,“圣洁的生活”）是进入吠陀生活的开始。学生必须守贞，不行暴力。他不能吃肉，要实践热力苦行，即坐在圣火旁，大量出汗，并控制呼吸。他要背诵《梨俱吠陀》，学习正确的祭祀程序，但更为关键的是他所学到的不能转换成语言的知识（vidya）。在印度，教育绝不仅仅是学得实际的知识。学生通过实践进行学习——吟唱颂歌、从事艰难的工作、举行宗教仪式或训练禁欲苦行——这与学习经文同样重要。而随着时光的流逝，它会改造学生，使他以全然不同的方式看待世界。生活在神圣与世俗的边界，梵志被当作圣者而受到尊敬。他的导师至关重要。到公元前 8 世纪，婆罗门祭司被人们视作“看得见的神灵”。[113] 因为他是通晓吠陀知识的人，他浑身充满“梵”的力量，能在宗教仪式中显现出来。婆罗门导师坚持不懈地克制其官能、永远讲真话、笃行非暴力原则，并且面对一切都以超然的镇定来行事，他们形象地体现出何为“圣洁的生活”。通过在日常生活中微小的细节上仿效他的导师，学生成为和导师同样的人，并领悟了吠陀知识的内涵。导师因而如同一位产婆，逐日操劳着，促成学生新的自我（个我）的诞生，这种个我的力量能移动高山。[114]完成了启蒙的阶段，羽翼丰满的婆罗门从此可以回归社会，迎娶妻室，点燃他的圣火，履行这一社会阶层的职责，并开始家庭生活。

然而在公元前 8 世纪的某些时候，结束学徒生活已久的成年婆罗门感到有必要在没有导师的情况下进行单独的梵行，他们认为这会使其对宗教仪式的实践更为有效。[115]他们再一次退隐丛林，过起圣洁的生活。一些人只在一段时间内这样做，而另一些人则成为终身的梵志。在吠陀的祭典中，献祭者和祭司神秘地升上天堂，但只能在那里停留很短的时间。神圣世界和世俗世界是互不相容的。人们认为，如果献祭者在天堂逗留之后立刻降到凡间，他就会马上死去。人们设计了特殊的仪式为其去神圣化，以便让他安全地回到世俗生活中。但隐修者不愿重新进入世俗生活，他希望永远留在梵的王国里，这便意味着他再也不能生活于社会之中。献祭者只是在宗教仪式进行过程中暂时抛弃了社会，而隐修者永远背离了它。[116]

早期隐修者以不同的方式诠释圣洁的生活。其中一些人在村社中居住，在其丛林的静修处保存圣火，并在那里举行宗教仪式。另外一些人过着隐居的生活，有时回到村庄参加祭祀。而有些隐修者开始对外在的崇拜仪式持断然反对的态度。[117]在他离开家、开始永久居住在丛林的前一天晚上，激进的隐修者将其祭祀的器具收集在一起，燃起新的祭火。第二天，他沐浴、剃头、刮脸，最后一次将供奉的黄油或牛奶投入炉膛，然后熄灭火焰。这个仪式据说是为了将圣火“内在化”，隐修者此后能够在内心里保有它，游走四方。这是一个为了终结所有的仪式而进行的仪式，是他永远离开村庄之前所做的最后一件事。随后，他穿上黄袍，拿起化缘钵和手杖，动身寻找一位精神导师，教授他新生活中的基本原则和技巧。[118]

隐修者将他的梵行视为更高形式的献祭。他的圣火在内心燃烧，在每次赋予生命的呼吸中显示出来。他吃的每一餐饭都是对这种无形、内在之火的献祭。没有必要向任何有形的火焰中投入燃料。宗教仪式改革者教导人们，一个人的个我，即他的内在自我，就是生主；它就是献祭，因此为何还要做一些外在的姿态呢？隐修者并没有放弃献祭，而是将它变成一种内在的行动。他询问到了问题的本质：什么是真正的献祭？谁是真正的婆罗门——是执行外在仪式的祭司，还是无论走到哪里都保存内心圣火的隐修者？[119]他已将人们在形式上设计出的宗教转变为自我内心里的宗教。隐修者是首批实现宗教内在化的人之一，而宗教的内在化是轴心时代的特征之一。长期以来，礼仪研究者主张，献祭仪式创造了神圣、永恒的自我，献祭就是个我，宗教仪式包含了梵的力量。隐修者将这些又推进了一步。一个人的个我能够使他接近将万物融为一体的力量。隐修、禁欲苦行和圣洁生活的磨炼会将隐修者与梵结合在一起，而梵神秘地包含在他生命的核心——个我之中。

丛林中的生活是艰辛而痛苦的，这是一种永无止境的献祭。逐渐地，同时形成了两类苦行修道者，他们互相竞争，以赢得新成员。隐居者从形式上离开了村庄和人类社会，居住在丛林里，依靠植物根茎和水果维生，他们笃行热力苦行。其中一些和他们的妻子儿女住在一起，在丛林里安家，围绕着位于中心位置的神圣祭火。隐居者不能吃定居地上生长出的食物，但可以吃被其他食肉动物杀死的兽类。其所有行为举止都带有几分野性。他是丛林中的人，是与定居住户相对应的一面。他蓄着蓬乱的长发，身穿树皮做的衣服，甚至不能走过犁耕的田地，那田地是人类文化的象征。

弃世隐修者更为激进，他的退隐除了身体上的，更是思想意识上的。他可以在村舍里乞食，但不能安家，哪怕在丛林中有一个隐修地也不行。没有家庭、没有性生活、没有祭火、没有宗教仪式，也没有财产。每逢雨季他可以在某个地方暂住，其他时候他必须继续过移居的生活，在同一个地方停留的时间绝不能多于两个晚上。他必须训练严格的自我约束，控制讲话和各种官能。与蓄着蓬乱长发的隐居者不同，弃世隐修者修剪头发，笃行戒杀，禁止"损害植物的种芽"，同时"平等对待所有动物，无论它们伤害或善待他"。[120] 如同在谜题问答竞赛中迫使对手处于静默的婆罗门，弃世隐修者必是一位"沉默的圣人"（牟尼），力求实现一种超越言辞的本真。

对于这种严格的禁欲苦行生活的基本理论，《阿兰耶迦》（*Aranyakas*），即《森林书》（Forest Texts）做出了说明，它对古老的宗教仪式进行了深奥的阐释。斋戒、禁欲及热力苦行不再像古老的吠陀宗教那样仅仅是为宗教仪式进行的准备，它们本身就是宗教仪式。禁欲"加热"了在热力之火中如同祭品的人；弃世隐修者内心深处的自我就是献祭，它包含了梵的至高实在。因为神灵存在于梵之中，所以他们也居于个人生命的核心之处。这样，通过在内心指引其灵性化的祭品，沉默的圣人向内在和外在的迪弗献祭，而两者事实上是同一的。[121]

一种更新的灵性从旧有的模式中有机而合理地生长起来。首先，礼仪研究者对先前喧嚣的献祭竞赛进行了改革，其时献祭场挤满了参加祭祀的人。在新的仪式中，献祭者只有一个，他在仪式进行过程中与世俗社会断绝了联系。如今，隐修者将这种独自一人的状态推进到一个新阶段。尽管后来的文献资料将隐修者呈现为理想的婆罗门，并设法使其与吠陀的正统相结合，但事实上，他是质疑整套正统体制的。[122] 人们给予隐修者很高的评价，将其视为精神上的超越者，他们勇敢地开拓了一条精神追求的新途径。隐修者宣布其独立于村舍，生活在他自己创造的世界里，不接受任何宗教仪式，不履行任何平常的社会责任，而信奉一种彻底的自由。以当时的社会意识形态判定，一个人的生活方式由其生来所处的社会等级所决定。在这样的时代中，隐修者作出了自己的决断。当家主的地位经由其社会关系、家眷和子女才得以显示时，隐修者是一个独立的个体，为了他自己，也按照他自己的意愿而生存。轴心时代的新英雄不是英勇的武士，骄傲地炫耀其高超的作战能力，而是致力于戒杀的隐士，决意通过认识其生命的核心而发现绝对的真理。隐修者们正在寻求如真（yathabhuta），即对其真实自我的“开悟”或者说“觉醒”。

第四章

心性的探索

（约公元前 700 年—公元前 600 年）

一、印度吠陀宗教起源

吠陀宗教起源于人们所知晓的经典著作《奥义书》（*Upanishads*）的时代，《奥义书》也被称作《吠檀多》（*Vedanta*），即“吠陀经的终结部分”。古老的吠陀宗教受到人们不断迁移和占据新领地这样的生活状态所启发，是从一个充满暴力冲突的世界中产生的。在《奥义书》中，一群神秘主义者开始和平地征服人们的精神世界，这在宗教历史上标志着一个巨大的进步。外在的宗教仪式被严格的内省所代替，但这并不被人们看作一种创新，而是对古老传统的实践。13 部经典《奥义书》创作于公元前 7 世纪至公元前 2 世纪，与《梨俱吠陀》享有同等地位。两者都是闻智，即“启示”，被视为最卓越的圣典。将它们诠释出来绝非易事，而它们在塑造印度人的灵性方面比其他任何一部吠陀文献都更具影响力。

奥义书

最早的两部《奥义书》从《梵书》的世界中诞生，一脉相承。像《阿兰耶迦》，即《森林书》一样，它们是不同僧侣学派对《梵书》加入的深奥的注解。事实上，最初的《奥义书》就被称为阿兰耶迦。《大林间奥义书》（*Brhadaranyaka Upanishad*）是白夜柔吠陀学派（White Yajur Veda School）的“大森林书”（Great Forest Text）。它以对吠陀马祭的讨论作为开端，马祭是最为重要的王室祭祀仪式之一，在《白夜柔吠陀》中予以详细说明。《奥义书》的作者指出了传统意义上的系缚（“联系”），将马身上的各个部分与自然界联系起来。马头是黎明，马的眼睛是太阳，马的呼吸是风。但《奥义书》认为，人们可以在内心执行并完成宗教仪式。仪式已经脱离了与有形、外在祭祀之间的关联，而是在圣人（rishi）的意念中得以完全实现。

《唱赞奥义书》（*Chandogya Upanishad*）是负责吟诵赞歌的歌咏僧的吠檀多经文。它以建立在神圣音节“唵”（Om）基础上的默念为开端，歌咏僧在每首赞歌开始时都要唱“唵”。在印度，声音一向是神圣的，它是事物的本真，据说这是因为万物皆由它衍生而来。如今，《唱赞奥义书》以“唵”这一个音节象征着所有声音和整个宇宙。“唵”是日、月、星辰及一切存在之物的精髓。它是梵的声音形式，是将万物结合在一起的至关重要的力量：“如诸叶签于一杆，一切语言皆贯于此一‘唵’声矣。唯‘唵’是此万有矣。”[1*] 但是，赞歌不仅仅是外在于吟诵它的祭司的超然实在，它还内在于人的身体，内在于个我，内在于呼吸、语音、耳朵、眼睛和头脑。《唱赞奥义书》引导听众重新关注内在的自我。当一位祭司吟诵这一神圣的音节，并在心中牢固地建立起这些“联系”，他

* 本书《奥义书》引文中译参照孙波编的《徐梵澄文集》第15卷——《奥义书（1—15）》，上海三联书店，2006年版。

就实现了精神探求的目标。由于“唵”就是梵，它“是不灭者，是无畏者”[2]。如果一个人在默思这些系缚时吟诵这一不灭和无畏的语音，他就会变成不灭者，并且无所畏惧。

这就将我们引入了《奥义书》的思想之中。人们所关注的焦点不再是一个祭典的外在执行过程，而是它的内在意义。只在宗教仪式和宇宙之间建立联系（系缚）是不够的，你必须知晓你所做的事，这种知识会带你走向生命的基础——梵。崇拜者不再将其注意力指向外在于自身的迪弗，他转向了内心，“唯我为造物，盖我创造此万物矣”。[3]《奥义书》的焦点是阿特曼（atman），即自我，与梵同一。如若一位圣人能够发现其自身生命的核心，他便会无意识地进入终极实在，并从对死亡的恐惧中解放出来。

对于一个局外人来说，这听起来显然是难以置信的——是一系列无法证实的抽象陈述。实际上，理解《奥义书》的教导是非常困难的。[4]圣人们并未就其思想做出理性的说明。经文没有体系，其中的逻辑看上去往往很古怪。我们所看到的不是详尽的论证，而是诸多难于理解的经验和异象、箴言和谜语。其中反复提及的某些话语显然承载了西方读者无法轻易理解的深刻内涵。“我即梵（Ayam atma brahman），”圣人告诉我们，“教言如是。”[5]《唱赞奥义书》的语言甚至更加晦涩，比如圣人对他的儿子说：“彼为尔矣（Tat tvam asi）！”[6]这些都是“圣句”（maha-vakyas），但我们很难理解为什么应当接受它们。圣人们没有系统地发展出一套论证，而是往往向其听众呈现出一系列显然没有关联的洞见。有时他们更喜欢给出否定的知识，告诉我们事情不是什么样的。因而，《大林间奥义书》中最重要的圣人耶若婆佉（Yajnavalkya）拒绝明确规定个我的含义：

> 彼性灵（个我）者，“非此也，非彼也”，非可摄持，非所摄故也。非可毁灭，非能被毁故也。无着，非有所凝滞也。无束缚，

无动摇，无损伤。[7]

一场辩论通常以其中一位参加者陷入沉默而不能继续下去为终结，这给我们提供了一点线索。圣人们是在引导一场谜题问答，在辩论中参加者试图阐明梵的神秘。竞赛总是以静默告终，象征着本真超越于人们的言语和概念所能领会的范围。“伟大的格言”不是人们以常规的、世俗的思考模式所能理解的。它们并非出于逻辑或感觉，人们只能在经过长期训练、默想并培养一种内省的心性，改变我们看待自己和世界的方式之后，才能对其有所领悟。一名读者如果没有采纳《奥义书》中的方法，就不会领会它的结论。

“Upanishad”一词原意为“近坐”。这是由具有神秘主义倾向的圣人向极少数富有灵性禀赋、坐在其近侧的学生传授的深奥知识，并非人人都能学到这样的知识。大多数雅利安人继续按照传统的风格进行崇拜和祭祀，因为他们缺乏进行长期、艰难的精神追求的天分或愿望。圣人们探索着保持宗教性的新方式。在洞察未知的精神世界方面，他们是先驱，只有极少数天资聪颖的人能够伴随他们。然而生活处于变动之中，这便意味着一些人需要寻找一种精神去应付已经改变的境况。早期《奥义书》是在城市化进程的初始阶段完成的。[8] 在这些文本中几乎没有对农业的描述，但多次提及编织、制陶和冶金。人们要经过长途旅行求教于这些圣人，这便促进了运输业的发展。很多辩论是在拉贾的宫廷中进行的。生活变得更加安定，一些人有了更多默祷的闲暇。人们几乎可以确定，《大林间奥义书》作于毗提诃（Videha）王国，该国位于公元前 7 世纪雅利安人进行扩张的最东端。[9] 毗提诃被处于西部“吠陀尊者之地”的婆罗门嘲笑为粗鄙原始、没有价值的新土，但有大量人口汇聚在这样的东方地域，包括在早期移民浪潮中定居于此的印度—雅利安人、来自伊朗的部族——后来被人们称作末罗（Malla）、跋祇（Vajji）和释迦（Sakya），以及印度土著居民。这些新的接触激发了彼此的智慧。隐修者也在尝试禁欲苦行的生活方式过程中产生了有创见的思想。

毫无疑问，两部最早的《奥义书》都反映了这种强烈的知识和精神方面的活力。《大林间奥义书》和《唱赞奥义书》不是由一位作者写成的，它们是包含多个独立文本的选集，由后人编辑而成。无论作者还是编者都收集了在宫廷和乡村中传播的一些共同的逸事和思想。人们行走千里，从犍陀罗（Gandhara）到毗提诃去请教一位著名的导师，这样的事屡见不鲜。当时的著名导师有：思考个我之本质的商地利耶（Sandiliya），毗提诃国王阇那迦（Janaka），拘罗—般遮罗国王波罗婆诃那·阇婆梨（Pravahna Jaivali），迦尸（Kashi）国王阿阇世（Ajatashatru），还有以终生禁欲而闻名的舍那鸠摩罗（Sanatkumara）。[10] 新的思想观念最初可能是由婆罗门祭司逐步阐明的，但刹帝利和国王也参与了辩论和研讨，同样还有妇女，特别是迦吉·瓦哈克纳比（Gargi Vacaknavi）和耶若婆佉的妻子弥勒薏（Maitreyi）。两人似乎均已被其他谜题问答的参加者所接受，她们的贡献自然也被编辑者收入了《奥义书》。不过早期《奥义书》中最重要的两位圣人是毗提诃的耶若婆佉和拘罗—般遮罗地区的著名导师邬达罗迦·阿鲁尼（Uddalaka Aruni），他们在公元前7世纪后半叶非常活跃。[11]

耶若婆佉

耶若婆佉是毗提诃国王阇那迦的御用哲学家，阇那迦本人就是新灵性的主要倡导者。像所有《奥义书》的圣人一样，耶若婆佉深信，人之内心宛如存在着不朽的火花，它分享了赋予和维持整个宇宙生命的永恒的梵，并与梵具有同样的特性。这个发现极为重要，它将成为各种主要宗教传统的核心洞识。终极实在内在于每一个人。因此，人们可以在自我（即阿特曼）的最深处发现它。《梵书》已经断定，人的本质可看作气息、水或火，它与祭祀是同一的，祭祀的核心力量是梵，即任何存在物的精髓。耶若婆佉和其他《奥义书》的圣人发展了这一观念，并使它脱离了外在的宗教仪式。个我不再仅仅是赋予人类生命的呼吸，它亦是呼和吸的主体；它是一切感官背后的动因，所以是无法形容的。耶若婆佉解释道："汝不能见见之能见者也，汝不能闻闻之能闻者也，汝不能思思之能思者也，汝不能识识之能识者也。是即汝之性灵（个我），在一切内中者（梵）也。"[12] 人类第一次系统地认识到了意识的深层。通过严格的内省，轴心时代的圣人认识到了存在于其心智表层之下的自我的巨大领悟力。他们正变得具有充分的"自我意识"。

由于自我与永恒不变的"梵"是同一的，它也是"超乎饥、渴、忧、痴、老、死者也"。[13] 耶若婆佉向他的妻子弥勒薏解释道，它"非可毁灭……无损伤"。正如梵本身一样，它是超然的，"非可摄持"。唯有存在二元性之时，才可能有所限定或了解。一个人能见、尝、嗅到的是与他或她相异之物。"然若是处一切（梵）皆化为自我（阿特曼）矣，则当由谁而见谁且怎样见，由谁而思谁且怎样思？"[14] 在自身之内是不可能感知到感知者的。因此你只能说"neti……neti"（"非此也，非彼也"）。圣人肯定了个我的存在，但同时否定了它与任何通过感官得以认知的东西具有相似之处。

然而，新灵性的目标是掌握关于不可知的个我的知识。怎样才能实现这一目标呢？耶若婆佉并没有向人们传授事实性的信息，而是利用谜题问答辩论的传统形式向与他对话的人说明，当他思考"梵"或"个我"时，常规的思维方式不再有效。这种技巧与后来苏格拉底予以发展的辩证法相类似。通过排除其对手对于个我的不恰当解说，相继对它们进行剖析，耶若婆佉逐渐将他或她由对外在现象的关注引导至对内心世界更为难以捉摸之实在的理解。例如，当国王阇那迦列举了其他婆罗门告诉他的有关个我的知识时——它是言语、呼吸、眼、风或心，耶若婆佉强调，这些答案只对了一半。[15] 他们所寻找的实在处于这些现象的根基，像

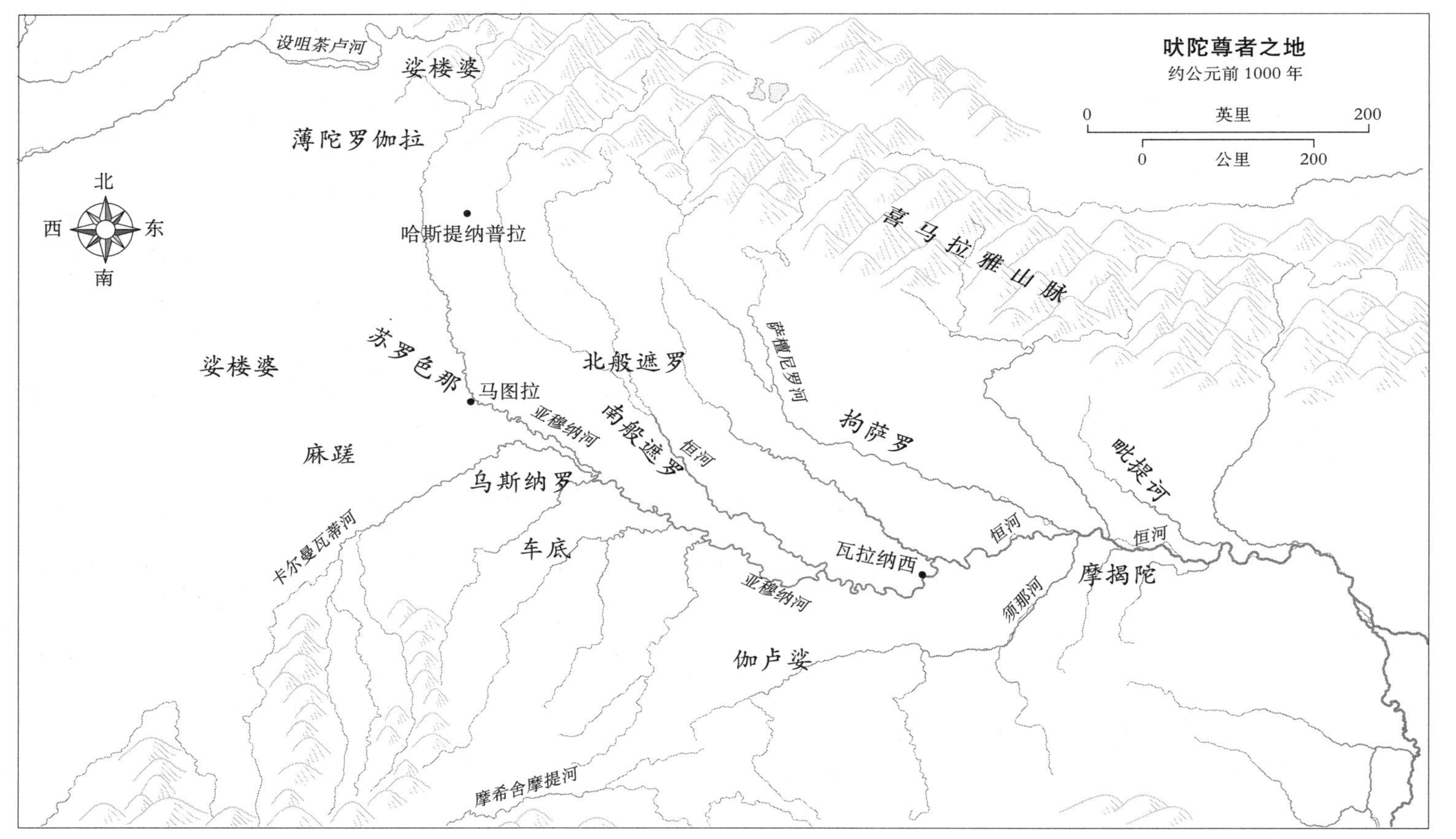
吠陀尊者之地
约公元前 1000 年
0
英里
200
0
公里
200
北
西
东
南
设咀荼卢河
娑楼婆
薄陀罗伽拉
哈斯提纳普拉
娑楼婆
苏罗色那
马图拉
亚穆纳河
北般遮罗
南般遮罗
恒河
萨檀尼罗河
喜马拉雅山脉
拘萨罗
眦提河
恒河
恒河
麻蹉
乌斯纳罗
卡尔曼瓦蒂河
车底
瓦拉纳西
亚穆纳河
须那河
摩揭陀
伽卢娑
摩希舍摩提河

一所房子的地基一样支撑着它们。他们无法限定它，只能分享这种更为根本性的实在，居于其中，如同住在家里。通过一层一层系统地剥离肤浅的知识，耶若婆佉引导弟子们认识到作为绝对者之表现形式的平常的实在，并且使他们领会，自我的核心并非支配和约束人们日常生活、具有物质需求、欲望和畏惧感的个体之“我”，而是一种独立的终极实在。他们必须经历一场探求自我发现的漫长过程。这是对轴心时代之基本原则最为清晰的表述之一。开悟的人们将在其内心发现超越世界的方法。他们体验超越的途径是通过探求其自身的神秘秉性，而不仅仅是通过参加神秘的宗教仪式。

耶若婆佉没有像宗教礼仪改革者那样探讨宗教崇拜的外在仪式，而是开始探究人类的精神气质，试图找到真正的自我，即人内心的本性，它控制和驱动着人们世俗体验中的“我”。我们必须超越这个“我”，发现一些与我们的常规意识不同的存在模式，而那种常规的意识是由感觉、常识和理性思考所支配的。耶若婆佉教导弟子关注他们的梦境，此时他们不再受到空间和时间的束缚。在梦境中，我们脱离了物质世界，营造我们自己的欣喜、欢乐和愉悦。我们变成像生主那样的造物主，创造出池塘、马车、道路、牛群，依靠“内心之光明”[16]创立一个全新的世界。在梦境中，我们意识到一个更自由、更高贵的自我，因为在很短的时间里，我们挣脱了身体的限制。然而，当我们强烈地意识到痛苦、恐惧和欲望时，也会做噩梦。但在无梦的熟眠中，自我甚至会从这些心理活动的表象中得以释放。在熟眠中，人“无有恐怖”。耶若婆佉认为，熟眠并非遗忘，而是一种一元意识的状态。他将其比作性交的体验，“如人为其爱妻所拥持，不复知有内外矣”。他失去了一切二元的感觉：“此神我为‘智识自我’所拥持，亦不复知外者内者。”[17]当只意识到唯一之时，自我便体验了阿难陀（ananda），即梵之“极乐”。

但是，我们在睡眠或性高潮中所经历的短暂的释放只是永久解脱的预兆，而永久的解脱才是精神追求的目标，它是一种彻底的自由和平静的体验。当圣人体验到个我时，这种开悟状态便到来了。一个人触及生命的至深核心时，他“归于安静、柔和、敛退、坚忍、定一”，因为他在梵的世界里。他被永恒、无畏的梵所充盈，“无罪垢、无尘氛、无疑虑”。由于他知晓“此伟大不灭之自我，无老、无死、永生、无畏”，他也领悟了梵，他自身即摆脱了畏惧和焦虑。[18]

因此，关于自我的知识是一种极乐，即“入迷状态”的体验。这种知识超越了概念的范畴，并不依赖于逻辑推理。更确切地说，它是对“内心之光明”的意识，是直接的直觉感知，超越任何平常的喜悦。这种“知识”改造了个人，个人只有经历了长期心性训练之后才能得到它。有志者实现这种心性的途径是练习耶若婆佉的辩证法，系统地清除常规的思维习惯，培养对其内心世界、梦境和潜意识的关注，不断提醒自己，所寻求的知识超越语言，与世俗观念和经验具有完全不同的形态。耶若婆佉无法传授这样的知识，因为它不是一般的、事实性信息。他只能教导一种方法，使他的弟子能够达到那种状态。

耶若婆佉认为，领悟这一点——认识到他或她与梵的同一性——的人，死时会带着他们的“知识”臻至于梵。在传统的吠陀宗教仪式中，一个人是依靠他在礼拜仪式中的行为（业，karma）来建立在神灵的世界里继续生存的自我。但对于耶若婆佉来说，创造不朽的自我并非通过外在的仪式，而是通过精心学得的知识来实现。礼仪专家曾经认为，自我的创建是通过累积一系列完美的献祭，但耶若婆佉确信，永恒的自我是以所有行动和体验为条件的。“如其为此所成为彼所成，如其所作，如其所转，则亦如是而是。如作善则为善者，如作恶则为恶者。”耶若婆佉并不是在简单地谈论人们外在的行为。人的心理活动，比如欲望的冲动和依恋的感情，也是至关重要的。如果一个人的欲望执著于此世之物，那么他死后在天堂停留片刻之后还会回到地上。他的心思和性向仍然依附于世俗世界，因此会转生于此世，重新忍受一次世上的生活，“臻至业尽端，斯世所行业；更由彼世界，还此业世界”。然而，一个人如果寻求的只是永恒的自我，并不依恋此世，则属于梵：“至若无欲望者——彼无所欲，已离乎欲望，欲望皆已圆满，即以性灵（个我）为其欲望者——彼之生命气息不离，彼即大梵，彼已臻至于大梵也。”[19]他再也不会回到痛苦和必死的今生。

这是我们第一次听到有关“行动”（业）的训导，它将成为印度灵性的关键。但在耶若婆佉的时代，它还是一种新奇和引起争议的思想。当耶若婆佉的婆罗门友人黎多薄迦（Artabhaga）问他，人死后会怎样，他答道：“黎多薄迦！君执我手！此唯我二人可以了知，不在此群众中也。”[20]这个关于业的新训导似乎是颠覆性的。献祭本来被认为能确保人们在天堂里永久居住，但有些人不再信任宗教仪式的功效了。耶若婆佉和其他《奥义书》的圣人开始相信，无论一个人做了多少完美的献祭，他都有可能不得不一次又一次地回到这个充满痛苦和死亡的世界。他不仅要经受一次痛苦的死亡，而且必须反复忍耐疾病、年老和必死的命运，没有最终解脱的希望。如若要从这种生生死死的无尽循环（轮回，samsara）中解脱出来，只有通过掌握关于自我的极乐知识，因为这会使他从对此世转瞬即逝之物的欲望中释放出来。

然而，摆脱欲望和情感是极为困难的。我们出于本能执著于此世和个人的生存。我们认为，自己的个性是值得保持的，但圣人们强调，这是一种错觉。一旦人们意识到他或她的自我与包容整个宇宙的梵是同一的，事情则会变得非常清晰，那就是，紧紧抓住眼前有限的生活将什么也不会得到。一部分圣人确信，获得这种教人解脱的知识的最好方式是成为一名隐修者，放弃世间所得，通过苦行生活消除欲望。这一点尚未被视作强制性的要求，但耶若婆佉最终采纳了“抗争者”（沙门，shramana）的生活，告别妻子，离开宫廷，去往“无家”之森林。[21]

邬达罗迦·阿鲁尼

但《唱赞奥义书》中最重要的圣人之一邬达罗迦·阿鲁尼，在拘罗—般遮罗地区作为一位婆罗门家主度过终生。《唱赞奥义书》的结尾部分肯定了人在此世中的虔诚生活。当一位家主完成身为梵志期间的学习之后，他必须返回家中，于清净之处自行修习奉持，教育其守法之子弟，敛其诸识于“自我”，除在祀处则行戒杀于一切众生。经文的结论是：“唯如是生活至尽其形寿者，乃臻至大梵世界，不还生矣，不还生矣！”[22] 邬达罗迦温和、仁慈，在根本上赞同耶若婆佉的观点。他认为梵，即终极实在，与人的个我相同一。他教授关于业的新学说，冥想睡眠的经历，将其作为开悟的预兆。像耶若婆佉一样，他确信，从死亡和重生的痛苦轮回中获得解脱（moksha）是精神生活的目标。它不能通过践行外在的宗教仪式，却唯有通过探求内在的知识来实现。

在《唱赞奥义书》第六篇中，邬达罗迦向其子室吠多揭堵（Shvetaketu）传授新灵性之深奥知识，这使我们难得瞥见其训导的传播方式。室吠多揭堵终将凭其自身学识成为一位有影响力的圣人，但在《唱赞奥义书》的这一篇中，他刚刚完成 12 年的梵志生活，“心气高大，自视成学，傲然而归”。[23] 邬达罗迦耐心地削弱他这种错误的自信，教导儿子以一种不同的方式感知世界、自我和终极者。他首先解释道，任何物体的特性均与制造它的原料——泥、铜或铁不可分离。宇宙亦是如此，它起初由存在本身所组成——绝对、完整之朴素：“太初唯‘有’，独一而无两者也。”[24] 如同生主一样，“一”依靠热力增殖自身，最终从其自身中产生出所有物种。以这种方式，“一”成为原初和本质，因而也是每个造物真正的本性。“是彼为至精微者，此宇宙万有以彼为自性也，”邬达罗迦再三予以说明，“彼为‘真’，彼为‘自我’（阿特曼），室吠多揭堵，彼为尔矣。”[25] 这几句话如同叠句一般贯串于整篇内容，加强其教导的中心思想。室吠多揭堵是梵，是宇宙不具人格之精华，是邬达罗迦和其他圣人所提及的无性、晦涩的“彼”。

然而，仅有形而上学的讲授是不够的。室吠多揭堵必须从内心里拥有这种知识，使它成为自己的知识，将这些客观的训导融入他的心田。正如后来的思想家所提出的，他必须“领悟”这些训导，使它们在他自己的生活中成为现实。而邬达罗迦则必须担当助产士的职责，缓慢而谨慎地使这一新的洞识在他儿子的心中诞生。这并不完全是抽象的理论教化。室吠多揭堵不仅要聆听其父形而上的解释，还要完成一些工作，使他能够以一种不同的方式看待世界。邬达罗迦利用日常的实例，使室吠多揭堵积极参与到一系列实验中来。这些实验中最著名的一个是，邬达罗迦让儿子在头天晚上将一大块盐置于一杯水中。第二天早晨，盐块已完全溶解。室吠多揭堵的父亲教他从杯子的各个位置呷一小口水，每次问他味道如何，他只能回答：“咸也。”盐仍在水中，在杯中的每一个部分。“吾儿！于此汝固不能见彼‘有者’，然彼固在其中也。”那无形之梵，即整个世界的精华和自我亦是如此。“室吠多揭堵，彼为尔矣。”[26]

像盐一样，“梵”无法为人所见，但它可以被感知。它显现于每一个生命之中。它是菩提树籽中纤小的精华，一棵大树从中长出。而当室吠多揭堵切开树籽时，他什么也看不到。邬达罗迦解释道，梵是存在于大树每一部分的液汁并赋予其生命。[27]因此，它就是树的个我，同样是每一个人的个我；一切事物都具有同样的本质。但是大多数人并不理解这一点。他们幻想着自己是特殊而独一无二的，与世间其他人有所不同。他们并没有意识到关于自身最为深远的真理，而是依附于那些他们认为使自己变得可贵和有趣的特征。但事实上，这些与众不同的特征并不比流入同一大海的河流更持久或更重要。一旦它们归于大海，便“化为海”而不会为维护自己的个性而叫喊着：“我为此水也。”“我为彼水也。”邬达罗迦继续说道：“吾儿！世间一切众生亦复如是。当其来自‘有者’也，不自知其来自‘有者’也。”它们不再依附于其个性。无论它们是虎、狼、狮或蚊，

“皆一一为其所是者矣”，因为它们一向为其所是者，并且它们永远只能为其所是者。因此，依附于世俗的自我是一种错觉，它必然导致痛苦和迷惑。人们只能通过学得关于解脱的深奥知识来避免这种情况的发生，这样的知识便是：“梵”是他们的个我，是他们最为真实的一切。[28]

然而这种知识不易学得。你怎样才能找到那不可知的个我呢？个我并非西方人所说的“灵魂”或精神。[29]《奥义书》并没有将肉体与灵魂相分离，而是把人类看作一个复合的整体。邬达罗迦令其子禁食 15 日，允许他随意饮水。最后，室吠多揭堵非常虚弱，营养不良，因此不再能背诵跟随导师学习时熟练掌握的吠陀经文。他认识到，精神不完全是抽象的思维能力，“盖心思食成，气息水成，语言光焰成也”。[30]个我是物质的，也是精神的；它内在于人们的身心，是一切短暂之事物终极、永恒的核心。它不能与任何单一的现象相混同或与之比较。它是“无有”，但更是万物最深刻的真理。[31]人们唯有经历长期艰苦的努力之后，才能在内心深处发现它。

人们需要经过很多年才能发现自我的最深处，通过静默和精神上的修炼可以引导有志者认识到欲求瞬变之物的无益，认识到珍视个人的高贵身份是多么愚蠢，因为它并不比最终酿成一罐蜂蜜的一点点花粉更重要。[32]学生必须耐心跟随一位精神导师进行修习，他会帮助学生了解真实的世界，领会什么才是真正重要的。

谦卑的因陀罗

早期《奥义书》并没有反对旧有的吠陀仪式主义，而是要超越它。一位圣人若非意识到透过外在的仪式去探求《奥义书》的深层含义，他就永远不能知晓在其核心之处梵的绝对本真。《唱赞奥义书》写道，无意识而机械地唱诵“唵”的祭司，就如同吠叫乞食的狗。[33]神灵退隐至幕后了。在这些早期的《奥义书》中，生主，即梵之人格化的表现，不再是高贵的创造之神，而是变成一位普通的精神导师，教导他的学生们不能将他——生主——看作至高实在，而应当寻求他们自己的个我。“彼‘自我’者，罪恶弗撄，无有老死，无有忧悲，无有饥渴，”他嘱咐学生们，“是所当审辩，所当知解者也。”[34]

迪弗和阿修罗也必须学习这一重要的真理，与人类经历完全相同的艰苦的心性磨炼。《唱赞奥义书》中讲述了一个故事：迪弗和阿修罗第一次听闻个我。他们对彼此说：“吾辈且求彼‘自我’矣。彼‘自我’既得，则一切世界与欲望皆得焉。”[35]于是，代表迪弗的因陀罗和主要的阿修罗之一毗卢遮那（Virocana）*如同谦卑的吠陀学徒一般，手持束薪来到生主门下。他们跟随生主学习了32年，仍然未曾寻得个我。生主令他们美丽装束，着上好衣，周遍华饰，而后自鉴于匜水。他们看到了什么呢？他们说看到他们的影子，美丽装束，着上好衣，周遍华饰也。生主告诉他们：“此‘个我’也！是永生者，是无畏者，是即大梵也。”[36]于是他们心满意足而去。毗卢遮那返于阿修罗众中，向彼等宣说此种教义曰：此身即个我；有在世唯尊崇此身自我，侍奉此身自我者，则双得此世界及彼方世界矣。献祭或举行宗教仪式皆无必要。

但是，因陀罗在返于迪弗之前便心生疑虑。他意识到，美丽装束、着上好衣、周遍华饰之人亦会年老、生病，最终死去。于是他手执束薪而返，又跟随生主学习了69年†，逐步深入其自我。生主告诉他，可在梦中找到个我，此时自我会解脱身体的约束。起初，因陀罗听到这种解释后心满意足而去。但随后仔细一想，人在睡梦中仍可感知害怕，畏惧死亡，甚至哭泣。于是他又一次手执束薪而返。这一次生主告诉因陀罗，他可以在熟睡的无梦状态中找到个我：“人若熟睡，安静恬适，不知梦境，此‘自我’也。彼是永生者，是无

---

* 指太阳神。

† 疑为64年。

畏者，是即大梵也。”[37]因陀罗又被这一观念所诱惑，但不久便觉失望。在完全没有意识的状态之下，人如死去一般。于是因陀罗又跟随生主学习了五年，直到即将听闻真理。

最终，生主告诉因陀罗，开悟之人找到内在自我之前必须学习超越其精神和肉体看待世界，内在自我是不依赖于其一切肉体和精神之官能的。个我能使一个人嗅、视、思：

> 若彼知“我且说此”，此“自我”也，以语言而说也。若彼知“我且听此”，此“自我”也，以耳而闻也。若彼知“我且意此”，此“自我”也；意，其神圣之眼也。彼以此意即神圣之眼视其所乐而乐焉。诸天之在大梵世界中者，敬拜此“自我”，是故一切世界皆属焉，一切欲望皆归焉。[38]

这个故事阐明了自我发现所要经历的漫长过程。导师不能简单地告知学生答案，而只能引导他们通过各个阶段的内省。当他们似乎接触到问题之实质时，学生自己会发现，这并非他进行探求的终结，而不得不进一步深入下去。即便是伟大的因陀罗也用了 101 年的时间才找到使神灵得以永生的个我。[39]

《奥义书》的圣人们在寻求人格之精髓，在此过程中一些人体会到了一种不可言喻之欢欣和宁静。精神导师生主将经历过这一心路历程之人称为“安静者”，他“起乎此身而达于至上之光明，以其自相而现焉”。[40]他以某种方式实现了自我，但并非通过接受特许的知识，而是通过采取不同的生活方式。过程与最终目标的实现同等重要。但是，仅仅阅读《唱赞奥义书》经文的人不会享有这种体验。除非一名学生真正去进行默想，经历长期艰苦的自省过程，否则就不会开悟。最重要的是，形而上学的沉思只是启蒙的一小部分。像梵志一样，研习《奥义书》的学生必须温顺、谦卑地生活，这与其追求的理性内容同样关键。因陀罗，一个从未停止夸耀其功绩的神灵，必须为其导师拾柴，照料炉火，清扫生主的房屋，守贞，停止作战，并践行戒杀。圣人和神灵正在揭示一种神圣的技术，唯有人们丢弃了盛气凌人、孤行专断的自我，它才会发挥作用。

二、希腊祭仪的变革

与此同时，希腊人选择了一条完全不同的道路。轴心时代的印度圣人抛弃了其英雄准则，将完美的雅利安武士因陀罗降低为一名谦卑的吠陀学生，而希腊人则在武装整个城邦。印度神灵开始融入隐修者的精神进程，但希腊人却给予他们的神灵前所未有的巨大权力。从某种意义上来说，希腊世界在公元前 7 世纪期间繁荣昌盛。此时，雅典落后于其他城邦，但伯罗奔尼撒半岛上的一些城市尤其兴旺。[41] 这是科林斯（Corinth）的世纪，科林斯是在地中海地区开展贸易的极好地点，拥有繁荣的手工业，并且在埃及的影响下尝试建造雄伟的建筑。然而，最激进的城邦当数斯巴达（Sparta）。它具有一套独特的政治体系，使个人利益彻底服从于城邦。[42] 其公民被称作“homoioi”，即“平等的”或“相同的”人。在某些方面，这套体系是对甘心屈从之轴心理念的拙劣模仿，因为斯巴达的神性放弃被用于提高军事效能，而非戒杀。进一步说，斯巴达公民的平等依赖于对他人无情的征服。公元前 8 世纪末期，斯巴达人占领了西南部的麦西尼亚，将其土地在斯巴达公民之间分配。麦西尼亚的土著居民希洛特（helots）* 沦为他们的奴隶。这样的一个体系注定会造成紧张局势。公元前 670 年，麦西尼亚脱离斯巴达，只是在一场残酷的战争之后再次被征服。

---

* 希洛特指斯巴达的农奴。他们很可能不是一个民族，而是被斯巴达人征服的那些国家的居民。许多麦西尼亚人被征服后成为希洛特，而不能说希洛特是麦西尼亚的土著居民。原文有误。

但是，斯巴达并非唯一的动荡地区。尽管拥有初显的经济繁荣，希腊世界仍处于危机之中。[43] 起初，殖民地化曾是城邦内部问题的解决方案：滋事者只是被驱逐到其他地区建立新殖民地。不过，到公元前 7 世纪中期，与东方更发达社会的接触导致了对本地社会状况的普遍不满。人们希望享受他们曾在海外看到的物质奢华，但需求超出了资源所限。一部分家庭变得富有，而另一些则入不敷出，负债累累。到公元前 650 年，在许多城邦中都存在着家族对立、血腥的战斗和派系冲突。我们不太了解危机的详情，但一些贵族似乎为了解决经济上的难题，试图剥削更为贫穷的农民，将公共土地占为己有。有些佃户被迫向当地贵族缴纳其 1/6 的农产品。而且由于贵族控制着法庭，他们获得赔偿的希望渺茫。农民是经济的支柱，而在贵族与农民之间出现了一条危险的鸿沟。

农民也有自己的苦恼。希腊人向东方学习了新的农业生产技术，并开始种植葡萄和橄榄，这些作物需要 10 年的时间才能结出果实。他们还圈养家畜，以备长期生产之用。但与此同时，许多人发现自己难以谋生，便耗费资产或变卖土地以进行投资。有许多关于债务的恶劣案例，往往以未能还款的负债者变成奴隶而告终。所有这些动荡的局面导致了更广泛的社会问题。古老的价值标准正在受到侵蚀。于公元前 7 世纪早期进行写作的诗人赫西俄德（Hesiod）提到，在一些城邦中，孩童不再顺从父母的意愿，几代人之间彼此疏远，年长者不再能教导年轻人。他的诗作便是弥补这种道德真空的一个尝试。

赫西俄德的正义观

赫西俄德是不同于荷马的另一类诗人，他精于针砭时弊。[44] 他不是武士贵族阶层的一员，而是彼奥提亚的农夫，受到许多来自东方的新思想的启发。他的父亲从小亚细亚移居到希腊本土，在某些方面，相对于希腊的英雄传说，赫西俄德似乎更熟悉近东、胡里或赫梯神话。他的确将自己视为一名希腊游吟诗人，甚至曾因自己的诗歌获奖，但他对史诗结构的运用不太熟练，可能是通过书面而非口头创作诗歌。[45]他是首位以第一人称进行写作，并让自己的名字出现在其作品中的希腊诗人。从某种意义上说，赫西俄德更像是一位希伯来先知，而不是荷马式的游吟诗人。像阿摩司一样，他“在牧羊时”也感到神圣启示的初次激动。宙斯的女儿缪斯女神命令他述说真事，然后：

从一棵繁盛的月桂树上，
摘给我一根奇妙的新枝，
并把一种神圣的声音吹入我的口中，
让我歌唱将来和过去的事情。[46*]

他将其诗歌体验为一种启示：它能够抚慰人的心灵，架起一座通向神灵的桥梁。

对于社会正义的实践亦是如此。这种专注使得赫西俄德与阿摩司更加接近了。在一部赞美农业劳动的长诗《工作与时日》（*Works and Days*）中，赫西俄德提到他卷入了与兄弟佩耳塞斯（Perses）的一场纠纷。父亲的遗产在两人之间分割，但佩耳塞斯试图得到更大的一份，就向当地贵族（basileis）提起诉讼。赫西俄德对司法体系几乎没有信心，并告诫佩耳塞斯，唯一会从这场诉讼中受益的是那些贵族，他们会从中收取费用。赫西俄德的个人经历赋予他一种特殊的洞识，农业危机正逐步升级为遍及希腊的一场严重的政治冲突。赫西俄德像先知一样警告希腊贵族：

---

* 本章《神谱》和《工作与时日》引文部分中译参照赫西俄德著，张竹明、蒋平译的《工作与时日 神谱》，商务印书馆 1991 年版。

王爷们！请你们注意这个惩罚。
永生神灵就在人类中间……
宙斯的眼睛能看见一切，明了一切，
如果他愿意，他不会看不出，
我们城市所拥有的是怎样一种正义。[47]

具体的司法裁决（dikai）来自正义女神岱基（Dike）。当一个判决被歪曲时，她就会受到伤害。一旦某个贵族收受贿赂或做伪证以牟取私利，她立即报告父亲宙斯。社会的保护者宙斯便以瘟疫、饥荒和政治灾难来惩罚犯罪的城邦。[48]这是一种天真的解决方案，需要神灵的直接干预，大概不会垂手可得，但它标志着一种变化。旧有的关于贵族荣耀的准则实质上已经成为利己主义的了。城邦的发展需要贵族和农民的紧密合作，致使英雄理念与普通人对公正和机会均等的需求发生冲突。赫西俄德认为，他这一代人面临着严酷的抉择。希腊社会的特征是正义（dike）还是英雄武士傲慢而自私的放肆行为（胡勃理斯，hubris）呢？

为了深入阐明他的观点，赫西俄德为关于人类四个时代的古老印欧神话创造了新的版本。[49]传统上有四个连续的时代，每一个都比上一个更加堕落，它们各自按照一种金属命名：金、银、铜、铁。但是赫西俄德改编了故事，在青铜时代和黑铁时代之间插入了一个英雄时代，而人们目前所处的黑铁时代是所有时代中最坏的一个。在人类历史最初的黄金时代，人与神之间没有隔阂。人类过着幸福的生活，没有疾病与衰老，死亡像熟睡一样自然而安详。他们不必为生计而工作，因为“肥沃的土地自动慷慨地生产吃不完的果实”。这个黄金种族被大地埋葬之后，奥林匹斯诸神塑造了一个白银种族，花了相当长的时间*才成熟起来。但当他们终于步入青春期时，他们

* 赫西俄德的《工作与时日》中指出是100年。

的生活“短暂而痛苦”，受胡勃理斯支配。他们“无法控制自己”，并且鲁莽而轻率地彼此剥削和伤害，不去敬拜神灵。宙斯气愤地抛弃了他们,代之以更糟的青铜种族。他们“可怕而强悍”,沉溺于“战争的痛苦和暴力”。他们“令人望而生畏”、“心如铁石”，他们的躯体强壮而不可战胜。这个社会如此放纵和好斗，以致青铜时代的人类最终互相毁灭。于是，宙斯创造了英雄种族。这些人是半神，“公正而高贵”，抛弃了祖先的狂妄自大。但即便如此，他们还是发动了可怕的特洛伊战争，最后将自己摧毁。如今英雄们在世界边缘的幸福岛上继续生活。

英雄时代由黑铁时代，即人们当前的时代所接替。我们的世界是完全颠倒的，东倒西歪地走向必然的毁灭。生活是艰难而绝望的。“白天，人们没完没了地劳累烦恼，”赫西俄德反省道，“夜晚，他们日益消瘦而死去。”[50] 但是，诸神仍然向人类赐福。在黑铁时代，善与恶、痛苦与欢乐不可分割：人们只有不停地从事艰苦的劳作，才能有吃有穿，繁荣兴旺。这是一个含糊不清和矛盾犹疑的时代，一切都混合在一起。但黑铁时代的人类有所选择，他们要么服从正义的要求，要么沉溺于胡勃理斯的贵族的罪恶。如果他们忽视了正义,便会见证邪恶取得胜利,在那里力量就是正义,父亲不体谅儿子,子女不尊敬年迈的父母，兄弟般的深厚友情也不复存在。“一切都不会再像从前一样了。”[51]

故事的寓意是十分明显的。那些实践社会正义的种族得到了诸神的爱和尊敬。青铜时代暴虐的武士被杀死，英雄们过上了幸福而无忧无虑的生活。正义使凡人更接近神灵，因此他们必须善待彼此，在祭祀中敬重奥林匹斯诸神。他们还必须明白自己的处境，英雄时代已经终结。因此,赫西俄德暗示——虽然他没有直率地说出来——现在是该抛弃陈旧而自我毁灭式的武士精神的时候了。黑铁时代的人们不能像阿喀琉斯或奥德修斯那样行事；他们只是农夫，耕种土地的人，陷入了一种更为卑下的斗争（厄里斯，eris*），即与土地的斗争。他们应当受到激励去和创造丰收的邻居展开竞争，而不是仿效对手的军事威力。这才是使农夫获得诸神喜爱的斗争。这个历史时期与黄金时代不同，那时没有耕田的必要。在黑铁时代，宙斯发布命令，人们只有完成了艰苦守纪的耕作劳动，才能繁荣兴旺。这种劳动是献祭的一种形式，是献身诸神的日常行动。[52]

《神谱》

赫西俄德在他的《神谱》（*Theogony*）中更充分地探究了这些思想，描述了奥林匹斯诸神战胜对手的故事。[53]它成为希腊宗教的教科书。许多人都为神话中出自黑暗时代的一些晦涩细节感到困惑。各种冥府力量之间的关系是否准确？提坦神为何厌恶宙斯？是什么造成了人和神的分离？赫西俄德利用美索不达米亚和其他近东神话，将这些零散的材料联系在一起。他以某种方式讲述了一个传统的故事，这种方式使得史诗中的可怕斗争——诸神从原始的杂乱中出现——成为为了争取更清晰、有序和明确而进行的战斗。当卡俄斯的无底深渊被盖娅和乌拉诺斯更为纯粹的实体所取代时，战斗就已开始了；它以奥林匹斯诸神战胜那些反对法治的提坦神为终结。赫西俄德希望以这些超凡的父子之间彼此毁伤和屠杀的骇人故事来警告希腊人，当前城邦内部互相残杀斗争的危险性。在他笔下，由宙斯建立起来的公正和稳定的统治与早已消失的不合自然规律的混沌形成了鲜明对照。赫西俄德的《神谱》还提出了一些后来吸引希腊哲学家的问题：宇宙的本原是什么？秩序怎样压倒了混沌？多是怎样衍生于一的？无实体的事物如何与明晰的事物相关联？

赫西俄德还通过讲述提坦神普罗米修斯的故事，在神圣的体系

---

* 厄里斯是希腊神话中司纷争的不和女神，黑夜的女儿，引发了特洛伊战争。

中安排了人类的位置。[54] 在黄金时代，诸神和人类平等相处，经常一同享受盛宴。可是在黄金时代末期，诸神开始从人类的世界中撤出。如今人类与奥林匹斯诸神保持接触的唯一方式就是通过动物献祭仪式，诸神和人类吃掉各自分配到的一份祭品。但普罗米修斯认为这种安排不公平，想帮助人类增加他们的份额。其中一次祭祀之后，他试图欺骗宙斯接受无法食用的动物祭品的白骨，这样人类就能享受肉食了。但宙斯识破了他的诡计：诸神并不需要食物，他们仅靠焚烧祭坛上动物的白骨而升起的烟就可以生存。于是，祭祀显示出诸神优越于凡人，人类只有食用动物的肉才能生存。宙斯被普罗米修斯狡猾的计谋所激怒，决定处罚人类，剥夺他们烧煮食物时需要的火。而普罗米修斯又一次违抗了他，偷走了火种，交还给人类。宙斯为了报复，将普罗米修斯锁在一根柱子上。这一次，宙斯送给人类一个女人作为对他们的惩罚，她由匠神赫淮斯托斯所创造 *。在黄金时代，还没有性别的区分，人类还没有被性别所限定。潘多拉（Pandora）†，这第一个女人，是“美丽的灾星”。她打开了一个瓶子，“使悲苦和不幸飞散在人间” ‡。男人注定要和女人婚配，而她们把疾病、衰老和苦难带到了世界上。

这是轴心时代中少数几个公然嫌忌女人的时刻之一。赫西俄德的用意是为了说明黑铁时代里生命不确定的特征，象征着人类失去天恩而堕落。[55] 此后，善与恶不可避免地结合在一起。祭祀将人和神联结起来，但它也揭示出两者之间不可逾越的差异。苦难如今成为生活中不可避免的事实——这是轴心时代的重要主题。在印度，圣人们决心创造精神上的方法，以使人类能够超越痛苦和必死的命

* 根据赫西俄德的《工作与时日》，宙斯吩咐赫淮斯托斯把土和水掺和起来，在里面加入人类的语言和力气，创造了一位温柔可爱的少女，模样像永生女神。

† 潘多拉，意为“一切馈赠”，即奥林匹斯山上所有的神都送了她一件礼物，是人类之祸害。

‡ 在希望飞出瓶口之前，潘多拉便盖上了瓶塞。因此唯有希望仍留在瓶颈之下牢不可破的瓶腹之中，未能飞出来。其他一万种不幸已漫游人间。

运。赫西俄德没有这样的雄心，实际上，他确信人类不应当寻求升至神圣的世界。普罗米修斯的故事将人类牢牢地确定在他们的位置上，处于诸神和动物之间，处处被潘多拉释放出的邪恶所包围。黑铁时代的人们无法逃避苦难。他们或许希望像普罗米修斯那样反抗，但胡勃理斯是自杀式的：普罗米修斯实施的所有反抗都招致了他自己的痛苦和人类的无尽辛劳。

其他希腊人感到，顺从并不是答案。当政治危机变得日益紧迫之时，农夫要求经济救济、返还被征用的财产、得到法律上的保障，并支持一些野心勃勃的贵族。这些贵族声称维护人们的利益，利用大众的拥护获得政治权力。[56] 第一个僭主（tyrannos）在公元前655年控制了科林斯，其他城邦随后如法炮制。这些新的统治者并非我们现代意义上的所谓“暴君”，而只是通过非法途径夺取政权的领袖人物，他们为了民众的利益，可以越出习惯的法律体系进行统治。[57]* 作为正义的维护者，僭主最初受到尊敬，但专制并不是一种长久的政治体系。不可避免的是，曾经被僭主授权的平民变得更加自信。到僭主死去的时候，他那非法获得的统治开始显得残忍而独裁。于是，对专制怀有仇恨的人们通常发动起义，反对他的继任者。但这使人们意识到，适当组织起来的平民可以限制统治阶级的剥削，将命运掌握在自己手中。

甲兵的产生

意义更为重大的是与专制统治的增强相符合的军事改革。到公元前8世纪末期，武器制造取得了相当程度的发展，城邦如今拥有了装备大规模军队的军事技术，而不再依赖于一个能够驾驭战车的小小的贵族群体。[58] 从公元前700年到公元前650年，希腊城邦开

---

* 本书涉及亚里士多德著作部分中译参照苗力田主编《亚里士多德全集》第8卷（中国人民大学出版社，1992年版）和第9卷（中国人民大学出版社，1994年版）。

始依赖重装备步兵部队，而老式的具有荷马风格的武士，他们曾经在一对一的格斗中作战，被逐步淘汰了。人力是至关紧要的，战争不再是贵族阶级的特权。从此以后，任何负担得起必备武器霍普拉（hopla）以武装自己的人——无论是贵族或者农民——都可以加入这支享有声望的军队，而不管其社会地位或出身如何。一种崭新的平等因由甲兵部队而诞生了。

甲兵作战以步兵方阵著称，它由密集的人群组成，他们肩并肩地站立，共有八列横队。每一名士兵握着圆形盾牌保护他的左侧，并夹紧旁边士兵的右肩。方阵会形成一体向前推进，士兵从盾墙的上方和下方刺杀敌人。最终，一方会被击破而逃跑。事实证明，方阵非常有效，但它会给敌人造成极其可怕的损伤。甲兵部队是一支公民部队，更高比例的男性人口参军，这种比例是前所未有的。反过来说，这意味着古希腊城邦的民众（demos）目前实际上就是一支军队。在印度，作战已经成为刹帝利的特权，是一种特殊行为，其他三个社会等级是禁止参与的。它受到如此限制，加之戒杀的理念深入人心，战争逐渐被视为不洁、悲惨和邪恶的。可是在希腊却不同，事情正向相反的方向发展。公元前 7 世纪期间，整个希腊城邦被军事化了。公民成为一支军队，在非常短的时间内便可动员起来。

这是与过去的彻底决裂。赫西俄德曾经提出，现在是该抛弃传统武士观念的时候了。甲兵部队实现了这种断离。渴望个人荣耀的单独的武士已不合时宜：新的理念是集体主义。甲兵本质上是团体的一员。他们一同倒下或一同胜利，不会有属于个人的荣耀。现在，阿喀琉斯那种曾使整个军队陷于危险之中的狂妄自大是多余的。“美德”（阿瑞忒，arete*）被重新定义了：它现在包括爱国精神和献身于公共利益。斯巴达诗人提尔泰奥斯（Tyrtaios）于公元前 7 世纪

* 阿瑞忒是希腊神话中的美德女神。

晚期描述了新的英雄形象，他写道：

> 英勇才是美德，才是世间最好的财富，
> 青年人能够赢得的高贵奖品：
> 这是城邦和全体人民的共同福祉；
> 当一个男人始终坚持站在战斗最前线，
> 将可耻的临阵脱逃全都抛在脑后，
> 心灵始终对初衷坚定不移，
> 并以话语鼓励并肩战斗的伙伴。[59]

甲兵不会盛气凌人地寻求自己的名誉和荣耀，而是将他的需要浸没在整个方阵的利益之中。正如神性放弃的轴心理念，它发扬了一种忘我和为他人献身的伦理观。不同之处在于，这种甘心屈从是在战场上一种残酷而有效的杀戮机器中付诸实施的。

重甲步兵的改革转变了希腊，并为民主政治奠定了基础。在方阵中，一名在贵族身旁作战的农夫永远不会再以先前的方式看待贵族统治了。顺从的旧习惯再也无法维持下去。不久以后，下层阶级便要求建立他们的组织——公民大会——它应当在城市政府中发挥核心作用。重甲步兵的改革转变了城邦的自身形象。这是一次和平的革命，农民们并没有消灭贵族阶层，而是接受了贵族精神，于是整个城邦实质上变成了一个绅士武士阶级。

言论自由最初是贵族英雄的特权。在《荷马史诗》里，希腊军队中的贵族都可以自由而有力地向国王阿伽门农发表意见。这种权利如今扩展到了方阵中的所有成员。新的军队运用“逻各斯”。逻各斯（Logos，“对话式言论”）与充满隐喻的荷马及英雄时代诗歌完全不同。[60]神话的叙述试图表达一些更为难以捉摸的真理，而并不指望多么符合外界的客观现实，但是，逻各斯必须实用、有效和准确。在战场上和战争议事会中，士兵们面对的是生与死的问题。

运用逻各斯的人不会说出:“这一事件的终极意义何在?”而是会问:“发生了什么事?”以及“我们该怎么办?”逻各斯由紧急和实际的需求所驱使，而且是生死攸关的。任何兵士都可以质疑可能影响所有人的作战计划，因为战斗群体需要一切有益的意见。甲兵的逻各斯永远不会取代诗歌中的神话(mythos)。两者同时存在，每一种都有自己的特长领域。但随着更多公民变成甲兵，逻各斯也成为一种独特的语言和政府的思维模式。

公元前7世纪，斯巴达是最完美地奉持甲兵精神的城邦。[61]到公元前650年，所有男性公民都是甲兵，城邦的民众是至高无上的。古老的宗教仪式被委以新的残酷的实际用途。在古老的厄勒提亚(Orthia)丰产祭祀仪式中，男孩子们试图从阿耳忒弥斯的圣坛上偷取奶酪而被其他年轻人打跑。在甲兵云集的斯巴达，这个仪式被用来向年轻武士教授作战技能。它不再是一场模拟战斗，而是真实的场景呈现，人们的鲜血畅快地流淌。斯巴达人并不只是将他们的年轻男子送到荒野中，为使他们在开始公民生活之初习得勇气和自立，斯巴达人选择少壮的甲兵组成特殊的团体。他们在白天置身于人们看不见的地方，但在夜晚被派到乡村，尽可能多地杀死他们找到的奴隶。在印度，轴心时代的新兴伦理已将暴力从古老的祭仪中抽离出来;而在希腊，古老的祭仪正在被军事上的需要所改造。

三、中国“礼”的规范

然而，中国人正尝试通过使宗教仪式的实际效用服从于其精美的形式来缓和战事。黄河流域在公元前7世纪动荡不安，但尽管封国间争战不断，暴力仍被成功地维持在一定的限度之内。这在很大程度上归因于鲁国文人发起的礼仪改革。到公元前7世纪时，封国里人们生活的各个方面都受到礼的规范，以至于其社会、政治和军事活动开始与周朝宫廷复杂而精致的宗教仪式相类似。尽管这种系统化的遵行一致乍一看好像远非轴心时代的精神，但其中部分礼仪包含着不可忽视的神圣潜能。到此时为止，中国人尚未意识到这一点，他们的轴心时代在两百年后才开始，但是鲁国的礼仪专家为将来打下了坚实的基础，尽管在公元前 7 世纪时，他们的首要目标是创建一个由过着节制和克己生活的高尚君子组成的社会。

君臣之礼

周王事实上已经退入其王室领地，而不再是政治生活的核心。他的地位已被诸侯所取代，他们管辖着那些被人们称作“中国”（即“中心城市”）的古老都市。诸侯继承了周王许多宗教仪式方面的特质。[62] 他已成为神圣的象征，其臣属在拜谒他之前必须禁食、洁身，因为作为上天在凡间的化身，他必须受到保护，以避免被玷污和失德。他也拥有国王赋予的权力，然而重要的一点是，这种道德的增进取决于其臣属对王室礼仪的忠实执行。鲁国的礼仪改革基于一条意义深远的原则：礼不仅仅改变了礼仪的实践者，它同样提高了仪式领受者的尊严。这本来是个不可思议的观念，但它基于一种深切的心理顿悟。当人们自始至终受到极度的敬重时，他们意识到自己值得受到敬重，他们认识到自身拥有绝对的价值。因此在中国，“礼”使人际关系神圣化并赋予他人神圣的品质。当臣属以规定的姿势站在王侯面前时——躬身、饰带垂向地面、下颏前伸、双手“垂拱”，他们恭敬的姿态维护并增进了王侯的美德。[63] *

王侯自身的生活同样要遵守各种规范。其官职所带来的权势并不能令他肆意妄为。事实上，另一条原则随后将给轴心时代的哲人以启示——其行为应表现出“无为”的特征。王侯不像现代的国家

---

* 参见《礼记·玉藻》：“凡侍于君，绅垂，足如履齐，颐霤，垂拱，视下而听上，视带以及袷，听乡任左。”另可参见《礼记·曲礼 下》：“立则磬折垂佩。”本书《礼记》引文中译参照杨天宇的《礼记译注》（上海古籍出版社，2004 年版）。

首脑，必须阐明施政方针和目标以表达他对国家未来的构想。他应完全处于被动，既不摄政，也不发布训令。其唯一的任务就是聚集内心的权能并委派给为他工作的官员。为实现这个目标，他必须严格地按规章行事。如有过失，他的臣属有责任要求他遵守秩序，史官记录下他的全部言行。他不能敷衍塞责或开玩笑，听的音乐须经谨慎挑选，膳食按照礼仪法典配制。[64*] 他的臣属在谒见他时一定要精神饱满，以展现他们被来自主人的权威所激励。他们必须快步行走，“两肘展开如鸟翼”，反之，王侯则必须以沉稳的步伐行走或保持“静止，不动，几近沉默”。[65†] 议事时，王侯不能侃侃而谈。如果他的臣僚请求承担一项特定的行动，他仅能报以一个简单的回答：“好。”而训令一旦发出，新的政策就已开始实施，正如一首古老的诗歌所表达的：“思马斯徂。”[‡] 鲁国的礼仪专家断言，舜这位古代贤君，如此完美地聚集其内心的权能，他根本什么也不做，只是处于一个恰当的位置。他的道德如此伟大，以至于凭借它本身就足以管理和改变他的臣民。他“无为而治者……夫何为哉？恭己正南面而已矣”。[66§]

战争之礼

礼仪被用来提高“君子”的地位和声望。但是如果以正确的态度去施行，亦能去除行政管理中的妄自尊大。这里有一个悖论，它在战场上的“礼”中也是很明显的。在公元前 7 世纪，各封国之间开始战争，它由新的节制精神严格规范。[67] 宗教仪式严格地限定战争中容许的暴力程度，禁止利用敌人的弱点。战争变成了一场精美

---

* 《礼记 · 月令》对不同季节的乐、食有详细的规定。

† 此处未查到《礼记》原文。或可参见《礼记·玉藻》:“凡君召以三节:二节以走，一节以趋。在官不俟屦，在外不俟车……凡行容惕惕，庙中齐齐，朝廷济济翔翔。”

‡ 参见《诗经》之《鲁颂 · 駉》。

§ 亦可参见《礼记 · 礼器》:“是故圣人南面而立，而天下大治。”

的盛典，由谦恭和克制所支配。上流社会中，贵族家庭沉迷于其荣誉，而族间仇杀是个持续的危险因素。“礼”尝试遏制这种倾向并确保武士们像君子一样战斗。战事通常十分短暂。人们不应为了个人获利发动战争，而只能是为了击退蛮族入侵或促使反叛的城市就范，从而恢复“天道”。战争被看作一种刑罚。如果必要，获罪的犯人在立誓在战场上献身的情况下将被赦免。胜利展现出获胜一方的正义，但仅仅是在战斗依照礼进行的情况下才是如此。

王侯与其军队共存，但是，执掌军权的卿无疑操纵一切。为确定由自己支配的人力和武器军备，他从采取人口普查着手，这本身是一个挑衅行为，但立刻被一个宽宏大量的举动所抵消。《左传》的著者说明：“乃大户，已责，逮鳏，救乏，赦罪，悉师，王卒尽行。”[68]* 接下来，军队在宗庙集合并分发武器。由于武器被认为会产生不良影响，通常被妥善锁藏起来，战士们必须在拿到武器之前斋戒。[69]最后，他们聚集在“社”周围，此时王侯举行一次献祭。

军队出发了，他们面朝南，向尽可能远的地方行进。步兵由征募的农民组成，他们被从田地中强行拉走，无望返回；这些被胁从的士兵不停地放声悲号以致在行军中被堵住嘴。然而他们是实实在在的配角，他们不参加作战，只充当搬运者、仆人和役工，与主力部队分开行进，在林边宿营。[70]与此形成对照，贵族们乘坐自己的战车，琴瑟声声，怡然自得；每个战车上都有一名弓箭手†、一名长枪手‡和一名御者，他们的兵器上绘有鲜艳的图案并配以饰带。马的皮毛以织物遮盖，马具上悬挂的铃铛会和着音乐响起。[71]

在他们搭建营地、面对敌人时，营地的布局与城市的布局完全

---

* 参见《左传 · 成公二年》。本书《左传》引文中译参照李梦生的《左传译注》（上海古籍出版社，2004 年版）。

† 即弓兵，亦称车左。

‡ 即戈兵，亦称车右。

相同。战争是一场宗教仪式；它始于精神上的隐退，向先祖献上祈祷和祭品。此时，执掌军权的卿必须判断敌人的意图：他们真的想开战吗？[72]如果敌方是一个蛮族部落或失“道”的诸侯，那将是一场死战：在这些极为特殊的情形下，执掌军权的卿走在由被赦免罪犯组成的敢死队的最前面冲向敌阵。他们发出令人毛骨悚然的喊声，在首次遭遇敌人时一同割喉自杀，于是双方交战了。不过，战士们通常受命要文雅地作战，战争变成了一场礼貌的竞赛。在敌对双方，君子们竞相作出更多表示慷慨和贵族之高尚的过分举动。

“礼”要求向敌人作出一种“退让”（让）的外在姿态，但通常是在自傲和虚张声势的情绪下表现出来的。在这场具有武士风范的竞赛中，善意之举是为了威吓敌人。双方交战前，兵士们高声夸耀其威力，把一罐一罐的酒发送给敌人，见到其王侯便取下头盔。如果战车的御者当场支付了赎金，真正的君子总是会放走敌人的战车。在楚和晋的一场战争中，一名楚国的弓兵用他的最后一支箭射杀一头阻碍其战车通行的牡鹿，车上的戈兵立即把它赠送给正欲袭击他们的晋国战车上的战士。晋国人马上承认失败，高声赞美道：“其左善射，其右有辞，君子也。”[73*]

如果一个贵族杀人太多，便会丧失地位。一位王侯曾经斥责一名正夸耀自己已杀死六个敌军士兵的武士：“大辱国。诘朝，尔射，死艺。”[74†]战争得胜后，君子不失去自制是非常重要的。一名真正的贵族武士从不应当杀死多于三个逃亡者，而且最好是闭上双眼去射击。谦恭有礼应始终优先于作战实力。有一次，当两部战车在战斗中纠缠在一起时，其中一辆转变方向似乎要撤退。得胜战车中的

---

* 参见《左传·宣公十二年》：“晋人逐之，左右角之。乐伯左射马而右射人，角不能进，矢一而已。麋兴于前，射麋丽龟。晋鲍癸当其后，使摄叔奉麋献焉，曰：‘以岁之非时，献禽之未至，敢膳诸从者。’鲍癸止之，曰：‘其左善射，其右有辞，君子也。’既免。”

† 参见《左传·成公十六年》：“癸巳，潘尫之党与养由基蹲甲而射之，彻七札焉。以示王，曰：‘君有二臣如此，何忧于战？’王怒曰：‘大辱国。诘朝，尔射，死艺。’”

弓兵放箭，没射中，正要再次瞄准，敌方的弓兵喊道：“你应该让我换用你的箭，否则将会是一场恶行！”* 结果最初那位弓兵干脆痛快地从弓上取下箭平静地等死。[75] 战争是一场为荣誉而竞争的冲突，兵器的对抗是次要的。

公元前 638 年，宋国的国君正等待数量大大超过己方的楚国军队到来。当他们听说楚军正在附近渡河时，臣僚们力劝他马上发起攻击，但是他拒绝了。同样，他也拒绝了应该在楚军列队布阵时发起进攻的建议。最终战斗开始，宋军被击败，国君身负重伤，但他并不后悔。他说：“君子不重伤，不禽二毛。古之为军也，不以阻隘也。寡人虽亡国之余，不鼓不成列。”[76]† 几年之后，庞大的晋国正准备同地处渭河流域外围的秦国开战。秦派遣使者告知晋国，战斗即将在拂晓时开始，但晋军的指挥官注意到使者看上去非常紧张。他手下的一些军官欢欣鼓舞：秦军害怕了！他们应当立即将敌人向河边驱赶！但是指挥官引述战争法则说：“死伤未收而弃之，不惠也；不待期而薄人于险，无勇也。”[77]‡

对于战争的胜利，不应当有不体面的扬扬自得。一位凯旋的诸侯拒绝为纪念他的胜利树碑，他悲叹道：“今我使二国暴骨，暴矣。”这不同于周朝初期周王对抗为恶者的作战。“今罪无所，”这位诸侯断定，“而民皆尽忠以死君命。”[78]§ 一名君子会很快宽恕他人以示仁慈，因为这会提高他的声望。多数大臣不愿与对方签订条件苛刻的协议，害怕将来会遭到报复。与一次彻底的获胜相比，许多大臣更喜欢有所保留的胜利，有些甚至宁愿以最小的伤亡取得暂时的胜绩。胜利可能是危险的。一位诸侯不得不把他占领的土地赐给一个大臣。凭借这些额外获得的资源，大臣便可能冒险去反抗诸侯的统治。分

---

* 此处未查到《左传》原文。

† 参见《左传 · 僖公二十二年》。

‡ 参见《左传 · 文公十二年》。

§ 参见《左传 · 宣公十二年》。

封制依赖于每个人保有地盘。如果一个封臣变得过于强大，他就可能会危及国家微妙的均衡。

君子之礼

宫廷生活也一样，每个君子应当坚守委派给他的职责从而促成宫廷的美好和文雅。[79] 他应当始终着装完美，其举止必须要“沉稳、庄重、威严且高贵”，[80] 他的表情“和蔼而平静，体态和性情与规则相宜”。[81 *] 封臣的整个生命都屈从于武士精神的典范而非张扬自己的个性。这种“屈从”一定要全心全意。君子的首要责任是“诚”:“真诚”。他不能肤浅、勉强或伪善地遵从礼，而应使自己完全沉湎于礼仪规则，以使它们成为其人格的一部分。通过彻底将自己视同为典型的君子，他会成为一个完全的仁爱之人。他的人格将通过这种方法而日臻完美，如同一块未经雕琢的玉石以同样的方式被一位艺术家改造成宗教仪式中使用的美丽器皿。宫廷生活于是成为一种对真实人性的培养。“礼”教导我们，鲁国的礼仪专家讲解道：“有直情而径行者，戎狄之道也。礼道则不然……品节斯，斯之谓礼。”[82 †] 倘若礼节真正成为他生命中的一部分，这位君子便学会了节制、克己和宽宏，因为礼的目的就是为了抑制暴虐和骄狂：“夫礼，禁乱之所由生，犹坊止水之所自来也。”[83 ‡]

箭术竞赛[§] 展示出君子的品质。这不单单是一项技巧和军事实力的检验，还是一场促进和平与和谐的配乐典礼。任何粗鲁无礼之人都能击中目标，但君子是因其高贵的地位去瞄准。他并不是真想获胜，因为输掉比赛更值得人们尊敬。他不得不装作想赢的样

---

* 《礼记》中相关规定内容很多，如《玉藻》:“君子之容舒迟，见所尊者齐遫。足容重，手容恭，目容端，口容止，声容静，头容直，气容肃，立容德，色容庄，坐如尸，燕居告温温。”

† 参见《礼记 · 檀弓 下》。

‡ 参见《礼记 · 经解》。

§ 即射礼。

子，而实际上那是一个谦恭的举动，因为不加掩饰的野心是低俗的，是下等人的标志。所以，将奖杯颁发给失败者的确是表示敬意之举。在拿起弓以前，每个参赛者都应怀有真诚的态度，同时又要保持笔直的身姿，否则将玷污其王侯的权威。[84]* 比赛双方必须和着乐曲节拍将箭射出。离弦之箭夹着呼呼的风声飞行，每一支都必定高唱着合乎礼仪的音调。它们会在半空中相遇，而不是击中靶子：暴力和对峙转为和谐与融洽。比赛结束时，两位射手都流泪了：胜者是出于对败者的同情，败者是出于对胜者的怜悯，然而胜者无疑才是真正的输家。两名武士会同时跪下，并允诺今后像父子一样相待。

人们希望用"礼"去阻止那种极易激发宗族仇杀的沙文主义情绪。"退让"的精神亦应表现政治生活的特色。[85] 谋臣们在礼仪上遵从诸侯，彼此间也如此，而不是激烈地表达自己的意见并运用欺诈手段谋求利益。由于他们的见地都是从诸侯的权威中获得的，严重的冲突便成为自相矛盾的说法。即使对某项政策持不同意见，一旦诸侯认可，臣属必须竭尽全力去执行。抵制决议会使他遭到团体的排斥，因为他的举动相当于否定了赋予整个宫廷以生机的权力。如果他确信诸侯背离了"天道"，那么他作为谋臣有责任去纠正，但他不可以怀着义愤的心情做这件事。一旦表达出自己的主张，这位大臣必须辞职并离开本国——这个行为意味着他丧失了真正的自我，因为他与宫廷的道德相隔绝了。他必须连续三个月一直过着流亡生活，希望能通过这种宗教仪式般自毁的行为向诸侯施压，使他返回"天道"。

* 参见《礼记·射义》："故射者，进退周还必中礼，内志正，外体直，然后持弓矢审固；持弓矢审固，然后可以言中。此可以观德行矣。"

父子之礼

家庭生活由相同的精神来规范。父子间的关系不是基于天生的慈爱，而是像诸侯与其臣僚间的盟约。[86]中国的礼仪总是试图对血缘亲情加以提炼和改进，而礼在父子间创造了一条孝顺的纽带，这在儿子出生时是不存在的。儿子在30岁之前几乎见不到父亲。他小时候和妇女住在一起，然后去舅舅家里学习“礼”。只有当他完成学业之后，才能开始执行仪式，得到父亲的接纳，并在两人之间建立起一种神圣的联系。尊重和崇敬远比慈爱或亲密重要。父亲像诸侯一样是上天的代表，两者的关系应当疏远而严苛。对父亲来说，与儿子们保持亲密而友好的关系，就像一位诸侯与臣僚在一起鬼混那样，是不适宜的。

儿子把父亲当作将来的祖先来尊敬。他小心翼翼地执行表达孝道的礼仪，这在父母内心创造了神圣的品质，将在死后赐给他天国的生命。礼仪维持了神，即神圣的、超自然的特性，它使每个人变得独一无二。倘若神是强大的，这一神圣的个体将不会随肉体的死亡而消亡。通过以纯粹尊敬的态度对待父亲，长子使他得以实现其仁爱。他每天拂晓时就起床，精心地穿上全套正式服装，与妻子一同侍候父母。在父亲面前他不能打嗝、打喷嚏、咳嗽或打呵欠。他绝不能使用父亲走的楼梯，绝不能用父亲的碗、手杖或杯子。他缝补和清洗父母的衣服，备好八只符合礼仪规定的盘碟，并在父母吃饭时从旁服侍，恭敬地劝他们享用一餐丰盛的饭食。儿子总是低声、谦恭地与父亲说话。倘若儿子认为父亲偏离了“道”，就应当劝阻他，但一定要带着谦恭的表情，温和而愉悦地表达他的意见。如果父亲坚持其错误的行为，儿子的举止应当更加谦恭，且绝不能表现出愤怒或不满。父亲在70岁退职。在这最后的阶段，儿子的义务是同情父亲的每一种心境：父亲健康时他应当感到高兴，父亲生病时他感到难过，在父亲胃口好的时候吃饭，在父亲身体不佳时禁食。[87]他因此学会了“恕”（“以己量人”）的美德，这对中国轴心时代将至关重要。

父亲过世后，儿子尽其所能去分享死亡的经历。他离开家，住在一个茅屋里，睡在地上，以一个土块当枕头，默不作声，禁食，身体虚弱得只有靠手杖的帮助才能起身。儿子服丧三年，将父亲的灵魂转变成神，同时，死者逐渐走近那些获得了神性的祖先。在服丧期结束时，父亲完成了神化的过程，儿子于是主持他的祭礼。接连十天，他通过进行心灵静思为宾（“款待”）礼做准备。在此期间，他要禁食并一心回想父亲的音容笑貌。在宾礼仪式上，他自己的儿子扮演新近的死者，在仪式过程中感觉到祖父的灵魂就附在他身上。当失去亲人的儿子终于看到他的“父亲”来到宴会上时，他深深地鞠躬并陪同他去桌边为他设置的席位，确信自己已经完成任务。如《礼记》所述，他与“其祖先辉煌的神”亲密地交谈，并获得了“一个完美的启迪”。[88] *

即使在父亲死后，儿子也并未拥有自己的生活，而是把全部才能都用于增进父亲的荣耀，正如他在战场上提升国君的权力一样。他有责任关心自己的健康，因为他的身体是家族的财产。他不应冒多余的风险，但应当“保持其生命力不受损害”，让自己尽可能长久健康地活着——这种心态亦将以新的形式出现在中国的轴心时代之中。孝道祭礼与现代人的情感格格不入，因为它似乎迫使儿子成为一个微不足道之人。但事实上，中国的家庭体系是要防止父权专制的。父亲的权威受到其他人的限制。大伯父的权利与父亲同等，甚至能取代他的权利。儿子自身也成为一位父亲，在侍候自己父亲的同时还获得子女的敬意。在宾礼上，当他向“父亲”的神致意时，他实际上要在自己的儿子面前鞠躬。因此这里存在一个尊重的互换。对于一个年纪较小的儿子，其首要责任不是侍候他的父亲，而是尊敬并支持他的哥哥。多数子女都会有年长和年轻的兄弟，这种体制

---

* 此处未查到《礼记》原文。

令每个家庭成员都会受到一定范围内无条件的尊重。尽管礼要求儿子服从他的父亲，父亲也必须行为公正、仁慈，对自己的孩子以礼相待。至于中国人在实践中有多么彻底地遵循这些礼，我们不得而知。《礼记》可能只是一个乌托邦而非史实。不过，到公元前7世纪时，这种理念似乎确实使周朝治下的中国由一个沉溺于粗俗奢靡的社会转变成一个珍视节制和克己的社会。[89] 这种理念将加快中国轴心时代的进程，并赋予它独特的方向。

诸侯结盟

此时，就连地处中原周边地区非正统的国家——齐、晋、楚和秦，也接受了礼仪规则。然而时代正在发生变化，公元前7世纪下半叶，北方的蛮族部落开始比以往更加频繁地进犯中原。南方新兴的楚国也日益成为一个严重的问题。因急于扩张，楚国愈加不顾文雅作战的规则并威胁到其他封国。周王极其软弱，不具备有效反抗楚国的领导能力。于是在公元前679年，齐桓公自称中国“第一贵族”（伯*），并建立起一个诸侯同盟。[90]

此时，齐国是最强大的诸侯国，而桓公是一位与周王室有着姻亲关系的明君。他组织了多次会盟，商讨国家间合作的原则。地方政权和封国纷纷加入他的同盟，立下誓言，这便赋予了政治协议一种宗教特征。一头牛被用来献祭，会盟代表用祭品的血沾湿嘴唇†，在场的每个人都重复着协定中的词句，召唤当地的神灵、山岳、江河及祖先：

> 凡我同盟，毋蕴年，毋壅利，毋保奸，毋留慝，救灾患，恤祸乱，同好恶，奖王室。[91]‡

---

* 即“霸”。

† 即歃血。

‡ 此非齐桓公之盟。参见《左传 · 襄公十一年》。

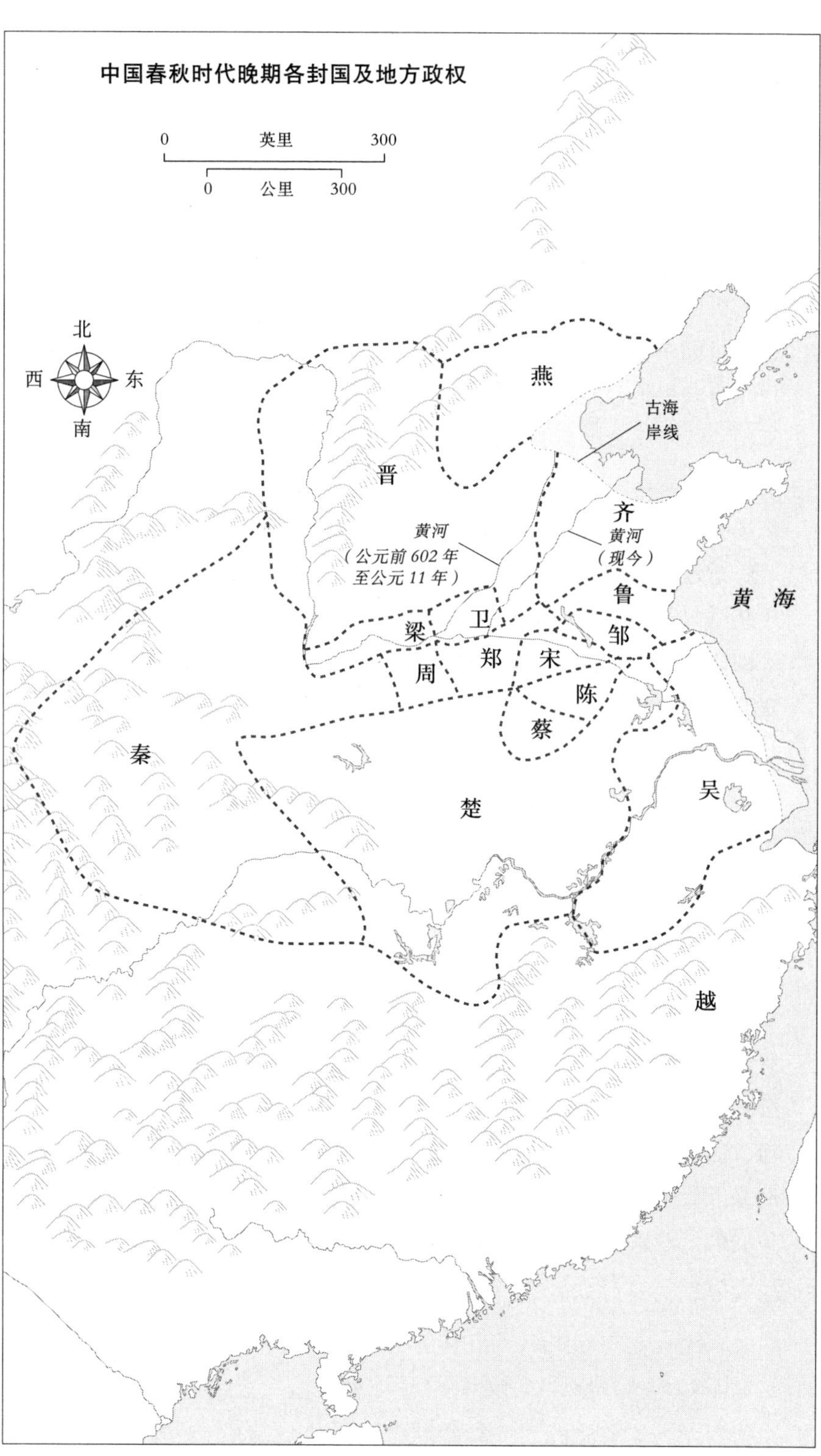
中国春秋时代晚期各封国及地方政权
0
英里
300
0
公里
300
北
西
东
南
燕
古海
岸线
晋
齐
黄河
（公元前 602 年
至公元 11 年）
黄河
（现今）
鲁
黄 海
卫
邹
梁
郑
宋
周
陈
蔡
秦
楚
吴
越

盟约的目的是创造团结。这些联盟礼仪在不同国家的诸侯之间建立起家族联系，他们甚至承诺遵守自己新“亲戚”家的殡葬礼仪。任何背叛盟约的人都冒着遭到可怕惩罚的危险，而这些惩罚是被众神和先祖所认可的：“俾失其民，队命亡氏，踣其国家。”[92]* 桓公从同盟成员国中收集贡礼并监督联合防卫。尽管他仍然承认周王的统治权，事实上他已经取代了国王。然而，这个同盟没有存活多久。公元前 643 年桓公死后，他的儿子们为继承权兵戎相见，齐国再也没能从这场内战中完全恢复元气。楚国重新开始进攻，晋国的国君组织了一个新的联盟，但在公元前 597 年被楚国击败。

看起来似乎强力战胜了节制。但面对来自楚国不断增加的威胁，传统的封国甚至更加忠实地坚持他们的礼仪和习俗。他们无法同新兴的国家竞争军力，因此便转向外交和劝服。然而较大的周边国家正开始厌恶和谐与“退让”的理念。人们注意到，尽管各国信誓旦旦接受同盟的约束，神灵并没能惩罚背叛者，实际上，那些对盟约保持忠诚的国家受害最甚。[93] 一种愈演愈烈的怀疑态度正开始损害先前的设想。

四、犹太教的兴起

对于以色列，公元前 7 世纪是一个分水岭，它见证了犹太教的兴起。希西家留下了一份可怕的遗产，他的儿子玛拿西（Manasseh，公元前 687 年—公元前 642 年在位†）下定决心不重蹈父亲的覆辙，因而成为亚述忠实的臣属。犹大国在其长期的统治之下繁盛起来。[94] 亚述人并不指望其盟国敬拜他们的民族神阿舒尔，但是，他们的一些宗教符号不可避免地变得格外显著。玛拿西对独一崇拜

* 出处同上。

† 《列王纪 下》称：玛拿西“在耶路撒冷作王五十五年”。

耶和华并不感兴趣。他在乡村地区重建了被希西家毁坏的邱坛，为巴力筑坛，将亚舍拉的肖像放置在耶路撒冷的神殿里，在神殿门旁竖立献给太阳的圣马雕像，并在耶路撒冷城外开设孩童祭场所。[95]《圣经》史学家为这样的发展状况而惊骇不已，但是只有极少数玛拿西的臣民对此感到惊讶，因为正如考古学家所发现的那样，很多人家里都有类似的偶像。[96]不过，乡村地区存在着普遍的动荡局面，在亚述人入侵期间，那里遭到了严重的破坏。[97]尽管希西家的民族主义政策是灾难性的，一些人或许仍然满怀黄金时代的梦想，那时他们的祖先在自己的土地上过着平静的生活，没有敌人持续不断的入侵造成的威胁及外来的强权统治。这种长期郁积的不满情绪在玛拿西死后爆发了出来。他的儿子亚们（Amon）在位仅两年，就在乡村贵族所领导的一次宫廷叛乱中被刺杀，《圣经》中称这些人为乡民（am ha-aretz）。[98]

约西亚的尝试

政变领袖们立亚们 8 岁的儿子约西亚（Josiah）为王。因为他的母亲*来自犹大国丘陵地带的一个小村庄波斯加（Bozkath），所以约西亚是他们中的一员。[99]权力从城市精英向乡村领袖手中转移，起初，一切似乎都在按照他们的意愿发展。此时，亚述正在衰落，而埃及则蒸蒸日上。公元前 656 年，第 26 王朝的创立者，法老普萨美提克一世（Psammetichus I）迫使亚述军队撤离黎凡特（Levant）。犹大国民又惊又喜，眼看着亚述人离开了北方以色列王国原有的领土。约西亚如今确实变成了埃及的臣属，但法老忙于控制位于迦南低地有利可图的商路，犹大国暂时可以自行其是了。

到约西亚差不多 16 岁的时候，产生了某种宗教信仰的转变，这很可能意味着他希望只崇拜耶和华一神。[100]这种原则性的对民族

---

* 名为耶底大（Jedidah）。

神的虔敬还可能是政治独立的宣告。大约10年之后的公元前622年，约西亚开始在所罗门的圣殿大兴土木，那是犹大国黄金时代的纪念。在修建过程中，大祭司希勒家（Hilkiah）有了一个重大的发现，赶忙找到王室书记沙番（Shaphan），告诉他这一激动人心的消息："我在耶和华殿里得了律法书（sefer torah）。"[101] 他说，这是耶和华在西奈山授给摩西的真正的律法。沙番立刻将书卷呈现给国王，并在他面前朗读。

大多数学者认为，此书卷包含了《申命记》的早期版本。它描述了摩西去世前不久在外约旦的尼波山（Mount Nebo）召集众人，陈明"第二律法"(希腊语为 deuteronomion)*。但是，几乎可以肯定，它是一部全新的经文，而不像沙番和希勒家所称，是一部古老的著作。直到公元前8世纪之前，在以色列或犹大极少会有关于宗教文本的读物或著述。早期历史上不存在写下耶和华教导的传统。在"J"和"E"中，摩西口头传达了耶和华的命令，人们也是口头予以回应："耶和华所吩咐的，我们都必遵行。"[102] "J"和"E"并没有提及十诫。最初的石版†——"神用指头写的"[103]——很可能包含了关于帐幕设计的神圣启示。耶和华的百姓在旷野中的那些年里，他就在那里与他们同住。[104] 只是到了后来，《申命记》的作者才对"J""E"的记述作了补充，说摩西"遂将耶和华的一切话记录下来"，并且"拿过律法书，念给百姓听"。[105] 如今，沙番声称这就是希勒家在圣殿里发现的书卷。这部珍贵的文献已经丢失了几个世纪，其教导从未得到贯彻执行。既然律法书已经被找到了，耶和华的百姓可以重新开始行动了。

不过，这可不是一件拙劣的赝品。在这个时候，希望传授一种新的宗教教义的人通常会将他们的话语归结于从前的一个伟大人

---

* 即重申律法诫命之意。

† 两块法版。

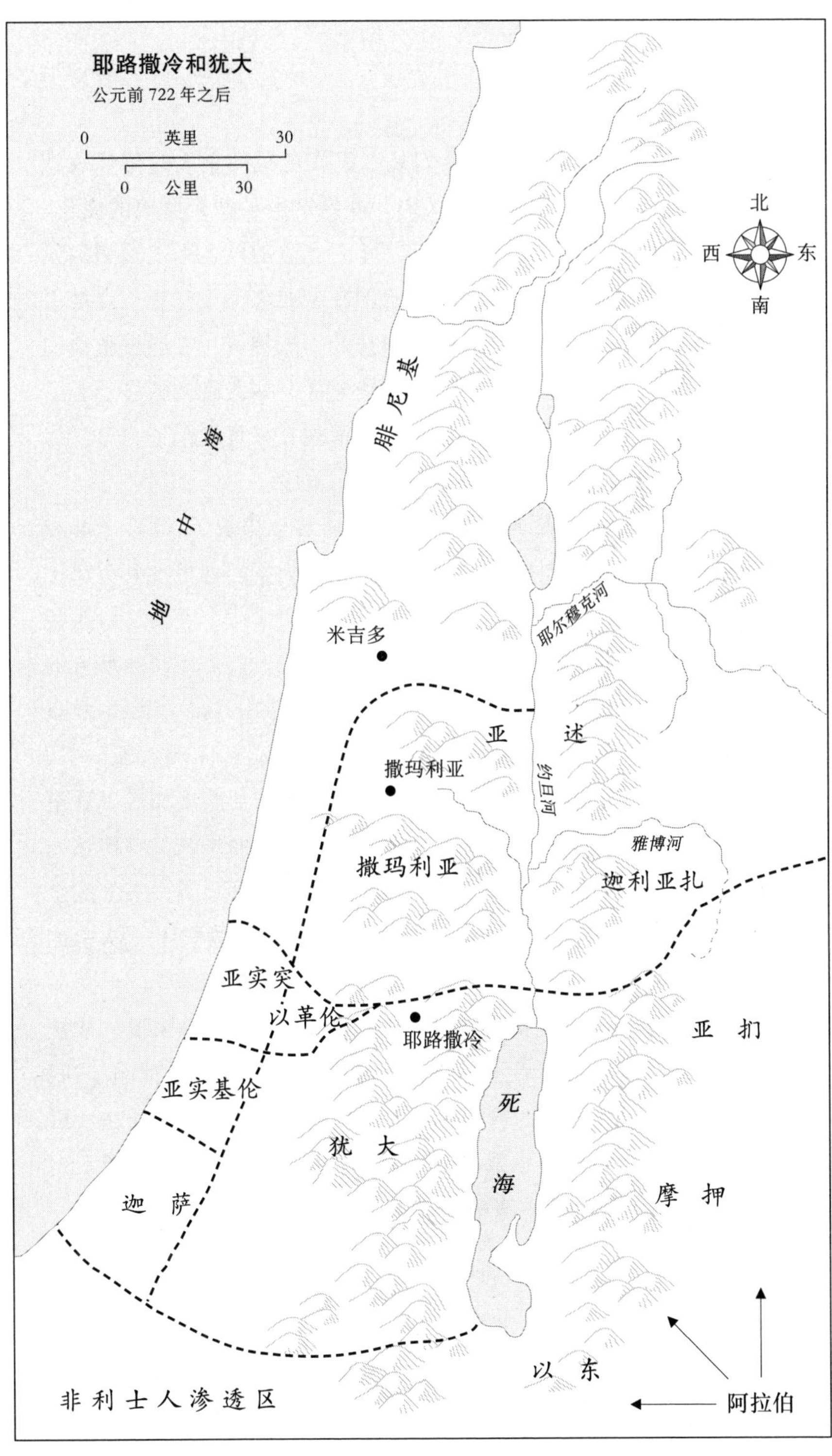
耶路撒冷和犹大
公元前 722 年之后
0 英里 30
0 公里 30
北
西
东
南
腓尼基
地中海
米吉多
耶尔穆克河
亚 述
撒玛利亚
约旦河
撒玛利亚
雅博河
迦利亚扎
亚实突
以革伦
耶路撒冷
亚 扪
亚实基伦
死海
犹 大
迦 萨
摩 押
以 东
非利士人渗透区
阿拉伯

物。《申命记》的作者认为，他们是在民族危机的重大时刻代表摩西讲话的。自从出埃及的时代以来，世界发生了翻天覆地的变化，耶和华的宗教岌岌可危。公元前722年，北方的以色列王国遭到毁灭，数千人消失得杳无踪影。犹大王国在希西家为王时差一点被灭绝。唯有耶和华，而非玛拿西恢复崇拜的那些神灵，才能拯救他的百姓。许多先知规劝人们只崇拜耶和华一神，如今犹大国终于有了一个国王可以复兴过去的荣耀。如若摩西现在果真发布了“第二律法”，这就是他要对约西亚和他的百姓所说的话。

约西亚一听到书卷上的话，便深感痛苦地撕裂了衣服。“耶和华一定是向我们大发烈怒了，”他喊道，“因为我们列祖没有听从这书上的言语，没有遵照书上所吩咐我们的去行。”[106]宗教从口头传播到书面文本的转变是一种冲击。根据《圣经》此处和其他地方的描写，它都引起了一种惊恐、自责和不能胜任的感觉。[107]当宗教真理以这种方式呈现出来的时候，给人的感觉是完全不一样的。一切都是清清楚楚、日常可行的，与通过口头传播的那些更加难以理解的“知识”截然不同。在印度，人们不相信以书面形式能够传达一种灵性学说，例如，你仅仅通过研读经文无法理解《奥义书》的全部含义。然而，《申命记》的作者使耶和华崇拜成为关于一本书的宗教。从此以后，西方正统宗教的基准就是一部成文经典。

约西亚马上去请教女先知户勒大（Huldah）。对她来说，律法书意味着而且仅仅意味着一件事。她接到耶和华的一条神谕：“我必照着犹大王所读那书上的一切话，降祸与这地和其上的居民。因为他们离弃我，向别神献祭。”[108]显然，改革迫在眉睫。约西亚召集所有百姓，聆听书卷中清晰的指令：

> 王就把耶和华殿里所得的约书念给他们听。王站在柱旁，在耶和华面前立约，要尽心尽性地顺从耶和华，遵守他的诫命、法度、律例，成就这书上所记的约言。众民都服从这约。[109]

约西亚立刻遵从书卷中耶和华的律法，展开了一系列活动。

首先，他清除了祖父玛拿西重新引入的异教崇拜，焚烧巴力和亚舍拉的肖像，废去乡村的邱坛，拆毁耶和华殿里娈童的屋子、以色列人将子女献祭给摩洛（Moloch）的火炉，以及亚述人向太阳所献的马的雕像。这看上去像是一场毁灭的纵欲。然而，当约西亚转向以色列王国原先的属地时，甚至更加残酷无情了。在那里，他不仅拆毁了伯特利和撒玛利亚城邑耶和华古老的神殿，而且屠杀了乡村邱坛的祭司，并污秽了他们的祭坛。[110]

律法书揭示出，几个世纪以来，以色列和犹大国的君王宽恕了耶和华起初明确禁止的行为。耶和华坚决要求一种排他的忠诚："以色列啊，你要听，"摩西在尼波山上吩咐百姓，"耶和华是我们独一的神。"他们必须尽心尽性地爱他。[111] 对耶和华的爱意味着以色列人不可"随从别神，就是你们四围国民的神"。[112] 摩西强调，当百姓进入"应许之地"时，不得与迦南当地居民互相往来。不可与他们立约，也不可怜恤他们，必须消灭其宗教："要这样待他们：拆毁他们的祭坛，打碎他们的柱像，砍下他们的木偶，用火焚烧他们雕刻的偶像。"[113] 在改革过程中，约西亚不折不扣地遵从了耶和华的明确指示。

《申命记》的作者

《申命记》的作者自称是保守派，他们正在恢复以色列最初的信仰。而事实上，他们从根本上说是具有创新精神的。他们使长期以来完全被人们接受的诸如"木偶"（asherah）和"柱像"（masseboth）等象征物都成为非法存在。[114] 在他们的法规中，引入了一些令人震惊的新条款。[115] 首先，以色列的敬拜是严格集中的：献祭只可在一处神殿进行，那是"耶和华立他名的"居所。[116] 耶路撒冷没有明确被提及，不过到公元前 7 世纪时，它是唯一能够担负此重任的神殿。这便意味着，其他神殿以及乡村的邱坛必须被摧毁，而几个世纪以来，人们一直在那里祭拜耶和华。其次，《申命记》的作者宽恕了对牲畜的世俗宰杀。[117]在古代社会，通常只允许人们食用在宗教场所正式献祭的肉类。可是，当地的神殿如今被拆毁了，居住地距离耶路撒冷比较遥远的人则被准许在其家乡屠宰牲畜。但他们不可吃血，因为血中蕴含着生命力，他们应虔诚地将血倒在地上。

《申命记》的作者创造了一个世俗领域，以其自身的规则和完整性，与宗教崇拜一同发挥作用。[118]同样的原则也应用于《申命记》作者的司法改革中。按照传统，应由各支派的长老在当地神殿进行执法，可是如今，《申命记》的作者在各城都委任了审判官，并在耶路撒冷设立了一个最高法庭，办理存有疑问的案件。[119]最终，《申命记》的作者剥夺了国王传统上拥有的权力。[120]国王不再是一个神圣人物。《申命记》的作者令人惊异地背离了近东的习俗，大幅限制了君主的特权。国王的唯一职责就是诵读成文律法，"谨守遵行这律法书上的一切言语和这些律例，免得他向弟兄心高气傲，偏左偏右，离了这诫命。这样，他和他的子孙，便可在以色列中、在国位上年长日久"。[121]国王不再是神的儿子、耶和华的特殊侍者或圣众中的一员。他没有特权，而是要像他的百姓一样，服从律法。《申命记》的作者如何证明这些颠覆了几个世纪神圣传统之变革的正当性呢？我们无法确切地知晓《申命记》的作者到底是谁。发现书卷的故事间接地表明，他们包括祭司、先知和文士。他们的运动可能源于北方王国，在以色列于公元前722年毁灭之后南下发展到犹大国。或许它还反映了被剥夺了权利的乡民的意见，是他们将约西亚推上了王位。

约西亚对《申命记》的作者至关重要。他们将约西亚尊称为"当代摩西"，相信他是一位比大卫更伟大的国王。[122]《申命记》的作者除了改革律法之外，还改写了以色列的历史。他们认为，它在约西亚的统治下达到了极盛时期。首先，他们编辑了早期"J"和"E"的记述，使它们适合于公元前7世纪的形势。[123]他们没有增加亚伯拉罕、以撒和雅各的故事，这几位先祖没有引起他们的兴趣。他们把注意力集中在摩西身上——他将其百姓从埃及的奴役下解放出来——而此时约西亚正希望独立于法老。接下来，他们扩展了以色列人出埃及的记载，将《约书亚记》以及他征服北方高地的故事也包括进去。创作《申命记》的历史学家将约书亚的时代视为黄金时代，那时，百姓都真诚地侍奉耶和华。[124] 他们还确信，以色列即将开创另一个辉煌时代。约西亚要像摩西一样，摆脱法老的束缚；约西亚要像约书亚一样，征服亚述人撤离的地域，恢复对耶和华忠诚的信仰。最后，在《撒母耳记》和《列王纪》中，《申命记》的作者描写了以色列和犹大王国的历史，强烈谴责了北方王国，指出犹大国大卫式的君主是整个以色列合法的统治者。这样，《申命记》作者的文献便为约西亚的宗教和政治规划提供了强有力的支持。

但这并非廉价的宣传。《申命记》的作者都是学者，且成就卓著。他们吸收了早先的素材——古老的王室档案、法典、传奇故事和礼拜仪式文本——创建了一种全新的视野，使古老的传统见证约西亚统治之下以色列的新形势。从某些方面来看，《申命记》像是一部现代文献，它对于世俗领域、独立司法、立宪君主及中央集权国家的洞见观照着我们现今的时代。《申命记》的作者还发展了一种更为理性的神学，使古老的神话大打折扣。[125] 神没有从天堂下到人间，在西奈山上对摩西讲话。你实际上无法像一些以色列人所认为的那样看到神，你也不能通过献祭来操纵他。神肯定不居住在圣殿中：在所罗门行奉献圣殿之礼后，作者安排了一大段出自所罗门之口的祈祷，清楚地说明圣殿只是祷告之所，而非天地间的纽带。“神果真和人一起住在地上吗？”所罗门表示怀疑地问道。“天和天上的天，尚且不足你居住的——何况我所建的这殿呢！”[126] 以色列拥有其土地，并不是像古老的神话所宣称的，因为耶和华选择居住在锡安山，而是因为百姓遵守耶和华的律例，只崇拜耶和华一神。

以色列人公正、友善地对待彼此也是一个必不可少的原因。他们唯有将一部分收入送给孤儿和孀妇，或者为穷人留出一些收获的葡萄、橄榄或小麦，才能拥有土地，事业成功。他们必须谨记曾经在埃及所遭受的压迫，并仿效耶和华亲自施与的宽宏。[127]“你不可忍着心、攥着手，不帮补你穷乏的弟兄，”摩西嘱咐百姓，“总要向他松开手——是的，照他所缺乏的借给他，补他的不足。”[128]以色列人必须保护被丈夫遗弃的妻子的继承权，保护在城里寄居的外族人（ger）的权利，给服侍已满六年的奴婢以自由。[129]《申命记》的作者热情洋溢地强调正义、公平和同情的重要性，比阿摩司和何西阿的教义更进了一步。

如果他们的改革得到充分的贯彻执行，《申命记》的作者便会彻底改变以色列的政治、社会、宗教和司法生活。这一点很重要。《申命记》的法学家和历史学家已经赋予书面文本一种全新的中心地位。人们今天往往利用经文反对变革、保守往昔。但开创了依据经典作为正统思想的《申命记》的作者，却利用他们所继承的经文展开重大的变革。他们改写了公元前9世纪“圣约法典”的古老律法，插入和更改一些词语，使之支持他们关于世俗屠宰、中央圣殿及宗教历法的新奇立法。[130]他们富有创造性地利用了古老的律法、口述传奇故事或祭拜习俗，而没有让它们妨碍或限制其改革。以往的神圣传统并非不可更改，《申命记》的作者将其视为能够给当下以启示的资源。

《申命记》的作者将犹太教变成了关于一本书的宗教。但是对于这种发展趋势，似乎存在着强烈的反对意见。读写能力改变了人们与其传统之间的关系，不过并不总是有所改善。例如，在印度，口头传承要求信徒有很长的学徒年限、与一位具有超凡能力的老师进行生动的交流，并保持守纪、谦卑的生活方式。然而，独自阅读鼓励的是一种更为个体性和独立的教育。学生不再依赖于上师，而是可以独自研读文本，得出自己的结论，他的知识也可能更加浅薄，因为他可能认为没必要思考书中语句背后所隐藏的内涵，或者体验那种使他超越书中语句和概念的具有启发性的静默。

大约在希勒家发现书卷的同一时期，先知耶利米（Jeremiah）开始了自己的使命。他将其事业与律法书的发现联系起来。虽然他本人不是一名文士，但他的弟子巴录（Baruch）将他的预言写了下来。耶利米非常钦佩约西亚，大概与希勒家和沙番也保持着联系。几处经文体现出，《耶利米书》与《申命记》具有同样的风格和视角。[131] 不过，对于成文律法，他是有所保留的。"你们怎么敢说'我们有智慧，耶和华的律法在我们这里'？"他向反对者发问，"看哪，文士的假笔舞弄虚假！"书面文本仅仅通过熟练的笔法就可能颠覆正统，通过传授信息而非智慧歪曲传统。耶利米得出结论，文士将感到惊惶和羞愧。他们"弃掉耶和华的话（davar），心里还有什么智慧呢"？[132] 在《圣经》时代的希伯来语中，"davar"意为神的口头圣谕，通过先知说出，而"智慧"（mishpat）是指社会的口述传统。在这一早期历史阶段，已经出现了对书面经文之精神价值的担忧。

在对现代犹太运动进行的一项研究中，著名学者海姆·索洛韦伊奇克（Haym Soloveitchik）指出，从口头传统到书面文本的转变可以导致宗教的绝对化，将本来难于描述和不可言喻的问题给学生以错误的明晰和确定性。[133]《申命记》的作者是大胆而富有创造性的思想家，但他们的神学思想往往十分尖锐。"你们要将所赶出的国民侍奉神的各地方都毁坏了，"摩西命令百姓，"你们要拆毁他们的祭坛，打碎他们的柱像，砍下他们雕刻的神像，用火焚烧他们的木偶，并将其名从那地方除灭。"[134] 耶和华或许命令以色列人善待彼此，但他们断不能对外族人表示怜恤。创作《申命记》的历史学家描述了约书亚对艾城（Ai）居民的屠杀，而这显然是得到认可的：

> 以色列人在田间和旷野，杀尽所追赶一切艾城的居民。艾城人倒在刀下，直到灭尽，以色列众人就回到艾城，用刀杀了

> 城中的人。当日杀毙的人，连男带女共有一万两千，就是艾城所有的人。[135]

过度的确定和明晰会导致残酷的褊狭。

《申命记》的作者可能以描述耶路撒冷圣殿中首次举行逾越节而结束了其历史记录。当约书亚毁坏了撒玛利亚的神殿并杀死它们的祭司之后，吩咐全体百姓守逾越节："当照这约书上所写的。"这是《申命记》作者的又一次革新。在此之前，逾越节一直是私人的家庭性节日，在人们家中举行，如今它变成了一个国家性的集会。[136] 按照《申命记》历史学家的看法，百姓终于开始按照耶和华的意图守逾越节了。

> 自从士师治理以色列人和以色列王、犹大王的时候，直到如今，实在没有守过这样的逾越节；只有约西亚王十八年在耶路撒冷向耶和华守这逾越节。[137]

这是一个政治和宗教新纪元的开始。小小的犹大王国即将跨入一个崭新的黄金时代。

然而，约西亚伟大的尝试以泪水告终。中东的版图正在发生变化，亚述帝国处于衰落的最后阶段，而巴比伦则蒸蒸日上。公元前610年，法老普萨美提克驾崩，尼哥三世（Necho III）继位，他于次年率军借道巴勒斯坦，去援救遭到围困的亚述国王。约西亚在米吉多拦截埃及军队，在首场遭遇战中即被杀死。[138] 在他死后，所有改革都没能继续下去。政治独立之梦破碎了，犹大此时在埃及与新兴的巴比伦帝国之间的斗争中扮演了一个小角色，这真正威胁到了它的生存。

第三部分

辉　煌

第五章

心性的修炼

（约公元前 600 年—公元前 530 年）

一、以色列人的流亡与新的伦理革命

公元前 6 世纪期间，以色列完全进入了其轴心时代。不过，无法抑制、触目惊心的暴行又一次成为变革的催化剂。约西亚夭折后不久，巴比伦王尼布甲尼撒（Nebuchadnezzar）成为该地区无可置辩的霸主。在接下来的 20 年中，新巴比伦帝国与埃及争夺对迦南的控制权。犹大诸王心神不安地在两个强国之间见风使舵，一会儿选择这一个，一会儿又依赖另一个的保护。但事实证明，反对巴比伦是危险的。每当犹大国反抗巴比伦的统治时，尼布甲尼撒就派其强大的军队向这个小国发动袭击，三场残酷的战役迫使该地区最终屈服于他。公元前 597 年，年轻的犹大国王约雅斤（Jehoiachin）投降巴比伦，并与 8000 人一同被流放，其中包括王室家族成员、贵族、军人和工匠："他们都是能上阵的勇士，全掳到巴比伦去了。"[1] 正是这第一批被流放者创建了轴心时代的新视域。

尼布甲尼撒夺走了犹大国的才智源泉，但在接下来的 10 年中，由巴比伦指派的犹大国王西底家（Zedekiah）竭力支撑着国家。公元前 587 年，当西底家反叛巴比伦时，尼布甲尼撒没有心慈手软。他率军攻打耶路撒冷，摧毁其圣殿，将该城夷为平地。西底家眼睁睁地看着他的儿子们被杀死，随后他的双眼被剜。他与另外 5000 人一起被流放，留在这片废墟上的只有那些更贫穷的和已经投降巴比伦的人。犹大被并入巴比伦帝国的管理体系，公元前 581 年，第三批犹大人被掳到巴比伦。[2]

这是一段怀有深切苦难的时期。一些学者近来指出，“巴比伦之囚”（Babylonian exile）实际上并未造成非常严重的创伤：约有 75%的人口留在原地，生活仍像以前一样继续。被流放者在巴比伦被照管得很好。他们安顿了下来，并且自谋生计，成为收租人、掮客及运河的管理者。其中一些人甚至拥有了封地。[3]但是，最近的考古研究揭示了巴比伦人对耶路撒冷、犹大及整个黎凡特地区的破坏，远比亚述人的侵袭更具毁灭性。犹大国陷入了一个黑暗时代，是其历史上最为悲惨的时期之一。[4]耶路撒冷及其圣殿成为荒芜的废墟。《耶利米哀歌》（*Lamentations*）描述了其空旷的广场、碎裂的城墙及毁坏的城门，先前人口密集的、繁荣的城如今却成了野狗的居所。百姓从垃圾堆中挖取食物，母亲杀死并煮食她们的婴儿。原本英俊的青年男子在荒废的街道上徘徊，面色暗黑，形容枯槁。[5]以色列的百姓体会到了一种可怕的空虚感。然而，在失去了一切之后，一些人能够摆脱悲痛、失败和耻辱的经历，创建一种新视域。

耶利米的预言

先知耶利米没有被流放，因为他一向支持巴比伦，意识到反叛绝对是愚蠢的。有一些先知认为，由于耶和华居于圣殿中，耶路撒冷不会遭到毁灭，但耶利米告诉他们，这是危险的谬论。像巫术咒语一般叫喊“这是耶和华的殿！”是无济于事的，如果人们不改正其所作所为，耶和华便会摧毁这座城市。[6]这是叛国罪，耶利米差一点被处死，但当他被无罪开释之后，继续漫游街头，讲述他不祥的预言。他的名字成为言过其实的悲观主义的代名词。但耶利米并不“消极”，他是对的。他那坚定无畏的立场显示出轴心时代的本质原则：人们必须看到事物的真实情况。虽然面对现实可能是痛苦而令人恐惧的，但如果人们拒绝这样做而将自己的头埋入沙土之中，他们就无法在精神层面和实践层面上行使自己的职责。

耶利米不喜欢做一位先知。他似乎是被强迫着终日呼喊“有强暴和毁灭”。当他试图停下来的时候，便感到仿佛有燃烧的火闭塞在心中、骨中，于是他被迫继续说预言。他成为旁人的笑柄，希望自己从未出生。[7]像阿摩司与何西阿一样，他感到自己的主体性已经被神接管了；毁坏他每一部分肢体的痛苦正是耶和华的痛苦：神也会感到遭受了羞辱、排斥和抛弃。[8]耶利米并没有否认他的苦难，而是作为一个充满忧伤的人呈现在人们面前，向那个时代的恐怖、狂暴和不幸敞开心扉，允许其充溢生命的每一幽深之处。否认并非一种选择，它只能阻碍人们获得启蒙。

第一批犹大人被流放之后不久，公元前597年，耶利米听说有些人号称先知，在巴比伦对流放者说假预言。于是，耶利米给被掳者写了一封公开信。他们在近期之内不会返回家乡；事实上，耶和华正要毁灭耶路撒冷。他们必须至少做70年的俘虏，因而应当安顿下来，建造房屋，娶妻生子。最重要的是，他们断不能心怀怨恨。这是耶和华的讯息。“我所使你们被掳到的那城，你们要为那城求平安；为那城祷告耶和华，因为那城得平安，你们也随着得平安。”如若他们能够面对现实，抛弃虚假的安抚，拒绝被仇恨毒害心灵，他们便会“末后有指望”。[9]耶利米确信，是那些公元前597年被掳的人，而非留在犹大的人，将会拯救以色列。如果他们能够经受这次考验，就会发展出一种更为内敛的灵性。耶和华将与他们订立新约。这一次将不会像与摩西所立的旧约那样，刻在石版上：

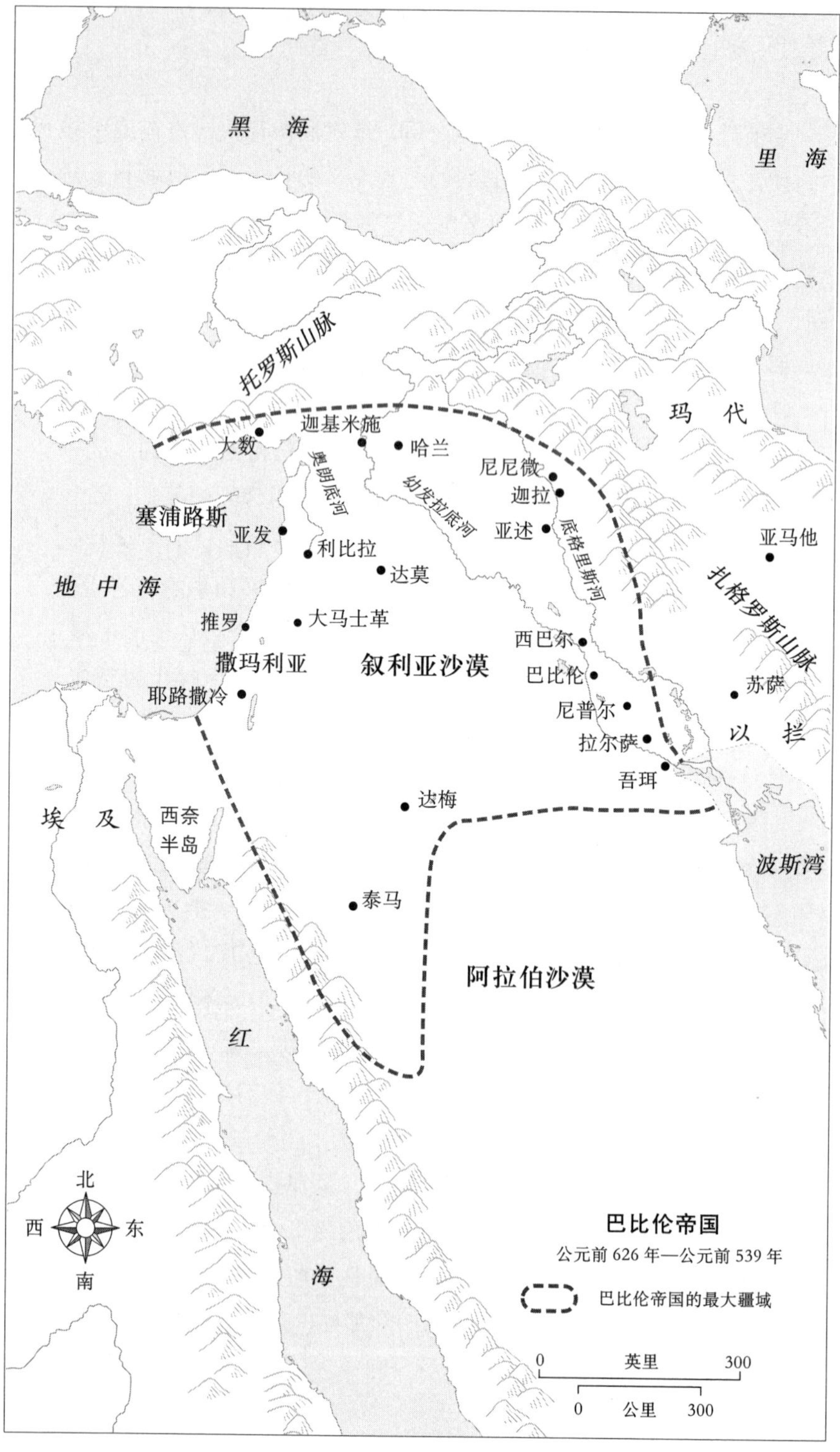

黑 海
里 海
托罗斯山脉
玛 代
迦基米施
大数
哈兰
尼尼微
迦拉
奥朗底河
幼发拉底河
塞浦路斯
亚发
亚述
底格里斯河
亚马他
利比拉
达莫
扎格罗斯山脉
地 中 海
推罗
大马士革
西巴尔
撒玛利亚
叙利亚沙漠
巴比伦
苏萨
耶路撒冷
尼普尔
以 拦
拉尔萨
吾珥
达梅
埃 及
西奈
半岛
波斯湾
泰马
阿拉伯沙漠
红
海
北
西
东
南
巴比伦帝国
公元前 626 年—公元前 539 年
巴比伦帝国的最大疆域
0
英里
300
0
公里
300

> 我要将我的律法放在他们里面，写在他们心上。我要作他们的神，他们要作我的子民。他们各人不再教导自己的邻舍和自己的弟兄说："你该认识耶和华！"因为他们从最小的到至大的，都必认识我。[10]

在失去了一切之后，一些以色列人转向了内心。每个人都必须对他或她自己负责，他们开始发现轴心时代更为本质和直接的知识。

一些流放者非但不为巴比伦人求平安，反而想要将他们婴孩的头摔在磐石上。[11] 流放不仅仅是改变了住址，它也是一种精神上的错位。流亡者被切断了与其文化和身份之根源的联系，常常感到茫然不知所措，失去了前进的方向，日渐衰微，脆弱不堪。[12] 犹大的流亡者在巴比伦受到了相当好的待遇，他们并没有被囚禁在监狱或集中营里。于公元前 597 年主动投降尼布甲尼撒的犹大国王约雅斤被软禁了起来，但他能定期得到生活津贴，并和他的随从一起舒舒服服地住在巴比伦南部的城堡中。[13] 一部分流亡者居住在首都，另一些则住在尚未开发的地区，靠近新开凿的运河。[14] 从某种程度上来说，他们可以自力更生。[15] 但他们仍然是背井离乡的人。在耶路撒冷时，他们中的许多人都享有权威和影响力；而到了巴比伦，他们没有政治权利，生活在社会边缘，其社会地位比最贫穷的当地居民还要低。一些人甚至被强迫服劳役。[16] 他们忍受着社会地位的急剧下降。当他们描述这次流放时，常常使用类似"锁链"（maserah）和"镣铐"（ziggin）这样的词。[17] 他们从表面上看并不是奴隶，却感觉如同奴隶一般。

约伯的苦难

一些流亡者不再崇拜耶和华了，他已经被巴比伦的主神马尔杜克（Marduk）彻底战胜。[18]《约伯记》（*Job*）以一则古老的民间故事为基础，或许就是在巴比伦之囚期间创作的。一天，耶和华在圣者的会上与撒旦（Satan）打了一个有趣的赌。撒旦那时还不是一个恶魔的形象，而只是“神的众子”之一，是圣者的会上合法的“敌对者”。[19] 撒旦指出，耶和华最喜爱的人约伯从未真正被试炼过，他正直只是因为耶和华保护他，允许他家业兴旺。如果他失去了一切所拥有的，必定立刻当面弃掉耶和华。耶和华答道：“很好，凡他所有的都在你手中。”[20] 撒旦很快便毁了约伯的牛、羊、骆驼、仆人和儿女，约伯自己也被一连串污秽的疾病所折磨。他的确变得与神敌对起来，撒旦赌赢了。

然而这时，作者利用一系列长诗和对话，试图将人类的苦难与一个公正、仁慈和全能之神的概念相调和。约伯的四个朋友使用所有传统的理由想要安慰他：耶和华只惩罚邪恶的人，我们无法揣测他的计划，他是绝对公正的，因此约伯一定是犯了什么罪。这些轻松随便而毫无意义的陈词滥调激怒了约伯，他指责那几个安慰他的人和神一样，残酷地迫害他。至于耶和华，与这样一个不可见的、无所不能、专断而非正义的神灵——同时也是检察官、法官和行刑者进行实际的对话是不可能的。

当耶和华最终屈尊回应约伯时，他并没有对这个他曾如此残忍对待的人显露出一丝怜悯之情，而只是就他自己辉煌的成就发表了一大段讲话。当他立大地的根基、将海水关闭在门后的时候，约伯在哪里呢？约伯能用鱼钩钓上鳄鱼吗？能让马像蝗虫一般跳跃吗？能引导轨道上的众星吗？这篇诗文非常华丽，但却并不切题。这一长篇自夸的激烈演说并未触及实质问题：无辜的人为何会在一个被认为是仁慈的神的操纵下受苦？与约伯不同，读者知道约伯的痛苦与耶和华的超然智慧无关，而仅仅是一场轻率的赌博造成的。在诗文的结尾，耶和华对权力夸夸其谈的炫耀彻底挫败了约伯。当约伯收回了所有的抱怨，在尘土和炉灰中懊悔时，耶和华使约伯恢复了健康和财富。但他没有让先前提到的约伯被杀的儿女和仆人复生，他们没有得到正义和补偿。

假如《约伯记》果真是由流放者中的一员创作的，那么它显示出，社会上的一部分人或许已经彻底丧失了对耶和华的信仰。而另外一些人则对这场灾难作出富有创造性的回应，并开始发展一种全新的宗教视野。王室的文士们继续编辑早期文本。《申命记》的作者在他们编写的历史中加入一些段落，对这场灾难作出说明。祭司们则开始改编古老的知识以适应在巴比伦的生活，犹太人在那里没有礼拜仪式，也没有圣殿。他们被剥夺了一切曾经赋予其生命意义的东西——他们的圣殿、国王和土地——而不得不学会像一个无家可归的少数民族那样生活。他们并不惧怕改写历史、修正习俗，为他们传统的神圣象征体系找到一种与过去全然不同的创新诠释。

以西结的异象

我们可以透过年轻的祭司以西结（Ezekiel）的先知生涯看到这种轴心视野的发展。以西结于公元前 597 年被流放，住在提勒亚毕（Tel Aviv *）的村庄里，邻近迦巴鲁河（Chebar），提勒亚毕意为“春天的小丘”。他见了一系列异象，标志着他从坐立不安的恐惧到内心安宁的灵性这样一段痛苦经历。公元前 593 年，在他遭到流放 5 年之后，那时耶路撒冷及其圣殿尚未被摧毁，以西结在迦巴鲁河边得见一个令人困惑的异象。[21] 一阵狂风刮来，他看见雷电和烟尘闪现。在这场昏暗的风暴中，以西结只能辨认出四个奇特的形象，每一个都长有四个头，拉着一辆战车。他们拍打着翅膀，发出震耳欲聋的响声，像“大水的声音，像全能者的声音，像暴风雨，也像军队哄嚷的声音”。在战车之上，有宝座的“形象”，在宝座形象之上“仿佛有人的形状”，肢体冒火，也“好似耶和华荣耀的形象”。一只手向以西结伸过来，手中握有一册书卷，“其上所写的有哀号、悲痛、叹息的话”。在以西结将这一神圣的信息带给百姓之前，他不得已

---

* 今译特拉维夫。在希伯来语中，“Tel”意为古代遗迹堆砌成的小丘，“Aviv”意为春天。

吃了书卷，痛苦地消化了这个时代的暴行与悲哀。

神已变得莫测高深，如同以西结在提勒亚毕所感受到的那般陌生。流放的创伤粉碎了《申命记》中那优雅而理性的神：看到耶和华像朋友一样与亚伯拉罕一同进餐，或者像国王一般强有力地主持圣者的会，已经不可能了。以西结的异象无法被理解，它完全是超然的，超出了人类的范畴。交给以西结的书卷并没有像《申命记》作者的律法书那样，包含清晰的指令。它没有呈现出确定性，而仅仅模糊地表达了对于悲伤和痛苦的哀哭。它是一个尚武的异象，充满了战争的混乱与恐怖。耶和华并没有出现在天国的宝座上，而是在一辆战车上——相当于我们今天的坦克或战斗机。以西结即将传达的信息和恐吓没有什么区别。他只不过要警告那些“额坚心硬的”流亡者，“在他们中间有一位先知——不管他们听或不听”。这里没有慈爱与安慰。耶和华准备使以西结成为与其他人同样额坚心硬的人，“他的决心像金刚钻，比火石更硬”。最后，以西结在喧嚣的喊叫声中被举起。他感到耶和华的手在他身上“大有能力”。他“心中甚苦，灵性忿激”，“忧忧闷闷地”在提勒亚毕躺了一个星期。[22]

不过，安慰还是有的。当以西结吃掉书卷，接受其不可抗拒的悲痛和恐惧时，“口中觉得其甜如蜜”。[23]尽管耶和华没有带来什么慰藉，但他还是来到流亡者之中。圣殿依然矗立着，不过耶和华已经离开了他在耶路撒冷的神龛，把自己的命运同那些流亡者连在了一起。在后来的异象中，以西结将看到，留在耶路撒冷的犹太人的偶像崇拜和不道德行为促使耶和华远离了他的圣城。[24]但是，流亡者必须认识到，他们应为这场灾难承担责任。以西结的使命是让公元前 597 年被掳走的人认清这一点。不存在复原的幻想，他们的工作就是悔悟，以及以某种方式在巴比伦构筑一种正当组织起来的生活。但是，除非他们允许自己经历悲痛的重压，否则就无法做到这一点。

以西结个人的思想紊乱或许表现在其奇异而扭曲的行为之

中——他感到被迫作怪诞的模拟表演，以使人们认清所处的困境。以西结的妻子死后，耶和华不准他服丧；另一回，耶和华命令以西结向一侧卧 390 日*,再向另一侧卧 40 日†。耶和华将以西结捆绑起来，关在屋里，使他的舌头贴住上腭，令他哑口。一次，耶和华迫使他打点物件，像难民一样绕提勒亚毕而行。他被如此深切的焦虑所折磨，因而无法停止战栗，无法静坐，而只好不停地走来走去。他似乎将这些告知了其被掳的同胞，这就是发生在背井离乡之人身上的事：他们不再有正常的反应，因为他们的世界已经被完全颠倒。他们无论在哪里都不能放松或感到安逸自在。除非这些流亡者充分认识到这一点——依照实际看待事物——否则他们将不能痊愈。面向事物光明的一面，或者告诉自己很快就会回家，是毫无益处的，因为这不是真的。他们必须清除自己的这些幻觉。

以西结是一位祭司，他根据圣殿的礼仪来诠释危机，不过却利用各种传统的礼拜仪式判断其百姓道德上的缺失。在耶路撒冷于公元前 586 年毁灭之前的一天，以西结得见一个异象，向他显示了耶和华为何远离耶路撒冷。以西结在引领之下巡视了圣殿，并惊骇地看到，濒临灾难的犹太人仍旧泰然自若地崇拜其他神灵而非耶和华。圣殿已经成为一个梦魇之地，四面墙上画着扭动的蛇和可憎的走兽。祭司们在暗淡的光线之下执行这些“丑恶的”仪式，仿佛是在偷偷摸摸地进行不体面的性交：“人子啊，以色列家的长老暗中在各人画像屋里所行的，你看见了吗？”[25] 在另一个房间里，有妇女坐着，为安纳托利亚的植物之神坦木兹哭泣。其他一些犹太人背向耶和华居住的至圣所，敬拜太阳。

然而，百姓在伦理方面亦如在仪式方面一样拒绝了耶和华。以

* 耶和华命令以西结按照向左侧卧的日数，担当以色列家的罪孽。他们作孽的年数，就是以西结向左侧卧的日数，即 390 日。

† 耶和华命令以西结按照向右侧卧的日数，担当犹大家的罪孽。定规侧卧 40 日，一日顶一年。

西结那位神圣的引导者对他说，以色列和犹大的罪孽“极其重大；遍地有流血的事，满城有冤屈，因为他们说：‘耶和华已经离弃这地，他看不见我们。’被杀的人尸横遍野”。[26] 在这个频频发生入侵他国事件的世界上，以西结全神贯注于犹太人彼此施加的暴力，其意义重大。改革必须首先针对自身的过失，进行一次客观而敏锐的质询。以西结没有谴责巴比伦人的残忍，将痛苦投射到敌人身上，而是敦促被掳的同胞从自己身上寻找问题。在圣殿祭仪中，血是至关重要的。迄今为止，祭司们关于血的讨论大多集中于宗教仪式。可是，以西结如今使血成为凶杀、违法和社会不公正的象征。[27] 宗教仪式正由轴心时代新的道德诫命来诠释。这些社会上的罪恶如同偶像崇拜一般严重，而对于迫近的灾难，以色列只能责备它自己。在异象结束之时，以西结注视着耶和华的战车飞到橄榄山（Mount of Olives）* 上，神圣的荣耀离开了圣城。

留下来的犹太人是没有希望的，他们的罪孽和政治诡计将导致耶路撒冷的毁灭。像耶利米一样，以西结也没时间顾及这些人。但由于耶和华已经决定住在那些被掳的人中间，因此未来是有希望的。尽管以西结悲痛不堪并且貌似发狂，可他见到了一个关于新生活的异象。他看到一片平原上遍满骸骨，象征着遭到流放的民众。他们不停地说：“我们的骨头枯干了，我们的指望失去了，我们灭绝净尽了。”但以西结向这些骸骨说预言：“气息就进入骸骨；骸骨便活了，并且站起来，成为极大的军队。”[28] 总有一天，当流亡者彻底悔悟之时，耶和华将带领他们回家。但这不会是一次简单的恢复。像耶利米一样，以西结确信，流亡的苦难必定导致一个更深刻的异象。耶和华应许道：“我要使他们有合一的心，也要将新灵放在他们里面，又从他们肉体中除掉石心，赐给他们肉心，使他们谨守我的律例。”[29] 在以西结所见的第一个异象中，耶和华告诉他，要使他的心像火石

---

* 位于耶路撒冷城东。

一样硬。但以西结——大概还有一些流亡者——已经吞食了他们的痛苦，承担了自己的责任，并容许自己伤心绝望，因此他们已经懂得仁爱了。

耶和华的所在

最终，耶路撒冷毁灭之后，或许以西结即将走到生命的终点，他得到一个新城的异象，新城的名字叫作“耶和华的所在”（Yahweh Sham），它坐落于至高的山顶。这些章节大概已经过以西结的弟子编辑和扩展，但其核心观念很可能出自先知本人。[30] 尽管耶路撒冷及其圣殿变成了废墟，但它们继续存留于先知心中，以西结看到了它们的神秘意义。所罗门的圣殿被设计为伊甸园的复制品，而以西结如今发现自己正注视着一个人间天堂。城中央有一座圣殿，一条河奔腾着从圣所下边冲下圣山，滋养生命，治愈周围的乡村。沿河两岸，生长着各类树木，“叶子永不枯干，果子永不断绝……可作食物，叶子乃为治病”。[31] 圣殿是整个世界的中心，神圣的权能经由一组同心圆从圣殿发散到以色列的土地和百姓。在每一个区域中，距离源头更远的地方，这种神圣性便更弱。

圣城周围的第一个圆环是君王和祭司的土地，其次是为以色列各支派分配的土地，神圣性稍差一些。但处于神圣土地之外的是异邦人（goyim）的世界。在圣殿祭仪中，耶和华是神圣的，即“分离的”和“不同的”。如今，圣殿没有了，以色列仍然可以通过与周围的世界相隔离而分享耶和华的神圣。这一社会群体得到复原的异象并非为今后绘制的详细蓝图或规划。它是印度人所称的曼荼罗（mandala）*，即帮助实现禅定的图像，[32] 是一种得到正当安排的生活的形象，它以圣者为中心。耶和华与其百姓在一起，即便是在流放期间也是如此。他们必须要像依然身处圣殿旁一样生活，与异邦人

---

* 意译“坛场”“坛城”“轮圆具足”和“聚集”等。

分离开。他们断不能与异邦人深交或同化，而应当因着圣灵聚集在耶和华周围。尽管他们在巴比伦是被边缘化的民族，但他们比其崇拜偶像的邻人更加接近神圣的中心，而他们的邻人简直微不足道。但是，倘若这一时期强调精神生活，那么这种描述也可能促使以西结的弟子们将圣殿内在化，使它成为一个存在于内心的实体。通过默想神圣的领域，他们可以发现自己的“中心”，即促使他们充分行使职责的方向。流亡者没有像《奥义书》的圣人那样对灵魂进行严格的分析，但在冥思曼荼罗的同时，一些人可能会发现，在他们生命的核心之处，存在一个神圣的灵魂。

以西结在对“耶和华的所在”进行冥想的过程中，花费了很多时间，对献祭、圣服以及圣殿的尺寸和比例进行详细的阐述。人类学家告诉我们，在社会动荡的年代，宗教仪式往往会重新获得重要意义。[33] 尤其是在流离失所的人中间，存在着一种压力，要保持自我群体与他人相分隔的边界，同时产生对于纯洁、腐败和异族通婚的新的关注。它可以帮助这一社会群体抵抗优势文化。以西结的异象无疑显示出了一种堡垒心态。外族人不准进入他想象中的圣城，到处都有墙和门，阻挡以色列的神圣性受到外部世界的威胁。

以西结是最后一批伟大先知中的一位。在以色列和犹大，预言向来与君主政治联系在一起。当王权衰落时，它的影响力便会降低。但是，在圣殿中任职的祭司作为与那个似乎无法挽回地失去了的世界的最后纽带，获得了新的重要地位。在圣殿毁灭之后，他们可能会陷入绝望。但是一小部分遭到流放的祭司却开始在旧有精神的瓦砾堆上构造一种崭新的灵性。我们对他们知之甚少。学者们将这一关于《圣经》的祭司阶层称为“P”，但我们不知道“P”是否是一位编者，或者更可能是由身为祭司的作者和编者组成的学派。不管他们是谁，“P”精通几种古老的传统教义，其中一些是书面的，另一些则是经由口头传播的。[34] 或许他们在被流放的国王约雅斤的宫廷档案处工作。可以被“P”利用的文献包括“J”“E”的记叙、以色列祖先的系谱，以及古老宗教仪式的文本。在这些文本中，列出了被认为是以色列人在旷野的40年中曾经宿营的地方。但是，对于“P”来说最为重要的资料来源是“圣洁法典”（Holiness Code），[35]即公元前7世纪期间汇集起来的各种各样的法规，以及“会幕文献”（Tabernacle Document）——“P”的记叙中最主要的部分。它描述了以色列人在旷野中建造耶和华居住的帐幕。[36]这一帐幕被称作会幕，因为摩西在那里求问耶和华，并接受他的指令。“P”所用的一些素材确实是非常古旧的，他还故意使用古体语言，但其目的并非研究古代文物。他希望为其百姓构筑新的未来。

“P”为“J”“E”的传奇故事增加了一些重要内容，并创作了《利未记》（*Leviticus*）和《民数记》。多数读者都发现这些祭司所写的章节出奇的难以理解，阅读时往往跳过对复杂而血腥的献祭的冗长说明，以及详细而令人费解的关于饮食的条例。既然圣殿已被毁灭并废弃不用，为何仍要费心描述那些礼仪呢？当流亡者身处一片不洁的土地时，为何仍要将注意力集中于洁净呢？乍一看，“P”在表面上对外在规则和仪式的执著似乎远离了轴心时代。然而，他与修订了吠陀献祭仪式的改革者所关注的许多问题都是一样的。“P”希望流亡者们以一种不同的方式生活，并确信这些律法将不会在人们无动于衷的遵从中束缚他们，而是将深远地改造他们。

创世的故事

《创世记》的第一章描写了以色列的神如何在六天之内创造了天地，这恐怕是“P”最著名的作品，而且是一个很好的起点。当他的第一批听众聆听创世的故事时，他们以为会听到暴力争斗的传说。流亡者当时居住在巴比伦，在那里，马尔杜克战胜原始海洋提阿马特的情景会在新年豪华的庆祝仪式上得以再现，也流传着许多关于耶和华创造世界时杀死海中一条大鱼的故事。因此，听众在“P”的开场白中听到了海洋，是不会感到惊讶的：“起初，神创造天地。

地是空虚混沌，渊面黑暗；神的灵运行在水面上。”但随后，“P”的描述令人感到意外。搏斗和杀戮没有出现。神只是下了一道命令：“要有光！”然后没有进行任何搏斗，光就放射出来。通过进一步发布的一系列命令，神将世界安排得井然有序：“天下的水要聚在一处！”“地要生出青草和结种子的菜蔬,还有结果子的树木！”“天上要有光体，可以分昼夜！”最后命令：“我们要照着我们的形象造人（亚当）！”每一次都不经过任何战斗，“事就这样成了”。[37] 印度的礼仪专家系统地将暴力从传统的宗教仪式中除去，“P”也以相同的方式，有条不紊地从传统的宇宙起源论中剥离了攻击性行为。

这是一个卓越的精神成就。流亡者曾经是一场令人恐怖的袭击的受害者。巴比伦人蹂躏他们的家园，把城市和圣殿夷为平地，并强行将他们掳走。我们知道，其中一些人希望以其人之道还治其人之身：

> 将要被灭的巴比伦城啊，
> 报复你像你待我们的，
> 那人便为有福，
> 拿你的婴孩摔在磐石上的，
> 那人便为有福！[38]

然而，“P”似乎告诉他们，这并非正确的方式。他那个创世的故事可以被看作对巴比伦征服者所信奉的宗教的驳斥。耶和华远比马尔杜克强大得多。当耶和华安排宇宙时，无须与其他神灵发生哪怕一场争斗。海洋不是可怕的女神，而仅仅是宇宙的原始质料，日月星辰只不过是被造物和行使职责的物体。马尔杜克的创造每年都必须更新，但耶和华只在短短的六天之内便完成了他的工作，并可以在第七天休息。没有神灵与他竞争，他是无与伦比的，是超越敌对者的宇宙中的唯一权威。[39]

以色列人曾极端痛斥其他民族的信仰，但“P”没有走这条路，没有轻易地反对巴比伦人的宗教。“P”的叙事是平静而安详的。尽管流亡者被如此狂暴地赶出家园，这仍是一个各得其所的世界。神在创世的最后一天“看着一切所造的，都甚好”。[40]他还赐福他所造的一切，而且理所当然也包括巴比伦人。人人都应像耶和华一样行事，在安息日安静地休息，服从于神的世界，并祝福神的一切造物。

“P”有意将制造帐幕与创造世界联系起来。[41]在关于建造圣所而对摩西所作的指示中，耶和华命令道，六日要做工，“第七日乃为圣日，当向耶和华守为安息圣日”。[42]当会幕完工之后，“摩西查看了一切工程，见他们所行的，完全是照耶和华吩咐的，遂祝福了他们”。[43]出埃及对于“P”的见解至关重要，但他的诠释与《申命记》的作者截然不同。“P”并没有描述西奈山上的立约，因为以色列人已经被从耶和华应许他们的土地上放逐，这已成为痛苦而令人困惑的记忆。[44]对“P”来说，故事的高潮不是得到律法书，而是神在会幕中赋予生命的临在。

神的居所

耶和华告诉摩西，他将以色列人从埃及地领出来，“为要住在［skn］他们中间”。[45]在耶和华流动的圣所中，无论以色列人走到哪里，神都陪伴着他们。词根“shakan”通常被译作“居住”，最初表示“过着游牧者的生活”。“P”选择这个词，而不是“yob”，即“固定居住”——暗指永久的住所。神许诺与其居无定所的百姓一起“住在帐幕中”。他没有固定的住处，不依赖任何一个圣所，而是许诺，无论以色列人走到哪里，他都会与他们居住在一起。[46]当“P”编辑“J”“E”的记叙时，《出埃及记》以会幕的完工作为结尾。那时神履行了诺言，耶和华的荣耀充满了帐幕，即神的居所（mishkan），表明神之临在的云彩将它覆盖：

在以色列子民整个的行程中，
云彩一从帐幕升起，
他们就拔营前行……
在他们整个行程中，
耶和华的云彩白天停在帐幕上，
夜间在云中有火，
以色列全家都能见到。[47]

文中使用现在时意义重大。耶和华在百姓最近前往巴比伦时依然和他们在一起。像他们的神一样，以色列是一个流动的民族。与《申命记》的作者不同，“P”没有以约书亚的征服结束他的传奇故事，而是将以色列人留在了应许之地的边界上。[48] 以色列之所以成为一个民族，并非因为它居住在某个地区，而是由于它住在它的神面前，无论百姓身处何方，神都与他们一同行进。

“P”对以色列人在旷野中露营的描写，揭示了背井离乡的人们对于秩序的渴望。[49] 当他们夜晚安营、白天行进时，各支派在会幕周围都有其神定的位置。在《民数记》中，已遭到残酷破坏的以色列的历史，被呈现为从一地到另一地的庄严行进的队伍。“P”将自己作为祭司的信仰知识补充到“J”“E”的叙述中，重塑了其民族的历史，说明巴比伦之囚正是一长串悲惨的迁移之中最近的一次：亚当和夏娃曾被逐出伊甸园；该隐在杀死弟弟之后永远流离飘荡在地上；人类在巴别塔叛乱之后被分散在各地。亚伯拉罕离开了吾珥（Ur），各支派移居埃及，耶和华将他们从奴役中解放出来。但耶和华在西奈的旷野中，40 年与他的百姓一起“住在帐幕中”，言下之意是，在最近这次去往巴比伦的迁移中，他仍然居住在百姓之中。

流亡的群体中很可能出现了相当多的怨言和牢骚。“P”在他的叙述中展开了以色列人在旷野中“小声抱怨”神的故事。[50] 流亡者也是“执拗的百姓”，但“P”向他们指示了前进的道路。即便在流亡期间，他们也能建立一个团体，倘若他们都依照古老的祭司律法去生活，神将回到他们中间。这是一次令人震惊的革新。“P”并不是在复兴已被废除的陈旧立法。那些礼仪法规、洁净条例和饮食规定是为服务于圣殿中的祭司设计的,而不是为普通百姓。[51]可是如今，“P”提出了一个惊人的主张。以色列民族的圣殿已被摧毁，以色列是一个祭司的国度。所有人都必须像在圣殿中服侍神那样生活，因为神仍然居住在他们中间。“P”的立法将全部生活仪式化了，但是他利用这些古老的圣殿律法，以背井离乡的经历为基础，发动了一场新的伦理革命。

圣洁的律法

“P”强调，尽管流亡者正居住在一片不洁的土地上，在放逐与圣洁之间仍然存有深刻的关联。在“圣洁法典”中，神晓谕以色列人:“你们要圣洁，因为我，耶和华你们的神，是圣洁的。”[52]要“圣洁”就是要“分隔”。耶和华是“他者”，彻底不同于平凡和世俗的实体。“P”所主张的律法基于分隔的原则，构思了一种圣洁的生活方式。百姓必须与巴比伦邻人分开居住，与物质世界保持距离。通过在生活的每一个细节仿效神的他性，他们会因耶和华的圣洁而变得圣洁，并且会处于神所在的地方。由于放逐本质上是一种疏离的生活,巴比伦就是将这一计划付诸实施的绝佳地点。在《利未记》中，耶和华发布了关于献祭、饮食、社会、性及祭礼生活的详细条例。耶和华许诺，假如以色列人遵守这些律法，他会始终住在他们中间。神与以色列人一同行进。假如他们选择漠视他的诫命，耶和华将作为一种惩罚性的力量“与他们同行”。[53]他会使他们的土地荒芜，摧毁其圣所和圣殿，将他们分散在列邦中。“P”间接地表示出，这已经成为现实了。以色列人没有过圣洁的生活，而这就是他们如今流亡异乡的原因。但如若他们悔改，即便其身处仇敌之地，耶和华仍会记得他们。“我要在你们中间立我的帐幕，我的心也不厌恶你们。

我要在你们中间行走。”[54]在伊甸园里，神曾与亚当漫步在傍晚的凉意中，而巴比伦会成为一个新的伊甸园。

对于“P”这样一个生活在轴心时代的人来说，“圣洁”具有强烈的伦理要素，而不再仅仅是祭仪的问题。它涉及对每种生物之神圣“他性”的绝对尊重。在关于自由的律例中，[55]耶和华强调，没有什么可以被人奴役或拥有，甚至连土地也不行。每50年必宣告为一个禧年（Jubilee Year）。在禧年里，所有奴隶必须获得自由，一切债务应被免除。尽管以色列人过着单独的、圣洁的生活，他们断不能鄙视异乡人：“若外方人在你们的地域内，与你们住在一起，不可欺压他。与你们住在一起的外方人，你们要看他如本地人一样，并要爱他如己。因为你们在埃及地也作过外方人。”[56]这是一条以同情为基础的律法。苦难的经历必然导致对他人痛苦的理解，你自身的不幸必定教你同情他人。然而，“P”是一个现实主义者。“爱”的诫命并没有要求人们满怀温暖的友情，恒久不变。“P”并不是在谈论感情。这是一部法典，而且“P”的语言与任何法律规定一样，专业而含蓄，情感在这里是不合时宜的。在中东地区的条约中，“爱”意味着有益、忠诚，并提供实际的支援。因此，爱的诫命并非极端的乌托邦，而是每个人力所能及的。

“P”的见解自始至终都是宽容的。不过初看起来，关于食物的条例似乎苛刻而武断挑剔。在创世那天曾经赐福一切动物的神，怎会摒弃他的一些造物，把它们当作“不洁净的”甚至是“可憎恶之物”呢？我们很自然地将“不洁净的”或“可憎恶之物”之类的词语赋予伦理和情感的意味，但希伯来语的“tamei”（“不洁净的”）并没有“罪恶的”或“肮脏的”意思。它是祭仪中的专业术语，没有感情或道德的寓意。如同在希腊，某些特定的行为或环境会触发一种不具人格的毒气，污染圣殿，将神逐出。[57]对“P”来说，死亡是一种基本而原型的不洁：充满生机的神与死尸无法和谐共存。在接触过任何一种神造之物的尸体之后，再来到神的面前，是对神的冒犯。所有主要的污秽物——月经、麻风、漏症——都是不洁净的，因为它们与死亡相关，并侵入了本不属于它们的领域。[58]在圣殿中，侍奉神的祭司必须避免与死尸及一切象征衰亡之物接触。如今，所有以色列人都必须这样做，因为他们现在也和他们的神住在一起。

但是非常重要的一点是，“P”并没有宣扬其他种族的人类是不洁净或肮脏的。[59]有关圣洁与不洁的律法并没打算将异乡人排除在外；在“P”看来，人们不应避开外来者，而应“爱”他们。玷污并非来自你的敌人，而是产生于你自身。法典没有命令以色列人远离不洁净的异乡人，而是要求他们尊重一切生命。在禁止食用“不洁净的”兽肉的食物条例中，“P”非常接近印度人戒杀的理念。像其他古代民族一样，以色列人并不把仪式化的动物献祭看作屠杀。它将祭品转变成了更加中悦上主的灵性物质，[60]而且禁止杀死和食用尚未以此种方式献祭的动物。“P”禁止曾被《申命记》作者准许的“世俗宰杀”，并且规定，以色列人只能献祭和食用家养的牛羊。这些是“洁净的”或“无瑕的”动物，是社会的一部分，因此分享了神与以色列所立的约；它们是神的财产，任何人不能伤害它们。“洁净的”牲畜在安息日不可做工，它们唯有被赋予了某种死后生活，才可被食用。[61]

但是，那些“不洁净的”动物，如狗、鹿及其他野生动物，人们根本不能杀害它们。在任何情况下，严禁设陷阱捕获、宰杀、虐待或吃掉它们。它们并不肮脏或令人憎恶。它们活着的时候，以色列人可以触摸它们。只是在死了以后，它们才变得不洁净。[62]禁止接触不洁净动物尸体的条例保护了它们，因为这意味着尸体不能被剥皮或肢解。因此，猎杀或诱捕它们就不值得了。同样地，被认为是“可憎恶之物”（sheqqets）的动物在其有生之日并不令人厌恶。出于同样的原因，只是在它们死后，以色列人才必须远离它们。这些海洋和天空中的“成群的生物”非常脆弱，应当引起人们的同情。

例如，鹌鹑体形极小，很容易被风吹散。它们多产而“大量出现”，因而受到神的赐福，并且属于神。[63] 神的所有畜类都是他美丽的造物。[64] “P”明确指出，神在创造这些洁净与不洁净的动物那天便赐福它们，并且在发洪水时同样拯救了洁净与不洁净的畜类。伤害其中任何一种都是对神之圣洁的冒犯。

然而，在“P”的著述中存在着一种潜在的焦虑。围绕麻风、漏症和月经的立法，是由一种对破坏身体屏障的恐惧所激发的，它揭示了背井离乡的百姓对于建立清晰边界的关切。“P”描绘出一个世界，万物在其中都拥有自己的位置，这源于背井离乡的创伤。流亡者的民族完整性遭到强权无情的侵犯。流亡祭司和先知的伟大成就在于，他们避免了一种基于怨恨和复仇的宗教的产生，同时创造了一种肯定一切生命之神圣性的精神信仰。

二、希腊城邦危机

公元前 6 世纪初期，使希腊世界许多城邦陷于混乱的社会危机终于波及了雅典。居住在阿提卡乡村地区的农民抗议受到剥削，联合起来反对贵族。内战似乎不可避免。贵族是很脆弱的：他们并不团结，没有军队或警察机关。而许多农民是受过训练的重甲步兵，因此是有武装的，非常危险。摆脱僵局的唯一方法是找到一个公正的仲裁者，可以在争斗的双方之间作出公断。雅典选择了梭伦（Solon），并在公元前 594 年任命他为城邦的执政官，授权他改革宪法。

梭伦的改革

梭伦是一位在危机期间给各个城邦提供建议的中立的知识分子。起初，他们只就一些实际问题提供建议，例如经济、失业或农业歉收。但是，这些“贤人”开始越来越多地考虑更为抽象的政治问题。梭伦在希腊广泛游历，在与同一个圈子里的人进行讨论的过程中，已经仔细思考了城邦里种种恼人的问题。他告诉雅典人，他们生活在混乱无序（底斯诺弥亚，dysnomia）* 之中，正在走向灾难。他们唯一的希望是，通过恢复最初管理希腊社会的规范，建立起欧诺弥亚（eunomia）†，即“公正的秩序”。无论是作为重甲步兵还是财富的生产者，农民对于城邦来说必不可少。贵族通过极力压制他们，在社会上造成了一种违背常规的不稳定状态，这样做只能导致自我毁灭。

梭伦不仅仅满足于通过几部法律。他希望使农民和贵族都意识到政府的问题，以及存在于任何一个拥有良好秩序的社会之核心原则。所有公民都必须为城邦的混乱无序承担一定的责任。它不是神的惩罚，而是人们自私自利的结果。唯有协调一致的政治努力才能恢复和平与安全。诸神并不干预人类的事务，也不会启示一种神圣的法律以矫正当前的形势。这是轴心时代的一个重大突破。梭伦突然接受了世俗化政治。在古代的整体观念中，正义是宇宙秩序的一部分，它甚至可以支配诸神；蔑视这些神圣法则的邪恶政府会破坏自然的进程。但梭伦对此不屑一顾。自然由其自身的规律所支配，它不会受到男男女女们行为的影响。希腊人正开始以一种新的分析方法进行思考，将问题分解为不同的组成部分，对每个部分都给予其完整性，然后找出一个合乎逻辑的解决方案。智者们已经开始研究因果推理，这使他们能够预测一场危机的结局。他们正在学习超越一个城邦的特殊问题，而寻找广泛适用的抽象的普遍原理。[65]

梭伦的欧诺弥亚原则不仅对希腊政治思想具有决定性的影响，也有助于塑造早期希腊的科学和哲学。它基于均衡的思想。社会上

* 底斯诺弥亚是希腊神话中的违法女神。

† 欧诺弥亚是希腊神话中司法纪的秩序女神，底斯诺弥亚的对立者。

任何一部分人都不应当凌驾于他人之上。城邦必须像甲兵方阵那样运作，在方阵中所有武士一齐行动。一定要解除农民身上的重负，使他们可以遏制压迫他们的贵族的权威。于是，梭伦免除了农民的债务。类似原始部落时代的公民大会（Popular Assembly）必须能够制衡贵族元老院（Council of Elders）。他还创建了四百人议事会（Council of Four Hundred），用以监督城邦所有官方机构。为了进一步削弱贵族的权力，梭伦依据财富而非出身来判定人的地位：任何人，只要他每年制造出200蒲式耳以上的粮食、葡萄酒或橄榄油，都有资格担任公职。最后，梭伦改革了司法部门，允许任何公民对城邦执政官提起公诉。[66] 他将新法律刻在两片木板上，这样，任何识字的雅典人均可进行查阅。

或许按照梭伦的设想，一旦社会上的不均衡得到了矫正，贵族们就会自动地以更加公正的方式进行统治。但是，他们当然对失去特权感到愤恨。而且当各项新措施没有得到充分的贯彻执行时，在贫困阶层之中出现了骚乱和失望情绪。许多人力劝梭伦在雅典建立僭主政治，这样他就能够强制推行其改革。但他拒绝了这个提议，因为僭主政治是一种不均衡的政体。就眼前的形势来说，梭伦失败了：人们还没有准备好接受他的思想。但是对他的改革所产生的广泛兴趣已经推动落后于其他城邦的雅典成为进步的先锋。通过抵制僭主政治，梭伦还树立起衡量理想公民的新标准：工作不求个人酬劳，也不求高人一等。[67]

泛雅典娜节

然而，公元前547年，一个僭主确实在雅典夺取了政权。来自邻近城邦布劳隆的庇西特拉图（Peisistratos）受到雅典许多反对当局之人的拥戴，他的家族控制了马其顿附近的北部平原地区。直到公元前510年，他和他的儿子们一直统治着雅典。庇西特拉图慷慨宽容、充满魅力，对城邦非常有益。他慷慨地贷款给穷困的农民，发起重要的建设项目，在城邦各地维修供水系统和道路。贸易规模扩展了，诗人们时常出入其宫廷，人们享受着精神的复兴。

庇西特拉图想要在雅典建立一个与众不同的宗教中心。他和他的儿子们改造了雅典卫城，使它成为一个壮观的宗教崇拜场所，那里有一个石制神庙，以及通往多石山坡的便利通路。富有的贵族委托他人制作了诸神的雕像，它们矗立在圣殿周围，如同一个魔幻石林。[68]庇西特拉图还使盛大的泛雅典娜节（Panathenaea）重现生机。它作为对雅典诞生的庆祝，每四年举办一次*，而且还有自己的竞技会。[69]它是新年庆典的高潮，继之以一些隐秘而复杂的礼拜仪式，再现了雅典的早期历史。在其中一个仪式上，一头公牛在雅典卫城被献祭，祭祀的方式导致了一种深深的自责。实施这致命一击的祭司不得不逃跑；人们被召集起来组成一个法庭；凶杀的罪证——刀，被抛到海里。在这场“公牛凶杀案”（bouphonia）滑稽表演的背后，潜藏着一种对暴力的恐惧，常被例行的程序所冲淡。它存在于每一个城邦祭祀和文明本身的核心，对于这种恐惧永远有人或某种事物必须为之偿付。

泛雅典娜节的狂欢驱散了这些令人不安的宗教仪式的神秘气氛。[70]节日最隆重的项目是穿越城邦的游行，终点在雅典卫城雅典娜新神庙的东端。在那里，城邦向雅典娜女神的雕像呈献鲜艳的藏红色袍子，上面绣有雅典娜与独眼巨人库克罗普斯（Cyclops）战斗的场面，象征着文明战胜混乱。雅典公民全部参加游行：男青年（刚刚成为公民的青年男子）、重甲步兵、身着黄色长衬衣的少女、老年人、工匠、外国侨民和来自其他城邦的使团，献祭用的牲畜也得以呈现。雅典在对其个性令人炫目的自豪声明中，向自己也向希腊世界展示着自身。

---

* 即每届奥林匹克竞技会的第三年，被称为“大泛雅典娜节”。

秘密祭仪

但是，希腊人正开始渴望一种更为个人化的宗教体验。庇西特拉图建造的新建筑物之一是位于雅典以西约 20 英里的埃琉西斯（Eleusis）的一座礼拜堂。据说女神得墨忒耳在寻找珀尔塞福涅时曾在此停留。埃琉西斯的神秘祭拜仪式如今已成为雅典人宗教生活的组成部分。[71] 它是一种启蒙，参与者在其中能体验到一种被转变的精神状态。由于仪式是秘密进行的，我们并不完全了解那里发生的事，但首次参加秘仪者（mystai）似乎要模仿得墨忒耳；他们分享她失去女儿时的苦难——她的悲痛、绝望、恐惧和愤怒。通过分享她的痛苦，以及最终与珀尔塞福涅团圆的喜悦，其中一些人发现，在探知了黑暗的核心之后，他们不再像从前那样恐惧死亡了。

准备工作开始于雅典。首次参加秘仪者斋戒两日。他们站在海中，献祭一只乳猪，向珀尔塞福涅表示敬意，之后一大群人一起出发，徒步前往埃琉西斯。到这时，他们由于禁食和忧虑而虚弱，因为他们对即将发生的事一无所知。前一年已经参加过秘仪的目击者（epoptai）与他们同行，他们的行为危险而具有攻击性。人群有节奏而催眠般地召唤转变之神狄俄尼索斯，驱使自己进入激动的疯狂状态，于是当首次参加秘仪者最终到达埃琉西斯时，他们已经精疲力竭、惊恐万状而又精神亢奋。这时，太阳已经落山，人们点燃火把，在神秘怪异、忽隐忽现的火光中，首次参加秘仪者在街道上被赶来赶去，直到他们彻底迷失方向，不知所措。然后，他们进入漆黑的入会大厅。此后的场景变得非常混乱。动物被献祭，此外还有可怕的、“无法形容的”事件发生，其中可能涉及将一个孩子献祭，他只在最后时刻才得以解脱。那里出现了一个“启示”，某种东西被从一个圣篮中取出。但是最后，人们再现珀尔塞福涅与得墨忒耳的团圆，秘仪以狂热而神圣的场面告终，首次参加秘仪者的心中充满了喜悦和慰藉。他们在埃琉西斯达到了一种入迷状态，即“暂时离开”其正常的、平日里的自我，得到新的体悟。

没有什么秘密的教义传授给人们。正如亚里士多德后来所阐明的，首次参加秘仪者并不是到埃琉西斯去学习什么，而是得到一种体验，他们感到这种体验改变了他们。[72]“我从神秘的大厅里出来，”一位首次参加秘仪者回忆道，“好像自己是个陌生人。”[73]希腊历史学家普鲁塔克（Plutarch，约公元46年—120年）认为，濒死可能类似于埃琉西斯的体验：

> 起初精神恍惚地游荡，在黑暗中恐怖的小路上打转，没有进展，令人疲倦。之后，即将到达终点之前，所有可怕的东西都出现了——惊慌、颤抖，焦虑、惊愕。之后，奇妙的火光迎接你，纯净的区域和草地问候你，还有歌声和舞蹈，以及庄严、神圣的话语和圣洁的景象。[74]

由激烈的心理剧激发的最终的狂喜让人们接近了诸神的极乐。

希腊人正在学习以严密的逻辑和分析思考问题，但他们会周期性地感到需要放任自己失去理性。雅典哲学家普罗克洛斯(Proclus，约公元412—485年）认为，埃琉西斯的入会仪式建立起了一种共同感受（sympatheia），即与宗教仪式极度密切的关系，因此他们失去了自我，“以一种我们无法了解的神圣方式”完全投入到仪式中去。并非所有首次参加秘仪者都达到了这种状态，一些人只是“被恐慌所侵袭”，沉浸在畏惧之中，但另一些人则设法“将自己比作神圣的象征物，放弃自己的身份，与诸神成为一体，并体验神圣的入迷状态”。[75]在印度，人们正开始以内省的方法实现类似的极乐。在埃琉西斯并未发生这样的心路历程，这与一些轴心时代的神秘主义者所实现的孤独的入迷状态是完全不同的。埃琉西斯的启示没有发生在偏僻森林中隐修者的住所，而是发生在几千人的面前。埃琉西斯属于古老的前轴心世界。通过模仿得墨忒耳和珀尔塞福涅，再现她们由死到生的转变，首次参加秘仪者放弃了他们个体的自我，与其神圣的典范融为一体。

狄俄尼索斯的秘仪也是如此。[76]参与者同样将自己与一个苦难的神灵融为一体，跟随被继母赫拉害得发疯的狄俄尼索斯狂乱地游荡。他为了寻求医治，穿越了希腊的森林，以及东方的埃及、叙利亚和弗里吉亚（Phrygia）。关于狄俄尼索斯的神话故事涉及破坏性的疯狂和恐怖的极限，但他的城邦崇拜仪式却是有条不紊的，尽管会有一种狂欢的气氛和些微越轨行为。[77]男人身穿女人的衣服，就像躲避赫拉的年轻的狄俄尼索斯那样。人人都要饮酒，还配有音乐和舞蹈。狄俄尼索斯的狂热女信徒迈那得斯（Maenads）跑着穿过街道，头戴常春藤冠，手持有魔力的柳枝。但有时候，所有人都进入了出神状态，即意识的一种升华状态，它在参加仪式的人之中蔓延开来。当它发生的时候，祭拜者知道狄俄尼索斯出现在他们当中了。他们将这种神圣入迷的体验称为神灵附体（entheos）："神在心中"。

在狄俄尼索斯的崇拜仪式中，一直存在滑稽表演的成分。所有城邦居民都混在游行队伍中，奴隶与贵族并肩行进。在泛雅典娜节中每一种人在游行队伍中的位置都有清晰的限定，与此完全相反。[78]狄俄尼索斯教包含一点反叛的成分，它对于工匠、手工艺人和农民都有吸引力。僭主的主要支持者是他们，因此往往鼓励对狄俄尼索斯的崇拜。公元前534年，庇西特拉图在雅典设立了城邦酒神节，并在雅典卫城的南坡为狄俄尼索斯建造了一座小神庙。在它旁边有一个剧场，是在石山上开辟出来的。酒神节的早上，人们按照礼仪将狄俄尼索斯的雕像运送到城邦中，放置于舞台上。在接下来的三天中，公民们聚集在剧场里，倾听歌队朗诵的古老神话，它慢慢发展为完整的戏剧。在城邦酒神节戏剧性的仪式中，希腊人最为接近轴心时代的宗教体验。

在公元前6世纪两种处于社会边缘的运动中，一些希腊人接近了在世界其他地区形成的轴心时代的洞见。第一种是俄耳甫斯

（Orpheus）教派，它抵制城邦的好斗风气，信奉非暴力的理念。[79] 俄耳甫斯教徒甚至不会按照礼仪献祭牲畜，他们是严格的素食者。由于祭祀是城邦政治生活必不可少的组成部分，他们便退出了社会的主流。他们的原型是色雷斯（Thrace）的神话英雄俄耳甫斯，色雷斯是希腊的一个荒凉的、“未开化的”边缘地区。俄耳甫斯因为失去妻子欧律狄刻（Eurydice）而悲痛，终生为其哀悼，最终暴死：他拒绝再婚，因而激怒了色雷斯的妇女，她们赤手将他撕成碎片。但俄耳甫斯是一个热爱和平的人，他那富于灵感的诗歌使野兽俯首，波浪平息，令人们忘记争吵。[80] 第二个运动由毕达哥拉斯（Pythagoras）发起，他是萨摩斯岛的数学家，于公元前 530 年移居意大利，游历东方，并传授关于印度业报的教义。我们对他本人了解甚少，只知道他创建了一个秘密教派，其成员通过禁绝肉食净化身体，拒绝参加献祭仪式，学习科学和数学以寻求启蒙。毕达哥拉斯信徒希望通过全神贯注于抽象概念，得以远离物质世界的污染，瞥见神圣秩序的景象。

米利都派哲学

然而，大多数希腊人继续以历史悠久的传统方式崇拜诸神，尽管在公元前 6 世纪，出现了全新的理性主义的生机。有几位哲学家已经开始研究科学。他们并不像毕达哥拉斯信徒那样以此作为获得精神启蒙的一种手段，而是出于对它自身的兴趣。[81] 这第一批科学家居住在米利都（Miletus），它是小亚细亚沿岸的一个爱奥尼亚城邦，与黑海和近东具有广泛联系的繁荣港口。第一位著名人物是泰勒斯（Thales），他于公元前 593 年通过预测一次日食而轰动一时。这只是侥幸猜中的，但他真正的成就是将日食看作一个自然事件而非神圣事件。泰勒斯并不是反宗教的。他唯一流传下来的名言是：“万物皆为水，世界充满神灵。”原始海洋长久以来一直被视为宇宙神圣的原料，但泰勒斯对这一神秘直觉的分析却是逻辑性的。透过保存在其他哲学家著作中的一些残篇，人们似乎可以看出，泰勒斯认为一切生物都源于水，没有水，生命就不可能存在。水能改变其形式而成为冰或蒸汽，因此它可以进化成不同的东西。另一位米利都派哲学家阿那克西美尼（Anaximenos，公元前 560 年—公元前 496 年）也遵循同样的思路。他认为空气是原始要素，是生命所必需的，并且可以变异成为风、云和水。

由于缺乏实证，这些推断与幻想没有什么区别，然而，它们意义重大，因为这表明一些希腊人开始感到有必要将逻各斯坚持到底，即便这样做颠覆了传统智慧。通过尝试分析物质世界，以发现一种单一而简单的动因，泰勒斯和阿那克西美尼都开始像科学家一样思考了。阿那克西曼德（Anaximander，公元前 610 年—公元前 546 年）是三人当中最具创新性的，他又向前走了一步：为了找到原初物质，哲学家必须超越可由感官察觉到的东西，而去寻找一种更为基本和无形的物质。他认为，宇宙的基本要素是完全“无限的”（无限定者，apeiron）。它超出了我们的经验，因此不具有我们所能辨别的性质，但万物潜存于其中。无限定者是神圣的，但它超越于神灵，它是生命不可估量和无穷无尽的源泉。通过阿那克西曼德始终没有解释的一个过程，个别现象已从无限定者中“分离”，宇宙所有元素如今处于对抗之中，彼此不断进行蚕食和掠夺。时间给宇宙强加了一种形式的欧诺弥亚，判定每一种元素都被限制在其适当的位置上，宇宙里没有一种成分能处于支配地位。但是，万物最终都会复归于无限定者之中。

无限定者拥有成为神学家所称的“超越诸神之神”的潜能，只可惜它与人类的日常生活无关。过去的宇宙论尚未尝试以求实的方式描述生命的起源。人们设计了创世神话以揭示关于地球生命之复杂性的基本洞识。神灵与妖怪搏斗，从混沌中建立秩序的故事暴露了生命核心之处根本性的痛苦挣扎，它总是依赖于其他生物的死亡或毁灭。原始献祭的故事表明，真正的创造力要求你放弃自我。在这样的创世叙事中，当放逐可能使人陷入绝望时，“P”却强调世界上的一切都是美好的。但米利都的宇宙哲学无法医治创伤。这不是米利都宇宙哲学的目的，它们与精神洞识无关。米利都派哲学家因其自身兴趣展开推断，播下了未来西方理性主义的种子。但是，大约与此同时，印度的哲学家们发展出一种创造神话，使宗教轴心时代又迈进了一步。

三、印度灵性探索

一种新的哲学在印度形成了，它被称作数论派（Samkhya，“辨别”），虽然这个词起初或许只具有“沉思”或“讨论”的意思。数论派与《奥义书》截然不同，并且对吠陀经文不甚重视，它后来在印度非常有影响力，几乎每个哲学或灵性学派都会至少接受它的一部分观念——即便是那些不同意数论派思想的学派也是如此。尽管它非常重要，我们却对这一具有开创性的运动的起源知之甚少。相传一位生活在公元前 6 世纪、名叫迦毗罗（Kapila）的圣人是数论派的创始人，但我们对他一无所知，甚至不能确认他是否真的存在。

数论派与神我

像米利都人一样，数论派将宇宙分解为许多组成部分，追溯它的起源，描述世界的形成过程。但除此之外，两者便再也没有相似之处了。希腊哲学家以外部世界为导向，而数论派探究人的内心世界。米利都人宣称“世界充满神灵”，数论派则是一种倾向于无神论的哲学。不存在梵，不存在无限定者，也不存在一个所有事物都会融合进去的万物之灵。数论派思想体系中的至高实体是“神我”（purusha，“人”或“自我”）。然而，数论派的“神我”与《梨俱吠陀》中的“原人”（Purusha）形象丝毫没有共通之处，与《奥义书》的圣人们所探寻的“自我”（阿特曼）也有很大不同。不像数论派世界中的其他二十四个范畴，神我是绝对的，而且不会变化。但神我并非一个单一、独特的实体。事实上，神我具有复杂的多重性。每一个人都拥有自己永恒的神我，它并不囿于轮回，即永不停息、循环往复的死亡和再生，而且超越于时空。像“个我”一样，人们也不可能给“神我”下定义，因为它没有我们所能认知的性质。它是人类的精髓，但非“灵魂”，因为它与我们的精神或心理状态无关。神我没有我们所知的智能和欲求。它远非人们的常规体验所能及，因此我们那平凡的、有知觉的自我，甚至都没有意识到我们拥有一个永恒的神我。

起初，神我不知何故与自性（prakrti），即“自然”联系在一起。这个词同样很难翻译。它不仅仅意指物质的、可见的世界，还包含精神、理智及心理体验，未开悟的人将其看作他们最具灵性的部分。只要我们还局限于自性的领域之内，我们就会对人性永恒的维度一无所知。然而神我和自性并非一对敌人。被描绘为女性的“自性”爱上了神我。她的职责就是使每一个人的神我从她的拥抱中解脱出来，哪怕这需要人们背弃其自己以为的真实自我，这是因无知而形成的误解。[82] 自性渴望使我们得到解脱，渴望将神我从人类的错觉和苦难的罗网中解脱出来。的确，如果我们已经认识了自性，它的存在完全是服务于我们每一个人的永恒自我（神我）。“上从大梵下至草叶，所有造物均为神我而生，直至获得至高知识。”[83]

“神我”先前是怎样陷入自性的苦难之中的呢？存在某种原罪吗？数论派并不回答这些问题。其形而上学体系并不想对现实提供一种文字上的、科学的或历史的说明。在印度，真理并非由其目标，而是由其治疗价值所衡量。数论派的追随者们应当冥思这种自性与神我的关系，其目的是为了揭示一个人应怎样做才能找到回归真实自我之路。几乎可以肯定，数论派的思想观念产生于隐修者之中，他们对于《奥义书》之灵性不甚满足。他们没有迷失在不具人格的梵之中，而是希望保持其个性。他们确信，生活是不令人满意的。发生了一些很糟糕的事情，但只是去思索这种不愉快的事态是如何发生的并无意义。他们在冥想中瞥见了某种内心之光，显示出他们拥有另一个更加绝对的自我，只要他们能够将它从阻碍其灵性成长的错觉和欲望的混乱中相分离。“数论”一词曾经意及将自我从精神和物质的“自性”领域中“分离”出来。隐修者已经从社会中退出了，如今他必须迈出下一步，并找到其生命的真正核心——真正的精神，他的真实自我，他的永恒神我。

数论派试图分析一种实体，其目的是帮助隐修者实现这种分离。在其隐退的森林中，他可以对此进行冥思，以理解人之本性的不同组成部分。只有知悉人的困境，才有希望超越于它。据数论派的训导，自性具有三种不同的性质（即三德），它们作为一个整体存在于宇宙和每个人之中。

- 有性（Satta），即“智能”，最接近于神我。
- 动性（Rajas），即“热情”，物质或精神活力。
- 惯性（Tamas），即“惰性”，三德中最低的一级。

在太初之时，作为个体的造物形成之前，三德在原初物质中和谐共存，但是神我的出现打乱了这种平衡，并引起了一个变异的过程。从原初未经分化的统一体之中首先产生的新范畴是智慧（统觉，buddhi），被称为“最高者”（the Great One）。这是人们天然的自我中最高的一部分，如果我们能够将它分离出来并予以加强，它便会把我们带到开悟的边缘。统觉非常接近神我，而且可以像一面镜子映出花朵那样反映出自我，但是对于尚未开悟的人来说，统觉被世界上粗俗的元素所遮蔽着。

第二个产生的新范畴是自我意识（我慢，ahamkara）。其他一切造物均发源于“我慢”：神灵、人类、动物、植物，以及无知觉的世界。自我意识是人们问题的源头，因为它将自性传输至所有不同的存在物，其中三德各占有不同的比重。有性（智能）在迪弗和圣人中占优势，动性是普通人的特征，动物的生活则因其精神愚昧的惯性而失色。但无论我们处于何种状态，苦恼的根源是我们的自我意识，它使我们陷入一种错误的自我，与永恒的神我无关。我们体验到了思考、感觉和欲望。我们说“我想”“我要”或者“我怕”，以为“我”代表了全部生命，因而耗费了太多太多的精力去保护和支撑这个“我”，并期待着“我”在天堂的永生。但这是一个错觉。我们过分关注的自我只是短暂的，因为它要受时间支配。它会生病、无力，在年老时变得弱小，并且最终将会死去，只是在另一个肉体上重又开始整个痛苦的过程。与此同时，我们真正的自我，即神我，却是永恒、独立和自由的，渴望得到解脱。自性本身也希望实现这一目标。如果我们想要超越生活中的痛苦和挫折，就必须学会承认自我并非我们真正的本质。一旦我们获得了这种拯救的知识，便会在一种深刻的认识过程中获得解脱。

无知阻止了我们的前进。我们被禁锢在自性的错觉之中，将神我与我们平凡的心理或精神生活相混淆，以为我们的思想、欲望和情感就是人性最高和最本质的部分。这意味着我们的生活基于一个错误。我们想当然地认为，人的本性只是支配日常生活之自我的更高形式。隐修者必须在冥思和学习的过程中纠正这种无知。有志者必须认识到自性的各种形式和控制其进行演化的规律。这样他便会获得一种知识，不仅是对数论体系的理性掌握，也是对其真实状态的醒悟。在进行冥思的过程中，他学会全神贯注于统觉，而排斥其他的一切，希望能够瞥见神我。一旦见到了在其智慧之中反映出的神我，他便深刻地领会到，这才是他的真正自我。他喊道：“吾明了矣。”[84] 一直渴望这一时刻到来的自性随即退出，“如同一位满足主人愿望之后离开的舞女”。[85]

在那个时刻之后，一切都不会再倒退了。开悟的隐修者一旦认识到其真正的本性，就不再被生活中的苦难所折磨。他继续生活在自性的世界中，他仍然会生病、变老、死去，但如今他与神我在一起，痛苦不再能触碰到他。事实上，他会发现自己在说：“它痛苦”甚于“我痛苦”，因为悲痛已成为一种遥远的体验，远离如今他所知晓的他的真实本体。当他最终死去之时，自性不再活跃，神我获得了完全的自由，并且永远不会再进入另一个必死的、受到时间束缚的肉体之中。

从某种意义上说，数论派似乎已经彻底脱离了吠陀宗教。从数论派的角度看来，献祭并无助益。神灵同样受到自性的禁锢，因而寻求他们的帮助是没有意义的。试图依靠宗教仪式而建立一个能在天堂继续生存的个我也会适得其反，因为自我必会死去。唯有一种特殊的知识才能带来永久的解脱，即对于我们最真实本体的觉悟。尽管数论派与吠陀正统相冲突，它却真正发展了永恒哲学传统原本的愿景。人们从前总是渴望人迷于某种天堂，但数论派告诉他们，这并非外在的实体，而存在于内心之中。他们不会通过仿效一位神灵，而只能通过认识到其最为真实的自我，去发现无限绝对。原型并非存在于一个遥远的神秘领域里，而是内在于个体之中。他们不应与一个外在的典范形象相融合，而必须认同内在化的神我。

数论派标志着人们的自我意识进入了一个新阶段。印度人正逐渐认识到一种自我，它从前被日常生活的混乱所遮蔽，隐藏在我们的身体里，被我们的本能所束缚，只是朦胧地意识到它自己。数论派玄妙的描述揭示出什么才是人类特别渴望的解脱。人们可以通过培育一种更伟大的自我意识超越自己。但这并不意味着自我放纵，因为是自负使自我遭受束缚。印度人正逐渐认识到我们世俗生命之贪婪而自私的倾向。自负使我们不询问以下这些问题就不能考虑任何事情：“我想要它吗？”“我怎样才能从中受益？”“这会威胁到我吗？”“为什么我还没有得到它？”结果，由于我们被禁锢在自私自利的罗网中，我们从未见到任何事物真实的一面。数论派能够正视从执著而惊恐的自尊自大中得到的解脱，而进入一种在我们平常自我迷恋的生活中无法设想的生存状态。这种状态并不是神圣的，也不是超自然的。它是人性的实现，任何将要为这种自由而努力的人都可以得到它。

数论派对印度的灵性作出了两项重要贡献。首先，他们领悟到，整个生命就是苦（dukkha），此词通常被译为“受苦”，但它有更广泛的含义：“令人不满意的和错误的。”由于从未有人知晓的原因，我们生在这个世俗化的世界里就是忧伤和痛苦的。我们的经历受到无知和不幸的制约。宇宙中的一切都是破碎、短暂而终有一死的。即使当那个虚假的“我”感受到幸福或满意之时，也总有一些不完美。如果“我”获得了成功，我的对手便会闷闷不乐。“我”经常渴望一个目标或一种物质追求，不料却发现最终竟是令人失望和不满意的。瞬间的幸福过后，随之而来的几乎总是无尽的忧愁，没有什么能维持长久。我们混沌的内心世界大约几秒钟，就可以从一种状态变换到另一种状态。我们的朋友会死去，人们会生病、年老，失去美貌和活力。否认这种普遍的苦——正如很多人宁愿去做的——是一种妄想，因为它是生命的规律。然而，数论派主张，这种不完美的自然状态也是我们的朋友，因为“我”越是受苦，认同这个朝生暮死的世界，就越是渴望神我那绝对、无限的真实。当我们不断窥察内心骚动的自我，我们发现，自己在渴望着别的东西，像《奥义书》的圣人那样，我们不得不大喊：“非此也，非彼也！”（“Neti, neti”）数论派的观念听上去可能有些悲观，但它实际上是乐观和雄心勃勃的。它强调自性并非终极实在。人们可以而且确实经历了解脱，他们的确找到了神我，即他们的真正自我。一切造物都要受苦——神灵、人类、动物和昆虫——但只有人类能获得解脱，并从痛苦中得到释放。

瑜伽修行

然而，许多隐修者认为，释放在实践中是极端困难的。一部分人确实依靠学习和冥思实现了解脱，但另外一些人感到需要更多方法。自性如此有力地掌控着人类，因此实施更为苛刻的措施是有必要的。这种思路引导一些隐修者逐渐发展出一种训练方法，人们如今在世界各地的禅堂和健身房进行练习。瑜伽（Yoga）是印度最伟大的成就之一，而且其最成熟的形式几乎可以确定是在数论派的圈子里首先构思出来的，目的是为了从自性的困惑中释放出神我。这种古典瑜伽与现今广泛教授于西方的瑜伽形式有很大区别。[86]它并不是一种有氧健身运动，也不会帮助人们放松、驱除过度的焦虑，或者让人对生活感觉更好一些——恰恰相反，瑜伽是针对自我所发动的系统化的攻击，是一种严格的强化训练课，在很长的一段时期内训练学生摒除其常态的、带有错误和幻觉的意识，并代之以对其神我的欣喜发现。

我们不知道发展瑜伽的那些隐修者的名字。它与帕坦加利（Patanjali）有关，他在公元最初几个世纪撰写了《瑜伽经》（*Yoga Sutras*）。但帕坦加利并没有创造这些修行方法，它们其实是非常古老的。有些学者认为，瑜伽的某种形式或许是由印度土著居民在雅利安部落到来之前发展起来的。一些瑜伽技巧，尤其是呼吸训练，在早期《奥义书》中有所提及，在举行吠陀宗教仪式的过程中也得以实践。但无论它是怎样开始的，到公元前 6 世纪，瑜伽已成为印度精神世界一个既定的组成部分。婆罗门、正统的吠陀隐修者及所谓的异教宗派都修习过瑜伽。不同的群体发展出了形式各异的瑜伽，但在《瑜伽经》中所描述的基本训练方法是十分重要的。

“瑜伽”这一术语本身就是意味深长的，意为“用轭联结”。它曾经被吠陀雅利安人用来描述在一场劫掠开始之前，把供役使的牲畜套在战车上。战士们就是瑜伽操纵者。他们如同迪弗，不停地处于运动之中，经常从事军事活动，而懒散的阿修罗却待在家里。然而到公元前6世纪时，新式的瑜伽操纵者从事于征服人的内心世界，他们不再发动战争，而是专心致力于非暴力主义。瑜伽相当于针对人们精神上的无意识发动的一场袭击，而这种精神上的无意识是造成我们诸多痛苦的根源。帕坦加利列举了五种使我们遭受束缚的“弗栗恃”（vrittis，即“冲动”）——无知、自大、激情、厌恶和贪生，这些本能冲动随着无穷无尽和无法控制的能量相继显露出来。它们是基本的人性，而瑜伽修行者认为，它们是如此牢固地占据着人们的心灵，因而已不能由数论派导师所想象的简单的知识所消除。我们深深地被瑜伽修行者所称的“熏习”（vasanas）——产生各种特定个体人格的潜意识知觉——制约着。它们是继承而来的，是前生和今世的“业”（karma）。远在弗洛伊德（Freud）和荣格（Jung）开创探索人类精神的现代科学之前，印度的瑜伽修行者就已经开始研究和分析拥有无比活力的无意识领域了。这些冲动和熏习必须被消除和“烧毁”。只有这样，自我才能与其混沌的精神生活相分离，摆脱自性的罗网，体验到解脱的幸福。而这种巨大的成就只有通过纯粹的精神力量才可实现。

然而，瑜伽修行者首先必须经历长期的准备。在完成一系列广泛的道德训练之前，他是不准进行任何一项瑜伽练习的。修行者开始须遵守五种禁制（yamas，即“禁律”）：首先是戒杀，即“无害”，他不可以杀死或伤害其他生灵，甚至不能去拍一只蚊子或不友善地和别人讲话。其次，他不可偷盗，这同样意味着每当他想得到任何东西时，他不能强占。他只能接受别人在没有异议的情况下给予他的衣食，以培养一种对物质财富的冷淡态度。再次，他不可说谎，而必须始终讲真话，比如他不能歪曲一个事件的真相，而使它更能引起别人的兴趣或满足自己的虚荣心。最后，他必须禁绝淫欲和贪酒，因为它们会动摇其心志，并削弱他在修炼过程中所需的精神上和身体上的能量。瑜伽的准备阶段还需要掌握特定的身体和精神上的准则（即劝制，niyama）。学生必须保持自身完全洁净，必须学习精神导师的教导（即达摩，dharma），还必须培养安详的仪态，无论他内心感受如何，对所有人都要和善、谦恭。

准备阶段的学习课程显示出瑜伽修行者的精神志向。他们对只是拥有一段短暂而令人激动的经历并不感兴趣。瑜伽是进入另一种人类存在方式的起始，它意味着一种彻底的道德转变。那些禁律和准则是传统上对原型范例的效法在轴心时代新的表现形式。瑜伽修行者必须超越其无知的自我，抛弃其自负的本性，其行为举止要如神我已经被释放了一样。从前，当人们在宗教仪式上仿效一位神灵时，他们会体验到其平凡生命的“暂时离开”和提升。禁制和劝制也是如此。通过艰苦的练习，这些伦理准则会成为第二自性。当它出现时，帕坦加利解释道，瑜伽学生会经历“无以言表的喜悦”[87]。当他超越了“自负的本性”，则宣告了最终的解脱。

一旦导师对学生掌握禁制和劝制的情况感到满意，学生就可以开始学习打坐（asana），此为第一项严格意义上的瑜伽科目。他必须双腿交叉而坐，背部挺直，每次都要一动不动地坐上几个小时。这样起初会感到不舒服，有时还会产生难以忍受的痛苦。运动是生命的特征，运动着的一切都是有生命的。即使当我们认为自己在静坐时，我们仍处于不断的运动中：眨眼，搔痒，重心左右移动，随着刺激物的方向而转移视线。即使在睡眠中，我们也会翻来覆去。但是在打坐时，瑜伽修行者要学习断绝其精神与官能之间的联系。他要保持静止，以至于看上去更像一尊雕像或一株植物，而不像一个人。古时的雅利安人曾轻视整天待在家里的阿修罗。如今新式的瑜伽修行者则会在一个地方静坐几个小时，似乎没有一丝生命的迹象。

瑜伽修行者下一步要学习控制呼吸，这是对其生命本能更强烈的冲击。呼吸是人们最为基本和无意识的身体机能，并且对生命是绝对必要的。但是在调息（pranayama）的过程中，瑜伽修行者要学习越来越慢地呼吸。他的目的是在吸气和呼气之间停顿尽可能长的时间，以至于看上去仿佛彻底停止了呼吸一般。他的心率渐慢，甚至可能像是死了一样。然而，一旦他已熟练于调息，则会体验到一种新的生命。这种经过调节的呼吸完全不同于平凡生命中没有节奏的呼吸，经研究显示具有物理学和神经学的效果。它会使人产生平静、和谐和镇定的感觉，据说与音乐的效果相当，会出现庄严、广阔和高贵的感觉——一种临在的感觉。

一旦正在接受训练的瑜伽修行者掌握了这些身体的练习，他便可以开始叫作“专心一致”（ekagrata）的精神训练了，即全神贯注于一点。此时他拒绝思考，学习毫无间断地将精神集中于一个物体或念头之上。它可以是一朵花、他的鼻尖或者是导师的一项教导。重要的是严格排除任何其他情绪或联想，并驱赶不可避免地闯进脑海中的每一种令他分心的事物。专心一致有各种不同的形式。学生要学习制感（pratyahara），即制止感知，只用理智默思一个对象。在执持（dharana，即全神贯注的状态）下，导师教导他在生命的深处想象神我，并幻想它像一朵慢慢从池塘里升起的莲花一般浮现出来。每一次执持所持续的时间应当为 12 次调息。依靠这些身体和精神上的综合方法，熟练的瑜伽修行者已经如此深入其内心世界，远离平凡而世俗的意识，进入入定的状态。

受训者发现自己已达到了一种令人惊讶的无懈可击的境地。随着他越来越熟练地掌握技巧，他发现自己不再意识到夏天的酷热或冬雨的冰冷了。如今他能够控制自己的精神生活，变得不受周围环境影响。他还发现，如今他会以一种新的方式看待他所默思的对象。由于他已经抑制了由此对象引起的大量记忆及个人的思想感情，他不再因自己所担忧的事情而分心。他不会将之主观化或私人化，他不会透过自己那需求和欲望的变形镜去审视它，而是能够如其所是地观察它。“我”正开始从他的思想中消失，其结果是，即便是最单调的事物，也可以展示出完全意想不到的特质。当瑜伽修行者以这种方式默想其特定学派的思想观念时，比如数论派的创造神话，他能够如此生动地体验到它们，因而这些原理的纯理论的系统陈述与之相比黯然失色。他的知识不再仅仅是抽象的，他可以直接领悟这些真理。它们已成为他内心世界的一部分。

瑜伽修行者并不相信他们被一个神灵所触动，关于这些体验没有任何超自然的成分。毕竟数论派是一个倾向于无神论的派别，对迪弗不感兴趣。瑜伽修行者确信，他们只是激发了人类的自然才能。任何接受过足够训练的人都能够实现这些精神上的成就。他们发现了人性的一个新维度。这种超越并非与一个外在的神灵相遇，而是降入他们自身生命的最深处。透过系统地将自己从平凡的、自我束缚的生活中分离出来，瑜伽修行者试图将其真实自我与自性的罗网相隔离。这些轴心时代的人们通过更加充分地意识到其自性，正逐步实现“离开”平凡的出神状态。

一旦进入了入定的状态，瑜伽修行者就会不断经历一系列渐进的深层精神状态，与其平常的经历无关。等持（samadhi）是指心专注于一境而不散乱的意识状态，对“我”和“我的”的感觉彻底消失。瑜伽修行者感到将精神完全集中于他所冥想的对象，意识不到其他任何事物。他当然也意识不到进行冥想的自我。极少数天赋过人的瑜伽修行者会达到其他更为极端的状态，他们只能用矛盾的方式予以描述：有一种空无同时又是一种存有的感觉，一种充盈的空虚，一种永恒的当下，一个处于死亡之中的生命。瑜伽修行者将这种体验称为“空”，因为没有任何词汇能够形容它，他们将它比喻为走进一个房间而只发现空洞、空间和自由的感觉。

瑜伽修行者以不同的方式对其冥想的感受进行诠释。赞同《奥义书》之教导的人认为，他们最终与梵合一了，而数论派哲学的追随者宣称，他们释放了神我。但是两者基本的体验是相同的。无论瑜伽修行者认为自己做了什么，他们都开辟了新的可能性。他们对人类特有的苦难拥有敏锐的评估，它引导着这些具有非凡的远大志向的人找到了一种极端的摆脱困境的方法。他们发展了一种使受苦的人们得以解脱的精神方法。然而，瑜伽并不适用于所有人。它是一项全职工作，不能与日常生活的各种需求结合在一起。而另外一些圣人后来发现了一种方法，改造出某种瑜伽，可以给予普通人开悟的提示。

四、中国礼崩乐坏

与此同时，中国则危机当头。在楚国于公元前 597 年击败中原各盟国的军队后，该地区卷入了一种全新形式的侵略旋涡。这是你死我活的战斗。楚国不会费时于从前仪式化的战争，其他大国也开始抛弃传统的束缚，决意扩张并占领更多的土地，即便这意味着敌方的毁灭。战争变得与以往那些堂皇的对垒迥然不同。例如，公元前 593 年，在一场旷日持久的围困下，宋国人被迫吃掉自己的孩子。旧时的封国面临政治上的覆灭。他们确信，随着其领土成为军队相争的战场，除了违心地卷入冲突之外，自己无法与更大的国家抗衡。以齐国为例，它如此频繁地蚕食小小鲁国的封地，以致鲁国被迫向楚国求援——但始终无果。到公元前 6 世纪末期，楚国被打败，齐国取得了优势地位，鲁国国君只有设法在秦国的帮助下保持一点象征性的独立。

封国同样因内政问题而被削弱。公元前 6 世纪期间，齐国、晋国和楚国都因长期内战而实力大减。在鲁国，三个对立的显贵家族*迫使正统国君变为纯粹的傀儡，这实质上是那个时代的特征。除了履行礼仪方面的义务外，高贵的周王后裔被剥夺了所有权力，财政上要依赖于篡权者。旧有的政治和社会体系正在瓦解，中国似乎一头冲进了无政府的混乱状态当中。然而，这些争斗预示了一场更深层的变革。反抗自己国君的贵族们无疑是被贪婪和野心所驱使，但

---

* 鲁国“三桓”，即鲁桓公的后裔季孙氏、孟孙氏和叔孙氏。

他们也正试图从古老家族的主宰下解脱出来。中国人正痛苦地迈向一个更加平等的社会体制，这将削弱世袭国君们迄今为止从未受到挑战的统治。[88]在郑国和鲁国，财政和农业革新改善了农民的生活。公元前6世纪下半叶，郑国的相国子产*将刑法刻在巨大的铜鼎上以示众人。如今，一部明确的律典诞生了，任何人都能查阅，并依此向专制统治发难。

正如考古学家发现的，那时存在一种日益增长的对礼仪惯例的蔑视：人们在亲属的坟墓里放置世俗的物品而不是指定的礼仪器皿。往日的节制精神衰败了：许多中国人以超过资源承载量的需求，追求奢华，令经济不堪重负。一些位在等级制度底层的普通绅士（士）开始模仿显贵家族的生活方式。结果，一下子冒出了太多的贵族，大量士人极度贫穷。由于大批新贵的出现，部分贵族成员不再拥有封邑，因为没有足够的土地。包括一些国君近亲在内的很多上流人士失掉了他们的土地和头衔，沦落为平民阶层。地位降低的士中有一部分是书吏、礼官或下级军官，如今他们带着各项技能被迫离开城市进入乡村，与普通百姓住在一起。

这不仅仅是一场社会和政治危机。上天与尘世如此相互依赖，这令许多人担心，当前对“天道”的藐视会危及整个世界。鲁国的礼仪专家将新近出现的贪婪、侵略和物质至上视为对神圣礼仪的亵渎。其他人持更加怀疑的态度。公元前534年†，多个封国遭受了一场台风的侵袭，接踵而至的是毁灭性的森林大火。郑国太卜见到子产，请求他提供一件特别的祭品以平息天怒。子产摇头，答道：“天道远，人道迩，非所及也，何以知之？”[89]‡既然上苍超出我们的理解范围，那么专心于力所能及的事情会更好。

---

* 子产时为亚卿，任少正。

† 应为公元前524年（昭公十八年）。——编者注

‡ 参见《左传·昭公十八年》。

大约此时，一个叫孔丘（公元前 551 年—公元前 479 年）的年轻人几近完成学业，并将得到鲁国行政部门的一个低级职位。他的家族是新来的移民，其先祖曾是宋国显贵。但像其他许多贵族一样，这个家庭也被迫移居他乡。孔丘因而在一个破落的上流家庭里长大，不得不自谋生路。他被吸引到礼仪专家的行列，并满怀热情地献身于周王朝，尤其是伟大的周天子，时而在他的梦中前来拜访。孔丘是一个渴求知识的学生。到 30 岁时，他已精通对礼的研究，而到了 40 岁，他宣称自己已经成为一个博学之人。许多沦为穷人的士心怀痛苦和愤恨，但孔丘懂得礼仪更深层的含义，并且确信，通过恰当的诠释，它们能使中国人回归“天道”。后来，孔丘的弟子们自豪地称他为“孔夫子”，意为“我们的老师”。在西方，我们称他“Confucius”（孔子）。中国的轴心时代即将开始。

第六章

悲悯天下

（约公元前 530 年—公元前 450 年）

一、孔子的思想世界

接近公元前 6 世纪末期时，由于从正统国君手中篡夺权力的“三桓”家族为称霸而彼此争战不休，鲁国濒临彻底的无政府状态。这让礼仪专家们尤感痛苦。来自华夏各地的人们到鲁国出席典礼仪式，聆听上溯至周朝先王的礼乐。一位来自晋国的使者[*]惊叹：“周礼尽在鲁矣！吾乃今知周公之德与周之所以王也。”[1†]但是到公元前 518 年，周天子的后裔，即鲁国的合法统治者穷得无力支付乐师和舞者在宗庙进行礼仪表演的费用。而篡权者中的一员在同一年却动用八队舞者在他自己先祖的祠堂里举行王室礼仪表演——这完全是非法的。社会上逐渐出现了惊恐不安的情绪。“礼”不再抑制贵族家庭的贪婪和炫耀，而上天却似乎对此漠不关心。

---

* 晋国大夫韩宣子。

† 参见《左传 · 昭公二年》。

回归传统

当孔子得知这一针对王室礼仪的非法行径时，他被激怒了，悲叹“道不行”。[2*]如果统治者无法贯彻神圣的道德准则，以使社会沿着正确的轨道向前发展，那么他必须亲自来做。作为普通平民，他不能创建道，只有国王可以。但他能培养出一批贤德之人，他们博学多识，可以指导中国的统治者循“道”而行，并使其重新承担起自己的责任。孔子期望从政，然而屡屡落空。他太过耿直和诚实以致不能在政界获得成功。除了担任财会部门的一个小吏[†]，他从未谋得任何更高的职位[‡]，但这可能是再好不过的事情了。政治上的失败给了他思索的时间，他决意成为导师，培养他人做官。像同时期其他处于社会边缘的“士”一样，他成为一位游走四方的学者。他和一小群虔诚的弟子不知疲倦地游历列国，期待着至少有一位国君最终会重视自己。

孔子不是隐居的苦行者，而是一个尘世中人，喜爱美餐、佳酿、吟唱、玩笑和令人兴奋的交谈。他没有把自己封闭在象牙塔里，没有笃行自省或坐禅，而总是在与他人的交谈中增长见识。在我们主要的资料来源《论语》中，可以看到他经常与友人和弟子讨论。他的和蔼与睿智——难得的结合——磁石般地将学生们吸引到身边，而他从未把任何人打发走。他的学生有些是贵族，有些则出身卑微。他最得意的门生很可能是贫穷却具有神秘天赋的颜回，当然，他喜爱自己小群体中的所有成员，比如沉静而强壮的闵子、精力充沛的子路，以及始终非常勇敢和正直的子贡。当一名有潜力的学生出现时，孔子期望他具备一种超过其他所有人的品质。他说道：“不愤不启，不悱不发。”[3]他训斥弟子，严厉地鞭策他们学习，但绝不进

---

* 本书《论语》引文中译参照杨伯峻的《论语译注》(中华书局，1980 年版)。

† 史载，孔子曾在鲁国任“委吏”(管仓廪)和“乘田”(管畜牧)。

‡ 史载，孔子还曾在鲁国担任过中都宰、司空、大司寇等官职。

行威吓。在对瑜伽修行者有些令人畏惧的造诣感到惊叹之余，转向孔子能使人感到一丝轻松，他的“道”任何人都能够理解。他和蔼可亲、沉着镇静、友善待人，绝不武断地表达自己的意见；他没有冗长的训诫或说教，即便与学生们看法相左，他也通常会对他们的观点作出让步。为什么不应当这样做呢？他不是一位像尧或舜那样非凡的受上天启示的圣贤。他没有得到过神启，也未见过显圣，唯一的长处就是“为之不厌，诲人不倦”。[4]

《论语》是由孔子的弟子在他去世很久之后整理而成的，因此我们不能确信其中的所有箴言都出自他的手笔，但学者们认为，这本文献可以被视为相当可靠的原始资料。[5]它由几百条简短而互不相关的论点组成，并没有阐明一种经过清晰释义的见解。其风格如同中国的山水画一般含义深远：读者必须在书中搜索没有说明的事情，在字里行间找寻答案，并将各个观点逐一联系起来。事实上，不管它给人留下的最初印象如何，《论语》的内容是有连贯性的。确实，孔子的见解有着如此深刻的内在联系，以致有时难以将其多样的主题拆解开来。

像轴心时代的其他贤哲一样，孔子深切地感到与其所处的时代疏远了。他确信中国当前混乱状态的根本原因在于，人们无视在过去相当长的时间里支配着各封国施政行为的传统礼仪。他认为，在尧、舜时代及后来的周王朝早期治下，对“天道”的完美实践使人类得以和谐共处。“礼”激励了一种节制和宽宏的精神。而现在，多数国君从未对道进行过认真思考。他们太过忙于追逐奢华和实现其自私的野心。昔日的社会在瓦解，而没有新的等同的价值观来代替它。在孔子看来，最好的解决办法就是回归以往的优良传统。

孔子惊骇于可将弱小封国毁灭的持续战乱。而令他失望的是，这些小国却似乎对自己的危险处境没有充分的警觉。鲁国的军事实力绝不足以对付像齐国那样的大国，但是那些贵族家庭并没有聚集国内的资源以对抗外来的压力，而是在贪欲和虚荣的驱使下，上演了一场自我毁灭性的内战。假如“三桓”家族恰当地遵循礼，这种情况绝不会发生。过去，礼仪曾经帮助遏制暴力与仇杀，减轻战争的恐惧。礼仪必须再次发挥同样的作用。作为一名礼仪专家，比起练习骑术与驾驶战车，孔子花费了更多的时间来钻研礼仪与古代的经典著作。[6] 他重新定义了“君子”的职分：真正的君子应该是学者而不是武士。他不应为权力而争斗，而是要学习正确的行为规范，为家庭、政治、军事和社会生活的传统礼数所约束。孔子从不宣称自己是个原创思想家。他曾说道：“述而不作，信而好古。”[7] 只有被赋予超凡洞察力的哲人才能打破传统。“我非生而知之者，好古，敏以求之者也。”[8] 尽管孔子如是说,他确是一位革新者。他喜爱“温故而知新”。[9] 世界已经发生了改变，但是，如果没有传承，也就没有长足的发展。

关注现世

孔子诠释传统的某些方式在关注的重点上与以往截然不同。古老的宗教关注的焦点是上天：人们进行献祭往往只是为了博得神灵的欢心，而孔子关注的却是此世。像与孔子同时代的郑国的相国子产一样，孔子认为，我们应该更加关注我们所能认知的世界。确实，孔子从不喜欢谈论上天。他的学生子贡曾经写道：“夫子之文章，可得而闻也；夫子之言性与天道，不可得而闻也。”[10] 孔子对于形而上学不感兴趣，也不鼓励进行神学叙谈。当子路问他，君子要怎样侍奉神明的时候，孔子答道：“未能事人，焉能事鬼？”而当子路继续问他，先祖们死后的生活究竟如何，孔子又答：“未知生，焉知死？”[11] 孔子并不是宗教怀疑论者。他一丝不苟地实践着先人的传统礼仪，对上天也充满了敬畏之情。像印度的哲人一样，孔子懂得沉默的价值。他曾这样感叹：“予欲无言。”子贡苦恼地反驳：“子如不言，则小子何述焉？”“天何言哉？”孔子答道，“四时行焉，百物生焉，天何言哉？”[12] 上天可能不讲话，却发挥着至高无上的作用。不要再把时间浪费在毫无意义的神学推论上，人们应该仿效上天的缄默，心存敬畏，保持沉默。这样他们或许也会成为世上一股强大的力量。孔子将中国的宗教带到了人间的实际生活中。与其修得来世幸福，不如现世诚心向善。孔子的弟子们跟随他学习并不是为了获取那些关于神灵的深奥知识。他们的终极关切在于“道”，而非上天。君子的责任就是小心谨慎地循道而行，并认识到这在本质上拥有绝对的价值。这条道路并不会将他们引向某个地方或某个人，而是引向一种美善的超然境界。而礼仪就是引领他们向前的行路图。

对于孔子来说，每个人都有成为君子的潜能。旧时，只有贵族才能成为君子，而孔子却坚持认为，任何热衷于学习“道”的人都能变成一位“君子”，即一个成熟而知识渊博的人。子贡曾经提出以“贫而无谄，富而无骄”作为大家的座右铭。“可也，”孔子说道，“未若贫而乐，富而好礼者也。”子贡即刻引用了《诗经》中的诗句：

> 如切如磋，如琢如磨。[13] *

孔子对此很高兴：子贡终于开始理解《诗经》了！这两行诗句完美地描述了一名君子如何利用礼仪来完善和净化自己的品性。君子不是天生的，而是后天磨砺出来的，他必须像雕琢顽石使之成为美器一样锻炼自己。真正的君子总是要试图不断超越自我，然后成为理想中的自我。颜回向孔子“问仁”，孔子答道：“克己复礼为仁。”[14]君子必须以礼节来审视自己生活的每个细节并尊重他人。其行动纲领是“非礼勿视，非礼勿听，非礼勿言，非礼勿动”。如果各诸侯国的国君能够做到这一点，他们就能拯救世界。“一日克己复礼，天下归仁焉！”[15]

---

* 参见《诗经·卫风·淇奥》。

像印度的哲人一样，孔子将“自我原则”看作人性中褊狭与残忍的根源。如果人们能在生命中的每一刻都摒除私心，服从礼的利他要求，那么他们将会被神圣之美所转化。他们将抱着成为君子，即出众之人的理想而生活。礼仪将普通的生物行为提升到了一个不同的层面，确保我们不会对他人漠不关心或敷衍塞责，我们的行为不仅仅被功利或私欲所驱使。举例来说，孝道要求子女能够谦恭地侍奉父母的饮食，而如今许多子女只是随意将饭菜摆在桌子上。孔子恼怒地说道：“至于犬马，皆能有养！”但如果一顿饭是在尊敬与感恩的氛围中享用，那才是人道的。[16] 作为一个轴心时代的人，孔子希望人们能够对自己的行为有充分的认识。而对于礼的执行绝不能机械地做做样子，人们需要才思敏锐、反应迅速，以及对于各种形势的明智判断。[17]“有事，弟子服其劳；有酒食，先生馔，”孔子说道，“曾是以为孝乎？”[18] 那么更重要的是什么呢？“色难”——在父母面前常有愉悦的容色是件难事，孔子断定。[19] 你在执行礼仪时的精神状态，会体现在你的每一个姿态和面部表情中。如果一个人以轻蔑与急躁的态度去体现礼仪，那么这便成为一种侮辱。

礼让

然而，在过去，“礼”往往具有盛气凌人的一面。它们被用来体现政治上的优势或只是用来提升贵族的个人声望。而孔子则系统地将这种自我中心主义从礼中剔除了。对于礼仪长期的研究让孔子明白，只有真诚地体现出“让”的精神，礼仪才拥有真正的意义。儿子谦让父亲，武士谦让敌手，君王谦让臣子。礼仪教会他们放弃个人嗜好，不再以自我为中心，而是将他人放在首位。在政治中，礼仪使一名政客难以推行纯粹为满足自己私欲的政策。礼仪教人们养成推己及人的自律习性。因此，如果抱以正确的态度，礼仪就是一种精神教育，能帮助人们超脱出自尊自大的禁锢。一种经过革新的仪式主义，剔除了旧时对地位与特权的执迷，能够在人们的精神交流中重建尊严与善意，从而使中华大地充满仁爱。

“礼”教会人们平等待人。人们在同一个礼拜仪式中成为搭档。在礼仪舞蹈中，一个人即使只是出色地完成了一个很小的角色，也是不可缺少的，也为整体之美作出了贡献。礼仪使人们意识到生命的神圣，同时也赋予生命神圣的意义。在过去的传统中，威严之礼滋养着诸侯的神圣权力，而孝道之礼则创造出了超凡的神，使得终有一死的人变为先祖。通过以绝对尊重的态度对待他人，礼仪能够将施受双方提升至生命存在的神圣维度。

在印度，瑜伽修行者已经开始了对绝对真理的独自探求。孔子可能对此并不理解。在他看来，人们需要通过他人来发掘自己的全部人性，自我修养是一个互惠的进程。孔子并没有像印度的隐修者一样，将家庭生活看作开悟的障碍，而是把它当作宗教探寻的讲堂，因为它教会了家庭中的每个成员为他人而生活。[20]这种无私精神是一名君子的自我修养之本。“己欲立而立人，”孔子解释道，“己欲达而达人。”[21]后来，孔子由于将注意力全部集中在家庭问题上而受到了批评——因为人们应当关注每一个人——然而孔子却把每个人都看作一系列不断扩展的同心圆的中心，而他或她与其中的每一个都密切相关。[22]我们每个人的生活都是在家庭中起步的，因此家庭之礼是教育我们超越自我的开端，但是这种教育不能止于家庭。君子的视野应不断扩展。通过关心父母、妻子和兄弟姐妹而学到的东西使他的心胸更加宽广，于是便会同情越来越多的人：首先是他所邻近的生活圈子，然后是他的国家，最终是全天下。

忠恕

孔子是透彻研究神圣与利他主义的不可分割性的先哲之一。他曾说：“吾道一以贯之。”其中没有深奥的形而上学，也没有烦琐的礼仪推论，最重要的是以绝对的尊重对待他人。“夫子之道，”孔子的一名弟子*这样说道，“忠恕而已矣。”[23]这种“道”只不过是以一种专注而不断的努力，去滋养他人心中圣洁的品质，而作为回报，他人也会唤起你内心的美好。子贡问他的老师：“有一言而可以终身行之者乎？”“其恕乎！”孔子说道，“己所不欲，勿施于人。”[24]“恕”实际上应当被译为“以己量人”。另一些人称其为“金规则”，这是宗教实践的精华所在，但它远比表面上所说的困难得多。子贡曾声称他已经拥有了这样的美德：“我不欲人之加诸我也，吾亦欲无加诸人。”孔子摇了摇头，人们几乎可以看到他那慈爱的苦笑：“赐也，非尔所及也。”[25]

“恕”要求我们“终身”都要审视自己的内心，找出我们的痛苦之源，而无论在什么情况下，都不要因为自己的痛苦而使他人受到牵连。它要求人们不再把自己看得比别人特殊，而是不断地推己及人。孔子是第一个宣扬“金规则”的人。对于孔子来说，它有着超越性的价值。对于“礼”的完美诠释能够帮助人们获得孔子所称的“仁”。“仁”的原意是“高贵”或是“值得尊敬”，但是到了孔子生活的时代，它只是表示一个人。孔子赋予这个字全新的重要意义，却拒绝给它下定义。后来的哲学家将“仁”等同于“慈爱”，但这对于孔子来说太过狭隘。[26]从汉字的形义上看，“仁”由两部分构成：首先是一个简单的表意符号，代表人——自我；另一部分是平行的两横，象征着人际关系，所以“仁”字可以被译为“共同的人性”。一些学者还认为，“仁”这个字最初的含义是“温和”或“柔顺”。[27]因此，“仁”与礼仪中的“让”密不可分。但对于孔子来说，“仁”是无法形容的，因为它无法被容纳到孔子时代的任何普通的知识范畴之内。[28]只有那些完美地实践了“仁”的人才能理解它。“仁”与苏格拉底和柏拉图所称的“善”（the Good）意义相近。一个像尧、舜或周公一样具有仁之美德的人，会成为一个具有完美修养的人。

* 即曾子。

孔子认为，“仁”是“道之力量”（道德），能够使贤明的君王不必动用武力就能治理国家。它不应该再被视为是神秘的，而是一种远比暴力和战争更有效地改变世界的精神力量。

仁爱

孔子的一个弟子*问孔子什么是“仁”，如何将其应用于政治生活。孔子答道：

> 出门如见大宾，使民如承大祭。己所不欲，勿施于人。在邦无怨，在家无怨。[29]

假如一位国君以这样的方式对待其他国家，那么残酷的战争就能够避免。“金规则”使得统治者不可能去侵略或破坏他人的领土，因为没有一个国君希望战乱发生在自己的国家。统治者不会去剥削平民，因为他们会将平民视为与其共同演绎一个美好仪式的人，所以“像他们自己一样”。对立与仇恨将消失不见。孔子不能解释什么是“仁”，但他能告诉人们如何获得它。“恕”教会你以自己的感受来引导对待他人的方式。这很简单，孔子向子贡解释道：

> 夫仁者，己欲立而立人，己欲达而达人。能近取譬，可谓仁之方也已。[30]

任何能够如此行事，布施恩惠于百姓，为国家谋福利而非牟取私利的君主，都是与尧和舜相等同的圣人。[31]

孔子并不是胆小的保守分子，遵从传统风俗，过于追求礼仪的细枝末节。他的见解是革命性的。他为人们习以为常的“礼”赋予

---

* 即仲弓。

了一种新的诠释。“礼”并不是用来提高一位贵族的威望的，而是要使他形成实践忘我的习惯。通过剥除礼仪中的利己主义，孔子挖掘出了礼仪在精神和道德层面的深远潜力。他并不是在鼓励奴性的遵从。“礼”要求人们具备想象力与智慧，领会不同情境的特殊性并作出独立的判断。孔子也提出了一种新的平等主义。以往只有贵族才执行礼，如今，孔子却坚持任何人都可以实践礼仪。即使是像颜回那样出身卑贱的人，也可以成为君子。

其他轴心时代的中国哲人针对中国面临的问题提出了更为现实的解决方案，但是他们并非都像孔子那样志向远大，他的目标超越于法律与秩序之上。他希望人们都能拥有尊严、高贵、圣洁，并且知道这只能在平日对于“恕”的不断追求中得以实现。这是一个大胆的设想。孔子请人们相信，得到升华的人性力量胜于强权。几乎没有人真正愿意放弃私欲。但是那些确实将孔子之道付诸实践的人发现，他们的生活因此而改变了。“仁”是很难获得的，因为它要求人们摒弃自负、怨恨和操纵他人的欲望。[32] 但是，与此矛盾的是，“仁”也很简单。“仁远乎哉？”孔子问道，“我欲仁，斯仁至矣。”[33] 它会“先难而后获”——在一个人真正掌握了“礼”所赋予的修养之后到来。[34] 它需要坚定不移，而不是超人的力量，可能就像学习骑自行车一样：当你掌握了技巧之后，骑时便毫不费力，但你要坚持下去。你可以坚持不懈地待人如己——无论他们是谁，当然你也可以不这样做。但如果你这样做了，便会获得一种几乎触手可及的道德力量。

对于“仁”的追求是一生的努力，只有到死去的那一刻才会终止。[35] 孔子并没有鼓励他的学生猜测“道”之尽头究竟是什么。循道而行本身就是一种超越而动态的经历。最受孔子喜爱的弟子颜回谈到“仁”时有一段优美的表述，他“喟然叹曰”：

仰之弥高，钻之弥坚。瞻之在前，忽焉在后。夫子循循然

> 善诱人，博我以文，约我以礼，欲罢不能。既竭吾才，如有所立卓尔。虽欲从之，末由也已。[36*]

“仁”并非你所“得到”的东西，而是你给予的东西。“仁”是一种苛求但却令人愉快的生活方式。它本身就是你所寻求的超越。过一种富有同情心的生活，能够让你超越自己，并将你引入另一个维度。对于礼仪和“仁”的不懈修炼使颜回于刹那间瞥见了那既内在又超然的神圣实在，呈现于内心之中而又友好相伴，“如有所立卓尔”。

公元前 483 年，颜回去世时，孔子不顾其惯常的克制，失声痛哭。“噫！天丧予！天丧予！”[37] 孔子说，如果有一个人的死能让如此过度的悲伤变得正当合理，那这个人就是颜回。他总是说，颜回对于“道”的理解比自己还要深刻。[38] 孔子的儿子于同年去世。三年后，大弟子子路去世，孔子伤心欲绝。“凤鸟不至，”他哀叹道，“河不出图，吾已矣夫！”[39] 即使是他最为敬佩的周公也再没有出现在他的梦中。[40] 公元前 479 年，孔子去世，享年 74 岁。以孔子自谦的方式来看，他认为自己是个失败者，但他却在中国人的精神生活中留下了不可磨灭的印记。即便是那些激烈地抵制其学说的轴心时代的哲人们，也无法逃避孔子深远的影响。

二、“以赛亚第二”与“耶和华的仆人”

中东地区出现了一个新的强权。公元前 559 年，居鲁士（Cyrus）在今天的伊朗南部继承了波斯王位。10 年之后，他征服了米底亚（Media）。公元前 547 年，他在小亚细亚的爱奥尼亚海沿岸，挫败了吕底亚（Lydia）和希腊各城邦。最后，他于公元前 539 年入侵巴比伦王国，受到被征服民众的欢迎，被当作解放他们的英雄。居鲁

* 颜回似乎并非在谈论“仁”时发此感慨的。

士成为到那时为止世界上最庞大帝国的统治者。他很可能是一位虔诚的祆教徒，但他并没有将自己的信仰强加于其臣民。在埃及，居鲁士被称作阿慕恩—瑞（Amun Re）* 的仆人；在巴比伦，他是马尔杜克之子。一位犹太先知称他为弥赛亚（messiach），即耶和华“受膏的王”。[41] 我们不知道这位先知的名字，他在公元前 6 世纪下半叶活跃于巴比伦王国。由于他的预言与以赛亚的预言保存在同一书卷中，他通常被称作“以赛亚第二”（Second Isaiah）。他十分激动地注视着居鲁士的兴起，确信流亡者的苦难即将结束。耶和华召唤居鲁士做他的仆人，居鲁士作为帝王的使命就是改变世界的历史。[42] 他许诺遣返所有被掳者，因此耶路撒冷将被重建，土地会得到平整。一场新的大规模撤离即将发生：犹太流亡者将再一次穿过旷野，到达他们的应许之地。

与以西结那些痛苦和压抑的异象不同，“以赛亚第二”看到了辉煌的未来，并在赞美诗般的抒情诗歌中描述出来。他提及一些神秘事件和一个转变性的创造。“以赛亚第二”不像《申命记》的作者那样鄙斥古老的神话，而是依靠与《摩西五经》几乎没有关联的神话传统。与“P”所描述的有条不紊的创世故事不同，他重演了关于耶和华的古老传说。耶和华是一位神圣的武士，杀死海中大鱼，从原始的混沌状态中建立秩序。[43] “以赛亚第二”恢复了“P”在其宇宙论中曾经如此小心谨慎地予以排斥的暴力。他欣喜地宣告，耶和华即将通过挫败以色列过去的敌人，再现其战胜大海的宇宙性的胜利。

耶和华的仆人

但是，这些充溢着喜悦的预言却被四段奇特的诗歌不时打断，诗歌描述了一个忧伤的人，他称自己为耶和华的仆人。[44] 我们完全

---

* 即古代埃及的国家主神和太阳神。

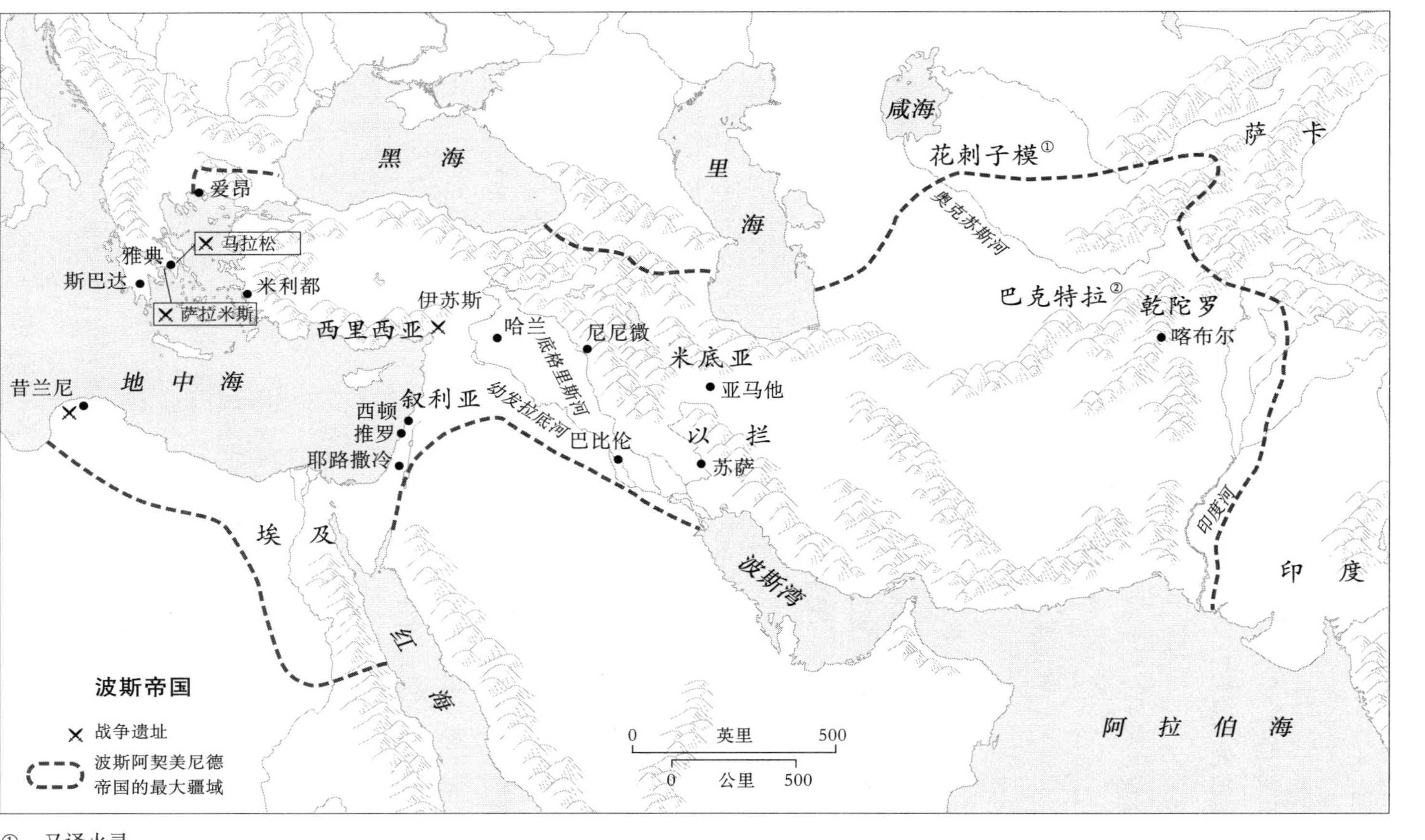
黑海
里海
咸海
花剌子模①
奥克苏斯河
萨卡
爱昂
马拉松
雅典
斯巴达
米利都
萨拉米斯
伊苏斯
西里西亚
哈兰
底格里斯河
尼尼微
米底亚
巴克特拉②
乾陀罗
喀布尔
昔兰尼
地中海
亚马他
叙利亚
幼发拉底河
西顿
推罗
巴比伦
以拦
耶路撒冷
苏萨
埃及
波斯湾
印度河
印度
红海
阿拉伯海
波斯帝国
战争遗址
波斯阿契美尼德帝国的最大疆域
0 英里 500
0 公里 500

① 又译火寻。
② 又译大夏。

不知道这个仆人是谁。也许他是被掳的犹大国王？或者他象征着所有被掳的百姓？许多学者认为，这些诗歌并非“以赛亚第二”的作品，其中一些人甚至提出，这位仆人就是先知本人，其煽动性的预言可能得罪了巴比伦当局。其他人将这位仆人看作流亡者的英雄典范，他表达了一种宗教理念，与轴心时代的精神特质非常吻合。对于一些流亡者来说，这位受苦的仆人，而非神圣的武士，才是他们的典范。

在第一段诗歌中，这位仆人宣布，耶和华拣选他去完成一项特殊的使命。他充满了神的灵，被委以重任，向万民传布公理。但他不会通过武力实现这个目标。不会出现战争和盛气凌人的任性自负。这位仆人将指挥一场非暴力的、充满同情心的战役：

> 他不喧嚷，不扬声，
> 也不使街上听见他的声音。
> 压伤的芦苇，他不折断，
> 将残的灯火，他不吹灭。[45]

这位仆人有时感到绝望，但主耶和华总是会来帮助他，所以他能够坚定不移，硬着脸面好像坚石，不致蒙羞。他从不以暴力的方式进行报复，而是绝对容忍。

> 我并没有违背，也没有退后。
> 人打我的背，我任他打，
> 人拔我腮颊的胡须，我由他拔；
> 人辱我吐我，我并不掩面。[46]

神将审判和惩罚仆人的敌人，他们会完全消失，像衣服一样要破旧，为蠹虫所侵蚀。

第四段诗歌预示了这一最终的胜利。但目前，这位仆人只是激起了人们的反感。他“被人藐视和厌弃”，他的容貌损伤得已不像人。人们由于痛恨嫌恶，掩面不去看他。但是，耶和华许诺，他必被“高举上升，且成为至高”。看到他蒙受耻辱的人会不胜惊异而闭口，但他们终将领悟，他为他们承受了苦难：“他所担当的，是我们的忧患，背负的是我们的痛苦……他为我们的过犯受害，为我们的罪孽压伤。”由于他勇敢而平静地领受了痛苦，才给人们带来了平安和医治。[47] 这是一个关于苦难的非凡见地。在以色列人成功的时刻，这位仆人提醒他们，痛苦是经常存在的现实，但他对神性的放弃会导致提升和超越自我。他的善行是普遍性的，从其当前所处的领域延伸到整个世界——遥远的岛屿和最偏僻的民族。耶和华告诉他，“复兴雅各众支派”尚为小事，他要作“外邦人的光，叫你施行我的救恩，直到地极”。[48]

与此形成对照的是，“以赛亚第二”的预言为以任何方式反对以色列的民族带来了残酷的讯息。他们必将“灭亡且归于虚无”，如同糠秕一般被风吹散。即使是那些帮助过以色列的外邦统治者，也不得不在以色列人面前俯伏在地，舔他们脚上的尘埃。[49] 在这些段落中，以色列的角色并非一位仁慈谦卑的仆人，而是彰显了战神耶和华强大的力量。在这段文本中似乎存在着两种针锋相对的见解，或许这时在流亡者群体中存在两种观点。仆人通过非暴力和自我退避获得了胜利，他将以色列的苦难视作救赎。但其他流亡者期望在征服他人的基础上建立一种新秩序。其中一种精神气质与轴心时代是合拍的，而另一种却极力摆脱它。这种张力在以色列会继续存在。

唯一的神

“以赛亚第二”认为，发生在他所处的时代的历史性逆转，将促使以色列和外邦人都能“知道我是耶和华”。[50] 这些话语反复被提及。对神圣权力的最新行使向所有人显示出耶和华是谁，以及他能做些什么。他完全是为了帮助其子民而激发了居鲁士的事业，促成一场世界性的政治革命，推翻了势力强大的巴比伦帝国。当以色列人回归家园时，耶和华将使沙漠变为池沼，在旷野种植香柏木、皂荚、桃金娘和橄榄树，使其子民在归途中感到喜悦。有其他神灵可与之相媲美吗？不，耶和华对异邦人的神灵轻蔑地宣称："你们属乎虚无，你们的作为也属乎虚空。"心智健全的人不会崇拜他们。[51] 耶和华彻底击败了其他神祇，从实质上成为唯一的神，他的活力与巴比伦人毫无生气的神祇偶像形成了鲜明对比。[52]"我是无可比拟的耶和华，"他骄傲地宣告，"除我之外没有别神。"[53]

这是《圣经》中第一次对一神论的明确断言，即相信只有一个神存在。这条教义通常被看作犹太人在轴心时代的伟大胜利，但是从它的表达方式来看，它似乎放弃了一些根本的轴心原则。"以赛亚第二"那个盛气凌人的神并没有期盼一段拥有普遍和平与同情的时期，而是倒回轴心时代之前的神圣武士形象：

> 耶和华出征有如勇士，
> 激起怒火有如战士。
> 他要高喊呼叫，
> 对自己的敌人显出他的英勇。[54]

与虚己的仆人不同，这位神灵无法停止表现自己的权威："我，我是耶和华！"在仆人拒绝"折断压伤的芦苇"的地方，[55] 这位盛气凌人的神迫不及待地看到异邦人戴着镣铐在以色列人身后行进。"以赛亚第二"没有像其他许多轴心时代的贤哲那样避免暴力，而是给予暴力以神圣的认可。

这位先知对于现世耶路撒冷城的关注，同样似乎把时钟拨回到一种更陈旧的、欠发达的神学视角当中。在印度和中国，祭仪正被逐步内在化。在以色列，以西结所描述的圣城的曼荼罗同样象征着对于神圣的内在、精神上的追求。而"以赛亚第二"所有期盼的中心在于现世的锡安。耶和华将在那里行神迹，将荒凉的废墟变为人间天堂。以西结曾看到耶和华的"荣耀"离开耶路撒冷，而这荣耀将返回锡安山。最重要的是,"全人类必一同看见"。[56]"以赛亚第二"正期待着某种戏剧性事件的发生。在巴比伦之囚发生之前，耶和华的"荣耀"曾在圣殿的仪式中再现，但在修复的耶路撒冷中（它的围墙和城垛将用珍贵的宝石进行装饰），神的形象会变得更加真切。回归家园的人们将立即感受到神的荣耀。由于耶和华将以这样一种公开而不容置疑的方式与其子民在一起，他们永远不会受到伤害。没有哪个民族胆敢再攻击他们：

> 你必远离欺压，不至害怕；
> 你必远离惊吓，惊吓必不临近你……
> 所制造的各种武器，为攻打你，一概无用。[57]

"以赛亚第二"的承诺与那些"假先知"非常接近,这令人感到不安。他们曾经预言，耶路撒冷永远不会被巴比伦人攻陷。如果这些精确的预言没有实现，将会发生什么呢?

起初，一切都令人惊叹地依照计划进行着。在居鲁士征服巴比伦后不久，他就于公元前 539 年秋天发布了一道敕令，要求被尼布甲尼撒抢夺到巴比伦的各种神灵的偶像，都应送回属于其臣民自己的土地，他们的圣殿应得到重建，他们的祭仪所需装置和器具应得到修复。由于神灵需要祭拜者，被掳的人也可以回家。居鲁士的政策既宽大又注重实效。它比亚述和巴比伦帝国的大规模再殖民活动花费更少、功效更大。居鲁士不仅赢得了臣民的感激，还获得了他们神灵的喜爱。

回归犹大

居鲁士加冕几个月之后，一群犹太流亡者启程奔赴耶路撒冷，携带着尼布甲尼撒从圣殿中掠去的金银器皿。据《圣经》记载，回归的犹太会众共计 42360 名，此外还有他们的仆婢*，又有歌咏的男女 200 名。[58] 但事实上，第一批回归的人数很可能相当少，因为大部分流亡者选择留在了巴比伦。[59] 回归者的首领是设巴萨（Sheshbazzar），是犹大的纳西（nasi，“附庸国王”）。我们对他一无所知，或许他曾经是大卫王室的一员。假如是这样的话，他可能吻过居鲁士的双手表示效忠，而且是波斯政府的官方代表。犹大成为波斯帝国第五个行省的一部分，涵括了幼发拉底河以西的所有地域。

由于《圣经》对犹大开始几年的记述比较混乱而且不甚完整，我们对这段历史几乎一无所知。设巴萨从历史记载中消失了，我们完全不知他到底发生了什么。直到公元前 520 年，即第三位波斯帝王大流士（Darius，公元前 521 年—公元前 486 年在位）统治的第二年，我们再也没有获悉更多关于回归的流亡者群体“歌兰”（Golah）的情况。耶路撒冷犹太人群体的首领如今是约雅斤王的孙子所罗巴伯（Zerubbabel），他和大祭司约书亚（Joshua）共同掌权。所罗巴伯在他的任期结束之后，也不可思议地从历史记载中消失了。接下来的 50 年，我们没有任何关于犹大时局发展的文献资料。

如果歌兰到达犹大时，耳畔回响着“以赛亚第二”的预言，那么当他们看到新的家园时必定很快就会回到现实中来，而不再存有幻想。他们中的大多数人是在巴比伦之囚期间出生的，在习惯了巴比伦王国的繁华之后，犹大会显得凄凉、陌生、毫无生气。他们已经习惯了巴比伦的生活方式，在自己的国土上反而会感到像是外来者。这里到处都是异乡人，他们像犹太人一样，在巴比伦战争之后失去了国民地位。在犹太人远离此地时，非利士人、摩押人、亚扪

---

* 7337 名。

人、以东人、阿拉伯人和腓尼基人迁入滨海平原、耶斯列平原和高地。回归的犹太人将他们都称作乡民（am ha-aretz），即“这地的百姓（people of the land）”。新来者也在离去70年后和其他以色列人重聚。犹大的治所此时名为撒玛利亚（Samerina），是古时北方王国的首都。当回归的犹太人到达目的地之后，必须向撒玛利亚的以色列地方长官呈上其诏书。[60] 在巴比伦之囚期间，犹太流亡者已经从根本上改变了其宗教信仰。他们如何能与那些从未离开过犹大并崇拜其他神的耶和华崇拜者们和睦相处呢？他们如何遵守那些如今看来粗俗而陌生的宗教实践呢？

建筑工程被延迟，歌兰回归20年之后，耶和华仍然没有圣殿。事实证明，重建工作不像“以赛亚第二”所预言的那样简单。从前的流亡者没有建筑经验，也无处居住，因此他们大多赞同将建造圣殿的事暂时搁置，直到他们有了新的居所。但在公元前520年，所罗巴伯到来的数月之后，一位新先知哈该（Haggai）告知回归者说，他们优先考虑的事是错误的。他们的庄稼歉收、经济衰退，那是因为他们只顾赶造自己的房屋，却仍使耶和华的圣殿荒废。[61] 歌兰适时受到了惩戒，回去为耶和华的圣殿做工。

到公元前520年秋，圣殿的根基已经奠定。在传统秋季节日里，歌兰聚集在一起，举行重新奉献神殿的礼。祭司们列队进入神圣的区域，唱诵赞美诗，敲击铙钹。可是一些年老的祭司仍然记得所罗门建造的宏伟圣殿，还有一些人的期望或许不切实际。当他们看到这座第二圣殿逊色的根基，便大声哭号。[62] 哈该设法振作他们的精神。他向歌兰许诺，第二圣殿会比第一座更伟大，耶和华不久将会在锡安山统治全世界。哈该的同人撒迦利亚（Zechariah）对此表示赞同。他预言道，当所有被掳者回家时，耶和华的“荣耀”亦将归来。外邦人也会聚集到耶路撒冷。外族人会“拉住一个犹太人的衣襟，说：‘我们要与你们同去，因为我们听说，神与你们同在了。’”[63] 哈该和撒迦利亚都认为，他们正处于历史的转折点，但他们没有采纳“以赛亚第二”那种唯我独尊的见解。撒迦利亚预言犹太人将带领异邦人平静地进入圣殿。他希望耶路撒冷成为一座不设防的城市。它应当没有城墙，因为此地人和牲畜甚多。[64]哈该和撒迦利亚都没有对撒玛利亚及古老的北方王国表示出丝毫敌意。[65]

这种包容精神在两卷《历代志》（*Chronicles*）中也明显地体现出来，它们很可能是在建造第二圣殿期间创作的。[66]这些作为祭司的作者修正了《申命记》所记载的历史，以适合于重建的早期阶段。首先，他们强调了圣殿的中心地位，将大卫家族仅视为神利用来建立圣殿及其祭仪的工具。其次，他们坚定地认为，圣殿始终是以色列所有支派的圣地，而不仅仅属于犹大族人。《历代志》的作者避免了《申命记》作者对北方王国的攻击，期盼着重新建立统一的大卫王国。他极为重视希西家的各项改革，并且设想他邀请所有支派，从但（Dan）到别是巴，都到耶路撒冷来守逾越节。[67]公元前722年的灾难发生之后，没有出现谴责北方王国的声明，也没有亚述人向该地区引入外邦人的记录。《历代志》的作者并不希望排斥北方各支派，或是那些没有被掳的人。他的目的是为了将耶和华的子民团结在圣殿周围。《历代志》的首个版本很可能终止于公元前520年第二圣殿立成根基的奉献仪式。《历代志》的作者承认，一些年老的祭司确实记起先前圣殿的荣耀，放声哭泣。但是另一些人大声欢呼，“以致百姓不能分辨是欢呼声或是哀哭声，因为民众都高声喊叫，这声音连远处都可以听到”。[68]痛苦与喜悦在这样一个复杂的时刻不可避免地纠缠在一起。这里既有对过去所发生灾难的悲痛之情，也充满了幸福和期待。拥有了新的开端，以色列的百姓重聚在耶路撒冷，像那位仆人一样，似乎正在呼唤整个世界。

三、希腊政治变革以及哲学与悲剧

在犹太人建成其圣殿之后不久，雅典开始着手另一次重要的政

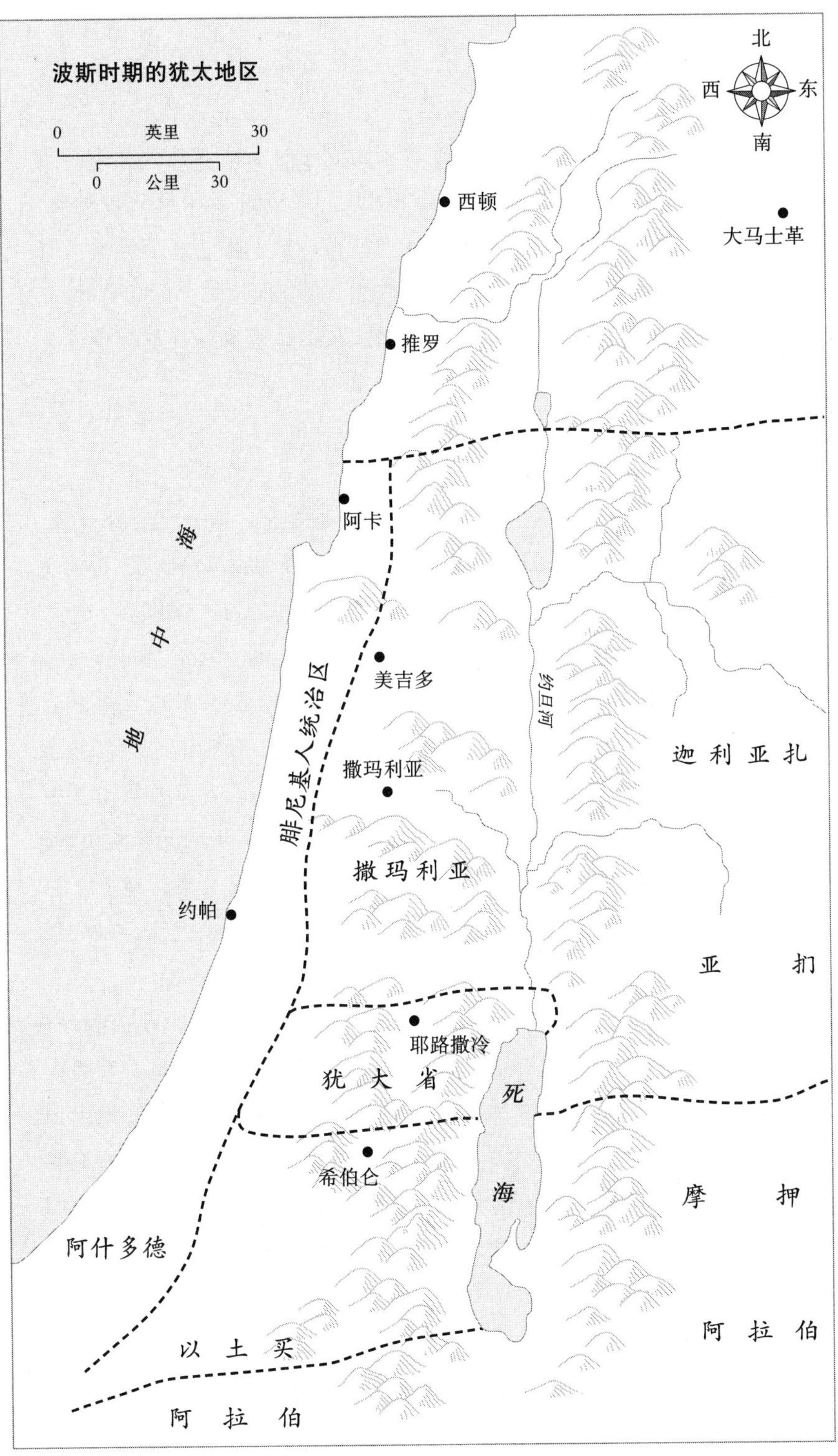

波斯时期的犹太地区
0 英里 30
0 公里 30
北
西
东
南
西顿
大马士革
推罗
阿卡
地中海
美吉多
腓尼基人统治区
约旦河
撒玛利亚
迦利亚扎
撒玛利亚
约帕
亚扪
耶路撒冷
犹大省
死海
希伯仑
摩押
阿什多德
阿拉伯
以土买
阿拉伯

治变革。庇西特拉图家族的僭主政治走到了尽头，雅典人如今渴望在政府中分享更多的权力。然而，斯巴达于公元前 510 年入侵雅典，希望以一个亲斯巴达的傀儡取代庇西特拉图式的僭主。但雅典人进行反抗，并在西锡安（Sicyon）僭主之子克利斯提尼（Cleisthenes）的帮助下赶走了斯巴达人，废除了僭主政治，克利斯提尼被任命为城邦执政官。

石山议事会

在其执政期间（公元前 508 年—公元前 507 年），克利斯提尼推行了一系列惊人的改革。[69] 他彻底改造了古老的部落体系 *，削弱了贵族领袖的权威。他还改进并扩大了梭伦的四百人议事会，如今它拥有 500 名成员，是从每一个新部落中选定的。其成员每年从中产阶级当中推选一次，他们一生只能任职两次，这意味着大多数农民、工匠和商人都能在议事会中供职一段时间，使他们在全新的意义上成为公民。雅典依然由九位执政官统治，他们是从贵族阶层中选举出来的，负责节日、军队和司法管理。他们对贵族元老院负责，元老院在市场附近雅典石山（Areopagus）的石丘上举行集会。尽管贵族阶级仍然统治着城邦，但五百人议事会和公民大会可以向任何对权力的滥用提出质疑。

这是到目前为止人类创造出的最具平等主义的政体，它对希腊世界产生了令人震惊的影响。其他城邦进行了类似的尝试，在整个地区掀起了一股具有清新活力的浪潮。克利斯提尼对其公民提出很多要求。由于五百人议事会每个月要集会三次，普通农民和商人要在其任职的那一年当中抽出 1/10 的时间致力于政治事务。但他们并没有丧失积极性，反而从这一经历当中学到了很多东西。到公元前 5 世纪时，中产阶级可以参与议事会的辩论，了解雅典最有才智

---

* 将易导致独裁统治的以家族为基础的传统部落，转变为以地域为基础。

之人的思想。这个试验表明，如果公民受到适当的教育和激励，政府就不必依靠强力进行统治，以一种理性的方式改革古老的制度是可能的。雅典人将他们的新体系称为均法（isonomia，“平等的秩序”）。[70] 城邦如今更加均衡了，农民和商人与贵族具有更为平等的资格。

真理不再是秘密，不再是给受到拣选的少数人的深奥启示。它如今存在于政治领域的“中心”（en mesoi），[71] 但希腊人仍然认为其政治生活是神圣的，将城邦看作神圣在人类事务中的延伸。雅典依然是一个虔诚的宗教性的城邦，尽管它正日益成为一个逻各斯的城邦。随着越来越多的人参与到政府管理当中，他们开始将自己在议事会中学到的辩论技巧运用到其他知识领域中。政治演说和法律开始遭到严厉的批判，而“逻各斯”这一甲兵的言说方式，继续保持了其攻击性。这一时期的辩论表现出冲突、对立和排斥相反观点的特征。

新兴哲学

这一时期的哲学反映了政治生活的论争特性，以及希腊人对均衡与和谐的向往。这一点在赫拉克利特（Heraclitus，公元前540年—公元前480年）的著作中表现得尤为明显。他是以弗所（Ephesus）的王室成员，被称为“谜语式作家”，因为他以简洁优雅而令人费解的格言形式来提出他的思想。他曾经说：“自然喜欢隐藏自己。”事物的本性实际上总与它表现的样子相反。[72] 作为第一位相对主义者，赫拉克利特认为，万物都依赖于环境：海水对鱼来说是有益的，但对人来说却可能致命。“打”若是作为一种惩罚，它便有益，但如果由一名凶杀者实施，便为邪恶。[73] 赫拉克利特是一个不平静的、令人不安的人。他认为，尽管宇宙看来好像是稳定的，但它实际上处于持续的变动之中，是各种敌对元素的战场：“冷趋暖，热趋凉，潮转燥，干转湿。”[74] 他尤其对火着迷：火焰绝不是静止的；

火使木材变成灰烬，使水变成蒸汽。火还是一种神圣的力量，通过阻止任一处于对抗中的元素获得支配地位而维持秩序——大致相当于议事会中各种意见的冲突维持着城邦的均衡。不过，在这种宇宙的动荡之下存在着统一：变动与稳定似乎是对立的，但却是同一的；黑夜与白昼是一枚硬币的两面；上升和下降的路是同一条，出口也可以当作入口使用。[75] 你不能依靠感官作为证据，而必须找到更深层的逻各斯，它是大自然的主导原则，而这同样适用于人类。赫拉克利特为希腊人发现了一项新活动——内省。他说："我曾探寻过我自己。"[76] 你通过研究梦境、情感和人的个性品质，可以获知关于人性的一点点认识，但它永远都是一个谜："即使穿越每一个极点，你也无法发现灵魂的边界。"[77]

希腊人在其政治变革中发现，抛弃传统制度而不招致诸神的愤怒是有可能的，一些人开始质疑其他古老的假设。克塞诺芬尼（Xenophanes，公元前 560 年—公元前 480 年），另一位来自爱奥尼亚沿岸的哲学家，否认奥林匹斯诸神是与人同形同性的。人们以为诸神"像我们一样出生，穿衣说话，有着同凡人一样的躯体"，并同样犯有偷盗、奸淫和尔虞我诈的罪行。显然，人们简单地将自己的形态投射到了神灵身上，马和牛或许也会这样做*。[78] 但是，他认为，只有"一个唯一的神，是诸神和人类之中最伟大者"，超越人类的一切品质。[79] 他超越了时间和变化，以其理智（nous）主宰一切；一旦他产生某种想法，事情就已经完成了。[80]

克塞诺芬尼从小亚细亚移居位于意大利南部的埃里亚（Elea），那里如今成为新兴哲学的重要中心。巴门尼德（Parmenides）是埃里亚本地人，比赫拉克利特稍稍年轻一点，他将其体验到的冷酷哲学当作神圣的启示。他说，他曾坐一辆炽热的马车游历远在银河之

* 克塞诺芬尼的原文大意为：假如牛和马有手，并且能像人一样用手作画和塑像的话，它们就会各自按照自己的模样，画出或塑出马形或牛形的神像了。

上的天堂。在那里他遇到一位女神，执着他的手，向他保证："引你走上这条路的不是恶煞——它离人们的道路确实很远——而是公平与正义。在这里你可以通晓一切。"[81] 巴门尼德认为，他把人们从错觉中点醒是对人们精神生活的重要贡献。因为没有任何东西是其表面上看起来的那样，所以人的理性必须超越常识、偏见和未经证实的观点。只有这样，它才能把握真正的实在。[82] 但是许多与巴门尼德同时代的人都感到，他使建设性地思考任何事都成为不可能。[83]

巴门尼德主张，世界是不会以米利都派哲学家们所描述的方式发展的，因为一切变化都是幻觉。实在（reality）就是一个单一、完整和永恒的存在（Being）*。他强调，我们不能明白地说出不存在的现象。这样一来，由于"存在"是永恒的而且不受改变所支配，那么就不存在变化的事物了。因此，我们绝不能说某种事物出生或出现了，因为这意味着它从前不曾存在。同样的道理，我们也不能说它死了或不再是这样了。生物看上去似乎是形成而又死去，但这是一个幻觉，因为实在是超越时间和变化的。此外，没有什么是能够"运动"的，即在一个特定的时刻，一个物体从一个位置移动到另一个位置。我们绝不能说某种事物"发展"了，它曾经是一种情形，但现在不同了。因此宇宙并不像赫拉克利特所声称的那样处于变动之中；它也不曾进化，正如米利都派哲学家所主张的。宇宙在任何时间、任何地方都是同一的。它不变、自存，而且不朽。

米利都派哲学家将其哲学建立于他们对水和空气等现象的观察。而巴门尼德不相信感官的见证，他以其非凡而冷酷的一贯性，依靠纯粹理性的论证。他培养"二阶思维"（second-order thinking）的习惯，反思思考的过程本身。像许多轴心时代的贤哲一样，巴门尼德实现了对人类知识之局限性的一种新的批判意识。他已经开始对抽象存在的哲学探索。他并不考察个体存在物，而是

---

* "Being"一般译为"存在"，也有学者主张译为"是（者）"或"存有"。

试图指出精粹的“存在”。但在这个过程中，他塑造了一个令人绝望的世界。如果变化和运动是虚幻的，人们为什么还要采取任何行动？他的弟子墨利索斯（Melissus）担任海军指挥官，应该怎样操纵移动的船只呢？我们应当怎样评价我们所意识到的身体内的变化呢？人类真的是幻影吗？通过剥夺宇宙的特性，巴门尼德同样剥夺了心灵的特性。人类不仅仅有逻各斯，我们也是有感情的生物，具有复杂的潜意识活动。巴门尼德无视这一点，专心开发他的理性力量，结果发现了一种虚空：不存在任何可以思考的东西。随着轴心时代的哲学家们持续的逻辑反思，世界变得越来越陌生，人类也似乎不认识自己了。

海上反击波斯

然而，纯粹而无所畏惧的逻各斯在世界事务中可以发挥显赫的作用。公元前 5 世纪初期，它激励海军取得了胜利，成为新的希腊精神的缩影。公元前 499 年，雅典和厄勒特里亚（Eritrea）轻率地向反抗波斯人统治的米利都提供帮助。大流士镇压了叛乱，洗劫了米利都，之后将注意力转向其在希腊本土的盟友。雅典人对波斯帝国的威力几乎没有概念，或许也没有意识到自己都做了些什么。但他们现在除了备战之外别无选择。公元前 493 年，一位并非来自雅典最显赫家族的将军塞米斯托克利斯(Themistocles)当选为执政官，他说服雅典石山议事会建造一支舰队。

这是一个不可思议的决定。雅典人在海战方面没有专长，他们的力量在于甲兵部队，这是他们的骄傲和快乐所在。他们没有造船的经验。但议事会表示赞成，引进了航海专家，雅典人开始建造 200 艘三层桨座的战船，并训练一支 4 万人组成的海军。[84] 这意味着与传统的彻底决裂。从前，唯有负担得起自我装备的男子才会被允许加入甲兵部队，但如今所有雅典的男性，包括非公民在内，都被招募到舰队中。贵族、农民和日佣（thetes）——希腊较低社会等级的人——坐在同一块船板上，而且必须一同划桨。在甲兵方阵中，希腊人面对面作战，他们感到坐在战船上背对敌人是不光彩的。许多人一定憎恶塞米斯托克利斯的计划，他们第一次大败波斯军队就是在陆地上。公元前 490 年，波斯舰队驶过爱琴海，征服了纳克索斯岛（Naxos），洗劫了厄勒特里亚，在雅典以北约 25 英里的马拉松平原登陆。在米利蒂亚季斯（Militiades）指挥下，雅典的甲兵部队启程迎战，在极端不利的条件下痛击波斯军队。[85] 马拉松成为新的特洛伊，甲兵被尊为现代英雄。当古老的方式取得如此惊人的成功之时，为什么要背离传统呢？

公元前 480 年，波斯的新国王薛西斯（Xerxes）率 200 艘三层桨座战船和大约 10 万名士兵向雅典进发。[86] 即使有斯巴达和其他伯罗奔尼撒半岛城邦的帮助，雅典海军在人数上也是大大落后的。一些执政官想要放弃舰队，但米利蒂亚季斯的儿子西蒙（Cimon）——马拉松的英雄，将他的马具象征性地留在了雅典卫城，启程奔赴比雷埃夫斯港（Piraeus）：马拉松已经成为过去。在波斯人到来之前，塞米斯托克利斯将全体雅典人，包括妇女、儿童和奴隶，送到萨罗尼克湾（Saronic Gulf）对面的萨拉米斯岛。[87] 当波斯人到来时，他们发现了一座怪异的空城。他们冲进街道，劫掠分赃，烧毁了雅典卫城宏伟的神庙，而雅典人痛苦地坐在萨拉米斯岛上，简直不能忍受这样的耻辱。但塞米斯托克利斯设下了一个致命的圈套。在结束了其狂暴行为之后，波斯舰队驶往萨拉米斯，但无法将所有船只泊入狭窄的海湾。战船完全停滞，绝望地挤在一起，无法移动，于是雅典人得以将其逐一击中。黄昏时分，幸存的波斯船只逃走了，薛西斯离开了阿提卡，回去镇压国内的暴动。

萨拉米斯改变了希腊的历史进程，标志着某种新原则的诞生。希腊人通过对理性的严格运用，战胜了强大的帝国。倘若希腊公民没有经过多年逻辑思考的学习，将情感从理性力量中抽离出来，塞米斯托克利斯是绝不会说服他们采纳他的计划的。他的战略显示出许多轴心时代的价值标准。希腊人必须抛弃他们的过去，而展开一项试验性的进程。这个计划要求自我牺牲。甲兵方阵对希腊人的身份认同极其重要，但是在萨拉米斯，他们不得不放弃这种“自我”，并且不顾其英雄传统，允许波斯人毁坏他们的城市和圣殿。萨拉米斯是一个轴心时刻，不过，就像频繁出现在希腊的情况一样，它是一次军事胜利，并导致了更多战事。

公元前 478 年，100 多个城邦在雅典的领导下组成了一个军事同盟。其目的是反击波斯人今后的入侵，从波斯的统治下解放爱奥尼亚城邦，并增进希腊人之间的友谊。其成员承诺提供船只和装备，并同意每年在提洛岛（Delos）集会*，那里是同盟的守护神——阿波罗的诞生地。公元前 477 年，雅典展开进攻，征服了城邦爱昂（Eion）——波斯人在爱琴海北岸最重要的据点。尽管这是一场胜利，恐惧和忧虑仍然隐藏在人们心里。公元前 476 年举办的大酒神节（Great Dionysia）上演了剧作家普律尼科司（Phrynichus）创作的关于波斯战争的三联剧†。《米利都的陷落》（*The Fall of Miletus*）没有被保存下来，但历史学家希罗多德（公元前 485 年——公元前 425 年）记下了它对观众产生的影响：“整个剧场哭声一片，因为普律尼科司使人想起了同胞令人痛心的灾难。为此，普律尼科司被处以一千德拉克马‡的罚金，这出剧被永远禁止演出。”[88] 在大酒神节表演的悲剧不常描述时事。雅典人期待从悲剧中获得净化（katharsis），这需要一种超然，普律尼科司没能实现这种超然。

悲剧主题

悲剧演出如今在雅典是一项受到人们珍视的制度。在每年举办

---

* 此军事同盟因其集会地点而得名“提洛同盟”。

† 或称三部曲，即属于同一题材的三出悲剧。

‡ 古希腊的银币名称、重量单位。

的酒神节上，城邦将自身呈现在舞台上。剧作家们通常选择反映新近发生事件的主题，但往往将它们放置在神话背景中，远离当代的场景，使观众能够对问题进行分析和反思。节日是一种公众冥想，在此期间观众努力思考和解决他们所面临的难题和困境。所有男性公民必须出席，甚至连囚犯在节日期间也被暂时释放。正如雅典在泛雅典娜节中展示了自身，酒神节是城邦骄傲的有力证明。参加同盟的城邦派遣代表，送来贡物；人们向杰出的公民献上花环；为雅典服役而死去的士兵的孩子们在游行队伍中行进，武装备战。[89]

但这里并没有浅薄的沙文主义。公民们聚集在剧场中流泪。当希腊人将神话改编为戏剧，不断帮助他们分辨其与众不同的身份时，他们质询过去的确定性，并严厉批判传统上绝对的事物。悲剧也标志着宗教仪式的内在化和深化，表现出轴心时代的灵性。这种新体裁或许起源于狄俄尼索斯的秘密祭仪，其时歌队以规范的诗歌语言朗诵狄俄尼索斯的苦难故事，歌队长同时走上前以一种更为通俗的风格，向尚未入会的新成员解释其深奥的意义。[90]但在城邦酒神节上，曾经是秘密的祭仪如今当众表演；它们已经被民主化了，被置于公共空间之中。

年复一年，新的角色被引入，他们与歌队长进行交谈，给活动提供了一种更具戏剧色彩的直观性。到公元前 5 世纪时，城邦酒神节期间的戏剧表演反映了轴心时代的内省精神。它们揭示了众所周知的神话人物——阿伽门农、俄狄浦斯、埃阿斯或赫拉克勒斯——的心灵之旅，在复杂的选择之中挣扎，勇敢地面对一切后果。随着观众注视着演员深入内心，沉思抉择，艰难地做出决断，戏剧表演展现出轴心时代全新的自我意识。像哲学家一样，悲剧作家也质疑一切：诸神的本性、希腊文明的价值，以及生命的意义。过去，从未有人使这些故事经受如此彻底的审视。如今，剧作家们在其作品中加入了原始传说，对它们进行修饰和改动，以探究正在希腊世界中显现出来的前所未有的困惑和茫然。

在悲剧中既没有简单的答案，也没有单一的观点。[91] 主要角色是往昔的神话英雄，歌队往往代表处于社会边缘的人——妇女、老人和外国人，他们常常惊恐地观望着剧中的主要人物，感到他们的世界如此陌生、不可理解和充满危险。歌队并不代表城邦说话。尽管他们处于社会边缘，而且通常没有受过良好的教育，但他们说的是极具风格的、抒情的阿提卡方言，而贵族角色运用的是城邦的通俗土语。这里表现出如此显著的视角上的冲突，无论是英雄还是歌队都不会表达“正确的”观点。观众必须将双方的视角进行权衡比较，就像他们在议事会里所做的一样。他们唯有通过分析通常对城邦事务没有发言权的歌队的论点，或者距离人们时空遥远的往昔神话英雄的论点，才能理解一部戏剧的意思。悲剧教导雅典人设身处地为“他人”着想，同情那些观念设想与自身具有明显差异的人。

三大悲剧家

最重要的是，悲剧将苦难搬上了舞台。它不允许观众忘记生活是痛苦的、不尽如人意的和有缺陷的。通过将一个受尽折磨的个体置于城邦的面前，分析这个人的痛苦，促使观众同情他或者她，公元前 5 世纪的悲剧作家——埃斯库罗斯（Aeschylus，约公元前 525 年—公元前 456 年）、索福克勒斯（Sophocles，约公元前 496 年—公元前 405 年）和欧里庇得斯（Euripides，约公元前 484 年—公元前 406 年）——已经抵达轴心时代精神的核心之处。希腊人确信，分享悲痛与泪水会在人与人之间建立起一条珍贵的纽带。[92] 仇敌发现了他们共同的人性，以至于像阿喀琉斯和普里阿摩斯在《伊利亚特》结尾处所做的那样：他们的泪水成为一种净化，清除了恶毒仇恨造成的不幸。在城邦酒神节上，雅典人大声而毫无顾忌地哭泣。这不仅加强了公民之间的凝聚力，同时也提醒人们，他们并不是在独自承受那些个人的不幸。他们以一种全新的方式意识到，所有必死的生命都经历着苦难。净化是通过同情和怜悯的体验而实现的，因为与他人有同感的能力对于悲剧体验来说是至关重要的。这一点在埃斯库罗斯的《波斯人》(*The Persians*)中体现得尤其突出，这部悲剧于公元前472年在城邦酒神节上演。

埃斯库罗斯的选择是有风险的，因为他仅在普律尼科司的《米利都的陷落》失败四年之后就选择了一个关于当代事件的主题。但他的戏剧让雅典人从波斯人的角度看待萨拉米斯战役，从而实现了必要的距离感。这次没有出现骚乱，这既应感谢埃斯库罗斯，也要感谢雅典观众。仅仅几年之前，波斯人摧毁了他们的城市，亵渎了他们的圣殿，而现在他们却能够为波斯人的死而哭泣。薛西斯、他的妻子阿托撒(Atossa)和大流士的幽灵都感人地诉说着丧失亲人的刻骨悲痛。它剥开了平安的外表，揭示了生命的恐惧。这里没有辉煌的正义，没有幸灾乐祸。埃斯库罗斯并未把波斯人描绘成敌人，而是一个举哀的民族。这部戏里有对波斯人勇气的赞颂，希腊和波斯被描述为“同宗的姐妹……美丽无瑕”。[93]戏剧以仪式般的哀悼作为终结，战败的薛西斯被温和而恭敬地引向他的宫殿。《波斯人》是表现同情心的杰出范例，在激烈冲突的记忆仍然清晰的时候，这种同情扩展到了昔日敌人的身上。

这部戏反省了战争的训诫。薛西斯犯有狂妄自大的罪过，他越过国界，并且拒绝接受神授的帝国边界。大流士的幽灵发出了郑重的警告：

> ……不要鄙弃眼前所有的幸福，想要贪多，
> 反而浪费了许多财富。天帝宙斯
> 会严厉惩戒那些傲慢自负的人。[*94]

---

* 本书涉及埃斯库罗斯、索福克勒斯和欧里庇得斯等人的戏剧作品引文部分中译参照《罗念生全集》第二卷(《埃斯库罗斯悲剧三种　索福克勒斯悲剧四种》)和第三卷(《欧里庇得斯悲剧六种》)，上海人民出版社2004年版。

但波斯人并不是唯一犯有傲慢自负罪过的民族。此时，一些雅典人开始担心他们自己的狂妄自大。他们侵略其他的城邦，并且通过战争掠夺，投资昂贵的建筑工程。薛西斯的警示或许击中了要害。[95]

公元前470年，当富庶的纳克索斯岛试图脱离提洛同盟（Delian League）时，雅典立即向它发动进攻，摧毁其城墙，迫使它回到同盟中。同盟本来的目的是为了促进城邦之间的友谊，但是现在看来，它的真正目的是维护雅典的利益。第二年，结盟的各个城邦在潘菲利亚（Pamphylia）打败了波斯舰队，这一战役标志着波斯战争的结束。许多人一定怀疑，既然来自波斯的威胁已经被遏制，同盟是否还要服务于其他目的。来自城邦内部的压力依然存在。自从萨拉米斯战役以来，处于希腊较低社会等级的日佣成为海军的骨干，他们在城邦中的地位日益突出。他们不会太过被传统观念所约束，极易支持任何能使他们在公民大会中拥有更高地位的激进政策。阶层之间出现了新的摩擦，雅典正成为一个分裂的城邦。

所有这些令人忧虑的状况都会在埃斯库罗斯创作的《七将攻忒拜》（*Seven Against Thebes*）* 中予以体现。该剧于公元前467年上演，讲述了俄狄浦斯的两个儿子——波吕尼刻斯（Polynices）和厄忒俄克勒斯（Eteocles）之间发生的明显徒劳无益的战争。这个兄弟敌对的残酷故事或许使人们想起了新近发生在纳克索斯的希腊人攻击希腊人的悲剧。入侵其本国城邦的波吕尼刻斯狂妄自大，而厄忒俄克勒斯似乎表现出了一位真正的公民应有的克制和自律：他厌恶歌队表现的受惊妇女们那种古老而缺乏理性的宗教，她们时而三三两两地冲到舞台上，提出一些零乱的问题，发出愚蠢而无法理解的宗教仪式的喊叫。而拥有理性的厄忒俄克勒斯，却陷入其父俄狄浦斯所释放的、玷污了整个家族的不洁之中。[96] 在戏剧的结尾，这种毒气最终驱使兄弟俩在底比斯的城墙外互相残杀。

---

* 或译《七雄围攻底比斯》。

埃斯库罗斯描述了一个破裂的社会，在两个互不相容的世界中进退两难。正如厄忒俄克勒斯和那些哲学家一样，一些市民蔑视古老的宗教，但又无法彻底摆脱它。它仍然在他们思想更深层、更少理性的区域里占据统治地位。在戏剧的结尾，古老的冥府复仇女神厄里倪厄斯战胜了现代逻各斯的威力。雅典人也许将自己看作城邦里拥有理性的人，掌控自己的命运，但他们仍然感到被一种神授的不洁所侵袭，它拥有自己的生命。雅典人在纳克索斯表现出的狂妄自大会不会产生新的毒气，导致其城邦的毁灭？希腊人的精神向两个方向被拉伸，而埃斯库罗斯并没有提出轻松的解决办法。在最终的哀悼中，歌队分裂开来，一半与波吕尼刻斯站在一边，另一半参加厄忒俄克勒斯的葬礼。

公元前 461 年，一群雅典青年在埃菲阿尔特斯（Ephialtes）和他的朋友伯里克利（Pericles）的带领下，向公民大会中的元老发动了联合攻击，剥夺了由元老组成的石山议事会的一切权力。他们的口号是民主（“民治政府”）。政变彻底颠覆了政治秩序。石山议事会被五百人议事会所取代，此后，决策要由公民大会中的所有公民作出。然而，这种新的民主政治并不完全是良性的。辩论经常是粗鲁和挑衅性的。法庭由公民组成，他们既是法官又是陪审员。不存在法律规则，一场审判实际上是被告和原告之间的一场战斗。

《俄瑞斯忒亚》

埃斯库罗斯不久之后创作的三联剧《俄瑞斯忒亚》（*Oresteia*），表现了雅典由于这次革命所受到的深深震撼。埃斯库罗斯再一次描绘了旧与新之间——厄里倪厄斯与更现代的、更具“政治性的”奥林匹斯诸神之间的冲突。三联剧回溯了城邦出现的过程，从部落的混乱和族间仇杀，发展到雅典的相对有序，公民可以支配自己的生活；它标志着民族精神从盲目崇尚武力到非暴力辩论的痛苦进程。不过，埃斯库罗斯清楚地表明，理想不同于现实，不存在轻松的答案，法律和秩序的最终景象只是一种渴望，而不是已经实现了的事实。

《俄瑞斯忒亚》正视了暴力的问题，即轴心时代所关注的中心问题。它讲述了阿特柔斯家族的故事，它被残忍的谋杀所玷污，陷入无法停止的复仇屠杀的循环之中。故事始于阿伽门农被妻子克吕泰涅斯杀死，之后克吕泰涅斯被替父报仇的儿子俄瑞斯忒斯所杀。故事以俄瑞斯忒斯飞快地从厄里倪厄斯手中逃脱而告终，复仇三女神在舞台上的可怕面目导致了观众中的一些孕妇流产。故事的主人公无法终止暴力，因为每一次杀戮都释放出新的毒气，而作为城邦守护神的奥林匹斯诸神，被人们认为站在法律和秩序一边，却似乎反常地乐于向人类发出于理不通的命令，使他们陷入取胜无望的境地。于是，人类的生活充满了无法避免的不幸。“作恶的人必有恶报，”歌队评论道，“这是不变的法则。”[97]但在“向宙斯的祈祷中”，埃斯库罗斯提供了一线脆弱的希望。只要宙斯——“无论谁是宙斯”——主宰天地，苦难就依然是人类生活的一部分。不过宙斯已经“教会了人类思考”，并将仁爱置于通往智慧的道路：

> 他颁布法律：经由苦难来学习。
> 悲痛甚至进入了睡梦，滴在心里，
> 那是无法忘记苦难的悲痛，
> 甚至进入了那些不愿学会明智的人的心里。

整个生命就是苦，但痛苦教育了人类，于是他们学习超越表面的绝望境地。

在三联剧的最后一部《复仇女神》(*Eumenides*)中，还在被厄里倪厄斯追踪的俄瑞斯忒斯来到雅典，投身于雅典娜脚下，她召集石山议事会审理这个案件。血仇残酷的审判必须服从于法律的和平进程。厄里倪厄斯主张，由于杀死了母亲，俄瑞斯忒斯违背了神圣的家族法律，必须遭到适当的惩罚。陪审团的意见出现分歧，但当判罪票和赦罪票数目相等时，拥有决定权的雅典娜宣告俄瑞斯忒斯无罪，并将雅典卫城的一座神殿献给厄里倪厄斯以安抚她们。从此以后，她们被称作欧墨尼得斯（Eumenides），意为“善良的女神”。城邦的美德——适度和对立势力的平衡——占据了优势，但过去的邪恶行为依然发挥作用。男人和女人、诸神和复仇女神必须从苦难中吸取教训，吸收和承担过去邪恶行为的记忆。在戏剧的结尾，欧墨尼得斯在庄严的游行队伍护送下进入她们的新神殿。[98]这一宗教仪式的盛典（pompe）象征着悲剧融入了城邦。流血、仇恨和暴力亵渎的梦魇——由厄里倪厄斯所代表——不能被否认。城邦必须吸收这种悲痛的重压，使它成为自身的一部分。接受它，在城邦神圣的中心荣耀它，使它成为美善的力量。

然而，雅典并没有吸取历史的教训。尽管有关于自由的美好说辞，但雅典已被当作一种压迫势力而受到整个希腊世界的憎恨。自由城邦组成的提洛同盟事实上已经成为雅典帝国，试图脱离同盟的城邦遭到残酷镇压并被迫纳贡。公元前 438 年，为纪念雅典娜而在雅典卫城建造的帕特农神庙（Parthenon）竣工，但它是由受到羞辱和剥削的希腊同胞修建的。这座俯视着城邦景观的新神庙是群体自豪和强大的明证。而伯里克利却警告雅典公民，他们已陷入一个危险的进程。雅典不可能扑灭大规模反叛。它的帝国已经变成了一个陷阱。或许创立它是一个错误，但任由它发展下去是十分危险的，因为雅典如今遭到了被它所控制的人的憎恨。

《安提戈涅》

雅典开始意识到自己的局限。于公元前 5 世纪 40 年代中期上演的索福克勒斯的悲剧《安提戈涅》(*Antigone*)，描述了一场家族效忠与城邦法律之间不可调和的冲突，剧中的主人公——无论是底比斯国王克瑞翁（Creon），还是俄狄浦斯的女儿安提戈涅——都无法化解冲突。事实上，根本就没有化解这种冲突的可能。这部悲剧表明，坚定的信念和明晰的法则并不一定导致美好的结局。剧中所有人物都拥有良好的意愿，没有谁希望悲剧的发生，但尽管他们尽了诚挚且最大的努力，结果仍是灾难性和破坏性的失败。[99] 尽管城邦自豪地宣称以自由和独立为荣，但它还是容不下一个安提戈涅，她为最虔诚的动机违抗了城邦法律，坚持她的信念，而且能够以激昂而有说服力的逻各斯为自己的信念争辩。在推动剧情发展的圣歌中，扮演长老的歌队声称，没有什么能超越人的威力。人创造出克服每一个障碍的技术，并发挥他的理性力量建立了一个稳定的社会。他是一切他所俯瞰的事物之主，而且似乎战无不胜——除了残酷的死亡，这使他认清真正的无助。如果他忘记这一点，就会成为胡勃理斯的牺牲品，“在孤独的骄傲中走向生命的终结”。[100]

轴心民族都深刻地意识到人类生活的局限性。但在世界其他地区，这并没有阻止他们追求至高无上的目标，或发展出使他们能够超越生命之苦难的精神方法。确实，正是对自己内在弱点的痛苦体验，促使他们中的许多人寻找脆弱自我之中的绝对。然而，希腊人似乎只能看到无底深渊。当安提戈涅意识到她再也无法可施的时候，立刻接受了作为俄狄浦斯之女的命运，承认在玷污了全家的毒气面前，她也是无助的。她没有像妹妹伊斯墨涅（Ismene）那样踌躇动摇，而是骄傲地承担了她的苦难，并且真的“在孤独的骄傲中走进”她的坟墓。

索福克勒斯似乎在告诉他的城邦，启蒙之梦是一个幻想。尽管人类有非凡的文化和理性上的成就，他们仍然面临着无法抵御的痛苦。他们的技能、他们的道义、他们的虔诚，以及他们的理性力量，都不能将其从苦中解救出来。他们所经历的苦并不是自己的业导致的后果，而是来自外在的神圣源泉。必死的男人和女人们并不能掌控自己的命运。他们必然竭尽全力避免悲剧的发生，就像安提戈涅所做的那样，但是，当他们走到全部努力的尽头时，只能果敢而毫不畏缩地接受命运的安排。索福克勒斯间接地表明，这才是人的伟大之处。而在印度，启蒙之梦并没有破灭。事实上，它对越来越多的人来说正成为一个可以触及的现实。

四、大雄与耆那教

精神真空同样也在印度出现了，新一代的圣人们积极甚至孤注一掷地寻找一种新的解决方法。到公元前 5 世纪晚期，在耶若婆佉时代仍备受争议的关于业的学说如今已被普遍接受。[101] 男男女女都相信，他们被永无止境的生死轮回所牵绊；欲望驱使他们的行动，而他们的行为品质将决定其来生的状况。恶业意味着他们可能会投生为奴隶、动物或植物，善业则会确保他们转世为国王或神灵。但这并不是一个幸福的结局：即便是神灵也会耗尽这种有益的业，死去，再次投生在世上地位更低的等级之中。随着这种新的观念逐渐扎下根来，印度的气氛改变了，许多人情绪低落。他们感到注定要被投入一次又一次短暂的生命。即使是善业也不能拯救他们。当他们环顾周围的社会，只看到烦恼和苦难。即便是财富和物质享乐也被迫近的晚年和必死的命运这些无情的事实所遮蔽。他们实际上认为，此等世间乐“皆终迄明朝，诸根明敏力，以此潜摧凋”，他们衰败的步伐亦由此加快。[102] 随着这种忧郁情绪的强化，人们艰难地寻求摆脱困境的出路。

精神的不安

越来越多的人不再执迷于古老的吠陀宗教仪式，它并不能针对这个问题提出解决方案。最好的结果就是转世在神灵的世界里，但是按照新哲学的说法，这只不过是从持续不断的苦难和死亡的轮回中得到的暂时解放。此外，人们开始注意到，宗教祭典甚至不能带来它们所应许的物质利益。一些人拒绝了《梵书》的仪式科学。先前的《奥义书》许诺了最终的解放，但这种灵性并不是任何人都可以得到的。它基于对吠陀思想之各种细节的通晓，而大多数人不会掌握这些知识。而且，许多人对梵和个我的特性表示怀疑，但这正是整个思想体系所依赖的。瑜伽提出了解脱，但是瑜伽修行者怎样解释他所经历的入定状态呢？他们的思想能与吠陀正统思想相符合吗？在这段时期内写成的《奥义书》声称可以做到这一点。《羯陀奥义书》（*Katha Upanishad*）认为，个我（真正的自我）控制身体的方式如同驭手驾驭战车。瑜伽修行者学习将精神和官能掌握在自己的控制之下，如同在战车驾驭者控制下的骏马。以这种方式，“而彼有智人，意正常清净，乃得归宿处，生死两终竟”。[103] 但是其他人确信，瑜伽是不足以解决问题的，他们还需要更多。

瑜伽是一项全职工作。它每天都要耗费人们几个小时的精神，而这显然与家主的职责相矛盾。到公元前 6 世纪时，大多数人认为，家主没有获得解脱的希望，因为他屈从于业的控制，受其阶层的职责所驱使，不断行动，每一个举动均由其欲望引起，而欲望正是问题的根源所在。家主没有欲望便不会成为人父。如果不渴望成功，他就不会发动战争、种植庄稼或者从事买卖交易。而每个行动都导致新一轮将他束缚在无情轮回中的职责。寻求解脱的唯一出路就是“向前”走到森林里去，成为一名隐士或托钵僧，他们无须承担那些职责。印度人并不把隐修者看作软弱的逃避者，而是将他们尊为无畏的先驱，他们付出了相当大的代价，努力为人类寻找精神出路。由于这个地区弥漫着绝望的情绪，许多人渴望一位耆那（Jina），即精神上的“征服者”，或一位大彻大悟的佛陀，因为他们已经“觉醒”而实现了生命的另一个维度。

精神上的不安情绪因一场社会危机而加剧。像希腊一样，印度北部也在经历着重大的政治和经济变革。吠陀制度曾经是一个高度流动的社会的精神体系，与不断的迁移相连。然而到了公元前 6 世纪和公元前 5 世纪，人们逐渐以更大规模、更永久性地定居下来，并开始认真从事农业生产。制铁技术的传入，包括重型铁犁的使用，使得开垦并灌溉更多田地、砍伐茂密的森林成为可能。由人们精心耕作的配有沟渠网络的一块块土地环绕着如今的村庄。新的农作物品种被培育出来了，包括水果、稻米、荞麦、芝麻、小米、小麦、谷物和大麦。农夫变得越来越富有。[104] 政治变革同时也在进行。到公元前 6 世纪末期，小片领地被更大的王国所吞并。这些新兴王国中最大的要数东南部的摩揭陀（Magadha）和西南部的拘萨罗（Kosala）。它们由逐步以武力进行统治的国王来管辖，他们慢慢改变了旧有的效忠模式，即由部族转变为早期的国家，它强调领土概念甚于血缘关系。其结果是，负责行政管理和防卫事务的刹帝利武士阶级地位愈发显赫。新国王不再像他们的祖先那样对婆罗门贵族毕恭毕敬，尽管他们可能嘴上说得还很好听，对那些古老的观念表示尊崇。

社会变革

君主政体并非政府管理的唯一形式。在这些新兴王国以东，出现了许多以不同方式进行管理的国家，它们由古老部族（支派，ganas）的长老集会僧伽（sangha）来统治。这种讨论式的政府管理与希腊城邦有明显的相似之处，不过我们实在对这些印度僧伽知之甚少。我们不清楚有多少人被允许进入部族集会，它包括哪些阶层的人，其成员是否由选举产生。或许有多少国家就有多少种管理体制，但是无论它们的组织形式如何，这些“共和国”——末罗、拘利（Koliya）、毗提诃、纳耶（Naya）、跋祇、释迦、迦腊摩（Kalama）和离车（Licchavi）——变得越来越强大，虽然它们能感到来自试图扩张领土的拘萨罗和摩揭陀王国的威胁。武装对抗的可能性时隐时现，同时人们意识到，特别是自从铁器制造使得武器的杀伤力变得更强以来，这些大国之间的战争远比古老的劫掠活动更具破坏性。

新兴国家刺激了恒河流域的商业贸易。人们修建道路，保护贸易通道。钱币取代牲畜成为财富的象征，商人阶级发展了起来，他们在整个区域内交易金属制品、纺织品、食盐、马匹和陶器。一些有胆量的人开始创建商业帝国。我们得知有一位陶匠，他拥有 500 个工场和一支船队，装载着他的陶器行遍恒河流域。[105] 贸易产生了更多的财富，国王和部族僧伽们可以购买奢华的物品、装备军队、建设正成为贸易和工业中心的新兴城市。

吠陀经文对一些像哈斯提纳普拉这样的伟大城市大肆夸耀，但实际上它们比村庄大不了多少。据考古学研究显示，城市化只是在公元前 6 世纪才开始启动，一些新兴城镇——瓦腊纳西（Varanasi）、王舍城（Rajagriha）、舍卫城（Shravasti）、拘尸弥（Kaushambi）和妙德城（Kapilavastu）——都在恒河流域的东端发展起来。西部古老的吠陀核心地带大致保持了乡村风貌。权力向东部转移，婆罗门被视为边缘化的和不纯洁的人物。这种发展形势是对吠陀正统的又一个打击，它与城市生活不甚相称，而且从未在东部地区扎下很深的根基。如果国王们开始摆脱僧侣的控制，整个共和国就会倾向于忽视婆罗门的作用，对传统的献祭也敷衍了事。他们不再举行炫财的冬宴以烧掉过剩的用品，而是将它们用于经营管理，或资助城市建设、贸易和工业。一种原始的资本主义已经发展起来，它与过去的社会有着完全不同的优先考量。人们原先设计的奢侈的献祭是为了感动神灵，并提高施主的威望。到公元前 5 世纪时，这些东部地区的人们体会到，不断改良的贸易和农业远比吠陀祭典能给他们带来更多的财富和更高的地位。

新兴城市不再要求人们遵奉传统，而是鼓励个人进取和创新精神。单独的个人——成功的店主、有魄力的制造商和精明的财政管理者——异军突起，而这些人难以被归入原有的阶级体系。个人主义开始取代部族或村社的身份认同。进一步说，那些卓有成就的人往往来自吠陀体制中较低的阶层。商人、农场主和高利贷者通常是吠舍，他们大都出身于不太高贵的血统。如今，一些吠舍在聚积土地，并引领着农业革命；另一些则从事贸易和工业，变得比刹帝利更为富有。手工艺者大抵来自当地的首陀罗阶层，他们不被允许参加吠陀宗教仪式，也不属于雅利安社群。在古代社会，他们的职责是提供劳动。然而在新兴城镇中，一些首陀罗，比如那位拥有庞大陶器帝国的陶匠，正获得从前无法想象的财富和地位。

这些新的发展是积极的，但也是令人不安的。城市化伴随着大规模的社会变革，它使许多人迷失了方向。有些家族变得富有而强大，而另一些则开始衰落。城镇和贸易促进更强的个人流动性，同时它还刺激人们与其他地区的人进行接触，而这也逐渐削弱了较小的地方社群。新的阶级分裂产生了。婆罗门和刹帝利倾向于联手反对吠舍和首陀罗。旧有的乡村精英感到与新兴的城市阶级渐行渐远，而后者具有很强的吠舍和首陀罗的成分。成为商人和放贷者的富有的吠舍逐渐与在乡村地区从事农业生产的吠舍相疏远。曾经支配四个阶层之间关系的规则如今看来不再适宜了，人们必须学习共同相处的新方式。部族身份认同的丧失使一些人感到痛苦而陷入无限的怅惘。

这些社会张力在城市化进展更快的东部地区尤为剧烈，也是在这一地区，印度轴心时代的下一个阶段开始了。雅利安移民在这里是少数民族，当地传统依然十分盛行。人们感到可以自由地探索新颖的解决方案。在乡村，人们年复一年地在同一时间做着同样的事情。城镇里迅猛的物质发展使得城市居民比乡村居民更加意识到变革的步伐。生命好像更加短暂了，拥挤而骚动的城市中疾病流行、社会失范，而这证实了已经根深蒂固的信念，即生命是苦。传统价值标准崩溃了，新的生活方式似乎又是陌生而令人恐惧的。城市令人兴奋，街道上挤满了描画得色彩亮丽的马车，大象驮着货物往来于遥远的国度，来自印度各地的商人聚集在市场里。城市阶级势力强大，盛气凌人，雄心勃勃。但城镇中的赌博、剧场、舞会、卖淫及喧闹的酒馆生活，对于那些喜好传统价值观念的人来说是触目惊心的。

生活甚至比从前更具攻击性了。“共和国”里出现内讧和市民之间的争斗。君主政治是高效和集权式的，那只是因为它能压制住国民。军队只效忠于国王，而非整个部族，因此国王可以将命令强加给他个人的作战机器，利用它去征服邻近的领土。这种新式的帝王权力给一个地区赋予了更强的稳定性，但是许多人因国王能以这种方式将其意志强加于人民而深感不安。经济由贪婪驱动，放贷者和商人在永无尽头的竞争中互相欺诈。在印度北部地区如此关键的戒杀的理想，在这个无情的社会中怎样才能实现呢？生活似乎比从前以劫掠牲畜作为经济支柱时更加暴虐和可怕。吠陀宗教看来愈发与当前的现实格格不入。商人经常处于旅途之中，无法保持圣火燃烧或遵从传统的家主祭典。动物献祭或许在以畜牧业为主要活动时还富有意义，但如今农业和贸易已经取而代之，牲畜愈发稀少，献祭也显得浪费和残忍——太易于令人回想起王国官员的暴力行为。人们需要一种截然不同的宗教解决方案。

寻求解脱

他们自然将目光投向了那些隐修者，他们像商人一样，是当前公众关注的目标。他们也跨越了吠陀体系的边界，开始有所建树。这段时期随处可见隐修者的身影。一些隐士团体仍留在森林里，遵守吠陀宗教仪式，但另一些在印度东部社会居于显要的地位。到公元前 6 世纪时，无数学派涌现出来。一群群弟子簇拥在导师身旁，他提倡某种特别的生活方式，许诺他的“法”（dharma，即“教义”）会引导人们从死亡和转世中解脱出来。他的学生可能将他称为佛陀或耆那，因为他们相信，他已经获悉开悟的奥秘。我们对这些学派知之甚少。印度仍是一个口述传统的社会，大多数精神导师都没有留下成文著作。他们通常依靠竞争对手的辩论传播思想，而他们很可能歪曲导师的教义。这些导师吸取了这个时代的竞争精神，为争取弟子而互相激烈地竞争，为宣扬他们的教义开辟道路。大批身着

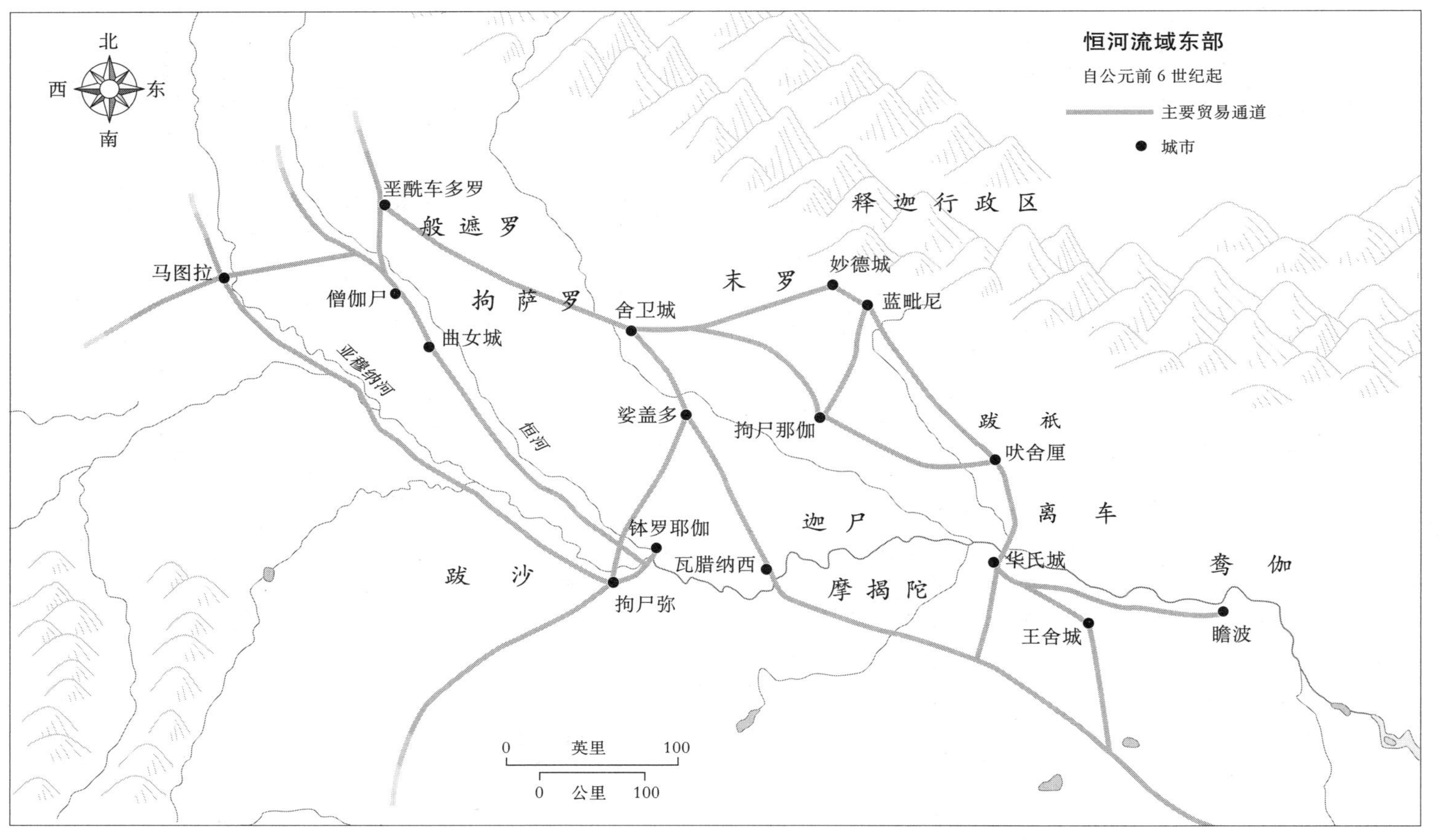
恒河流域东部
自公元前 6 世纪起
主要贸易通道
城市
北
西
东
南
窣酰车多罗
般 遮 罗
马图拉
僧伽尸
拘 萨 罗
舍卫城
末 罗
妙德城
蓝毗尼
释 迦 行 政 区
曲女城
亚穆纳河
娑盖多
拘尸那伽
恒河
跋 祇
吠舍厘
离 车
迦 尸
钵罗耶伽
瓦腊纳西
跋 沙
拘尸弥
摩 揭 陀
华氏城
鸯 伽
王舍城
瞻波
0 英里 100
0 公里 100

黄袍的隐修者沿着商队的路线前行，走在商人的大篷车旁边，他们的到来如同商人的商品一般受到热切的期盼。当一位导师初到城镇时，人们一同前来倾听他的教导。在市场、市政厅和郊区草木茂盛的热带公园里，充满热情的讨论牵涉到所有社会阶层的人们。不想离开家庭但又感到需要新的精神满足的家主，往往成为一个学派的世俗拥护者。隐修者，即那些“沉默的圣人”，静静地穿过城镇，伸出碗乞求食物。家主和他们的妻子非常乐于用自己的剩余食物填满那些饭碗。这是一件善事，也许能保证他们来世也成为僧侣，获得实现解脱的机会。

新近的教义具有许多共同点：生命是苦；为了获得自由，你必须依靠禁欲苦行和坐禅摆脱导致业的欲望。这方面没有详细阐述的经文和评注流传下来。这些教义完全是实用性的。导师将一种方法传授给希望学习它的任何一个人，你不必成为一位学者或礼仪专家。课程通常是基于导师自己的经验。如果它发挥了作用，给他的弟子带来了解脱和开悟的迹象，那么此教义便是有效的。如果弟子没有任何收获，他就可以毫不愧疚地离开这位导师而去找另一位。实际上，僧侣们常常在旅途中互相打招呼：“谁是你的导师？这些时日在遵行何种教义？”

有些学派教授极端的方法，反映出社会中不断增强的绝望情绪。[106] 诃萨（Hansas）完全不安家，在一个村庄里只能停留一个晚上，且以牛粪为食。阿杜姆伯拉（Adumbaras）靠水果、野生植物和根茎维生。最高的诃萨（Paramahansas）睡在树下、墓地里或废弃的房屋中。一些人遵循数论派的教义并练习瑜伽，决心获得解脱的知识，另一些则持怀疑态度。一位叫作删阇夜（Sanjaya）的导师否认任何终极答案存在的可能性。一个人所能做的事就是增进友谊和培养平和的心境；由于真理是相对的，对问题的讨论必然会导致妄语，因而应当回避。另一位导师阿耆多（Ajita）是唯物主义者，他否认转世的学说：由于人类是物质的，他们死后只会完全回归各种元素。人们的行为方式因此并不重要，因为人人都拥有相同的命运，但是通过做一些让自己高兴的事，并且只行那些促进善意和幸福的业，来获得这样的结果，或许会更好些。[107]

所有这些教义都显示出人们决心要找到一种摆脱生死轮回之绝境的方法。一些人相信他们能够通过艰巨的禁欲苦行达成愿望，另一些人认为可以通过消除恶意和争吵实现这一点。其目的并非找到一种形而上学的真理，而是获得内心的宁静。与索福克勒斯不同，这些圣人并不认为他们必须庄严地接受痛苦。他们确信有可能找到一条出路。这些导师中最重要的一位是末伽梨·俱舍罗（Makkhali Gosala，约卒于公元前 385 年）。他沉默寡言，是一位严格的苦行修道者，并且宣扬宗教宿命论："个人的努力是不起作用的。"人们无法对其行为负责。"一切动物、人类、生命和灵魂都缺乏力量和精神。他们被命运、不可避免的阶级状况以及个人的天性所左右。"[108]他创立了一个叫作"生活派"（Ajivaka，即"生活方式"）的学派。俱舍罗认为人类无一例外在获得解脱之前注定要经历一定数目的轮回，因此他们的行为不管怎样都不会影响其命运。然而，与此相矛盾的是，生活派采取严苛的生活制度。他们赤身裸体，行乞为生，并严格遵守定量的饮食规则，以至于其中的一些人饥饿而死。他们还给身体造成剧烈的痛苦。例如，当一个新成员加入此派时，他要被从脖子以下埋入土中，头发被人一根一根地拔掉。他们施行这些苦修并非因为他们相信这会有所帮助，而只是由于他们在个人轮回中到达了那个阶段，此时实践苦行是他们的命运。

这种令人沮丧的教义十分流行，正是这段时期人们极度焦虑的征候。俱舍罗的竞争对手对他的抨击比对其他导师更为猛烈，因为他们惧怕他的成功。铭文显示，国王送予俱舍罗厚礼，并向生活派的苦行修道者捐赠财产，此派别在印度一直持续到公元 10 世纪。我们也许无法领略其全貌。俱舍罗很可能教授了一种对外人保密的特别有效的坐禅形式。他设计极端苦行的目的或许是为了使新成员受到震惊，从而进入一种超越痛苦或欢乐的境界，他的宿命论也可能仅仅是一种实现平静和安宁的方法。如果每个人的命运都是预先注定的，那么就无须为将来的事情而担忧了。

精神上的征服者

据说俱舍罗曾经是筏驮摩那·季纳特里普特拉（Vardhamana Jnatrputra，约公元前 497 年—公元前 425 年）的弟子，筏驮摩那是这一时期最重要的导师之一。他的弟子们尊称其为“大雄”（Mahavira）。他是摩揭陀一位刹帝利部族首领之次子，拥有引人注目的体格、活力和美貌，但在 30 岁时决定离弃此世而成为一位隐修者。他决心通过自己的努力实现开悟，因此拒绝加入任一既定学派。我们获悉，神灵完成了筏驮摩那的出家启始仪式，他经历了 12 年半的行乞生活，游历于恒河流域，实践着平常的禁欲苦行：赤身裸体，将身体暴露于夏季的酷暑和冬季的严寒之中；实行斋戒，剥夺自己的睡眠和住所。正是在这一最初阶段，筏驮摩那接收俱舍罗为徒，与他一同旅行 6 年，直至俱舍罗宣布已实现解脱，并自称为“耆那”，即精神上的征服者。不过，这一记述是后人插补入古老的经文的。[109] 它对俱舍罗怀有敌意，暗示俱舍罗只是忌妒大雄精神上的卓越地位，从而草率离开。两人最终和解：俱舍罗临死时承认大雄是一位真正的导师，而大雄预言俱舍罗总有一天会证得开悟。在这两个学派之间可能存在某些历史关联，大雄早期曾受到生活派的影响，但后来发展出了独立的学说。

大雄严苛的生活方式有一个特别的目的。和所有苦行修道者一样，他希望将真正的自我从身体的束缚中释放出来，从而实现内心的调节与平和的心境。但是直到他发展出了一种完全不同的看待世界的方式，他才实现了解脱，这是反复通过戒杀（即“无害”）[110] 才能形成的。每人都拥有一个灵魂（jiva），它是人内心深处一个活跃的实体，是发光的、极乐的、有智力的。而动物、植物、水、火、空气甚至岩石的每一个体也都拥有灵魂，它们是由前世的业带到当前的存在形式的。因此，所有生命分享着同样的天性，就像我们自己所希望接受的方式那样，它们也必须受到同样谦恭和尊敬的对待。[111] 即使是植物也有某种形式的意识；它们可能在来世成为圣树，之后变成人形，最终达到开悟。如果放弃所有暴力行为，动物也可能在天堂获得再生。人类也适用于同样的法则，只有不伤害同类，才有可能实现解脱。除非一个苦行修道者获得了这种推己及人的世界观，否则他就无法得到解脱。

对于大雄来说，解脱就是非暴力。当他在 42 岁获得这种观念的时候，便立即体验到了开悟。据早期经文的记载，那时他住在河边的原野上。[112] 他已斋戒了两天半，滴水未进，将自己暴露在炫目的阳光下，获得了“一真”（kevala），即一种独特的知识，能赋予他完全不同的视角。如今他能够同时感知每一个维度的时空中所有层面的实在，仿佛他是神。事实上，对大雄来说，迪弗只不过是一个通过感知和尊重在每一个造物中存在的神圣灵魂而获得了“一真”的造物。

这种精神状态无疑是不能用语言描述的，因为它完全超越了普通的意识。它是对一切生命绝对友善而谦卑的境界。在这种开悟的存在状态中，“言语归于徒然，世俗逻辑没有功效，心智无法理解”。你谈及它时只能说：“非此也……非彼也。”当一个开悟的人获得这种视角时，他或她将会发现“它无与伦比。它的存在没有任何形式……它非声音、非形状、非灵魂、非极乐、非触觉或任何相似之物”。[113] 但是，大雄确信，任何人如若遵循他的训练方法，便会自动达到这种不可言喻的状态，并成为一名耆那 / 胜者。因此他的信徒被称为耆那教徒，而他的法是“胜法”（the Way of the Conquerors）。

大雄是一位刹帝利。他认为自己只不过是穿越苦溪（river of dukkha）得到解脱的许多耆那中最新的一位。在他死后，耆那教徒阐明了一部详细的史前史，声称在先前时代共有24位这样的“跋涉者”，他们发现了通往解脱的桥梁。其中的每一位都是刹帝利，身体健壮、容貌俊美，像狮子一般勇敢。大雄就这样为武士阶级提供了一种标新立异的精神气质：新的英雄气概彻底抛弃了战斗，但要求具有战斗的勇气。后来，耆那教徒的教团受到国王和武士的资助，他们无法舍弃其军事职责，但希望在来世能够做到这一点。尽管教义致力于非暴力，但它经常使用与战争有关的形象。耆那教的苦行修道者是武士，他与自己好战的本能冲动进行搏斗，并尽力避免所有未得开悟之人所具有的攻击性所带来的恶果。苦行修道者将以其戒杀的生活为他自己、他的家庭和教团赢得与沙场战士同样多的荣耀。一个耆那教徒的团体被称作一支(gana),意即“一群士兵”。成为一名耆那应当英勇、坚定、冷酷向己，这是成为一名真正的英雄的标志。

戒杀

极少有人曾像大雄那样如此坚持不懈地追求戒杀的理想。后来的耆那教徒阐明了一套详尽的末世论和宇宙论；他们发展出一套形而上学，将业视为如同尘土一般的细微的物质形式，由各种行为的不同特性而引起，附着灵魂，使其受到重压，阻碍它上升至宇宙之巅。据我们所知，大雄及其早期的追随者并不关心这些问题。非暴力是他们唯一的宗教义务。如果没有戒杀，其他所有的道德实践都毫无价值，而除非耆那教徒对每一个造物都保持同情心，否则他是不能实现戒杀的：“一切有呼吸、存在、鲜活、有知觉之造物都不应被杀戮，亦不应遭受暴力、虐待、折磨或驱赶。此为纯粹、不可更改而永恒之准则，知晓此准则之开悟者宣告之。”[114]

当然，这种见解并非抽象的赞同。耆那教徒必须深切地意识到，即便是像岩石那样从表面上看没有生命的实体，也拥有感知痛苦的灵魂，它们不希望任何有生命的造物比它们自己遭受更多的痛苦。

耆那教徒通过一项使他们意识到这种不寻常的真理的苦行训练实现了这一理念。通过学习与先前不同的行为举止，他们发现自己的视角改变了，他们开始重新审视这个世界。他们走路的时候必须极为小心，唯恐无意中踩到一只昆虫或践踏一片草叶。他们必须小心翼翼地放下物品，而且严禁在黑暗中走来走去，因为这时很容易伤害另一个珍贵的生物。他们甚至不能从树上采摘水果，而必须等到它自己掉到地上。当然，耆那教徒也需要吃饭，早先的时候，他们允许接受求乞来的肉食，倘若他们没有亲手杀死动物的话。但是，他们的理想是从根本上戒除任何活动，因为哪怕是最微小的动作或肉体的冲动都有可能造成伤害。

但是耆那教徒的戒杀并不完全是消极的，他们一心想着不造成伤害。他们必须培养对一切生命之仁爱的积极态度。一切有生命的造物应当互相帮助。他们必须以友谊、善意、耐心和温柔去接近每一个人、动物、植物、昆虫或卵石。像瑜伽修行者一样，耆那教徒遵从五戒（禁制），立誓弃绝暴力、欺诳、奸淫、偷盗和私财，但大雄对这五种禁制的诠释来自他对万物生命力的洞察。早期耆那教徒无疑专注于第一项戒杀（“无害”）的誓约，他们在最微小的生活细节中予以践行，而其他几项也由非暴力的精神所促成。耆那教徒不仅必须戒除欺诳，他们的言语也必须谨慎和克制，其目的是为了消除任何不和善或缺乏耐心的可能。言语也许会导致自夸，因此他们应当尽可能少说话。如果会伤害另一个人，不说出真相甚至更好。耆那教徒的誓约是为了培养一种警觉和谨慎的态度。弃绝偷盗是不够的，他们根本不能拥有任何财产，因为每种存在物都有其神圣的灵魂，它是至尊而自由的。[115]

耆那教徒必须时刻意识到周围一切事物的生命力。如果人们没有看到这一点，就无法同与其相伴而生的造物产生适当的联系，但这使耆那教徒专注于一种完全超人的克制之中，似乎常常会限制他们的生活。他们不能点火、采掘或犁耕。他们只能饮用过滤的水，每走一步必须检查周围的环境，避免任何轻率的举动。如果耆那教徒这样实践他们的誓言，就会发现自己已经实现了非凡的自制和同情，这将使他们获得开悟。推己及人是至关重要的。首先，大雄教导耆那教徒，必须学得“关于世界的知识”，因此他就会领悟到，万物都拥有神圣的生命力。一旦他掌握了这种关于世界的知识，接下来必须培养“对万物的怜悯之情”。[116]

大雄成功实践了其自身的“金规则”。耆那教徒用自己希望被对待的方式对待他人。遍及整个世界中的苦是由无知之人的业引起的，当他们伤害他人的时候并没有意识到自己在做什么。否认你的同类的灵魂就相当于否认你自己内心的自我。[117] 耆那教徒希望与所有人和事物保持友谊，无一例外。一旦他们持有了这种态度，将立即获得开悟。解脱并非是一位负责监察的神灵赠予值得奖赏之人的酬劳。耆那教徒对这类神学不感兴趣。但他们发现，他们所严格遵行的艰苦训练给他们带来了超然的宁静。

大雄开悟之后，在瞻波（Champa）城郊一棵婆罗双树附近的古老寺庙中做了第一次布道。[118] 关于这一事件的第一次详细记述，于公元前 1 世纪在一部较晚的经文中被人们发现，但它成为耆那教传统的核心。瞻波的国王和王后出席，一大群神灵、苦行修道者、一般信徒和动物也都来专心聆听大雄关于非暴力的布道。这是一个具有象征意义的时刻。在吠陀祭祀中，神灵们一同观看人类屠杀动物。但在瞻波，神灵、人类和动物聚集在一起，聆听戒杀的训诫，并组成一个友爱的社会。这种普遍的团结和推己及人的观念应当充满生活的每一个业之中。

耆那教徒对瑜伽不感兴趣，但他们实践着自己的坐禅方法。修士们一动不动地站立，手臂垂在体侧但不接触身体，严格地抑制每一种对此不利的想法或冲动，同时有意识地努力使自己的精神充满对一切造物的爱和善意。[119] 一位有经验的耆那教徒会达到一种叫作“舍”（samayika，即“镇定”）的类似禅定的状态。在这种状态中，他身体的每一个细胞都领悟到，世界上的一切造物都是平等的。在这个时刻，他感到对万物都具有完全相同的善意，没有特别喜欢或特别讨厌的东西，也不会将任何一个卑贱、令人不悦或无关紧要的生命与他自己区分开来。耆那教徒每日两次站在导师面前，忏悔他们可能不慎“由于践踏了种子、绿色植物、露珠、甲虫、泥土、湿地和蜘蛛网”所造成的不幸。他们以下面的话作为结束：“我请求一切有生命之造物的宽恕，愿一切造物宽恕我，愿我对一切造物怀有友谊而没有丝毫敌意。”[120] 这种新的理想已不再仅仅是戒除暴力，而是要培养一种无尽的温柔与怜悯之心。

第七章

关爱众人

（约公元前 450 年—公元前 398 年）

一、尼希米与以斯拉

在以色列，轴心时代正接近尾声。到公元前 5 世纪下半叶，耶路撒冷还是波斯帝国一个不起眼的破败小城。“大转变”（The Great Transformation）通常发生在变革和发展的前沿地区。以色列和犹大王国因帝国强权统治而遭受巨大苦难，但这些帝国带来了更为开阔的视野和更广大的世界。以色列的轴心时代在该地区的首府巴比伦达到顶峰。在耶路撒冷，被掳回归者不再处于世界重大事件的中心，而是处境低微；为生存而挣扎已经优先于对富有启发性的宗教理念的探求。《以赛亚书》中的几章内容可能记述了他们在第二圣殿建成之后所专注的事务。[1]“以赛亚第二”旧时的梦想并没有消逝，人们依然希望耶和华将在耶路撒冷创造“一个新天新地”，从此不再有哭泣的声音，从前的苦难将被忘记。[2] 另外一些人则盼望着神之城向所有人——被驱散之人、外邦人和阉人——敞开大门，因为耶和华曾经宣告：“我的殿必称为万民祷告的殿。”有一天，他将带领这些外人进入圣城，允许他们在锡安山上向他献祭。[3] 不过，事实上，一种更加激烈的排外态度预示着轴心时代的终结。

约公元前 445 年，一位新省长被任命为波斯驻耶路撒冷的代表。尼希米（Nehemiah）是波斯首都苏萨城中犹太人社群的一员，担任国王亚达薛西一世（Artaxerxes I）的司酒者。当他听说耶路撒冷的城墙仍是一片废墟时，感到非常震惊。他恳求国王允许他去往犹大王国，重新建造祖先的城。他到达耶路撒冷，隐姓埋名。一天夜里，他秘密骑马出城，察看破旧而废弃的城墙，看到“城墙有缺口，城门已被火焚毁”。有一个地方，他甚至找不到一条路能骑马穿过。第二天，尼希米向长老们作了自我介绍。市民们发动了一次大规模的协作，仅用了 52 天就修建起了新的城墙。然而，被掳回归者群体歌兰与邻人们的关系已严重恶化，因此重建工作是很危险的。尼希米在整个执行使命期间不得不应对一些当地统治者的顽固阻挠，这些人包括参巴拉（Sanballat）、多比雅（Tobiah）和革顺（Gershon）。参巴拉是撒玛利亚的省长，控制原北方王国地区；多比雅是参巴拉的官员之一；革顺则是以东的省长。新城墙是在恐惧和压力之下建造的：“每个人都一手做工一手拿兵器。修造的人都腰间佩刀。”[4]

确定这段时期的年份是非常困难的。我们主要的资料来源是《以斯拉记》（*Ezra*）和《尼希米记》，其中包含许多互不相关的文献资料，是后来的一位编纂者努力将它们串联了起来。他设想以斯拉和尼希米是同时代的人，并安排以斯拉首先到达了耶路撒冷。但事实上，有足够的理由确定，以斯拉执行使命是在亚达薛西二世统治时期，比尼希米晚得多。[5] 尼希米做了大量工作以恢复耶路撒冷的繁荣。他设法使城市人口数量增长到一万，并试图防止穷人受到贵族的压迫。但他在耶路撒冷的首要行动是修造城墙，此举意义重大。在大约开始于公元前 432 年的他的第二个任期里，尼希米确定了新的立法，阻止歌兰的成员与当地人结婚，即便是那些当年没有被掳的以色列人。他驱逐了大祭司以利亚实（Eliashib），因为他娶了参巴拉的女儿为妻。在巴比伦之囚期间，一些祭司曾告诫人们不要被外邦人同化。如今，歌兰被禁止与曾经是以色列人但现在被看作外人和敌人的人们通婚。

在巴比伦之囚期间，普通百姓受到鼓励，采纳祭司们的洁净条例，这意味着普通犹太人必须接受专家就复杂礼仪对他们的指导。以斯拉就是这些专家之中的一位。他“立志考究遵行耶和华的律法，又以律例典章教训以色列人”。[6]他还可能曾是波斯宫廷里管理犹太人事务的大臣。这时，波斯人正在审查其各族臣民的法规，确保它们符合帝国治安的需要。以斯拉作为巴比伦的法律专家，或许已经在犹太律法与波斯法律体系之间找到了一种令人满意的妥协方式。他的使命是在耶路撒冷颁布律法，并使之成为当地的官方法律。[7]《圣经》作者将以斯拉的使命视为以色列民族历史的转折点：他将以斯拉到犹大王国的旅程描述为一次新的出埃及的过程，而以斯拉也表现得如同一位新时代的摩西。当以斯拉到达耶路撒冷时，被眼前的景象所震惊。祭司们仍然与乡民勾结在一起，百姓依旧娶外邦女子为妻。连续一整天，耶路撒冷的居民不安地看着国王的使者撕扯着头发，坐在街上，陷入深深的悲恸之中。之后，他将所有歌兰成员召集到一起开会：任何拒绝参加的人将被驱逐出社群，财产也将被充公。

元旦那天*，以斯拉将“律法书”带到水门前的宽阔处。他站在木台上，身边是一些处于领导地位的市民。以斯拉向民众宣读“律法书”，一边读一边作出解释。[8]我们无法知晓他实际上读了哪一段经文，但它确实使百姓惊愕不已。宗教真理被写下来并被朗读出来听起来总是会有很大的不同。百姓哭了起来，被耶和华的要求所震惊。以斯拉不得不提醒他们，这是一个节日，是喜乐的时刻。他朗读了一段经文，吩咐以色列人要在七月节（住棚节）住在特殊的棚子里，以纪念其祖先在旷野里漂泊 40 年。于是百姓冲上山，取来

* 指犹太历。

橄榄树、番石榴、松树和棕榈树的树枝，茂密的枝叶搭成的棚子很快遍布全城。城里的气氛如同狂欢节一般：人们每晚都聚集在一起，聆听以斯拉宣读律法。

再一次集会则是一个更加阴郁的时刻。[9]集会在神殿前的宽阔处举行，百姓颤抖地站着，任冬天的倾盆大雨在城中肆虐。以斯拉命令他们离开他们的外邦妻子。妇女和儿童于是被驱逐出歌兰的群体而加入乡民的行列。以色列的成员如今被限定为曾经被流放到巴比伦的人的后代，以及那些愿意服从律法即耶路撒冷官方法规的人。被逐的哀伤在《以赛亚书》中记录了下来：

> 亚伯拉罕虽然不认识我们
> 以色列也不承认我们；
> 耶和华啊，你却是我们的父……
> 我们好像你未曾治理的人，
> 又像未曾得称你名下的人。[10]

苦难和被主宰导致了一种防御性的排斥，这与世界上其他地区逐渐展现出的轴心时代的精神气质背道而驰。

不过，那个冰冷的雨天场景并非故事的终结。《以斯拉记》和《尼希米记》只构成了《希伯来圣经》(Hebrew Bible)[*]的一小部分。许多人都与以斯拉和尼希米有着相同的观点，但这并不是唯一的观点。公元前5世纪和公元前4世纪期间，《圣经》经过一些编纂者的汇编，以色列和犹大王国的各种更具包容性的传统也得以表现出来。“P”的教义强调，没有什么人是不洁净的，这种观点在《摩西五经》的

---

* 犹太教《圣经》的原文版本，分三集，计为“律法书”(5卷)，“先知书”(8卷)，“圣录”(11卷)，共24卷，即日后所称“二十四书”。犹太教通称《泰纳克》(*Tanak*)。约在公元前4世纪以后陆续汇编成集，用希伯来语写成。公元2世纪初，由犹太教的拉比们正式确定。基督教新教以此作为《旧约圣经》的范本，仅在排列次序和某些书名上略有改动。

前三卷中居于主导地位,缓和了《申命记》作者的排他观念。《圣经》中另外的书卷提醒犹太人,大卫王本身就是摩押女子路得(Ruth)的后代。《约拿书》(*Jonah*)表现了一位希伯来先知受到耶和华的指派,拯救亚述帝国首都尼尼微(Nineveh)的故事,而亚述曾于公元前722年摧毁了以色列王国。当约拿向神表示抗议时,耶和华的回答或许会得到很多轴心时代贤哲的认可——耆那教教徒尤其可能表示赞同:“这尼尼微大城,其中不能分辨左手右手的有12万多人,并有许多牲畜,我岂能不爱惜呢?”[11]

以色列轴心时代的第一阶段就此结束。但是,正如我们在本书最后一章将会看到的,它会享有第二阶段的丰硕成果:拉比犹太教、基督教和伊斯兰教都是基于以色列的轴心理念之上,并依据“金规则”以及“屈从”、同情和关注每个人的精神,创造了各自的信仰。

二、苏格拉底时代

随着人类迈入公元前5世纪的下半叶,尽管雅典拥有辉煌的成就,老一代雅典人仍然感到未来不可预测。伯里克利领导雅典城邦达到了权力的顶峰,雅典卫城上的新建筑显示了其丰功伟绩。雕塑家们创造着令人惊叹的艺术品,伟大的悲剧作家们的杰作继续在城邦酒神节上演。公元前446年,雅典和斯巴达通过谈判达成一项休战30年的协定,两者分享了希腊世界:雅典控制爱琴海地区,而陆上强国斯巴达占据伯罗奔尼撒半岛。雅典可以期盼一段时间的和平与繁荣了。伯里克利甚至建造了防御长墙,把城邦和比雷埃夫斯港围起来。许多雅典人仍然感到城邦的脆弱,冷静地意识到那些接受雅典统治的城邦憎恨他们的帝国权威。公元前446年,他们在彼奥提亚(Boetia)遭受了重大的损失:各城邦试图叛离提洛同盟,萨摩斯岛也有战事,波斯人威胁要进行干预。雅典并不是举足轻重的世界强国,而只是一个过分扩张的小城邦。4万名好战之徒怎能统治整个希腊？然而，年青一代并没有察觉这一点。在马拉松战役之后出生的他们，只知道轻而易举的成功。他们逐渐对伯里克利感到厌烦。如今他已60岁，做好了聆听新思想的准备。公元前5世纪30年代，城邦里的人们对这些新思想议论纷纷。

深奥的哲学

这些年间发生了一个重大的思想转变。人们已经开始对哲学家们感到失望甚至疑惑，因为哲学家的作品变得越来越深奥难解。巴门尼德的弟子芝诺（Zeno，生于公元前490年）试图通过阐明一系列恶作剧式的悖论，证明其导师饱受争议的思想的正确性。巴门尼德曾经声称，不管感官带给我们什么样的证据，实际上一切都是静止不动的。芝诺提出例证，说明一支处于飞行中的箭实际上是静止的。在任何时刻，这支箭都占据着一块空间，恰好与它自身相等，因此无论它在哪里，总是静止的。“移动的物体既非在其所处的空间里，也非在其不在的空间里移动。”[12] 芝诺还争辩说，跑得最快的阿喀琉斯在泛雅典娜节赛跑中甚至不可能出发：在跑完全程之前，他必须经过中点，而在到达中点之前，他必须经过1/4路程的地方。如此类推，以至无穷——在阿喀琉斯跑完任何一段距离之前，他必然要跑完它的一半。[13] 因此，就运动进行有意义的讨论是不可能的。所以，正如巴门尼德劝告人们的，最好完全不要去谈论运动。

芝诺希望证明，人们的常识在逻辑上是荒谬的，并发现运动实际上由一系列静止所组成，这在某种程度上引起了后世哲学家的兴趣。正如我们即将看到的，中国的逻辑学家也会引申出类似的难题。但是，许多与芝诺同时代的人感到，理性破坏了它自身的基础。如果阐明任何真理都是不可能的，那么这些讨论的意义何在？西西里的哲学家恩培多克勒（Empedocles，公元前495年—公元前435年）试图恢复世界的常态，同时坚持巴门尼德的一些观点。他主张，四种元素确实是不变的，但它们随处运动并相互结合，形成了我们看到的各种现象。士麦那（Smyrna）的阿那克萨戈拉（Anaxagoras，公元前 508 年—公元前 428 年）认为，每一种物质都包含了其他物质的要素，尽管它们不能被人的肉眼所辨别。因而可以断定，由于一种物质包含了所有存在物的种子，任何物质都肯定能发展成为其他物质。像米利都派哲学家一样，他也试图找到万物发展的本源，他将其称为心智（nous，“精神”）。这种宇宙心智是神圣的，但并非超自然的，它只是物质的另外一种形式。心智一旦促使万物处于运动状态，它就无能为力了。非人力的自然力量接管了它的工作，运动进程在不受操控的情况下继续着。德谟克利特（Democritus，公元前 466 年—公元前 370 年）设想有无数微小的颗粒在虚空中飞奔。他称它们为“原子”，这个词源于“atomos”（不可切分的）。原子是单质的、不能分割的、不可毁灭的，但是当它们互相碰撞时会聚合在一起，产生出我们周围常见的物体。当原子分散开来，物体就会瓦解，表面上似乎消亡了，但原子会继续创造新的存在形式。[14]

这些哲学家并非是远离世俗社会、关在象牙塔里的寂寞的思想家，他们是知名人士。比如，恩培多克勒声称自己是神圣的，他身着紫袍，束金色腰带，足踏古铜色靴子。人群聚集，倾听他的演说。我们以后见之明可以看出，这些哲学家的部分直觉是非同寻常的。德谟克利特的原子论在现代物理学家那里得到了进一步发挥。恩培多克勒关于“爱”与“恨”发生宇宙争斗的设想，也可以说与电磁学和“宇宙大爆炸”理论（Big Bang theory）有一定的相似之处。[15] 不过，他们没有证明其理论的途径。所以，虽然这些理论非常富有洞察力，却仍然只是玄想而已。哲学对于普通人来说，越来越遥不可及。这些稀奇古怪的宇宙论不能符合人的需求，并且与人的基本经验背道而驰。如果你不能相信你的感官提供的证据，那你又如何能达成任何结论呢？既然任何人都不能提出充分的证据来支持巴门尼德或德谟克利特，我们为什么应当相信他们奇特的想法呢？随着人们的常识被这些逻辑学家无情地摧毁，许多人开始感到迷惑了。科学将持续以这种方式扰乱大众。当哥白尼、伽利略和查尔斯·达尔文最初提出他们的假说时，都引起了人们的不安。这些自然哲学家（physikoi）对与其同时代的希腊人逐渐产生了类似的影响。

阿那克萨戈拉大约于公元前460年来到雅典，立刻成为引起争议的人物。这是雅典——一个宗教性极强的城邦——第一次直接接触新思想。许多人的好奇心被激发了起来，但另一些人却感到沮丧。阿那克萨戈拉开始对天文学产生兴趣，据说他曾成功预测到一颗陨星于公元前467年在色雷斯的坠落。他不可能做到这一点，但他很可能会因为天空落下炽燃巨石这样的传说而激动不已。无论如何，他断定太阳是一块石头，月亮是一团泥土。天体不是神灵，而是炽热的岩石，人们不应崇拜它们，而应当避开它们。[16]这种言论在爱奥尼亚或许已经是老生常谈了，但在雅典却是令人难以接受的。

智者之道

一个新兴知识分子群体尝试着使哲学变得实际一些，并与人们的生活更加相关。他们对雅典的思想家产生了深远的影响，但许多人认为他们与科学家一样让人头疼。[17]他们被称作智者（Sophists）。后来的苏格拉底、柏拉图和亚里士多德都相当激烈地批评过他们。结果，“智者”一词今天被用来描述那些运用似是而非和欺骗性辩术的人。但是，这对于最初的智者来说是不公平的，他们以自己的方式严肃认真地寻求真理，并且相信自己担负着重大的使命。他们指出，哲学走错了方向。一位来自西西里岛林地尼城邦（Leontinum）的智者高尔吉亚（Gorgias）通过模仿而嘲弄了米利都和埃里亚学派的自然哲学家：

- 任何事物都不存在。

- 即使它存在，也不可能被表述。
- 即使它可以被表述，也不可能向其他任何人传达。[18]

否认常识和语言的效用有何意义？现在不应再创造令人难以置信的幻想，而是开发一种对人们切实有所助益的哲学的时候了。

智者们以教育家自居。民主政治使任何有天赋的男人都有可能在公民大会上出名，只要他能言善辩，令人信服。但是，一般的学习课程对年轻人获得这些技能没有什么帮助。希腊的男孩子学习阅读、写作、运动，以及大量关于荷马的知识，不过他们的教育在14岁时就结束了。智者填补了这个空白，他们向任何缴付必要费用的人提供高等教育。厄利斯（Elis）的希庇亚斯（Hippias）是最著名的智者之一，他是一位十足的博学者，教授算术、记忆术、测量术、历史、音乐、诗歌和数学。像恩培多克勒一样，他也是知名人士。他在奥林匹克竞技会上朗诵他创作的诗歌，并向大群观众发表演说。他还是一位手艺精巧的工匠，他所有的衣服和鞋子都是自己做的。这种自给自足贯穿了他的哲学思想，人必须依赖于自己的洞察力。希庇亚斯和他的同行不致力于破坏常识，而是设法在头脑的思维方式方面为他们的学生增加信心。他们永远也不能通晓绝对的真理，可是，一旦他们认识到一切思想都是主观的，他们至少可以脱离幻觉。他们的观点和别人的一样好，所以他们应当将自己的思想视为至高无上和独立自主的。

智者触及轴心时代的许多主题——对解脱、自主和个性的渴望，以及对普通民众产生影响的能力，而不仅仅将知识局限在少数精英分子的圈子中。但是，这里有一个根本的区别。迄今为止，希腊人并没有表现出如瑜伽修行者所追求的对彻底转变的期望。希腊人强烈感受到作为人类所拥有的潜能，可是对于这种潜能会将他们带往何处却几乎没有兴趣。他们将注意力集中于他们是什么，胜过他们可能成为什么。[19]他们重视当下，尤其对使他们在此时此地更有战斗力的技艺（techne）感兴趣。智者并不需要一种会将他们带出此世的技艺，他们并没有要创造一种不同寻常的人格的雄心，而只是希望增强学生们在现世中的技能。智者没有放弃财产，反而热心于挣钱。其他的哲学家鄙视这种做法，不过智者并不是贪得无厌的唯利是图者。他们真诚地认为自己是在开展一项颇有价值的事业，帮助普通公民抓住他们新的机遇，无论其出身和地位如何。

一部分智者教授修辞法和说服的艺术。例如，高尔吉亚撰写了几本关于公开演说的手册，并教导他的学生，就任何问题进行辩论都是可能的。他曾为没有辩护余地的特洛伊的海伦（Helen）写了一篇著名的申辩。他自己也是一名令人激动的演讲者。当高尔吉亚于公元前 427 年作为林地尼城邦的大使来到雅典时，立刻成为轰动一时的人物。雅典的年轻人蜂拥而至，参加他的课程。伯里克利的侄子阿尔基比亚德（Alcibiades）是高尔吉亚的学生之一，他曾经利用智者的方法在一场关于民主政治的辩论中彻底击败了他的叔伯。阿尔基比亚德在公民大会中成为一位才华横溢的演说者，正如我们即将看到的，这对雅典产生了可怕的后果。一些智者的学生确实滥用了他们学到的技巧，但这不是智者的错。高尔吉亚认为，有效的演讲术使自由得以继续。真正懂得如何参与辩论的人能够为无辜者辩护，并改善他的城邦。阿提卡的演说家安提丰（Antiphon）曾经评论道，在民主政治中，“胜利属于最佳演讲者”。[20] 这未必是一句风凉话，而是关于民主政治运转方式的真实写照。如果胜利果真属于在公民大会中最令人信服地进行辩论的人，那么智者的技巧确实保证了正义的获胜。

并非所有智者都专注于公开演说。其中最著名的智者是阿布德拉（Abdera）的普罗泰戈拉（Protagoras），他对修辞术几乎没有兴趣。他的专长是法律与政府管理，但也有关于语言和文法学方面的著述，并发表了一篇讨论真理之本性的哲学论文。普罗泰戈拉于公元前 5 世纪 30 年代来到雅典，成为伯里克利的朋友。伯里克利曾委托他为位于意大利图里伊（Thurii）的新殖民地起草宪法。普罗泰戈拉教导他的学生质疑一切。他们不能接受道听途说或间接得来的消息，而必须检验任何违背他们自己的判断和经验的原理。如果得不到有力的证据加以支持，就不应再对宇宙作出任意的推断。而如果与常识性规律相抵触，天真地相信神话传说也是无法令人接受的。

智者们在愈发严重的疑虑气氛中宣扬一种系统的怀疑。他们游历广泛，确信其他文化拥有各种各样极佳的风俗习惯，并断定不存在绝对的真理。巴门尼德和德谟克利特严厉批判主观信念，而普罗泰戈拉却欣然接受了它。一个人的真理可能不同于其邻人的真理，但这并不意味着它应当被当作错误的东西而遭到否定。每个人的感知对于他自己来说都是正确的。普罗泰戈拉没有把真理看作凡人无法接近的一个遥远的实体，而是断言人人都可以共享。人们只是需要窥视自己的思想。“人是万物的尺度，”他在其关于认识论的专题论文中写道，“是的东西是，不是的东西不是。”[21] 一个人必须依赖于自己的判断，相信既不存在什么超然的权威，也不存在可以将自己的观点强加于人类的至高之神。

一部分雅典人感到这令他们解脱，并发现这种质疑基本前提假设的习惯打开了新的大门，并给予他们关于宗教的全新领悟。剧作家欧里庇得斯（约公元前 480 年—公元前 406 年）便是其中的一位。普罗泰戈拉就是在他的家中陈述了那篇众所周知的关于神灵的论文。“提到诸神，”他这样开场，“我既没办法知道他们是否存在，也不知道他们的形态；因为在通往此种知识的路途上存在着诸多障碍，不仅对象晦暗不明，而且人生太过短促。”[22] 没有足够的信息，他就无法谈论神圣。他只是运用了巴门尼德讨论神学的原则。诸神的实存是不可论证的，因此也就不是知识或谈话的适当对象。

这篇论文引发了强烈反对。公元前 432 年，雅典通过一条法律，宣布传授这种不虔敬的内容为非法，普罗泰戈拉和阿那克萨戈拉被驱逐出了雅典。然而，新的怀疑态度依然存在，在欧里庇得斯的悲剧中意味深长地表达出来。欧里庇得斯不断提出一些关于神灵的难以回答的问题：他们存在吗？他们是仁慈的吗？如果不是这样，生命的意义何在？欧里庇得斯受到智者的深刻影响。“你认为天堂里有神灵存在吗？”他在大约这一时期写道，“不，不存在这样的东西，除非有人决意愚蠢地坚守那些古老的童话故事……你自己去思考，不要只接受我的看法。”[23] 他的个人经历使过去的神学显得极不合理。僭主实施杀戮和抢掠，但他们过得比那些正派的人还要好。欧里庇得斯戏剧中的主人公——宙斯的儿子赫拉克勒斯被女神赫拉害得精神失常，并在这种神授的狂乱中杀害了妻子儿女。怎能有人接受如此的神灵？“谁会向这样一位神灵祈祷？”在戏剧末尾，赫拉克勒斯询问雅典国王忒修斯，“这些传说只不过是诗人们胡乱编造的故事罢了。”[24] 不过，欧里庇得斯并没有完全抛弃神灵。通过无情地质疑古老的传说，他开始引申出一种新的神学。他主张，“每个人的心智都是一个神灵”。[25] 在《特洛伊妇女》（*Trojan Women*）这部戏中，普里阿摩斯的妻子赫卡柏（Hecuba）失去亲人并被击败，她向一位未知的神灵祈祷：“哦，你支撑着大地，你的宝座在地面上，你到底是谁，我很难猜测。宙斯啊，不论你是自然界的神律或人类的心灵，我都崇拜你；因为你循着那无声的轨道，把世间万事引到正义上面去。”[26]

《美狄亚》

公元前 431 年，欧里庇得斯的《美狄亚》（*Medea*）在城邦酒神节上演。它讲述了科尔喀斯（Colchis）的妇女美狄亚*的故事。她嫁给伊阿宋，帮助他找到了金羊毛，但后来被丈夫无情地抛弃。为了报复，她杀死了伊阿宋的新婚妻子和他的父亲，并最终杀死了自

* 美狄亚为希腊神话中神通最大的女巫师，科尔喀斯国王的女儿。

己为伊阿宋所生的两个儿子*。不过，与从前的人物不同，美狄亚并不是按照一个神灵的命令行事，而是被她自己严格的逻各斯所驱使。她压制自己强大的母性本能，对自己的可怕计划提出异议并随即否定这些异议。美狄亚意识到，除非杀死他们的儿子，否则她就无法真正惩罚伊阿宋。理性成为一个令人恐惧的工具。它有可能将人们引向精神和道德的空虚。而且，如果被巧妙地利用，它会为残酷和不正当的行为找到使人信服的理由。美狄亚足够聪明，必能找到最有效的复仇方法，她又足够坚毅，以至于可以实现复仇。[27] 她完全可以做高尔吉亚的学生。

对逻辑的运用是悲剧精神宣泄的一个必要组成部分。亚里士多德后来声称，“良好的推理能力”是具有净化作用的怜悯之情的必要条件。[28] 没有严密的分析，你就不能理解其他人的观点。对希腊人来说，逻辑不是冷淡的分析，而是充满了同情。在法庭和公民大会上的辩论与在剧场中的辩论同样热烈而富有戏剧性，公民们在这里也能学会进入“暂时离开”自我和接近另一种观点的入迷状态。[29] 理性能够驱使一名观众同情那些似乎没有资格博得同情的人。欧里庇得斯继续了同情“他人”的悲剧传统，甚至对作出残酷恶行的美狄亚和赫拉克勒斯也是这样。在《赫拉克勒斯》的结尾，忒修斯向那个被污染的、颓丧的人施以怜悯。当他带领赫拉克勒斯走下舞台时，两位主人公以“友谊之轭”互相挽着臂膀，歌队“以悲恸和泪水哀悼……因为我们今日失去了最高贵的朋友”。[30] 这些话语也使观众落泪。这就是酒神节的入迷状态，“暂时离开”我们那根深蒂固的先入之见，将其转化为同情的举动，而这在戏剧演出之前似乎是不可能出现的。

欧里庇得斯的《美狄亚》，讲述了一个女人说服自己实施可怕罪行的故事。观众也许已经在雅典公民大会上的一场持久辩论中看

---

* 美狄亚和伊阿宋的两个儿子，即墨耳墨洛斯和斐瑞斯。

到这样的影子了。经过一些非常可疑的政治操纵之后，这场辩论将希腊世界推入了伯罗奔尼撒战争。公元前 431 年，当观众观看《美狄亚》时，为进攻所做的准备工作正在进行当中。伯里克利的计划是要牺牲阿提卡以拯救帝国。他命令所有乡村居民转移到城里，10 万人从乡村地区拥入雅典的长墙。当斯巴达人烧毁并劫掠阿提卡乡村、雅典舰队蹂躏伯罗奔尼撒半岛的时候，他们就暂住在此。公元前 430 年，一场突发的瘟疫将过度拥挤的城邦变成了人间地狱。大约 2 万人丧生，相当于人口数量的 1/4。在恐惧和悲痛中，眼看着虔信者和不信者一同遭受苦难，许多雅典人失去了对神灵的一切信仰。他们也失去了对伯里克利的信赖，他被剥夺了公职。虽然他在几个月后被重新任命，但很快就于公元前 429 年秋天去世了。在此期间，由于瘟疫席卷雅典，战争陷入了僵局。雅典人和斯巴达人互相劫掠对方的领土，但很少展开激战，因此没有哪一方可以宣称取得了决定性胜利。

伯里克利去世几个月后，索福克勒斯的《俄狄浦斯王》(*Oedipus the Tyrant*) 在城邦酒神节上演了。故事情节在底比斯展开，由于国王拉伊俄斯（Laius）即俄狄浦斯的父亲被杀之事尚未受到报复，这里遭受了瘟疫的侵袭。俄狄浦斯展开了调查，当然，他发现自己不仅在无意中杀死了父亲，还毫不知情地娶了自己的母亲为妻。智者断言人是自由而独立的，可以控制自己的生活。但是，一个人果真像雅典法律宣称的那样，能完全为自己的行为负责吗？即使一个人小心谨慎地制订一个计划，他不是仍然不能理解其行为的由来以及其中富含的意义吗？它们不仍然是晦涩难解的吗？俄狄浦斯一生努力做到行为端正，并且尽可能采纳最好的建议。他自己没有过错，但却成为一个令人恐怖的人物，其城邦的玷污者，绝望地被自己的行为所败坏，而行事时他却没能领会那些行为的含义。他有罪但又无辜，是作恶者又是受害者。

俄狄浦斯以智慧而闻名。他曾经破解了斯芬克斯（Sphinx）之谜*，从而拯救了底比斯。据说他的名字可能来源于“oida”，意为“我知道”。但事实证明，他与自己所认为的恰恰相反。他一无所知。现实是无法容忍的，并且——在索福克勒斯加入原故事的一个恐怖情节中——当俄狄浦斯意识到自己的所作所为时，他挖出了自己的双眼。[31] 尽管他有闻名于世的洞察力（oidos），实际上却对事实真相熟视无睹。俄狄浦斯的自残使他几乎在对神秘领悟的拙劣模拟中走向知识的边界，超出了语言和感知。他出场时是一位如神灵一般受到臣民崇敬的国王，在戏剧终结时却是一名被污染的罪犯，将死亡和疾病的毒气带到了他的城邦。

然而，他的旅程并没有结束。俄狄浦斯的失明给他带来一种全新的感情上的脆弱。[32] 如今他的语音中充满了无言的感叹（“哎……呀！哎……呀！”），俄狄浦斯学会了悲悯。当他见到两个发狂的女儿伊斯墨涅和安提戈涅时，俄狄浦斯在对其悲惨遭遇的同情中忘记了他自己。歌队也充满了惊骇，他们的恐惧如此强烈，以至于起初他们都不能去看这个伤残人的脸。但渐渐地，这种无以言喻的痛苦惨状教会了他们同情，随着他们尽力理解俄狄浦斯深刻的痛苦，他们的恐惧消散了。他们开始温和地对他讲话，称他为“我的朋友”“亲爱的人”。[33] 通常在悲剧体裁中，歌队的同情给观众发出了指示，使他们向一个令人厌恶的有罪之人给予同情。随着他们在同情的入迷状态中将先前的判断抛到脑后，观众也会经历一种超越。

当俄狄浦斯最终退出舞台，消失在他的宫殿中时，已经获得了悲剧作家想要给他的痛苦教训。但是，阐释这种新知识是很困难的。剧中人物和观众学到的是同情，它能带来经过净化的精神宣泄。

* 斯芬克斯的形象是希腊人从古代埃及移植过来的，为长着狮子躯干、女人头面的有翼怪物，坐在底比斯城附近的悬岩上向过路人出一个谜语：“什么东西早晨用四条腿走路，中午用两条腿走路，晚上用三条腿走路？”如果猜不出就会被害死。俄狄浦斯猜中了，他说，这是人在幼年、成年和老年的时候。斯芬克斯听罢，跳崖而死。另一种说法为斯芬克斯被俄狄浦斯所杀。

为了认识人类境遇的不确定性，俄狄浦斯不得不放弃他的确信、他的明了，以及自认为具有的洞察力。使他获得如此声望的睿智已经被摧毁了，他以极大的勇气接受了惩罚，尽管他不应受此重罚。如今他不可挽回地与其他人断绝了关系。在古希腊宗教的逻辑中，他已成为禁忌，即一个单独的、隔离的，因此也是神圣的形象。在索福克勒斯临终前创作的戏剧《俄狄浦斯在科罗诺斯》（*Oedipus at Colonus*）中，俄狄浦斯死时受到赞扬，几乎被神化了，为他提供庇护的坟墓成为雅典福祉的源泉。[34]

苏格拉底其人

公元前 5 世纪 20 年代，当伯罗奔尼撒战争处于胶着状态，暴行不断发生之时，一位新哲学家在雅典成为知名人物。与时髦的智者不同，他的形象相当寒酸。他对挣钱不感兴趣，而且会对向他的学生们收费这种想法感到惊骇。苏格拉底是一位石匠的儿子，长相丑陋，嘴唇向外突出，鼻子扁平而上翘，大腹便便。不过，他可以负担得起武器装备，因此可以参加甲兵部队，是伯罗奔尼撒战争的老兵。尽管出身卑微，苏格拉底仍然吸引了来自雅典名门望族的一小批弟子。他们对苏格拉底大为折服，将他尊为哲学英雄。苏格拉底会同任何人进行交谈。确实，他需要对话，但他也能应对深奥的抽象概念。在一场战役期间，他曾经一动不动地站了一夜，深思一个理性问题，使他的甲兵同伴感到震惊。还有一次，在赴晚宴的路上，他陷入沉思，落在同伴们的后面，最后整晚时间都在邻居的门廊下全神贯注地思考。“这就是他的习惯，你知道，”他的一个朋友解释说，“不论在哪里，他经常走着走着就停下了。”[35] 但是，苏格拉底的思想是非常务实的：他确信自己有一个使命，即促使他的雅典同胞更好地认识自我。

与苏格拉底交谈是一种令人烦心的体验。他的朋友尼昔亚斯（Niceas）说，凡是能在理性上引起他共鸣的人“都有可能被他拉进辩论的旋涡，无论以什么主题作为开始，他都让你不停地兜圈子，直到你最终不得不把自己的过去和现在都告诉他。一旦你感到困惑了，苏格拉底绝不会放过你，直到彻底将你审视一番”。[36] 苏格拉底的目的不是传授知识，而是解构人们的先入之见，使他们意识到，他们实际上一无所知。这种体验的形式比俄狄浦斯所忍受的神性放弃更温和一些。你不能接受间接得来的正确知识，真正的知识只能在经历过痛苦的挣扎之后才能得到，这种挣扎令你的全部身心都陷入其中。这是一种巨大的成就，它不仅仅是赞成几个事实或思想的学科，而是要求学生审察自己过去和现在的生活，以找到内心的真理。

苏格拉底形容自己是一个助产士：让真理在他的对话者心中诞生。他们通常以与讨论主题相关的清晰而明确的观念作为对话的开端。例如，拉凯斯(Laches)将军确信，勇气是一种高贵的品质。但是，苏格拉底接连举出例证，无情地指出，英勇的行为往往是鲁莽而愚蠢的——而他们两人都熟知这是“可鄙且对我们有害的”。另一位将军尼昔亚斯加入了谈话，他认为勇气需要一种能够正视恐惧的才智，因此，缺乏经验而无法理解其危险处境的动物和孩童并不是真的勇敢。苏格拉底回应道，事实上，我们所畏惧的一切可怕的事物都存在于未来，因此对我们来说都是未知的；关于未来善恶的知识与我们过去和现在对善恶的体验是分不开的。我们说勇气只是美德之一，但任何勇敢的人必须同时获得对英勇来说必不可少的节制、正义、智慧和善良等品质。如果你想要培养一种美德，你还需要拥有其他美德。因此，像勇气这样一种单一的美德一定与所有其他的美德相一致。到谈话结束的时候，三位甲兵不得不承认，尽管他们都经历了战争的创伤，应当是这个领域的专家，但他们的确不能解释勇气。他们没有发现什么是勇气，不能判定是什么将它与其他美德区别开，并感到极度困惑。他们是无知的，像孩子一样，他们需要回到学校接受教育。[37]

辩证法

苏格拉底创造了辩证法，即一种严谨的对话，其目的是揭示错误的信念并引导出真理。通过提出问题并分析答案的含义，苏格拉底与其同人发现了每一种观点的内在缺陷和矛盾。定义接连被否定，对话经常以像拉凯斯和尼昔亚斯那样的参与者感到茫然和晕眩为终结。苏格拉底的目标并不是提出一种聪明的或在理性上令人满意的解决方案。这种努力的结果往往是承认确实没有答案，而发现这种困惑远比一个优雅的结论重要得多。因为你一旦意识到自己什么都不懂，你的哲学探求就可以开始了。

苏格拉底的辩证法是印度"谜题问答"的希腊理性版本。谜题问答是一种竞赛，试图阐明绝对的真理，但总是以静默告终。对印度的圣人来说，当他们意识到言语的无力时，顿悟的时刻便到来了，从而能够直观不可言喻的实在。在静默的最后时刻，他们感觉到了"梵"，尽管他们无法清晰地解释它。苏格拉底同样设法在他的对话者意识到人类无知的创造性奥妙时，引出一个真理的时刻。

如此获得的知识与美德紧密相连。与智者不同，苏格拉底不相信勇气、正义、虔敬和友谊是空洞的假设，尽管他不能对它们加以限定。他确信，它们表明了某种真实的东西，只是以神秘的方式存在于理解力不可企及之处。正如苏格拉底的对话所证实的，你永远也不能准确地说明真理，但如果你足够努力，你会将它落实在生活中。在与拉凯斯和尼昔亚斯进行的讨论中，苏格拉底喜欢将勇气当作一种美德，而不是一个概念。知识就是德行。如果你理解了"善"（goodness）的本质，你一定会举止得当。如果你感到困惑，或者你对善的理解是自私而肤浅的，你的行为将不会符合最高标准。对苏格拉底来说，哲学的宗旨并不是提出关于宇宙的深奥理论，而是要让人学会如何生活。世界上为什么会有如此之多的罪恶？那是因为人们缺乏关于生活和道德的正确理念。如果他们认识到自己无知的深度，就能更懂得如何行事。

要确切地了解苏格拉底的所说所想是非常困难的，因为他什么都没有写下来。他的确不赞成写作，认为那会助长一种关于真理的华而不实的抽象概念。我们主要的文献资料是他的学生柏拉图在苏格拉底去世多年以后写下的对话录。柏拉图在其中加入了许多他自己的领悟和态度，尤其是在中期和晚期的著作当中，但那些早期的对话录，如《拉凯斯篇（论勇气）》（*Laches: On Courage*），很可能准确地向我们展示了苏格拉底的思想方式。我们看到，苏格拉底主要关注的是善，他认为这是不可分割的。他的“善”（the Good）的概念因此与孔子的“仁”不无相似之处。他似乎已经快要触及绝对美德的超然概念，但从未充分地表达出来。在第八章我们将看到，柏拉图将使“善”成为至高而不可言喻的理想。

苏格拉底也许不只是希望在每一个有记载的讨论结束时给人留下困惑的印象，但这种印象似乎就是他的成果。通过严格地运用逻各斯，他发现了他认为对人类生活至关重要的超越。他和同伴无论经过怎样严密的思考，总是有什么东西令他们不解。苏格拉底揭示出了存在于每一个被确信的观点核心之处的无知，并以此为荣，不管这种观点怎样被奉为信条。他明白自己的知识多么贫乏，而对于一次又一次地遭遇自己思想的局限并不感到羞愧。如果他果真以为自己优于他人的话，那只是因为他意识到，对自己提出的那些问题，他永远也找不到答案。智者在实际行动中逃避这种无知，而苏格拉底将它当作一种揭示生活之神秘的入迷状态去体验。人们必须质询自己最基本的那些假定。唯有这样，他们才能正确地思考和行动，看到事物真实的一面，超越虚假的观念，实现纯然的直觉力，使自己能够一贯举止适当。那些做不到这一点的人只能过着功利而浅薄的生活。正如苏格拉底在他最值得人们铭记的名言之一中所阐明的：“不经受审省的生活是没有价值的。”[38]

未能深入地思考关于意义的问题是对“灵魂”（psyche）的辜负。对灵魂的揭示是苏格拉底和柏拉图最重要的成就之一。与“个我”

不同，灵魂与肉体相分离。它在一个人出生之前就已存在，在他或她死后仍将存在下去。它使人类能够进行思考，并激发他们寻求善。对灵魂的培养是人类最重要的任务，远比世俗的成就更关键。灵魂因错误的行为而受到损害，但受益于正确而公义的行动。“无论遭受什么样的挑衅，我们都不应对任何人以牙还牙”[39]，苏格拉底临终前说道。恩仇必报是诱人的，但报复永远是非正义的，因此，容忍十分必要。希腊传统将复仇看作一种神圣的诫命，但苏格拉底明显背离了这一传统。他强调，宽容是通往幸福的唯一道路，因为宽容和克制待人——无论对朋友还是敌人——会使灵魂受益。[40]

这些思想并不是当作教条被呈现出来的。当柏拉图开始记录导师的教导时，他必须创造一种对话的文学形式。与孔子类似，苏格拉底也是通过讨论来教育学生的，他从未提出过权威性的命题。每个人都必须在与他人的对话中探索对他来说什么是正义和善。在这样的竞赛之中，他们会体验到一种启迪，使他们清醒地认识自己。找苏格拉底请教问题的人通常认为他们知道自己在谈论什么，但是通过一步一步地使他们意识到自己的无知，苏格拉底引导他们发现内心里真正的知识，它自始至终一直就在那里。当它最终显露出来的时候，似乎是回忆起了一种被遗忘的洞察力。这种启发几乎是梦幻般的发现，苏格拉底认为它会激发正义的行为。

像各种口头传授一样，苏格拉底的辩证法并不是纯粹理智方面的训练。它是一种启蒙。柏拉图对苏格拉底对话录的阐释充满了深切的情感，它在辩论的每一个阶段给思想以活力。参与者意识到一种渴望，将他们带往生命的核心。他们有一种持续奋斗的意念，但不存在盲从或教条式的确信。与此相反的是对绝对真理的热切接纳。在柏拉图的对话录中，我们可以感到苏格拉底对他人产生的影响。伯里克利的侄子阿尔基比亚德似乎爱上了苏格拉底，把他看作不可思议的人物。苏格拉底会在最令人意外的时候出现。他就像森林之神西勒诺斯（Silenus）的小雕像，被旋开之后，里面还有一个小神像。他就像森林之神玛耳绪阿斯（Marsyas），他的音乐*使听众如醉如痴，渴望与神灵合为一体。但苏格拉底并不需要乐器，他的言语足以触动人们的内心深处。“每当我听他讲话时，我的心都会比处于一种宗教迷狂时跳得更快，眼泪会夺眶而出”，阿尔基比亚德坦言。他在听叔伯伯里克利讲话时从未有过这种感受。当苏格拉底讲话时，他会使阿尔基比亚德“深感自己的卑微”。苏格拉底是世界上唯一让他感到羞愧的人。苏格拉底看上去像个小丑，吊儿郎当，爱开玩笑，和年轻男子相爱，整夜饮酒。但是，阿尔基比亚德说：

> 我不知道是否有人曾在他严肃的时候把他的内心打开，看到里面隐藏的珍宝。但我曾经见过一次，并发现它们是那样的神圣、优美、奇妙，以至于，简单地说，我除了一切服从苏格拉底的意志之外别无选择。

苏格拉底的言谈（logoi）使他的听众充满了像在酒神节入会仪式上一般的“欢欣鼓舞”。听众感到“迷狂”（ekplexis），仿佛濒于启蒙的边缘。[41 †]

然而，不是每个人都痴迷于苏格拉底。在这个充满忧虑和战争的年代，人们并不希望感到迷惑，被深奥的问题扰乱心思，过于敏感地注意自己的缺点。他们需要确定性。公元前 423 年，阿里斯托芬（Aristophanes）在其喜剧《云》（*Clouds*）中塑造了苏格拉底的讽刺形象。这部戏表现了对于智者所持的相对主义的一种深切的不安。智者可以使最不能被接受的命题变得令人信服。苏格拉底不是智者，但是没有体验过其思想方法的雅典人或许还不能将以下两者

---

* 玛耳绪阿斯吹奏长笛。

† 本书涉及柏拉图著作引文部分中译参照王晓朝译《柏拉图全集》一至四卷，人民出版社 2002 年版。

区分开来，即苏格拉底对被人们普遍接受的观念的无情批判，以及智者对绝对真理的否定。阿里斯托芬描述了苏格拉底的“逻辑商店”，苏格拉底在那里将错误的争辩成正确的，教导人们敬拜空中的云而不是宙斯。最后，剧中的主角——一位忠诚的雅典市民，愤怒地烧毁了学校。这部喜剧最终被证明是预言式的，而这是阿里斯托芬从未想到的。

到这时，雅典面临着伯罗奔尼撒战争的失败。许多人将这一迫近的灾难视为对哲学家们反宗教的神圣惩罚。他们认为苏格拉底讲授的东西亵渎神明，尽管他从传统上说是虔诚的，并且像在军队里服役一样认真地参加公共宗教仪式。但是，忧虑即将变成歇斯底里。公元前 416 年，阿尔基比亚德在公民大会上发表了一篇激动人心的演说，主张雅典应当到西西里援助其盟友塞杰斯塔（Segesta），它正受到邻邦塞利努斯（Selinus）的攻击。尼昔亚斯将军（苏格拉底的辩论对手）反对这次远征，但阿尔基比亚德和年轻一代获胜了。这是一个灾难性的决策，因为大多数投票赞成作战的公民完全不知道西西里的声望和势力。就在舰队即将登陆之前，有人破坏了赫姆（Herms）*，即赫耳墨斯具有阴茎崇拜特征的雕像，它们被放置在城邦各处以保护街道和房屋。没人知道是谁干的，但是这一事件彻底震动了雅典。人们确信这种明目张胆的渎神行为会招致神灵的报复。女巫被捕杀，嫌疑犯被处死，最后就连阿尔基比亚德本人也从西西里被召回，应答对他渎神的指控。

紧接着发生了一系列灾难。雅典海军在叙拉古（Syracuse）被封锁，士兵们被囚禁在附近的采石场。在这次打击下，雅典失去了大约 4 万名士兵和半数的军舰。公元前 411 年，一个亲斯巴达的阴谋集团颠覆了雅典的民主政府。这次政变是短命的，民主政治在第

---

* 赫姆是一根石柱，石柱顶部是赫耳墨斯的头像，下部是长方体。在长方体的中点，突出着一个膨胀的、竖立的阴茎。

二年就恢复了。但这显示出雅典新暴露出的弱点。与斯巴达的战争一直持续到公元前 405 年，斯巴达将军来山得（Lysander）迫使雅典投降。由 30 名亲斯巴达的贵族组成的寡头政府建立起来，他们在随后的恐怖统治中杀害了众多公民，以致最终被推翻，民主政治仅在一年之后就获得重建。雅典重新获得了独立、民主和舰队，但是它的力量被削弱了，帝国开始解体，伯里克利建造的防御长墙被摧毁。

《酒神的伴侣》

与这种恐怖的背景相映衬，两部伟大的悲剧在雅典上演了。就在公元前 406 年雅典投降之前，欧里庇得斯去世了，他的最后两部戏剧灰暗而带有一种迫近的灾难意识，在作者死后上演。最后一部名为《酒神的伴侣》(*The Bacchae*)，于公元前 402 年上演。[42] 随着剧情的展开，酒神狄俄尼索斯隐姓埋名来到底比斯。这座城邦在狄俄尼索斯的母亲塞墨勒怀孕时抛弃了她，并相应地禁止了对狄俄尼索斯的祭拜。但如今大多数底比斯人都被这位突然出现在他们中间的魅力无比的陌生人迷住了。城邦里尚未参加过狄俄尼索斯秘仪的妇女们沉溺于放荡不羁的癫狂之中，身穿兽皮在森林中漫游。年轻的国王彭透斯（Pentheus）试图恢复秩序，但没有用。最后，他穿上女人的衣服，以便在不被人们注意的情况下暗中监视这些狂欢。但是，在歇斯底里的状态下，妇女们徒手将他撕碎，以为杀死了一头狮子。彭透斯的母亲走在疯狂的游行队伍最前面，扬扬得意地将儿子的头送回了底比斯。

悲剧通常会描述亲族的屠杀，但是通过让悲剧的守护神狄俄尼索斯为这类残忍的谋杀负责，欧里庇得斯似乎在对这种体裁提出质疑。这部戏的结尾没有一丝希望。王室毁灭了，妇女们变成了动物，文明的理性被野蛮的癫狂所击垮，而底比斯——在这个当口如同雅典一般——似乎注定要灭亡。这一年一度的情感释放，是为了纪念一个没有任何理由而杀害、折磨并羞辱人类的神灵，它的价值何在？

雅典正开始超越悲剧而成长，并在此期间与轴心时代渐渐分离。戏剧警告城邦，拒绝外人进入是危险的。在《俄狄浦斯在科罗诺斯》（公元前406年）中，索福克勒斯表现了雅典带着敬意接受了垂死的俄狄浦斯这个受到玷污的神圣人物，这是怜悯之举，将会成为城邦的幸事。但在《酒神的伴侣》中，彭透斯拒绝了陌生人而遭到毁灭。这不仅在政治上是灾难性的，而且个人也都必须认可和接受他们在神秘的庆典期间在内心中遇到的那个陌生人。通过在一年一度的节日中赋予狄俄尼索斯应得的权力，雅典给予了狄俄尼索斯所代表的他者一个在城邦中心的荣耀处所。但是年复一年，它未能尊重其他城邦不可亵渎的他者性，剥削并侵犯它们，在此过程中陷入狂妄自大之中。

在这最后一部戏剧中，欧里庇得斯接近了轴心观念的核心。作为狄俄尼索斯忠实的崇拜者，迈那得斯的歌队接受过正确的入教祭仪，她们体验到了平静、狂喜和融合的景象。但是底比斯的妇女缺乏应对这种转变的训练，她们失去了控制，受到她们并不了解的灵魂之中较为隐秘的部分所驱使而发疯。当彭透斯的母亲阿高厄（Agaue）高举着可怕的战利品——儿子的头进城时，她并没有达到入迷状态，而只是被她自己的成就迷惑了：

> 我在世人眼中多么伟大，
> 我的行为多么伟大，
> 我捕杀的猎物多么伟大。[43]

对这种空洞、自私的尊崇是一种罪恶的、变态的暴力。

在这部戏里，欧里庇得斯也呈现出了希腊人对神圣的最为感人而真正超然的体验之一。狄俄尼索斯也许看上去是缺乏道德感的、残忍的外族人，但他无可争议地出现在舞台上，而且不会被赶走。当他伪装成陌生人时，似乎是神秘的。狄俄尼索斯一直是戴着面具的神，面具不断提醒人们，他与他的外表是不同的。他那至高的显现并非人形的幽灵，而是突然的消失。当他对所有只相信眼见为实的人隐瞒自己的身份时，突然从舞台上消失了。一阵不同寻常的寂静立刻笼罩了大地，寂静中狄俄尼索斯的出现令人感到比以往更加有力。[44] 奥林匹斯诸神的古老景象正超越自身，实现了表征背后隐藏的不可言喻的真实。

这一时期第二个重大的悲剧是公元前 399 年苏格拉底的去世。在对他的审讯中，他被指控不承认城邦认可的诸神而引入了新的神灵，并且腐化青年人。年轻的柏拉图出席了审判，这给他留下了深刻的印象。从法律的角度看，苏格拉底的申辩是笨拙的。他说，他不能毒害青年人，他没有足够的知识向任何人讲授任何事。他为了雅典的利益而工作，但城邦却没有领会这一点。不过他不能抛弃他的使命。一个人真正所能做的最好的事情就是“不可一日不谈论善和其他各种你们听到我谈论的主题”。[45] 他没能说服法官而被判死刑。

很久以来，苏格拉底一直是人们猜疑和恐惧的对象。他的一些同人，如阿尔基比亚德，曾被卷入雅典的军事灾难之中，而苏格拉底成了替罪羊。他在错误的时刻说出了正确的话。他献身于雅典，服从它的法律，直到生命的终结。他不愿越狱，尽管对他的判决并不公正。他还可以选择流放，但他也拒绝了：他说得很简单，他已经快 70 岁了，不想生活在别的地方。他是真理的捍卫者，他的死成为谎言的见证（martys），而谎言在当前却处于优势地位。然而，他死时并无愤怒或责备。他告诉学生们，死亡并不悲惨，没人知道它是什么，它甚至可能是崇高的善。他在一生中始终相信有一个神圣的精灵（daimon）伴随着他，在紧要关头对他讲话。它从未告诉他该做什么，却只是告诫他不该做哪件事。他感到很振奋，因为在审判期间，这个内心的声音并没有向他说什么。他一定是在正确的道路上，走向“善”。

当他喝下指定的毒酒时，朋友们聚拢在他的床前。柏拉图说，苏格拉底在服下毒芹（hemlock）*之前，清洗了身体，免去了妇女们在他死后的麻烦。他彬彬有礼地感谢狱卒的善意，甚至还对自己的境遇开开小玩笑。他能够镇定地直面死亡，不许朋友们哀悼，平静而愉快地接受他们的陪伴。这里没有消极而强烈的悲痛，反而是安详而包容的平和。纵观整个轴心时代，贤哲们都专注于对死亡的探索。苏格拉底表明，一个人有可能在悲痛和苦难中享受一种超乎其境遇的宁静。

三、墨子“兼爱”学说

孔子死后不久，中国进入一段动荡纷争的时期，史学家称之为战国时代，这标志着中国历史上决定性的转变。公元前 453 年，三个家族反叛晋王，在晋国的土地上建立起三个独立的诸侯国，即韩国、魏国和赵国。这是处于长期衰退中的周王朝的真正终结：在此之前，中国所有的国君都是由周王授封的；而这些新诸侯国的建立仅仅依靠武力，周王却对此无能为力。从那时起，一些领地较大、实力较强的诸侯国为争霸而展开了殊死的搏杀。参与争斗的主要有：地处南方的楚国——它只有一半中原华夏血统，崤山以西粗野、好战的秦国，富甲一方且海运发达的齐国，“三晋”——韩、魏、赵这三个新的诸侯国，以及接近北方大草原的燕国。起先，中原地区的小国都想通过外交途径保全自己，但在随后的两百年中，它们被逐一消灭，并被幅员更广、更具竞争力的诸侯国所吞并。

战国纷争

战国时代是中国几段不寻常的历史时期之一，其间发生了一连串变革，每一次变革都增强了其他变革的力度。而这一系列变革加

---

* 鸩酒的名称。

速了社会发展进程，导致了社会的根本性转变。[46] 公元前 221 年，当这些斗争最终结束时，中国的政治、宗教、社会、经济和精神生活全然不同了。而在战国时代早期，大多数人只是意识到，中原的生活突然变得比以前更具暴力色彩。对于这种经历的恐惧加强了人们对一种新的宗教观的追求。

战争本身也发生了转变。[47] 不再有尊贵文雅的战车御者之间仪式化的对抗，在这样的对抗中，每名御者都想在慷慨和谦恭方面胜过其他人。这些军事化国家为赢取新的土地、征服人口和消灭敌人而征战。与从前相比，战事持续时间更长、战场离家乡更远。战争的特点是极度高效，它需要统一的指挥、战略，训练有素的军队和充足的财力。战争如今由军事专家进行谋划，命令、纪律与效力远比荣誉和声望重要。在过去，无人会想象去杀害妇女、儿童、伤者和年老体弱者。可如今“之勍者，皆吾敌也”。一位新派将军说道：“伤未及死，如何勿重？”[48]*

公元前 6 世纪晚期，诸侯国开始发展一项新的军事技术。专家们建造了可移动的塔†和有轮的云梯用来攻城；他们挖掘坑道和地下通道，发明风箱并将烟尘灌入敌人的地道。地形因素也被利用起来：楚和齐首先在河南和山东建起了防御用的围墙；秦筑堤于黄河。在边境沿线，人们修筑堡垒，并由驻军来控制。人们将更多的土地排水，第一批运河得以开凿，以加强农业生产，资助费用高昂的战争。

越来越多的人口被动员起来。在过去温文尔雅的领地争战中，农民们是外围的参与者，并未真正参加战斗。如今，几十万农民被征召入步兵部队，步兵部队已经成为军队最重要的组成部分。已灭亡的晋国曾在公元前 6 世纪晚期在山区作战时首先使用过步兵部队，山区是不适合战车作战的。越国和吴国的湿地中有很多湖泊和水路，

---

* 参见《左传 · 僖公二十二年》。

† 即“冲车”，亦称“临冲”或“对楼”。

不适合战车，两国也使用了步兵部队。农民逐渐成为社会政治生活中的主要部分。贵族的战车队伍被逐步淘汰，当兵从军成为下等阶层的活动。军事专家向北部草原的游牧民学习。公元前 4 世纪，他们想要引进骑兵，它比起笨重的战车大军更具机动性，能够进行突袭，具有毁灭性的效果。新战士也用上了游牧民的武器——剑和弩。弩比过去向后弯曲的弓更为精准，可以射杀半英里外的目标。

那些侵略扩张的大国国君对适度和克制的观念置之不顾。葬礼再次成为残酷而挥霍无度的展示。一位国君将巨额财产与其女儿一同埋葬，还陪葬了成群的舞女和平民儿童。[49] 新派君主如今享有华美奢侈的家产，拥有无数女仆、乐师、舞女、杂耍者、小丑和格斗表演者。最初就仪式化的宫廷谈判向诸侯王公谏言献策的博学者，现在则发展出机智的辩术，就公共关系和外交提出建议。穷困潦倒的士也遍布宫廷，展现才干，以求得一官半职。他们中的某些人是有学问的人。新诸侯国魏国的国君魏文侯（公元前 446 年—公元前 395 年在位）成为学术的赞助者，他支持一批文人学士就礼仪和伦理道德提出建议。这些国君不再信任已经成为其竞争者的贵族们，而逐渐转向这些“贤士”寻求建议。孔子的门徒子夏就是魏文侯的门客之一。

然而在注重实效的时期，统治者逐渐感到儒士过于理想主义了，他们日益转向“侠”，即周游四方的武艺高强之人，他们和士阶层的成员一样在城市中没有立足之地，而在农村地区漫游谋职。然而，到战国时期，许多侠是从社会下层征募而来。他们是唯利是图之人，只要有足够的报酬，愿为任何军队作战。与贵族化的儒士不同，他们是敢作敢为的行动主义者。根据后世一位历史学家的记载：“其言必信，其行必果，已诺必诚，不爱其躯，赴士之厄困。”[50*]

---

* 参见司马迁《史记 · 游侠列传》。本书《史记》引文中译参照韩兆琦评注的《史记》（岳麓书社，2004 年版）。

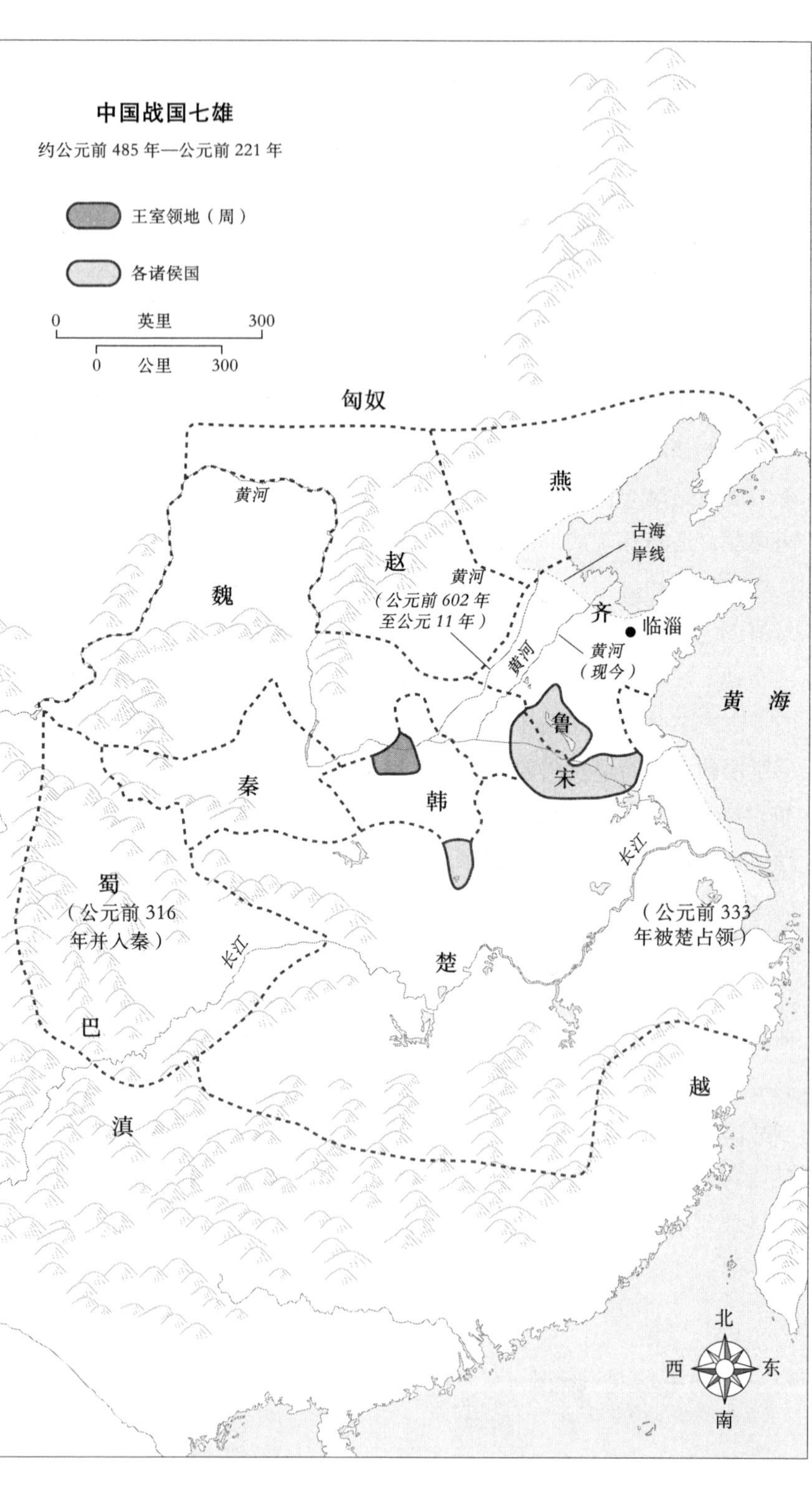

中国战国七雄
约公元前 485 年—公元前 221 年
王室领地（周）
各诸侯国
0 英里 300
0 公里 300
匈奴
燕
黄河
赵
黄河
（公元前 602 年
至公元 11 年）
魏
古海
岸线
齐
临淄
黄河
黄河
（现今）
黄 海
鲁
宋
秦
韩
长江
蜀
（公元前 316
年并入秦）
长江
（公元前 333
年被楚占领）
楚
巴
越
滇
北
西
东
南

墨子其人

但是到了公元前5世纪末期，其中的一位侠客反对这种好战性，宣扬非暴力。他被称为墨子（约公元前480年—公元前390年）。我们对墨子了解非常少，这是因为以其名字命名的《墨子》中记载的对话，远不像《论语》那样具有人格性。墨子本人隐没在其思想背后了。[51] 追随墨子的有180人，这是一个纪律严明的同盟群体。[52] 与孔子的松散组织在一起的弟子不同，墨家弟子像是一个宗派。它有着明确的规则，遵循着严格的平等主义伦理观，其成员的着装像是农民或工匠。墨家信徒反对唯利是图地去战斗，而是主张"非攻"，保护相对弱小和易受攻击的诸侯国城池。[53]《墨子》中有九章的篇幅涉及防御战争的技术及保护城墙的装备的建造。但墨子也是一位哲学家。他并非循规蹈矩之人，而是游走于宫廷之间，向统治者宣扬他独特的思想。

有证据显示，似乎墨子出身于工匠或手艺人。他采用了工匠的比喻，即将天下的组织喻为车匠和木匠的规和矩，他们利用规矩来"度天下之方圆"。[54*] 与《论语》的优雅风格不同，墨子的文章有些生硬而缺乏幽默感，这表明墨子可能是自修之人，写作功力稍显不足。[55] 虽然他对传统的领会令人钦佩，但他仍显笨拙的风格表明，墨子对于贵族阶层的文化并非完全得心应手。墨子及其弟子有雄才大略，他们不满王公贵族专注于名望和地位。他提倡统一管理费用支出，抑制奢侈浪费，希望社会表现出更多的他所属阶层所具有的节俭精神。

例如，墨子对于周朝持极度批判的态度，厌恶孔子尊崇的周公。他对于周朝的礼仪、音乐和文学鲜有兴趣，而孔子却钟情于此。贫穷的百姓从未参与这些繁缛的宫廷礼仪，对于墨家来说，"礼"纯属浪费时间和金钱。墨子笃信宗教，认为祭天和祭自然神灵很重要，

---

* 参见《墨子 · 天志 上》。

却又厌恶在先祖庙中进行的奢华礼仪。他尤其痛恨铺张的葬礼和长达三年的服丧期。这对于饱食终日、无所事事的有钱人来说非常适合，但是如果所有人都遵循这些礼仪，情况将如何呢？劳作者将遭到毁损，经济被拖垮，国家被削弱。[56]墨子具有实用主义的礼制观。统治者毫无节制地在礼仪上花费了大量的金钱，而普通百姓却食不果腹、衣不蔽体。礼并未提升人的灵魂，仪式主义者只是躲避当时的问题，谈论神秘晦涩的典仪以寻求慰藉，却放弃了一切救世的希望。

孔子去世后不久，形势已经发生了显著的变化。正如我们即将看到的，在公元前4世纪至公元前3世纪，儒士们对穷苦之人的处境感到担忧，并坚持不懈地主张社会改革。但在墨子时代，某些仪式主义者可能对于中原所发生的巨变感到震惊，以至于他们以墨子所描述的那种方式遁世。而墨子对于农民的处境深感忧虑：他们被拉去应战，被征召服徭役，被课以重税而贫困潦倒。满足他们对于栖身之所、衣物和安全的基本需求是最主要的。墨子并非革命者。他并不希望推翻统治阶层，但他坚信需对中国人的价值观进行彻底的修正。墨子认为，贤明的君王曾经满足于最低限度的生活需要。尧、舜、禹从未以损害普通百姓利益为代价过着高贵、奢侈和浮华的生活。他们所建房屋“高足以辟润湿，边足以圉风寒，上足以待雪霜雨露，宫墙之高足以别男女之礼”。[57]* 墨子最喜爱的人是禹，尽管禹居于崇高的地位，拥有大量财富，但他仍倾其一生，开发技术治理河道，防患洪水，为民谋利。

普遍的爱

墨子的中心思想是功利和实用主义的，但他也怀有乌托邦式的梦想。他认为，说服人类去爱而不是去恨是可能的。同孔子一样，贯串墨子哲学的唯一主线也是“仁”，但他认为孔子只将“仁”限

* 参见《墨子·辞过》。

于家庭范围，从而歪曲了这一富于同情的道德观念。在他看来，贵族阶层的家族观念是当时许多问题的根源：家族至上主义，为威望而争斗，家族仇恨，以及奢侈浪费。他主张用一种普遍化的利他主义来代替亲族中心主义。[58] 每个人对待其他所有人都应该像对待自己人一样。他说“爱人若爱其身”，这种爱必须是“爱无差等”。[59] * 改革应该由统治者发起：阻止中国人在骇人的战争中相互残杀的唯一途径乃是劝说他们实践兼爱。

“兼爱”经常被解释为“普遍的爱”（universal love），但这对于墨子的实用主义精神气质来说，太富于感情色彩了。[60] 墨子并非期望中国人对任何人都热情亲切，他看重公平胜于感情。“爱”是一种审慎培养起来的仁爱态度，所以你会善待每个人，哪怕——甚至尤其——是那些与自己非亲非故的人。兼爱建立在强烈的公平和正义感，以及毫无例外地对所有人不偏不倚的关怀基础之上。墨子坚信，这一点对于和平与安全来说是不可或缺的。当时，统治者只是热爱他们自己的诸侯国，而对于攻伐竞争对手却没有丝毫内疚与疑虑。如果统治者被教导对待他人如同对待自己一样的话，这种事情就不会发生。他竭力主张：“视人之国，若视其国；视人之家，若视其家；视人之身，若视其身。是故诸侯相爱，则不野战。”兄弟间若互不尊重，则会争吵失和；统治者若无兼爱，则会召集军队。“凡天下祸篡怨恨，其所以起者，以不相爱生也。”[61] †

墨子所描述的“金规则”可能并未像孔子的思想那样被优雅地表达出来，但墨子的思想很快就被看作是更为激进的。墨子并不将家庭当作学会爱他人的场所，相反，他认为兼爱——“关注所有人”才使人有可能恰当地去爱家庭或国家。如果人们没有培养对整个人类的关爱之情，那么爱家或爱国只会褪变为集体自我中心主义。在

---

* 参见《墨子 · 兼爱 上》。

† 参见《墨子 · 兼爱 中》。

他看来，儒家所称的家庭只是一个特殊利益群体。杀人越货者也爱他们的家庭，他们抢劫他人的财物以使亲属更加富有。如果人们不超越家庭或国家的话，会犯自私自利的错误，而它具有潜在的危险性，这就是世界疾患的根源所在。

“兼爱”直接导向非暴力。在《墨子》中名为“非攻”的一章中，墨子谨慎地权衡了战争的利与弊。战争破坏了庄稼，杀戮了众多平民百姓，耗费了武器和马匹，还使得祖先失去为他们献祭的后代。统治者辩解说征伐对国家有利，但是攻占一座小镇就可能导致成千上万的人伤亡，而与此同时，农田却极其需要劳动力来耕作。这种状况怎么能对王国有利呢？国土更大一些的诸侯国认为他们可通过攻占弱小邻国的土地而获利，但是从战争中获益的人大约只有万分之五。《墨子》中的某些章节可能是后世墨家弟子所作，这些章节对防御战争是赞同的，其中包含一些关于城池在被围攻时如何防御的指导。但墨子本人很可能是一个不折不扣的和平主义者，他反对一切暴力，并游历列国，劝说统治者打破国家间不断攻伐的恶性循环，而这已开始吞噬着中原地区所有的诸侯国。[62]

对于许多中国人来说，家庭观念是神圣不可侵犯的，他们对墨子的观点感到震惊，于是墨子发展了一套理性地为其观点辩护的方法。因此，《墨子》包含了中国最早的有关逻辑学和辩证法的论文，某些靠后的章节，即公元前3世纪以来所作的章节，表现出对于系统论证、释义和严谨语法的精妙掌握。《墨子》与《论语》的主观而不加系统论证的风格迥然不同。孔子假定君子在经过长时期的学习和思考之后，可获得悟性和敏锐的洞察力。而墨子所称的“贤士”是有为的人，他们逻辑严密地探寻真理。[63]他们“厚乎德行，辩乎言谈，博乎道术”。[64]*他们的论说必须是清晰严谨的，以在这一历史的危急关头就兼爱的重要性说服论敌。墨家更加看重行善而非有

* 参见《墨子 · 尚贤 上》。

善。对孔子来说，“仁”首先是一种内心的美德，而“贤良之士”却是朝向外部世界的。墨家并不赞同缓慢的自我修养过程，而是希望将他们的实用技能、逻辑方法和意志力服务于社会。

墨子将其观点概括在10篇论述当中，每一篇陈述一个命题。人们是否应当“兼爱”？人们是否应当“非攻”？墨家如何看待穷奢极侈的丧葬、礼乐和天意？人们的行为是命定的吗？墨家该如何影响他们的君主？每一项提议有三个衡量标准：它是否符合贤明君王的所作所为？它是否符合人之常情？最重要的是，它是否对百姓有利？不符合其中任何一条标准的提议都应被摈弃。铺张的葬礼和奢华的礼乐无益于社会，应该舍弃。无人见过“命”，因此，使儒家坚信他们无法改变世界的宿命论，不是真正的贤士应秉持的正确态度。

墨子的道德观完全是实用主义的。一种行为，只有它能够富足穷人、防止不必要的死亡、增加人口、增进公共秩序，才可称得上是道德行为。应当劝说人们走出自私自利；人类生来是自私的，因此，应该通过不可辩驳的论证来说服他们，以使他们确信，其安康完全依赖于整个人类的福祉，而一种平等公正的“兼相爱，交相利”是天下之治的根本。[65]* 墨家必须使统治者信服，攻战并不符合其利益。战争使其本国臣民受苦受难，战争破坏经济发展，胜利激起仇恨与妒火。只有在所有人平等相待、超越私利时，君主们才能获得他们所渴望的财富、欢乐与成功。统治者必须学会“不为己”。[66]

如果统治者是自私和凶暴的，他们将会招致上天的愤怒。与不喜欢谈论“天”的孔子不同，墨子要通过参照“上天”来支持他的每一个论点。上天不分等级地爱所有人，是兼爱的典范。墨子强调，“天之行广而无私”：

---

* 参见《墨子 · 兼爱 中》。

> 其施厚而不德，其明久而不衰……其兼而爱之，兼而利之也……恶人贼人者，天必祸之……昔之圣王……率以尊天事鬼……故天福之，使立为天子。天下诸侯皆宾事之。[67] *

贵族阶层长久以来一直倾向于一种非人格化的神明观念，但墨子或许表达了普通百姓的信仰，他们依然将上天当作一个人格化的神明。墨子虽然对上天和神灵具有强烈而平实的信仰，但他却缺乏深厚的宗教情感。与孔子不同，墨子在上天面前不感到敬畏或惊异。他的神学与其伦理观念一样颇具实用色彩。上天是有用的，可以强制人们相信，他们必须培养对所有人的关爱，否则就会自食其果。

如果能说服每个人尊重他人如同尊重自己，那么整个世界将会呈现安宁与和谐。如果人们实践兼爱，则无人会将城池夷为平地，或去残杀整村百姓。墨子在描绘这一乌托邦式的理想境界时雄辩至极：

> 今吾将正求与天下之利而取之，以兼为正。是以聪耳明目相与视听乎！是以股肱毕强，相为动宰乎！而有道肆相教诲。是以老而无妻子者，有所侍养以终其寿；幼弱孤童之无父母者，有所放依以长其身。[68] †

墨子并不认为这是一种无法实现的空想。在这一章中，他反复强调："今唯毋以兼为正，即若其利也。不识天下之士，所以皆闻兼而非者，其故何也？"[69] 贤明的君王们以普遍的利他主义为基础创建了一个帝国，这种理念在过去是行得通的，也可以再次发挥作用。他主张，改变世界确实是可能的，贤士必须接受挑战。

---

* 参见《墨子 · 法仪》。

† 参见《墨子 · 兼爱 下》。

在战国时期，与孔子比较而言，墨子受到更为广泛的尊崇，原因是他直接指向了当时的恐怖与暴力。当他注视着中华大地陷入战乱之时，人类似乎即将自我毁灭。如果不能抑制其自私与贪婪，人们将会彼此摧残。他们获得生存的唯一途径乃是培养一种广博的同情心，它依靠的不是情感认同，而是建立在一种理性而实际的认识之上：即便是敌人，也有着和他们自己相同的需求、愿望和恐惧。

四、佛陀思想

将近公元前 5 世纪末时，在喜马拉雅山麓，一位来自释迦国的刹帝利剃去须发，穿上隐修者的黄色长袍，启程前往摩揭陀。他的名字叫作乔答摩 · 悉达多（Siddhatta Gotama），时年 29 岁。后来他回想起离开家的时候，父母曾痛苦地哭泣。据我们所知，在离家之前，他趁妻子熟睡时悄悄走进她的寝宫，看了妻子和刚刚降生的儿子最后一眼，好像害怕妻子恳求他留下来，他会无法坚持自己所做的决定。[70] 他开始发觉父亲优雅的宫殿束缚了他的自由：各种琐碎工作构成的毒气使他异常忧虑。当乔答摩思考人生时，所看到的只是无情的痛苦轮回，它以出生的创伤作为开始，残酷地进入“老、病、死、愁和杂秽”，在下一次生命的轮转重新开始。但正如其他隐修者一样，乔答摩确信，这些痛苦的状态一定有其积极的反面。他说：“予自生法而知于生法之患，以求无生无上安稳涅槃，自老法而见于老法之患，以求无老无上安稳涅槃，自病法，亦复如是如是，自死法，亦复如是如是，自愁法，亦复如是如是，自杂秽法而知于杂秽法之患，以求无杂秽无上安稳涅槃。”[71*] 他将这

* 本章巴利文经藏《中部经典》、《无问自说经》、《增支部经典》、《律藏·犍度部》之《大品》，以及《相应部》引文中译参照周燮藩、方广锠主编的《中国宗教历史文献集成》之《藏外佛经》第三册（黄山书社，2005 年版），以及元亨寺汉译南传大藏经编译委员会编译《汉译南传大藏经》（元亨寺妙林出版社）。

种极乐的释放称作“涅槃”（nibbana[*]，即“寂灭”），因为将他束缚住的激情和欲望会像火焰一般熄灭。在他面前有着一段漫长而艰辛的探求历程，但他从未丧失希望，坚信有一种生命形式——此生即可实现——并非偶然、有瑕疵和转瞬即逝的。“法原不生，不住不造，乃至不作，而仍是有，”他坚持认为，“若法不生，不住不造，乃至不作，而仍是无，则舍不生，不住不造，乃至不作，诸种种法，不能出现。”[72]

他相信自己确实找到了这种方法，正如追随他的教义并将其口头传播的僧侣们所实践的那样。直至乔答摩圆寂 100 年后，这些教义形成了现今的模样。僧侣们称他为佛陀，即“开悟”或“觉悟”之人。这些佛教经典以巴利文写成，是关于佛陀生平主要的信息来源，而巴利文是印度东北部地区梵文俗语的一种。正如恒河平原东部地区涌现出的大多新兴学派一样，佛教的教义和实践（dhamma）[†]基于其创建者的生活经历，因而巴利文着重强调了佛陀生平中那些能够帮助他人实现涅槃的方面。如果人们希望开悟，也必须像佛陀那样，彻底抛开家室和一切先入之见。

觉悟之路

后来，佛教徒讲述了一段神奇的故事，显示出乔答摩离家更深刻的含义。当乔答摩出生时，他的父亲邀请一些婆罗门来诊查这个婴孩并给他算命。其中一位婆罗门预言乔答摩将看到四个令人不安的形象，这将促使他成为一名隐修者，并发现一种崭新的灵性真理。乔答摩的父亲对儿子怀有更世俗的期望，因此想保护儿子避开这些痛苦的景象。他在王宫周围设置警卫，将所有令人烦恼的现实挡在外面。这样，尽管乔答摩过着无忧无虑的奢华生活，他实际上

---

* 在梵文中，巴利文的“nibbana”变成了“nirvana”。——作者原注

† 在巴利文中，梵文的“dharma”变成了“dhamma”。——作者原注

被剥夺了自由。乔答摩的快乐宫殿与现实的痛苦之间形成鲜明的反差。只要我们固执地向处处围绕着我们的悲苦紧闭心扉，我们就总是不会成长并获得洞察力。然而当乔答摩29岁的时候，那些同样需要佛陀之法的神灵决定进行干预了。他们派遣其中的四位避开警卫，假扮为一位老人、一个病人、一个死者和一位隐修者。乔答摩为眼前这些痛苦的形象所震惊，于是就在当晚披上黄袍离开了家。苦难作为人类生存环境不可避免的一部分，一旦冲破了我们曾经为阻拦它而小心设置的屏障，我们便再也不能以原来的方式看待这个世界了。乔答摩让关于苦的知识侵入了他的生活，他的探寻自此开始。

乔答摩在前往摩揭陀的途中，或许也以惯常的方式向其他隐修者打招呼，询问他们的导师是谁、他们遵循什么样的“法”，因为他正在寻找一位老师，在“出家”的初期对他进行教导。起初，他在吠舍厘（Vaishali）跟随当时最伟大的瑜伽修行者中的两位——阿罗逻·迦罗摩（Alara Kalama）和郁陀罗迦·罗摩子（Uddalaka Ramaputta）进行学习。他是个优秀的学生，令老师高兴的是，他很快就达到了禅定的最高状态，但是他不能接受老师对这些体验的解释。他们遵循数论派的教义，认为一旦进入了这些精神的最高阶段，他们就已经将神我从自性的束缚中释放出来了。然而乔答摩一生都对形而上学的教义表示怀疑：他非常清楚自己是通过瑜伽的技巧制造出了神我，这种禅定状态怎么会成为绝对和自存的呢？更进一步，当他回到自身时，发现并没有发生真正的转变。他还是那个罪孽深重的、贪婪的、充满了渴望的自我。他的禅定并不是涅槃，因为涅槃不会是暂时的。乔答摩认为瑜伽没有问题，但他不能接受那些与其自身体验不相符合的诠释。[73]

乔答摩离开了他的老师，加入了一个苦行修道者的团体，与他们一起以极端的方式严格修习苦行，这严重损害了他的健康。他躺在扎满长钉的垫子上，吞食自己的尿和粪便。他严格实行斋戒，以至于骨骼显露出来，“如纺锤之连锁……如朽屋椺椽”。一次，他过于虚弱，于是人们把他放在路边等死。[74] 然而所有这些都无济于事。无论他的苦行有多严格——或许恰恰是因为如此——他的身体仍然强烈要求给予关注，而他也继续被将其束缚在无情的生死轮回之中的欲望和渴求所折磨。这里并没有出现他所探寻的安宁和解脱的任何迹象。

尽管如此，乔答摩没有放弃。从此以后，他将唯独依靠自己的领悟，这将成为他精神探求方法之中心原则之一。他经常嘱咐弟子，不能接受任何与他们自身的体验不相符合的教义，无论它多么令人敬畏。他们绝不能盲目相信任何学说或者接受那些道听途说的东西。即便是他自己的教义，如果不能使信徒们开悟，也必须予以抛弃。如果人们依赖一个权威人物，他们就会陷于不真实的自我之中，永远也不会实现涅槃的解脱。因此，在绝望与反抗合而为一的关键时刻，乔答摩的健康被超常的苦行毁掉了，而在灵性追求的死胡同里，他决心依靠自己开始行动。他大声宣布：“通达菩提，当有他道！”仿佛要证明乔答摩的独立宣言确实是正确的前进道路，一种崭新的解决方案之端倪在他眼前显现。[75]

突然间，他回忆起发生在自己童年时代早期的一件事。有一次，他的保姆在观看春季播种之前举行的土地耕种仪式时，把他放在一棵蒲桃树的树荫下。小男孩端坐树下，看到小草的嫩芽被耕地的犁撕碎了，昆虫也被杀死了。注视着这场“残杀”，乔答摩感到一阵前所未有的悲痛，仿佛是他自己的亲人死去了。[76] 一股油然而生的无私的怜悯之情给他带来了瞬间的灵性解脱。那是美好的一天，这个男孩子感受到了内心涌动的一种纯粹的快乐。他出于本能地使自己镇定于瑜伽的姿态中，进入了禅定状态，尽管他从未学习过瑜伽。

当回顾自己童年经历的这件事时，乔答摩意识到那天他所感受到的快乐彻底摆脱了欲望和贪婪。于是他问自己：“唯斯当是通达菩提之道？”如果一个未经训练的孩童都可以达到瑜伽的出神状态并获得涅槃的迹象，或许解脱的释放是我们人性的一个组成部分。也许他不应通过饥饿而使自己的身体屈服，或利用瑜伽侵犯他的心灵，而应培养这些能够导致心解脱（cetovimutti），即涅槃的先天固有的脾性。他应当促进有益（善，kusala）的心境，例如自然流露出的无私的同情心，同时避免任何阻碍这种释放的精神或身体的状态。[77]

生命之苦

像耆那教徒一样，乔答摩意识到，针对暴力、偷盗、欺诳、贪酒和淫欲等“无益的”（不善，akusala）心态所制定的五种传统“禁戒”，必须由其积极的相辅相成的一面进行调和。他不能仅仅避免对他人的挑衅行为，而必须对任何人和事物都举止文雅与和善，并且培养仁慈的思想。不仅不欺诳非常重要，“随时保持说圆足语，说有理趣、有辨别、与义利俱语”[78]甚为关键。除了要戒除偷盗之外，他还必须因只拥有最少的财物而感到欣喜。从现在开始，他将要与其人性进行合作，而非与之对抗。在几个月的时间里，他第一次正常进食，并开始调养自己的身体以恢复健康。他还开始改良一种特殊类型的瑜伽。首先是“内观”（sati）的练习，作为坐禅的开端，他仔细检查自己一天当中每一瞬间的行为，注意知觉和感情的起落，以及意识的波动，使自己认识到每一个小时之内持续不断流经其头脑的一连串欲望、恼怒和念头。这种内省的目的并非引发一种过分忧患的、以自我为中心的自责。乔答摩只是要了解其身心的运转方式，以充分开发它们的能力，发挥它们的最大优势，就像一位骑手努力了解他所训练的马匹的私密知识。

像其他许多隐修者一样，乔答摩确信生命就是苦，而欲望是形成痛苦的原因。“内观”的练习使他更加敏锐地意识到生命的无常和短暂，及其无尽的挫折和失望。不仅仅是年老、疾病和死亡使得生活如此令人不满。“疼痛、忧伤和绝望都是苦，”他后来解释道，

“怨憎会苦、爱别离苦、求不得苦。”[79] 他还观察了一个人热切地希望另一种事物占有他的精神和心灵的方式，注意到他总是渴望变成别的东西，到别的地方去，得到他不曾拥有的一切。在这一系列无止境的欲望中，人类似乎在不断寻求一种新的存在方式——一个新的生命，或复活。他可以通过身体的不停运动看到这一点，比如他经常转换姿势，或动身前往森林的另一处。“世人著有，变异不居，”他断定，“既被有覆，悦乐著有。有情所喜，是险所在，有情所怖，是苦所在。”[80]

这些不仅仅是合乎逻辑的反省。乔答摩是一位非常有经验的瑜伽修行者，他全神贯注地练习内观，这使他能够更“直接”地看到这些真理，避免被自我保护式的妄自尊大歪曲。然而他并没有止步于默思这些消极的真理；他还在进行瑜伽训练时培养了更“善巧的”情感状态，盘腿而坐，练习调息的呼吸方法。他不仅将憎恨从意念中消除，还生发出“同情心和谋求众生福祉的愿望”。他不但使自己摆脱懒散和惰性，而且培养“具足观想、念、正智”。通过系统地消除一个又一个焦虑不安的想法，他发现其精神变得“寂静……离疑而住”，而且不再被“不善法”所折磨。[81] 如果以瑜伽的方式练习达到足够的深度，他相信，这些精神上的努力会使无意识和有意识的精神领域中不平静和具有破坏性的脾性得到改造。

后来，乔答摩宣称这种瑜伽式的内观产生出了另一种不受欲望、贪婪和自私所支配的人。由于经历了过度的禁欲苦行，他几乎把自己毁掉了。而他确信，经过修炼和系统养成的怜悯心可以取代惩罚性的苦行生活，并使有志者能够接触其人性中迄今未知的维度。在每天练习瑜伽时，他进入一种崭新的觉悟状态，将连续的入定与一种面对整个世界的坚定的仁爱感融合在一起。

他将这些冥思称为“无量”(appamana)。在进入思想深处的瑜伽之旅中的每一阶段，他都有意唤起爱的情感——“无限、广阔和不可估量，毫无憎恨之感”——并引导它达至四面八方，不会遗漏此同情范围之内的每一个植物、动物、朋友或敌人。这项学习分为四个阶段。首先，他要培养对万事万物和所有人友善的性情。接下来，他要学习与其他人和事物一同受苦，同情他们的痛苦，就像他在蒲桃树下感受到的对小草嫩芽和昆虫的同情一样。在冥思的第三阶段，他唤起一种“同情之喜悦”，因他人的幸福而欢喜，毫无妒忌或自我受到伤害的感觉。最后，当他进入最深层的入定状态时，完全沉浸于沉思的对象，以至于超越了痛苦或愉悦。乔答摩追求对他人绝对平静温和的态度，既无喜爱也无反感。这是非常困难的，因为乔答摩必须彻底摆脱自我中心，即不停地关注其他人和事物会如何有益于或有损于自我。传统的瑜伽为其修行者树立一种不受干扰的自主状态，而乔答摩则系统地学习向他人敞开全部生命，于是在对一切造物的同情和慈爱之中超越了自我。[82] 当这些积极的善心随着瑜伽的训练热情而增长时，它们便更易在无意识中扎根并养成习惯。“无量”是为了摧毁我们为保护脆弱的自尊心而在自我和他人之间竖立的障碍。随着我们的精神打破其平庸的、自我导向的束缚而获得自由，它便会感到“广大而没有局限，精进而没有嗔怨”。[83] 如若走向最高的层次，这种充满同情的瑜伽会给有志者带来“精神之释放”，即涅槃。[84]

对于乔答摩花了多长时间恢复了健康，并在创造了这种训练方法之后多久实现了大彻大悟，我们不得而知。巴利文经文给人的印象是，它是一个快速的过程，但乔答摩本人解释说，实现这一渐进的转变可能需要 7 年时间。有志者逐渐学会脱离一些毒害我们的生活和人际关系的自私的欲求，并较少受到这些难以控制的欲求的影响。他一旦认识到这些具有侵害性观念的短暂特性，就很难再认同它们，而他也会越来越熟练于控制那些使我们丧失了内心平静的令人分心的事物。[85] 据经文的描述，乔答摩在一夜之间获得了彻悟，那是因为作者想要展示这一过程的大体轮廓，而对其历史细节不感兴趣。但是，几乎可以肯定，乔答摩的开悟并非瞬间“再生”的体验。

他后来告诫弟子，“于此法与律，则渐渐有学、渐渐有所作、渐渐有道，而无有忽然了知通达”。[86]

涅槃

传说乔答摩来到尼连禅河（Neranjara River）边郁毗罗村（Uruvela）附近一片让人惬意的树林中，坐在一棵菩提树下。据巴利文经文记述，在一次坐禅期间，他获得了改变一生的顿悟，并确信已从生死轮回中解放出来。[87]但是在这个顿悟中似乎没有什么新鲜的内容，它通常表述为“四圣谛”（Four Noble Truths）。大多隐修者会赞成前三谛：生命是苦（“苦”），欲望为痛苦的原因（“集”），设法摆脱困境（“灭”）。第四谛（“道”）可能是关键，即乔答摩宣称的使痛苦止息归于涅槃的途径。这种途径传统上被称为“八圣道”（Noble Eightfold Path），是一套行动纲要，包括道德（对“善巧”状态的培养）、禅定，以及智慧（般若，panna）。“般若”能使有志者通过练习瑜伽，并将其与日常生活相结合而“全然”理解乔答摩的教导。乔答摩从未宣称“四圣谛”是独一无二的，但他确是这一历史时期“认识”到这些，并将其在生活中加以实践的第一人。他发现自己已经断灭了使人性遭受奴役的欲望、嗔恨和愚昧。他已经证得了涅槃。尽管他仍然承受着身体的疾病和其他人生沧桑，但没有什么能触及这种内心的平静，或引发强烈的精神上的痛苦。他的方法奏效了。“生已尽，梵行已成！”他在结束菩提树下的冥思时欢欣地喊道，“应作已作，更不趣有！”[88]

什么是涅槃呢？我们已经看到，这个词暗指乔答摩在获得开悟的一刻已经“寂灭”了。开悟之后，他常常被称为“如来”（“离去者”），暗示“他”已不复存在。但这并不意味着身体的消失，被消灭的并非乔答摩这个人，而是贪婪、嗔恨和痴妄之火。通过抛开“无益的”精神状态，佛陀（就是我们现在必须称其为乔答摩的人）已经实现了彻底忘我的内心的平静。这种状态是那些仍陷在自我中心之罗网中的人所无法想象的。这便是为什么佛陀总是拒绝给“涅槃”一词下定义的原因：这样做“即是无有重要也”，因为对未曾开悟的人来讲，没有什么词语可以形容这种状态。[89]佛陀仍会受苦，会像其他人一样变老、生病。但通过不懈的坐禅和道德伦理方面的努力，他发现了一个内心的港湾，它使实践这种训练方法的男人或女人顺应痛苦、控制它、承认它，并在痛苦之中体验一种深邃的安详。或许苏格拉底通过毕生对诚实正直的充满热情的规修，发现了一些类似的东西，这使他在遭受不公正的判决时仍能保持镇定。涅槃就在每个人的内心深处，而且是一种完全自然的状态。它还是赋予生命意义的核心。远离心中这片平静之地的人会感到崩溃，而一旦他们学会进入这片平静的绿洲，就再也不会被互不相容的恐惧和欲望到处驱赶，并能发现一种因处于正确的核心而得到的力量，为自私自利的欲念所不及。

佛陀确信，尽管涅槃不是一个超自然的实体，它却是一种超然的状态，因为它超越于那些尚未实现内心觉悟之人的智能。没有言语能形容它，因为人类的语言衍生于我们不快乐的生活中的经验，在这样的生活中我们不能想象一种完全没有自我的生活。用完全通俗的词来说，涅槃就是“无”，因为它不符合任何我们能够认知的实体。然而那些已经达至这一神圣之平静的人发觉，他们过着一种无量的更加丰盈的生活。[90]稍后，一神论者将会以一些非常相似的词语论及上帝，宣称上帝是“无”，因为“他”并非另一个生命，说他并不存在是更为准确的，因为我们关于存在的概念太过狭隘，不能应用于神圣者。[91]他们还将宣称，一种无私的、富有同情心的生活可以将人们带到上帝面前。但如同其他印度圣人和神秘主义者，佛陀认为人格化神灵的概念局限性太强。佛陀始终否认一个至高神的存在，因为一个拥有权威的、俯瞰众生的神灵可能会成为阻碍开悟的另一个桎梏。巴利文经文从未提及大梵。佛陀来自迦毗罗卫国，远离婆罗门的核心地带，也许对这个概念不太熟悉。但他对上帝或神灵的否定却是冷静而慎重的。他清醒而平和地将它们排除于自己的思想之外。若猛烈抨击这些信念则显得太自以为是。古老的神灵有时会对佛陀的生活产生影响。比如，死神魔罗（Mara）有时就作为佛陀的诱惑者出现在巴利文经文中，劝说佛陀选取一条更轻松的途径，看上去好像他就是佛陀自己思想中的一个方面。

但是，当佛陀试图向弟子示意什么是涅槃时，他往往既使用否定性的词汇又使用肯定性的词汇。涅槃是“贪婪、嗔恨和痴妄的灭除”；它是“无污点的”“未削弱的”“未分化的”“不可战胜的”“不可动摇的”，以及“无与伦比的”。它消除了任何我们无法承受的东西。最常用于表述涅槃的词语之一便是“不灭”。表达涅槃的肯定性词语有“真理”“智慧”“彼岸”“永恒”“终极目的”等。[92]它是人类和神灵共同的那个终极目的，一种无限的平静，一个绝对安全的避难所。这些形象中的许多都令人联想起后来被一神论者所使用的词语，用来描述他们对不可言喻之上帝的体验。

达到了涅槃的境界，佛陀便已实现了他的目标，但这并非其生命和使命的终结。起初，他只是希望享受这种超然的安宁。他突然想到，也许他应当去传播这个好消息，可是他放弃了这个念头，因为这太令人“疲劳、困惫”了。他的法“甚深、难见、难解”。大多数人非但不想沉湎于其中，反而顽固地享受自己的情感依恋而不愿聆听他关于自我放弃的教训。[93]然而这时，神灵梵天（Brahma，在恒河东部地区的大众中流行的“梵”的表现形式）决定进行干预。在巴利文经文中，他像魔罗一样，似乎代表了佛陀自身个性的一方面：在内心深处，乔答摩意识到，他实在不能忽视他的人类同伴。神灵彻底颠倒了其通常的角色，离开梵界，下凡人间，在这位开悟之人面前跪下。“愿世尊说法！愿善逝说法！”他祈求道，“汝乃胜慧普眼者，升登法所就高楼，自超忧苦望鉴临，沉忧生老恼众生，跃起雄者战胜者，商主债无游世间，愿请世尊为说法，能悟入者应有人。”佛陀认真倾听，巴利文经文告诉我们：“世尊因知梵天动情，并哀悯有情，乃以佛眼观察世间。”[94] 这一点非常重要。一位佛陀不仅是实现了自身救度的人，还要能够同情他人的痛苦。播撒至大地四方的怜悯和慈爱使他获得了开悟。自私的退隐会破坏佛法的基本动力，这便要求他回到大众之中，专注于这个不幸的世界。他在菩提树下所获得的顿悟之中一个关键的部分是，过一种有道德的生活就是为他人而生活。在佛陀接下来的 45 年生命中，他不知疲倦地走过恒河平原的城市和村庄，将他的教导传授给神灵、动物，以及男男女女。

佛陀的首批弟子是先前的隐修者，其中的一位据说在佛陀第一次说法期间便获得了开悟。经文往往以同样的方式描述这个过程。当憍陈如（Kondanna）聆听佛陀阐述“四圣谛”时，于“刹那、须臾间”体验到佛陀的教义；“其声乃至达彼梵天”，“超越诸天荣耀光明现于世间”，憍陈如“如已见法、得法、知法、悟入于法”。[95] 出身于刹帝利和婆罗门阶层的年轻人不久便开始加入佛陀的群体中来。吠舍商人也被他对自立的主张所吸引，而那些没有成为僧侣的人往往变成了佛陀的世俗追随者和供养者。佛陀的僧团（僧伽）很快就成为一个规模相当大的宗派。僧侣们每天都要花几个小时练习佛陀的富于慈悲而觉知的瑜伽，但他们也必须向其他人教授这种方法。这并不是一种为特权精英阶层所专属的宗教，像古老的吠陀仪式那样。它是“为众生”服务的。僧侣们常常居住在城郊的园林中，以便于市民向他们请教问题。当佛陀到达一个地区时，成群的商人、贵族和大臣前来聆听他说法。然而，僧侣们大多数时间都在旅途当中，“哀悯世间，为众生利益、众生安乐”而奔波。[96]

无我

实现涅槃最为流行的方式之一是默想佛法独特的关于“无我”（anatta，“没有自我”）的训导。佛陀并不相信永恒的“自我”（个我，神我）是最高实在。对于内观的练习使他意识到，人类处于持续不断的变动之中，他们的身体和情绪无时无刻不在变化。当一个诚实的人对其多变的信念、情感和知觉经过系统地分析之后，他必然得出结论，这些都不是众多隐修者所探寻的自我，因为它们是如此的瑕缺和短暂："此非我所，此非我，此非本我自身（Self）。"[97] 然而佛陀走得更远，他甚至否认有一个不变的自我（self）。他认为，"自我"和"我自己"这样的术语只是习俗而已，因为每一个有感觉力的生命仅仅是一系列暂时而易变的存在状态。在我们现今的时代中，一些后现代主义哲学家和文艺评论家得出了类似的结论。

佛陀喜欢用诸如烈火或急流这样的隐喻来描述人的特性。它具有某种一致性，但是从一个瞬间到下一个瞬间永远不会是相同的。与后现代主义者的思想不同，"无我"并非一种抽象的、形而上学的教条，而像佛陀所有的训导一样，是一个行动纲要。"无我"要求佛教徒日复一日地像"自我"不存在一样地生活。"自我"的概念不仅会导致关于"我"和"我的"这样无知的想法，而且把"自我"放在优先地位会导致妒忌和对竞争对手的憎恨、自负、傲慢、残忍，以及——当自我感受到威胁时——暴力。佛陀试图使其弟子认识到，他们并没有一个"自我"需要通过损害他人的利益而得到保护、夸耀、哄骗和抬高。当一个僧侣成为练习内观的专家时，他便不再将自我投入到短暂的心理状态之中，而是将其恐惧和欲望看作几乎与自己无关的、转瞬即逝而遥远的现象。佛陀向其僧侣们解释道，一旦一个僧侣达到了如此冷静的程度，那么他便做好开悟的准备了。"若厌患，则离贪；若离贪，则解脱。"[98]

经文告诉我们，当佛陀的第一批弟子听到他对"无我"的解释时，心中充满了喜悦，而且立刻体验到了涅槃。当他们听到人人都珍爱的自我并不存在时，为什么会如此快乐呢？佛陀知道，"无我"听上去会使人惊恐。旁观者可能会感到恐慌，心想："我将灭，将不复存在！"[99] 然而巴利文文本显示，人们是怀着安慰和喜悦的心情接受"无我"的。一旦他们像"自我"并不存在一样地去生活，便发现自己更加幸福了，而且体验到了与练习“无量”时同样的生命扩展。超越对于我们的身份地位和生存状况的仇恨、贪婪和忧虑，这样的生活原来才是释放性的。

普度众生

然而并不存在以理性证明这一点的方法。对佛陀之方式方法的评估唯有将之付诸实施这一种办法。他轻视脱离行动的抽象的教义公式。佛陀完全不关心一个人的神学思想。实际上，接受一种建立在他人权威之上的教条是很无知的，它不会带来开悟，因为它相当于放弃了个人的责任。信仰意味着相信涅槃的存在，并且拥有实现它的决心。佛陀总是强调，他的弟子应自己检验他所传授给他们的一切。一种宗教观念实在是太容易变成精神偶像和额外可以依靠的东西了，而佛法的目的是帮助人们得到解脱。一旦弟子们完成了任务，即便是佛陀自己的训导也必须被丢弃。下面是佛陀喜欢讲述的一个旅行者的故事：旅行者来到一条大河边，急需渡到对岸，但是没有桥梁，也没有渡船，于是他编制桴筏，划水渡过了河。而接下来，佛陀会询问他的听众，旅行者该如何处置这个筏子呢？他是否应当作出一个决定，因为它曾经对自己如此有益，所以就必须把它背在背上，走到哪里背到哪里吗？还是将它停泊在一个地方，而后继续他的旅程？答案是显而易见的。佛陀总结道：“诸比丘，我亦如是，为令度脱，令毋执著故。”[100] 他的目标并非发表一些绝对无误的声明或满足理性方面的好奇，而是促使人们渡过痛苦的河流，到达“彼岸”。任何不服从于这一目标的内容都是不恰当的。

因此，佛陀并没有关于世界的创造或上帝存在的理论。这些话题当然是非常吸引人的，但佛陀拒绝对它们加以讨论。为什么呢？因为，“诸比丘，其于汝等无益，于求梵天无益；其未能予人安宁及涅槃之慧”。[101] 他对一个不停地以其宇宙哲学来纠缠他，以至于损害了自己的瑜伽和道德实践的僧侣*说，他就像一个身负箭伤的人，一定要知道射箭人的名字，以及他来自哪个村庄，否则就拒绝治疗。而在他知道这些无用的答案之前，他就有可能死掉。知道一个上帝创造了世界与此又有何区别呢？忧伤、苦难和疼痛依然存在。“以其为生、老、死、愁、悲、苦、忧、恼等故，予于现法教以施设征服，”佛陀向他这个具有形而上学倾向的弟子解释道，“是故，由予不记说者当受持不记说；又，由予记说者当受持记说。”[102]

佛陀喜欢以最简明的方式进行解说。像苏格拉底一样，他希望弟子在内心之中发现真理，这也同样适用于世俗的信徒。有一次，居住在恒河北岸的伽蓝部族派了一些代表来到佛陀这里。他们说，一个又一个的隐修者去拜访他们，可每一个都贬低其他人的学说。他们怎样才能分辨出谁是正确的呢？佛陀回答道，他知道为什么伽蓝人感到如此困惑。他并没有一口气说出“四圣谛”而使他们更加茫然，而是对其进行即兴辅导。他解释说，伽蓝人期待着别人告诉他们答案，但如果他们反观内心，就会发现其实自己早已懂得正确的生活方式。例如，贪婪是好还是坏呢？伽蓝人是否曾经注意到，如果某个人被欲望所吞噬，他便有可能偷盗、欺诳甚至去杀人？这种行为难道没有使这个自私的人不受欢迎，从而变得不快乐吗？仇恨和痴妄难道不也会导致痛苦和伤害吗？到了讨论结束的时候，伽蓝人发现他们真的一直都明了佛陀的法。“是故，我语，勿因是师即予信，”佛陀总结道，“若汝等惟自觉：此法是善，此法是无罪，若将此法圆满执取，即能引益与乐——即伽蓝众！其时应具足而住之。”[103]他将一种冥思无量的形式改编得适合于世俗信徒，以帮助他们获得一首早期佛教诗歌中描述的“善巧”态度：

> 让众生皆快乐！无论柔弱或强大，属上等、中等或下等阶层，

* 即摩罗迦子。

微小或巨大，可见或无形，接近或遥远，
存在或即将获得生命——愿他们皆得极乐！
让世间无人欺诳或蔑视任何生命。
愿无人出于愤怒或仇恨渴望伤害任何生命！
让我们珍爱众生，犹如母亲珍爱其独子！
愿我们无限的仁慈关怀施以整个世界，
无论高处、低处、地平处——
无限之善施以整个世界，
不受阻挠，不怀仇恨与敌意！[104]

如若他们如此行动，并拥有来世，伽蓝人就能累积善业，重生为神灵。如果没有来世，他们关爱、友好的生活方式可以鼓舞他人以同样的方式作出回应。至少，伽蓝人会明白，他们行为端正，这永远是一种慰藉。[105]

佛陀总是体谅他所进行教导的人的立场，即便他对此并不赞同。同情永远是问题的关键。拘萨罗国王波斯匿（Pasenadi）是佛陀的世俗追随者之一，有一天谈及他和妻子最近彼此承认，没有什么比自我更为宝贵。这显然不是佛陀所能认同的，但他并没有责骂国王或展开对无我的讨论。相反，他让波斯匿考虑以下问题：如果他发现对他来说，没有什么比他自己更为宝贵，其他人必然也有同样的感受。因此，佛陀得出结论："是故为自爱，勿以伤害他。"[106]这是佛陀的"金规则"。世俗信徒不能像僧侣那样彻底根除其自尊自大，僧侣的全部时间都用于实现此目标，但世俗信徒可以利用其利己的体验去同情他人的弱点。这将使他们超越过度的自负，并将其引入同情怜悯的根本价值中。

波斯匿国王晚年时，妻子去世，于是陷入长期的忧愁之中。他沉溺于在乡村漫无目的地驾着马车游荡，一天他发现了一个长满奇妙古树的园林。他从马车上下来，走在巨大的树根之间，感到"心神佳美、愉快”。这里“清静而无骚音，远离人寰，适于宴坐”。看着这些令人惊叹的树木，国王立刻想起了佛陀，他跳上马车，赶了数里路，来到佛陀居住处，此时佛陀已是 80 岁高龄的老人。[107] 对于许多与他同时代的人来说，佛陀是暴虐而悲惨的世界中一个安宁的港湾。很多人都在探寻一个地方，它远离世界而又奇异地内在于世界，它毫无偏见、绝对公正、平静无波，它使我们充满信心地认为，在所有不利的条件下，我们的生活仍有价值。对于这样一个地方的探寻，是许多轴心时代的人们在寻找上帝、大梵或涅槃时所追求的。佛陀似乎就是这样的化身。人们没有因其冷淡而感到不快，没有因其缺乏对某些事物或人的偏爱而感到沮丧。他似乎并非缺乏幽默感、令人生畏或冷酷无情，而是激发了所有与其相遇之人内心非凡的情感。他那持久不懈的和善、安详和公正似乎触动了人们的心弦，与他们内心最深处的渴望产生了共鸣。像苏格拉底和孔子一样，佛陀也成就了卡尔·雅斯贝尔斯所称的“模范人格”（paradigmatic personality）——一个人可以或应该如何为人的楷模。[108] 这些轴心时代的杰出人物已经成为原型典范，仿效他们将会帮助其他人实现这些导师身上所体现出的得到升华的人性。

一天，一位婆罗门发现佛陀坐在一棵树下，对他眼前呈现出的佛陀的安详、沉静和自律充满了敬畏。佛陀使他想起了长有长牙的大象，两者令他产生同样的感觉：巨大的力量和潜能被控制住并被引入一种非凡的宁静。这个婆罗门以前从未见过这样的人。“仁者当非天耶？”他问道，“仁者当非乾闼婆耶？……仁者当非夜叉耶？”不是，佛陀回答。他只是揭示了人性中一种新的潜能。在这个痛苦的世界中，处于平和的状态和控制之中，并与其同胞和睦相处是可能的。一旦人们切断了自尊自大的根源，他们就生活在其能量的顶点，并会激活通常处于隐匿状态的那些生命要素。这个婆罗门该怎样描述他呢？佛陀对他说：“我是觉者。”[109]

第八章

万物一体

（约公元前 400 年—公元前 300 年）

一、庄子与孟子

到公元前 4 世纪时，中国经济和政治的变革速度是十分惊人的。战争还在继续，国君需要钱款用于支撑耗费巨资的战事，因此他们鼓励发展新兴的商贸经济。[1]公元前 5 世纪晚期，中国人已经掌握了冶铁的技术，在强有力的铁质工具帮助下，他们能够开发大量林地。到公元前 4 世纪末，渭河流域、成都盆地和中原地区都在进行持续的开发。农民们掌握了施肥、区分不同类型的土壤，以及农田最佳犁耕、播种和排水时间等方面的技术。粮食产量增加了，尽管战乱频仍，人口的增长速度还是很快的。商人阶层开始兴起，这些人与王室密切合作，建立铸造作坊，开发矿场。其中最有魄力的商人们建立了大型的贸易团队，他们的纺织品、谷物、食盐、金属和皮革远销朝鲜、西伯利亚大草原，甚至遥远的印度。他们还雇用了越来越多的工匠、中间商和车船。

城市中居住着成千上万的民众。它们不再仅仅作为政治和宗教中心，而是成为贸易和手工业中心。在封建采邑时代，小型宫城的城墙长度不过 460 米，而如今一些城市的城墙长度已经超过了 3 公里。公元前 4 世纪，齐国的都城临淄是当时中国最大的城市，人口有 30 万之多。不再依赖于宫廷的城市手工艺阶层开始在那里出现，富人们也开始尽情享受各种新式的奢侈品和繁荣的娱乐业。齐国王室成为当时中国一些最具影响力的学者的资助者，并于公元前 357 年在临淄城的西门旁边建立了稷下学宫。文人学士们便居住在陈设齐全的学宫之中，并享有很高的待遇。[2]

变革的影响

大多数人享受着这些变革的乐趣，但是另一些人开始不安地意识到，自己的生活已经和先祖们礼仪化的生活方式大不相同。处于强势的大国国君不再拘泥于礼制的束缚，他们不再按照王室之礼的要求奉行“无为”而治，反而热衷于追求各自野心勃勃的政治图谋，并渴望独揽统治大权。公元前 4 世纪初期，魏王罢免了世袭的贵族和臣属，代之以享受俸禄的文职官员。传统的职官体系是与大家族密切相连的，但是君王如今却可以按照自己的意志选择官员，而且如果他们不服从国君命令，君王就可以轻而易举地罢免他们。令君王不满意的官僚即刻就会遭到流放或被处死。随着其他国家对魏王的效法，政治变成了一种极为危险的游戏。虽说君王偶尔也会求教于道德之士，但是他们却把更多的心思花到了商人身上。在新兴商业氛围中，他们的政策愈发带有浓重的实用主义和精于算计的色彩。

经济繁荣日益加重了人与人之间的不平等，并且导致重大的社会分裂。农民们被征入伍，从而背井离乡；一些人成为地主，但是其他人则陷入沉重的债务之中，并被赶出自己曾经耕作的土地。统治者夺取了大量川泽林地，农民们曾经在其中捕鱼、狩猎或者采伐。村落社会遭到了致命性的毁灭，众多农民被迫到手工工场和铸造作坊出卖自己的劳力。一些贵族家族开始没落，那些面积较小的守旧的封国也不断面临着覆灭的危险。许多人的生活中都出现了一种强烈的空虚感。“孰吉孰凶？何去何从？”楚国的王族、诗人屈原问道，“世溷浊而不清……谗人高张，贤士无名。”[3][*]他曾经恳求楚王求教于圣人并回归“天道”，却遭到罢黜和流放，最终于公元前 299 年[†]自尽而亡。

面对这样一个华丽的新世界，一些人却退居山林，选择了在一段时间内脱离城市生活。孔子就曾经遇到过一些这样的隐士，他们嘲笑孔子改革社会的努力。[4]这些遁世者与印度的隐修者不能相提并论，他们只想过上一种安静闲适的生活。不过，有些人站在崇高的道德立场上，以一种“怨诽”的方式针砭时弊。[5][‡]他们心目中的英雄是神农——一个发明了农业的传奇式的圣君。[6]与同时代那些野心勃勃的统治者不同，神农并不对他的帝国实施集权统治，而是允许其封地自行治理；他向来不会恐吓自己的臣子，除了对农业进行常规性视察活动之外，他奉行“无为”而治的政策。还有一些隐士情愿过着一种田园式的、简朴而无忧无虑的生活。他们在山川林泽中狩猎、捕鱼。[7]但是，到公元前 4 世纪中期，这些人也发展出一套哲学思想，他们把这套学说归功于一位姓杨的学士[§]。[8]

杨朱学派

杨子没有留下任何著述，但他的思想学说保存于其他一些古典文献之中。他对儒家和墨家学说提出了直接而具有颠覆性的质疑。家礼强调，一个人的生命并不属于他自己。上天已经为人类安排了固定的生命期限，因此如果一个人将自己置于危险之中，那么这个人就违背了上天的意志。既然身处仕途的生活是如此危险，那

---

* 参见《楚辞 · 卜居》。

† 一般认为，屈原约于公元前 278 年自沉于汨罗江。——编注

‡ 参见《庄子 · 刻意》。本书《庄子》引文中译参照杨柳桥译注的《庄子译注》（上海古籍出版社，2007 年版）。

§ 即杨朱。

么追求仕途的生活显然是错误的。[9]因此，杨朱学派主张从公共生活中隐退的原则。他们指出，尧和舜并非像儒家所认为的那样，出于谦恭而放弃了统治地位，而是由于不愿将自己和其他民众的生命置于危险之中。杨朱学派喜欢引述亶父，即一位周王先祖的例子。亶父让出了王位，而不愿与进犯的军队作战："与人之兄居而杀其弟，与人之父居而杀其子，吾不忍为也。"亶父在退位演说中如是说。[10 *]

杨朱学派对"仁"或者"兼爱"不屑一顾。这是一种"为我"[11 †]的哲学思想，而这在儒家看来却是极其自私的。儒家学者曾经悲叹道，杨子"拔一毛而利天下，不为也"[12 ‡]。但是，杨朱学派强调，参与他人或公共机构的事务是不负责任的；一个人的首要职责就是维持自己的生活，一切顺其自然。[13]他们绝不能扰乱人的自然本性，而是应当遵循上天所确立的"道"。那些拒绝享受生活或者遵从矫揉造作的宫廷礼仪的做法都是错误的，这些行为扭曲了人与人之间的关系。如果一个人按照礼而非按照自己的感受行事的话，则不可能与他人建立真正的联系。生活应当是自发而真实的。

很多中国人都被杨朱学派的思想理念所吸引，但是另外一些人认为这种学说扰乱人心。[14]后者一直认为，礼数在人世间确立了"天道"。这些礼果真是有害的吗？如果杨子是正确的话，那些为了臣民的生活而甘愿放弃自身享乐的有德之君岂不都成了执拗的傻瓜？而那些只图享乐的无道暴君岂不是更接近上天了吗？人类的本质是自私的吗？如果是的话，应该采取一些什么措施才能使这个世界变得更加美好呢？道德的根基又是什么呢？儒家自修的思想真的是不

---

* 此语出自《庄子 · 让王》，属道家而非杨朱学派。有学者认为杨朱即庄周，或许作者接受了这种观点。

† 参见《孟子·滕文公 下》。本章《孟子》引文中译参照杨伯峻译注的《孟子译注》（中华书局，1960 年版）。

‡ 参见《孟子 · 尽心 上》。

正确的吗？杨朱学派所颂扬的“人性”究竟指的是什么呢？当时稷下学宫的学士们对上述问题都有所论及，其中的一位撰写了一部儒家反击杨朱主义的、具有神秘性的论著《内业》，以此为统治者提供指导。*

《内业》的作者认为，“仁”并不是对人性的扭曲，而是人性的实现；事实上，“仁”这一词汇乃是人性的同义语。如果君王想成为真正的“仁者”，他必须要发现自我的根本。他不能逃避到山林之中去寻找和平与安宁，而是必须通过存思之术来孕育一种内在的安宁和闲适。通过学习抑制性情、平息欲望、排除杂念等方法，开悟的君王就能够找到真正的自我。他能够净化自己的心力，他的身体也将变得愈发康健，而且他还会发现，无须更多的努力，就会“自然而然地”成为一个仁者。中国人已经发现了内省的重要意义，到公元前 4 世纪，他们开发了一套属于他们自己的瑜伽修炼方法。我们对这些早期的存思之术知之甚少，但是它们似乎已经包含了一些守神和调息的训练。在古代，君王们通过选取正确的身体朝向而确立了“道”。如今，按照《内业》的说法，一位君王通过发现自我内在的真性便能够恢复世界的秩序。

中国人的存思之术是建立在调“气”的基础上的，这是一个很难翻译的词汇。气乃是生命的原始质料、基本能量和原初灵魂。它可以促生万物，并且赋予万物特殊的形制。作为一种动态的、运动不止的实体的基础，“气”和德谟克利特所说的原子别无二致，只不过“气”更具神秘性而已。在“道”——无上力量——的指引下，“气”周而复始地聚积成各种结合体，从而形成岩石、植物或者人类。但是上述这些物质都不是永恒的。最终，随着“气”的散去，人或植物会死亡，岩石会分解。但是，“气”却依然存在；它会在不断变化的熔炉之中继续运转，最终会重新组合成不同的形状。因此，宇

* 《内业》为《管子》中的篇章，管子非儒家。

宙之中的万物都在分享着同一个生命，尽管其强度有所区别。

“气”的最纯粹和最集中的形式就是保持自身——实体之“精”。在存思过程中，存思者要学会如何释放自己体内的气。通过系统地排除一切阻碍气自然运行的欲望、恶意和不安的精神活动，存思者能够使他的“气”按照上天所设定的方式在自己的内心、头脑和身体中顺畅地运行。当他实现了这种与“道”的彻底相合之后，他就入定了，此时一种神圣的宁静就会从内心油然而生；这就是神——他内心最深处和最神圣的自我，与生命之精共存。因此，在存思过程中，开悟的君王发现了自己真正的本性。不仅是他的“心”，即思考的器官，他的听觉、视觉和四肢也全都变得越来越健康。[15] 如此一来，他就能够实现上天为他安排的生命周期了。由于他与“精”即万物之“精髓”共存，他体验到了一种与全部实在合一的感觉，并且可以宣称：“正心在中，万物得度。”[16]

当令人毛骨悚然的战争使中国四分五裂之时，中国的神秘主义者却发展出一套将各种东西都结合在一起的凝神之说。这种追求合一的欲望也导致了追求辩证和辩论之新时尚的出现。墨家、儒家和杨朱学派之间的激烈辩难催生了对于辩论技巧的强烈兴趣。像古希腊的智者一样，“辩者”以能够证明论题的两面性和颠覆被人们普遍接受的观念为乐趣。很多人认为这些“辩者”没有什么价值，而且是不负责任的。但是，他们却认为自己的工作具有一种凝聚力，这种力量能够把风马牛不相及的事物结合在一起，并揭示其内在的统一。其中一位“辩者”宣称自己能够“合同异，离坚白；然不然，可不可”。[17*]

惠子的命题

这些早期的辩者中最为著名的人物是曾任魏王相的惠施（公

* 参见《庄子 · 秋水》。

元前 370 年—公元前 319 年）。此人乃战国时期最超前的思想家之一。[18] 惠子的著述很少传世，但他似乎非常认同墨家学说。迄今为止我们所知的唯一著述就是他留下的十个命题。通过这十个命题，他阐述了事物本质上的不稳定性。[19]* 惠子想要证明，人们很容易受到语言词汇的误导，因为词汇赋予事物一种虚幻的持久性和可靠性。他说："今日适越而昔来。"时间完全是相对的：今天的"昨天"乃是昨天的"今天"，今天的"今天"乃是明天的"昨天"。在另外一个命题中，他证明了人们空间概念的相对性："我知天下之中央，燕之北、越之南是也。"因为"燕"在中国的北方，"越"在中国的南方，从逻辑上讲，"中央"应当位于这两地之间。但是，当你跳出精确的中国视角来观察时，很显然任何一点都可能成为世界的中央，正如环线上的任何一点都可能成为环形的起点一样。

上述这些命题实际上是为了促使人们思考，其目的在于说明我们所想象的和看到的差异实际上只不过是一种错觉。即便是生和死也只不过是同一个事物的两面，正如惠子所云："日方中方睨，物方生方死。"一切事物都在不断地变化之中，因此从每一个生命开始存在的那一刻起，它就已经开始走向衰亡了。人们通常在一种绝对的意义上使用"高"和"低"之类的概念，却并没有认识到，一个物体只有在和其他物体相比较的情况下才有所谓"高"的概念。因此，"天与地卑，山与泽平"。将事物归入各个绝对范畴的做法是错误的，因为尽管有些事物表面上具有一定的相似性，但其实一切事物都是独一无二的，"连环可解也"。因此，包括天与地、生与死、高与低在内的万物乃是一体。惠子是一位政治家、激进主义者和墨子的信徒，他也许是想表明，所有人类都拥有同等的价值，社会命运也是无常的。[20]

在十个命题的第一个中，惠子指出了一个在日常生活中我们没

---

* 参见《庄子 · 天下》。

有经历过的事实。“至大无外，谓之大一；至小无内，谓之小一。”我们说一个事物是“大”的，仅仅是因为它比别的东西大；但是实际上一切事物都是“大”的，因为世界上并不存在一种不比其他事物大的东西。所以说“最大”和“最小”的范畴存在于我们的意念之中，它表明我们有能力想象绝对的事物。语言揭示了嵌入我们思想体系之中的超验性。惠子的悖论引起了精神上和社会上的共鸣，而芝诺的悖论则没有形成这样的影响力。惠子的十个命题是由超越和同情的概念构成的。在第一个命题中，惠子引导人们关注一种没有任何事物可以超越的至大的观念。第十个即最后一个命题乃是源自墨家，即“泛爱万物，天地一体也”。差异乃是错觉，我们的好恶建立在此基础之上，因此我们应当平等地看待世间万物。最后一个命题关照了第一个命题，因为“至大”包含了整个实在，即天与地并非不同而对立，而是一体的。[21] 由此看来，世间万物都应当得到我们的爱和终极关怀。

庄子“道”论

这种精神上的视域有助于我们理解惠子与庄子看似不可能的友谊。庄子（约公元前 370 年—公元前 311 年）是中国轴心时代最重要的人物之一。[22] 作为一名杨朱学派的学者和隐士，庄子乍看起来与魏国的这位重臣（惠子）好像没有什么共同之处。他一生都是一位在野者。他曾经身着破旧的袍子、脚穿草鞋去拜见魏王，而且多年住在茅舍之中，靠编草鞋谋生。但是，庄子思想活跃、才思敏捷，提出了很多富有原创性的思想，且在权贵面前不卑不亢。他喜欢和惠子辩论，惠子辞世后他慨叹再无可与他论道的人。但是从根本上说，庄子认为辩证法未免过于狭隘。举例来说，惠子是一位墨家学者，但儒家学者就不能同样正确吗？如果像惠子所说的那样，天下万物都是相对的，那么为什么只应当有一种哲学思想是正确的呢？在庄子看来，那些哲学家的争论和辩驳纯粹是以自我为中心的：“道”

是超越诸如对与错、真与假这样有限的人类概念而存在的。

被认为是庄子创作的著述实际上是一部上起公元前 4 世纪、下迄公元前 3 世纪末期的文献集成。按照传统的学术观点，只有前七章被认为包含了庄子自己的学说，但是现代的分析表明，这些“内篇”包含了后来的著述，而其他章节的部分内容在文风上与历史上的庄子更为接近。《庄子》始于对私人生活的辩护。庄子对墨家和儒家学说深表不满。在他看来，墨家和儒家未免有些妄自尊大，傲慢地确信他们承担着救世的使命。政治并不能改变人性：当君王及其政客们干预其臣民的生活的时候，他们总是把事情弄得更糟。庄子信仰无政府。他认为，强迫人们遵从人为制定的法律是逆自然规律而行的，是不正当的，这种行为无异于“落马首”“穿牛鼻”。[23]

当庄子最初为了寻求宁静和安适而退出公共生活的时候，他曾是一位杨朱主义者。但是有一天他认识到，对于任何一个生命来讲，都不可能完全过上一种安全而免受伤害的生活。[24] 他曾误入一个禁猎区[*]，想要捕鸟。他发现了一只好大的雀鸟，于是小心翼翼地瞄准目标，但他还是希望这只鸟能够受惊而逃。但是，这只雀鸟对庄子毫无察觉，因为它正盯着一只美味的蝉，而那只蝉正享受着舒适的树荫，对自己所处的危险一无所知。这时候一只伺机而动的螳螂弯曲着身体伸出前肢，已经准备好跃起捕杀这只蝉。螳螂全神贯注于捕猎，也忽略了雀鸟的存在。雀鸟突然发起攻击，异常兴奋地将螳螂和蝉收为自己的美餐——但仍浑然不觉庄子和他手握的弓弩。庄子慨叹道：“噫！物固相累，二类相召也。”上述这些生命都没有意识到迫近的危险，因为它们都在想吃掉另外一个生命。不管有意与否，它们事实上都卷入了相互毁灭的链条。没有人能够完全孤立地生活，即便是隐者也是如此：庄子自己只顾忙着捕捉雀鸟，并没有注意到栗园看守人的出现，他气愤地将庄子赶出了园子。这件事给

---

* 即栗园。

庄子留下了极其深刻的印象，在以后的三个月里他的情绪一直非常低落。庄子如今才认识到，杨朱主义的信条建立在错觉之上：按照杨子的教义是不可能保护自己的。我们注定会去摧毁或者被摧毁，吃掉他人或者被他人吃掉。我们不能逃脱自己的命运，除非我们能够甘心接受那永无穷尽的毁灭和消亡的过程，我们就不可能拥有安宁。

栗园事件之后，庄子发现自己看待世事的态度发生了相当大的变化。他开始认识到世间的一切都在变化之中，而且会处于不断变为其他事物的过程之中。然而，我们自己却一味地妄图凝固我们的思想和经验，把事情绝对化。这并不是“天道”运行的方式。任何事物想要与永无止境的变化相隔绝，而试图寻求一种自制和自控，乃是和宇宙的自然规律背道而驰。在完全领悟了这一点之后，庄子便感觉到了一种欣喜和自由。他发现自己已经不再畏惧死亡，因为想尽办法无限延长自己的寿命是徒劳无功的。生与死、喜与悲就像白天和黑夜一样相继交替而来。当有一天他死去而不再是“庄子”的时候，天地间并没有什么改变。从本质上来说，他依然还像从前那样，是不断变化的宇宙中一个微小的部分。

庄子有时候会采用一些令人震惊的策略，来让自己的朋友和弟子领悟这样的道理。庄子的妻子去世的时候，惠子前往吊唁。他惊骇地发现庄子正盘腿坐在地上，鼓着破旧的瓦盆大声歌唱——这种行为公然违背了服丧期的高贵礼仪。惠子非常气愤地说道：“与人居，长子、老身！死不哭亦足矣！”庄子却笑了。当妻子刚刚过世的时候，庄子确实像其他常人一样悲痛。但是，后来他想到妻子出生之前的时光——那时她只不过是不停流动的“气”（即宇宙最原初的物质）的一部分。有一天，一个奇妙的变化发生了：“气”以一种新的方式发生了聚合，恍惚之间变成了他心爱的妻子！现在，她死去了，并转化成为其他的形式，“是相与为春秋冬夏四时行也”。庄子回答说：她现在已经安息于“道”这样一个巨室。如果自己为此而悲伤哀怨，不是太不通达命理了吗？[25*]

面对变化、死亡和毁灭这些令轴心时代其他众多圣人非常沮丧的事情，庄子和他的朋友们却表现出一种令人困惑而又超然的愉悦。有一天，庄子一位李姓弟子[†]去探望一个快要死去的朋友[‡]。令他反感的是，他发现朋友的妻儿正在床边哭泣，于是便喊道："叱！避！无怛化！"然后又倚着房门，激动地说："伟哉！造化又将奚以汝为？将奚以汝适？以汝为鼠肝乎？以汝为虫臂乎？"即将死去的朋友回答说：

> 子于父母，东西南北，唯命之从。阴阳于人，不翅于父母。彼近我死，而我不听，我则悍矣，彼何罪焉？
>
> 夫大块，载我以形，劳我以生，佚我以老，息我以死。故善吾生者，乃所以善吾死也。今之大冶铸金，金踊跃曰："我且必为镆铘！"大冶必以为不祥之金。今一犯人之形，而曰："人耳！人耳！"夫造化者必以为不祥之人。今一以天地为大炉，以造化为大冶，恶乎往而不可哉？成然寐，蘧然觉。[26§]

庄子和他的朋友发现，一旦人们不再认为自己是独一无二的高贵个体，因而不惜一切代价保存自己的生命，他们便能够以一种愉悦而超然的态度来看待自己所遇到的困境，并且拥有一种平静而满足的心态。[27]当一个人能够完全与"天道"运行的步调一致的时候，就会处于一种平和的状态，因为这个人与现实相合。

"道"究竟是什么？庄子曾经反复强调过，"道"是不可思议的、不可名状的、无法定义的。"道"无性、无形，可得而不可见。

---

* 参见《庄子·至乐》。

† 子犁。

‡ 子来。

§ 参见《庄子·大宗师》。

“道”非神，未有天地，自古以固存，长于上古，而不为老。它是非有非无。[28] * “道”代表了推动自然运行的一切模式、形态和潜能。[29] “道”神秘地指导着“气”的运行变化，但是它存在于一切差别终止的地方，这些差别是人们一般思维模式的特征。任何人试图武断地阐释这些不可言喻的问题，只能以有伤大雅、自尊自大的争吵而告终。我们不得不承认自己一无所知。如果我们选择一种理论而排斥另外一种理论的话，最终只能曲解现实，强行将有创造力的生命进程纳入人为设定的轨道。唯一有效的断言就是一种疑问，它使我们陷入怀疑和显而易见的无知感之中。面对不存在确定性的现实，我们不应该悲观失望，因为正是这样的混乱才使得我们更加接近“道”。

自尊自大乃是开悟的最大障碍。自我膨胀容易使我们固执己见，自负容易使我们和别人发生争吵，并且爱管闲事。因为我们总是想改变别人，使别人按照自己的意志行事。庄子经常有意引用孔子的例子来说明自己的观点。庄子说，有一天，颜回告诉孔子，说他要去感化卫国残暴、莽撞而缺乏责任感的年轻君王。孔子却挖苦他几句，但是颜回自己还没有完全想明白。他怎么可能改变别人呢？他能做的只不过是制定律典，以及解释儒家的几条纲纪伦常。这些外在的指令如何能够影响那种渗透到骨子里的冲动呢？而这些冲动正是卫王残暴的根源所在。因此，颜回唯一能做的就是放弃这种想法和一味的妄自尊大，从而发现自己内在的天性。

> 仲尼曰：“若一志，无听之以耳而听之以心，无听之以心而听之以气。听止于耳，心止于符。气也者，虚而待物者也。唯道集虚。虚者，心斋也。”[30] †

---

* 参见《庄子 · 大宗师》。

† 参见《庄子 · 人间世》。

我们绝对不能为自负的增长提供任何机会，而应当遏制其发展。我们最好的初衷也可能会为我们自己牟取私利。但是“气”没有自己的发展规划，只能按照“道”来形成和转化，因此一切都运行良好。如果颜回不再阻碍“气”的运行，而是令其自然发展，那么“道”就会在他身上产生效力。只有到了那个时候，他才能够成为世间永久的道德力量。这番对话结束之后，颜回好像对从前的行动计划一点兴趣都没有了。

唯有人们不再为学说和理论问题争执不休的时候，才能获得庄子所说的大智慧。他们不再坚持此非彼之类的断言，而会开始认识到，所有看上去互相矛盾的东西形成了一种神秘而超然的统一。这种对立统一使本来矛盾的事物转而成为轮毂、道枢，“枢始得其环中，以应无穷”。[31]* 那种无知的状态无异于井底之蛙，它只能看到一小片天空，但却误认为这是整个天空。当它看到全部现实之后，其视野便会从此发生变化。[32] 大智慧是不能够被定义的，即便是庄子也只能够描述它的效用。大智慧赋予圣人敏锐和机智，使圣人在各种情况刚刚露出苗头时就及时地做出反应。他不必提前打算自己应该怎么做，也不会因为不知如何抉择，或因遵从一系列严格的规则而深感痛苦。只要他不逆“道”而行，就能够自然而然地顺天行事，正如天资聪慧的工匠所掌握的技巧一样。

庄子还讲述了另外一个关于孔子的故事。孔子携弟子们路过一片森林，遇到了一个正在用有黏性的竿子捕蝉的驼背者。让孔子惊讶的是，没有一只蝉能从驼背者的手中逃掉。他是怎样做到这一点的呢？他在捕蝉过程中注意力是如此集中，以至于整个人都投入进去了，达到了一种入迷状态，即一种使他与“道”相合的忘我境界。“子巧乎，有道邪？”孔子问道。“吾有道也。”驼背者回答说。他不知道自己是如何做到的！但是他已经捕了好几个月，并且现在已经可

---

* 参见《庄子·齐物论》。

以进入一种完全专注于捕蝉的状态之中：“吾不反不侧，不以万物易蜩之翼，何为而不得！”他已将自我意识抛于脑后，而是让气贯通全身。孔子向其弟子解释道：“用志不分，乃凝于神。”因此，他的双手就像自己在动一样，运用自如。与此相反，那种刻意编制的计划往往会使人分散注意力，最终只能事倍功半。驼背者的故事使庄子想起了轮扁。轮扁称：“斫轮，徐则甘而不固，疾则苦而不入，不徐不疾，得之于手而应于心，口不能言，有数存乎其间。臣不能以喻臣之子，臣之子亦不能受之于臣。”[33*] 与此相仿，不刻意去区分个性和权衡轻重的圣人已将“自我原则”抛于脑后，行事顺其自然，最终成为与最深奥和最神圣的宇宙节奏相合的人。

这种状态究竟是什么样的呢？庄子向他的弟子讲述了存思者子綦的故事。有一天，他的朋友们来看他，发现他“仰天而嘘，荅焉似丧其耦”。这种情况以前从未出现过。子綦看上去好像完全变了一个人。这到底是怎么回事呢？“今者吾丧我，汝知之乎？”子綦问道。他就像工匠一样，完全沉浸于自己的工作中了。当我们竭尽全力坚持已见的时候，就会与“道”的“大通”相疏离。由于子綦已经达到了忘我的境界，他能够摆脱私欲的掌控。因此，和以往相比，此时他看问题会更透彻。“汝闻人籁而未闻地籁，汝闻地籁而未闻天籁夫！”他告诉他的朋友。当你获得了如此宽广的视野时，你就会发现世间万物都在一起和鸣，而你还能够将它们区分开来。这就是大智慧，“大知闲闲，小知间间”[34†]。

只有当你抛弃了以往的思维习惯，才能获得这种启示。真正的圣人不是去积累知识，而是学会将它们逐一忘掉，直到最终忘记了自我，并欣喜地与“道”合一。在此，庄子讲述了另外一个关于孔子和颜回的故事：

---

* 参见《庄子 · 达生》和《庄子 · 天道》。

† 参见《庄子 · 齐物论》。

> 颜回曰："回益矣。"
> 仲尼曰："何谓也？"
> 曰："回忘仁义矣。"
> 曰："可矣，犹未也。"
> 他日复见……曰："回忘礼乐矣！"
> 曰："可矣，犹未也。"

但颜回最终令师父感到了震惊。

> 他日复见，曰："回益矣！"……"回坐忘矣。"
> 仲尼蹴然曰："何谓'坐忘'？"
> 颜回曰："堕肢体，黜聪明，离形，去知，同于大通，此谓'坐忘'。"

孔子面色苍白，他的弟子已经超越了他。

> 仲尼曰："同则无好也，化则无常也。而果其贤乎！丘也请从而后也。"[35*]

"认识"一个事物就是要将它与其他事物区分开来。忘掉这些差别就是能够意识到一种无差别的统一，同时抛弃一切关于个体自我的意识。

庄子的这种开悟是有别于佛陀的，似乎并非发生了一次而永久持续下去。他自己也不能永远保持在入定的状态，而是不得不时常分析和区分事物，以便于正常地生活。[36] 他时而"知天"，时而"知

---

* 参见《庄子·大宗师》。

人”。[37*] 但是在生命深处，他感到与“道”相合，“道”乃是万物之所系，而一化之所待。

庄子对墨家提出的“爱”的理念并不是十分欣赏，因为它要求人们关注个体，这种关注未免过于短暂了。但他确实宣扬一种推己及人的精神。他认为，圣人从本质上讲是大公无私的。“至人无己”，他解释道。[38†] 他视人如“己”。“人哭亦哭，是自其所以乃”，因为他已经忘却了个别而特殊的自我意识。[39‡] 他的内心已经“虚静”，如同明镜一般，只将其他事物完整真实地映射出来，而非突出自我的失真透镜。[40§] 真正的圣人不需要仁的规制。他会自发地为他人着想，而不会刻意地认为自己关爱他人。[41] 一旦他拥有了这种大智慧，便得到了自然的仁爱之心的秘诀。

孟子“仁”说

在庄子看来，与他同时代的孟轲（公元前 371 年—公元前 288 年，被称为孟子）乃是一个自尊自大的好事者，因为他极为热衷于参与公共事务。[42] 作为一名忠实的儒家弟子，孟子成为稷下学宫的一名学士，但他真正的志向是步入仕途，成为一名官僚。可是，和孔子一样，他也没有成功。他没能赢得齐宣王或者梁惠王的信任，他们都认为孟子的思想荒谬而不切实际。但是孟子并没有轻易放弃，而是周游列国多年，竭力劝导君王们重返正“道”。他无法像庄子那样背弃这个世界，而自认为是上天派到下界来拯救世人的。

孟子发现了历史发展中的一种模式。他认为，每 500 年左右就会有圣王出现，其间民众接受普通的“名世者”的管理。自西周早期的君王统治至孟子所处的时代，已经有 700 多年的时间，然而新

* 参见《庄子 · 大宗师》。

† 参见《庄子 · 逍遥游》。

‡ 参见《庄子 · 大宗师》。

§ 参见《庄子 · 应帝王》、《庄子 · 天道》和《庄子 · 天下》。

的圣王仍未出现。孟子敏锐地认识到，中国的发展开始每况愈下，至少在他看来是如此。他哀叹道，“民之憔悴于虐政，未有甚于此时者也”，“夫天未欲平治天下也”。然而，如果上天确实想治平天下的话，除了他还有谁能担当此任呢？[43*]他只是一介平民，不可能成为圣王，但他坚信，他乃上天派给君王的使者。广大民众亟待善政，他们甘愿接受任何以仁义治国、善待民众的统治者。

当孟子清楚地认识到人君绝不会重视他时，便从官场引退，并开始著书立说，记录了他与那些他曾经试图辅佐的统治者的谈话。在他看来，依靠暴力是不可能统治国家的。民众屈从于暴政乃是因为他们别无选择。但是，如果一位爱好和平的君主当政的话，广大民众会“心悦而诚服也”[†]，因为仁德拥有一种“转变之力”。[44]他劝谏梁惠王不应依靠军事暴力治国，而应当“省刑罚，薄税敛，深耕易耨”。在闲暇时间，壮者应该学会依照礼制来生活，从而成为贤兄孝子。一旦他们接受了这样一种道德基础，自然而然就会成为忠实的臣民和一股强大的力量之源。他们“可使制梃以挞秦楚之坚甲利兵”。[45‡]原因何在？因为所有优秀的臣子都愿意效忠于以仁义治国的统治者，农人愿意耕种他的田地，商人愿意在他的城市中从事贸易经营。“天下之欲疾其君者，皆欲赴愬于王，”孟子劝谏梁惠王说，“其若是，孰能御之？”[46§]

孔子认为只有礼仪才可以改变社会，孟子却见证了战国时期经济和农业的巨大变革。孟子将尧和舜尊奉为技师，即具有实践能力的人，而并未赞赏其对礼仪的精通。在尧统治时期，中国深受洪水之害。在天下苍生之中，尧“独忧之”[47¶]。他开辟河道，使洪水流

---

* 参见《孟子 · 公孙丑 上》和《孟子 · 公孙丑 下》。

† 参见《孟子 · 公孙丑 上》。

‡ 参见《孟子 · 梁惠王 上》。

§ 参见《孟子 · 梁惠王 上》。

¶ 参见《孟子 · 滕文公 上》。

入大海，民众能够平整土地，以便居住。舜命禹治水，在长达八年之久的时间里，禹疏浚河道、深挖河床、兴修堤防。那些年里，他从未在家中睡过一宿觉。他无暇顾及农业，因此舜命后稷教导民众如何种植谷物。但是，一旦人们衣食无忧，道德标准也开始下降了。这使得舜非常不安。于是，他任命放勋担任执掌教化的大臣 *，按照待人接物之礼来教导民众。[48]

孟子强调，圣王应当心系民众，关爱百姓。在他看来，在尧和舜身上体现出的首要贤德就是关心民众的疾苦，并对他们的境况充满关注和担忧。圣人是不忍心看着他人经受痛苦的。孟子称，每个人"皆有不忍人之心……斯有不忍人之政矣"。面对深受苦难的臣民，圣王并不仅仅满足于对其深表同情，他们会积极主动并富有创造性地将他们对民众的关怀转化为实际行动。仁德、遏制私欲的能力以及"知皆扩而充之"的能力，乃是成就其良好而行之有效的统治的源泉。[49] †

战国时期的君王们也许没有可以与尧舜相媲美的杰出才能，但是他们能够而且必须效法其利他主义精神。孔子曾经拒绝给"仁"下一个精确的定义，而孟子却给出了一个明确而狭义的解释："仁爱"。这是一种最根本的德行，这种德行使他不可能不关注世事的发展变迁。他对墨子提出的"兼爱"表示质疑，尽管他也赞同关爱不能仅仅限于家族之内，但他还是认为这种普遍化的善意有可能破坏维系社会的家族纽带。[50] 他劝谏齐宣王，关爱民众应该从谦恭地对待自己家族中的长者开始。一旦养成了这种尊重的习惯，他就会自然而然地把这种尊敬和关爱扩及其他家族的长者身上。最终，他会以仁爱对待他的所有臣民，而臣民们也会非常乐意接受他的统治。[51]

---

* 放勋是尧之号；舜命契为司徒，掌教化。原文有误。

† 参见《孟子 · 公孙丑 上》。

孟子不赞同下面这种看法，即“仁”的准则是人为产生的。在他看来，人们对遭受苦难的人或物产生同情是很自然的。他提醒齐宣王说，宣王最近拯救了一只即将被用于祭祀的牛的生命。当宣王看到这只可怜的牲畜穿过厅堂，并听到它那悲惨的叫声的时候，便向侍者大喊：“舍之！吾不忍其觳觫，若无罪而就死地。”[52]* 这是一种良好的冲动，但这只是个开端。接下来，君王应当把这种本能的同情心推及他的臣民身上，更加仁慈地对待他们。而最终，他应将这种关爱扩展到其他诸侯国。孟子认为，人性本善——人性自然倾向于仁。墨家认为，从本能上来讲，人只会受私欲的驱动，仁善之心只能靠后天的培养。然而，孟子主张，按照道德理念的规制为人处世，就如同我们的身体发育成熟那样自然。虽然一些坏习惯可能会阻碍我们身体和道德的成长，但是我们向善的本性会一直保持下去。

每个人都有基本的“四端”。如果能够得到正确的培养，这“四端”将成为四种最重要的德行：仁、义、礼，以及区分是非对错的智。它们如同一株株嫩芽，终有一天会成长为参天大树。[53] 这些“萌芽”对于我们就像手足和四肢那般自然。任何人都会对他人抱有同情心。如果有人看到一个小孩子正在井边摇晃，而且马上就有落井的危险，他肯定会立刻冲上前把孩子救起。他之所以这样做，并不是为了讨好孩子的父母，或者赢得朋友的钦佩，更不会是因为他讨厌孩子的哭喊。他只是基于一种本能的同情心才这样做的。如果真的有人眼睁睁地看着孩子有落井的危险而毫不感到焦急不安的话，那么这个人肯定是出了什么严重的问题。同样，如果一个人完全没有羞耻感，或者缺少基本的是非对错观念的话，那么他很可能是一个身心不健全的人。也许你可以摧毁这些“萌芽”，就像你可以伤害你自己一样。但是，如果它们能够得到适当培养的话，就能够获得一股源于自身

* 参见《孟子 · 梁惠王 上》。

的生机勃勃的力量。一旦它们成长起来，不仅能够改造培养它们的人，也能够改变与它接触的每一个人，正如君王的潜能一样。那些成功地修为“四端”的人能够拯救这个世界。[54]

孟子生活在战国乱世。他深知在这样一个时代仁善的种子很容易被毁掉。放眼望去，他发现到处都充满了贪婪和自私。他认为正是它们阻碍了气的流动，遏制了向善的自然发展。“萌芽”自然而然地存在于人们心中——它是思考和情感的器官，但是有很多人已经完全将其抛弃了。民众由于受到虐待、饥饿和剥削的折磨而堕落。社会上的贵族阶层是如此渴求奢华、快乐、权力和名望，以至于忽略了“萌芽”的存在，并任其枯萎凋零。只有君子这样完善之人才能够保存一颗鲜活的心。[55]大多数人的心就像牛山一样，曾经覆盖着繁茂的森林，但最后还是被野蛮的乱砍滥伐破坏殆尽。很难相信牛山上曾经长满了树木，如同很难想象一个残忍、自私的人也曾具有优良的品质一样。但是这种潜能曾经存在。“故苟得其养，无物不长；苟失其养，无物不消。”[56*]

孟子是一个乐观主义者。在他看来，即使一个人失去了自己的本心，总是可能找回来的。“无为”并不是解决问题的办法，世界需要的是“有为”。只有“有为”才能够保证人类和上天的和谐一致。儒家教化的目的就是要找寻已经误入歧途的仁心。奇怪的是，面对人性的缺失，很多人却漫不经心！他们花费了很多的时间和精力去寻找丢失的小鸡和小狗，却在恢复自己的仁心方面无所作为。[57]任何人毫无例外都具备培养“四端”并最终成为像尧、舜那样的圣人的能力。一旦仁心被发现并得到修复，就会放射出林火一般的光芒，像一股清泉由地下喷薄而出。圣人只不过是能够充分体悟自己的本性并且能够与上天合一的人。[58]大多数人起初都会发现，拥有仁心是比较困难的，因此我们必须通过不断地实施仁善、崇敬、正义和

---

* 参见《孟子 · 告子 上》。

平等来培养内在的德性。如果我们每一次都表现良好，就会促发“萌芽”茁壮成长，以至于最终修成那些最重要的德行。积极有为的行动可以培养“不动心”，而它能遏制那些难以拘束的欲望。

那些坚持不懈地做善事的人，最终将获得孟子所说的“浩然之气”——这是一个他自己杜撰出来并感到很难解释的术语。它乃是一种特别的“气”，能够使人升入圣界。孟子云：

> 其为气也，至大至刚，以直养而无害，则塞于天地之间。其为气也，配义与道；无是，馁也。是集义所生者，非义袭而取之也。[59*]

通过“仁”的修为，可以使平凡而意志薄弱的人实现与“道”的合一。庄子曾经也有过类似的体验，但他还是认为自我意识只会阻碍“气”的流动。孟子却认为并非如此。在孟子看来，通过严格的、持之以恒的道德修为，就能够实现与“道”合一的境界。

“金规则”是至关重要的。具备这种美德才能够使君子成为真正的仁人，并使个体的人与整个宇宙建立起一种神秘的联系。“万物皆备于我矣，”孟子在一篇重要的教诲中谈到，“反身而诚，乐莫大焉。强恕而行，求仁莫近焉。”[60†]只要在生活中将别人看得和自己同样重要，你就能够体悟到一种与万物合一的愉悦。君子是从来都不会体会到物我的分别的。只有这样的人才能够成为乱世中永久的神圣力量。

反观实行封建采邑制的时代，君王的私欲被礼所制约，孟子深信，他的臣民们一定是安居乐业的。与充满暴力和恐惧的战国时代相比，那些遥远的日子真好像是一个黄金时代。君王释放出“道”

---

* 参见《孟子 · 公孙丑 上》。

† 参见《孟子 · 尽心 上》。

的力量，并且对他的百姓产生一种深刻的道德感化力。百姓们“欢娱”“皞皞”，“民日迁善而不知为之者”。当时没有像今天这样有才干的君王，但是任何一个人都可能成为君子，一个完善的人，同时还能够影响到他周围的人。“夫君子所过者化，所存者神，上下与天地同流，岂曰小补之哉？”[61]*

二、印度史诗《摩诃婆罗多》

轴心时代在中国开始得较晚，但如今已发展到鼎盛时期。而在世界其他地区，轴心时代要么在走下坡路，要么正转变为不同的形式。我们从印度的伟大史诗《摩诃婆罗多》（*Mahabharata*）当中可以清楚地看到这一点。[62]故事发生在国家体制形成之前，以《梵书》时期的拘罗—般遮罗地区为背景，但史诗的口头传播开始于大约公元前500年；直到公元最初几个世纪才付诸写作，并最终定型。因此，《摩诃婆罗多》是一部复杂而多层次的文本，是包含了各种传统线索的文选。然而，故事的概要很可能到公元前4世纪时已经确定下来。轴心时代的大多标志性著作是在僧侣和隐修者的圈子里创作出来的，而这部史诗却与之不同，它反映的是刹帝利武士阶层的社会精神气质。轴心时代的宗教变革留给他们一个两难选择。一位国王或武士的天职要求他为了保卫其社会团体而战斗和杀戮，但崇尚戒杀理想的他怎样才能与其天职相一致呢？

社会背景

每一个阶层的职责都是神圣的。他们各自都有其不可违背的法则，即神定的生活方式。婆罗门的职责是熟练掌握吠陀的知识，刹帝利要为法律、秩序和国防负责，而吠舍必须投身于制造财富。隐

* 参见《孟子 · 尽心上》。

修者依靠武士和商人的支持，他们给隐修者施舍、食物和安全保障，从而使其能够以全部时间致力于宗教问题的探求。但是，为了顺利地履行职责，国王、武士和商人们不得不以某种方式采取行动，而他们的所作所为——按照佛教的说法——是“不善巧”甚至完全邪恶的。为了在商业活动中获得成功，吠舍必须野心勃勃，渴望世俗的财物，拼命与对手竞争，而这种“欲望”无情地将他们限制在生死轮回之中。但刹帝利的职责问题尤为严重。在一场军事行动中，有时他会被迫放弃真诚甚至说谎。他可能不得不背叛从前的朋友和同盟，并杀害无辜的人们。这些行为都不符合瑜伽的道义，瑜伽要求非暴力，并始终严格地忠实于真理。刹帝利唯有寄希望于来生成为一名僧侣，可是鉴于他每日积累的业的性质，即便是这样有限的目标看来也不太可能实现。那么就没有希望了吗？《摩诃婆罗多》在这些问题上做了很大努力，但也没能找到令人满意的解决办法。

想要精准地确定《摩诃婆罗多》中任何一段故事发生的年代，甚或鉴别出最初的故事，那是非常困难的。在漫长的传播过程中，新旧素材不可避免地结合在一起。在公元最初几个世纪，这部史诗还被僧侣学者重新诠释。不过，史诗的总体叙事确实可以使我们了解刹帝利在轴心时代即将结束时专注的事务。《摩诃婆罗多》讲述了一场灾难性的战争，发生在两个堂兄弟家族——俱卢族（Kauravas）和般度族（Pandavas）之间，他们为了控制拘罗—般遮罗地区而争斗。战争不仅使家庭破碎，也几乎造成了整个人类的毁灭。它终结了英雄时代，宣告了迦利时代（Kali Yuga），即我们这个有着深深缺陷的时代的到来。

这是一场末日降临前的战争，但它并非作为善良与邪恶之间的斗争而呈现在《摩诃婆罗多》中。般度族注定赢得胜利，但他们只是设法通过采取一些非常可疑的伎俩击败俱卢族，这些伎俩是由他们的朋友和同盟——耶达婆部族的首领克里希纳（Krishna）提议的。尽管除此之外别无选择，般度兄弟还是因其不道德的行为感到深受伤害。当他们在战争结束后勘察那个被毁灭的、人口稀少的世界之时，他们的胜利显得如此空洞。与之相反，许多俱卢族人却好像是高贵的武士典范。当他们的领袖难敌（Duryodhana）在战斗中被杀，其灵魂立即升入天国，花雨纷纷自天而降，覆盖了他的尸体。

历史场景

从某些方面来看，《摩诃婆罗多》的宗教世界似乎没有被轴心时代所触动。这部史诗提醒我们，只有少数精英群体才与“大转变”相关。大部分人仍保留了更为古老的宗教实践，而且——至少从表面上看——好像没有受到那些新生事物的影响。例如，因陀罗在《摩诃婆罗多》中仍然是最重要的神灵——很显然，从僧侣的复杂推论中消失了很久之后，他在刹帝利中还是很受欢迎的。在这部史诗中，古老吠陀神话中的宇宙事件被转换为历史上的场景：般度和俱卢之间的战争折射了迪弗与阿修罗的争斗，般度诸兄弟都是吠陀神灵的儿子及其在尘世的化身。史诗基于早期吠陀的神学思想。在战斗中阵亡的武士会直接进入梵界，没有迹象表明他必须返回尘世并遭受另一次死亡。诗文中没有出现时髦的隐修者，而只有在丛林中照管祭火的守旧的隐士。《摩诃婆罗多》中有几个瑜伽修行者，可相对于抑制自我，他们通常对开发其更强大精神力量的神秘潜能更感兴趣。轴心时代强调个体的责任，而在史诗中，主要人物根本就没有选择，常常被神灵驱使，违背其更佳的判断。《摩诃婆罗多》所反映的古代精神在其对古老献祭知识的专注描述中尤其明显。例如，般度五兄弟都娶了他们的妹妹黑公主德罗波蒂（Draupadi）。这显然是非常不合常规的，但这种婚姻使人们联想起马祭（Asmavedya）向国王授予统治权的古老宗教仪式：在仪式进行期间，王后模仿与用来献祭的种马发生某种形式的性交，这样便可将种马所象征的统治权传送给她的丈夫。在史诗中，黑公主象征着君王的权威，由她传递给她的哥哥们。

然而，《摩诃婆罗多》也反映了在礼仪专家进行改革之前，由献祭竞赛而引起的恐怖感。故事发生之初，般度五兄弟中的长兄坚战（Yudishthira）以武力赢得了王国，召集首领们参加他的王室就职仪式（即位礼祭，rajasuya）。他必须通过接受挑战和宗教仪式的严酷考验来证实他拥有大梵。他正式就职并被涂膏为国王，但是即位礼祭产生了一个灾难性的后果。内心充满嫉妒的难敌向坚战发起挑战，要进行掷骰子的赌博，这在仪式中是必需的。但神灵却与坚战作对，使他失去了妻子、财产和他的王国。般度兄弟被迫流亡了12年，几乎毁灭世界的战争最终不可避免。故事中献祭竞赛的悲惨情景使我们领悟到某种忧虑，这种忧虑激发了《梵书》的宗教仪式改革。

坚战的境遇显示出，《摩诃婆罗多》并非完全没有受到轴心时代的触动。坚战似乎已经被一些新的理念深深打动了。他性情温和、宽容，异乎寻常地缺乏武士气质，这会时常激怒他的兄弟们。他不仅没有坚持己见、以常规方式吹嘘自我的欲望，而且似乎发现他几乎不可能这样做，他还认为战争是邪恶、野蛮和残酷的。[63] 坚战是属于轴心时代的人物，而事实证明，这却几乎是一个令人无法忍受的障碍。他不能到森林里去笃行戒杀。他是正法神之子，伐楼拿的化身。伐楼拿维护宇宙的秩序，使生命成为可能。作为他在尘世间的代表，坚战有无法推卸的责任去实现其独一无二的统治权威，给世界带来秩序。作为正法神之子，他也不得不践行对其誓言绝对忠诚的传统美德，否则社会秩序便无法维持。然而在战争中，坚战却不得已而非常不光彩地欺骗他人。

在一场持续了18天的大战[*]中，般度兄弟不得不杀死为俱卢族作战的两位将军。由于史诗以英雄时代为背景，这些人物没有一个是普通的凡人。他们是半神，拥有超常的力量。例如，当般度兄弟

---

* 即俱卢之野大战。

驶入战场时，他们的战车腾空而起。武士们并不与我们这个恶劣的迦利时代的人类屈从于同样的限制，率领俱卢族军队的毗湿摩（Bhishma）和德罗纳（Drona）也不会被常规的手段致死。他们造成般度军队如此重大的伤亡，以致般度兄弟对胜利感到绝望。世界的未来悬于一线，因为如果坚战不能统治世界，神圣秩序就会无望地遭到违犯。在这个可怕的时刻，克里希纳插手进来，提出了建议，使般度兄弟的内心充满了惊恐不安。

般度兄弟熟识并尊重两位将军，他们是有胆识的君子。当般度兄弟还是小孩子的时候，毗湿摩曾经向他们传授刹帝利的法典和武术。毗湿摩是一位技艺精湛的武士，以极其诚实而闻名。德罗纳曾教给般度兄弟箭术和驾驭战车的本领。德罗纳不仅是一位婆罗门，还是一位虔诚的信徒。他们不会想到欺骗或违背誓言，也绝不可能相信达摩之子坚战会说谎或试图以不道德的方式利用他们。然而，这就是克里希纳在接连两次战争议事会中提议他们要做的事。他主张，坚战必须利用毗湿摩一贯的绝对诚实诱骗他暴露自己，这是唯一可能杀死他的办法。坚战还必须向德罗纳恶劣地撒谎，说他的儿子马嘶（Aswatthaman）已经被杀死了。这样，在战斗进行之中，德罗纳就会放下武器，使自己容易受到攻击。

当克里希纳详细地描述这些卑劣的计谋时，般度兄弟感到很震惊。他们之中最伟大的武士阿周那（Arjuna）被悲痛和羞愧所煎熬，起初拒绝参与克里希纳的任何阴谋。克里希纳曾告诉他必须偷袭毗湿摩，躲在一名武士*身后向毗湿摩射箭，而更侮辱人的是这名武士前世曾是一个女人†！阿周那是因陀罗的儿子，他怎么能如此行事呢？但克里希纳指出，阿周那已经庄严立誓要杀死毗湿摩，而这是他守信的唯一方式。因陀罗的儿子怎么能违背神圣的誓言呢？[64]

* 名为束发。

† 名唤安芭，为一国公主。

当毗湿摩依照克里希纳的计划被杀之时，每个人都尽可能表现得很高尚。阿周那挽弓搭箭，穿地取水，为老师解渴、擦洗伤口，毗湿摩垂死的身体并没有触碰地面：他保持了一种英雄和道德的崇高状态。但是，德罗纳的死无可挽回地伤害了般度兄弟。克里希纳告诉阿周那，为了拯救世界，他们必须“抛开正法”，坚战不情愿而“勉强”许诺，向德罗纳说出残酷的谎言。[65]“谎话胜过真话，”克里希纳坚持道，“为了救命而说谎，不算罪过。”[66]*

尽管有克里希纳的保证，坚战的名誉还是受到了玷污。他的战车从前一直腾空离地四指高，但他刚刚告诉德罗纳，说他的儿子被杀死了，车马立刻着地。然而，德罗纳以最神圣的方式死去，而且立即升至天国。当坚战告诉他，其子马嘶已死，起初德罗纳还继续作战，但被一群出现在幻象中的仙人说服，放下了武器，他们警告他即将死去；作为婆罗门，他不应在生命的最后时刻还在进行格斗。德罗纳随即丢下武器，以瑜伽体式坐在战车中，出神入定，平静地升入梵界。当他被般度兄弟的一个盟友†斩首时，生命已离开了他的身体。坚战的堕落与德罗纳出神升天形成了鲜明的对照。阿周那严厉指责坚战卑鄙的谎言将使所有般度兄弟遭到玷污。[67]

克里希纳

我们应当怎样看待克里希纳这一可疑的角色呢？他并不是引诱般度兄弟犯罪的撒旦。像他们一样，他也是一个吠陀神灵的儿子。他的父亲是祭祀的护卫者毗湿奴（Vishnu）。[68]在《梵书》中，毗湿奴的任务是“纠正”被宗教仪式中的错误损害了的祭祀，使它可以继续履行其功能，重建宇宙秩序。在《摩诃婆罗多》中，克里希纳

* 本章《摩诃婆罗多》部分中译参照［印］毗耶娑著，金克木、黄宝生等译的《摩诃婆罗多》（6卷本，中国社会科学出版社，2005年版）。

† 名为猛光。

是毗湿奴在尘世的化身。当英雄时代以暴力方式渐近尾声时，秩序必须通过一次大规模的献祭仪式得以恢复。那场大战便是献祭，其受难者——在战斗中阵亡的武士们，通过将统治权交还给坚战，让历史重新回到了它的轨迹上。但是，无法通过平常的手段赢得战争。克里希纳指出，德罗纳和毗湿摩都是“伟大的车战骁将”，“单凭公正的战斗，是不可能在战场上杀死他们的”。[69] 他那些孤注一掷的计谋就像祭司在宗教仪式中使用的特殊方法，使祭祀返回规定的进程之中。

按照古老的吠陀精神，克里希纳的观点是没有瑕疵的。他甚至可以引述因陀罗的先例，当他杀死巨龙布利陀罗，从而摆脱混乱、恢复秩序时，也是采用了类似的欺骗手段。然而，坚战是属于轴心时代的人物，并不信服这种陈腐的有关宗教仪式的观念。他悲痛不已，贯穿史诗的是他绝望的呼喊：“没有什么比刹帝利的正法更加邪恶了。”[70] 战争不是令神灵满意的血祭，而是一场暴行。史诗故事显示出，暴力产生更多暴力，可耻的背叛导致另一次背叛。

德罗纳之子马嘶满怀愤怒和悲痛，发誓为父亲报仇，并将自己献给土著印度人的古老神灵湿婆，作为“自我献祭”（atmayajna）。他的殉难是对隐修者非暴力地舍弃自我的一种恐怖的模仿。湿婆交给马嘶一把闪光的剑，并进入了他的身体，使它闪耀出神奇的光辉。在极度狂怒之下，马嘶趁般度人都在熟睡之时进入他们的营地，像坚战可耻地背叛他的父亲那样突袭并残杀他的敌人。马嘶是一位婆罗门，他将屠杀作为一场神圣的宗教仪式，但这实际上是一场失控的献祭。在吠陀宗教仪式中，动物应当被快速杀死，使其没有痛苦。但是，当马嘶抓住那个将其父斩首的人*时，拒绝将他快速杀死，而是用脚将他踢死，并且“碾碎他的脑袋，犹如碾碎牲畜的脑袋”。[71]

般度兄弟避开了马嘶的突袭，因为克里希纳建议他们那天晚上

* 即猛光。

睡在营地外面。而他们家族中的大多数人——包括孩子——遭到了残杀。当般度兄弟最终追上马嘶时，发现他身穿拘舍草衣，与一群仙人一起，以标准的婆罗门姿态静坐于恒河边。马嘶看到般度兄弟，立刻手握芦苇箭，将它变成梵头（brahmasiris），即一种至高法宝。他发射梵头，同时呼喊着“Apandavaga！”——“毁灭般度之子！”顷刻间出现一团烈火，仿佛要焚毁整个世界。为了压制马嘶法宝的效力，阿周那迅速发射了他自己的梵头，它也熊熊燃烧，犹如世界末日的烈火。[72]

势不两立的僵局出现了。世界的命运又一次悬于一线。而与马嘶在一起的两位大仙站在了两个对峙的法宝中间。依照轴心时代的精神——“为一切众生谋利益”，他们请求两位武士收回法宝。阿周那一直遵奉武士的“梵行”，修行一种瑜伽，小心谨慎地恪守刹帝利忠诚正直的神圣美德。[73]他能够抑制其怨恨，而且因为他并非出于激愤而发射法宝，所以可以将它收回。但是，马嘶是在狂怒之下奋力掷出了梵头，因此无法制止它，而只能改变其路线：它落入了般度族妇女的子宫。她们今后再也不会有孩子，而般度族将会灭绝。克里希纳诅咒马嘶：他必独自在大地上游荡三千年，在人间没有地位，栖居人迹罕至的森林。

坚战统治了15年，但光明已远离了他的生活。他永远也不能将刹帝利暴力的天命与他内心的戒杀和同情的“达摩”相调和。在《摩诃婆罗多》中，有无数的段落为武士的天职做辩护，为战斗和杀戮而欢跃，然而根本性的疑问始终存在。史诗显示出，轴心精神在一些印度普通信徒身上起到了令人不安的作用，他们感觉被推到了地狱的边缘。他们被限制在世俗的“达摩”之中，不能加入隐修者和瑜伽修行者的行列，却发现古老的吠陀信仰已经不能再支持他们了。确实，它有时似乎是恶魔般的：马嘶出神的“自我献祭”几乎毁灭了世界。关于他夜袭的故事，以及由此引起的残杀、殉难、逐步升级的复仇和不计后果的武器发射，几乎与我们今天的世界产生了预言式的共鸣。

暴力、背叛和谎言的有害循环能够导致悲剧性的虚无主义：

> 大地女神惧怕，群山颤抖。风不吹拂，火不继续燃烧，空中的星星乱了阵脚。太阳不放光芒，月亮黯然失色，整个天空笼罩在昏暗中。众天神无可奈何，不知所措。祭祀失去光彩，吠陀离开他们。[74]

唯一从毁灭当中拯救了世界的是两位仙人的轴心精神，他们渴望“为一切众生谋利益”。这种精神必须以某种方式为普通的武士和家庭所理解，他们之中的一些人正处于陷入绝望的危险之中。

三、柏拉图与亚里士多德

当苏格拉底在公元前 399 年被雅典的民主政治杀害时，他的学生柏拉图 * 刚满 30 岁。这一悲剧在这个年轻人心中留下了永久的烙印，并对他的哲学产生了深远的影响。[75] 柏拉图曾希望从政。与他心目中的英雄苏格拉底不同，他出身于一个富有的贵族家庭：父亲 † 是雅典末代君王 ‡ 的后裔，继父 § 是伯里克利的心腹之交，两个舅舅活跃于伯罗奔尼撒战争失利后组成的雅典三十僭主政体中。他们曾经邀请柏拉图加入他们的行列。这似乎是一个极好的机会，但柏拉图可以看出这个糟糕的政府机构的缺陷。当民主政治恢复之时，他感到十分欣喜，相信他的时代到来了。但是对苏格拉底的审判和他的死使柏拉图的希望破灭了，这促使他醒悟过来，满怀憎恶地从公

* 柏拉图原名为阿里斯托克勒（Aristocles）。据说，他的体育老师见他体魄强健、前额宽阔，就把他称作柏拉图，在希腊文中“plato”的意思是宽广。

† 名为阿里斯顿（Ariston）。

‡ 名为科德鲁斯（Codrus）。

§ 名为皮里兰佩（Pyrilampes）。

共生活中隐退。在他看来，无论哪个城邦的政府体制都是有害的：

> 因此我被迫宣布……除非那些真正的哲学家获得政治权力，或者出于某种神迹，拥有政治权力的阶级成为真正的哲学家，否则人类就不会有好日子过。[76]

轴心时代的理念怎会与充满暴力和欺诈的世俗政治结合在一起呢？柏拉图的哲学似乎通常是专注于精神世界的，他超越俗世而潜心于客观纯粹的抽象概念。不过柏拉图并不希望哲学家们脱离社会。与儒家学者类似，他认为一位贤哲应当有所作为，并对国家政策产生影响。理想地说，哲学家应当亲自治理国家。与佛陀类似，柏拉图主张，贤哲在实现了启蒙之后，必须回到城市并在那里为人性的改善而工作。

苏格拉底死后，柏拉图游历于东地中海地区，寻找灵感。他在麦加拉（Megara）与欧几里得（Euclides）一起住了一段时间。欧几里得是埃里亚学派的哲学家，曾经是苏格拉底的弟子，与柏拉图一样对巴门尼德产生浓厚兴趣。柏拉图也被毕达哥拉斯学派所吸引，与他们结下了终生的友谊。他尤其被他们对数学的热爱所触动，数学训练他们的头脑远离令人困惑的细节的陷阱，而进入一个由纯粹的数字和几何模型构成的世界。柏拉图在埃及和利比亚游历，并在叙拉古僭主狄奥尼修一世（Dionysius I）的宫廷见到了狄翁（Dion），他热衷于柏拉图的思想。柏拉图本来或许希望狄翁会成为西西里的哲人改革者，但他对叙拉古的首访以极其恶劣的方式告终。据说狄奥尼修差人将柏拉图卖作奴隶，幸亏最后被他的朋友们援救出来。柏拉图受到这次经历的打击，于公元前 387 年回到了雅典。

那里几乎没有什么事能让他高兴起来。雅典希望通过与底比斯联手对抗斯巴达而从伯罗奔尼撒战争的失败中恢复过来。但是持久的和平并没有出现。随后 30 年中发生的事件证实了希腊大陆城邦间政治一贯的反复无常。各个城邦继续作战，没有哪一个能够实行连贯的外交政策，所有城邦都被无尽的冲突削弱了实力，贸易有所衰退，贫富之间的对立重新出现了。这些内部的争斗有时会以暴虐的形式爆发出来。公元前370年，阿尔戈斯（Argos）的民主派用棍棒残忍地打死了1200名贵族。在泰耶阿（Tegea），寡头政府的执政者被一群暴徒残杀。

柏拉图对这种极端混乱状态的回应是创建了一个数学和哲学学校。这种学校被称作学园（Academy）*，因为学者们在雅典郊区一片纪念英雄阿卡德姆斯（Academius）的神圣的小树林里聚会。教学是按照苏格拉底的讨论方式，而不是讲授的方式进行的。柏拉图在这一早期阶段并没有寻求将自己的观点强加于学生，而是鼓励独立的思考。同时，他以写作的方式逐步阐明了他的个人思想，成为第一位有完整作品传世的哲学家。他并非教条式地记录其见解，而是运用了对话录的体裁，使不同的观点得以表达。由于苏格拉底是这些对话录的主角，这些对话不会达成确定的结论。柏拉图的对话录不是权威性的论证，而是会激发进一步的思考，吸引读者更深入地认识到所讨论问题的复杂性。柏拉图不像一个现代学者。他不会一本正经、符合逻辑地阐述其思想，而通常是幽默地、间接地、引经据典地提出他的思想，使用寓言，简明地谈论基本原理。他认为，通往真理的道路是艰难的，需要经过辩证法方面长时间的严格训练。不过在他的著作中，也保持了口头传授的古老方法。这种方法使人认识到，真理不能仅仅通过背诵事实予以传授，而是需要直觉力、艺术洞察力、想象力，以及实证观察力和严密的逻辑推理。

---

* 柏拉图创建的学园园址长期未变，直到公元前86年罗马统帅苏拉围攻雅典时才被迫迁入城内，以后一直存在到公元529年被东罗马皇帝查士丁尼下令关闭为止，前后共持续了900年之久。此后西方各国的主要学术研究院都沿袭了“academy”这个名称，不过这些纯学术研究团体与要为城邦培养治理人才的学园有所不同。柏拉图的学园开创了西方学术自由的传统。

理念论

柏拉图哲学的主导思想通常被人们称为“理念论”（doctrine of the forms）*，尽管它实际上从来没有形成一个连贯的理论。现代学者追溯了柏拉图的思想轨迹，一些人认为，在他生命的最后阶段，他完全抛弃了那些理念，但是，在他的著作中寻找一种清晰的思想发展线索是徒劳的。[77] 他完全有可能在未写完某篇对话录之前就开始写另一篇对话录，也就是同时写作多篇对话录。有时他尝试运用一种方法，有时会尝试另外一种。他有时把这些理念当作神圣的东西加以神秘描述，不过更为常见的是对它们加以理性阐释。在每篇对话中，他都从一个不同的出发点开始，巧妙地对这个深奥的概念进行说明，因此保存下来的就是一系列互有重叠的论证，通过提出各种各样的哲学问题，呈现出理念这一抽象思考对象的要旨——但他又总是设法揭示这一显然颇为深奥的概念与公元前 4 世纪动荡不安的社会具有怎样实际的相关性。

苏格拉底一直试图揭示善的真正本质，但他似乎没有以让任何人满意的方式阐明这一点，可能他自己都不满意。在早期对话录中，柏拉图很可能严格遵循着导师的思路。正如我们所看到的，在他的著作中，苏格拉底要求他的对话者思考诸如“勇敢”等美德的各种例子，希望从中找到共同点。如果某种行为是勇敢的而另一种不是，这说明勇敢具有怎样的本质呢？如果你不知何为美德，你的行为举止又如何合乎道德规范呢？在这个政治动荡的年代，各种针锋相对的政体——民主政体、寡头政治、僭主政治、贵族统治和君主政体——的支持者们都争先恐后地为各自的立场进行辩解。而柏拉图认为，获得解决方案的唯一希望就是找到“好政府”存在的根本原则。像苏格拉底一样，柏拉图对智者的相对主义感到反感。他想要找到某种维度的“实在”，它永恒不变，但又能够被持续深入的理性思

* 或称“形相论”“理型说”等。

维所领会。

然而，柏拉图通过提出一个惊人的观点而背离了苏格拉底。他主张，美德并不是由日常生活中堆积的行为典范所构筑的一个概念。它是一个独立的实存，一个客观实在，存在于比物质世界更高的层面上。善、正义或美的观念无法被感官所体验；我们无法看到、听到或触摸它们，然而它们能够被存在于每个人灵魂中的理性力量所领悟。物质世界中的每一种事物——勇气、正义、广博，甚至一张桌子，都拥有一个永恒不变的理念。当我们站在河堤上时，我们承认面前是一条河，而不是池塘或海洋，因为我们的头脑中拥有河流的理念。但这种普遍概念并不是我们为了自己的方便而创造出来的。它因其自身而存在。例如，这个世界上没有两样东西是真正相同的，不过我们拥有一个绝对相同的理念，尽管我们在日常生活中未曾体验过。“事物有其自身永久的本质或特性，”柏拉图借苏格拉底之口说道，“它们并非与我们相连，或受我们影响，按我们的想象动摇不定。它们是独立的，保持着自身与生俱来的本质或特性。”[78]

希腊语的“理念”（eidos）一词并非现代英语意义上的“观念”（idea）。一个理念不是个人主观思想的构成物，而是一种“形式”、“模式”或“本质”。理念是“原型”，即原始的模式，它赋予每一个单独的实体以特殊的形态和地位。柏拉图的哲学概念可以被看作古代永恒哲学的理性化和内在化的表达方式。永恒哲学认为，俗世中的每一种物体或体验在神圣领域中都有其对应物。[79]这样的领悟对前轴心时代的宗教曾经是至关重要的，因此，较之现代读者，柏拉图关于世俗世界是对绝对世界的不完美体现这一思想，对与他同时代的人而言不会太陌生。理念在时间性的世界进程中体现自身，但它们自身却是超越的、神圣的和永恒的。它们造就但又超越了我们的生命。人世间的所有事物都处于持续变化和衰亡之中。柏拉图指出，即便一个美女失去了美丽的容貌而且死去，美丽自身仍然存在。她并不能拥有绝对的美——没有一个尘世的实体可以做到这一点——但是她被赋予了美的特性，并参与到这种永恒的特性之中。她的美不同于其他女性的美，也不同于一首诗歌、一座山脉，或一个建筑物的美，但人们承认这是美的，因为我们每一个人都先天拥有关于永恒理念的知识。当我们爱上一个美女时，会被她身上展现出的美所折服。接受了启蒙的人会训练他或她自己（柏拉图认为女人也能享有这种知识）透过美在尘世中不完美的显现看到被隐藏的永恒理念。

因此，理念王国是首要的，而我们所处的物质世界是次要和派生的，如同在永恒哲学中，天国是超然的，比俗世更为持久。理念具有实存性，这是短暂的现象所无法拥有的。当我们瞥见不完美地展现在一个人、一个动作或一个物体中的理念时，我们看到了其隐藏的本质，并与一种高层次的"存在"相遇，它比自己在尘世中的表现形式更加真实。像庄子和佛陀一样，柏拉图认识到，我们在尘世中看到的万事万物都会变成其他的东西。然而，理念却不会陷入转化的变迁之中，它们是静止的、不变的、永恒的。柏拉图寻求通过培养一种知识而与更深层的意义相遇，这种知识的培养是基于纯粹理性的运用而不是经验的因素，这些经验因素的内在特性始终是不能解决问题的，或者按照佛陀的说法，是不尽如人意的（dukkha）。

柏拉图或许回到了一种古老的神话观念之中，但他也受到了与其同时代的数学研究的启发。柏拉图的学园大门上写着："不懂几何者免进。"数学方面的训练至关重要。像毕达哥拉斯学派一样，柏拉图也认为宇宙是由关于数字和几何的基本理念组织起来的。我们在自然界的物体中从未见过一个完美的圆形或三角形，但这些理念是所有根据经验能够观察到的物体的基础。柏拉图认为，它们并不是被我们这个杂乱无章的世界中有序的头脑强加出来的，而是独立存在，超越于感知它们的人的思维能力。因此，它们不是被普通的思维模式，而是由经过训练的才智所发现和揭示的。数学是柏拉图所寻求的绝对确定知识的例证，但这种知识无法源于我们平常的经验。[80] 即使到了今天，数学家仍然以柏拉图的方式谈论他们的学科。“当某人‘看到’一个数学真理时，”罗杰·彭罗斯（Roger Penrose）解释道，“他的意识便闯入了这个理念世界并与之相联系。”[81]

但即使是这样，这种知识只能通过艰苦的努力而获得，它完全是——柏拉图确信——人类先天的一种能力。我们生来就拥有它。只是它必须被唤醒。真理不是从外界输入人的头脑中的，而必须是当一个男人或女人享有直接与理念相关的知识时，从出生前的存在状态中“回忆”起来的。柏拉图笔下的苏格拉底解释道，每一个灵魂都会重生多次，“并且已经见过世间和冥界的一切事物。没有什么是灵魂没学过的，因此，灵魂能把关于美德和其他曾经拥有过的知识回忆起来，我们没有必要对此感到惊讶……因为从总体上说，探索和学习都是回忆”。[82] 他通过一个例子说明了自己的理论。他把一个童奴叫到身边，帮助他找到了一个几何难题的解法，声称他只是让这个小男孩回忆起了其从前的存在形式已经知道但又忘记的事情。[83]

柏拉图与许多轴心时代的哲学家一样，深信实存有一个维度，它超越我们的常规经验，但又是我们可以理解的，而且是我们先天拥有的。然而，其他人认为这种领悟无法通过推理来实现，柏拉图却认为可以。但他对于知识本质上是回忆的主张说明，这种严格的辩证法不是通过冷静分析得来的，而是由直觉得到的，这种先天知识的重获似乎是无意间来到了头脑中。在柏拉图的一些对话中，他确实只是利用理念去研究一个概念，或探寻一个问题的根源。[84] 但柏拉图理性的探索同样也是充满热情和浪漫的。在古希腊，理性不是“冰冷”而是“热烈”的，是对意义和价值的精神探求。[85] 它帮助灵魂鉴别其目标，为了实现其期望而控制它们。到目前为止，我们根据那些残存的文本认识到，希腊哲学家往往仅限于对经验的抽象和理性的阐释。而在学园中，希腊教育变得更加注重精神层面了。

柏拉图频繁使用埃琉西斯和狄俄尼索斯秘仪的意象和词汇来描述启蒙和回忆的过程。不过，他的弟子并非通过宗教仪式和戏剧表演实现这一领悟，而是通过一种辩证法的训练。这种训练是如此严格和艰难，以至于似乎促使他们进入了一种完全不同的意识状态。这个过程被描述为一种向更高存在形态的神秘的攀升，它与埃琉西斯首次参加秘仪者的经历并非完全没有相似之处，这种经历将候选人引入一种神圣的状态中。在《会饮篇》（*Symposium*）中，柏拉图笔下的苏格拉底将这一过程描述为一种犹如对爱情一般的追求，这爱情抓住了追求者的整个生命，直到他实现了超越正常感知的入迷状态。苏格拉底解释说，他从一位名叫狄奥提玛（Diotima）的女祭司那里得到了这些教训，她向其首次参加秘仪者说明，他们对肉体之美的爱怎样被净化，并转变成为对理念之美心醉神迷的沉思冥想（theoria）。起初，接受哲学启迪的人只不过因爱人肉体的完美而痴迷。之后，他开始发现，这个人只是同样存在于其他人身上的美的一种表现。在其启蒙的下一个阶段，他意识到，肉体之美比起更加难以捉摸的灵魂之美来说是次要的，后者甚至可以存在于一个面貌丑陋的人之中。最后，狄奥提玛解释道："随着他接近了终极启示，美妙的景象会涌现到他面前，即他经过长期辛劳而找到的美的灵魂。"这种美是永恒的，它不会再限于个别的对象，而是"绝对的，自存自在，是永恒的一"。其他一切事物都参与其中，"然而，尽管其他事物生成又消失，美本身既不会增减，也不会经受任何变化"。灵魂已经被"引入爱的神秘之中"，超越了物质世界，并且掌握了关于绝对之美本身的一种令人入迷的知识。[86]

我们现代人认为思考是我们要主动做的事情。但柏拉图将它设想为非自主地发生在头脑中的事情：思考对象是人的灵魂中生动的实体，人们要学习看到它们。美的景象不仅仅是一种艺术体验。一旦人们有了这种感受，他们就会发现自己经历了一次深刻的道德上的转变，再也不能以卑劣而不符合伦理规范的方式生活下去了。一个获得这种知识的人能够“展示出的不仅是善的映象，而是真正的善，因为他将与真理而非与真理相似的东西相连”。他经历了一次根本转变：“当他在心中哺育了完善的美德，他将享有特权为神所钟爱。如果说有凡人能够得到不朽，那么只有像他这样的人才可以获得。”[87]柏拉图对美的描述明显与其他人所称的“上帝”或“道”相类似：

> 这种美不会表现为一张脸、一双手或身体某一部分的美。它不像思想或科学的美。它也不像存在于其他事物中的美，例如动物、大地、天空或无论什么事物。

如同上帝、梵或涅槃，它是完全超然的：“绝对，自存自在，是永恒的一。”[88]

《国家篇》

但是，美景并非人们探求的终点。它必然指向“善”，即人类一切愿望的本质。所有其他理念都包含在善里面，并被善所滋养。在“善”里，万物合一。“善”是难以形容的，柏拉图笔下的苏格拉底只能用比喻的方式谈论它，其中最著名的是《国家篇》（*The Republic*）* 中的“洞喻”。[89]在这里，苏格拉底想象有一群人，他们从小就像囚徒一样生活在一个洞穴里。他们必须背对阳光，因此只能看到从外面的世界反射到洞穴岩壁上的阴影。这是未经启蒙的人类之境况的形象比喻。在这种情况下，人类不可能直接看到理念。我们如此习惯于这种境遇，以至于以为这些转瞬即逝的阴影就是真实的物体。如果我们被从这种束缚中解放出来，我们会因洞外灿烂的阳光和充满活力的生命而感到眼花缭乱、不知所措。

---

* 或译《理想国》。

这也许是我们无法承受的，因而想要回到我们熟悉的光线微弱的环境中。

因此，苏格拉底解释道，上升到光明需要一个过程。阳光象征“善”。正如自然光使我们能够看清周围的事物，“善”是真正知识的源泉。像那些被释放的囚徒一样，当我们看到“善”，就会意识到什么是真实的世界。太阳促使万物生长和兴旺；如同“善”一样，它是生命的缘由，因此超越于我们在日常生活中经历的任何事物。在这个漫长的启蒙过程的终点，受到启迪的灵魂能够像普通人看到太阳那样清晰地看到善。但这也不是旅程的终结。从洞穴里解放出来的人或许希望留在洞外，享受阳光——就像佛陀想要沉溺于涅槃的安宁之中——但他们有责任回到黑暗的洞穴中帮助伙伴。“因此你们每个人都必须轮流下去与其他人生活在一起，”苏格拉底强调，“你们会比原来住在那里的人更加善于观察各种事物。你们知道每个影像表示什么，因为你们已经看见过美、正义和善本身。”[90] 他们可能会遭受敌意。他们现在可能因为黑暗而看不清东西；先前的同伴会讥笑他们，告诉他们受到了蒙蔽。一个接受了启蒙的人怎会“再次参与那些终身囚徒的竞争，去识别阴影呢”？[91] 那些囚徒甚至可能抓住想要解救他们的人，杀死他们，柏拉图暗示，就像雅典人处死苏格拉底一样。

关于洞穴的比喻是柏拉图对理想国政治策略的描述的一部分。他总是回到其理想的实际应用当中，而岩壁上的阴影，除了刻画未经启蒙之人贫乏的洞察力之外，还表现了当时短暂的政治幻觉，这种幻觉依靠的是高压统治和自私自利的空想。在《国家篇》中，柏拉图希望能够表明，正义是理性的，人们唯有在其统治者通过理性进行管理的高雅社会中接受教育，才能以他们应当享有的方式生活。这篇著作中有太多内容令人感到不愉快，并显示出精英主义的思想。例如，在柏拉图的乌托邦中可能包含基因工程学说：能力较差的公民应被劝阻不要生育子女，有缺陷的婴儿应当被慎重地处理掉。而更有前途的婴儿要离开父母，在城邦一个隔离区的托儿所接受教育。最有天赋的人应当接受长期艰苦的教育，最终爬出洞穴。在完成启蒙开始公民生活之时，他们会看到自身的“善”，从而获得内心的坚毅，为国家带来和平和正义。

> 因此，为了你们和我们共同的利益，我们的城邦将得到治理，不像现今大多数城邦那样，被一些与阴影搏斗、为了争权夺利互相斗殴的人所统治——仿佛权力是最大的善——而是由清醒而不昏庸的人来治理，事情确实是这样：由那些最不热衷于权力的人来统治无疑最能使城邦免除内战。[92]

几乎可以肯定，柏拉图没有将其假想的国家看作现实中的国家蓝图，而可能只是用它来激发一场讨论，但是他的乌托邦当中内在的残酷背离了轴心时代富于同情心的精神气质。

《国家篇》是威权主义的。它将其见解强加于他人头上——这被佛陀认为是“不善巧”的权宜手段。柏拉图轻视仁慈的品性。他对重视诗歌和音乐的传统希腊教育不以为然，因为他认为艺术会引起非理性的情感。柏拉图的理想国并不鼓励私人关系：性交只不过是一种手段，是为了生育在遗传方面令人满意的公民。柏拉图还希望在他的理想城邦中禁止悲剧演出。公元前 4 世纪，新的悲剧作品在整个阿提卡地区持续吸引了大批观众，[93] 而雅典人带着怀旧之情追忆埃斯库罗斯、索福克勒斯和欧里庇得斯的伟大时代，仍然追求他们的悲剧理念。[94] 不过，柏拉图抛弃了悲剧。他质疑悲剧的悲观主义、悲剧对人类潜能的消极评价，并认为它对神灵的怀疑会引发毁灭性的虚无主义。对悲剧中的主人公表示同情就是含蓄地宽恕了他们对人生黯淡的评价，因而就是怂恿那难以慰藉的悲痛和无法控制的暴怒。悲剧甚至具有“损害”善良公民的灵魂的力量，并使那些受其影响的人们的生活变得“更糟糕、更不幸”。最重要的是，悲剧引起了人们悲伤的自然趋向，并会促使人们“屈服于感情”。[95] 为自己感到忧伤和怜悯他人的情绪必须受到抑制。毫无疑问，像歌队引导观众所做的那样，对他人表示同情并分担他们的痛苦，会危险地削弱优秀公民的节制和自控能力。社会必须采取积极的措施压制这种天然的同情心，因为它与美德相冲突。[96]

孟子主张培养同情的“萌芽”，但柏拉图却希望消除它。在他后来的著作中，我们看到了一种冷酷，这可能因他第二次在西西里的冒险经历而得到了强化。叙拉古僭主狄奥尼修一世死后，柏拉图错误地卷入了一场政治阴谋，导致了他先前的门徒狄翁于公元前354 年被刺杀。柏拉图一度被软禁，而且差一点被处死。不仅他的哲学思想被证明为彻底没有收到成效，而且他本人也留下了精神创伤，从此以后，他的立场更加强硬了。

柏拉图的理念论将一个新的观念引入了希腊宗教。自从荷马时代以来，希腊人一直被鼓励要接受现实，没有超越现实或彻底改变其境况的野心。诗人、科学家和剧作家都强调，万物是短暂的、行将毁灭的，而且往往具有残酷的破坏性。人生是苦，即便是诸神也无法改变这种不尽如人意的情势。这就是现实，一个成熟的人必须以英勇反抗或者以悲剧或哲学的领悟勇敢地面对它，而柏拉图逆转了这种观点。我们世俗的物质生活确实是悲惨而有缺陷的，但这并非真正的实在。与不变而永恒的理念世界相比较，它是虚幻的，而人类可以接近那个完美的世界。人们不必忍受苦难和死亡。如果他们准备好投身于一种长期而艰苦的哲学启蒙，那么他们的灵魂无须诸神的帮助便会升入神圣的世界，并实现不朽的声名，而这从前曾是奥林匹斯诸神的特权。在柏拉图之后，出现了一种对超越于诸神的不可言喻之实在的渴望。

但是，在后来的岁月中，柏拉图回到了尘世中，他的神学也变得更为实际。在《蒂迈欧篇》(*Timaeus*) 中，柏拉图提出，世界是被一位神圣的工匠（demiourgos）创造出来的，这位工匠不朽而且全善，但并非全能；他并不能自由选择如何塑造宇宙，而是必须按照模型进行创造。这位工匠并不能激发一种宗教探求，因为他对人类没有兴趣。他不是至上神，因为存在一位更高的神，但他与人类的困境也没有关系。“要找出这位宇宙的创造者和宇宙之父非常困难，”柏拉图评论道，“即使我成功地找到了他，要把他告诉所有人也是不可能的。”[97] 柏拉图的目的并不是宗教性的。他只是希望构思一种理性的宇宙哲学。他的宇宙按照模型进行创造，充满理性，拥有一个可以被智力理解的模式，能够根据经验加以研究。奥林匹斯诸神专横的干涉不复存在。宇宙受一个容易被人理解的计划所支配，人们只要合乎逻辑地专心于此，就能够把握它。

实际上，以这种方式被创造出来的宇宙本身就是一个生物，拥有理智（nous）和灵魂（psyche），在世界微小的部分以及天体恒常的旋转中也能够被辨别出来。星辰自身也参与了创造者的神力，它们是“可见的和被造的诸神”。而盖娅，即大地，是“诸神中最年长的，资历最深的”，她也是按照完美的模型被创造出来的。[98] 以同样的方式，每个人的精神都是神圣的，在他或她心中都拥有一个魔灵（daimon），即一种神圣的活力，其用途是“使我们从地上上升，趋向我们天上的同类”。[99] 人类因此生活在一个完全理性的世界里，对这个世界的探索既是一项科学工作，又是一项精神事业。柏拉图创造了一种新的宇宙性的宗教（cosmic religion），它取代了古老的奥林匹斯诸神的幻影，成为接受了启蒙的哲学家的信仰。柏拉图的所有学生都接受了它，尽管他们对此有不同的诠释。这种信仰将与一神论的观点相结合，到公元 12 世纪之前一直是西欧基本的宇宙哲学。

柏拉图的神圣宇宙对哲学家是一种启发。它鼓励他们根据经验对宇宙进行研究，相信解开自然之谜是有可能的。它使他们确信，他们的精神包含了神的踪迹，为完成此项任务做好了准备。它还将神圣带到人的身躯中，使其可以被感知。人们居然有可能看到诸神——太阳、月亮和星辰——每天都在空中闪耀。当人们按科学的方法勘测地球时，是在探究神灵的秘密。但是，柏拉图的宇宙宗教对于没有接受过哲学训练的普通人来说毫无意义。一个对人类无动于衷的神祇无法为他们的生活赋予意义。柏拉图设法对此加以修正。奥林匹斯诸神和英雄们如今被视为魔神（daimones），是作为守护精灵的次神，往来于尘世和不可言喻的天国之间传递消息。无人能够与高深莫测的上帝进行交流，但人们可以崇拜宙斯——照顾陌生人的城邦保护神，也崇拜婚姻的守护神赫拉，以及在战斗中照看甲兵的雅典娜和阿瑞斯。[100] 奥林匹斯诸神被弱化为守护天使*，与正被轴心时代各种宗教逐步淘汰的自然精灵相类似。

《法篇》

奥林匹斯诸神或许失去了地位，但是柏拉图强调，祭拜他们对城邦来说是必需的。在他的最后一部作品《法篇》（*The Laws*）中，柏拉图描述了另外一个理想化的城邦，古老的崇拜仪式在其中仍然十分重要。他否认在理性和传统希腊的虔敬之间存在任何冲突。没有令人信服的证据能够说明奥林匹斯魔神的存在，但否认古老的神话是非理性的、愚蠢的。因为如同童话一般，它们包含着象征性的真理。柏拉图想要对崇拜仪式进行改革。他坚决认为，奥林匹斯诸神不会被献祭或祈祷所安抚，但人们应当对这些处于尘世和不可言喻的天国之间的中介者表达他们的感激之情。[101] 在他的理想城邦的卫城当中一定要有赫斯提亚、宙斯和雅典娜的圣殿。城邦的市场一定要被神庙所围绕，而节日、游行、献祭和祈祷必须小心谨慎地进行。在他想象的城邦中最为重要的神祇是阿波罗和赫利俄斯（Helios），他们长期以来一直被视为太阳，也很容易与柏拉图的宇宙神学结合

* 希腊语的“aggelos”和拉丁语的“angelus”意为“信使”，即提供援助的精灵，高于凡人，是神祇的侍者。——作者原注

起来。柏拉图试图将古老和现代融合在一起。在其理想城邦的节日期间，诸神和魔神会不被人们觉察地在参加庆典的人们身旁舞蹈。实际上，这些宗教仪式的目的恰恰是“共享‘诸神的’节日”。[102] 节日伴随着秘祭（orgiazein），“秘祭”这个词用来描述狂欢的秘密宗教仪式。[103] 献祭无法安抚奥林匹斯诸神，但它们仍然可以使灵魂得到提升，并赋予人类关于超然的暗示。不过，尽管柏拉图赞成古老的宗教，他还是认为它次于哲学。它不能带来真正的启蒙：理念只能通过头脑的理性力量，而非通过神话洞识或宗教仪式的神圣戏剧得以领会。传统宗教遭到了贬低，神话变得从属于柏拉图深奥的逻各斯。

《法篇》中一个有害的指导方向使得柏拉图与轴心时代渐行渐远。[104] 他想象中的城邦是一个神权统治的国家。城邦的首要责任是向人们谆谆教诲“正确地思考诸神，并据此生活，无论生活好与不好”。[105] 正确的信念是第一位的，合乎伦理规范的行为只处于第二位。正统神学是道德规范绝对必要的先决条件。凡是服从法律而相信神的人，绝不会故意做出渎神的行为或发表不法的言论。[106] 轴心时代的思想家从未着重强调形而上学。一些人甚至将这类思考视为一种误导。符合伦理规范的行动是第一位的；富于同情心的行动，而非正统信仰，使人类能够领悟神圣。但是对于柏拉图来说，正确的信念是绝对必要的，它是如此重要，以至于必须成立一个“午夜法庭”（nocturnal council）以监督公民的神学主张。人们必须持有三条信念：诸神是存在的；诸神关心我们人类；诸神不会被献祭和祈祷所安抚。在柏拉图的理想城邦中，无神论和注重宗教仪式之实效的迷信思想将被定为死罪，因为这些思想会损害国家。公民不允许怀疑奥林匹斯诸神的存在，或提出质疑性的问题。诗人可以运用他们的寓言教导民众，但是他们的故事不能过于奇特。他们必须突出强调正义的重要性、灵魂的再生，以及作恶者死后所要遭受的惩罚。这些原则因而能够保证没有受过教育的人保持良好的行为举止。柏拉图意识到，一些无神论者过着值得推崇的生活，因此他允许一个有罪的不信神者在五年的监禁期里浪子回头。在此期间，他被关押在一个偏僻的地方进行反思。如果他仍然拒绝服从真正的信仰，将被处以死刑。[107]

在哲学探求的初期，柏拉图曾惊骇于苏格拉底之死，他因传授被认为是错误的宗教思想而被处决。但在柏拉图即将走到生命终点的时候，却提倡对那些与他持不同观点的人执行死刑。柏拉图的见解令人失望，它变得褊狭、强制和惯用惩罚。他寻求以外力将美德强加于人们头上，质疑富于同情心的本能，使其哲学性的宗教完全理性化了。希腊的轴心时代为数学、辩证法、医学和科学作出了非凡的贡献，但它却正在远离灵性精神。

亚里士多德的“思辨”

柏拉图最有才华的学生使这种分离变得更加彻底。亚里士多德（约公元前 384 年—公元前 322 年）不是雅典本地人，他来自哈尔基季基半岛（Chalcidice）的希腊殖民地。其父是马其顿国王阿敏塔斯二世（Amyntas II）的朋友和御医，亚里士多德和阿敏塔斯的儿子菲利普一起长大。不过，亚里士多德 18 岁时来到雅典，在学园里师从柏拉图长达 20 年之久。在这段时间里，他是柏拉图忠实的追随者，接受了他的“理念论”。然而随着时间的流逝，他逐步认识到，理念并没有独立的实体，诸如美丽、勇气、圆形、白色等特性都只是存在于固有这些特性的实物之中。亚里士多德开始批判“理念世界比物质世界更为真实”这种思想。有一些物质确实是永恒而神圣的，高于定会腐朽的物体，但是获得任何关于它们的准确的知识都是非常困难的，因为它们存在于我们的感官所能把握的范围之外。人们不如将注意力集中于力所能及的知识，例如植物和动物的构造。

柏拉图于公元前 347 年去世之后，亚里士多德离开了雅典。或许他为没能被任命为学园的领袖而感到失望，但由于其马其顿背景，他可能已经成了雅典不受欢迎的人。他的朋友菲利普已于公元前360年继承了父亲的王位。菲利普是个天才的士兵和政治家，使一个衰弱、落后、孤立的马其顿发展成为地区强国，因此它现在威胁到了雅典的利益。在一系列军事失败之后，雅典被迫于公元前346年与马其顿签订条约，但仍然对这个充满活力的新兴国家怀有敌意和愤恨。马其顿正一步一步地拓展疆域，蚕食着希腊大陆。

公元前342年，菲利普邀请亚里士多德回到马其顿居住，并教育他的儿子亚历山大。亚里士多德辅导了亚历山大至少三年，菲利普这时已经成为希腊的主宰。在公元前338年取得对雅典决定性的胜利之后，菲利普重新稳定了地区局势。所有城邦都受益于这种更为和平的社会环境，雅典尤其享受了一个繁荣的新时期。菲利普谋划入侵波斯，但于公元前336年遭到暗杀，其子亚历山大继位。次年，亚里士多德返回雅典，创建了自己的学校，被称为吕刻昂学园（Lyceum），因为它位于阿波罗（Apollo Lyceus）神庙附近。

亚里士多德这时成为一名生物学家。他花了几年时间在小亚细亚解剖动植物，并详细记录下自己的研究。亚里士多德将哲学带到了实际当中。他变得对生长和衰退的过程格外感兴趣：他曾经每天打破一个鸡蛋，将小鸡胚胎的生长过程绘制成图表。柏拉图和其他轴心时代的贤哲被世事变迁所烦扰，而亚里士多德只是被“生成”的完整过程激起了好奇心。变化并不是苦，它对所有生物体来说都是正常的。亚里士多德并没有在无形的世界中，而是在变化的物质形式中寻求意义。对他来说，一种“理念”并非超越人们意识领域的永恒实体。它是存在于每一种物质之中的固有结构，控制此种物质的进化，直到它完全成熟。每个人或物体都拥有一种潜能（dynamis），驱使它成长为它的理念，正如橡子自身包含着成为一棵橡树的“潜能”。人们不必恐惧变化，而应予以庆贺，变化象征着对完满的一种普遍追求。

但这纯粹是一种世俗的成就。亚里士多德并无离开柏拉图之洞穴的野心。如果一位哲学家懂得如何运用他的理性，那么在现象世界中有许多美好的东西值得去发现。在返回雅典之后，亚里士多德开始将注意力转向形而上学和与伦理有关的主题，但他的关注焦点始终如一地集中于学园的教学及对理性的运用。亚里士多德是一个崇尚逻各斯的人。使人类与其他动物相区别的就是理性思考的能力。每一种生物都会奋力实现其内在的理念。思辨（theoria）即为了自身缘故而对真理的追求，是一个男人最终的“理念”或目标（亚里士多德对女性几乎不作评价，他认为女人是一种有缺陷的人类形式）。因此，男人的幸福（eudaimonia，“康乐”）存在于他的理智之中。他的“善”包括清晰而有效地思考、筹划、计算、学习，以及解决问题。一个男人道德上的康乐也依赖于逻各斯，因为诸如勇气和慷慨等品质必须由理智来调控。“合于理智的生命是最强大、最快乐的，”亚里士多德在后来的论述中这样写道，“因为理智远超过一切，它就是每个人自己。”[108]一个人的理智是神圣而不朽的，它将人与诸神联结起来，并赋予人领会终极真理的能力。与肉体的快乐不同，思辨的愉悦没有消长，而是持续不断的欢欣，给思考者以自足，表现出至高的生命特征。亚里士多德强调，我们“必须竭尽全力地去做合于自身最高贵部分的事情”。我们无法像诸神那样完全沉浸于理性思辨，但当我们这样去做的时候，会激发内心神圣的天性。唯有“某种神圣的东西存在于他的内心”，一个人才能趋向于这种神圣的品质。[109]

从某些方面来说，思辨与其他一些轴心时代的贤哲所实现的出神入定状态有些相似。他们同样寻求发挥其人类的潜能，寻找一种没有盛衰起伏的快乐，并寻找绝对的满足。但是他们都试图超越理性和逻各斯。我们不知道亚里士多德的思辨所涵盖的内容。[110]他包括其科学研究了吗？或是他从事着一种更具冥想性而玄奥的活动？毫无疑问，纯思（noeton，“意向”）对亚里士多德来说是生命的最高形式。自我认知（noesis noeseos,“对思想的思”）就是生命本身，它是万物之源，并突出了上帝的神秘存在。

“不动的原动者”

像柏拉图一样，亚里士多德也认为，神学（theologia），即对神的研究，是“第一哲学”，因为它涉及存在的最高原因。他完全接受柏拉图的宇宙宗教，将宇宙视为神圣，将星辰看作充满生机的神灵，并想象出一个超越了那位神圣工匠及其创造物的至高存在。亚里士多德的上帝并非第一推动力，因为宇宙是神圣和永恒的。他将上帝视为“不动的原动者”。他注意到，所有运动的物体都是被外力所激发的。是什么将星辰和其他天体放置在围绕地球一成不变的旋转轨道上？无论是什么促使它们开始运动，它自身必定是不动的，否则我们一定要假定一个更高的存在物发起了这个运动。理性要求因果链必须有单一的起始点。因此，亚里士多德的上帝是其宇宙哲学的逻辑结论，而非神秘地凭直觉知晓的实在。他指出，在动物王国中，欲望能够激发行动。一头饥饿的狮子捕食一只羊羔，那是由于其果腹的渴望。由此而推断，星辰或许也是被欲望所刺激而产生运动的。它们自身是如此完美，因而只能向往一种更伟大的圆满。它被一种对某个存在物的理性之爱所操纵，这个存在物参与了至高的行动。亚里士多德的上帝就是自我认知，迷失于对自身的沉思之中。

因此，亚里士多德的“不动的原动者”是永恒的，它是至高的理念，因为它是唯一存在于物质之外的形式。作为最高的神性，它是纯粹的精神，专注自我且独立自主，因为它不会留意任何次于它自身的东西。上帝是纯粹的思辨。另一方面，如同柏拉图的神学，亚里士多德的思想也不适合于普通人。[111] 不仅“不动的原动者”与人类毫不相干，亚里士多德也质疑奥林匹斯次神是否会对人类感兴趣。对柏拉图来说，奥林匹斯诸神参与人类的事务是一种信仰，而对亚里士多德来说，这只是一种假说。[112] 不过，像柏拉图一样，亚里士多德也不希望废除传统的宗教祭仪。人们永远向往更高的存在。他们崇拜诸神是很自然的，这种类型的崇拜应被当作事实予以认可。古代神话非常不可信，但它们或许包含了古老智慧的一些遗迹，比如将神力归因于天体。宗教在赋予法律以神圣的授权和治理城邦方面也是有益的。[113]

哲学产生了一个新的神，但它与耶和华毫无共同之处。亚里士多德可能认为，这种突然决定创造世界并参与人类历史的至高神的观念完全是无稽之谈。尽管一神论者后来利用亚里士多德对“不动的原动者”的可疑“证据”去证明其上帝的存在，哲学家的神最终被目光敏锐的人看作逊位神（deus otiosus），而对于精神探求毫无助益。[114] 亚里士多德也许会同意这一点。他的形而上学没有宗教性质。“形而上学”这个术语本身是由一些编辑者和图书管理学家创造的，他们将亚里士多德的残篇著作和讲稿整理到了一起。他们将十四篇主题互不相干的文章简单地合为一卷书，命名为《物理学之后诸篇》（*meta ta physika*）。

在某些方面，亚里士多德似乎比柏拉图对灵性传统有更好的理解。他并不过分关注正统信仰。他指出，首次参加宗教秘仪者并没有学习事实和教条，而是“体验某些情绪，并被置于一种特定的气氛之中”。[115] 这种类型的宗教是关乎感情（pathein）而非理性的。亚里士多德似乎比柏拉图更为轻松地看待情绪。例如，生气有时是好事，只要你不听任你的愤怒发展到极端的程度。柏拉图在其理想国中取缔了悲剧，而亚里士多德认为悲剧仍然具有一项功能。在某些场合下，表达同情或感到恐惧是正确的，悲剧帮助人们培养情感，并教导人们适当地体验这些情感。[116] 例如，当一个懦弱的人看到俄狄浦斯的苦难时，会意识到他自己的痛苦根本就没那么严重，而一个傲慢的人则会学习同情那些比自己弱小的人。通过模仿那些重大而可怕的事件，悲剧实现了这类情感的净化。[117] 情绪中危险的潜能被排除，并变得有益于个人和社会。实际上，这些情绪对于悲剧独特的娱乐性来说是必需的。亚里士多德理性地理解了礼仪专家凭直觉知晓的东西：在日常生活中令人无法忍受的，对于事件的象征性、神话性或仪式性的再现，能够使我们最深切的恐惧转变为某种纯粹的、超然的，甚至是令人愉悦的东西。不过，亚里士多德将悲剧视作适于私人阅读的文学著作。在对悲剧的讨论中，他所强调的悲剧的个体功能甚于其社会和政治功能。他并未讨论其宗教礼仪的维度，对神灵没有表现出足够的兴趣。他的文学批评是以人类为中心的，并且如同他的哲学一样，完全适应于世俗世界。从前的深刻宗教体验被亚里士多德的理性思想巧妙地转变为更实用的东西了。

亚里士多德是伟大天才们的先驱。他几乎独自一人为西方的科学、逻辑学和哲学奠定了基础。令人遗憾的是，他也为西方的基督教留下了永久的印记。自从欧洲人在公元12世纪发现他的著作以来，许多人迷恋于他对“不动的原动者”的理性证明——实际上这是他的次要成就。亚里士多德的神并没有宗教意义，不符合轴心时代的本质。轴心时代强调，终极实在是不可言喻、难以形容和无法领悟的——不过有些东西是人类能够体验的，尽管不是通过理性。然而，亚里士多德将西方固定在其科学的轨道上。在第一轴心时代过去近两千年之后，科学将推动第二次“大转变”。

第四部分

落　幕

第九章

帝国的思想

（约公元前 300 年—公元前 220 年）

一、诸子百家

公元前 3 世纪初，轴心时代在世界的其他地区正接近尾声，却依然在中国蓬勃发展。但即使在这里，一些最初的理念也变得愈发冷酷。一连好几代，魏国和秦国一直都是这一地区最强大的诸侯国。在为了生存而进行的激烈斗争中，较小的诸侯国摇摆不定地支持不同的国家。而百姓对于无休止的战争却逐渐感到厌倦。许多人渴望一个足够强大的统治者，来创造一个像尧、舜时代那样统一的中华帝国。那时显然存在着一种对和平的渴望。中国人对那些让希腊人着迷的科学、形而上学和逻辑学方面的问题不感兴趣。当时的政治形势如此黯淡，以至于上述那些问题看起来毫无价值。人们优先考虑的是找回法律和秩序，因此中国的哲学家、道德家和神秘主义者都将注意力集中于解决行政管理问题。到这个时候，寻找一种新途径是十分必要的。变化推进的速度如此惊人，以至于人们能够看到这一代和下一代人之间的较大差异。人们越来越确信，假如从战国时期的混乱中确实能够出现一个新帝国的话，它不可能是像尧、舜时期那样的古老帝国，甚至也不是周朝早期那样的帝国。在那些较大的、还在不断扩张的国家中，国君们不再依赖其神奇的道德力量。他们都是现实主义者，明白经济实力才是成功的关键。胜利将属于那个拥有最大疆域、最强人力、最丰富资源，以及最多粮食储备的统治者。

法家学说

到公元前 4 世纪末，统治者甚至摒弃了聆听儒家和墨家建议的伪装。他们转向了新兴商人阶层出身的学者，这些人与他们一样奉行精明而讲究实际的现实主义。商人唯利是图，他们对盈利和奢华充满渴望，根据金钱与契约来思考问题，而非默想“道”。而另一个哲学学派也同时涌现出来。诸侯国的国君们相继转向政治学家。中国历史学家将他们一同称作“法家”，[1] 但这会引起误解。法家当然对法律感兴趣，但是他们关注的并不是法理。“法”的意思是“规范、模型”。它过去被用来描述一种工具，例如铅垂线或者木匠的曲尺，这种工具能将原材料重新塑造，以便符合固定的模具。[2] 法家想让人民适应他们的理念，于是，他们将“法”这个词引申开来，包含了控制社会行为的规范性条例。因此，“法”总是与“刑”（惩罚）相伴。法家主张，国家应该对民众施以严厉的刑罚以教化之，正如曲尺迫使不规则的材料变成直线。墨家和儒家认为，只有满心善良和道德贤明的国君才能够改造社会。而法家对君主的道德观不感兴趣，他们认为，如果适当规划，其方法就能自动奏效，而这当然需要残酷的处罚和严格的刑法典提供支持。

在政界，法家弟子可能一直都很活跃。甚至在被偶像化的封建采邑时代，高压政治的措施也肯定一直存在，但时代已经发生了变化。在此前一个世纪，中原地区人口暴涨，而且由于扩张战争不断，各国都比从前小诸侯国林立时大了许多。君主统治这些庞大的领域不仅仅需要“仁”和礼仪。法家想创造一种能够实际运行的政治制度。

他们并没有将历史看作自黄金时代以来可悲的衰落，这样只会导致怀旧。反之，拯救必须系于对现实的理性评价之上。像魏国和秦国那样成功的国家不断地扩张，将他们的规则强加于充满怨恨的被征服者身上。他们需要有效的管理方法，这种方法不是依靠统治者的个人魅力，而要对所有的国民有效，无论穷人还是富人，中原人还是蛮夷。

法家喜欢把法律机制比喻为规定标准测量单位的尺度。商人和店主想从客人身上榨取更多的钱财，但法律能精确地告诉他们，究竟可以索价多少。公元前 4 世纪的一位学者这样写道："人知事权衡之无益，故不事也。"

> 故明主在上位，则官不得枉法，吏不得为私。民知事吏之无益，故财货不行于吏，权衡平正而待物，故奸诈之人不得行其私。[3*]

一旦这种法律机制建立起来，他们的政治理论就能自动地、公正无私地运行起来。法家促成了这一重要的理性转向，即从人治的封建主义政体向客观的法律体系转变。这种法律体系与现代西方的法律观念不无相同之处，只是在中国古代社会，法律不是用来保护个体，而是为了达成自上而下的控制目的。统治者的智力或道德状况无关紧要，因为这种体系没有统治者个人的干涉也能运行。统治者可以——而且应当——不干涉和"不作为"（无为）。

说来也怪，法家与道家之间产生了共鸣。人们喜欢庄子，庄子也谈"无为"的重要性，并且坚持"天道"运行不受人的意志约束。早期的法家也同意此观点。因而，与孟子同时代、曾在稷下学宫讲学的慎到，将秩序井然的国家所实行的制度比作是"天道"的运行，

* 参见《管子·明法解》。本章《管子》引文中译参照姜涛的《管子新注》（齐鲁书社，2006 年版）。

而“天道”是不受人类个体的愿望和意向所影响的。正如圣人避免有目的的活动（有为），因为这种行为妨碍了“道”的运行。因此君主应当避免任何妨碍法律体系自动运行的个人干涉行为。慎到想要为他的完全实用主义政体观寻找思想背景，而法家“无为”君主的思想观念在中国有很深的历史传统。封建采邑时期的礼仪法则也规定，国君应当“无为”，但必须完全允许“道”的神秘力量在他身上发挥作用。

商鞅变法

法家学说首先在魏国、韩国和赵国发展起来，这三国是在公元前 5 世纪初从先前的晋国分裂出来的。由于都是新兴国家，统治者较少拘泥于传统，更容易接受激进的政治学说。约在公元前 370 年，一位名叫商鞅（约公元前 390 年—公元前 338 年）的野心勃勃的年轻人定居魏国，并参与了当地政治学家们的辩论。他们没有精神上的宏伟规划，只是想改革军队，增加农业产量，通过削弱地方贵族以支持君主的权力，并且制定一部清晰而有效的法典。商鞅没能获得魏国国君的青睐，但在公元前 361 年，他设法成为秦国国君的首席顾问*。这是一个非同寻常的机会。秦国拥有大量未开化的人口，他们对周朝的传统几乎一无所知，而且秦国的贵族过于软弱贫乏，以致不能对商鞅革命性的规划组织起任何有效的抵抗。商鞅的改革蔑视轴心时代的许多重要法则，使落后而孤立的秦国成为中国最强大、最先进的国家。公元前 3 世纪末，作为影响深远的商鞅变法的结果，秦国征服了其他诸侯国。公元前 221 年，秦国的统治者成为中国历史上第一个皇帝。

商鞅不拘泥于过去的传统。他认为：“民道弊而所重易也，世

---

* 即左庶长，秦国最重要的军政大臣。

事变而行道异也。"[4]* 梦想拥有慈悲圣王的黄金时代是毫无用处的。假如说过去的人们更加慷慨大方的话，这不是因为他们实践了"仁"，而是因为人口规模较小，食物供给充足。同样，战国时期的堕落和冲突并非不法行为的结果，而仅仅是由于资源匮乏所引起的。[5] 商鞅不主张非暴力主义，而是希望秦国的百姓像饿狼一样渴望战争和杀戮。他只有一个目的："富国强兵。"[6]† 要实现这个目标，政府不得不发掘百姓的恐惧和贪欲。几乎没有人想把自己暴露于战争的危险中，但是商鞅为逃亡者设计出了如此可怕的刑罚，以至于战死沙场似乎是更好的选择。他也奖赏在服兵役的过程中贡献突出的农民和贵族，一视同仁地赏给他们耕地。

商鞅系统而理性的改革完全改变了秦人的日常生活。在商鞅的监管下，秦国成为一架极为高效的战争机器。征召入伍和强迫服劳役都是秦人的义务，军队生活中的严酷训练被强加于全国百姓身上。商鞅最重要的一项革新是将农业生产与军事联系起来。成功的农民士兵成了地主，并被授予爵位和赏金，而旧贵族阶层则被摧毁。那些在战场上表现不好的贵族们被降低爵位，甚至削爵为民；那些没有积极参与商鞅野心勃勃的耕战政策的旧贵族沦为了奴隶。所有人都受同一法律的管辖：即便是王子犯法，也要与庶民同罪。

商鞅不仅不关心国君的道德，而且相信，一位善良的圣人会成为灾难性的国君。他宣称："以良民治，必乱至削；以奸民治，必治至强。"[7]‡ 宣扬和平的孔子是很危险的。假如每一个人都循礼，他们就会变得太过中庸和克制，以致国君永远不能说服任何人去战斗。商鞅公然蔑视"金规则"。一位真正有战斗力的君主会给敌人以打击，而不希望自己的军队遭受同样的伤害。商鞅告诫自己的下属："故

---

* 参见《商君书 · 开塞》。本章《商君书》(《商子》) 引文中译参照（战国）商鞅原著、张觉校注的《商君书校注》(岳麓书社，2006 年版)。

† 参见《商君书 · 壹言》。

‡ 参见《商君书 · 说民》。

兵行敌之所不敢行，强；事兴敌之所羞为，利。”[8*]

商鞅严酷的变法取得了巨大的成功。公元前 340 年，秦国沉重地打击了其竞争对手魏国，成为皇权的主要竞争者。商鞅期望得到大量的土地作为奖赏，然而事与愿违，他成了新兴冷酷刑法的牺牲品。公元前 338 年，在支持他的国君死后，新国君听信了商鞅对手的谗言，商鞅被他自己为秦国制定的车裂之刑撕成碎片。然而新一代的法家将继续沿着他所制订的路线前进，其他的诸侯国也开始以秦国为范例进行改革。

韩非

韩非（公元前 280 年—公元前 233 年）是最杰出的法家学者之一，担任秦始皇的大臣。他远不及商鞅那样愤世嫉俗，而且相信他担负着帮助人类的崇高使命。在其文《孤愤》中，他认为自己与其他四处游说的士有很大的不同。在他看来，那些士散布的都是些没有助益而不切实际的思想。他和其他的法家学者在道德上都应是无懈可击的，应当坚定不移地献身于君主的最高利益。[9] 韩非明白，指望一位君王成为道德模范是极不现实的，但他想要通过建立一种有效的机制，帮助一个平凡的人成为有能力的统治者。统治者必须找到合适的官吏为他工作，并且应当渴望去帮助他的百姓。“圣人之治民，度于本，不从其欲，期于利民而已。故其与之刑，非所以恶民，爱之本也。”[10†] 他应当公正无私，假如必要的话，他能够惩罚自己的朋友和家人，而奖赏他的敌人。一首据说是韩非所作的诗赋予了统治者的“无为”近乎神秘的意义：

---

* 参见《商君书 · 弱民》。

† 参见《韩非子 · 心度》。本章《韩非子》引文中译参照张觉等撰的《韩非子译注》（上海古籍出版社，2007 年版）。

是故去智而有明，
去贤而有功，
去勇而有强。[11][*]

法律不应成为处罚和镇压的手段。它应当是一种教育手段，使君主和臣民习惯于用一种与以往不同的方式行事。一旦这样的改革完成了，就不再需要刑罚，每一个人都会根据国家的最大利益行事。尽管韩非拥有一切美好的愿望，他同样遭受了暴死的结局。他被人诽谤，并遭监禁。公元前 233 年，他选择了自杀，而非被处决。

荀子

在成为一名法家学者之前，韩非师从他那个时代最著名的儒学家——荀子，也许其理想主义思想在很大程度上是从他的老师那里获得的。荀子(约公元前 340 年—公元前 245 年)[†],是一位充满热情、具有诗人气质，却又极其理性的思想家。他设法将其他哲学家的洞见吸收到自己的儒学观点中，并创建了一种强有力的集大成的思想体系。[12] 他不认为墨家、杨朱学派和法家的思想是错误的；他们只是强调了一个复杂论题的其中一个方面，从他们那里都可能学到一些东西。荀子还深受道家思想的影响。他的著作比中国轴心时代的其他著述论证和组织得更加具有说服力，但他的韵文有时会转化为诗歌，其逻辑体系有时也会带上神秘主义色彩。

荀子对新兴的功利主义感到惊骇，认为它已导致道德水准的下降。无论他走到哪里都能看到“权谋倾覆”，以及对财富、权力和

* 参见《韩非子 · 主道》。

† 荀子生卒年学界未有定论。《史记 · 孟子荀卿列传》有“年五十始来游学于齐”，“年五十”被疑为“年十五”传抄之误，因而生年认定出入较大。但卒年一般认为不早于公元前 238 年，本书下一页也提及公元前 238 年荀子失去官职，故此处卒年应为笔误。参考生卒年：约公元前 313 年—前 238 年。——编注

奢华的自私追求。[13][*] 由于国君拒绝受礼的约束，他们冷酷地追求着自己的野心，暴力和战争成为普遍现象。荀子不接受法家的现实主义思想。他依然认为富有同情心的国君才是唯一能够重建和平与秩序的人。但只要能够抚慰国民，即使与传统的儒家法则相违背，他也准备尊重任何一种体制。荀子是个实践主义者，他渴望在政府里谋得一职，但他并不比孔子和孟子成功。他三度被任命为稷下学宫的领袖[†]，但当残暴的齐滑王驱逐学士时，他不得不离开了齐国。公元前 255 年，他移居楚国，由楚相[‡]任命为地方官吏[§]。然而在公元前 238 年，支持他的楚相被暗杀后，他失去了官职。荀子悲伤地退出了公众生活，开始著书立说。

他的一篇文章描述了他访问秦国的情况。尽管法家思想与他自己的观念相去甚远，荀子的所见所闻还是给他留下了深刻的印象。那里的官吏正直，工作也有效率；官府衙门里没有腐败，没有暗斗，而且百姓也很朴实。百姓可能会畏惧官府，但是却很顺服，感激新法律的稳定和公正。[14] 然而秦国并不完美。荀子意识到，变法之所以会发生，是因为百姓没有经历过高等文明。他认为，制定严酷的刑法典或许是必要的，但同时他也注意到，秦国是个令人不安的地方，秦国人似乎总是害怕“天下之一合而轧己也”。[15][¶] 荀子认为，秦国不可能统治中国，因为官府的严酷之风不会受其他诸侯国的百姓支持，唯有采取成熟而又仁慈的领导，秦国才能维持其统治。荀子说得亦对亦错。秦国确实设法打败了其他诸侯国，建立了一个帝国，但是它残忍的管理方式最终导致了王朝的崩溃。仅仅过了 14 年，秦朝就被推翻了。

---

* 参见《荀子 · 王制》。

† 即学宫祭酒。

‡ 即春申君。

§ 即兰陵令。

¶ 参见《荀子 · 强国》。

不过，秦国对于儒家来说是一个挑战。在拜谒秦昭王时，荀子说，令他感到遗憾的是，在秦国官府中没有人精通仪礼。秦昭王坦率地回答他："儒无益于人之国。"[16 *] 根据对他们沉闷谈话的记载来看，对荀子来说与昭王争论这些很困难。同样，荀子也不能给他的雄心勃勃的年轻学生李斯一个有力的答案。荀子提出，假如一位君子掌握了政权，世界会变得和平，因为他的"仁"和"义"会成为不可抗拒的永久力量。这是儒家美好的想象。荀子解释，国君的仁慈之心将从他自身向外传播，正如诸位圣王的力量一样，无论他走到哪里，都会毫不费力地改变周围的环境。这样一位诸侯绝不会仅仅为了自己野心的膨胀而攻打另一个国家。

> 彼兵者，所以禁暴除害也，非争夺也。故仁人之兵，所存者神，所过者化，若时雨之降，莫不说喜。[†]

"梦呓！"李斯感叹道。秦国一连四代都很成功，荀子对此是如何解释的呢？"秦四世有胜，兵强海内，威行诸侯，非以仁义为之也，以便从事而已。"[17 ‡] 不久后，李斯便离弃了荀子，改信法家，迁居到秦国，成为秦国的丞相，并采取了闪电般的快速作战，使秦国在公元前 221 年赢得了最终的胜利。

公元前 260 年，即在荀子访问秦国几年以后，秦军征服了荀子的祖国赵国。尽管赵君已经投降，秦军仍然屠杀了赵国 40 万士兵。君子不能在官府里占有一席之地，又怎么可能对这样一个残忍的政权有任何控制力呢？但是当政治环境处于暗淡之中，更多国家采纳了法家的政治体系之时，荀子从未丧失信念。他依然不计成败地相

---

* 参见《荀子 · 儒效》。
† 参见《荀子 · 议兵》。
‡ 参见《荀子 · 议兵》。

信，礼仪中“让”的精神和仁的慈悲伦理能够给中国带来和平与秩序，尽管他承认，在这些艰难的时期，“让”和“仁”或许也不得不依靠惩罚和奖赏来支撑。成为圣贤并非不可能实现的理想。假如每个人都能作出热切而坚定的努力来改变自己，那么任何一个普通人都能成为像尧一样的人物，并且能够拯救这个世界。

我们发现，《荀子》通篇都在呼吁“有为”，即守纪而有意识的努力。荀子从他的秦国之行中学习到，如果人类足够努力的话，是能够彻底改变社会的。但他们必须对自己负责任。上天不是一个干涉世界事务的神，依赖上天的帮助，或者通过占卜神谕而试图屈从上天的意志都是没有用的。荀子憎恶这些古老的操控性的迷信。上天是自然本身，我们在天体运行的秩序和规律中，以及季节的演替中能够看见“天道”。它与人类完全分离。“天道”不能给人类提供指导和帮助，但它使人类需要的资源变得可以利用，从而去发现他们自己的道路。这是君子的使命。像庄子那样默想“天道”，却忽视人类的事务，毫无意义。出世隐遁是错误的。文明是伟大的成就，它赋予人类神圣的地位，使人类与天、地成为平等的伙伴。“从天而颂之，”荀子问，“孰与制天命而用之？”“愿于物之所以生，孰与有物之所以成？”[18]假如我们寄望于上天，而忽视人类所能做的事情，荀子再三强调，“则失万物之情”。[19]*

但这包含艰苦和专注的努力。荀子已经从法家那里认识到，人类需要改进。与孟子不同，荀子相信人性本恶。他说，今人之性，“生而有疾恶焉，顺是，故残贼生而忠信亡焉”[20]。荀子使用与法家一样形象化的描述：“故枸木必将待檃栝烝矫然后直”[21]。† 但是假如足够努力的话，任何人都能成为圣人。他无法单独实现这一目标，首先必须找到一位老师，并且服从“礼”：只有这样，他才能够遵

* 参见《荀子·天论》。

† 参见《荀子·性恶》。

循谦恭礼让的原则，服从社会法则并遵守秩序。[22] 像杨朱学派和道家那样随意行事没有好处。“善”是自觉努力的结果。君子运用谋略疏导他的种种欲望，使其进入积极的渠道。这不会歪曲人性，而是将引发其全部的潜力。

荀子确信，人们只要运用聪明才智和推理能力，就会意识到，重建和平与良好秩序的唯一方式只能是创造一个伦理社会。教育是至关重要的。荀子接受法家的思想，承认缺乏智慧的人不能理解这一点，而且有必要迫使他们通过律法和刑罚的严明体系，接受道德教育。但是，明智的人会通过学习前人的智慧自发地改变自己。当尧、舜、禹注视世界的时候，他们意识到，只有从改变自己开始，通过极大的智性努力，他们才能结束周围巨大的苦难。因此他们创造出了尊重、谦恭和让的礼仪。这些礼仪节制了他们难以驾驭的情感，使他们能够实现内心的平静。通过审视自己的内心，以批判的眼光观察自身的行为，并观察自己对生活中痛苦和喜悦的反应，圣人们发现了如何去规范社会关系。[23] 因此，“礼”是基于“恕”的法则建立的，即“以己量人”。只有当统治者能够控制自我的时候，他才能给整个社会带来和平与秩序。

因此，圣人们并没有将一套陌生的规则强加在百姓身上，“礼”是基于圣人们对人性的分析而产生的。这些礼仪使人们的情感人格化，像一位艺术家那样，从普通的原料中塑造出形状和美：“礼者，断长续短，损有余、益不足，达爱敬之文、而滋成行义之美者也。”[24] * “礼”是一种自然法则。宇宙自身必须服从那些从潜在混沌中带来秩序的规律。即便是天体和四季也不得不彼此“退让”，而不是互相侵犯攻击。荀子指出，凡“礼”，“天地以合，日月以明，四时以序，星辰以行”。假如不依“礼”而行，就会导致混乱。“礼”要求宇宙万物遵守其固有的位序，同样，“礼”也会净化人的

* 参见《荀子 · 礼论》。

情感。[25] [*] “礼”非但不是不合乎自然规律的，反而能使人们认识到现实的本质。“礼之理诚深矣”，荀子一再强调，“擅作典制、辟陋之说入焉而丧”。[26] [†]

尽管荀子关注地甚于关注天，他依然不是一个世俗的人文主义者。像所有的中国人一样，荀子将自然敬作“神”。其严谨的理性主义思想是建立于神秘的静默基础上的。荀子谴责被他称作“蔽”的东西，即自傲地执拗于某一种教条。在任何人尝试改革社会之前，他都必须懂得“道”，而如果他坚持认为只有他的观点是正确的，其他人都是错误的，则无法做到这一点。“道”仅会被一种“虚壹而静”的意念所领会。在这一点上，荀子与庄子的观点完全一致。假如它对新思想保持开放，而非墨守自己的观点，这种意念就是“虚”；假如它没有迫使错综复杂的生活变成一种有序而自私的体系，这种意念就是“壹”；假如它不让“梦”和野心勃勃的“谋”妨碍智慧，这种意念就是“静”[27]。荀子解释道：“虚壹而静，谓之大清明。”

消除了自己的蔽，一个普通人也能达到圣人那样的广阔视野。他不会被局限于狭隘的自我观念中，而是对更深刻的统治原则获得了一种直观的领会。

> 坐于室而见四海，处于今而论久远，疏观万物而知其情，参稽治乱而通其度，经纬天地而材官万物，制割大理而宇宙里矣。[28] [‡]

他的聪明才智变得“神”化。与此相比法家显得保守。一位“体道者”不只是经济或军事机器上的一个齿轮，而是一个非凡的人。“恢

---

* 参见《荀子 · 礼论》。

† 同上。

‡ 参见《荀子 · 解蔽》。

恢广广，孰知其极？” 荀子问道，“睪睪广广，孰知其德？涫涫纷纷，孰知其形？明参日月，大满八极，夫是之谓大人。”[29]* 一个能如此实现人性潜能的人，能够拯救这个世界。

老子学说

没有人十分重视荀子的政治思想，但是到了公元前 3 世纪中期，每个人都在谈论另一本神秘的治国谋略，它一出现就立即引起人们的广泛关注。[30] 法家尤其喜爱这本新书。《道德经》（关于“道”及其力量的著作）在西方已经成为一本广受大众欢迎的经典之作，尽管此书最初不是为普通人所写，而是为一个小国的国君而著。此书的作者以老子为笔名，而关于他，我们确实知之甚少。关于老子流传着各种各样的故事，但没有一个有很大程度的历史确凿性。书的主题是无名与无私，而作者一直躲避我们，或许正如他所期望的那样。

《道德经》包括 81 个小章节，都是高深莫测的语句。尽管老子远比法家更注重精神性，但两者之间有着密切联系，法家立刻发现了这一点。两者都蔑视儒家，都有一种悖论式的世界观。在他们看来，只有向着事物的对立面而行才能达到目的。他们都认为统治者应当“无为”，尽可能少地干预国家生活。与法家不同的是，老子希望君主是有德行的人，但并不是像儒家的圣人，要不停地试图为百姓做事。与此相反，笃行谦逊和无私无为的君主将终结战国时期的暴行。据说，古代君王是利用神秘力量来统治世界的，这种神秘力量通过人们执行一系列外在的仪式而在人世间建立“天道”。老子使这些古老的仪式内在化，并奉劝国君实现与“天道”内在而灵性化的和谐一致。

对那些小的诸侯国来说，这是极为可怕的年代，因为它们都将被秦国消灭。濒临毁灭的恐惧，如同主旋律一般贯穿《道德经》全书，

---

* 参见《荀子 · 解蔽》。

而此书提供给脆弱的国君一种生存的策略。他必须退回到小国寡民的状态，而不应盛气凌人。他不应殚精竭虑，而必须摒弃思虑，平心静气，放松身体，把自己从看待世界的常规方式中解放出来。他应遵循无为的原则，让问题自然而然地解决。[31]但他只有改变自己的内心，使心灵扎根于静与虚之中，才能实现这一目标。因此老子用三十章来阐述这种神秘规律，它将改变国君的内心世界，赋予他像古代君王那样鼓舞和重建世界的力量。

开篇第一章即揭示了老子的方法。贤明的统治者定要学会以一种完全不同的方式思考问题。普通的理性思维没什么价值，教条、理论和体系只会妨碍统治者的进步，因为他必须进入一种超越语言和观念之上的维度。因此老子首先写道：

> 道可道，非常道；
> 名可名，非常名。
> 无名天地之始；
> 有名万物之母。*

世上万物皆有名，但老子所谈的内容超越了世俗世界，比我们所能理解的一切更为根本，因此，它是无名和不可见的。但绝大多数人意识不到这种隐秘的维度，它只可被永远摆脱了欲望的人所领悟。无法从精神上和内心里消除欲望的人只能看到这一无名实在的表现形式——即可见的现象世界。然而，不可见的与显而易见的事物，两者皆根植于生命更为深远的层面，即万物内在的本质，“玄之又玄”。我们应当如何为之命名呢？老子的结论是，或许我们应该称

* 本章《道德经》(《老子》) 引文中译参照张玉良著《老子译解》，中国社会科学出版社 2008 年版。本书作者将第二句中的“无名”和“有名”连在一起理解，“名”字也可以作动词用，意为表述。

之为“玄”，以使我们记得它的极度晦涩：“众妙之门！”[32]

老子不断地揭示更深层的现实，仿佛在一层一层地剥洋葱。在贤明的统治者开始他的探索之前，一定要理解语言的不足，就在他以为已经瞥见了不可见的现实时，他又发现了一种更深层的玄秘。接下来，他受到告诫，这种知识并不是他所获得的特许信息，它需要神性的放弃，所有轴心时代的伟大贤哲都强调这一点。他不得不放弃那种不断叫嚷“我要”的“欲望”。即使他已经认识到了这一点，他也只是处于通往最终玄秘之“门”。老子把“道”置于其视野的中心，并强调精神生活的流动性；目标是隐秘而难以接近的，而通往目标的道路时有迂回曲折，在它向后退往远方的同时，却又不断促使我们更进一步：

> 有物混成，先天地生。
> 寂兮寥兮，独立不改，
> 周行而不殆，可以为天下母。
> 吾不知其名，强字之曰道，强为之名曰大，
> 大曰逝，逝曰远，远曰反。[33]

老子试图命名这个难以捉摸的隐性之“物”时有些漫不经心，他只能“强为之名”。我们无法谈论此“物”，但是假如我们模仿它，它便会以某种方式为我们所知。

老子简略的文字毫无逻辑推理的意义。老子故意用似是而非的论点敲打他的读者，使其迷惑。老子告知读者，起始点是无名的，然而在几行之后，他又说“有名”与“无名”同出一源。贤明的统治者应当包容这些矛盾，注意到其常规思想方法的不足。老子的著述并非通过推理所得的理论，而是用于冥想的观点。他只写下了结论，并没有追溯导向这些理念的过程，因为贤明的统治者应当独自循“道”而行，从显而易见者到不可见者，最终达到玄妙之中最为

玄妙的部分。依靠他人对“道”的转述而获得的间接了解，则不可能获得这些深刻的认识。中国人有自己的瑜伽形式（坐忘），它教导人们与外部世界隔绝，且封闭自己通常的感知模式，庄子称之为“忘”，即将知识丢弃。老子偶尔提及这些修行戒律，[34]没有描述任何细节，但它们对于老子概述的神秘进程必不可少。读者能够评价老子结论的唯一方式就是去体悟。

由于无法对这不可见的现实下定义，老子常称之为“无”，这一名称意味着空虚，而这是那些忙于“有为”的人所惧怕的。我们的本性拒斥一种空虚状态，我们用各种思想、话语和观念填充自己的头脑，它们似乎充满活力，但实际上没有给我们带来任何结果。然而在《道德经》中，“无”也被称作万物的起源，因为它创造了新的生命。[35]老子对于“无”、“谷”及“空”的描绘指的都是一些不存在的东西。一旦丢失了自我，除了指向难以描绘的生命之玄以外，它们还指向了无为精神的神性之放弃。贤明统治者的生命中肯定有种空无。在冥想的入定之中，他能够体验到一种“虚”。根据老子的观点，那是一种真实人性的回归。在受到文明社会的影响之前，人们曾经享受这种“虚”所带来的乐趣，而文明将虚假的技巧带入了人类生活。由于干涉自然，人类已经迷失了正“道”。

当其他生物坚守已定之路时，人类却不断地将自己与“道”分离开，忙于“有为”：他们制造出莫须有的差异，制定一本正经的行为准则，而这些只不过以自我为中心。在这一点上，老子与庄子的看法一致。当一位贤哲训练自己将这些思维习惯搁置一旁时，他才能回归原始本性，回到正确的轨道上来。

> 致虚极，守静笃。
> 万物并作，吾以观复。
> 夫物芸芸，各复归其根。
> 归根曰静，静曰复命。[36]

万物回归原点，如同落叶归根，化成肥料，重新进入生命的循环。树叶自未可见的世界中显现出来，暂时变得显而易见，复又回归玄暗。开悟的贤明统治者旁观这种变迁。一旦他与不可见的事物相结合，便会获得完美的智慧，达到无私的境界。此章结尾说，他能够参与到“道”中，“道乃久，没身不殆”。[37]

“虚空”缓解了弥漫于《道德经》中的恐惧。畏惧毁灭的统治者所担心的是一种虚构的怪物（chimera*）。我们不应害怕虚无，因为它处于现实的核心。“三十辐，共一毂，”老子指出，“当其无，有车之用。”[38]同样的道理，当制作一个罐子时，我们能将泥土捏成好看的样子，但器皿存在的意义是内部虚空的空间。老子得出结论：

> 故有之以为利，无之以为用。[39]

公共政策亦是同样。一旦国君发觉内心极大的虚空，说明他已做好统治国家的准备。他已获得了模仿自上天和道的“君王之威”。[40]贤明的统治者必须行为举止如同上天，按照自己高深莫测的进程而行，不会干涉其他生物之“道”。这是事物应当遵循之道，“道”——而非永无休止、目标明确的行动主义——会给世界带来和平。

各地的统治者、政治家和行政官员都在谋划着。许多哲学家的思想害大于益。墨家强调分析、谋略和行动的重要性。儒家所颂扬的文化在老子看来妨碍了道的运行。他们推崇的古代英雄人物尧、舜、禹不断地干预自然——管理河水的流向，并火烧山林以创造适于耕种的土地。通过将其礼仪强加于社会，儒家鼓励人们把注意力完全集中于一种外在的精神性。社会上有太多目标导向的、有为的行动，它与“道”那温和、谦逊而自发，听任生物自然而为的进程

---

* 音译为凯米拉，希腊神话中通常被描绘成狮头、山羊身和蛇尾的组合体，吐火的雌性怪物，引申义为妄想、虚构怪物。

相矛盾：

> 道常无为而无不为。
> 侯王若能守之，万物将自化。

道家思想断定：“夫将不欲，不欲以静，天下将自正。”[41]

生存的秘密是以与直觉或常识相反的方式行事。[42]在政治生活中，人们总是宁愿选择狂热的行为，而非无为，喜欢知识而非无知，喜欢强壮而非软弱，然而，令老子同时代人惊讶的是，老子坚信，他们的做法应当与此恰恰相反。[43]

> 天下莫柔弱于水，
> 而攻坚强者莫之能胜，
> 以其无以易之。
> 弱之胜强，柔之胜刚，
> 天下莫不知，莫能行。[44]

人类所有的努力都朝向反对消极状态，因此去做与盛气凌人、诡计多端的政客所期望的相反的事情，便是回归了“道”的自发性。[45]任何处于涨势的事物必定会跌落，这是自然规律。因此，由于屈服于敌人而增强其力量，实际上是加速了他的衰落。天地所以能长且久者，以其不自生，故能长生：

> 是以圣人后其身而身先……
> 非以其无私邪？故能成其私。[46]

如此虚己需要长期的神秘训练，但是一旦贤明的统治者实现了这种内在的虚无，他就会变得如同生命中所谓较为软弱的事物一样精力充沛、优雅和富有创造力。

武力和威压都有其固有的自我破坏性。这里，老子回归古代战争礼仪精神，它极力鼓励武士对他们的敌人“退让”。“兵者不祥之器，非君子之器，”老子主张，“不得已而用之，恬淡为上。”[47]令人遗憾的是，战争有时是必要的，但假如圣人被迫而战，他就必须带着惋惜拿起武器。他绝对不能心怀自高自大的常胜主义、残酷的沙文主义，以及肤浅的爱国主义。圣人千万不要以武力胁迫世界，因为此种敌意几乎一定会报应到他自己身上。他必须始终设法结束军事行动。“果而勿矜，果而勿伐，果而勿骄，果而不得已，果而勿强。”[48]

因此，“无为”并不意味着彻底戒除任何行动，而是一种不具攻击性的、谦逊的态度，以防止仇恨升级。

> 善为士者不武，
> 善战者不怒，
> 善胜敌者不与，
> 善用人者为之下。[49]

这就是老子认同的“不争之德”。以此种方式行事，贤人武士“是谓配天，古之极也”。[50]

是我们的态度，而非行动，决定了我们做事的结果。人们总是能感觉到隐藏在我们语言和行为背后的情绪和动机。圣人必须学会忍受敌意，假如他以牙还牙，就一定会产生新的冲突。圣人对挑战应不予理睬，老子说 ：“曲则全……夫唯不争，故天下莫能与之争。”[51]暴君是在自掘坟墓，因为当君王试图压制他人时，人们便自然会反抗他，结果通常与所预期的相反。“无为”必须与谦卑相结合。圣人不会大肆宣传其道义，实际上，他并没有定见。圣人不会试图将人们都变成他所期望的样子，而是“圣人常无心，以百姓心为心”。[52] 老子确信人性本善。人变得凶暴，只是由于人们感受到了复杂的律法和道德准则的强制。[53] 每逢遭遇大国侵略时，贤明的君主必须问自己，仇恨是否正滋生出更多的仇恨，还是因同情而正在减弱。老子很少明确论及“同情”这种美德，但这在他力求设身处地的论述中得以含蓄地表达：

吾所以有大患者，为吾有身，
及吾无身，吾有何患？
故贵以身为天下，若可寄天下；
爱以身为天下，若可托天下。[54]

老子是轴心时代最后一位伟大的中国贤哲。他的思想从本质上说是乌托邦的理想。很难想象一位达到“虚空”状态的圣人如何能获得政权，因为他缺乏赢得公职所必备的权谋。[55] 像孟子一样，老子可能培养出了几分对救世主的企盼，他那个时代的恐怖事件促使人们自然而然地被具有神秘倾向的统治者所吸引。然而，结束战国时期的暴行并统一帝国的当然不是道家圣人，而是秦国的法家政权。这惊人的成功似乎证明，不借助军事力量是不可能实现绝对的王权统治的。这带来了某种形式的和平，但也意味着轴心时代对道德、仁爱和非暴力之期望的破灭。在帝国统治下，轴心精神将发生一种转化，并转变成颇为不同的东西。

二、希腊化时代

中国人与其他轴心民族相隔绝，因而他们对亚里士多德从前的学生——亚历山大大帝的非凡成就一无所知。他于公元前 333 年在西里西亚（Cilicia）的伊苏斯河（Issus）击溃大流士三世的军队，征服了波斯帝国。随后，他率领军队横扫亚洲，创立了一个包括大部分已知世界的帝国。他所取得的进展是暴烈而残忍的。他不能容忍反对意见，无情地摧毁任何胆敢阻碍他前进的城市，屠杀其居民。他的帝国建立在恐怖的基础之上，而亚历山大却抱有政治和文化统一的愿景。但是，他于公元前 323 年在巴比伦过早地去世了，帝国没能支撑下去。亚历山大刚刚去世，争斗便在他最主要的几位将军之间爆发了。在接下来的 20 年里，被亚历山大征服的土地因六位“后继者”（diadochoi，“继承者”）之间的战争而荒芜。帝国的“和平”让位于破坏性的战争。最终，在公元前 4 世纪末期，“后继者”中的两位消灭了其他人，分割了亚历山大的势力范围：一位是托勒密（Ptolemy），他是亚历山大最精明强干的将军之一，占领了埃及、非洲海岸、巴勒斯坦和叙利亚南部；另一位是塞琉古（Seleucus），他曾被亚历山大任命为巴比伦总督，控制了包括伊朗在内的古波斯帝国大部分土地。塞琉古放弃了难以统治的印度领土，确定了远东边界。

亚历山大对印度人产生的影响微乎其微。他仅仅征服了几个较小的部落，他的入侵甚至没有被一些早期印度历史学家所提及。他的成就并非对印度的征服，而是到达了那里这一壮举。他在印度的两年时间主要是一次地理上的探险而非军事行动。亚历山大似乎是希腊精神的化身。他在荷马式神话传说的环境中长大，被雅典理想所激励，并接受过亚里士多德的教导。希腊没有产生像世界上其他地区那样典型的轴心时代宗教理念。其最为令人震惊的一些“轴心”成就是军事方面的。亚历山大在印度两年的冒险经历也是这样的一个时刻：一支希腊军队到达了他们所认为的地球尽头。他们勇敢地与极限抗争，正如瑜伽修行者努力突破人类精神的限度。神秘主义者征服了心灵空间，而亚历山大则探察了自然世界最遥远的区域。像许多轴心时代的贤哲一样，他一直不懈地“追求突破”。[56] 他希望比那些波斯国王更进一步地深入印度，到达海洋，他相信海洋环绕着地球。就是这种“启蒙”始终吸引着西方探险家，[57]不过它与涅槃或解脱截然不同，它们的特征是印度神秘主义者所追求的谦逊、戒杀和同情。

希腊士兵被印度的富丽堂皇迷惑和震慑，还有它那可怕的季风、令人惊异的战象、烈日炎炎的夏季，以及难以翻越的山口。他们对遇到的“裸体哲学家”尤其感到好奇，那可能是些耆那教徒。尽管印度人没有对希腊人产生持久的兴趣，但亚历山大和他的“后继者”无疑改变了本书提到的其他一些民族的命运。伊朗的琐罗亚斯德教徒将亚历山大看作历史上最坏的罪人，因为他杀死了众多祭司和学者，扑灭了多处圣火。他是“受诅咒的人”（guzustag），唯有他与恶灵（Hostile Spirit）分享了这一头衔。屠杀祭司造成了无法挽回的损失：琐罗亚斯德教的经文一直经由口头传播，而多数都只是存在于被杀祭司的头脑中，永远也找不回来了。

犹太人受“后继者”的影响甚于亚历山大本人。自以斯拉和尼希米时代以来，耶路撒冷一直是一个孤立的落后地区。它不在任何主要的贸易路线上：在彼特拉（Petra）和迦萨停留的商队没有理由前往耶路撒冷，因为它缺乏发展自身工业的原料。然而，在“后继者”战争期间，犹太地区频繁遭受各部军队的侵犯，他们来自小亚细亚、叙利亚和埃及，携带着辎重、装备、家眷和奴隶。耶路撒冷在公元前 320 年至公元前 301 年之间易手不下六次。经历过这一切的耶路撒冷犹太人认为希腊人是破坏性、狂暴而尚武的。公元前 301 年，犹太、撒玛利亚、腓尼基和整个沿海平原都被索特（Soter）* 托勒密一世的军队所占领。在接下来的几百年中，耶路撒冷一直处于托勒密王朝的控制之下，不过他们却很少干预其地方事务。

但是，这一地区正在发生变化。亚历山大和他的继承者在近东地区兴建了新的城市——埃及的亚历山大、叙利亚的安提阿，以及小亚细亚的帕加马，它们成为具有希腊风格的学术和文化中心。这

---

* 意为救世主。

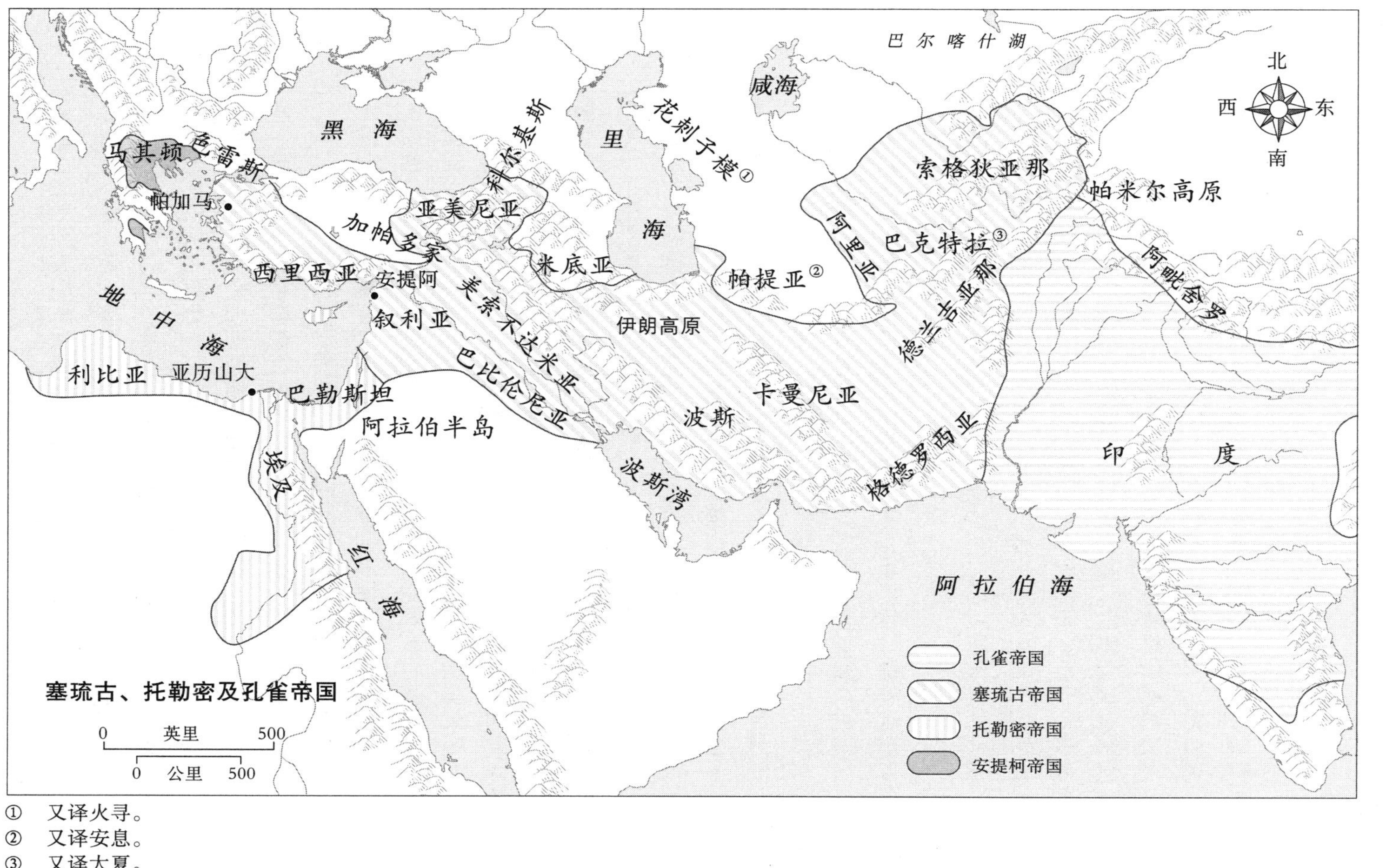

塞琉古、托勒密及孔雀帝国

① 又译火寻。
② 又译安息。
③ 又译大夏。

些都是希腊城邦，通常排斥土著居民，其建造规模在希腊世界是前所未有的。它们是“国际都市”。这是一个移民的伟大时代。希腊人不再感到应该终老于自己出生的小城邦了。亚历山大英勇的探险开阔了他们的视野，如今许多人都认为自己是世界公民。希腊人作为商人、雇佣兵和驻外使节而成为全球旅行者，许多人开始认为城邦微不足道而且偏处一隅。一些人在近东地区建造了新的城邦。亚历山大将马其顿人迁入撒玛利亚，后来的希腊殖民者也到达叙利亚，将迦萨、示剑、马里查（Marissa）和安曼（Amman）等古老的城市转变为希腊式的城邦。希腊士兵、商人和企业家迁入这些希腊飞地，利用这些新出现的良机。学会说、写希腊语的当地人变成了“希腊人”，他们被允许进入军队和行政部门，谋求较低的职位。

文明的冲突由此展开。一部分当地人被希腊文化所吸引，另一部分则对城邦生活的世俗倾向、希腊诸神不道德的行为以及年轻人在体育馆里赤身裸体进行锻炼的景象感到厌恶。犹太人对希腊人的反应不甚一致。在亚历山大，托勒密王朝禁止埃及人进入体育馆，但却允许外国人进入，因此当地的犹太人在那里训练，并使得希腊和犹太文化实现了一种独特的融合。在更为保守的耶路撒冷，两个派系同时得到了发展。其中一个由多比雅（Tobiad）部族领导，他们是多比雅的后代，他曾经给尼希米制造了很大的麻烦。他们在希腊世界感到安然自得，并成为耶路撒冷新思想的倡导者。但是，另一些人认为这种外来影响极具危险性，他们坚决保护历史传统，并支持决意维护古老律法和习俗的祭司家族奥尼亚兹（Oniads）。在耶路撒冷的历史上，公元前3世纪是一段阴暗的时期，但两个阵营之间的紧张状态这时似乎仍保持在可控范围之内。然而，到轴心时代结束之后，该地区爆发了严重的冲突，一些犹太人试图将耶路撒冷变成一个叫作“犹太的安提阿”（Antioch in Judea）的城邦。

这些动荡岁月以另一种方式影响了耶路撒冷的历史。从前极少出现反抗波斯帝国的叛乱。波斯的国王们宣传了一个神话，即他们继承了一个不灭的帝国：它由亚述人开创，之后传给巴比伦人，最终传给了居鲁士。因此，任何反叛都注定要毁灭。然而，当近东的人们看到亚历山大的“后继者”互相争斗，交替得到该地区的控制权，他们的看法改变了。世界被完全颠倒，一些犹太人开始希望在他们自己的弥赛亚（messiach）领导下获得独立。公元前201年，当托勒密军队被塞琉古军队驱逐出犹太地区时，这种希望又一次被点燃。塞琉古国王安条克四世（Antiochus IV）在公元前2世纪的所作所为导致了犹太人对末日降临的激情的爆发，它吸收了有关大卫王国的古老神学。但这种对救世主的虔敬在轴心时代没有根基，它将犹太教带往一个不同的、后轴心时代的发展方向。

亚历山大在希腊的理性思想处于巅峰时建立了他的帝国，他的事业标志着一个崭新时代的开始。在他死后，包括雅典在内的希腊大陆的一些城邦反抗马其顿的统治。六位亚历山大最初的“后继者”之一安提帕特（Antipater）对此实施了残忍的报复。此举结束了雅典的民主政治。随着希腊移民和殖民者迁入一些新的地区，希腊文明开始与东方文化逐步融合。19世纪的学者将这一融合过程称为“希腊化”（Hellenism）*。这种相遇带来的挑战可使文化更为丰富，但在此过程中，希腊文化的强度被削弱。它稀疏地散布于如此广阔而异质的地域中，因此变得支离破碎，成为“具有希腊特征的”而非真正的希腊文化。任何重大社会变革的时期都是不平静的。旧有秩序的崩溃和不可避免的政治分裂都会令人不安。[58] 社会上存在着普遍的困惑和萎靡情绪。个人和政治的自主权对于希腊人的身份认同感始终是至关重要的。但是，他们的世界如今经过了如此戏剧性的扩张，人们感到自己的命运被某种巨大的非人的力量所掌控。

---

* 又译“希腊主义”或“希腊主义时代”，历史学上通常指公元前334年亚历山大开始东侵到公元前30年罗马灭亡埃及之间的一个历史时代。该词为德国历史学家德洛依森（Johann Gustav Droysen）于1836年首先使用。

伊壁鸠鲁、芝诺、皮浪

公元前 3 世纪期间，三位崭露头角的哲学家受困于这个年代的痛苦，试图缓解这种异化感。[59] 例如，伊壁鸠鲁（Epicurus，公元前 341 年—公元前 270 年）在其生命的前 35 年里几乎没有过安全感。他的家庭被马其顿人驱逐出了萨摩斯岛，他从一个城邦游荡到另一个城邦，直到公元前 306 年来到雅典。他在雅典学园附近买了一栋带花园的房子，并创建了一个由亲密朋友组成的团体。他主张，快乐是人类生存的首要目的。但这并不像他的反对者所认为的那样，意味着他投入了享乐主义狂热的圈子。事实上，他们在“花园”里选择了一种安定而简单的生活。快乐并不存在于感官享受和自我放纵之中，而在于无忧（ataraxia），即“从痛苦中解脱”。伊壁鸠鲁的追随者避免一切对心灵的烦扰。城邦中的生活如此紧张和难以预知，有条件的人应当退出公共事务，与志趣相投的人一起享受一种平静的生活。他们必须避免可能造成痛苦的一切，包括对反复无常之神祇的迷信，这些神祇使不幸的男男女女遭受了巨大的痛苦。最重要的是，伊壁鸠鲁学说的信徒不会让其必死的命运毒害心智。他们必须认识到，死亡只是知觉的消失而已。伊壁鸠鲁指出：“因为当我们活着的时候，死亡尚未来临，而当死亡来临时，我们已经不在了。”为此而担心是毫无意义的。“正确地认识到死亡对我们来说无关紧要，我们便可以享受生命之必死性。但这并不是通过给生命增加无穷的时间，而是通过摆脱对于不朽的渴望。”[60]

伊壁鸠鲁和他的朋友们在“花园”中享受隐居生活的同时，芝诺（Zeno，公元前 342 年—公元前 270 年）*——一位来自塞浦路斯、受希腊文化熏陶的腓尼基人，正在雅典市场的画廊（Painted Stoa）讲学。他和他的门徒被称为斯多亚派（Stoics）哲学家。当亚历山大几乎将全世界纳入其统治之下时，芝诺受到这一非凡时刻

* 此芝诺与本书第七章中提到的公元前 5 世纪的芝诺有别。

的极大启发。他认为，宇宙是一个统一体。肉体和灵魂之间并无分别；实在的整体是物质的、活生生的，被一种炽热的气息赋予生机，他称其为逻各斯（“理性”）、普纽玛（Pneuma，“灵魂”）或神。这一拥有智慧的、神圣的力量渗透于万物之中，无所不在。人类唯有依照理性的逻各斯生活，才能获得幸福，而逻各斯在自然秩序中得到展现。自由存在于对神的意志的服从之中；由于神已预先确定了一切，反抗命运是没有任何助益的，正确的态度是顺从。斯多亚派哲学家应当轻松愉快地度过一生，对外界环境漠然处之。他们必须培养一种内心的平和，避免所有引起忧虑的事情，凭良心尽自己的本分，行为节制，远离一切极端的事物。其目的是与神圣的逻各斯那不可动摇的进程保持协调一致，而不要去与之作对。

“无忧”也是厄利斯的皮浪（Pyrrho，约公元前365年—公元前275年）的追求目标，他是怀疑主义哲学的奠基者。我们对皮浪知之甚少，他没有任何著述。实际上，直到他死后大约500年，怀疑论的文本才被呈现出来。皮浪似乎强调，人们不可能对任何事物确定无疑。因此，寻求平静生活的最佳途径就是不做判断，武断和孤行专断的人注定得不到幸福。“没有任何事物是光荣或卑劣的、公正或不公正的，”据说他曾如此讲过，“风俗和习惯是人们一切行为的基础，没有一件事物本身是这样而不是那样。”[61]这当然是不自洽的。如果我们果真什么都不能确信，皮浪怎会知道这恰恰是正确的或从根本上形成一种哲学思想呢？但皮浪显然将怀疑论视为一种治疗方法，而不是认识论。人们因其强有力的观念而过于激动，他们过于急切而无法发现真理。因此，一位怀疑论者便会温和地削弱他们的确定性，将所有这种理性的混乱从他们的理论体系中清除出去。生活在公元3世纪的第一位怀疑论作家塞克斯都·恩披里柯（Sextus Empiricus）解释说，皮浪和他的弟子以试图发现真理作为开端，其目的是得到内心的宁静。但当他们不能实现这一令其满意的目标时，便会放弃，而且立刻感觉好多了。“当他们不做判断时，宁静便好像是意外地随之而来，正如影子跟随身体一样。”[62]因此，他们被称作怀疑论者（skeptikoi，“探究者”），因为他们仍在寻找，尚未封闭思想，但他们却认识到，一种向所有可能性开放的明晰的态度，是获得幸福的秘诀。

对这些希腊化时期的哲学家来说，轴心时代确实结束了，不过在他们的作品中，我们发现了贤哲和先知们探究了500多年的伟大而具有开创性的灵性遗迹。孔子、佛陀、以西结和苏格拉底的英勇奋斗被一种更为适度而易于实现的，可以说是“合算的”形式所取代。在芝诺顺乎自然的生活理想中，有一点道家思想的迹象。但是，斯多亚派哲学家并不是渴望通过使自身与自然进程相契合而改变世界，他们只是安于现状。在所有这些公元前3世纪希腊哲学家的思想中，存在一种宿命论，这是受到轴心时代的谴责的。佛陀曾告诫他的弟子，不要依恋形而上学的观点；《奥义书》的神秘主义者通过指出理性思考的谬误使其对话者归于沉默，但他们并不是简单地像怀疑论者那样“不做判断”。他们运用清除常见思维习惯的经验给予人们神秘的暗示，这种神秘超乎话语和理性观念。印度的隐修者弃绝了世界，但却没有生活在城郊伊壁鸠鲁舒适的花园里。佛陀曾经强调，他的僧侣必须返回市井，实践对众生的慈悲。

差异即在于此。这些希腊化时期的哲学家没有伦理方面的强烈诉求。他们都主张要放弃柏拉图和亚里士多德深奥的形而上学，回到苏格拉底，他曾试图教导人们如何生活。他们想要得到苏格拉底面对不公正的死亡时所拥有的内心的宁静。他们也像苏格拉底一样同所有人谈话，对博学者和无知者一视同仁。但是，苏格拉底从未声称，人类唯一的目标应当是消除烦恼。芝诺、伊壁鸠鲁和皮浪全都希望实现一种平静的生活，并决定避免极端的事物和轴心时代伟大哲学家的奋斗。他们只是想要“无忧”，免除苦恼。所有轴心时代的贤哲都指出，生命本来就是不如意而且痛苦的，他们希望超越这种苦难。但他们不仅仅满足于回避痛苦，停止关心任何事或任何人。他们强调，获得拯救在于勇敢地面对苦难，而不是隐居离世。伊壁鸠鲁的幽静花园与佛陀的快乐园有很大相似之处。当我们想到，大多伊壁鸠鲁的追随者都拥有普通民众所缺乏的私人收入，为他们的隐居提供资金，其相似之处就变得更为突出了。

轴心时代的思想家没有寻求“无忧”，而是迫使其同时代人接受痛苦的现实。耶利米曾经谴责那些隐居离世的人是“假先知”(false prophets)。雅典的悲剧作家曾将苦难展现在舞台上，令观众哭泣。你唯有经受了悲痛，而不是通过不遗余力地证实它从未侵犯过你受到保护的生活，才能够实现解脱。苦的体验是开悟的先决条件，因为它使有志者能够同情他人的悲伤。但希腊化时期的哲学家所注重的完全是自我。斯多亚派哲学家确实竭力主张参与公共生活，慷慨地为他人谋利益。但他们不允许对其服务对象产生怜悯之情，因为那会扰乱他们平静的心情。这种冷漠的自足与轴心时代是格格不入的。友谊和仁慈对伊壁鸠鲁的团体来说极其重要，但它们并没有延伸到“花园”之外。无论怀疑论者的初衷如何友善，他们四处与人争论，以削弱其信念，在他们的疗法中存在着挑衅行为。他们的方法与佛陀和苏格拉底的截然不同，后面两者总是从其对话者的实际立场出发，而不是从他们认为其对话者应该所处的立场出发。

许多轴心时代的思想家都不相信抽象的逻各斯和理性，但希腊化时期的哲学家们却是以科学而非直觉为基础的。例如，伊壁鸠鲁发展了德谟克利特的原子论，说明畏惧死亡就是浪费我们拥有的宝贵生命，因为当原子分解时，死亡会不可避免地发生。向诸神寻求帮助无济于事，因为他们也是由原子所组成并且受其支配的。斯多亚派哲学家教导人们，只要你按照科学的方法领会到，自然的神圣进程是由逻各斯所规划的且不可更改，你就可能与它结合在一起。公元前 3 世纪对于希腊科学来说是一个伟大的时代。托勒密和塞琉古希腊风格的新式王国远比从前的城邦富庶得多，国王们争先恐后地以财产和薪金吸引学者们到他们的都城。欧几里得和阿基米德都在亚历山大生活和工作。米利都和埃里亚学派的哲学家专心于与人类相关的自然科学的方方面面，这和今天的大众科学家颇有些类似。而公元前 3 世纪的新兴科学家们正处于数学、物理、天文学和工程学的最前沿。科学如今失去了其早期的宗教倾向，彻底变成了一种世俗的研究工作。

希腊化时期的哲学家并没有对古老的异教产生影响：祭祀、节日和各种宗教仪式继续进行着。宗教秘仪甚至变得更为普及了，它们常常与同类的东方祭仪相结合。公元前 399 年，苏格拉底由于促使人们背离传统的诸神而被处死。公元前 4 世纪以后，再也没有一位哲学家因其宗教观念而遭到迫害，尽管伊壁鸠鲁、芝诺和皮浪企图质疑古老的信仰。社会上出现了一种不同于从前的宽容之风，虽然从未被官方正式认可，却在精英分子中逐步盛行。[63] 大多数人继续实践着古老的礼拜仪式，它们基本上没有被轴心时代所触动。直到基督教于公元 5 世纪被强行定为国教之前，它们一直保持着原有的状态。

希腊化时期的哲学家或许不像他们的前辈那样具有革命性，但他们产生了持久的影响力。在许多方面，他们集中体现了新兴的西方精神。西方人被科学和逻各斯所吸引，比印度和中国的圣人更缺乏灵性方面的雄心壮志。希腊化时期的哲学家没有为发现内心超然的平和做勇敢的努力，而是满足于安静的生活。他们没有培养精神上的直觉力，而是求助于科学的逻各斯。西方人没有实现神秘的开悟，而是被一种更为世俗的启蒙所激发。西方的科学天赋最终改造了世界，其科技革命于公元 16 世纪引发了一个新的轴心时代。这将极大地造福于人类，不过它是由一种不同的天才人物所促成的。第二轴心时代的主人公不是佛陀、苏格拉底和孔子，而是牛顿、弗洛伊德和爱因斯坦。

三、阿育王支持佛法与印度宗教的转变

印度也建立起了一个新的帝国，但与亚历山大的帝国大不相同。自公元前4世纪起，摩揭陀国（Magadha）即已控制了恒河流域，并在强大的难陀王朝（Nanda dynasty）统治之下广拓疆土。然而希腊人从旁遮普撤离后留下了权力真空，旃陀罗笈多·孔雀（Chandragupta Maurya）——可能来自一个部落国家的吠舍在旁遮普建立了政权中心，并于公元前321年夺取王位。我们对旃陀罗笈多的统治或军事活动知之甚少，但孔雀王朝最终从孟加拉扩张至阿富汗，旃陀罗笈多于是开始进入印度中南部。孔雀王朝的君主们来自较为边远的部落国家，因此与吠陀宗教没有很强的联系，他们对非正统的教派更感兴趣。旃陀罗笈多本人偏爱耆那教徒，他们伴随着他的军队，并在印度南部定居。他的儿子频头娑罗·孔雀（Bindusara Maurya）支持顺命派（Ajivakas）*，而在公元前268年继位的王朝第三位君主阿育王（Ashoka）则支持佛教徒，他的兄弟韦驮（Vitashoka）实际上成了一名和尚。巴利文资料指出，阿育王在皈依佛门之前曾是一个残暴而放纵的统治者，他是通过杀害其他兄弟们才坐稳了宝座。在登基仪式上，他接受了“提婆南毗耶”（Devanampiya）的称号，意为“天爱者”†。他继续征服新的领地，直到经历了一次巨大的震撼。

公元前260年，孔雀王朝的军队在现代的奥里萨邦（Orissa）地区征服了羯陵伽国（Kalinga）。阿育王在一道诏敕中记录了他的胜利，他将这道诏敕雕刻在一大块崖壁上。他并没有提及他的军事战略，也没有对胜利的颂扬，而是详述了战争的伤亡人数。在战斗中共有10万羯陵伽士兵被杀，随后，“几倍于此数目之人”死于伤

---

* 又称“邪命外道”。

† 阿育王又被称为“天爱喜见王”。

痛和饥饿，还有15万羯陵伽人被掳走。阿育王被如此的苦难惨状所震惊。他说，这位“天爱者”感到“悔恨”：

> 不论如何，征服未曾征服之国者，于彼杀戮苍生，或死亡或移送，天爱对此一切感苦恼，又思虑与悲痛故……或彼等善保全自身，未曾灭杀彼等之爱情，以陷朋友、知己、同僚、亲族于不幸，由此其不幸又为彼等之灾害即是……故所领羯陵伽国时而杀苍生、死、移送之数中，虽百分之一或千分之一，天爱对此现在亦感悲痛。[64]*

这部诏敕的目的是警示其他进一步推行征服战争的君王。如果他们一定要发动战争，则必须是人道的，而实现胜利的同时应当“为念宽容及刑罚之轻”。唯一真正的征服是“法”（dhamma），阿育王意指一种合乎道德的努力，以有益于人们的今生和来世。[65]

这是一个意义重大的时刻。旃陀罗笈多·孔雀的辅臣、婆罗门考底利耶（Kautilya）曾著有《政事论》（*Arthashastra*）† 一书，是一部治国纲领文献。书中明确指出，征服邻国领土是国王的神圣职责之一。然而，阿育王却意欲以戒杀取代军事权威。在这一事件的细节当中存在一些疑点。阿育王很可能夸大了伤亡人数：孔雀王朝的兵力只有6万，因此很难想象出他们怎么能杀死10万羯陵伽人。孔雀王朝的军队遵纪守法，通常不会骚扰平民。如果阿育王因被掳者的遭遇而感到如此痛苦，他为何不放他们返回家园呢？或许他想要通过强调其重大而残酷的胜利来阻止叛乱的发生。而且，毫无疑问，从那以后他并没有放弃各种战争。在其他诏敕中，阿育王承认，

---

* 本章阿育王“大摩崖法敕”引文中译参照元亨寺汉译南传大藏经编译委员会编译《汉译南传大藏经》第70卷之“阿育王刻文”，元亨寺妙林出版社1998年版。

† 或译《实利论》、《利论》、《实用论》、《治国安邦术》、《论政治》、《政治经济理论》等。

战争有时是必要的，而他也从未裁减军队。[66]

但也许这对阿育王来说要求太高了。他确实被在羯陵伽发生的暴力和苦难所震撼，因而试图推行一种以正法为基础的政策。如今他所统治的是一个规模空前的印度王国。在其领土所及的范围里，他将概述其革新政策的诏敕题刻在崖壁和石柱上。它们位于显著的地点，并在国家的重大场合中向民众朗读。这些诏敕以巴利文写成，并刻有动物形象和如同佛教徒之法轮的图形。每一条诏敕的开头都写着“天爱喜见王诏”，然后宣讲关于非暴力和道德感化的高尚的伦理规范。这些诏敕所分布的范围之广是令人惊异的。它相当于在苏格兰的格兰扁（Grampians）、意大利、德国和直布罗陀发现了相同的文字。[67]

阿育王会认为这样的政策可行即表明，轴心时代之同情和戒杀的美德已经深入人心，虽然没有一位政治家能将其完全落实。阿育王大概已经真诚地相信，暴力只能导致更多暴力，杀戮和征服只会适得其反。他的正法并不是特定的佛法，却可以对任何主要学派保持吸引力。阿育王或许希望推行一种基于共识的政策，以使其辽阔帝国中的臣民紧密地结合在一起。其正法并未提及佛教关于“无我”的独特教义或练习瑜伽，却专注于善行和仁爱。[68]“法之布施……法之分与……没有如此殊胜之布施”，阿育王在“大摩崖法敕”第11章中写道。它包括：

> 对于奴隶及从仆与正当之待遇，对父母亲顺，对朋友、知己、亲族并沙门、婆罗门与布施，对生类舍括不屠杀。对此，不论父子、兄弟、主人、朋友、知己、亲族乃至邻人应互相言：“此是善，人不能不行此。”人若行此者，由此法之布施，既有现世之所得，于后世亦生无限之功德。[69]

这些诏敕非但没有将佛教强加于臣民，反而强调不允许存在宗教偏见。婆罗门与那些拒绝吠陀体制的隐修者应当受到同等尊重。“天爱喜见王，以布施又为种种之崇敬，崇敬在家者出家者之一切宗派”，“大摩崖法敕”第 12 章写道。“所有其他一切宗派之本质得以显示增长”是最为重要的。无人可以贬低他人的学说。这样，所有不同的宗派都能够繁荣兴旺。“故专互为听法，为敬信此而一致和合为善。”[70]

阿育王是个现实主义者。他没有禁止使用暴力；有时，暴力也许是不可避免的——例如，假设林中部落激起动乱的话。死刑也继续存在。但阿育王确实在王室中减少了对肉食的消费，并禁止猎杀鸟类、牲畜和鱼类。这是一个勇敢的实验，但却失败了。在阿育王统治的最后 10 年中，他没有铭刻新的诏敕，他那庞大的帝国似乎已经在逐步瓦解。阿育王于公元前 231 年去世*。在他死后，正法失效了。社会紧张局势和宗派冲突愈演愈烈，帝国开始崩溃。曾经有人指出，阿育王对非暴力的专注削弱了军队的力量，使国家很容易遭到侵略。但阿育王从来不会脱离实际而空谈戒杀。更大的可能性是，帝国只是耗尽了资源。阿育王从未被人遗忘，在佛教传统中，他是斫迦罗伐刺底（chakkavatti），即统治世界的转轮圣王。后来的领袖，如锡克教创始人古鲁那纳克（Guru Nanek），以及圣雄甘地，都希望跨越宗派和社会分裂，复兴和谐与统一的理想。

阿育王死后，印度进入了一个黑暗时代。虽然有许多文献保存了下来，但是关于政治动荡的这几个世纪中的王朝兴衰，我们所掌握的可靠资料却非常少。这样的动荡一直持续到公元 320 年笈多王朝（Gupta dynasty）统治的确立。然而，我们知道印度经历了精神上的重大变化。在此期间，印度宗教逐渐趋向于有神论，人们发现了神灵。《吠陀》和隐修者刻板而没有偶像的宗教曾经那样有力地削弱神灵的作用，但如今它已让位给印度教色彩亮丽奢华的神庙、

---

* 阿育王于公元前 232 年去世。本书第十章说法正确。

华美的游行队列、为大众广为喜爱的朝圣，以及对众多外来神祇偶像的敬拜。

《白净识者奥义书》

这种发展的最初迹象体现于《白净识者奥义书》(*Shvetashvatara Upanishad*)，即“白骡仙人”的教导，它大约创作于公元前4世纪晚期。传统的吠陀宗教向来都不是非常形象化的。即使在其极盛时期，也没有人对因陀罗或毗湿奴的相貌特别感兴趣。人们是在吟唱颂歌的过程中，而不是在雕塑和偶像中体验神圣。《白净识者奥义书》深受数论派瑜伽修行的影响。数论派起先是一个无神论学派，而在《白净识者奥义书》中，大梵，即绝对的实在，与人格化的神灵楼陀罗或湿婆被视为一体，是他将瑜伽修行者从轮回的痛苦循环中解放出来。当开悟的瑜伽修行者实现这种解脱之时，他就会在心中看到神灵。

这或许还不是一次彻底的革新。吠陀宗教曾由上层阶级实践和推进，但普通的崇拜者可能一直以易于损坏的材料制作神灵的偶像，因而没有保存下来。[71] 到轴心时代末期，这种可能自印度河文明时期以来就没有间断的流行信仰开始与圣人们深奥复杂的宗教实践相结合。在《梨俱吠陀》中，楼陀罗（Rudra）是一个重要性很低的神。如今，在与当地的神灵湿婆结合之后，他作为大梵的人格化身和宇宙之主，拥有了最显著的地位，在瑜伽实践中向其信徒显明自身。瑜伽修行者只有通过与主——大自然和个我的统治者成为一体，才能挣脱轮回的束缚：“人而知此神，缠网尽除脱……静虑定于彼，合德化为彼，渐进至极端，宇宙幻不起。”[72] 一切阻碍都消失了，在死亡的一瞬间，自我与楼陀罗永恒地结合在一起。

主不仅仅是超越者，他还生活在自我心中，其方式与火的形态（murti）潜在地呈现在木柴中相同：直到燧石的摩擦引起火焰燃烧起来，我们才能看到它。主存在于我们心中，就像胡麻中的油或凝乳中的奶油。坐禅使得瑜伽修行者直接接触“大梵之灵性”，他不再是一个不具人格的实在，而是“无生、无玷”，居于山中的楼陀罗。[73] 他甚至比大梵更高：“高超大无极。一随众生体，潜隐居内匿。涵括遍万有，宇宙惟彼一”。[74] 但楼陀罗“大唯似拇指”，隐藏在自我内心之中。[75] 坐禅使瑜伽修行者能够在其人格更深处看到神灵的形态。

为了建立一个连贯的有神论的视域，《白净识者奥义书》利用了许多不同的灵性观念：《奥义书》关于“大梵”和“个我”同一性的观念、重生和解脱的观念、数论派、瑜伽，以及对神圣的音节“唵”的吟诵。它将所有这些倾向于无神论的教规与创造之神的形象结合起来。在后来的正统印度教中，这种综合会产生一种新的神学，它可以适用于任何神祇，而不仅仅是楼陀罗或湿婆。主的身份远不如他在坐禅中可被感受得到这一事实更重要。瑜伽修行者确信这个神是存在的，并不是因为一套形而上学的证明，而是因为已经看到了他。

在《白净识者奥义书》结尾的诗节中，我们发现了一个重要的新词。《奥义书》解释道，“人若于天神，有无上敬爱（bhakti），如是敬爱神，如是爱师辈”，它所描述的解脱才会得以光大。[76] 一场宗教革命开始了。感到被排除在《奥义书》深奥难解的玄学之外的人们和弃绝世界的苦修者，开始建立起一种适合于他们自己的生活方式的灵性。他们希望参与轴心时代的洞见，却需要一种不那么抽象而更具感情色彩的宗教。因此，他们发展出了对一位神灵之“守贞专奉”（bhakti，“奉爱”）的概念，这位神灵热爱并且关照其崇拜者。[77] “守贞专奉”的首要行动是甘心屈从：信徒停止反抗主，他们意识到自己的无助，确信其神灵会帮助他们。

“守贞专奉”一词是很复杂的。一些学者认为它来自“分离”（bharij）：人们逐渐意识到，他们和神灵之间存在一条鸿沟，而与此同时，他们所选择的神慢慢地从他自己创造的宇宙中分离出来，面对面地出现在人们眼前。另一些学者认为，这个词与“bhaj”——分享、参与——有关，正如《白净识者奥义书》中的瑜伽修行者与主楼陀罗成为一体。在这个阶段，“守贞专奉”仍处于其存在的初期。一部关键性的经文是《薄伽梵歌》(*Bhagavad-Gita*)，部分学者认为它写于公元前3世纪晚期。它发展了《白净识者奥义书》的神学思想，将其引至一个新的方向，并对黑暗时代中出现的印度灵性产生了深远影响。

《薄伽梵歌》

《薄伽梵歌》(“世尊歌”)起初可能是一部独立的经文，但后来被插入了《摩诃婆罗多》的第六篇[*]。它采用的是般度兄弟中最伟大的武士阿周那和他的朋友克里希纳之间对话的形式。阿周那的长兄坚战希望能够避免的可怕战争即将开始。阿周那站在由克里希纳驾驶的战车里，满怀恐惧地凝视战场。在故事当中，直到这一刻之前，阿周那一直没有像坚战那样为战争的前景感到如此不安。但此时此刻，他为即将发生的暴行所震撼。一个家族悲惨地由内部分裂，般度兄弟就要攻打他们的亲族。依照古老的教训，一名杀害亲属的武士会使整个家庭陷入地狱。他宁可放弃王国，而不愿残杀勇敢的堂兄弟，以及挚爱的老师毗湿摩和德罗纳。社会将陷于混乱，社会秩序将被破坏。如果是他造成了堂兄弟的死，他永远都不会再感到幸福，罪恶将在般度兄弟的有生之年一直困扰他们。“王位、欢乐和生命，对于我们又有什么用处？”[†]他问克里希纳。[78]在战场上不执兵器、不作抵抗而被杀死，会光荣得多。

阿周那在阵前说了这番话，

---

* 即《毗湿摩篇》。一说《薄伽梵歌》原属《摩诃婆罗多》第六篇，后成为独立经典。

† 本书《薄伽梵歌》引文中译参照张保胜译的《薄伽梵歌》(中国社会科学出版社，1989年版)。

说完他心里万分悲伤，
于是他扔掉手中的弓箭，
一屁股倒坐在车座上。[79]

《薄伽梵歌》是轴心时代最后几部伟大经典之一，它标志着宗教转折的关键时刻。正如我们的故事当中经常出现的那样，一种崭新的宗教领悟是由暴力剧变所激发的。克里希纳试图通过引述所有传统上支持战争的理由来加强阿周那战斗的决心。他说，在即将到来的战役中阵亡的武士会直接升入天堂，因为个我是永恒的。如果拒绝战斗，阿周那就会被谴责为胆小怯懦，更严重的是，他会违犯刹帝利阶级的"法"。作为一名武士，战斗是他神圣的职责。这是神灵、宇宙的神圣秩序及社会对他的要求。像他的哥哥坚战一样，阿周那也面临着刹帝利之法带来的悲剧性的两难选择。阿育王曾致力于非暴力，但他不能解散他的军队。婆罗门僧侣可以发誓放弃作战，隐修者可以对所有悲惨的混乱局面置之不理，到森林里躲避困境，但必须有人保护大众，维护法律和秩序。很不幸，那就意味着战斗，哪怕只是自卫。一位对社会履行神圣职责的武士，怎么能不承担他被迫由暴力引起的"业"所带来的不利后果呢？

阿周那并没有被克里希纳起初那一套主张所打动。"我不打仗了！"他坚持道。[80] 以此为标准的战争一定是错误的。为了世俗的利益而进行屠杀不可能正确。或许他应当成为一名隐修者？但他尊重克里希纳，并且无可奈何地回到他那里，请求他的帮助。同意做阿周那导师意味着克里希纳面临一项艰巨的工作——反驳耆那教徒、佛教徒和一些苦修者的观点，即所有世俗行为都与解脱相冲突，但这就意味着大多数人都没有超度的希望。阿周那指出了印度轴心时代的一个主要缺陷。克里希纳要他从另外一个角度考虑这个问题，但克里希纳并没有忽略其他宗派的思想而提出一种全新的教义，而是尝试将古老的精神戒律与"守贞专奉"这一新概念做出一种崭新的结合。

克里希纳提议阿周那练习业瑜伽。他提出一个令人震惊的意见：即使是参加可怕战斗的武士也能够获得解脱。为了实现这个目标，他必须将自己从其行为的结果中分离出来——在目前的情况下就是战斗和亲族的死。像任何瑜伽修行者一样，采取行动（业）的人必须抛弃欲望。他不能允许自己贪求从军事活动中获得的名誉、财富或权力。并不是行动本身将人类束缚在无尽的轮回之中，而是对这些行为之结果的依恋使然。武士必须履行其职责而不希求个人之所得，像瑜伽修行者那样显示出同样的超然：

> 您的责任就在于履行职责，
> 任何时候都不要追求它的结果；
> 切勿使追求业果成为动因，
> 也不需要将那无为执著！
> 如果您舍弃了迷恋又坚信瑜伽，
> 那就该履行你的职责；
> 对于成功失败应该等同看待——
> 等同看待也就是所谓的瑜伽。[81]

然而，贪婪和野心深深扎根在人类的意识中。因此，武士只有通过练习瑜伽，终止他的自负，才能达到这种冷静的状态。武士必须将“我”和“我的”从他的行为中除去，如此他就能完全客观地行事。一旦达到了这种境界，事实上他就“无为”了，因为“他”相当于没有参与战争：“常满足亦无所赖，且不执著于业果，尽管在业中忙碌，却等于任事没做。”[82] 一名刹帝利拥有自己的责任，他不能简单地退隐森林。但是通过练习业瑜伽，他实际上可以与这个世界相分离，即便当他居于其中并采取行动的时候亦是如此。克里希纳指导阿周那进行平常的瑜伽训练，但他提出的默想是为刹帝利量身定做的，他们无法做到每天花几个小时进行默想。对于一个专业的苦修者来说，存在一种更为严格的默想形式，而业瑜伽可由具有世俗职责的男女来完成。传统的瑜伽从未以一个神灵为中心，但业瑜伽却是这样。《白净识者奥义书》教导瑜伽修行者关注楼陀罗或湿婆，但克里希纳告诉阿周那，他必须默想毗湿奴。

克里希纳有一件事出乎阿周那所料。他解释道，他（克里希纳）不仅是毗湿奴的儿子，而实际上正是以人形出现的神。尽管他是“不生、不灭，万有的神主”，毗湿奴已经下凡到人间许多次了。[83] 毗湿奴是世界的创造者和维护者，但只要出现重大的危机——“每当法衰竭，而非法盛行之时”，他就为自己创造一个肉身的形体，进入世界：

为了保护善良，
为了剪除邪恶，
我每时必现，
来建树达摩。[84]

如今，克里希纳已经透露了这个惊人的信息，他可以更加坦率地与阿周那讨论“守贞专奉”的虔诚了。阿周那可以学习如何通过仿效克里希纳使自己与自我中心的各种欲望相分离。作为世界之主和统治者，克里希纳或毗湿奴不断行事，但他的行为（业）并没有损害他：

任何业都不能束缚我，
因为我处之泰然，
阿周那，
不将诸业执著。[85]

然而，如果阿周那想要仿效克里希纳，他必须理解圣者的本性，他必须看到克里希纳或毗湿奴真实的样子。

恰恰就在战场上，克里希纳向阿周那显示了他神圣的本性。当阿周那看到他的朋友是毗湿奴神，拥有不朽的形体，他惊呆了，内心充满了恐惧。毗湿奴是创造者和毁灭者，万物皆归于他。阿周那看到克里希纳被神圣的光辉改变了外表，包容了整个宇宙。"我在您身上见到了诸神！"阿周那喊道。

见您有无数臂、
腹、口、目，
您的形貌繁多
无尽无穷：
形貌遍宇哟，
宇宙之主，
于各方均不见
您的始、末、终。[86]

万事万物——人类或神灵——都以某种方式存在于克里希纳体内，他充满宇宙，并将一切可能存在的神灵形式包含其中："风神、太阳神、光芒神、祭祀神"。但克里希纳或毗湿奴也是人类"不朽之精"，是人类的精髓。[87]万物皆汇入他，如同江河奔向大海，如同飞蛾执著地扑向炽燃的火焰。阿周那还看到般度族和俱卢族的武士们冲向克里希纳，被其猛炽之口吞噬。

阿周那曾经以为自己完全了解克里希纳，而现在，他困惑地喊道："您是谁？""我是成熟的毁世之时"，克里希纳答道，意即使世界运转并使之毁灭的时间。克里希纳或毗湿奴是永恒的，他超越于历史进程。作为毁灭者，克里希纳或毗湿奴已经摧毁了表面上正在逼近战场的军队。尽管从阿周那的人类角度看，战斗甚至还没有开始。结局是确定而无法改变的。为了维持宇宙的存在，一个时代必须由另一个时代接替。般度族和俱卢族之间的战争将结束英雄时代，同时开创一个新的历史纪元。“即使没有您，”克里希纳告知阿周那，“那敌方的勇士也都会荡然无存。”

那些人早已
被我杀死。
左臂子弓，
您只是充当工具。[88]

因此，阿周那必须进入战场，承担指派给他的任务，恢复世界之法。

这是一个令人困惑的观点。克里希纳的教导似乎赦免了人类进行屠杀的任何责任。有太多的政客和尚武者强调，他们只是命运之外力，利用它来使其骇人的行为正当化。而很少有人消除对个人利益的欲望，这才是克里希纳所强调之根本。只有修行瑜伽的武士自制的行动才能为一个破坏性的世界带来秩序。克里希纳似乎是冷酷的，但他告诉阿周那，他是一个救世之神，能够将那些热爱他的人从其业的恶果中拯救出来。唯有“守贞专奉”的人才能看到克里希纳真正的灵性，而这种奉爱需要彻底的甘心屈从：

无迷恋而为我操持他的事业，
以我为最高目的且虔信我，
对所有存在之物均无敌意，阿周那，
这样的人才归于我。[89]

超然与公正是与神结合的首要步骤，而与神结合将解除人类生活中的一切苦难。[90]

《薄伽梵歌》或许比其他任何一部印度经典都更具影响力，其价值就在于它的可接近性。其他的精神训导都将拯救限制在少数有天赋而无畏的苦修者的范围里，可这是一个拯救所有人的宗教。很少有人有时间或天资毕生致力于瑜伽，没有多少人能抛弃家庭到森林里苦修。但是，“只要求我庇护，阿周那，”克里希纳允诺，“即使是吠舍、首陀罗、出身卑贱者和妇女，也能达到无上目的。”[91]任何人都能热爱和仿效主，并学习在日常生活平凡的职责中超越自私自利。即便是一名武士，因法迫使他去杀戮，也可以练习业瑜伽。在伟大的显现之后，克里希纳解释道，整个物质世界就是一个战场，必死的人类在其中以正直、谦卑、戒杀、诚实和克己作为武器，为开悟而奋斗。[92]《薄伽梵歌》并没有否定轴心时代的精神，而是使之有可能为每一个人所实践。

第十章

前行之路

轴心时代的思想变革发生于社会动荡、人口迁移和疆土征服的背景之下，通常处于王朝更迭的过程中。中国的轴心时代终于在周王朝土崩瓦解之后启动，伴随着秦对战国各诸侯国的统一兼并而终止；印度的轴心时代出现于哈拉帕文明解体之后，结束于孔雀王朝的崛起；希腊的转型则发生在迈锡尼王国和马其顿帝国之间。轴心时代的贤哲们生活在根基已经动摇松散的社会里。卡尔·雅斯贝尔斯认为："轴心时代可以被称作两大帝国时代更迭的间歇，为争得自由所作的休止，带来最清醒意识的深呼吸。"[1]即便是在中东地区帝国征伐的过程中历尽艰辛的犹太人，丧失家园、流离他乡切断了他们与过往的联系，迫使其重新开始生活，这种可怕的自由也将他们推入其轴心时代之中。然而，到公元前2世纪末，世界已安定下来。轴心时代之后建立的帝国王朝所面临的挑战是找到一种精神，以确认其新的政治大一统。

一、秦亡汉兴与独尊儒术

中国人渴望和平和统一为时已久。公元前221年，当秦灭六国，建立起统一的中央政权之时，一定有许多人松了一口气，但他们即将被引入一种令人震惊的帝国统治。秦国的成功其实是法家的巨大胜利。即便是传说中的圣人贤君，亦不过是分封的领主，都不曾缔造这样庞大的帝国。秦国知道这在中国史无前例，于是其君王便称自己为“始皇帝”。史官如此称颂：“海内为郡县，法令由一统，自上古以来未尝有，五帝所不及。”[2*] 由于这是个新时代，秦始皇并没有宣称君权天授，反而打破传统，求助于并未参与到中国轴心时代的一个哲学流派。对于战国时期几个较大诸侯国好斗的统治者来说，比起孔孟先贤，宫廷术士、史官和天文历法家所起到的作用或许一直更为重要。而此时，同样是这些人为秦国的统治提供了理论基础。

后来，这种宇宙论——一种神秘的原始科学形式，也就是众所周知的阴阳学派，盛行于公元前3世纪至公元前1世纪之间，掌控着中国人的想象世界。[3] 正如我们所见，阴和阳的概念最初可能起源于中国的农业村落，秦国所采纳的与之相关的宇宙哲学甚至可以上溯到新石器时代。它在此时的复兴则代表了某种思想上的后退，几乎是对轴心时代富有挑战性的思想需求的逃避。御用学者们声称，当下发生的事件都是可预示的，并受到更高的宇宙法则的制约。在这个大变革的时代，如此说法令人感到些许安慰，因为他们“知道”事物的规律。阴阳理论由公元前4世纪的哲学家邹衍阐明。邹衍认为，五种基本物质——土、木、金、火、水——有着严格的相生顺序——木生火，火生土，土生金，金生水。[†] 每种物质都与一种季节相关，

* 参见《史记·秦始皇本纪》。

† 此处应补充一点：“水生木”。

每种物质都相克相胜，好比秋天取代夏天。例如，火克木，土又克火。[*]轴心时代的哲学家几乎没有时间进行这种推理。墨家学者简单明了地指出："五行毋常胜，说在宜。"[4]然而，邹衍却认为，五行的理论亦可应用于大王朝的历史更替当中。黄帝与中国的黄土地相关联，夏朝属木，商朝有青铜属金，周朝属火。新的秦王朝因此必定属水，与冬季相关联。

秦始皇利用这种思想作为对其统治的确证。他身着黑衣，黑色是冬天的颜色，似乎与法家的严刑峻法十分相称："刚毅戾深，事皆决于法，刻削毋仁恩和义，然后合五德之数。"[5†]与此同时，秦始皇支持近来为寻找长生不老药所做的实验。邹衍的一些身处秦朝宫廷的弟子，试图调配金石草药以求不朽之方，这是一种后来与道家哲学联系起来的等而下之的巫术。[6]这些早期的科学家用药物做实验，另一些人则通过吐纳呼吸和身体锻炼以求长寿。秦始皇还派人搜寻传说中中国北方沿海的仙岛，据说，有幸之人在那里可以得到永生。所有这些都代表了一种对实现控制、预测未来，并通过物质而非精神上的方法远离死亡的渴望。但这也是对轴心时代贤哲们之见解的退避。先秦诸子认为，对这种永恒与安全的探索是幼稚和不切实际的。

秦始皇必须决定如何治理由他征服的广阔疆土。他该像周朝一样分封土地给他的儿子们吗？丞相李斯是荀子旧日的学生，他力劝秦始皇以薪俸来取代分封，保持对帝国的绝对控制。公元前213年，某位宫廷史官批评这种背离传统的做法，李斯于是给秦始皇呈上了一封具有决定性的信笺阐述其想法。他认为，从前的诸侯各国，人们事事咨询诸子，遵循不同的思想学派，但如今，万万不能允许这种状况再继续下去：

---

* 正确的相克顺序为：木—土—水—火—金—木。

† 参见《史记·秦始皇本纪》。

> 今陛下并有天下，别白黑而定一尊；而私学乃相与非法教之制，闻令下，即各以其私学议之。入则心非，出则巷议，非主以为名，异趣以为高，率群下以造谤。如此不禁，则主势降乎上，党与成乎下。[7][*]

李斯因此建议："臣请诸有文学诗书百家语者，蠲除去之。令到满三十日弗去，黥为城旦。所不去者，医药卜筮种树之书。若有欲学者，以吏为师。"[8] 不但大量书籍被焚毁，还有460名儒士被坑埋。中国轴心时代的哲人们实现了万物一统的思想观念。对李斯来说，统一意味着以暴力摧毁敌对势力，只能有一个世界、一个政权、一部历史、一种意识形态。

幸运的是，秦始皇允许政府中的70位博士[†]保留中国古典文献的副本，否则，一切将消失殆尽。但是，残暴的政策适得其反。公元前209年，秦始皇驾崩。此后，帝国百姓群起造反。历经三年混战，始为地方小吏的平民刘邦，率领军队赢得胜利，建立了汉朝。刘邦想要保留秦朝的中央集权制度。尽管看到李斯政策的错误，他依然确信，汉王朝需要法家的现实主义，同时也需要一种更具教化作用的意识形态。刘邦在黄老哲学中找到了折中之法，它是法家与道家学说的综合体。[9] 这两种学派一向感到互相之间具有某种亲和性，他们都选择传说中的黄帝作为庇佑者，原因或许在于黄帝对于儒家和墨家从来都是不重要的。人民厌倦了专制的帝国统治，而黄帝推崇"无为"而治。君王必须让权于臣，并限制自己干预公共政策；刑法须合理制定，酷刑苛法不可取。

轴心时代的最后一批中国贤哲，已经对遵从教条化的一统思想有所警惕，他们正慢慢走向各种思想学说的调和。但许多人感到困

---

* 参见《史记·李斯列传》。

† 官职名称，为当时国家最高学术研究人员。

惑，发觉自己很难在不同的学派之间作出选择。《天下篇》可能成篇于西汉初年，其作者认为，当时中国的精神世界正趋于分崩离析。古代贤君的教导曾经清晰可辨，而如今却是：

> 天下大乱，贤圣不明，道德不一，天下多得一察焉以自好。[10*]

中国人从轴心时代中吸取了重要的教训。他们领悟到，没有任何学派能垄断真理，因为“道”是超然而不可言说的。此时，道家学说占据优势地位。对于《天下篇》的作者来说，几乎所有贤哲都拥有重要的见解，而庄子是其中最值得信赖的人。他“公而不当，易而无私，决然无主，趣物而不两”。由于思想如此开放，不受正统定论的约束，“其于宗也，可谓调适而上遂者矣”。[11]

董仲舒“独尊儒术”

然而，儒家学说的优点逐渐显现出来。[12]汉朝皇帝一向重视礼仪的重要性。汉高祖命令地方上精通礼仪的人制定一套宫廷礼仪，并在其首次执行时高喊：“吾乃今日知为皇帝之贵也！”[13†]百姓一旦从秦朝历政的精神创伤中复原，道家学说便开始显得不切实际了。道家的主张向来有些许无政府和无法无天的味道，而此时人们感到，百姓需要某种道德上的引导。不论“无为”的优点如何，皇帝们还是无法完全以“虚”来治理国家。黄老之术的流行在汉文帝统治时期（公元前179年—公元前157年）达到顶峰，此后，政权体制即将发生变化。

---

* 参见《庄子 · 天下》。

† 参见《史记 · 刘敬叔孙通列传》。

公元前 136 年，宫廷学者董仲舒 * 上书汉武帝（公元前 140 年—公元前 87 年在位），认为当下学派繁多，建议应将儒家的“六经”尊为国家的正统学说。汉武帝采纳了董仲舒的建议，但他并没有像秦朝那样取缔其他所有学派，而是允许其继续发展。儒家哲学支撑着汉朝的精英体制，如今通过公开考试来选拔任命官吏。儒家学者一向认为，一个品德高尚、学识渊博的人，应当在朝廷里谋得高位，而无论其出身如何。他们重视家庭这一社会基本单位的作用。最为重要的是，他们是学者，也是思想家，通晓文化历史，而这对中国人民族身份的塑造至关重要。

因此，到公元前 1 世纪时，儒家学说受到极高的推崇。不过，中国人依旧重视轴心时代其他哲人的见解。在对诸子百家的记述中，历史学家刘歆（约公元前 46 年—公元 23 年）认为，礼学家“于道为最高”。他们“游文于六经之中，留意于仁义之际。祖述尧舜，宪章文武，宗师仲尼，以重其言”。但是，儒家学说并没有涵盖全部真理：“然惑者既失精微，而辟者又随时抑扬”。每种学说都有其优劣。道家知道如何直指精神生活的中心所在——“秉要执本，清虚以自守，卑弱以自持”，但他们却低估了礼仪的作用和道德规范的重要性。阴阳学家将人们引向了自然科学，但此学派又可退化为迷信。法家懂得政府要依靠法律和威慑，其过失却在于抛弃了仁爱与道德。墨家对于铺张浪费和宿命论的谴责，及其“兼爱”思想均颇有价值，但是刘歆却不满他们排斥礼仪和“不知别亲疏”的倾向。[14] †

中国人懂得，任何人都不能在关于真理的问题上强辩到底。任何正统思想，无论它何其尊贵，都无法宣称能得到所有人的认同。尊重他人的观点比获得一种毫无谬误的见解更为重要。中国的包容

* 董仲舒曾任博士、江都相和胶西王相。

† 参见《汉书 · 艺文志 · 诸子略》。

精神是独一无二的。[15] 中国人后来能够吸收佛教思想，与其土生土长的精神资源相并存。在印度和西方国家，各种宗教往往盛气凌人、互相竞争，而在中国，人们经常说，一个人白天可以学儒家，而晚上可以学道家。即便是法家，也没有完全被摒弃。中国人在帝国扩张时期需要法家思想，以至于正统的儒家学者经常指责其统治者为“儒表内法”。[16] 人们达成了广泛共识，即每一种信仰都有其适用范围——这种轴心时代的思想态度正是我们这个时代所迫切需要的。

二、孔雀王朝瓦解之后的印度宗教

在印度，孔雀王朝在公元前 232 年阿育王死后迅速瓦解。区域性王国在印度南部发展起来，摩揭陀国被世人遗忘，来自阿富汗北部巴克特拉（Bactria）希腊—波斯殖民地的希腊入侵者控制了印度河流域。到公元前 1 世纪中期，来自伊朗和中亚的西徐亚（Scythian）和帕提亚（Parthian）部落的入侵取代了希腊人。这些外来统治者对印度宗教并没有敌意，但由于婆罗门认为他们不洁，他们更倾向于非吠陀宗派。在公元前 200 年至公元 200 年之间，佛教和耆那教可能是印度最普及的宗教。对“守贞专奉”的信仰也取得了蓬勃发展，反映出人们渴望一种更为亲密的、个人化和情感化的灵性，这几乎意味着一场大众的变革。

对于孔雀王朝瓦解之后的历史事件，我们只有不完整的认识，因为印度进入了一个黑暗时代，一直持续到笈多王朝（公元 319—415 年）在印度北部马图拉的兴起，以及帕拉瓦（Pallava）王朝（公元 300—888 年）在印度南部的统治，它们横扫了所谓的异端运动。然而，佛教在斯里兰卡、日本、东南亚和中国扎了根。在印度，传统印度教获得了显著的地位，但它与轴心时代的吠陀宗教大不相同。那种绝对不使用偶像的信仰被各种光彩夺目的神祇、雕像和神庙所取代。习惯于在声音中体验神圣的印度人，如今希望在偶像中看到圣者。他们认为，那些偶像里存有神灵的形体。由于神圣是无限的，它不能被限制在单一的表达方式之中，每个神灵都昭示着不具人格的梵的一个特殊方面。但最受欢迎的神灵是湿婆和毗湿奴，他们是“守贞专奉”的神。从某些方面来说，吠陀的精英宗教似乎已经被并不发达的大众信仰湮没了。

不过，以过于概略的方式谈论印度宗教的发展是轻率的。一些貌似“新奇的”虔信可以追溯到印度河文明时期或者印度南部非雅利安人的达罗毗荼（Dravidian）文化，[17] 而虽然表面上看如此，吠陀宗教远没有消失。实际上，婆罗门的宗教在孔雀王朝瓦解之后取得了重大的发展。[18] 新的有关宗教仪式的经文沿着轴心时代的线索重新诠释了家主的家庭祭祀。它们不再被视为公共宗教仪式暗淡的阴影，而是其精髓。倘若家主明白他所做的事，诸如向祭火中投入一杯牛奶这样的简单动作，都可以成为整个宗教崇拜复杂仪式的缩影，并且清偿其所有献祭的债务。很少有人能够办得起昂贵的吠陀仪式，但任何人都能向火中投入一根柴棍，作为他“自我献祭”的象征。“他必须吟诵《吠陀经》的一部分，即使只是一个音节‘唵’，这样便履行了对梵的献祭。”[19] 通过这些最小限度的行动，家主不仅向神灵偿还了他的“债务”，而且为他日常生活中不可避免的暴力行为做出了赔偿。戒杀的轴心理念如今深深地根植于印度人的宗教意识之中。人们敏锐地认识到可能给表面上看没有生命的物体造成的伤害。这些新的经文表明，家主在家中有五个“屠具”——炉灶、磨石、扫帚、杵臼和水瓮——每天都将他“束缚”在“杀生”之罪上。那些被缩减了的家庭宗教仪式中有意识的行为构成了“救赎”的行动。[20]

这些经文同样也记载了一种背离轴心理念的发展。[21] 长期以来，印度可能存在一个“贱民”种姓；有资料表明，婆罗门和“贱民”阶级大约在同一时期作为等级制度中相对的两极被确定下来。[22] 但是《摩奴法典》（*Law of Manu*）并没有否认这种古老的观念，反而肯定了三个社会最低等级。木工、雕工和“恶人”（旃荼罗，candelas）是吠舍、刹帝利和婆罗门之间杂婚的结果。他们必须被吠陀社会彻底排除在外，居住在村外，做些诸如制革和清理粪便这类的粗活和脏活。[23]

守贞专奉

“守贞专奉”的变革试图使《梵书》和隐修者严苛的宗教适合于普通人。这些虔诚的宗教崇拜的普及揭示了对一神论新的渴望。并不是每个人都希望与不具人格的梵相结合；他们更喜欢与神发生更具人性的相遇，而这个神应是他们可以理解的。“守贞专奉”被定义为“对主全心全意的热烈渴望”。对主的热爱可以引导人们超越自私自利，使他们变得“完善、满足，没有仇恨、自大和自私”。[24]因此，“守贞专奉”是摒弃自尊自大和侵犯之心的另一种方式。那些不能仿效一个内在、知识化的人性典范的人，却可以仿效一个显然拥有爱和无私的神。因而，克里希纳在《薄伽梵歌》中教导阿周那：

> 全神贯注于我吧，
> 把您的智慧奉献给我；
> 而后，您将常寓我内——
> 这丝毫不必疑惑。
> 如果不能全神贯注于我，
> 您就反复地修习瑜伽，
> 通过瑜伽的反复修习，
> 就有希望得到我，阿周那！[25]

“守贞专奉”的宗教承认，不是所有人都具有同等的全神贯注的能力。一些人可能会感到，在其日常生活中严格仿效克里希纳，比长时间坐禅来得容易。

这并不是一种令人畏缩的信仰，它仅通过奉爱的行动就能随着时间而培养起来。信徒们起初可以倾听关于毗湿奴或克里希纳的言谈，然后开始吟诵他的名字，同时回想他因热爱人类而做出的壮举。他们可以在他的神龛前做一个简单的献祭，并学习把他看作朋友，直到最终能够完全服从于他，而不感到任何过度的压力。[26] 甘心屈从是“守贞专奉”的首要行动，它是一个神性放弃的举动，将人转变为一名奉爱者（bhakta）。此时，崇拜者不再对抗主，并学习表现得像主那样对他人亲切仁慈。《薄伽梵歌》给予奉爱者最高的赞扬，他们懂得实践儒家所称的“恕”，即“以己量人”。

谁能把一切比作自我，
处处等视苦和乐，
谁就可以
被认作最高的瑜伽者。[27]

“守贞专奉”鼓励信徒承认其无助和需要，而这种对自己之脆弱的体验使他有可能去同情他人。因此，这种新的灵性精神与轴心时代是非常合拍的。

主自身就是爱的楷模。对于毗湿奴的崇拜来说最为根本的是化身（avatara），即“显灵”或神灵“降凡”在尘世中成为人形。在历史上的危急时刻，毗湿奴放弃天国的极乐，而去拯救世界。[28] 据说他有十个这样的形象：克里希纳是这些化身中最重要的一个，但毗湿奴也曾显现为鱼、熊、侏儒和乌龟——它们可能曾经是各个地区神祇的象征，如今被移植到了吠陀体系中。化身观念的发展是很复杂的：它也许来源于各种不同宗教崇拜的融合，其中一些是非常古老的。但在“守贞专奉”中，它们获得了轴心时代的含义。通过充满仁爱地“降凡”为他的化身，毗湿奴将自己显现为卓越的拯救之神，抛弃神性外表的虚饰，去帮助苦难中的人类。

毗湿奴一向拥有这种潜能。在《梨俱吠陀》中，他很少被提及，但他的名字大概衍生于"进入"(vish)。[29]他不仅参与并遍及整个世界，而且是宇宙轴心(axis mundi)，不知疲倦地用双肩支撑着地球。他也是一个创造之神，但与因陀罗不同，他不是通过暴力和欺骗从混沌中恢复了秩序。他跨了三大步，围绕整个宇宙，为神灵和人类征服了世界，"以向前的三个阔步为自由和生命跨越世界"。[30]他乐善好施，是人类的朋友和胎儿的保护者。[31]《梵书》将他视同为献祭的医治力量；在吠陀箴言中，他与自愿放弃生命以使世界得以形成的原人相联系，从而昭示了虚己之爱的道义。

"守贞专奉"的另一个神湿婆与此大不相同。[32]他与怪诞的山神，可怕的楼陀罗——人们乞求他远离自己的居所和牲畜——相结合，既令人恐惧又仁慈宽厚。在有关他的神话中存在暴力，但他也是极乐的源泉。如果你不敬拜湿婆，他会毫不留情，但他总会拯救其奉爱者。他是一个专横的神。在一个早期传说中，他杀死了毗湿奴的信徒达刹(Daksha)，因为他拒绝邀请湿婆参加自己的祭祀；两个宗派之间存在激烈的竞争。然而，作为帕尔瓦蒂(Parvati)*的爱人，湿婆成为迷人的舞蹈之神和拯救的象征：他脚下的侏儒是被他征服的邪恶的化身，他伸展的手臂是仁慈的标志，他抬起的一只脚寓意自由，颈上缠绕的一条蛇象征着不朽。湿婆是创造者和毁灭者，是家主也是伟大的瑜伽修行者。在他的躯体中，统一了灵性生命表面的矛盾，给予其崇拜者超越尘世范畴的超然与统一。

在"守贞专奉"中，偶像非常重要：湿婆、毗湿奴或克里希纳的形象是他们的"化身"，被认为容纳着真实和有形的神圣存在。[33]在献祭的时刻，神灵下凡到其雕像里，因此雕像就成为神的居所。在一些古老的神庙里，据说雕像由一个神灵派送下来而被"发现"，或者托梦揭示其下界。因此，雕像本身就是一个化身，显

---

* 意译雪山神女，亦称"喜马拉雅山之女"。

示神灵自我献祭的爱心。一些经文甚至提到神灵将自己压缩到人造偶像中的时候所遭受的痛苦，而这是出于对人类的怜悯。当雕像成为冥想的焦点时，就变成了无私的象征。佛教徒和耆那教徒同样被这种新的印度教的奉爱所感化。公元 1 世纪，他们破天荒地开始建造佛陀和被称作祖师（tirthankaras，“跋涉者”）的 24 位精神领袖的雕像，这些人曾经先于大雄为人们指引通往开悟的道路。他们的偶像首先出现于印度西北部的犍陀罗，以及亚穆纳河畔的马图拉。

佛陀一向不鼓励个人崇拜，而且不知疲倦地将弟子们的注意力从他本人身上转向其思想和方法。对一个人的奉爱会成为一种“羁绊”，促使依赖与爱慕的愚昧习性的增长。在佛陀死后的几个世纪中，佛教徒感到，敬拜佛陀的塑像是不恰当的，因为他已经“消失”在涅槃的极乐中了。但后来，佛陀的偶像又变得非常重要。当人们注视着他安详而满足的脸庞，就会认识到应当成为什么样的人。他是开悟之人的形象，充满不可言喻的涅槃，以至于两者完全吻合。因此，从一个重要的意义上说，佛陀就是涅槃，以人的形态表现了超然的实在。

到这时，佛教已经分裂为两个独立的流派，每一个都被看信仰的真正形式。在历史上，两个流派之间很少出现敌意和对抗状态：一个是小乘佛教（Theravada），更倾向于禁欲苦修，从尘世中隐退，在独居中寻求开悟。另一个是大乘佛教（Mahayana），更为大众化，强调慈悲的德行。他们指出，佛陀在开悟之后返回市井，用了 40 年的时间引导人们如何对待生活中无所不在之苦。公元 1 世纪，这种思想导致了一种新的佛教偶像的出现——菩萨（bodhisattva）。菩萨是处于开悟边缘的人，不仅不会消失在涅槃之极乐中，反而为大众的利益牺牲了自己的幸福，重返尘世的轮回，教导其他人获得解脱。他们与从天国下凡、帮助苦难人类的“守贞专奉”的拯救之神不无相似之处。正如公元 1 世纪的经文所说明的，菩萨对实现一种利己的涅槃不感兴趣。

> 与此相反，他们审视人类极苦世界，虽渴望赢得至高觉悟，并不恐惧生死。他们为众生之利益，为众生之自在，出于怜悯众生而行动。他们下定决心："我们欲成为众生之庇护所、众生安宁之所、众生最终之救济、众生之岛、众生之光，导引众生解脱之法。"[34]

菩萨是慈悲怜恤的新典范，将轴心时代的古老理念转化为一种新的形式。

三、犹太轴心时代的硕果

由于离散和重新安居所造成的种种困难，犹太轴心时代或许过早地被斩断，但它却因第二和第三阶段的非凡成果而终达圆满。公元1世纪期间，当圣地被罗马帝国占领时，整个地区陷入了混乱。一批犹太政治狂热分子激烈地反抗罗马人的统治，并于公元66年组织了一次起义，令人难以置信地抵抗了四年。罗马当局害怕叛乱波及散居在外的犹太人，因而将其残酷镇压。公元70年，罗马皇帝韦斯巴芗（Vespasian）征服了耶路撒冷，将神殿彻底烧毁。第二次毁灭是一个痛苦的打击，但从后知之明的角度来看，比散居在外的犹太人更保守的巴勒斯坦犹太人似乎已经为这场灾难做好了准备。艾赛尼派（Essenes）* 和库姆兰（Qumran）† 人已经退出了主流

* 意为"圣者"或"虔诚者"，公元前2世纪到公元1世纪的一个犹太教派别，主要由下层群众组成。宣传弥赛亚即将来临，被犹太政权视为危险分子，遭受迫害，逃离城镇，移居农村或山区，建立互助社团。其宗教观点接近法利赛人，严守律法、教规，过着严格禁欲的生活。公元66年曾奋勇参加反罗马的斗争。当代多数学者认为《死海古卷》中记载的库姆兰社团即该派组织。

† 地名，在死海西北岸。考古学家在该地海滩边一个洞穴内发现一些《圣经》古卷，专家考订其年代为公元前1世纪到公元1世纪，称之为《死海古卷》或《库姆兰古卷》。后又在洞穴南面发现一处古代掩蔽所，为犹太教一秘密组织的集会地点，年代约在公元前150年至公元70年，可能是犹太人起义时所设，考古学家称此秘密组织为"库姆兰社团"。

社会，他们认为耶路撒冷圣殿是腐败的；他们纯洁的社团将成为一个新的精神圣殿。他们吸取了轴心时代之后发展起来的末日降临前的敬虔，并且像祆教徒一样，期待着在世界末日发生一场光明之子与黑暗之子之间的大战。他们将那个时代的暴力行为内在化，并赋予其神圣的认可。

拉比犹太教

但是，巴勒斯坦最进步的犹太人是法利赛派（Pharisees）* 信徒，他们发展出了犹太轴心时代一些最具包容性和先进性的宗教思想。他们认为，整个以色列受到召唤，成为一个神圣祭司的国度，而人们在最卑贱的家中也能像在圣殿里那样体验神。神存在于日常生活最微小的细节当中，犹太人无须复杂精美的宗教仪式就能接近神。他们可以通过仁爱的行为，而非动物献祭来赎罪。博爱是律法中最重要的诫命。或许最伟大的法利赛人是拉比希勒尔（Hillel，约公元前 80 年—公元 30 年），他从巴比伦王国移居到了巴勒斯坦。希勒尔认为，"律法书"的精髓并不在于其字面意思，而在于其精神，这可以概括为一条"金规则"。《塔木德》† 中一则著名的故事讲述道，据说有一天，一名异教徒来到希勒尔近前，承诺倘若拉比在他单脚站立时能够教给他"律法书"的全部内容，他就皈依犹太教。希勒尔只是答复他："莫将自己不愿做的事强加于他人，这就是'律法书'的全部，其余的只不过是评述而已。去学吧。"[35]

法利赛人不想参与发生在他们周围的破坏性的暴力行为。当反抗罗马的起义发生时，法利赛人的领袖是拉比约翰兰 · 本 · 撒该

---

* 意为"隔离者"，公元前 2 世纪至公元 2 世纪犹太教内一个派别，主要由文士和律法师组成，强调维护犹太教传统和犹太人生活规范，主张与异己者严格隔离。对罗马统治抱不合作态度，但也不积极反抗，寄希望于弥赛亚的降临。其神学思想对后世犹太教有影响。"福音书"载，耶稣称其为伪君子。

† 希伯来语音译，原意为"教学"，犹太教口传律法集，是该教仅次于《圣经》的主要经典。

（Johanan ben Zakkai），即希勒尔最卓越的学生。他认识到，犹太人不可能战胜罗马帝国。他反对战争，因为对宗教的维护比国家独立更为重要。当他的建议遭到拒绝之后，为了躲过守卫城门的犹太狂热信徒，他藏在一口棺材里逃出了耶路撒冷。然后，他一路来到罗马人的营地，请求韦斯巴芗的许可，与他的学者们一起住在巴勒斯坦南部海滨城市亚夫内（Javne）。圣殿被毁之后，亚夫内成为新的犹太宗教中心。犹太人的轴心时代在拉比犹太教之中得到了充分发展。

“金规则”、同情和仁爱是这种新犹太教的中心原则，到圣殿被毁时，一些法利赛人已经明白，他们并不需要一个敬拜神的圣殿，正如下面这则《塔木德》故事所说明的：

> 拉比约翰兰·本·撒该出了耶路撒冷，拉比约书亚跟随着他，看到圣殿被烧毁的废墟，说道：“以色列的罪孽得到救赎的地方遭到损毁，真是不幸。”拉比约翰兰说：“不要悲伤，我们拥有一种与圣殿相当的救赎，行仁慈之事，正如：‘我渴求爱而非献祭。’”[36]

仁爱是未来的关键；犹太人必须远离暴力和战争年代造成的分裂，建立一个团结的群体，拥有“一个身体和一个灵魂”。[37] 当这个群体以爱和相互尊重结为一体时，神就与他们在一起，但是当他们互相争吵时，神便回到天堂，天使在那里以“一个声音和一个旋律”吟唱。[38] 当两三个犹太人融洽地坐在一起学习时，神就坐在他们中间。[39]

于公元132年被罗马人杀害的拉比阿吉巴（Akiba）* 教导人们，“你当爱人如己”这条诫命是“‘律法书’的首要原则”。[40] 对按照

* 即阿吉巴·本·约瑟（Akiba ben Joseph）。

神的形象创造出的任何人表现出不尊重，都会被拉比们视为对神本身的否定，相当于不敬神。谋杀是一种渎神行为："经文教导我们，无论如何，杀人如同减损神的形象。"[41] 神在太初之时只创造了一个人，以告诫我们，仅仅毁灭一条生命就相当于毁灭了整个世界，而拯救一条生命则拯救了全体人类。[42] 羞辱任何人——哪怕是一名奴隶或非犹太人，也等同于谋杀，是亵渎了神的形象。[43] 散布中伤另一个人的流言就是否定神的存在。[44] 宗教与在日常生活中尊重所有人是不可分的。你只有实践了"金规则"，并对所有人表示尊敬而无论他们是谁，你才可以敬拜神。

在拉比犹太教中，学习的重要性如同冥思在其他宗教传统中的重要性一样。它是一种精神探求：表示学习的词"darash"意为"探究"、"寻求"。它所导致的结果并不是掌握他人的思想观念，而是获得一种新的洞察力。因此，拉比的米德拉西（Midrash，"对《圣经》的注疏和阐释"）能够比原始经文更进一步，揭示它没有说出来的内容，并发现一种全新的诠释；正如一段拉比文本所说明的："尚未向摩西揭示的问题却向拉比阿吉巴和他那一代人揭示出来了。"[45] 学习与行动也是不可分离的。当拉比希勒尔向持怀疑态度的异教徒阐述"金规则"时，他告诉对方："去学吧。"只有当你在日常生活中付诸实践时，"金规则"中所包含的真理才会展现出来。

学习是一种与神充满激情的相遇。一天，有人告诉拉比阿吉巴，本·阿孜扎（Ben Azzai）正坐在那里解释经文，火光在他周围闪现。拉比阿吉巴去调查了一番。也许本·阿孜扎正在讨论以西结关于战车的异象，它激发出一种神秘的倾向，使他们自己升入天堂？"不"，本·阿孜扎答道：

> 我只是在将"律法书"中的语句互相联系起来，然后再将其与先知们的话语联系起来，再将先知的话语与"圣录"中的

> 言辞联系起来，[*]这些语句于是充满了喜悦，仿佛它们从西奈山被发布时一般，如同起初被发布时一样甜美。[46]

《圣经》并非一本封闭的书，启示也非发生在久远过去的一个历史事件。每当一个犹太人面对经文，向它开放自我，并将它应用于自身处境之时，它都会得到更新。这种动态的异象可以令世界燃烧。

因此，所谓的“正统”信仰并不存在。没有人——甚至是神自身也不能——告诉一个犹太人应当怎样思考。在一则具有重大影响的故事中，拉比埃利泽 · 本 · 海坎努斯（Eliezer ben Hyrcanus）参与了与其同僚之间的一场激烈的辩论，内容是关于犹太律法中的一个要点。拉比埃利泽无法说服别人转而认同自己的观点，从而请求神通过行神迹来支持他：一棵角豆树自动移动了 400 肘尺（cubits）[†]，一条沟渠中的水倒流，学堂的墙壁剧烈晃动，好像整个建筑即将倒塌。可是拉比埃利泽的同伴不为所动。最后，他绝望地请求“天国之音”（bat qol）给以支援。神圣的声音亲切地宣布：“你们为何要反对拉比埃利泽？律法的裁定总是与他的观点一致。”可是拉比约书亚站起来，援引《申命记》的语句：“这诫命不是在天上。”神的教导不再限制于神圣领域。它曾经在西奈山上被颁布，因此而成为每一个犹太人不可剥夺的财富。它不再属于神了，“所以我们对天国之音置之不理”。[47]

拉比们完全接受轴心时代的原则，即终极实在是超然而不可言喻的。没有人能够在关于神的论题上拥有最后裁定权。犹太人不得说出神的名字，以作为一种有力的提示，任何试图表达神圣的努力都是非常不充分的，都是对神潜在的亵渎。拉比们甚至警告以色列

---

* 分别指《希伯来圣经》的第一部分“律法书”、第二部分“先知书”和第三部分“圣录”。

† 音译“库比特”，古代的一种长度测量单位，一肘尺最初等于从中指指尖到肘的前臂长度，或约等于 17 至 22 英寸，即 43 至 56 厘米。

人，不要在祷告中过于频繁地赞美神，因为他们的言辞必定是有欠缺的。当提及神莅临俗世中时，他们小心翼翼地将神允许我们看到的他的那些特征，与我们永远都不能见到的神圣秘密区分开来。他们喜欢用诸如神的“荣耀”、“神的显现”，以及“圣灵”而非简单的“神”等词语，以作为一种持续的提示，他们所体验到的真实与神性之本是不相符的。任何神学都不具备权威性。拉比们经常提醒人们，每个以色列人在西奈山上都以不同的方式体验到了神。实际上，神“依照每个人的理解”而适应于每一个人。[48] 我们所称的“神”对每个人来说都是不同的。每一位先知都体验到一位不同的“神”，因为他的人格特质影响到了他对于神圣的观念。这种意味深长的缄默将继续表现在犹太神学和神秘主义思想中。

基督教

基督教作为公元 1 世纪的另外一场运动登上了历史舞台，它也试图找到保持犹太特征的新方式。它以加利利一位施信仰疗法的人的生活和死亡为中心，此人在大约公元 30 年被罗马人钉死在十字架上；他的追随者们声称，他死后复活了。他们认为，拿撒勒的耶稣（Jesus of Nazareth）就是人们期待已久的犹太人的弥赛亚，他不久之后将荣耀地归来，开创神在世上的王国。他是“神的儿子”，他们在犹太意义上使用这个名词，意指某人被神委派了特殊使命，并享有特权，与神保持亲密关系。古老的敕定神学将以色列的王视为耶和华的儿子和仆人；与耶稣联系在一起的“以赛亚第二”中受苦的仆人，同样为他的人类同伴遭受了耻辱，并且被神提升至异乎寻常的崇高地位。[49] 耶稣并没有创建一种新宗教的意图，他具有浓厚的犹太人的特征。“福音书”中的许多警句都与法利赛人的教义相类似。像希勒尔一样，耶稣也讲授某种形式的“金规则”。[50] 像拉比们一样，他认为，“尽心、尽性地爱神”与“爱人如己”这两条是律法中最大的戒律。[51]

保罗（Paul）是第一位基督教作家，使基督教成为非犹太人的宗教。他也认为耶稣是弥赛亚,即受膏者（希腊语为 christos）*。保罗是散居在西里西亚的大数（Tarsus）的犹太人，从前是法利赛人，以古希腊共通语（koine Greek）† 写作。他横跨了这两个世界,确信自己拥有一种对异邦人的使命：耶稣是犹太人的弥赛亚，也是非犹太人的弥赛亚。保罗拥有“无量”——轴心时代的广阔视域，效仿神“关注每个人”。他确信，耶稣的死亡和复活创造了一个新的以色列，它向全体人类开放。

公元 1 世纪 50 年代中期，即耶稣去世大约 25 年之后，保罗写信给其在马其顿腓立比（Philippi）的皈依者，援引了一段早期基督教赞美诗，揭示出基督徒从一开始便将耶稣的使命体验为一种对神性的放弃。[52] 这首赞美诗的开头指出，耶稣与所有人一样，具有神的形象，但他却并没有自恃与神同等的地位——

> 反倒虚己
> 取了奴仆的形象……
> 自己卑微，存心顺服，以至于死，且死在十字架上。

由于这种羞辱性的“降凡”，神却将他升为至高，又赐给他超乎万名之上的名，称他为“kyrios”（“主”），使荣耀归与父神。这种视角与菩萨的观念不无异曲同工之妙，菩萨为了受苦受难的芸芸众生自愿放弃涅槃之极乐。基督徒可以将耶稣视为神的化身，他为了拯救人类，出于爱而痛苦地“降凡”。然而保罗引用这段赞美诗并不是为了阐述道成肉身的教义。他从前是法利赛人，确信宗教真

---

* “基督”即希腊语“christos”的音译。

† 音译为“柯因内语”，一种希腊方言，最初由阿提卡语发展而来，后成为整个古希腊地区共同的语言，后来的希腊语即由此发展而成。

理必须要转化为行动。因此，他引入这段赞美诗，并教导腓立比的基督徒："你们当以基督耶稣的心为心。"他们也应当消除自负、自私和自夸的心。他们必须同心相爱，"有一样的心思，有一样的意念"。[53]

> 凡事不可结党，不可贪图虚浮的荣耀；只要存心谦卑，各人看别人比自己强。各人不要单顾自己的事，也要顾别人的事。[54]

他们如若以这种无私的方式尊敬他人，就会理解耶稣神性放弃的神话（mythos）。

耶稣是基督徒的典范。通过仿效耶稣，基督徒会享有一种得到提升的生活，如同"神的儿女"。在新型教会的仪式中，当他们受洗礼时，象征性地与基督一同被埋葬，归入他的死亡，之后过上新的生活。[55]他们会抛弃世俗的自我，并分享得到提升的主的仁爱。[56]保罗自己也宣称，他已经超越了有限、单独存在的自我："现在活着的不再是我，乃是基督在我里面活着。"[57]这是处于新的轴心结构之下的古老原型宗教，由爱之美德所主导。后世的基督徒极其重视正统信仰，赞同"正确的教义"。他们后来将信仰（faith）与信念（belief）等同起来，但保罗会认为这很难理解。对于保罗来说，宗教关乎爱和神性的放弃。在保罗眼中，这两者是不可分离的。你可能具有坚如磐石的信仰，但如果没有爱，它就是毫无价值的，而爱需要对自尊自大的恒久超越：

> 爱是恒久忍耐，又有恩慈；爱是不嫉妒；爱是不自夸，不张狂；不做无礼的事，不求自己的益处；不轻易发怒，不计算人的恶。不以不义为乐，却与真理同乐；凡事包容，凡事相信，凡事盼望，凡事忍耐。[58]

爱不能够妄自尊大，执拗于得意自满的念头，而应是虚己和忘我的，对他人怀有无限的尊重。

于公元70年到约公元100年之间写成的“福音书”，遵循了保罗的路线。它们并没有呈现出耶稣的教义学说，比如“三位一体”或“原罪”，这些后来都成为基督教神学不可或缺的组成部分。与此相反，它们彰显了耶稣“关注每个人”的实践，墨子或许会将此称作“兼爱”。令一些与他同时代的人感到不安的是，耶稣经常结交“罪人”——妓女、麻风病人、癫痫病人，以及税吏。他的行为往往令人回忆起佛陀“无量无边”之广阔，因为他似乎没有将任何人排斥于他所关心的范围之外。他强调，其追随者不应评断他人。[59]被允许进入天国的是那些真正实践了同情怜悯的人，他们向饥饿的人提供食粮，看顾病人和深陷囹圄之人。[60]他的追随者们应当将其财产分给穷人。[61]他们做善事时不应大吹大擂，而要过友善、谦逊的生活。[62]

耶稣似乎还是一个戒杀之人。“你们听见有话说：‘以眼还眼，以牙还牙。’”耶稣在“登山宝训”（Sermon on the Mount）中教导众人，“我却对你们说，不要与恶人作对。而且，有人打你的右脸，连左脸也转过来由他打。”[63]当他被捕时，不允许跟随他的人为他而格斗：“凡动刀的，必死在刀下。”[64]他还宽恕了对他执行死刑的人。[65]耶稣最为引人注目的教诲之一，是要摒弃一切仇恨：

> 你们听见有话说：当爱你的邻舍，恨你的仇敌。我却对你们说：要爱你们的仇敌，为那逼迫你们的祷告；这样就可以作你们天父的儿子，因为他叫日头照好人，也照歹人，降雨给义人，也给不义的人。你们若单爱那爱你们的人，有什么赏赐呢？就是税吏和外邦人不也是这样行吗？你们若单请你弟兄的安，比人有什么长处呢？所以，你们要完全，像你们的天父完全一样。[66]

这一教诲，学者告诉我们，也许是其最具权威性的。“爱你们的仇敌”这样的悖论很可能就是要使他的听众感到震惊，从而获得新的领悟；它需要神性的放弃，因为你必须在不期回报的情况下奉献仁爱之心。

伊斯兰教

轴心时代结出的最后一枚果实出现在公元 7 世纪的阿拉伯半岛，先知穆罕默德（Muhammad）将一部受到神启的经典《古兰经》（Qur'an）* 传授给希贾兹（Hijaz）† 人。当然，穆罕默德从未听说过轴心时代，但他或许早已理解了其观念。《古兰经》并没有宣称是一部新的启示录，而只是重申了曾经给予人类始祖亚当的讯息，亚当也是人类第一位先知。《古兰经》强调，穆罕默德并不是来取代过去的先知，而是要恢复亚伯拉罕的原初信仰。亚伯拉罕生活在“律法书”和“福音书”之前，也就是说，生活在神的各种宗教分裂为互相敌对的宗派之前。[67] 神向世上的每一个民族都派遣了使者，如今穆斯林学者指出，倘若阿拉伯人知晓佛陀或孔子，《古兰经》也会对他们的教义表示认可。《古兰经》的基本启示并非一则教条，而是命令人们实践同情。事实上，它怀疑神学推断，并将其称为“扎纳”（zannah），即“自我放纵的臆测”。在损害他人利益的前提下自私地经营个人财富是错误的，将你的财产公平地与他人分享，并创建一个公正而合乎礼仪的社会，穷人和弱者在其中都能受人尊敬，这才是正确的。

像轴心时代所有伟大的贤哲一样，穆罕默德也生活在一个充满暴力的社会里。古老的价值标准正趋于崩溃，阿拉伯半岛陷入部族

---

* 一译《可兰经》，为伊斯兰教的根本经典。“古兰”系阿拉伯语音译，意为“诵读”。《古兰经》有 55 种名称。其中以“读本”“光”“真理”“智慧”“训戒”“启示”等为穆斯林所常用。中国旧称“天经”“天方国经”“宝命真经”等。

† 又译“汉志”，位于阿拉伯半岛西北部，因麦加和麦地那皆在此地区，故被视为伊斯兰教的策源地。

冲突的恶性循环，残酷的族间仇杀此起彼伏。这也是一个经济和物质进步的时代。半岛崎岖的地形和恶劣的气候使阿拉伯人与外界隔绝，但在公元 6 世纪晚期，麦加城（Mecca）经济非常繁荣，其商队进入了波斯、叙利亚和拜占庭一些更为发达的地区。穆罕默德本人就是一位卓有成就的商人，他在大规模商业交易的氛围中将他的启示传授给麦加人。麦加人的财富如今已超出他们梦想渴望之极限，但在涌向财富的浪潮中，要求人们照顾部族中弱势成员的古老道德准则被遗忘了，社会上弥漫着一种普遍的不安情绪。充分适应阿拉伯人荒漠游牧时代的古老的异教信仰，已不再符合他们已经发生变化的境况。

约公元 610 年，当穆罕默德奉到第一批启示时，许多阿拉伯人已经确信，安拉（Allah）是其信奉的众神之中的最高神，* 相当于犹太教徒和基督徒的上帝。实际上，阿拉伯基督徒经常与异教徒一起朝觐克尔白（Kabah），它一般被视为安拉在麦加的神殿。穆罕默德要求其皈依者最先要做的一件事就是面向耶路撒冷进行祈祷，他们如今要崇拜的是犹太教徒和基督徒的神，耶路撒冷是他们的圣城。除非犹太教徒或基督徒特别希望这样做，否则他们不必——也没有被邀请——加入阿拉伯人的新宗教，因为他们已接受了属于他们自己的正确启示。在《古兰经》中，神吩咐穆斯林，他们必须心怀敬重和谦恭地对待“信奉天经者”（“ahl al-kitab”）：

> 除依最优的方式外，你们不要与信奉天经的人辩论，除非他们中不义的人。你们应当说：“我们确信降示我们的经典，和降示你们的经典，我们所崇拜的和你们所崇拜的是同一个神明，我们是归顺他的。”[68] †

---

* “Al-lah”即阿拉伯语的“神或造物主”。——作者原注

† 本章《古兰经》引文中译参照马坚译《古兰经》，中国社会科学出版社 2003 年版。

这一点在穆罕默德死后很长时间内一直保持为穆斯林帝国的政策。直到公元8世纪中期以前,皈依伊斯兰教都没有受到鼓励。人们认为,伊斯兰教是阿拉伯人的宗教，而阿拉伯人是亚伯拉罕的儿子以实玛利（Ishmael）的后裔，正如犹太教是以撒和雅各子孙的宗教，基督教是福音之遵从者的宗教一样。今天，一些穆斯林贬低犹太教和基督教，更有一些极端主义者认为穆斯林有义务为了伊斯兰教而征服整个世界，但这些观点都是新事物，与若干世纪以来的神圣传统格格不入。

穆罕默德的宗教最终被称为伊斯兰（“顺从”），而一心一意顺从真主的芸芸众生则被称为“穆斯林”，这一点直接将我们引入了轴心时代的核心。当穆罕默德最初要求其皈依者每天数次履行礼拜（salat）时，这对阿拉伯人来说很难做到，因为他们打心底不愿意听人教训，而且认为像奴隶一般匍匐在地有失体面。然而，其身体的姿态是为了在比理性更深的层次上教导他们伊斯兰所要求的：对自负的超越。他们认为，自负是神气十足、以己为傲、装腔作势，并不断将人们的注意力吸引到自己身上。

穆斯林还必须将其收入中的一定份额分给穷人。这种扎卡特*（zakat，“天课”）能清除他们心中积习已深的自私自利。起初，穆罕默德的宗教似乎被称为“塔扎克”(tazakkah),这是一个晦涩的词,与扎卡特相关,很难翻译,和“纯净”、“慷慨”、“骑士品质”等同义,但没有一个能完全表达其含义。通过塔扎克，穆斯林应当具备同情和慷慨的美德。他们必须运用其聪明才智，培养一种富有同情心和责任感的精神，促使他们将自己所拥有的东西愉快地奉献给神的一切造物。他们必须通过观察大自然的“迹象”(ayat)，小心谨慎地遵从安拉对人类的宽宏行为：

* 阿拉伯语“zakat”的音译,意译为“天课”,伊斯兰教“五功”之一。中国穆斯林称为“课功”。伊斯兰教法定的施舍，即“奉主命而定”的宗教赋税，又称“济贫税”。

他为众生而将大地展开。大地上有水果，和有花篦的海枣，与有秆的五谷和香草。[69]

通过冥想造物之神秘，穆斯林必须学会如此慷慨地行事。正因为安拉的仁慈，秩序和富饶才会代替混沌和贫瘠。如若穆斯林以他为榜样，就会发现自己的生命也被神圣化了。他们会获得精神上的净化，而不再是未开化的利己之徒。

这种新宗教触怒了麦加的当权派，他们并不赞成其平等主义精神。地位最显赫的家族对穆斯林加以迫害，妄图刺杀先知。最终，穆罕默德和70个穆斯林家庭被迫逃至麦加以北约250英里处的麦地那（Medina）。在视血统关系为最神圣价值标准的异教时代，这意味着离经叛道。离开自己的家族，和没有任何血缘关系的部族永久居住在一起，这是前所未闻的事。迁徙（hijrah*）之后，穆斯林面临着与麦加的战争，而麦加是阿拉伯半岛最强大的城市。为了生存，他们孤注一掷地奋战了五年之久。在前伊斯兰教时代的阿拉伯半岛，武士是毫无怜悯之心的。如果麦加人征服了这些穆斯林，必定杀死所有男人，并使所有妇女和儿童成为奴隶。

在这个黑暗时期，《古兰经》的一些启示教导穆斯林在沙场上的操行。伊斯兰教并非戒杀的宗教，但《古兰经》只允许自卫作战。它谴责战争，称之为"大罪"，并严禁穆斯林发动战争。[70]侵略是被严格禁止的，不允许发动先发制人的袭击。然而，很遗憾，有时为了维护正义的价值标准，进行抵抗是必要的。[71]如果受到攻击，可以自卫。穆斯林在战争持续过程中必须全心全意地作战，全力追击敌人，以使事态恢复正常。但是，一旦敌人求和，战争必须终止，

---

* 音译为"希吉拉"，意为"迁徙"、"出走"，指穆罕默德于公元622年9月由麦加迁徙到麦地那。穆罕默德死后，其信徒为纪念此事，经第二代哈里发欧麦尔规定，"希吉拉"为伊斯兰教纪元，并以迁徙的那一年阿拉伯太阴年的岁首公元622年7月16日为元年元旦。

而穆斯林必须接受对方提出的任何条件。[72] 战争并非解决纠纷的最佳方式。不如坐下来以理服敌，“以最友善的态度”与人辩论。宽恕和容忍是更好的：“如果你们容忍，那对于容忍者是更好的。你们应当容忍，你们的容忍只赖真主的佑助。”[73]

“吉哈德”（jihad）一词的意义并非“圣战”（holy war），它最初的含义是“奋斗”（struggle）。在一个残酷而危机四伏的世界里实践真主的旨意是很困难的，而穆斯林被要求在社会、经济、文化和精神等所有领域中努力奋斗。有时，斗争或许是必要的，但是，一种重要而具有高度影响力的传统将战争置于从属地位。据说有一次，穆罕默德在从战场返回的路上对其追随者说道：“我们正在结束次要的吉哈德（战争），并回归更伟大的吉哈德。”更加重大而紧迫的挑战是改革我们自己的社会和心灵。后来的穆斯林律法详细说明了这些《古兰经》中的指示。除非是正当防卫，否则穆斯林严禁作战；报复必须被切实控制在一定的限度之内；如果穆斯林在某个国家里可以自由信奉其宗教，则不许向这个国家开战；应当避免平民的死亡；禁止砍伐树木；禁止烧毁房屋。

在与麦加进行的五年战争期间，双方均施了暴行。在前伊斯兰教时代的阿拉伯半岛，这种野蛮的屠杀普遍存在，尸体惨遭损毁。麦地那的一个犹太部落试图刺杀先知，并在一场围攻期间与麦加贵族密谋打开居留地的大门。但计划泄露后，该部族的男子都被处死。然而，当胜利的天平倾向于穆罕默德一方时，他立即斩断了进攻与反攻的恶性循环，并采取了一种出奇大胆的非暴力政策。

公元 628 年，穆罕默德宣布他将进行一次朝觐，并邀请穆斯林志愿者与他同行。这是极其危险的。在朝觐过程中，朝圣者不能携带武器。在麦加的禁寺中，一切暴力行为都是被禁止的，甚至连说出一个乖戾的词或者杀死一只昆虫都不允许。因此，在徒手步入麦加城时，穆罕默德如同走进狼窝。尽管如此，1000 名穆斯林决定与他同行。麦加人派遣骑兵准备杀害他们，但当地的贝都因人引导他们通过另一条路进入了禁寺。他们一进入神圣区域，穆罕默德便令穆斯林静坐示威，意欲使麦加人陷入窘境。如果麦加人在阿拉伯半岛最神圣的地方伤害了朝圣者，亵渎了克尔白的圣洁，其声誉将会受到无可挽回的损害。最终，麦加人派出一名使节进行谈判。麦加人提出的和谈条件不仅使穆斯林们蒙受耻辱，而且葬送了他们浴血奋战而赢得的优势，但穆罕默德仍然服从《古兰经》的指令签署了和约，这令在场的穆斯林朝圣者们不仅感到惊骇，而且群情激奋。尽管一场暴动被勉强阻止，但他们在阴郁的沉默中启程返乡。

然而在归途中，穆罕默德奉到真主的一则启示，真主将这次显而易见的失败称为一种“明显的胜利”。[74] 受古老宗教暴力所激发的麦加人“心怀愤怒”，但真主“降镇静”给穆斯林，使他们能够内心平静地面对敌人。[75] 他们因对真主完全顺服而与麦加的异教徒区别开来，并与我们所称的轴心时代的宗教联系起来。《古兰经》宣称，和平的精神是联结穆斯林与律法及启示的纽带：“他们像一棵庄稼，长出枝条，而他助它长大，那枝条渐渐茁壮，终于固定在苗秆上，使农夫欣赏。”[76] 那个令人失望的和约带来了最终的和平。两年之后，麦加人向穆罕默德自愿敞开了大门，穆圣兵不血刃地得到了这座城市。

四、宗教就是“金规则”

在轴心时代的每一种宗教之中，信徒们都没能达到其信奉的崇高道德标准。在所有这些信仰里，人们都陷入了排他、残忍、迷信，甚至暴行中。但在其核心部分，轴心时代的各种信仰里都有一种共同的理想，即同情、尊重和普遍的关切。那些圣贤像我们一样，全都生活在暴力社会当中。他们所创造的是一种精神之术，利用人类自然的活力去反对这种侵害。他们之中最具天赋的人意识到，如果你想要遏制残酷和专制的行为，仅仅提出外在的指令是徒劳的。正如庄子所指出的，颜回即便向魏王宣扬儒家学说崇高的道义也没有

轴心时代各宗教目前的信徒总数*

基督徒	1,965,993,000
穆斯林	1,179,326,000
印度教徒	767,424,000
佛教徒	356,875,000
锡克教徒	22,874,000
道教徒	20,050,000
犹太教徒	15,050,000
儒教徒†	5,067,000
耆那教徒	4,152,000
祆教徒	479,000

用，因为这并不能触动魏王潜意识里存有的偏见，而这种偏见导致了他残暴的行为。

当战争和恐怖充斥社会，它会影响到人们所做的每一件事。仇恨和惊骇渗透到他们的梦魇、交往、欲望和野心之中。轴心时代的贤哲们看到这一幕发生在他们同时代人的身上，想出了一种教育方式，让它扎根于更深入的潜意识中，以帮助人们克服它。贤哲们通过众多不同的路径，提出了如此相似的解决方案。这一事实说明，他们确实发现了关于人类行为方式的一些关键。我们姑且不去在意他们的神学“信念”——正如我们所见，这与贤哲们没有太大关系——他们全都断定，如果人们努力克制自我、改造自我，就会经历一种人性的升华。社会暴力在很大程度上是由人们的自我中心主

* 本书英文原版首次出版于 2006 年，此处数据当为作者当时的统计数据。——编者注

† 关于中国是否存在儒教，学术界有不同看法。有人认为并不存在儒教，只有儒家的思想学说体系。

义造成的，他们设计的训练规划都是以清除这种自我中心主义为目标，并推进“金规则”中推己及人的精神。他们发现，这样可以将人们引入人类经验的另一个维度。它使人们进入一种入迷状态，即“暂时离开”其惯常的、自我束缚的意识，领悟一种实在，即他们所称的“神”、涅槃、梵、个我，或者“道”。这不是一个产生对“神”的信仰，然后再过一种富于同情心的生活的问题。修行同情本身就会造成超然。人类很可能早已习惯于自我防卫。自从我们居住在洞穴中，就一直受到野兽和各种食肉动物的威胁。即便是在我们自己的社群和家庭中，其他人也会与我们的利益发生冲突，伤害我们的自尊。因此，我们在口头上、精神上和身体上永远准备着进行反击并抢先发动攻击。但是，贤哲们发现，如果我们系统地培养一种完全不同的思想倾向，我们将会体验到另一种意识状态。轴心时代的贤哲们殊途同归地回到“金规则”上来，或许昭示了构成人类本性的关键。

例如，假若我们在每一次想说出一些对同事、兄弟姐妹或敌对国家不利的话的时候，考虑一下如果同样的议论落在自己头上，我们会有怎样的感觉。如果我们克制自己不把这些话说出来，那么在那一刻，我们便已超越了自我，它会成为一个超然的时刻。如果这样的态度成为习惯，那么人们就会生活在一种持续的入迷状态之中，这并非因为他们陷入了出神状态，而是由于他们的生活超越了自我中心的限制。轴心时代所有的圣贤全都提倡这种态度。正如拉比希勒尔所指出的，这是宗教的精髓。儒家“让”的礼仪意在培养一种尊重他人的习惯。一位有志者在开始单独的瑜伽训练之前，必须精于戒杀，即不能从一句话或一个表情动作中显露出一丝敌意。在这成为他的第二自性之前，他的导师不会允许他继续练习坐禅。但是，有经文说明，在学习获得这种“无害”的过程中，他会体验到“无以言表的喜悦”。

轴心时代的贤哲们把放弃自私自利和提倡同情当作首要任务。

对他们来说，宗教就是“金规则”。他们的注意力集中于人们应当实现超越的起点——贪婪、自负、仇恨和暴力。人们即将实现超越的终点并非一个容易限定的地点或人物，而是一种至福状态，它对于仍然陷于自我主义网罗中的、未曾开悟的人来说是不可想象的。如果人们将注意力集中于他们希望实现超越的目标并且拘泥于教条，就可能变得过于盘根究底，用佛教术语来形容就是“不善巧”。

这并不是说所有的神学都应当被抛弃，或者说关于神或终极者的传统信条都是“错误”的。不过，很简单，它们无法表达全部真理。一种超然的价值，就其真正的本质来说，是无法被定义的，“defined”一词最初的意义是“设置界限”。例如，基督教极为重视教义的正统性。而且对于许多基督徒来说，如果没有他们的传统信条就无法想象宗教。这完全没有问题，因为这些教义往往表达了一种深刻的灵性真理。检验标准其实很简单：假如人们的信条——世俗的或宗教的——使其变得好战和褊狭，而且对他人的信仰缺乏善意，它们便是不“善巧”。但是，如果其信念激励他们慈悲为怀，并尊重他人，那么它们便是适当、有益而合理的。这是对人类每一种主要的宗教传统真正宗教性的检验。

我们应当寻求宗教教义精神上的核心，而不是简单丢弃教义本身。一条教义不仅是对一种客观事实的陈述，而且是一种行动纲要。保罗向腓立比信徒引用那首早期基督教赞美诗，并不是要制定关于道成肉身的律法，而是要力促人们实践基督对神性的放弃。如果他们像基督那样行事，便会发现信仰的真理。与此类似，“三位一体”教义的部分意义是要提醒基督徒，他们无法将上帝作为简单的人格来理解，其神圣的本质是超越于人们的领悟能力之上的。一些人将“三位一体”教义视为根据关系或团契来看待神的一种尝试，另一些人则从“三位一体”的核心之处看到了神性的放弃。但是，这则教义的目的是要鼓励默祷及合乎伦理的行动。公元14世纪，希腊正教的神学家们发展出了一条神学原则，引导我们走向轴心时代的核心。他们认为，任何关于上帝的表述都应该有两种特性：第一，它必须是吊诡式的（paradoxical），以提醒我们，神不会与人类的有限范畴完全一致；第二，它必须是遮蔽式的（apophatic），以将我们带入静默。[77]因此，神学讨论不应回答我们关于不可言说的神的所有疑问，而是应当像谜题问答一样，使竞争者变得无言地敬畏。

几个世纪以来，制度、政治和智识方面的发展模糊了蕴含在宗教之中同情的重要性。支配着公共话语的宗教似乎时常表达出一种体制上的自我中心主义："我的信仰比你的更好！"正如庄子所指明的，一旦人们投身于其信仰之中，就可能变得喜好争辩、多管闲事，或者甚至冷酷无情。同情并非一种受欢迎的美德，因为它要求人们将自我搁置一旁，而我们将自我视为内心最深层的本性，所以人们往往宁肯选择正义也不愿选择富有同情心。宗教基要主义者（fundamentalist）吸收了我们这个时代的暴力元素，并发展出了一种两极分化的视角。因此，像早期的袄教徒一样，基要主义者不时地将人类划分为两个敌对的阵营，一方是严阵以待的信徒，投入一场针对另一方——"作恶者"的殊死战争。正如我们付出代价之后才看到的，这种态度很容易继续演变为暴行。同时，这种态度也适得其反。像《道德经》所指出的，暴力通常会对施行者产生反作用，无论他的本意有多好。你不能迫使他人像你所希望的那样行事，事实上，强制措施更有可能将人们推往相反的方向。

所有的世界宗教都已经历过这种好战虔信的爆发。结果，一些人得出结论，要么宗教本身必然是暴力的，要么暴力和褊狭为某种宗教传统所特有。但是，轴心时代的历史说明，事实恰恰相反，每一种信仰都始于从那个时代史无前例的暴力中进行有原则的、发自内心的撤退。当礼仪改革者着手将冲突和挑衅行为从献祭竞赛中移除时，印度的轴心时代开始了。在耶路撒冷被摧毁、巴比伦之囚发生之后，以色列的轴心时代庄严地拉开了序幕，那里的祭司作家们开始衍生出和解与戒杀的理想。中国的轴心时代在战国时期得到发展，那时的儒家学派、墨家学派和道家学派都发现了抵制侵略行为的方法，那些侵略行为普遍存在、为法律所不及，并具有毁灭性。在希腊，暴力由城邦制度化了，尽管存在一些对轴心理想的突出贡献，尤其是在悲剧文学领域里，那里最终没有发生宗教变革。

尽管如此，宗教批评家指出暴力与神圣之间有关联是正确的，因为宗教人（homo religiosus）始终被生命之残酷所困扰。古时的动物献祭是一种场面盛大的暴力行为，它是为了疏导和控制我们与生俱来的挑衅性而发明的。它或许来源于旧石器时代的狩猎者由于宰杀其他生物所体验到的内疚感。神圣的经文常常反映出竞赛的背景，而这些经文就是从这样的背景中产生的。要想找到为杀戮所作的宗教辩护并不困难。假如孤立地看待总体宗教传统，《希伯来圣经》、《新约圣经》或《古兰经》中的经文都有可能被断章取义地用来认可不道德的暴力和残酷行为。经文不断以这种方式被利用，而绝大多数宗教传统在历史上都有着不光彩的片段。如今，世界各地都有人诉诸受到所谓宗教启示的恐怖主义。他们有时是被恐惧、绝望和挫折所驱使，有时是被仇恨和狂怒所驱使，而这彻底违背了轴心理想。结果，宗教与近来历史中一些最黑暗的事件纠缠在了一起。

我们应当对此做出怎样的回应呢？轴心时代的贤哲们给我们提供了两条重要的建议：第一，要做自我批评。人们必须反省自身的行为，而不能只是谴责“另一方”。在这一点上，犹太先知起到了强有力的表率作用。每当以色列和犹大国受到帝国强权的威胁时，阿摩司、何西阿和耶利米都嘱咐人们认真审视自己的操行。他们想要戳穿民族利己主义，而不是鼓励一种危险的正义。幻想上帝站在自己一边并且反对自己的敌人，这不是一种成熟的宗教观。阿摩司认为，由于以色列王国彻底丧失了公义和社会责任，神圣的武士耶和华利用亚述作为自己惩罚它的工具。当流亡者成为大规模国家侵略的牺牲品时，以西结在被流放巴比伦之后坚决要求犹大国的人民检讨自身的暴力行为。耶稣后来嘱咐其追随者，不要一味挑剔邻居眼中的刺，却无视自己眼中的梁木。[78]轴心时代的虔敬要求人们对自己的行为负责。印度关于“业”的训导强调，人们的所有行动都具有持久的后果；不诊察自己的缺点而责备他人，很可能会导致“不善巧”、脱离现实和不敬神的灾难性后果。如此看来，在当前的困境中，轴心时代的贤哲们也许会提示我们，变革必须始于自我。在高喊着其他宗教要检点其行为之前，我们应当审视自己的传统、经文与历史，并修正自身的行为。在改变自己之前，我们不能指望改变他人。那些抵制宗教的世俗主义者，也应当注意到世俗基要主义的征候。世俗基要主义往往对宗教抱有强烈的偏见，就像某些形式的宗教对待世俗主义那样。在世俗主义简短的历史中，也曾发生过希特勒和萨达姆·侯赛因带来的灾难。这些事例表明，在公共政策中以武力排除宗教的影响，会与任何虔诚的宗教战争一样具有毁灭性。

第二，我们应当仿效轴心时代的贤哲们，采取务实而有效的行动。当他们面对自己传统中的侵略性时，并没有假装它不存在，而是竭力改变他们的宗教，重新修改和组织其礼仪和经文，以消除多年蓄积起来的暴力。印度的礼仪改革者去除了献祭仪式中的竞赛；孔子试图剥离扭曲了礼的好战的自我中心主义；而“P”则将侵略性从古老的创世传说中除去，同时提出一种宇宙论，其中的耶和华赐福其一切造物，包括在古老的神话中被他杀死的海中怪兽。

今天，极端主义者因强调好战因素而歪曲了轴心传统，这种好战因素是几个世纪以来形成的，而且以牺牲那些谈论同情和尊重他人神圣权利的人为代价。为了改造他们的信仰，那些信奉同一宗教的人应当进行严格而具有创造性的研究、讨论、反思和行动。学者、神职人员和普通信徒不应为了保全体制的“完整”而去清除隐藏在阴暗处的那些令人不安的经文和灾难记录。他们应当研究难解的经文，提出尖锐的问题，分析从前的过失。同时，我们都应力求恢复慈悲和同情的理念，并以一种创造性的、鼓舞人心的方式寻觅一种表达这种观念的方法，如同轴心时代的贤哲们所做的那样。

这不应是一场纯粹的理性运动，也应当是一个精神上的进程。在这个充满危险的年代中，我们需要新的见解。但是，正如轴心时代的贤哲们孜孜不倦进行解释的，宗教理解不仅仅是抽象或理论的。他们中的很多人反对书面经文的观念，因为他们担心这会导致华而不实和肤浅的认知。一种谦卑的、富于同情心和非暴力的生活方式与学习经文同等重要。即使是因陀罗也不得不改变其好战的生活方式，像恭顺的吠陀学生一样生活，直到能够理解吠陀传统最深刻的真理，这花费了他很长时间。我们如今生活在一个沟通便捷的社会里，因此也期望着能在顷刻间领会我们的宗教，而且甚至以为如果我们不能立刻掌握，便是出了什么问题。但是，轴心时代的贤哲们不厌其烦地解释道，真正的知识总是令人困惑的。苏格拉底认为，他肩负着一项使命，要使理性的希腊人意识到，即便当我们拥有最严谨的逻辑时，仍难以触及真理的所有方面。只有在智识上做到神性放弃之后，当我们认识到自己一无所知并从头脑中“摒弃”那些公认的思想观念之时，领悟才会到来。轴心时代的贤哲们并不羞怯于质疑那些根本的前提假设。我们正面临着当代的种种难题，需要一种不断向新思想开放的精神。

我们生活在伴随着巨大恐惧和痛苦的时期。轴心时代教导我们要勇敢地面对苦难，因为它是人类生活的必然现实。只有承认我们自己的痛苦，我们才能学会同情他人。今天，我们被多于从前任何世代的苦难形式困扰着：战争、自然灾害、饥荒、贫困和疾病。这些可怕景象每天晚上都会通过电波传播到我们的居室中。生活无疑就是“苦”。面对无所不在的恐怖，人们很容易退却，否认它与我们有任何关联，并养成一种从容不迫的“积极”态度，拒绝除自己之外的任何人的痛苦。但轴心时代的贤哲们强调，这不是一种应有的选择。否认生活的痛苦，像鸵鸟一般回避现实，把头扎在沙土中的人是“假先知”。除非我们允许处处压迫我们的悲痛侵入自己的意识之中，否则就无法开始精神上的探求。在这个充满国际性恐怖行为的时代，任何人都很难想象我们能够生活在佛陀的安乐园中。苦难迟早都会冲击我们的生活，即使是在受到保护的发达国家社会中亦是如此。

轴心时代的贤哲们会说，我们不应对此产生怨恨，而应将它视为一个宗教机会。与其容许我们的痛苦激起暴力、褊狭和仇恨，不如作出无畏的努力，建设性地利用它。耶利米告诉流亡者，不应放纵怨恨，复仇并不是答案。“P”告知背井离乡的犹太人，尊重你们中间的陌生人，因为你们在埃及也曾是陌生人。过去的痛苦记忆将帮助我们认识到，他人的苦难，甚至（或许尤其）是敌人的痛苦，与我们自己的苦难同样重要。希腊人将人类的悲惨境遇搬上舞台，因此雅典观众能够学会同情几年前刚刚摧毁了他们的城市的波斯人。在一出出悲剧作品中，对于那些犯下通常情况下会令人憎恶的罪行的人，歌队经常引导观众为他们流泪。悲剧不能被否认。悲剧必须被带到城市神圣的中心，并成为一种向善的力量，正如在《俄瑞斯忒亚》的结尾:复仇三女神转变为欧墨尼得斯,即“善良的女神”,并被赠与雅典卫城上的一座神殿。我们必须学会同情我们曾经憎恨和伤害过的人：在《伊利亚特》的结尾，阿喀琉斯和普里阿摩斯一同落泪，愤怒和恶意的怨恨能使人变得冷酷。只有当阿喀琉斯与普里阿摩斯分享自己的悲痛，并将普里阿摩斯视为自己的镜像时，才重新获得了曾经丧失的人性。

我们必须不断提醒自己，轴心时代的贤哲们在令人恐怖的环境中发展出了富于同情的伦理规范。他们并非在象牙塔里沉思默想，而是生活在因战争而四分五裂的可怕的社会里，那时古老的价值标准正日益消失。像我们一样，他们也意识到了一种空虚和混沌状态。贤哲们并非乌托邦式的空想家，而是务实的，其中的很多人非常关注政治和政府管理。他们确信，推己及人并不只是听来有益，而是确有实际作用。同情和兼爱是最好的政策。我们应当重视他们的见解，因为他们是有经验的专家。他们投入了大量时间和精力，专心思考“善”的本质。他们为寻求治愈人类精神上的疾患所花费的精力，与当今的科学家试图找到治疗癌症的方法所花费的精力相当。我们所专注的事情是不同的。轴心时代是产生精神天才的时代，我们则生活在一个产生科技天才的时代，但我们的精神教育往往是欠发达的。

轴心时代需要构思一种新的视角，因为人类实现了社会与心理上的跳跃。人们已经发现，每个人都是独一无二的。古老的部落伦理逐渐形成了共有思想，以确保群体的生存，而它正被一种新的个人主义所取代。这便是为什么如此多的轴心精神都专注于发现自我。像商人一样，隐修者也是通过自己的努力实现自我的人。贤哲们要求每一个人都成为自觉之人，意识到自己正在做些什么；礼仪必须适合于每个献祭者，而个人必须对自己的行为负责。目前，我们正在经历另一次重大的跳跃。我们的科技创造了一个全球社会，通过电子、军事、经济和政治而相互连接。我们现在必须逐步发展一种全球意识，因为，无论我们是否喜欢，我们生活在同一个世界之中。尽管我们当前所遇到的问题与轴心时代的贤哲们不同，他们依然能帮助我们。他们并没有抛弃古老宗教的理念，而是将其深化和扩展。以同样的方式，我们也应发扬轴心时代的洞见。

贤哲先于我们认识到，同情不能只被限制在我们自己的群体中。我们必须培养佛教徒所说的“无量”视野，它延伸到世界尽头，在此关注范围内不排斥世上任何一个造物。“金规则”提醒那些轴心时代初出茅庐的人们：我尊重我自己如同你尊重你自己。假如每个人都认为自己拥有绝对重要的价值，人类社会就不可能存在下去，因此我们都必须学会互相礼让。我们当前所面临的挑战是使这种理念得到进一步发展，并赋予其全球性的重要意义。“P”在“圣洁法典”中强调，没有哪个生命是不洁的，每个人——即使是奴隶——

也拥有至高无上的自由。我们必须像“爱”自己一样“爱”邻人，这里的“爱”意味着对邻人有益、忠诚，并能给予实际的支持。正如我们所见，“P”的意思并不是说我们一定要对每个人都充满温柔的情感。今天，地球上的每个人都是我们的邻人。墨子试图说服那个时代的王侯们，培养兼爱，即细心周到、公正无私地关注每个人，具有美好而实际的意义。墨子认为，“兼爱”将符合王侯们的最大利益，现在我们知道这是事实。今天在阿富汗或伊拉克发生的事情，明天便会以某种方式在伦敦或华盛顿产生反响。作为最后的手段，“爱”与“关注”将会比自我本位或目光短浅的政策更能使每个人受益。

在《酒神的伴侣》中，欧里庇得斯向人们证明，排斥“陌生人”是危险的。但是接纳异乡人需要时间，将自我移出世界观的中心需要认真地付出努力。佛教徒推荐了冥想“无量”的方法以培养一种不同的心性。但是，既没有时间又缺乏天赋练习瑜伽的人，可以重复佛陀说过的“让众生皆快乐”，这是一个无须神学或宗派信仰的祷告。儒家学派同样认可修身养性的重要性。礼仪是为了培养君子而设计的，君子是成熟的、得到充分发展的人，对待他人不会漠不关心、敷衍塞责，或自私自利。但那些礼仪同时也使作为其关注对象的人发生转变，并发挥出他或她独特的神圣性。一种务实地对他人表达出来的尊重，或许对于国际社会的和平来说是不可或缺的，而且可能也是“改造”那些“无赖国家”的唯一办法。但这种尊重必须是真诚的，正如《道德经》所指出的，人们总会感觉到我们行为背后的动机。假如遭到剥削或自身利益受到损害，那些国家也会有所意识。

苦难粉碎了优雅而理性的神学。以西结所见的可怕而令人困惑的异象与《申命记》作者更为简化的意识形态有很大区别。奥斯维辛、波斯尼亚，以及纽约世贸中心的毁灭揭示了人类心灵的黑暗。希腊人认为悲剧世界不存在简单答案，我们今天恰恰生活在一个悲剧世界中，也不存在简单答案。希腊悲剧的形式要求我们学习站在他人的角度看待事物。如果宗教应当为我们破碎的世界带来光明，那么正如孟子所提出的，人们应当找寻那曾经迷失的心灵，即蕴含于人类所有宗教传统之核心的同情的精神。

注 释

前言

1. 卡尔·雅斯贝尔斯（Karl Jaspers），《历史的起源与目标》（*The Origin and Goal of History*），Michael Bullock 译（London，1953），pp.1-70。
2. 米尔恰·伊利亚德（Mircea Eliade），《神话、梦想与玄义》（*Myths，Dreams and Mysteries: The Encounter Between Contemporary Faiths and Archaic Realities*），Philip Mairet 译（London，1960），pp.172-78；威廉·施密特（Wilhelm Schmidt），《上帝观念的起源》（*The Origin of the Idea of God*）（New York, 1912）。
3. 沃尔特·布尔克特（Walter Burkert），《杀手——关于古希腊献祭仪式和神话的人类学》（*Homo Necans: The Anthropology of Ancient Greek Sacrificial Ritual and Myth*），Peter Bing 译（Berkeley, Los Angeles, and London, 1983），pp.16-22；约瑟夫·坎贝尔与比尔·莫耶斯（Joseph Campbell with Bill Moyers），《神话的力量》（*The Power of Myth*）（New York, 1988），pp.72-74。
4. 伊利亚德，《神话、梦想与玄义》，pp.80-81；米尔恰·伊利亚德，《永恒回归的神话：或宇宙和历史》（*The Myth of the Eternal Return: or, Cosmos and History*），Willard R. Trask 译（Princeton, 1959），pp.17-20。
5. 伊利亚德，《永恒回归的神话》，pp.1-34。
6. 休斯顿·史密斯（Huston Smith），《人的宗教》（*The World's Religions: Our Great Wisdom Traditions*）（San Francisco, 1991），p.235。
7. 伊利亚德，《永恒回归的神话》，pp.34-35。
8. 雅斯贝尔斯，《历史的起源与目标》，p.40。

第一章

1. 玛丽·博伊斯（Mary Boyce），《琐罗亚斯德教徒——其宗教信仰与实践》（*Zoroastrians: Their Religious Beliefs and Practices*），2nd ed.（London and New York），p.2；彼得·克拉克（Peter Clark），《琐罗亚斯德教徒——古代宗教信仰导论》（*Zoroastrians: An Introduction to an Ancient Faith*）（Brighton and Portland, Ore., 1998），p.18。
2. 米尔恰·伊利亚德，《比较宗教的范型》（*Patterns of Comparative Religion*），Rosemary Sheed 译（London, 1958），pp.66-68。
3. 博伊斯，《琐罗亚斯德教徒》，pp.9-11。
4. 同上，p.8。
5. 《亚什特》（Yasht）48:5。
6. 博伊斯，《琐罗亚斯德教徒》，pp.11-12。
7. 托马斯·J. 霍普金斯（Thomas J. Hopkins），《印度人的宗教传统》（*The Hindu Religious Tradition*）（Belmont, Calif., 1971），p.14。
8. 加文·弗勒德（Gavin Flood），《印度教导论》（*An Introduction to Hinduism*）（Cambridge and New York, 1996），p.44；约翰·凯伊（John Keay），《印度历史》（*India: A History*）（London, 2000），p.32。

9. 博伊斯，《琐罗亚斯德教徒》，pp.12-15。

10. 伊利亚德，《比较宗教之范式》，pp.188-189；诺曼 · 科恩（Norman Cohn），《宇宙、混沌与未来世界——末世信仰的古代根源》（*Cosmos, Chaos and the World to Come: The Ancient Roots of Apocalyptic Faith*）（New Haven and London, 1993），pp.94-95；博伊斯，《琐罗亚斯德教徒》，pp.xiv-xv, 19。

11. 《梨俱吠陀》（Rig Veda）4.42.5，见 Ralph T. H. Griffith 译的 *The Rig Veda*（New York, 1992）。

12. 科恩，《宇宙、混沌与未来世界》，p.77；博伊斯，《琐罗亚斯德教徒》，p.xiii；克拉克，《琐罗亚斯德教徒》，p.19。

13. 《亚斯纳》（Yasna）43。

14. 克拉克，《琐罗亚斯德教徒》，pp.4-6。

15. 《亚斯纳》19：16-18。琐罗亚斯德教经文中的引文选自 Mary Boyce 编译的 *Textual Sources for the Study of Zoroastrianism*（Chicago, 1984）。

16. 博伊斯，《琐罗亚斯德教徒》，pp.20-23；科恩，《宇宙、混沌与未来世界》，p.81。

17. 《亚斯纳》46：2，11；50：1。

18. 《亚斯纳》29：1-10。

19. 《亚斯纳》30。

20. 《亚斯纳》30：6。

21. 《亚斯纳》46：4。

22. 贾姆希德·K. 乔科西（Jamsheed K. Choksy），《琐罗亚斯德教中的洁与不洁——战胜邪恶》（*Purity and Pollution in Zoroastrianism: Triumph over Evil*）（Austin, 1989），pp.1-5。

23. 博伊斯，《琐罗亚斯德教徒》，p.32。

24. 《亚斯纳》44：15；51:9。

25. 《亚斯纳》43：3。

26. 《亚斯纳》29，33。

27. 《亚斯纳》33。

28. 博伊斯，《琐罗亚斯德教徒》，pp.23-24。

29. 同上，p.30；科恩，《宇宙、混沌与未来世界》，p.78。

30. 埃德温·布赖恩特（Edwin Bryant），《探索吠陀文化的起源——关于印度雅利安人的争论》（*The Quest for the Origins of Vedic Culture: The Indo-Aryan Debate*）（Oxford and New York, 2001）；S. C. 卡克（S. C. Kak），《古印度年表》（"On the Chronology of Ancient India"），见《印度历史与科学期刊》（*Indian Journal of History and Science*）22, no.3（1987）；科林 · 伦福儒（Colin Renfrew），《考古和语言——印欧人起源之谜》（*Archaeology and Language: The Puzzle of Indo-European Origins*）（London，1987）。

31. 凯伊（Keay），《印度》（*India*），pp.5-18；霍普金斯（Hopkins），《印度宗教传统》（*Hindu Religious Tradition*），pp.3-10；弗勒德，《印度教导论》，pp.24-30。

32. 《百道梵书》（Shatapatha Brahmana）（SB）6.8.1.1，见 J. C. 希斯特曼（J. C. Heesterman），《祭祀的破碎世界——古代印度宗教仪式评论》（*The Broken World of Sacrifice: An Essay in Ancient Indian Ritual*）（Chicago and London, 1993），p.123。

33. 米尔恰 · 伊利亚德，《宗教思想史》（*A History of Religious Ideas*），Willard R. Trask 译，3 vols.（Chicago and London, 1978, 1982, 1985），I: 200-201；J. C. 希斯特曼，《宗教仪式、启示与轴心时代》（"Ritual, Revelation and the Axial Age"），见 S. N. 艾森施塔特（S. N. Eisenstadt）编的《轴心时代各文明的起源与多样性》（*The Origins and Diversity of Axial Age Civilizations*）（Albany, 1986），p.404。

34. 路易斯·雷诺（Louis Renou），《古代印度宗教》（*Religions of Ancient India*）（London, 1953），p.20。

35. J. C. 希斯特曼，《传统的内在冲突——关于印度宗教仪式、王权与社会的评论》（*The Inner Conflict of Tradition: Essays in Indian Ritual, Kingship and Society*）（Chicago and London, 1985），

pp.85-87。

36. 简 · 贡达（Jan Gonda），《吠陀诗人的幻象》（*The Vision of the Vedic Poets*）（The Hague, 1963），pp.14-23。

37. 雷诺，《古代印度宗教》，pp.10，16-18；迈克尔 · 威策尔（Michael Witzel），《吠陀经与奥义书》（"Vedas and Upanishads,"），见加文·弗勒德（Gavin Flood）编的《布莱克威尔印度教指南》（*The Blackwell Companion to Hinduism*）（Oxford，2003），pp.70-71；希斯特曼，《宗教仪式、启示与轴心时代》，p.398。

38. 《梨俱吠陀》9.10.6，译见贡达（Gonda），《吠陀诗人的幻象》（*Vision of the Vedic Poets*），p.17。

39. 希斯特曼，《传统的内在冲突》（*Inner Conflict of Tradition*），pp.118-24。

40. SB 7.2.1.4，见米尔恰·伊利亚德，《永恒回归的神话》，Willard R. Trask 译（Princeton, 1959），p.21。

41. 《泰帝利耶梵书》（TB）1.5.9.4，同上。

42. 希斯特曼，《传统的内在冲突》，p.206；希斯特曼，《宗教仪式、启示与轴心时代》，pp.396-98；凯伊，《印度》，pp.31-33；罗米拉·撒帕尔（Romila Thapar），《古代印度——从起源到公元 1300 年》（*Early India: From the Origins to AD 1300*）（Berkeley and Los Angeles, 2002），pp.126-30。

43. 《阇弥尼梵书》（Jaiminiya Brahmana）（JB）2.297；希斯特曼，《祭祀的破碎世界》，p.52。

44. 希斯特曼，《祭祀的破碎世界》，pp.2，27, 76-79。

45. JB 2.297-99，见希斯特曼，《祭祀的破碎世界》，p.52；希斯特曼，《宗教仪式、启示与轴心时代》，p.397。

46. 《梨俱吠陀》10.33.2-3。Griffith 译。

47. 赫尔曼 · 库尔克（Hermann Kulke），《印度轴心时代的历史背景》（"The Historical Background of India's Axial Age,"），见艾森施塔特的《轴心时代各文明的起源与多样性》，p.376；弗勒德，《印度教导论》，pp.67-68；凯伊，《印度》，pp.37-40, 50-53。

48. 希斯特曼，《祭祀的破碎世界》，pp.136-37。

49. 《利论》（Arthashastra）6.13-15，见希斯特曼，《传统的内在冲突》，p.149。

50. TB 1.8.4.1，见希斯特曼，《宗教仪式、启示与轴心时代》，p.403。

51. SB 5.5.2.5，同上。

52. 《泰帝利耶本集》（Mantra in Taittiriya Samhita）（TS）1.3.3，见希斯特曼，《祭祀的破碎世界》，p.126。

53. 《弥勒衍尼本集》（Maitrayani Samhita）4.2.1.23：2，同上，pp.23-24, 134-37。

54. SB 2.2.2.8-10，同上，p.24。

55. 霍普金斯，《印度宗教传统》，pp.17-18。

56. 《迦塔伽本集》（Kathaka Samhita）（KS）8.9.92-3; TS 4.1.2.2，见希斯特曼，《祭祀的破碎世界》，p.113。

57. SB 7.1.1.1-4，见伊利亚德，《永恒回归的神话》，pp.10-11。

58. 《梨俱吠陀》10.119.1，7-8。Griffith 译。

59. 希斯特曼，《祭祀的破碎世界》，pp.171-73。

60. 路易斯 · 雷诺（Louis Renou），《关于梵的概念》（"Sur la notion de brahman"），见《亚洲学刊》（*Journal asiatique*）237（1949）。

61. 简 · 贡达，《印度宗教中的变革与连续性》（*Change and Continuity in Indian Religion*）（The Hague, 1965），p.200。

62. 希斯特曼，《传统的内在冲突》，pp.70-72, 126。

63. 《梨俱吠陀》10.129。

64. 《梨俱吠陀》10.129 : 6-7。Griffith 译。

65. 《梨俱吠陀》10.90。

66. 《诗经》（*Classic of Odes*）253，见阿瑟 · 魏理（Arthur Waley）编译的《歌之书》（*The Book*

of Songs)(London，1937)。

67. 谢和耐(Jacques Gernet),《中国社会文明史》(*A History of Chinese Civilization*), 2nd ed., J. R. 福斯特(J. R. Foster)与查尔斯·哈特曼(Charles Hartman)译(Cambridge and New York, 1996), pp.39-40。

68. 司马迁(Sima Qian),《史记》(*Records of the Grand Historian*) 1.101；马赛尔·葛兰言(Marcel Granet),《中国文明》(*Chinese Civilization*), Kathleen Innes 与 Mabel Brailsford 译(London and New York, 1951), pp.11-16；亨利·马斯佩罗(Henri Masparo),《古代中国》(*China in Antiquity*), 第二版，Frank A. Kierman Jr. 译(Folkestone, 1978), pp.15-19。

69. D. 霍华德·史密斯(D. Howard Smith),《中国宗教》(*Chinese Religions*)(London, 1968), pp.1-11；谢和耐,《中国社会文明史》(*History*), pp.41-50；谢和耐,《前帝国时代的古代中国》(*Ancient China: From the Beginnings to the Empire*), Raymond Rudorff 译(London, 1968), pp.37-65；威廉·西奥多·德巴里(Wm. Theodore de Bary)与艾琳·布卢姆(Irene Bloom)合编的《中国传统的起源》(*Sources of Chinese Tradition*), vol. I,《从远古到公元前 1600 年》(*From Earliest Times to 1600*), 2nd ed.(New York, 1999), pp.3-23。

70. 谢和耐,《中国社会文明史》, pp.45-46；谢和耐,《前帝国时代的古代中国》, pp.50-53；葛兰言(Marcel Granet),《中国人的宗教》(*The Religion of the Chinese People*), 莫里斯·弗里德曼(Maurice Freedman)编译(Oxford, 1975), pp.37-54.

71. 伊利亚德,《永恒回归的神话》, pp.46-47。

72. 迈克尔·J. 皮特(Michael J. Puett),《成为神——古代中国的宇宙哲学、祭祀和自我崇拜》(*To Become a God: Cosmology, Sacrifice, and Self-Divinization in Early China*)(Cambridge，Mass., and London, 2002), pp.32-76。

73. 德巴里、布卢姆(De Bary and Bloom),《中国传统的起源》(*Sources of Chinese Tradition*), pp.10-23。

74. 《甲骨卜辞》(Oracle) 38。德巴里、布卢姆译。

75. 《甲骨卜辞》15a-b。

76. 《甲骨卜辞》22a。德巴里、布卢姆译。

77. 《甲骨卜辞》23。德巴里、布卢姆译。

78. 德巴里、布卢姆,《中国传统的起源》, p.12。

79. 谢和耐,《前帝国时代的古代中国》, p.62。

80. 《墨子》(*The Book of Mozi*), 3.25，见谢和耐,《前帝国时代的古代中国》, p.65。

81. 《尚书·召诰》(*Classic of Documents*, "The Shao Announcement"), 见德巴里、布卢姆的《中国传统的起源》, pp.35-37。一些学者认为这篇演说为召公所作，但德巴里、布卢姆与很多学者一样将它归为周公之作。

82. 同上，p.37。

83. 爱德华·L. 肖内西(Edward L. Shaughnessy),《西周文明》(Western Zhou Civilization), 见迈克尔·洛伊与肖内西合编的《剑桥古代中国史》(*The Cambridge History of Ancient China*)(Cambridge, U.K, 1999), pp.313-17。

84. 同上，p.317。

85. 伊斯雷尔·芬克尔斯坦、尼尔·阿舍·西尔贝曼(Israel Finkelstein and Neil Asher Silberman),《圣经发掘——古代以色列之考古学新视角及其圣典起源》(*The Bible Unearthed: Archaeology's New Vision of Ancient Israel and the Origin of Its Sacred Texts*)(New York and London, 2001), pp.89-92。

86. 同上，pp.103-7；威廉·G. 德弗(William G. Dever),《圣经作者了解什么以及他们何时得以了解？关于真实的古代以色列，考古学能告诉我们什么》(*What Did the Biblical Writers Know and When Did They Know It? What Archaeology Can Tell Us About the Reality of Ancient Israel*)(Grand Rapids, Mich., and Cambridge, U.K, 2001), pp.110-18。

87. 格斯塔·W. 阿尔斯特伦(Gosta W. Ahlström),《古代巴勒斯坦史》(*The History of Ancient Palestine*)(Minneapolis, 1993), pp.234-35，247-48。

88. 乔治 · W. 门登霍尔（George W. Mendenhall），《第十代——圣经传统的起源》（*The Tenth Generation: The Origins of Biblical Tradition*）（Baltimore and London, 1973）；N. P. 莱姆科（N. P. Lemche），《早期以色列——关于君主政体之前以色列社会的人类学和历史研究》（*Early Israel: Anthropological and Historical Studies on the Israelite Society Before the Monarchy*）（Leiden, 1985）；D. C. 霍普金斯（D. C. Hopkins），《迦南高地》（*The Highlands of Canaan*）（Sheffield, 1985）；詹姆斯 · D. 马丁（James D. Martin），《作为部族社会的以色列》（"Israel as a Tribal Society"），见 R. E. 克莱门茨编的《古代以色列社会》（*The Worlds of Ancient Israel: Sociological, Anthropological and Political Perspectives*）（Cambridge，1989），pp.94-114；H. G. M. 威廉姆森（H. G. M. Williamson），《关于以色列这一概念的演变》（"The Concept of Israel in Transition"），见克莱门茨《古代以色列社会》，pp.141-63。

89. 德弗，《圣经作者了解什么》，pp.121，124，267。

90. 《约书亚记》（Joshua）9：15；4：11；《撒母耳记 上》（1 Samuel）27：10；30：29；《士师记》（Judges）1：16；4：11；《出埃及记》（Exodus）6：15；马克 · S. 史密斯（Mark S. Smith），《关于神的早期历史——古代以色列的耶和华和其他神灵》（*The Early History of God, Yahweh and the Other Deities in Ancient Israel*）（New York and London, 1990），p.4；弗兰克 · 穆尔 · 克罗斯（Frank Moore Cross），《迦南神话与希伯来史诗——以色列宗教历史文集》（*Canaanite Myth and Hebrew Epic: Essays in the History of the Religion of Israel*）（Cambridge, Mass., and London, 1973），pp.49-50。

91. 《约书亚记》9；《士师记》8：33；9：4，46；《约书亚记》24。

92. 克罗斯，《迦南神话与希伯来史诗》，p.69；彼得 · 马基尼斯特（Peter Machinist），《古代以色列的独特性》（"Distinctiveness in Ancient Israel"），见莫德凯·科根与伊斯雷尔·埃法尔（Modechai Cogan and Israel Ephal）编的《亚述历史研究和古代近东史评》（*Studies in Assyrian History and Ancient Near Eastern Historiography*）（Jerusalem, 1991）。

93. 《创世记》29：14；《撒母耳记 下》（2 Samuel）5：1；cf.《士师记》（Judges）9：1-4。

94. 弗兰克 · 穆尔 · 克罗斯，《从史诗到圣典——古代以色列的历史和文学》（*From Epic to Canon: History and Literature in Ancient Israel*）（Baltimore and London,1998），pp.3-6。

95. 门登霍尔，《第十代》，p.177。

96. 克罗斯，《从史诗到圣典》，p.13。

97. 《民数记》（Numbers）10：35。一段非常古老的经文。除非另有说明，所有《圣经》引文摘自《耶路撒冷圣经》（*The Jerusalem Bible*）。

98. 克罗斯，《迦南神话与希伯来史诗》，pp.41-84；史密斯，《关于神的早期历史》（*Early History of God*），pp.7-12。

99. 《出埃及记》6：3。

100. 《诗篇》（Psalms）89：10-13；93：1-4；《以赛亚书》（Isaiah）27：1；《约伯记》（Job）7：12；9：8；26：12；38：7-11；《以赛亚书》51：9-11。

101. 乌加里特赞美诗，引自克罗斯，《迦南神话与希伯来史诗》，pp.148-50。

102. 同上。

103. 同上，pp.162-63。

104. 《士师记》5：4-5。

105. 《哈巴谷书》（Habakkuk）3：4-8。

106. 戴维 · S. 斯珀林（David S. Sperling），《原始律法——圣经作者的政治意图》（*The Original Torah: The Political Intent of the Bible's Writers*）（New York and London, 1998），pp.89-90。

107. 《约书亚记》3：1-5：15；克罗斯，《从史诗到圣典》，p.44；克罗斯，《迦南神话与希伯来史诗》，pp.103-5，138。

108. 《约书亚记》3：15。

109. 《约书亚记》5：1。

110. 《约书亚记》4：10-12。

111.《约书亚记》5 : 13-15。

112.《约书亚记》6 : 21。

113. 克罗斯,《迦南神话与希伯来史诗》, pp.103-24。

114.《出埃及记》15 : 1-18。

115.《出埃及记》15 : 15-16。

116. 克罗斯,《迦南神话与希伯来史诗》, pp.133-34。

117. 同上, pp.112-24。

118.《出埃及记》15 : 3, 6-7。

119.《出埃及记》15 : 8。

120.《申命记》(Deuteronomy) 32 : 8-9。

121. R. A. 迪维托 (R. A. Di Vito),《第三千年苏美尔人和阿卡德人姓名研究——人格神的名称与起源》(*Studies in Third Millennium Sumerian and Akkadian Personal Names: The Designation and Conception of the Personal God*) (Rome, 1993), pp.93-96。

122. 芬克尔斯坦、西尔贝曼,《圣经发掘》, pp.124-42 ; 德弗,《圣经作者了解什么》, pp.124-64。

123.《诗篇》2 : 7。

124. 参见《诗篇》77 与 89。

125.《诗篇》24。

126.《诗篇》29 : 8-10。

127. 乌加里特赞美诗, 引自史密斯,《关于神的早期历史》, p.46。

第二章

1. 沃尔特 · 布尔克特 (Walter Burkert),《希腊宗教》(*Greek Religion*), 约翰 · 拉凡 (John Raffan) 译 (Cambridge, Mass., 1985) , p.47。

2. 同上, pp.10-16;奥斯维恩·默里 (Oswyn Murray),《古代希腊》(*Early Greece*), 2nd ed. (London, 1993), pp.10-11 ; 雅各布 · 布尔克哈特 (Jacob Burkhardt),《希腊人与希腊文明》(*The Greeks and Greek Civilization*) , Sheila Stern 译 , Oswyn Murray 修订 (New York, 1998), pp.13-16。

3. 罗伯特 · 帕克 (Robert Parker),《雅典宗教史》(*Athenian Religion: A History*) (Oxford and New York, 1996) , pp.10-16。

4. 默里,《古代希腊》, pp.69-74。

5. 布尔克特,《希腊宗教》, pp.49-50。

6. 沃尔特 · 布尔克特,《野蛮的活力——古希腊神话与宗教仪式之教训》(*Savage Energies: Lessons of Myth and Ritual in Ancient Greece*) , Peter Bing 译 (Chicago and London, 2001) , p.91 ; 沃尔特·布尔克特,《杀手——关于古希腊献祭仪式和神话的人类学》, Peter Bing 译 (Berkeley, Los Angeles, and London, 1983), pp.27-34 ; 沃尔特 · 布尔克特,《希腊神话与宗教的构成与历史》(*Structure and History in Greek Mythology and Religion*) (Berkeley, Los Angeles, and London, 1980), pp.50-52。

7. 赫西俄德 (Hesiod),《神谱》(*Theogony*) 116-32, 见多罗西娅·温德 (Dorothea Wender) 译《赫西俄德与泰奥格尼斯》(*Hesiod and Theognis*) (London and New York, 1976)。

8. 同上, 118-22。Wender 译。

9. 荷马 (Homer),《奥德赛》(*Odyssey*), 1 : 31-32。

10. 安东尼 · 戈特利布 (Anthony Gottlieb),《理性之梦——从古希腊到文艺复兴时期哲学史》(*The Dream of Reason: A History of Philosophy from the Greeks to the Renaissance*) (London, 2000) , pp.123-25 ; 布尔克特,《希腊宗教》, pp.134-35。

11. 戈特利布，《理性之梦》，pp.138-40；布尔克特，《希腊宗教》，p.200。

12. 布尔克特，《希腊宗教》，pp.237-42；布尔克特，《杀手》，pp.213-35。

13. 伊斯雷尔·芬克尔斯坦、尼尔·阿舍·西尔贝曼，《圣经发掘——古代以色列之考古学新视角及其圣典起源》（New York and London, 2001），pp.158-59。

14. 《列王纪 上》（1 Kings）11：5，7-8；马克·S. 史密斯（Mark S. Smith），《关于神的早期历史——古代以色列的耶和华和其他神灵》（New York and London, 1990），pp.xxiii-xxv。

15. 史密斯，《关于神的早期历史》，pp.44-49。

16. 马克·S. 史密斯，《圣经一神论的起源——以色列多神教背景及乌加里特文本》（*The Origins of Biblical Monotheism: Israel's Polytheistic Background and the Ugaritic Texts*）（New York and London, 2001），pp.41-79。

17. 同上，pp.47-48, 96, 148-51。

18. 《诗篇》89：5-8。

19. 史密斯，《圣经一神论的起源》，p.9。

20. 《列王纪 上》18：3，10，19。

21. 《列王纪 上》18：20-46。

22. S. 戴维·斯珀林（David Sperling），《近东地区的以色列宗教》（"Israel's Religion in the Near East"），见阿瑟·格林（Arthur Green）编的《犹太灵性信仰》（*Jewish Spirituality*），2 vols.（London and New York, 1986, 1988），I：27-28。

23. 《出埃及记》33：17-23; 34：6-8。

24. 《列王纪 上》19：11-13。这段译文出自弗兰克·穆尔·克罗斯《迦南神话与希伯来史诗——以色列宗教历史文集》（Cambridge, Mass., and London, 1973），p.194。

25. 《列王纪 上》19：18。

26. 克罗斯，《迦南神话与希伯来史诗》，pp.190-91。

27. 《诗篇》82。

28. 《列王纪 上》21：19。

29. F. 查尔斯·芬沙姆（F. Charles Fensham），《古代近东法律及智慧文学中的孤寡和贫穷者》（"Widow, Orphan and the Poor in Ancient Near Eastern Legal and Wisdom Literature"），见弗雷德里克·E. 格林斯潘（Frederick E. Greenspahn）编的《关于以色列及古代近东论文精选》（*Essential Papers on Israel and the Ancient Near East*）（New York and London, 1991），pp.176-82。

30. W. G. 兰伯特（W. G. Lambert），《巴比伦智慧文学》（*Babylonian Wisdom Literature*）（London, 1960），pp.134-35。

31. 《安纳斯塔西纸草书》（Anastasi）II.6：5；《哈里斯纸草书》（Papyrus Harris）I。

32. 诺曼·科恩，《宇宙、混沌与未来世界——末世信仰的古代根源》（New Haven and London, 1993），p.120。

33. 约翰·多米尼克·克罗桑（John Dominic Crossan），《基督宗教的诞生——探索耶稣死后几年间发生之事》（*The Birth of Christianity: Discovering What Happened in the Years Immediately After the Execution of Jesus*）（New York, 1998），pp.198-99。

34. 《列王纪 上》（1 Kings）17：8-16；《列王纪 下》（2 Kings）4：1-7。

35. S. 戴维·斯珀林（David Sperling），《〈约书亚记〉第 24 章回顾》（"Joshua 24 Reexamined"），*Hebrew Union College Annual* 58（1987）。

36. 《约书亚记》24：19-20，23。

37. S. 戴维·斯珀林，《原始律法——圣经作者的政治意图》（*The Original Torah: The Political Intent of the Bible's Writers*）（New York and London, 1998），pp.68-72；约翰·鲍克（John Bowker），《宗教幻想与对上帝的认知》（*The Religious Imagination and the Sense of God*）（Oxford，1978），pp.58-68。

38. 谢和耐，《中国社会文明史》，J. R. Foster 与 Charles Hartman 译，2nd ed.（Cambridge, U.K., and

New York, 1996), pp.54-65。

39. 葛兰言,《中国人的宗教》(*The Religion of the Chinese People*), Maurice Freedman 编译(Oxford, 1975), pp.56-82；亨利 · 马斯佩罗(Henri Masparo),《古代中国》(*China in Antiquity*), Frank A. Kierman Jr. 译(Folkestone, 1978), pp.134-159；D. 霍华德 · 史密斯(D. Howard Smith),《中国宗教》(*Chinese Religions*)(London, 1968), pp.12-31。

40.《诗经》(*Classic of Odes*) 151,见阿瑟·魏理(Arthur Waley)编译的 *The Book of Songs*(London, 1934)。

41. 迈克尔 · J. 皮特(Michael J. Puett),《创造的矛盾——关于古代中国革新与技巧的争论》(*The Ambivalence of Creation: Debates Concerning Innovation and Artifice in Ancient China*)(Stanford, Calif., 2001), pp.28-36。

42.《诗经》270。魏理译。

43. 休斯顿·史密斯,《人的宗教——人类伟大的智慧传统》(San Francisco, 1991), pp.183-85；谢和耐,《中国社会文明史》, pp.31-32。

44. 史密斯,《中国宗教》, p.24。

45. 葛兰言,《古代中国的节日与诗歌》(*Festivals and Songs of Ancient China*), E. D. Edwards 译(London, 1932), p.75。

46. 葛兰言,《中国文明》(*Chinese Civilization*), pp.11-12；葛兰言,《中国人的宗教》, pp.66-68。

47. 司马迁(Sima Qian),《史记》(*Records of a Master Historian*) 1.56, 79, 引自葛兰言《中国人的宗教》, p.12。

48. 司马迁,《史记》38, 出处同上。

49. 爱德华 · L. 肖内西,《西周文明》("Western Zhou Civilization"), 见洛伊与肖内西编的《剑桥古代中国史》(Cambridge, U.K., 1999), pp.323-34。

50.《诗经》199。魏理译。

51. 同上。

52. 史华慈(Benjamin I. Schwartz),《古代中国的思想世界》(*The World of Thought in Ancient China*)(Cambridge, Mass., and London, 1985), pp.49-50。

53.《诗经》235,见德巴里、布卢姆编的《中国传统的起源》第一卷《从远古到公元前 1600 年》(New York, 1999), p.38。

54.《荀子 · 乐论》(*The Book of Xunzi*), "A Discussion of Music", 见《荀子集》(*Xunzi: Basic Writings*), Burton Watson 编译(New York, 2003)。

55. 史华慈,《古代中国的思想世界》, p.49。

56.《诗经》254。魏理译。

57.《诗经》258, 见 Bernhard Karlgren 译的 *The Book of Odes*(Stockholm, 1950), p.214。

58. 路易斯 · 雷诺(Louis Renou),《关于梵的概念》("Sur la notion de brahman"), 见《亚洲学刊》(*Journal asiatique*) 237 (1949)。

59. J. C. 希斯特曼,《宗教仪式、启示与轴心时代》, 见艾森施塔特编的《轴心时代各文明的起源与多样性》(Albany, 1986), pp.396-97。

60. 同上, p.403。

61. J. C. 希斯特曼,《传统的内在冲突——关于印度宗教仪式、王权与社会的评论》(Chicago and London, 1985), p.91。

62.《泰帝利耶梵书》(TB) 3.7.7.14,引自希斯特曼的《祭祀的破碎世界——古代印度宗教仪式评论》(Chicago and London, 1993), p.34。

63.《泰帝利耶本集》(TS) 6.4.8.1., 同上, p.209。

64.《二十五梵书》(Pancavimsha Brahmana)(PB) 7.7.9-10, 同上, p.62。

65.《阇弥尼梵书》(JB) 1.135；TS 6.3.1.1.;《百道梵书》(SB) 36.1.27-29；同上, p.67。

66. SB 6.8.1.4，引自希斯特曼，“Ritual, Revelation and the Axial Age” p.402。
67. JB 2.60-70，引自希斯特曼《祭祀的破碎世界》，p.54。
68. SB 10.5.2.23 ; 10.6.5.8，同上，p.57。
69. SB 11.2.2.5，同上，p.34；对照史密斯《反思相似性、仪式与宗教》(*Reflections on Resemblance*) (Oxford and New York，1989)，p.103。
70. JB 2.70，引自希斯特曼《祭祀的破碎世界》，pp.54，57。
71. R. C. 策纳 (R. C. Zaehner),《印度教》(*Hinduism*) (London, New York，and Toronto, 1962) , pp.59-60；史密斯，《反思相似性、仪式与宗教》，pp.30-34，72-81。
72. 路易斯 · 雷诺，《古代印度宗教》(London, 1953)，p.18。
73. PB 24.11.2，引自史密斯《反思相似性、仪式与宗教》，p.59。
74. PB 7.10.15；JB 3.153；SB 7.1.22，同上，p.61。
75. SB 10.4.2.3，同上，p.60。
76. SB 7.4.2.11 ; 6.1.2.17；PB 24.11.2；21.2.3，同上，pp.64-65。
77. SB 4.2.2.16，同上，p.68；对照伊利亚德《瑜伽、不朽与自由》(*Yoga, Immortality and Freedom*)，Willard R. Trask 译 (London, 1958) , p.109；米尔恰 · 伊利亚德，《宗教思想史》，Willard R. Trask 译，3 vols. (Chicago and London, 1978, 1982, 1985) , I: 228-29；托马斯 · J. 霍普金斯 (Thomas J. Hopkins),《印度宗教传统》(*The Hindu Religious Tradition*) (Belmont, Calif., 1971)，p.33。
78. 伊利亚德，《瑜伽、不朽与自由》，pp.109-11；简 · 贡达，《印度宗教中的变革与连续性》(*Change and Continuity in Indian Religion*) (The Hague, 1965)，pp.316-39；霍普金斯，《印度宗教传统》，pp.31-32。
79. AB 1.3，引自霍普金斯的《印度宗教传统》，pp.31-32。
80. 史密斯，《反思相似性、仪式与宗教》，pp.104-12。
81. SB 11.2.6.13，出处同上，p.101。
82. 史密斯，《反思相似性、仪式与宗教》，pp.116-18。
83. TB 3.10.11.1-2，同上，p.117。
84. SB 11.2.3.6；2.2.2.8，引自希斯特曼《祭祀的破碎世界》，pp.97，140；cf.pp.215-18。
85. 霍普金斯，《印度宗教传统》，pp.36-37。
86. SB 2.2.2.15，引自希斯特曼《祭祀的破碎世界》，p.216。
87. SB 11.2.6.3, cited ibid。
88. SB 1.1.1.4；3.3.2.2，引自贡达《印度宗教中的变革与连续性》，pp.338-39；希斯特曼，《祭祀的破碎世界》，p.216。

第三章

1. 伊斯雷尔 · 芬克尔斯坦、尼尔 · 阿舍 · 西尔贝曼，《圣经发掘——古代以色列之考古学新视角及其圣典起源》(New York and London, 2001)，pp.206-12。
2. G. 伦斯基 (G. Lenski),《力量与特权——社会阶层理论》(*Power and Privilege: A Theory of Social Stratification*) (New York, 1966) , pp.161-217，273；安德鲁 · 米恩 (Andrew Mein),《以西结与流亡伦理观》(*Ezekiel and the Ethics of Exile*) (Oxford and New York, 2001)，pp.20-38。
3. 《阿摩司书》7 : 14-15。
4. 《阿摩司书》3 : 8。
5. 迈克尔 · 菲什贝因 (Michael Fishbane),《作为一种宗教现象的圣经预言》(“Biblical Prophecy as a Religious Phenomenon”)，见亚瑟 · 格林编的《犹太灵性信仰》，2 vols. (London and New York,

1986, 1988)，I : 63-68。

6.《诗篇》63 : 1-2 ; 84 : 2; C. F. 惠特利 (C. F. Whitley),《预言的成就》(*The Prophetic Achievement*) (London, 1963)，pp.16-17。

7.《阿摩司书》9 : 1。

8.《阿摩司书》7 : 17。

9.《阿摩司书》1 : 3-2 : 3; 6 : 14; 2 : 4-16。

10.《阿摩司书》5 : 21-24。

11.《阿摩司书》3 : 1-2; 9 : 7-8。

12. 菲什贝因,《作为一种宗教现象的圣经预言》，p.70。

13. 亚伯拉罕·J. 黑舍尔 (Abraham J. Heschel),《先知》(*The Prophets*) , 2 vols. (New York, 1962), I: 22-38。

14.《何西阿书》1 : 2 ; 黑舍尔,《先知》，I : 52-57。

15.《何西阿书》3 : 1-5。

16.《何西阿书》4 : 2。

17.《何西阿书》4 : 4-6，12-14，17 ; 5 : 13-14 ; 10 : 4-11 ; 14 : 4。

18. 黑舍尔,《先知》，I : 57-59。

19.《何西阿书》6 : 6。

20.《何西阿书》11 : 3-4。

21. 威廉 · M. 施尼德温德 (William M. Schniedewind),《圣经怎样成为一本书——古代以色列的文本化》(*How the Bible Became a Book: The Textualization of Ancient Israel*) (Cambridge, U.K., 2004) , pp.24-34。

22. 威廉 · G. 德弗,《圣经作者了解什么以及他们何时得以了解? 关于真实的古代以色列考古学能够告诉我们什么》(Grand Rapids, Mich., and Cambridge, U.K., 2001)，p.280。

23. 弗兰克 · 穆尔 · 克罗斯,《从史诗到圣典——古代以色列的历史和文学》(Baltimore and London, 1998)，pp.41-42。

24. R. E. 克莱门茨 (R. E. Clements),《亚伯拉罕与大卫》(*Abraham and David*) (London，1967)。

25. 彼得 · 马基尼斯特,《古代以色列的独特性》，见 Mordechai Cogan 与 Israel Ephal 合编的 *Studies in Assyrian History and Ancient Near Eastern Historiography* (Jerusalem, 1991) , p.434 ; 迈克尔 · 菲什贝因,《文本与结构——圣经文本选编精读》(*Text and Texture: Close Readings of Selected Biblical Texts*) (New York, 1979) , pp.64, 124-25。

26.《出埃及记》24 : 1-2, 9-11。

27.《民数记》11 : 11, 14-15。

28.《出埃及记》21 : 1-27; 22 : 1-30; 23 : 1-33。

29.《出埃及记》24 : 9, 11。

30.《出埃及记》33 : 16-23 ; 马克 · S. 史密斯,《圣经一神论的起源——以色列多神教背景及乌加里特文本》(New York and London，2001) , p.86。

31.《创世记》3 : 8-9; 6 : 6; 8 : 21; 18 : 1-15。

32.《出埃及记》3 : 13-15。

33.《创世记》18 : 1-15。

34.《创世记》18 : 3。

35.《创世记》22 : 1-10。

36.《创世记》22 : 1-2。

37. 米尔恰 · 伊利亚德,《永恒回归的神话》，Willard R. Trask 译 (Princeton, 1959) , pp.108-10。

38.《以赛亚书》6 : 1-9。

39.《以赛亚书》6 : 11-12。

40. E. A. W. 巴奇、L. W. 金（E. A. W. Budge and L. W. King），《亚述诸王记》（*Annals of the Kings of Assyria*）（London, 1902），p.31。

41.《列王纪 上》16 ;《以赛亚书》7。

42.《诗篇》46 : 5-6。

43.《以赛亚书》9 : 8 ; 10 : 12; 14 : 12; 16 : 6; 23 : 9。

44.《以赛亚书》14 : 30-32。

45.《以赛亚书》10 : 5-7。

46.《以赛亚书》2 : 10-13。

47.《诗篇》46 : 9 ; 对照《以赛亚书》9 : 1 ;《诗篇》76 : 1-3。

48.《以赛亚书》2 : 2-4。

49.《诗篇》131 ; 对照《诗篇》9 : 10-13; 10 ; 本 · C. 奥伦伯格（Ben C. Ollenburger），《锡安，伟大君王之城——耶路撒冷宗教崇拜的神学象征》（*Zion, the City of the Great King: A Theological Symbol of the Jerusalem Cult*）（Sheffield, 1987）, pp.58-69。

50. 芬克尔斯坦、西尔贝曼，《圣经发掘》，pp.239，243-46。

51.《列王纪 下》18 : 3-7。

52.《列王纪 下》19 : 35。

53. 芬克尔斯坦、西尔贝曼，《圣经发掘》，pp.263-64。

54. 奥斯维恩 · 默里，《古代希腊》，2nd ed.（London, 1993）, pp.62-65。

55. 查尔斯 · 弗里曼（Charles Freeman），《希腊的成就——西方世界的根基》（*The Greek Achievement: The Foundation of the Western World*）（New York and London, 1999）, pp.49-50, 116-21。

56.《奥德赛》6 : 262。

57. 克里斯琴 · 迈耶（Christian Meier），《希腊人自治才能的出现》（"The Emergence of Autonomous Intelligence Among the Greeks"），见艾森施塔特编的《轴心时代各文明的起源与多样性》（Albany, 1986）, pp.71-73。

58.《伊利亚特》2 : 273; 18 : 105, 252 ; 弗里曼，《希腊的成就》，p.89。

59. 让-皮埃尔 · 韦尔南（Jean Pierre Vernant），《古代希腊神话与社会》（*Myth and Society in Ancient Greece*），第三版，Janet Lloyd 译（New York, 1996）, p.90。

60. 同上，pp.29-32。

61. 沃尔特 · 布尔克特，《希腊宗教》，John Raffan 译（Cambridge, Mass., 1985），pp.44-49。

62.《伊利亚特》23。

63. 沃尔特 · 布尔克特，《杀手——关于古希腊献祭仪式和神话的人类学》，Peter Bing 译（Berkeley, Los Angeles, and London, 1983）, pp.94-103。

64. 沃尔特 · 布尔克特，《东方化革命——古风时代初期近东对希腊文化的影响》（*The Orientalizing Revolution: Near Eastern Influence on Greek Culture in the Early Archaic Age*）, Margaret E. Pinder 与 Walter Burkert 译（Cambridge, Mass., and London, 1992）, pp.65-67 ; 布尔克特，《希腊宗教》, 199-208 ; 罗伯特 · 帕克，《雅典宗教史》（Oxford and New York, 1996），pp.34-41。

65. 品达（Pindar），《涅墨亚竞技胜利者颂》（*Nemean Ode*）7 : 44-47。在一些神话版本中，阿波罗亲手杀死了皮洛士。

66. 布尔克特，《杀手》，pp.117-30 ; 迈耶，《希腊人自治才能的出现》，pp.79-81。

67. 布尔克特，《希腊宗教》，p.116 ; 默里，《古代希腊》，pp.102-14 ; 弗里曼，《希腊的成就》，pp.65-72。

68. 布尔克特，《东方化革命》，pp.56-67。

69. 罗伯特 · A. 西格尔（Robert A. Segal），《阿多尼斯——希腊永恒之子》（"Adonis: A Greek

Eternal Child")，见多拉·C. 波齐与约翰·M. 威克沙姆（Dora C. Pozzi and John M. Wickersham）编的《神话与城邦》（*Myth and the Polis*）（Ithaca and London，1991）；安东尼·戈特利布，《理性之梦——从古希腊到文艺复兴时期哲学史》（London, 2000），pp.105-10；皮埃尔·维达尔一纳凯（Pierre Vidal-Naquet），《黑衣猎人与雅典士官团的起源》（"The Black Hunter and the Origin of the Athenian Ephebia"），见 R. L. Gordon 编的 *Myth，Religion and Society*（Cambridge, U.K., 1981）。

70. S. L. 沙因（S. L. Schein），《凡间英雄——荷马〈伊利亚特〉导论》（*The Mortal Hero: An Introduction to Homer's Iliad*）（Berkeley, Los Angeles, and London, 1984），p.1。
71. 布尔克特，《希腊宗教》，p.121。
72. 沙因，《凡间英雄》，p.80。
73. 同上，p.70；让一皮埃尔·韦尔南，《双面死亡》（"Death with Two Faces"），见 Seth L. Schein 编的 *Reading the Odyssey: Selective Interpretive Essays*（Princeton, 1996），pp.58-60。
74. 《奥德赛》11 : 500，见 Walter Shewring 译的 *Homer: The Odyssey*（Oxford and New York, 1980）。
75. 《伊利亚特》4 : 482-89，见理查德·拉特摩尔（Richard Lattimore）译的《荷马的伊利亚特》（*The Iliad of Homer*）（Chicago and London, 1951）。
76. 沙因，《凡间英雄》，pp.98-128。
77. 《伊利亚特》9 : 629。拉特摩尔译。
78. 《伊利亚特》9 : 629-52。
79. 《伊利亚特》22 : 345-48。
80. 《伊利亚特》24 : 39-54. 拉特摩尔译。
81. 《伊利亚特》24 : 479-81. 拉特摩尔译。
82. 《伊利亚特》24 : 507-16. 拉特摩尔译。
83. 《伊利亚特》24 : 629-32. 拉特摩尔译。
84. 《伊利亚特》24 : 634. 拉特摩尔译。
85. 《伊利亚特》22 : 158-66。
86. 《伊利亚特》5 : 906。
87. 《伊利亚特》21 : 385-513；20 : 56-65。
88. 布尔克特，《希腊宗教》，pp.114，152；沙因，《凡间英雄》，pp.57-58。
89. 韦尔南，《古代希腊神话与社会》，pp.102-4。
90. 同上，p.113；布尔克特，《希腊宗教》，pp.216-17。
91. 布尔克特，《希腊宗教》，pp.219-25。
92. 《伊利亚特》20 : 48-53; 15 : 110-42; 21 : 391-433。
93. 谢和耐，《前帝国时代的古代中国》，Raymond Rudorff 译（London, 1968），pp.71-75。
94. 谢和耐的评论，见韦尔南，《古代希腊神话与社会》，pp.80-82。
95. 同上，p.81。
96. 休斯顿·史密斯，《人的宗教——人类伟大的智慧传统》（San Francisco, 1991），pp.161-62。
97. 葛兰言，《中国文明》，Kathleen Innes 与 Mabel Brailsford 合译（London and New York, 1951），pp.97-100。
98. 葛兰言，《中国人的宗教》，Naurice Freedman 编译（Oxford, 1975），pp.97-99。
99. 同上，pp.99-102。
100. 冯友兰（Fung Yu-Lan），《中国哲学简史》（*A Short History of Chinese Philosophy*），Derk Bodde 编（New York, 1978），pp.32-37。
101. 《尧典》和《舜典》（The 'Canon of Yao' and the 'Canon of Shun'）见德巴里、布卢姆编的《中

国传统的起源》(New York, 1999) , p.29。

102. 同上，p.30。

103. 保罗 · 邓达斯 (Paul Dundas),《耆那教徒》(*The Jains*) , 2nd ed. (London and New York, 2002) , p.17 ; 史蒂文 · 柯林斯 (Steven Collins),《无私者——小乘佛教的意象与思想》(*Selfless Persons: Imagery and Thought in Theravada Buddhism*) (Cambridge，U.K., 1982), p.64 ; L. 杜蒙 (L. Dumont),《等级人——种姓制度及其涵义》(*Homo Hierarchicus: The Caste System and Its Implications*) (Chicago and London, 1980) , p.46。

104. 加文 · 弗勒德,《印度教导论》(Cambridge，U.K., and New York, 1996) , p.91 ; 帕特里克 · 奥利韦勒 (Patrick Olivelle),《隐修传统》("The Renouncer Tradition") 见弗勒德编的《布莱克威尔印度教指南》(Oxford, 2003) , p.271。

105. 米尔恰 · 伊利亚德,《瑜伽、不朽与自由》, Willard R. Trask 译 (London, 1958) , p.186。

106. J. C. 希斯特曼,《传统的内在冲突——关于印度宗教仪式、王权与社会的评论》(Chicago and London, 1985) , pp.39-40。

107. 帕特里克 · 奥利韦勒 (Patrick Olivelle),《出世奥义书——关于禁欲苦行和隐修的印度经典著作》(*Samnyasa Upanisads: Hindu Scriptures on Asceticism and Renunciation*) (Oxford and New York, 1992)。

108.《梨俱吠陀》10 : 136; 1 : 114，见 Ralph T. H. Griffith 译的 *The Rig Veda* (New York，1992)。

109. 弗勒德,《印度教导论》, pp.79-80 ; 伊利亚德《瑜伽》, pp.103-4。

110. 邓达斯,《耆那教徒》, p.17。

111. 希斯特曼,《祭祀的破碎世界》, pp.164-74 ; 简 · 贡达,《印度宗教中的变革与连续性》(The Hague, 1965) , pp.228-35, 285-94。

112.《摩孥家经》(Manara Gryha Sutra) 1.1.6，引自希斯特曼的《祭祀的破碎世界》, p.170。

113.《百道梵书》(SB) 2.2.2.6 ;《泰帝利耶本集》(TS) 1.7.3.1，引自贡达,《印度宗教中的变革与连续性》, p.229。

114. SB 11.3.3 : 3-6; 11.5.4; 5.7.10; 11.5.6 : 3，同上。

115. 贡达,《印度宗教中的变革与连续性》, pp.289-90。

116. 柯林斯 (Collins),《无私者》(*Selfless Persons*), pp.48-49 ; 弗勒德,《印度教导论》, pp.87-88 ; 希斯特曼,《传统的内在冲突》, pp.42-43。

117. 贡达,《印度宗教中的变革与连续性》, pp.380-84。

118. 同上，pp.381-82 ; 奥利韦勒,《隐修传统》, pp.281-82。

119. 柯林斯,《无私者》, pp.56-60 ; 希斯特曼,《传统的内在冲突》, p.42。

120.《乔答摩法经》(Gautama Dharma Sutra) 3 : 26-25，见奥利韦勒《隐修传统》p.272。

121.《他氏森林书》(Aitirya Aranyaka) 3.2.3 ; 托马斯 · J. 霍普金斯,《印度人的宗教传统》(Belmont, Calif., 1971) , p.50 ; 米尔恰 · 伊利亚德,《宗教思想史》, Willard R. Trask 译，3 vols. (Chicago and London, 1978, 1982, 1985) , I : 232。

122. 奥利韦勒,《出世奥义书》, p.21。

第四章

1.《唱赞奥义书》(Chandogya Upanishad)(CU) 2.23.3. 所有引文摘自帕特里克·奥利韦勒编译的《奥义书》(*Upanisads*) (Oxford and New York, 1996)。

2. CU 2.4.4-5。

3.《大林间奥义书》(Brhadaranyaka Upanishad)(BU) 2.4.4-5。

4. 克劳斯 · K. 克洛斯特迈尔 (Klaus K. Klostermaier),《印度教纵览》(*A Survey of Hinduism*) , 2nd ed. (Albany, 1994) , p.196。

5．BU 2.5.19。

6．CU 6.8.7。

7．BU 4.5.15。

8．奥利韦勒，《奥义书》，p.xxix。

9．同上，p.xxxix；迈克尔·威策尔，《吠陀经与奥义书》，见弗勒德编的《布莱克威尔印度教指南》（Oxford, 2003），pp.85-86。

10．奥利韦勒，《奥义书》，pp.xxxiv-xxxvi; 威策尔，《吠陀经与奥义书》，pp.83-84; BU 3.5.8；2.4.1。

11．奥利韦勒，《奥义书》，p.xxxvii。

12．BU 3.4。

13．BU 3.5.1。

14．BU 4.5.13-15。

15．BU 4.1.1-7。

16．BU 4.3。

17．BU 4.3.21。

18．BU 4.4.23-35。

19．BU 4.4.5-7。

20．BU 3.2.13。

21．BU 4.5.15。

22．CU 8.15。

23．CU 6.1.2。

24．CU 6.2。

25．CU 6.8.7。

26．CU 6.13。

27．CU 6.11; 6.12。

28．CU 6.10。

29．克洛斯特迈尔，《印度教纵览》，p.522。

30．CU 6.7。

31．CU 3.7。

32．CU 6 : 9。

33．CU 1.12。

34．CU 8.7.1。

35．CU 8.7.2。

36．CU 8.8.3。

37．CU 8.11.1。

38．CU 8.12.4-5。

39．CU 8.11.3。

40．CU 8.12.3。

41．查尔斯·弗里曼，《希腊的成就——西方世界的根基》（New York and London, 1999），p.72。

42．奥斯维恩·默里，《古代希腊》，2nd ed.（London, 1993），pp.173-85；克里斯琴·迈耶（Christian Meier），《雅典——黄金时代城邦肖像》（*Athens: A Portrait of the City in Its Golden Age*），Robert 与 Rita Kimber 译（London, 1999），p.41。

43．弗里曼，《希腊的成就》，p.101；迈耶，《雅典》，pp.54-56；沃尔特·布尔克特，《东方化革命——

古风时代初期近东对希腊文化的影响》，Margaret E. Pinder 与 Walter Burkert 译（Cambridge, Mass., and London, 1992），pp.76-77。

44. 布尔克特，《东方化革命》，p.90。

45. 默里，《古代希腊》，p.18。

46. 《神谱》31-35，见多罗西娅·温德译的《赫西俄德与泰奥格尼斯》（London and New York, 1973）。

47. 《工作与时日》（*Works and Days*）248-49; 68-70。温德译。

48. 《工作与时日》258-67。

49. 《工作与时日》106-201。温德译。

50. 《工作与时日》116-18。温德译。

51. 《工作与时日》184。温德译。

52. 让-皮埃尔·韦尔南（Jean-Pierre Vernant），《在人类的桌边》（"At Man's Table"），见 Marcel Detienne 与 Jean-Pierre Vernant 的 *The Cuisine of Sacrifice Among the Greeks*, Paula Wissing 译（Chicago and London, 1989），pp.30-37。

53. 米尔恰·伊利亚德，《比较宗教之范式》，Rosemary Sheed 译（London, 1958），pp.75-77；布尔克特，《东方化革命》，pp.87-90；沃尔特·布尔克特，《希腊宗教》，John Raffan 译（Cambridge, Mass., 1992），pp.122-23；让-皮埃尔·韦尔南和皮埃尔·维达尔-纳凯（Jean-Pierre Vernant with Pierre Vidal-Naquet），《古希腊的神话与悲剧》（*Myth and Tragedy in Ancient Greece*），Janet Lloyd 译（New York, 1990），pp.95-101。

54. 《神谱》535-616；《工作与时日》60-104。

55. 韦尔南，《在人类的桌边》，pp.22-86。

56. 弗里曼，《希腊的成就》，pp.98-192；默里，《古代希腊》，pp.137-45。

57. 亚里士多德（Aristotle），《政治学》（*Politics*）5.13.10b。

58. 默里，《古代希腊》，pp.124-37；弗里曼，《希腊的成就》，pp.91-95；让-皮埃尔·韦尔南，《古代希腊神话与社会》（*Myth and Society in Ancient Greece*），Janet Lloyd 译，3rd ed.（New York, 1996），pp.39-53。

59. 《残篇》12.13-19，见默里（Murray），《古代希腊》（*Early Greece*），p.133。

60. 玛丽·道格拉斯（Mary Douglas），《作为文学作品的〈利未记〉》（*Leviticus as Literature*）（Oxford and New York, 1999），pp.26-29。

61. 默里，《古代希腊》，pp.164-86；韦尔南，《古代希腊神话与社会》，p.47。

62. 葛兰言，《中国文明》，Kathleen Innes 与 Mabel Brailsford 译（London and New York, 1951），pp.259-60，308-9。

63. 《礼记》（*Record of Rites*）1: 704，见理雅各（James Legge）译的 *The Li Ki*（Oxford, 1885）。

64. 《礼记》1：719。

65. 《礼记》1：720。理雅各译。

66. 孔子（Confucius），《论语》（Analects）15：4，见魏理译的 *The Analects of Confucius*（New York, 1992）。

67. 葛兰言，《中国文明》，pp.261-79；谢和耐，《前帝国时代的古代中国》，Raymond Rudorff 译（London, 1968），p.75；霍姆斯·韦尔奇（Holmes Welch），《转折点——老子和道教运动》（*The Parting of the Way: Lao Tzu and the Taoist Movement*）（London, 1958），p.18；休斯顿·史密斯，《人的宗教——人类伟大的智慧传统》（San Francisco, 1991），p.160。

68. 《左传》（*Zuozhuan*）（"The Commentary of Mr. Zuo"）2：29-30，见理雅各译的 *The Ch'un Ts'ew and the Tso Chuen*, 2nd ed.（Hong Kong, 1960）。

69. 《左传》2：412。

70. 《诗经》35, 167, 185。

71.《左传》2 : 18。

72.《左传》2.132。

73.《左传》1.627。理雅各译。

74.《左传》1.320。理雅各译。

75.《左传》3.340。理雅各译。

76.《左传》2.234。理雅各译。

77.《左传》1.509。理雅各译。

78.《左传》1.635。理雅各译。

79. 葛兰言,《中国文明》, pp.287-309。

80.《诗经》55，出处同上，p.288。

81.《礼记》2.263。理雅各译。

82.《礼记》1.215。理雅各译。

83.《礼记》2.359。理雅各译。

84.《礼记》2.627 ; 葛兰言,《中国文明》, pp.288-90。

85. 葛兰言,《中国文明》, pp.297-308。

86. 同上，pp.310-43 ; 葛兰言,《中国人的宗教》, Maurice Freedman 编译 (Oxford, 1975) , pp.82-83 ; 葛兰言,《中国文明》, pp.311-27。

87. 葛兰言,《中国文明》, pp.328-43。

88. 葛兰言,《中国人的宗教》, pp.83-89。

89. 谢和耐,《前帝国时代的古代中国》, p.75。

90. 谢和耐,《中国社会文明史》, J. R. Foster 与 Charles Hartman 译，2nd ed. (Cambridge, U.K., and New York, 1996), p.60 ; 谢和耐,《前帝国时代的古代中国》, pp.77—83。

91.《左传》2.272 ; 协议文本见 592。理雅各译。

92.《左传》2.453。理雅各译。

93. H. G. 顾立雅 (H. G. Creel),《孔子——其人及其传说》(*Confucius: The Man and the Myth*) (London, 1951) , p.19.。

94. 伊斯雷尔 · 芬克尔斯坦、尼尔 · 阿舍 · 西尔贝曼,《圣经发掘——古代以色列之考古学新视角及其圣典起源》(New York and London, 2001) , pp.264-73。

95.《列王纪 下》21 : 2-7; 23 : 11; 23 : 10 ;《以西结书》(Ezekiel) 20 : 25-26 ; 22 : 30 ; 安德鲁 · 米恩 (Andrew Mein),《以西结与流亡伦理观》(*Ezekiel and the Ethics of Exile*) (Oxford and New York, 2001), p.105。

96.《诗篇》68 : 18;84 : 12;格斯塔·W. 阿尔斯特伦,《古代巴勒斯坦史》(Minneapolis, 1993), p.734。

97. 芬克尔斯坦、西尔贝曼,《圣经发掘》, pp.264-73。

98.《列王纪 下》21，23。

99.《列王纪 下》22: 1 ; 威廉 · M. 施尼德温德,《圣经怎样成为一本书——古代以色列的文本化》(Cambridge, U.K., 2004), pp.107-8。

100.《历代志 下》(2 Chronicles) 34: 1-2。

101.《列王纪 下》22 : 8。

102.《出埃及记》24 : 3，7。

103.《出埃及记》31 : 18。

104.《出埃及记》24 : 9-31 : 18 ; 施尼德温德,《圣经怎样成为一本书》, pp.121-34。

105.《出埃及记》24 : 4-8;这是《圣经》中唯一一处出现 “sefer torah” 这一短语的地方。施尼德温德,《圣经怎样成为一本书》, pp.121-26。

106.《列王纪 下》22 : 11-13。

107.《尼希米记》8 : 1-9。

108.《列王纪 下》22 : 16。

109.《列王纪 下》23 : 2-3。

110.《列王纪 下》23 : 4-20。

111.《申命记》(Deuteronomy) 6 : 4-6。

112.《申命记》6 : 14。

113.《申命记》7 : 2-6.

114. 伯纳德 · M. 莱文森 (Bernard M. Levinson),《〈申命记〉与律法革新的解释学》(*Deuteronomy and the Hermeneutics of Legal Innovation*) (Oxford and New York, 1998), pp.148-49。

115.《申命记》12-26。

116.《申命记》11 : 21; 12 : 5。

117.《申命记》12 : 20-24。

118. 莱文森,《〈申命记〉与律法革新的解释学》, p.50。

119.《申命记》16 : 18-20 ; 17 : 8-13 ; 莱文森,《〈申命记〉与律法革新的解释学》, pp.114-3。

120. 莱文森,《〈申命记〉与律法革新的解释学》, pp.138-43 ; 施尼德温德,《圣经怎样成为一本书》p.110。

121.《申命记》17 : 18-20。

122.《列王纪 上》13 : 1-2 ;《列王纪 下》23 : 15-18 ;《列王纪 下》23 : 25。

123. 芬克尔斯坦、西尔贝曼,《圣经发掘》, pp.283-84。

124.《士师记》2 : 7。

125. R. E. 克莱门茨,《上帝与圣殿》(*God and Temple*) (Oxford, 1965), pp.89-95 ; S. 戴维 · 斯珀林 (S. David Sperling),《原始律法——圣经作者的政治意图》(New York and London, 1998), pp.146-47 ; 玛格丽特 · 巴克 (Margaret Barker),《天堂之门——耶路撒冷圣殿的历史与象征体系》(*The Gate of Heaven: The History and Symbolism of the Temple in Jerusalem*) (London, 1991), pp.7—8。

126.《列王纪 上》8 : 27。

127.《申命记》15 : 3。

128.《申命记》15 : 7-8, 见 Everett Fox 译的《摩西五经》(*The Five Books of Moses*) (New York, 1983) ; 比较《申命记》(*Deuteronomy*) 14 : 29 ; 23 : 21 ; 24 : 17-18。

129.《申命记》21 : 15-17 ; 24 : 14-15 ; 15 : 12-15。

130. 莱文森,《〈申命记〉与律法革新的解释学》, pp.11-95。

131.《耶利米书》(*Jeremiah*) 29 : 1-3; 36 : 110 ; 39 : 14 ; 40 : 6 ; 理查德 · 埃利奥特 · 弗里德曼 (Richard Eliott Friedman),《圣经是谁写的? 》(*Who Wrote the Bible?*) (New York, 1987), pp.125-27。

132.《耶利米书》(Jeremiah) 8 : 8-9 ; 施尼德温德,《圣经怎样成为一本书》, pp.114-17。

133. 海姆 · 索洛韦伊奇克 (Haym Soloveitchik),《破裂与重建——当代正统信仰的转型》("Rupture and Reconstruction: The Transformation of Contemporary Orthodoxy"), *Tradition* 28 (1994)。

134.《申命记》12 : 3。

135.《约书亚记》8 : 24-25。

136. 莱文森,《〈申命记〉与律法革新的解释学》, pp.53-97。

137.《列王纪 下》23 : 21-23。

138.《列王纪 下》23 : 29。

第五章

1.《列王纪 下》24 : 16。对这些数字仍存有争议。

2.《耶利米书》52 : 28-30。

3. 伊莱亚斯 · J. 比克尔曼（Elias J. Bickerman），《希腊时代的犹太人》（*The Jews in the Greek Age*）（Cambridge，Mass., and London, 1988），pp.46-47；托马斯 · L. 汤普森（Thomas L. Thompson），《历史上的圣经——作家如何创造往昔》（*The Bible in History: How Writers Create a Past*）（London, 1999），pp. 217-25。

4. 伊弗雷姆 · 斯特恩（Ephraim Stern），《圣经国度之考古学》（*Archaeology of the Land of the Bible*），vol.2 :《亚述、巴比伦和波斯时期（公元前 732 年—公元前 332 年）》（The Assyrian, Babylonian and Persian Periods (732-332)）（New York, 2001），p.303。

5.《耶利米哀歌》（Lamentations）1 : 8-9。

6.《耶利米书》7 : 1-15；26 : 1-19。

7.《耶利米书》20 : 7-9；17-18。

8.《耶利米书》2 : 31-32；5 : 7-9，28-29。

9.《耶利米书》29 : 4-20。

10.《耶利米书》31 : 33-34。

11.《诗篇》137 : 9。

12. 丹尼尔 · L. 史密斯（Daniel L. Smith），《无地者的宗教——巴比伦之囚的社会背景》（*The Religion of the Landless: The Social Context of the Babylonian Exile*）（Bloomington, 1989），pp.39-52；乔纳森 · Z. 史密斯（Jonathan Z. Smith），《地图并非疆域——各宗教历史之研究》（*Map Is Not Territory: Studies in the History of Religions*）（Chicago and London, 1978），p.119。

13. 威廉 · M. 施尼德温德，《圣经怎样成为一本书——古代以色列的文本化》（Cambridge，U.K., 2004），p.152。

14.《以两结书》3 : 15。

15.《以西结书》8 : 1；20 : 1，3。

16. 安德鲁 · 米恩（Andrew Mein），《以西结与流放伦理观》（*Ezekiel and the Ethics of Exile*）（Oxford and New York, 2001），pp.66-74。

17.《以赛亚书》45 : 14；52 : 2；《诗篇》149；107 : 14；Nahum 3 : 10。

18. 比克尔曼，《希腊时代的犹太人》，pp.47-48。

19.《约伯记》1 : 6。

20.《约伯记》1 : 12。

21.《以西结书》1 : 1-2 : 15。

22.《以西结书》2 : 12-15。

23.《以西结书》2 : 3。

24.《以西结书》8-12。

25.《以西结书》8 : 12。

26.《以西结书》9 : 9；11 : 6。

27.《以西结书》7 : 23；16 : 38；18 : 10；22 : 3。

28.《以西结书》37 : 10-11。

29.《以西结书》11 : 18-20。

30.《以西结书》40 : 2；48 : 35；Mein, *Ezekiel*, p.142。

31.《以西结书》47 : 11-12。

32. 米恩，《以西结与流放伦理观》，p.254。

33. 玛丽 · 道格拉斯（Mary Douglas），《自然的象征——宇宙哲学探究》（*Natural Symbols: Explorations in Cosmology*）（London, 1970），pp.59-64；史密斯，《无地者的宗教》，pp.84, 145。

34. 弗兰克 · 穆尔 · 克罗斯，《迦南神话与希伯来史诗——以色列宗教历史文集》（Cambridge, Mass., and London, 1973），pp.321-25。

35.《利未记》17-26。

36.《出埃及记》25-27；35-38；40。

37.《创世记》1，见 Everett Fox 译的《摩西五经》（New York，1983）。

38.《诗篇》137 : 8-9。耶路撒冷圣经译本。

39. 马克 · S. 史密斯，《圣经一神论的起源——以色列多神教背景及乌加里特文本》（New York and London, 2001），pp.167-71。

40.《创世记》1: 31.Fox 译。

41. 迈克尔 · 菲什贝因（Michael Fishbane），《文本与结构——圣经文本选编精读》（New York, 1979）。

42.《出埃及记》35 : 2。耶路撒冷圣经译本。

43.《出埃及记》39 : 43。

44. 阿克罗伊德（Ackroyd），《放逐与重建》（*Exile and Restoration*），pp.91-96。

45.《出埃及记》29 : 45-46。

46. 克罗斯，《迦南神话与希伯来史诗》，pp.298-300；R. E. 克莱门茨（R. E. Clements），《上帝与圣殿》（*God and Temple*）（Oxford，1965），pp.114-21。

47.《出埃及记》40 : 34, 36-38. Fox translation。

48. 克罗斯，《迦南神话与希伯来史诗》，p.321。

49.《民数记》1-4；阿克罗伊德，《放逐与重建》，p.100。

50.《出埃及记》15 : 24；17 : 3；对照 Exodus 16 : 2, 7-9, 12;《民数记》14 : 2，27, 36。

51. 阿克罗伊德，《放逐与重建》，pp.254-55；米恩，《以西结与流放伦理观》，p.137。

52.《利未记》19 : 2。

53.《利未记》26 : 27；戴维 · 达姆罗施（David Damrosch），《利未记》，见 Robert Alter 与 Frank Kermode 合编的 *The Literary Guide to the Bible*（London, 1987）。

54.《利未记》26 : 12；克罗斯译，《迦南神话与希伯来史诗》，p.298。

55.《利未记》25。

56.《利未记》19 : 34。耶路撒冷圣经译本。

57. 玛丽 · 道格拉斯，《在旷野中——〈民数记〉中关于污秽的教义》（*In the Wilderness: The Doctrine of Defilement in the Book of Numbers*）（Oxford and New York, 2001），pp.24-25, 42-43；米恩，《以西结与流放伦理观》，pp.148-49。

58.《民数记》19 : 11-22。

59. 道格拉斯，《在旷野中》，pp.25-26。

60.《利未记》1 : 9, 13, 17。

61.《利未记》1 : 1-3；《出埃及记》20 : 8；玛丽 · 道格拉斯，《作为文学作品的〈利未记〉》（Oxford and New York, 1999），pp.68-69，135-36。

62.《利未记》11 : 31-39, 43-44。

63.《民数记》11 : 31-33；《诗篇》78 : 26-27。

64. 道格拉斯，《作为文学作品的〈利未记〉》，pp.150-73。

65. 克里斯琴 · 迈耶，《雅典——黄金时代城邦肖像》，Robert 与 Rita Kimber 译（London, 1999），pp.150-52。

66. 奥斯维恩 · 默里,《古代希腊》, 2nd ed.（London, 1993）, pp.195-97。

67. 迈耶,《雅典》, pp.70-71。

68. 罗伯特 · 帕克（Robert Parker）,《雅典宗教史》（*Athenian Religion: A History*）（Oxford and New York, 1996）, pp.71-72。

69. 同上, pp.75-91；默里,《古代希腊》, p.270。

70. 沃尔特 · 布尔克特,《杀手——关于古希腊献祭仪式和神话的人类学》, Peter Bing 译（Berkeley, Los Angeles, and London, 1983）, pp.152-68；沃尔特 · 布尔克特,《希腊宗教》, John Raffan 译（Cambridge, Mass., 1985）, pp.232-344；帕克,《雅典宗教史》, pp.89-91；路易丝 · 布吕特 · 扎伊德曼和保利娜 · 施密特 · 潘特尔（Louise Bruitt Zaidman and Pauline Schmitt Pantel）,《希腊城邦的宗教》（*Religion in the Greek City*）, Paul Cartledge 译（Cambridge, U.K, 1992）, pp.105-6。

71. 帕克,《雅典宗教史》, pp.97-100；沃尔特 · 布尔克特,《古代神秘祭仪》（*Ancient Mystery Cults*）（Cambridge, Mass., and London, 1986）, pp.7-95；布尔克特,《杀手》, pp.248-97。

72. 亚里士多德,《残篇》15, 引自布尔克特《古代神秘祭仪》, pp.69,89。

73. 亚里士多德,《残篇》, 出处同上, p.90。

74. 普鲁塔克（Plutarch）,《残篇》168, 出处同上, pp.91-92。

75. 出处同上, p.114。

76. 布尔克特,《古代神秘祭仪》, p.37；约瑟夫 · 坎贝尔（Joseph Campbell）,《穿越时光的神话之转变》（*Transformations of Myth Through Time*）（New York, 1990）, pp.191-93。

77. 扎伊德曼和潘特尔（Zaidman and Pantel）,《希腊城邦的宗教》（*Religion in the Greek City*）, pp.198-218；布尔克特,《希腊宗教》, pp.160-66；让-皮埃尔 · 韦尔南和皮埃尔 · 维达尔-纳凯,《古希腊的神话与悲剧》（*Myth and Tragedy in Ancient Greece*）, Janet Lloyd 译（New York, 1990）, pp.384-90。

78. 扎伊德曼和潘特尔,《希腊城邦的宗教》, pp.199-200；布尔克特,《希腊宗教》, pp.290-93。

79. 马塞尔 · 德蒂恩内（Marcel Detienne）,《烹调实践与祭祀精神》（"Culinary Practices and the Spirit of Sacrifice"）, 见 Marcel Detienne 与 Jean-Pierre Vernant 合编的 *The Cuisine of Sacrifice Among the Greeks*, Paula Wissing 译（Chicago and London, 1989）, pp.7-8；扎伊德曼和潘特尔,《希腊城邦的宗教》, pp.158-75；安东尼 · 戈特利布,《理性之梦——从古希腊到文艺复兴时期哲学史》（London, 2000）, pp.25-26；布尔克特,《希腊宗教》, pp.296-303。

80. 威廉 · K. 弗赖斯特（William K. Freist）,《俄耳甫斯——城邦赋格曲》（"Orpheus: A Fugue on the Polis"）, 见 Dora C. Pozzi 与 John M. Wickerstein 编的 *Myth and the Polis*（Ithaca and London, 1991）, pp.32-48。

81. 戈特利布,《理性之梦》, pp.4-20；布尔克特,《希腊宗教》, pp.305-11；默里,《古代希腊》, pp.247-51；查尔斯 · 弗里曼,《希腊的成就——西方世界的根基》（New York and London, 1999）, pp.149-52；理查德 · 塔尔纳斯（Richard Tarnas）,《西方精神的激情——领略塑造人们世界观的思想》（*The Passion of the Western Mind: Understanding the Ideas That Have Shaped Our World View*）（New York and London, 1991）, pp.19-25。

82.《数论经》（*Samkhya Sutras*）3 : 47。

83.《数论经》3 : 47, 见 Mircea Eliade 的 *Yoga: Immortality and Freedom*, Willard R.Trask 译（London, 1958）, p.12。

84.《数论经》3 : 61, 同上, p.30。

85.《数论颂》（Samkhya Karita）59, 同上。

86. 伊利亚德,《瑜伽》, passim；爱德华 · 康策（Edward Conze）,《佛教坐禅》（*Buddhist Meditation*）（London, 1956）。

87.《瑜伽经》（*Yoga Sutra*）2.42, 见伊利亚德《瑜伽》, p.52。

88. 谢和耐,《前帝国时代的古代中国》, Raymond Rudorff 译（London, 1968）, pp.83-84。

89. 理雅各译,《春秋左传》, 2nd ed.（Hong Kong, 1960）, p.109。

第六章

1. 葛瑞汉（A. C. Graham），《论道者——中国古代哲学论辩》（*Disputers of the Tao: Philosophical Argument in Ancient China*）（La Salle，Ill., 1989），p.9。
2. 孔子,《论语》5 : 6;对照 16 : 2。除非另有说明,《论语》中的引文皆摘自魏理编译的《论语》（New York，1992）。
3. 《论语》7 : 8。
4. 《论语》7 : 33。
5. 本杰明·I. 史华慈,《古代中国的思想世界》（Cambridge，Mass., and London，1985），p.62;冯友兰，《中国哲学简史》，ed. Derk Bodde（New York, 1976），p.12。
6. 《论语》12 : 7。
7. 《论语》7 : 1。
8. 《论语》7 : 19。
9. 《论语》2 : 11。
10. 《论语》5 : 12。
11. 《论语》11 : 11。
12. 《论语》17 : 19。
13. 《诗经》55，见魏理编译的 *The Book of Songs*（London, 1937）;《论语》1 : 15。
14. 《论语》12 : 1. 译文参见史华慈的《古代中国的思想世界》，p.77。
15. 同上。
16. 《论语》2 : 7。
17. 谢和耐，《前帝国时代的古代中国》，Raymond Rudorff 译（London，1968），p.116。
18. 《论语》2 : 8。
19. 同上。
20. 杜维明（Tu Wei-ming），《儒家思想——创造性转换的自我》（Albany，1985），pp.115-16。
21. 《论语》6 : 28，出处同上，p.68。
22. 杜维明，《儒家思想》，pp.57-58；休斯顿 · 史密斯，《人的宗教——人类伟大的智慧传统》（San Francisco, 1991），pp.180-81。
23. 《论语》4 : 15，见葛瑞汉译的《论道者》，p.21。
24. 《论语》15 : 23。
25. 《论语》5 : 11。
26. 葛瑞汉，《论道者》，p.19。
27. 杜维明，《儒家思想》，p.84。
28. 《论语》12 : 3。
29. 《论语》12 : 2。
30. 《论语》6 : 28。
31. 同上。
32. 《论语》6 : 20；16 : 2。
33. 《论语》7 : 29。
34. 《论语》6 : 20；赫伯特 · 芬格莱特（Herbert Fingarette），《孔子——即凡而圣》（*Confucius: The Secular as Sacred*）（New York, 1972），pp.51-56。
35. 《论语》8 : 7。

36.《论语》9 : 10。
37.《论语》11 : 8-9。
38.《论语》5 : 8。
39.《论语》9 : 8。
40.《论语》7 : 5。
41.《以赛亚书》44 : 28。
42.《以赛亚书》41 : 1-4。
43.《以赛亚书》51 : 9-10。
44.《以赛亚书》42 : 1-4 ; 49 : 1-6 ; 50 : 4-9 ; 52 : 13-53 : 12。
45.《以赛亚书》42 : 2-3。
46.《以赛亚书》50 : 5-6，9。
47.《以赛亚书》52 : 13-53 : 5。
48.《以赛亚书》49 : 6。
49.《以赛亚书》41 : 12，16 ; 51 : 23。
50.《以赛亚书》45 : 3。
51.《以赛亚书》41 : 17-24。
52.《以赛亚书》44 : 6-20 ; 46 : 1-9。
53.《以赛亚书》45 : 6。
54.《以赛亚书》42 : 13。
55.《以赛亚书》42 : 17。
56.《以赛亚书》40 : 5 ; 51 : 3。
57.《以赛亚书》54 : 11-17。
58.《以斯拉记》(Ezra) 2 : 64。
59. 约瑟夫斯 (Josephus),《犹太古事记》(*The Antiquities of the Jews*) 11 : 8。
60. 玛格丽特 · 巴克 (Margaret Barker),《旧约——犹太教宗派和早期基督教古老王室祭仪中的残存主题》(*The Older Testament: The Survival of Themes from the Ancient Royal Cult in Sectarian Judaism and Early Christianity*) (London, 1987)，p.186。
61.《哈该书》(Haggai) 1 : 9-11 ; 2 : 4-8。
62.《以斯拉记》3 : 12-13。
63.《撒迦利亚书》(Zechariah) 8 : 23。
64.《撒迦利亚书》2 : 8。
65.《撒迦利亚书》7 : 1-7 ; 8 : 20。
66. 弗兰克 · 穆尔 · 克罗斯,《从史诗到圣典——古代以色列的历史和文学》(Baltimore and London, 1998)，p.170。
67.《历代志 下》(2 Chronicles) 30 : 1-14。
68.《以斯拉记》3 : 13。
69. 克里斯琴 · 迈耶,《雅典——黄金时代城邦肖像》，Robert 与 Rita Kimber 译 (London, 1999)，pp.157—86 ; 查尔斯 · 弗里曼,《希腊的成就——西方世界的根基》(New York and London, 1999)，pp.167-69 ; 奥斯维恩 · 默里,《古代希腊》，2nd ed. (London, 1993)，pp.274-81。
70. 默里,《古代希腊》，pp.279-80。
71. 迈耶,《雅典》，p.158 ; 让-皮埃尔 · 韦尔南,《古代希腊神话与社会》，Janet Lloyd 译，3rd ed. (New York, 1996)，pp.92—96。
72.《赫拉克利特》(Heraclitus) B17，见巴恩斯 (Jonathan Barnes) 编译的《古希腊哲学》(*Early*

Greek Philosophy)(London and New York, 1987), p.110。

73.《赫拉克利特》B61，同上，p.104。

74.《赫拉克利特》B125；Bl2；B49a；B26，同上，pp.117，120，124。

75.《赫拉克利特》B60，同上，p.103。

76.《赫拉克利特》B101，同上，p.113。

77.《赫拉克利特》B119，同上，p.124。

78.《克塞诺芬尼》(Xenophanes) B14；B12；B15，同上，p.95。

79.《克塞诺芬尼》B23，同上。

80.《克塞诺芬尼》B26；B25，同上，p.97。

81.《残篇》1.22，见安东尼 · 戈特利布，《理性之梦》(London and New York, 2000)，p.52。

82. 巴恩斯，《古希腊哲学家》，pp.129-43。

83. 戈特利布，《理性之梦》，p.52。

84. 迈耶，《雅典》，pp.10-18。

85. 默里，《古代希腊》，pp.281-83；迈耶，《雅典》，pp.219-25。

86. 默里，《古代希腊》，pp.236-46；迈耶，《雅典》，pp.3-33。

87. 默里，《古代希腊》，pp.281-83；迈耶，《雅典》，pp.219-25。

88. 希罗多德，《历史》6.21，见让-皮埃尔·韦尔南与皮埃尔·维达尔-纳凯编的《古希腊的神话与悲剧》(*Myth and Tragedy in Ancient Greece*)，Janet Lloyd 译 (New York, 1990)，p.244。

89. 西蒙 · 戈德希尔 (Simon Goldhill)，《大酒神节》("The Great Dionysia")，见 J. J. Winckler 与 F. Zeitlin 编的《与狄俄尼索斯无关？》(*Nothing to Do with Dionysos? Athenian Drama in Its Social Context*)(Princeton，1990)。

90. 弗里曼，《希腊的成就》，p.169。

91. 约翰 · 古尔德 (John Gould)，《悲剧与集体体验》("Tragedy and Collective Experience")，见 M. S. Silk 编的《悲剧与悲剧因素》(*Tragedy and the Tragic: Greek Theatre and Beyond*)(Oxford, 1996)，pp.219-24；西蒙 · 戈德希尔 (Simon Goldhill)，《集体性与他者——希腊歌队之权威》("Collectivity and Otherness: The Authority of the Greek Chorus")，见 Silk 的 *Tragedy*，pp.245-60。

92. 查尔斯 · 西格尔 (Charles Segal)，《希腊悲剧中的净化、倾听与终止》("Catharsis，Audience and Closure in Greek Tragedy")，见 Silk 编的 *Tragedy*，pp.149-66。

93. 埃斯库罗斯 (Aeschylus)，《波斯人》(The Persians) 179-84，见 Philip Vellacott 译的《埃斯库罗斯的〈被缚的普罗米修斯〉及其他戏剧》(*Aeschylus: Prometheus Bound and Other Plays*)(London and New York, 1961)。

94.《波斯人》826-29. 韦拉科特译。

95. 迈耶，《雅典》，pp.207-8。

96. 韦尔南，《古代希腊神话与社会》，pp.133-35。

97. 埃斯库罗斯，《阿伽门农》(*Agamemnon*) 1592，见罗伯特·法格勒斯 (Robert Fagles) 译的《埃斯库罗斯的〈俄瑞斯忒亚〉》(*Aeschylus: The Oresteia*)(New York and London, 1975)。

98. 西格尔，《希腊悲剧中的净化、倾听与终止》，pp.157-58；奥利弗 · 塔普林 (Oliver Taplin)，《喜剧与悲剧》("Comedy and the Tragic")，见 Silk 的 *Tragedy*，pp.198-99。

99. 韦尔南，《古希腊的神话与悲剧》，p.277；迈克尔 · 特拉普 (Michael Trapp)，《道德理性的脆弱》("The Fragility of Moral Reasoning")，见 Silk 的 *Tragedy*，pp.76-81。

100.《安提戈涅》(*Antigone*) 348-70，见 E. F. Watling 译的《索福克勒斯的底比斯戏剧》(*Sophocles: The Theban Plays*)(London and New York, 1957)。

101. 托马斯 · J. 霍普金斯，《印度宗教传统》(Belmont, Calif., 1971)，pp.50-51。

102.《羯陀奥义书》(Katha Upanishad) 1.26，见奥利韦勒的《奥义书》(Oxford and New York,

1996)。

103.《羯陀奥义书》3:2-4，6，8；6:11。奥利韦勒译。

104. 约翰·凯伊(John Keay),《印度历史》(*India: A History*)(London, 2000), pp.47-73；奥利韦勒,《奥义书》, pp.xxviii-xxvix；加文·弗勒德,《印度教导论》(Cambridge, U.K., and New York), pp.80-81；赫尔曼·库尔克,《印度轴心时代的历史背景》，见艾森施塔特编的《轴心时代各文明的起源与多样性》(Albany, 1986), p.109。

105. 库尔克,《印度轴心时代的历史背景》, p.384。

106. 伊利亚德,《瑜伽：不朽与自由》, Willard R. Trask 译(London, 1958), pp.139-40，158。

107. 特雷弗·林(Trevor Ling),《佛陀——印度和锡兰的佛教文明》(*The Buddha: Buddhist Civilization in India and Ceylon*)(London, 1973), pp.78-82。

108. 伊利亚德,《瑜伽：不朽与自由》, pp.189-91；霍普金斯,《印度宗教传统》, p.54。

109. 保罗·邓达斯,《耆那教徒》, 2nd ed.(London and New York, 2002), pp.28-30。

110. 同上，p.27；霍普金斯,《印度宗教传统》, pp.54-55。

111. 邓达斯,《耆那教徒》, pp.106-7。

112.《圣行经》(Acaranga Sutra)(AS) 2.15.25。

113. AS 1.5.6.3，见邓达斯《耆那教徒》, p.43。

114. AS 1.4.1.1-2，同上，pp.41-42。

115. AS 1.2.3，同上。

116.《超出规定时间的十讲经》(Dasavairtaklika) 4.10，同上，p.160。

117. AS 1.21；1.1.3.2。

118. 邓达斯,《耆那教徒》, pp.34-35。

119. 同上，pp.170-71。

120.《六功课经》(Avashyaksutra) 32，见邓达斯《耆那教徒》, p.171。

第七章

1. 玛格丽特·巴克,《旧约——犹太教宗派和早期基督教古老王室祭仪中的残存主题》(London, 1987), pp.201-16。

2.《以赛亚书》65:16-25。

3.《以赛亚书》56:7。

4.《尼希米记》2:14；4:11-12。

5. 格斯塔·W. 阿尔斯特伦,《古代巴勒斯坦史》(Minneapolis, 1993), pp.880-83；伊莱亚斯·J. 比克尔曼(Elias J. Bickerman),《希腊时代的犹太人》(*The Jews in the Greek Age*)(Cambridge, Mass., 1988), pp.29-32；W. D. 戴维斯、路易斯·芬克尔斯坦(W. D. Davies and Louis Finkelstein), 编,《剑桥犹太教史》(*The Cambridge History of Judaism*), 2 vols.(Cambridge, U.K, 1984), I:144-53。

6.《以斯拉记》7:6。

7.《以斯拉记》7:21-26；比克尔曼,《希腊时代的犹太人》, p.154。

8.《尼希米记》8。

9.《以斯拉记》10。

10.《以赛亚书》63:10-19。

11.《约拿书》(Jonah) 4:11。

12. 第欧根尼·拉尔修(Diogenes Laertius),《名哲言行录》(*Lives of the Philosophers*) 9.72，见巴

恩斯编译的《古希腊哲学》（London and New York，1987），p.157。

13. 柏拉图（Plato），《巴门尼德篇》（*Parmenides*）127a-128d。
14. 安东尼 · 戈特利布，《理性之梦——从古希腊到文艺复兴时期哲学史》（London, 2000），pp.65-71。
15. 同上，p.78。
16. 柏拉图，《申辩篇》（*Apology*）26d；戈特利布，《理性之梦》，p.84。
17. G. B. 柯费尔德（G. B. Kerferd），《智者运动》（*The Sophistic Movement*）（Cambridge，U.K, 1981）；戈特利布，《理性之梦》，pp.109-28；沃尔特 · 布尔克特，《希腊宗教》，John Raffan 译（Cambridge, Mass., 1985），pp.311-17；理查德·塔尔纳斯（Richard Tarnas），《西方精神的激情——领略塑造人们世界观的思想》（*The Passion of the Western Mind: Understanding the Ideas That Have Shaped Our World View*, New York and London, 1991），pp.26-31；克里斯琴·迈耶，《雅典——黄金时代城邦肖像》（London, 1999），pp.440-45。
18. 高尔吉亚（Gorgias），《残篇》3。
19. 迈耶，《雅典》，pp.405-12。
20. 安梯丰（Antiphon），《残篇》44，见戈特利布的《理性之梦》，p.125。
21. 普罗塔哥拉，《残篇》1，同上，p.119。
22. 普罗塔哥拉，《残篇》4，见塔尔纳斯的《西方精神的激情》，p.28。
23. 欧里庇得斯（Euripides），《关于诸神的本性》（“On the Nature of the Gods”），引自迈耶的《雅典》（*Athens*），p.443。
24. 《赫拉克勒斯》（*Heracles*）1307；1341-46。见 Philip Vellacott 译的《欧里庇得斯的〈美狄亚〉及其他戏剧》（*Euripides: Medea and Other Plays*）（London and New York, 1963）。
25. 《残篇》1018，见布尔克特译的《希腊宗教》（*Greek Religion*），p.319。
26. 《特洛伊妇女》（*Trojan Women*）884-88，见 John Davie 译的 *Euripides: Electra and Other Plays*（London and New York, 1998）。
27. 《美狄亚》（Medea）1021-80；Bernard Seidensticker, “Peripeteia and Tragic Dialectic in Euripidean Tragedy”，见 M. S. Silk 编的 *Tragedy and the Tragic: Greek Theatre and Beyond*（Oxford, 1996），pp.387-88。
28. 亚里士多德，《修辞术》（*Rhetoric*）1385b.11-1386b.7，见 Richard McKeon 编的 *The Basic Works of Aristotle*（New York, 2001）。
29. 塞登施蒂克（Seidensticker），《欧里庇得斯悲剧中的情节突变与悲剧辩证法》（“Peripeteia and Tragic Dialectic”），pp.402-3。
30. 《赫拉克勒斯》1233-38；1398-1428。Vellacott translation。
31. 对照《奥德赛》（*Odyssey*）11：275-76。
32. 查尔斯 · 西格尔，《希腊悲剧中的净化、倾听与终止》见 Silk 的 Tragedy and the Tragic, pp.166-68；克洛德 · 卡拉姆（Claude Calame），《视觉、失明与面具——情感的激进化》（“Vision, Blindness and Mask: The Radicalization of the Emotions”），见 Silk 的 *Tragedy and the Tragic*, pp. 19-31；理查德 · 巴克斯顿（Richard Buxton），《在“俄狄浦斯王”中你能依靠什么？》（“What Can You Rely on in Oedipus Rex?”），见 Silk 的 *Tragedy and the Tragic*, pp.38-49。
33. 《俄狄浦斯王》（*King Oedipus*）1297；1312；1299；1321，见 E. F. Watling 译的 *Sophocles: The Theban Plays*（London and New York, 1947）。
34. 让-皮埃尔 · 韦尔南和皮埃尔 · 维达尔-纳凯，《古希腊的神话与悲剧》，Janet Lloyd 译（New York, 1990），pp.113-17。
35. 柏拉图，《会饮篇》（*Symposium*）220c；174d；175b，见 W. Hamilton 译的 *The Symposium*（Harmondsworth, 1951）。
36. 柏拉图，《拉凯斯篇》（*Laches*）187e，见 Benjamin Jowett 与 M. J. Knight 合译的 *The Essential Plato*（Oxford, 1871）；Alain de Botton 导论重印版（London, 1999）。

37. 柏拉图,《拉凯斯篇》“On Courage”。Jowett 译。
38. 柏拉图,《申辩篇》38a5-6。Jowett 译。
39. 柏拉图,《克里托篇》47e。Jowett 译。
40. 柏拉图,《克里托篇》49a。
41. 柏拉图,《会饮篇》215de。Hamilton 译。
42. 查尔斯 · 西格尔,《酒神节的诗学与欧里庇得斯的“酒神的伴侣”》(*Dionysiac Poetics and Euripides' Bacchae*), 2nd ed.(Princeton, 1997);理查德 · 西福德(Richard Seaford),《与狄俄尼索斯有关——悲剧与酒神节》(“Something to Do with Dionysus: Tragedy and the Dionysiac”),见 Silk 的 *Tragedy and the Tragic*, pp.284-92;奥利弗 · 塔普林(Oliver Taplin),《喜剧与悲剧》(“Comedy and the Tragic”), 见 Silk 的 *Tragedy and the Tragic*, pp.284-92;乔治 · 斯坦纳(George Steiner),《悲剧、纯粹与质朴》(“Tragedy, Pure and Simple”), 见 Silk 的 *Tragedy and the Tragic*, pp.538-89;韦尔南,《古希腊的神话与悲剧》, pp.381-412;迈耶,《雅典》, pp.575-78。
43. 欧里庇得斯,《酒神的伴侣》(*The Bacchae*) 1168-1231, 见 Philip Vellacott 译的 *Euripides: The Bacchae and Other Plays*(London and New York, 1973)。
44. 欧里庇得斯,《酒神的伴侣》1075-95。
45. 柏拉图,《申辩篇》37e。Jowett 译。
46. 谢和耐,《中国社会文明史》, J. R. Foster and Charles Hartman 译, 2nd ed.(Cambridge, U.K., and New York, 1996), p.62。
47. 谢和耐,《前帝国时代的古代中国》, Raymond Rudorff 译(London, 1968), pp.93-94, 96-101;谢和耐,《中国社会文明史》, pp.65-67。
48.《左传》(“The Commentary of Mr. Zuo”) 2 : 30, 见理雅各译的 *The Ch'un Ts'ew and the Tso Chuen*(Hong Kong, 1960)。
49. 葛兰言,《中国文明》, Kathleen Innes 与 Mabel Brailsford 合译(London and New York, 1951), pp.32-33。
50. 司马迁,《史记》124, 见冯友兰《中国哲学简史》, Derk Bodde 编译(New York, 1976), p.50。
51. 冯友兰,《中国哲学简史》, pp.50-52。
52.《淮南子》(*The Book of Huainan*) 20。本书由二十一篇文章集成, 编撰于公元前 2 世纪。
53. 葛瑞汉(A. C. Graham),《后期墨家逻辑、伦理与科学》(*Later Mohist Logic, Ethics and Science*)(Hong Kong, 1978), p.4;谢和耐,《前帝国时代的古代中国》, pp.116-17。
54.《墨子》(*The Book of Mozi*) 26 : 4。引文出自 Burton Watson 编译的 *Mo-Tzu: Basic Writings*(New York, 1963), 除非另有说明。
55. 葛瑞汉,《论道者——中国古代哲学论辩》(La Salle, Ill., 1989), p.34;本杰明 · I. 史华慈,《古代中国的思想世界》(Cambridge, Mass., and London, 1985), p.137。
56.《墨子》26 : 4。
57.《墨子》6 : 17-18。
58. 谢和耐,《前帝国时代的古代中国》, p.116。
59.《墨子》3 : 16, 冯友兰《中国哲学简史》, p.55。
60. 葛瑞汉,《论道者》, p.41。
61.《墨子》15 : 11-15。
62. 葛瑞汉,《论道者》, pp.47-48。
63. 史华慈,《古代中国的思想世界》, p.157。
64.《墨子》8。
65.《墨子》15。
66. 葛瑞汉,《后期墨家逻辑、伦理与科学》, p.256。

67.《墨子》4，见史华慈《古代中国的思想世界》，p.145。

68.《墨子》16。

69. 同上。

70.《中部经典》(Majjhima Nikaya) (MN) 26，85，100 ;《本生经》(Jataka) 1.62。巴利文经藏包括四部佛陀的训诫集（*Majjhima Nikaya, Digha Nikaya, Anguttara Nikaya,* and *Samyutta Nikaya* ）以及小部经典，包括《无问自说经》(*Udana*) 和《本生经》(*Jataka*)。此处经藏引文系作者所译。

71. MN 26。

72.《无问自说经》(Udana) 8 : 3。

73. MN 26，36，85，100。

74. MN 12，36，85，200。

75. MN 36。

76. 约瑟夫 · 坎贝尔（Joseph Campbell），《东方神话——上帝的面具》(*Oriental Mythology: The Masks of God*) (New York, 1962)，p.236。

77. MN 36。

78.《增支部经典》(Anguttara Nikaya) (AN) 9 : 3 ; MN 38，41。

79.《律藏犍度部》(*Vinaya*: Mahavagga) 1.6。这段经文是律藏（即僧侣戒律）的一部分。

80.《无问自说经》3 : 10。

81. MN 38。

82. 赫尔曼 · 奥尔登伯格（Hermann Oldenberg），《佛陀——生平、教义及戒律》(*Buddha: His Life, His Doctrine, His Order*)，William Hoey 译（London, 1882），pp.299-302;爱德华·康策（Edward Conze），《佛教——其精髓及发展》(*Buddhism: Its Essence and Development*) (Oxford, 1951)，p.102。

83. AN 8.7.3。

84. 理查德·F. 冈布里奇(Richard F. Gombrich),《佛教是怎样产生的——受到制约的早期教义的起源》(*How Buddhism Began: The Conditioned Genesis of the Early Teachings*) (London and Atlantic Highlands, N. J., 1996)，pp.60-61。

85. 迈克尔 · 卡里特斯（Michael Carrithers），《 佛 陀 》(*The Buddha*) (Oxford and New York, 1993)，pp.75-77。

86. AN 8.20。

87. MN 36 ;《相应部经典》(Samyutta Ni kaya) 12.65。

88. MN 36。

89. AN 10.95。

90. MN 29。

91. 凯伦·阿姆斯特朗（Karen Armstrong），《神的历史——犹太教、基督教和伊斯兰教四千年的追寻》(*A History of God: The 4,000 Year Quest of Judaism, Christianity and Islam*) (London and New York, 1993)。

92.《经集》(Sutta-Nipata) 43 : 1-44。一部早期佛教诗集。

93.《律藏犍度部》:《大品》(Vinaya: Mahavagga) 1.5。

94. 同上。

95.《律藏犍度部》:《大品》1.6。

96.《律藏犍度部》:《大品》1.11。

97.《律藏犍度部》:《大品》1.6 ; SN 22 : 59。

98.《律藏犍度部》:《大品》1.6。

99. MN 1。

100. MN 22。
101.《相应部经典》53 : 31。
102. MN 63。
103. AN 3.65。
104.《经集》118。
105. AN 3.65。
106.《相应部经典》3.1-8。
107. MN 89。
108. 卡尔 · 雅斯贝尔斯（*Karl Jaspers*),《大哲学家——奠基者》(*The Great Philosophers: The Foundations*)，Hannah Arendt 编，Ralph Manheim 译（London, 1962)，pp.99-105。
109. AN 4.36。

第八章

1. 谢和耐,《中国社会文明史》(*A History of Chinese Civilization*)，J. R. Foster 与 Charles Hartman 合译, 2nd ed.(Cambridge, U.K., and New York, 1996), pp.67-81；谢和耐,《前帝国时代的古代中国》, Raymond Rudorff 译（London, 1968)，pp.89-114。
2. 本杰明 · I. 史华慈,《古代中国的思想世界》(Cambridge, Mass., and London, 1985)，pp.238-39。
3. 葛兰言,《中国文明》, Kathleen Innes 与 Mabel Brailsford 译（London and New York, 1951), p.32。
4.《论语》14 : 39，41；l8 : 6。
5.《庄子》(*The Book of Zhuangzi*)，15 : 1，见 Martin Palmer 与 Elizabeth Brenilly 合译的 *The Book of Chuang Tzu*（London and New York, 1996)。
6. 葛瑞汉,《论道者——中国古代哲学论辩》(La Salle, Ill., 1989) , pp.64-74。
7.《庄子》15 : 5。
8. 冯友兰,《中国哲学简史》, Derk Bodde 编译（New York, 1976) , pp.60-66。
9.《春秋》(*Annals of Spring and Autumn*) 1.3。
10.《春秋》21.4，见葛瑞汉《论道者》，p.251。
11.《孟子》(*The Book of Mencius*) 3B9，见刘殿爵（D. C. Lau）译的 *Mencius*（London 1970)。
12.《孟子》7A 26。刘殿爵译。
13.《淮南子》，13。
14.《孟子》3B9。
15.《内业》(*Inward Training*) 2.100，见葛瑞汉《论道者》，pp.100-105。
16.《内业》2.102。葛瑞汉译。
17.《庄子》17 : 34。Palmer 译。
18. 葛瑞汉,《论道者》，pp.76-82；史华慈,《古代中国的思想世界》，pp.223-24；冯友兰,《中国哲学简史》，pp.83-94。
19.《庄子》33。Palmer 译。
20. 史华慈,《古代中国的思想世界》，p.224。
21. 冯友兰,《中国哲学简史》，p.91。
22. 葛瑞汉,《论道者》，pp.172-203；史华慈,《古代中国的思想世界》，pp.215-36；冯友兰,《中国哲学简史》，pp.104-17；伊懋可（Mark Elvin),《中国发生过超越性的变革吗？》("Was There a Transcendental Breakthrough in China?")，见艾森施塔特：《轴心时代各文明的起源与多样性》(Albany, 1986)，pp.342-46。

23.《庄子》17。

24.《庄子》20 : 61-68。Palmer 译。

25.《庄子》18 : 15-19。Palmer 译。

26.《庄子》6.53，见 David Hinton 译的 *Chuang Tzu: The Inner Chapters*（Washington, D.C., 1998）。

27.《庄子》5 : 84。

28.《庄子》6 : 29-31。

29. 伊懋可，《中国发生过超越性的变革吗？》，p.343。

30.《庄子》4 : 26-28。Hinton 译。

31.《庄子》2 : 29-31。Palmer 译。

32.《庄子》17 : 3。

33.《庄子》19 : 19-21 ; 13 : 70-75。Palmer 译。

34.《庄子》2 : 1-3。Hinton 译。

35.《庄子》6 : 93。Hinton 译。

36.《庄子》6 : 19。

37.《庄子》6 : 20。Palmer 译。

38.《庄子》1 : 21。Palmer 译。

39.《庄子》6 : 80。Palmer 译。

40.《庄子》7 : 32 ; 13 : 2-6 ; 33 : 56。

41.《庄子》6 : 11。

42. 葛瑞汉，《论道者》，pp.111-32 ; 伊懋可，《中国发生过超越性的变革吗？》，pp.340-42 ; 史华慈，《古代中国的思想世界》，pp.255-90 ; 冯友兰，《中国哲学简史》，pp.68-79 ; 杜维明，《儒家思想——创造性转换的自我》（*Confucian Thought: Selfhood as Creative Transformation*）（Albany, 1985），pp.61-109。

43.《孟子》2A 1 ; 2B 13 ; 引自刘殿爵译的 *Mencius*。

44.《孟子》2A 3。

45.《孟子》1A 5-6。

46.《孟子》1A 7。

47.《孟子》3A 4。

48.《孟子》3B 9。

49.《孟子》2A 6。

50.《孟子》3A 5。

51.《孟子》1A 7。

52. 同上。

53.《孟子》2A 6。

54. 同上。

55.《孟子》6A 8。

56. 同上。

57.《孟子》6A 11。

58.《孟子》7A 1。

59.《孟子》2A 2 ; 冯友兰，《中国哲学简史》，p.78。

60.《孟子》7A 4。

61.《孟子》7A 13。

62. E. 华盛顿·霍普金斯,《印度的伟大史诗》(*The Great Epic of India*)(New York, 1902);托马斯·J. 霍普金斯,《印度宗教传统》(Belmont, Calif., 1971), pp.87-89;克劳斯·K. 克洛斯特迈尔 (Klaus K. Klostermeier),《印度教简史》(*Hinduism: A Short History*)(Oxford, 2000), pp.58-62 ; 约翰 · 布罗金顿 (John Brockington),《梵文史诗》(*The Sanskrit Epics*)(Leiden, 1998); 约翰 · 布罗金顿,《梵文史诗》, 见 Gavin Flood 编的 *The Blackwell Companion to Hinduism* (Oxford, 2003), pp.116-23 ; R. C. 策纳 (R. C. Zaehner),《印度教》(*Hinduism*)(London, New York, and Toronto, 1962), pp.84-120 ; 阿尔夫 · 希尔特拜特尔 (Alf Hiltebeitel),《战斗的仪式——摩诃婆罗多中的克里希纳》(*The Ritual of Battle: Krishna in the Mahabharata*)(Ithaca and London, 1976); 戴维 · 舒尔曼 (David Shulman),《马嘶与广喜——梵文史诗中的婆罗门与君主范式》("Asvatthaman and Brhannada: Brahmin and Kingly Paradigms in the Sanskrit Epics"), 见艾森施塔特《轴心时代各文明的起源与多样性》(Albany, 1986), pp.407-25。
63.《摩诃婆罗多》(*Mahabharata*) 5.70.40-66。
64.《摩诃婆罗多》6.103.71 : 82-90。
65.《摩诃婆罗多》7.164.63, 见 K. M. Ganguli 译的 *Mahabharata*, 12 vols. (Calcutta, 1883-96)。
66.《摩诃婆罗多》7.164.98-99。Ganguli 译。
67.《摩诃婆罗多》7.164.41-42。
68.《泰帝利耶本集》3.1.10.3 ;《百道梵书》4.2.2.4。
69.《摩诃婆罗多》9.60.62。Ganguli 译。
70.《摩诃婆罗多》5.70.66。Ganguli 译。
71.《摩诃婆罗多》10.3.33。Ganguli 译。
72.《摩诃婆罗多》10.14.6-7。
73.《摩诃婆罗多》10.15.1-10。
74.《摩诃婆罗多》10.18.9cd-12, 引自 Hiltebeitel 的 *Ritual of Battle*, p.334。
75. 理查德 · 塔尔纳斯 (Richard Tarnas),《西方精神的激情——领略塑造人们世界观的思想》(*The Passion of the Western Mind: Understanding the Ideas That Have Shaped Our World View*)(New York and London, 1991), pp.4-54; 伯纳德·威廉斯 (Bernard Williams),《柏拉图——哲学的创造》("Plato: The Invention of Philosophy"), 见 Frederic Raphael 与 Ray Monk 编的《大哲学家》(*The Great Philosophers*)(London, 2000), pp.41-75 ; 安东尼 · 戈特利布,《理性之梦——从古希腊到文艺复兴时期哲学史》(London, 2000), pp.169-219 ; 沃尔特 · 布尔克特,《希腊宗教》, John Raffan 译 (Cambridge, Mass., and London, 1992), pp.321-37。
76.《第七封信》(*Seventh Letter*) 326a, 引自戈特利布的《理性之梦》, p.176。
77. 威廉斯,《柏拉图》, p.47 ; 塔尔纳斯,《西方精神的激情》, p.13。
78.《克拉底鲁篇》(*Cratylus*) 386e, C. D. C. Reeve 译, 见 John M. Cooper 编的 *Plato: Complete Works* (Indianapolis, 1997)。
79. 米尔恰 · 伊利亚德,《永恒回归的神话》, Willard R. Trask 译 (Princeton, 1959), pp.34-35。
80.《美诺篇》(*Meno*) 82 b-c。
81. 引自戈特利布的《理性之梦》, p.170。
82.《美诺篇》81c-d, G. M. A. Grube 译自 Cooper 编的 *Plato: Complete Works*。
83.《美诺篇》82b-c。
84. 戈特利布,《理性之梦》, p.174。
85. 同上, p.207。
86.《会饮篇》210e, 见 W. Hamilton 译的 *The Symposium* (Harmondsworth, 1951)。
87.《会饮篇》201e。Hamilton 译。
88.《会饮篇》210e。Hamilton 译。
89.《国家篇》(*Republic*) 504d-509d。

90.《国家篇》520c, G. M. A. Grube 与 C. D. C. Reeve 译自 Cooper 编的 *Plato: Complete Works*。

91.《国家篇》517a。Grube and Reeve 译。

92.《国家篇》520c。Grube and Reeve 译。

93. P. E. 伊斯特林（P. E. Easterling），《一个时代的终结——公元前 4 世纪早期的悲剧》（“The End of an Era: Tragedy in the Early Fourth Century”），见 A. H. Sommerstein 编的 *Tragedy, Comedy, and the Polis*（Bail,1993）。

94. P. J. 威尔逊（P. J. Wilson），《公元前 4 世纪对悲剧的运用》（“The Use of Tragedy in the Fourth Century”），见 M. S. Silk 编的 *Tragedy and the Tragic: Greek Theatre and Beyond*（Oxford, 1996），pp.314-16。

95.《国家篇》606d。Grube and Reeve 译。

96.《国家篇》603e-606b; Stephen Halliwell, “Plato's Repudiation of the Tragic” 见 Silk 的 *Tragedy and the Tragic*。

97.《蒂迈欧篇》（*Timaeus*）28c, Donald J. Zeyl，译自 Cooper 编的 *Plato: Complete Works*。

98.《蒂迈欧篇》39-41。Zeyl 译。

99.《蒂迈欧篇》90a。Zeyl 译。

100.《会饮篇》202e-203a；《法篇》（*Laws*）834a；729e；941a。

101.《法篇》771d。

102.《法篇》653b；654a, Trevor J. Saunders，译自 Cooper 编的 *Plato: Complete Works*。

103.《法篇》717b。

104. 布尔克特，《希腊宗教》，pp.333-34。

105.《法篇》716c。Saunders 译。

106.《法篇》888b；885b。Saunders 译。

107.《法篇》907d；909d。

108.《尼各马可伦理学》（*Nichomachean Ethics*）1178a，见 Richard McKeon 编的 *The Basic Works of Aristotle*（New York, 2001）。

109.《尼各马可伦理学》1177a，同上。

110. 戈特利布，《理性之梦》，pp.270-72。

111. 布尔克特，《希腊宗教》，p.331。

112.《尼各马可伦理学》1099b11；1179a24。

113.《政治学》1335b.15；1314b39；1331a27；1336b6；《修辞术》1391b1。

114. 凯伦 · 阿姆斯特朗，《神的历史——犹太教、基督教和伊斯兰教四千年的探求》（London and New York, 1993），pp.171-208。

115.《残篇》15，引自 Walter Burkert 的 *Ancient Mystery Cults*（Cambridge, Mass., and London, 1987），pp.69，89。

116. 戈特利布，《理性之梦》，p.277。

117.《论诗》6，1449b28。

第九章

1. 葛瑞汉（A. C. Graham），《论道者——中国古代哲学论辩》（La Salle, Ill., 1989），pp.267-76；史华慈，《古代中国的思想世界》（Cambridge, Mass., and London, 1985），pp.321-45；冯友兰，《中国哲学简史》，Derk Bodde 编译（New York, 1976），pp.155-65。

2. 史华慈，《古代中国的思想世界》，pp.321-23。

3.《管子》(*The Book of Guanzi*) 67.3.55，葛瑞汉《论道者》，p.274。《管子》被认为是公元前 7 世纪的政治家管仲之作，但实际的成书时间要晚得多。

4.《商君书》(*Shanqiunshu*) ("The Book of Lord Shang") 2 : 7，引自冯友兰《中国哲学简史》，p.159。

5.《商君书》9 : 1。

6.《商君书》8 : 8，引自史华慈《古代中国的思想世界》，p.328。

7.《商君书》20，引自 Mark Elvin, "Was There a Transcendental Breakthrough in China?"，见 S. N. Eisenstadt 编的 *The Origins and Diversity of Axial Age Civilizations* (Albany, 1980)，p.352。

8.《商君书》20，引自葛瑞汉《论道者》，p.290。

9.《商君书》20，引自史华慈《古代中国的思想世界》，pp.342-43。

10.《韩非子》(*Han Feizi*) ("The Book of Han Fei") 54，引自葛瑞汉《论道者》，p.290。

11.《韩非子》5，同上，p.288。

12. 葛瑞汉，《论道者》，pp.235-67；史华慈，《古代中国的思想世界》，pp.299-320；冯友兰，《中国哲学简史》，pp.143-54；伊懋可，《中国存在超越性的变革吗？》，pp.348-51。

13.《荀子》("The Book of Master Xun") 9，见 Burton Watson 编译的 *Xunzi: Basic Writings* (New York, 2003)。

14.《荀子》16。

15.《荀子》16，见史华慈《古代中国的思想世界》，p.305。

16.《荀子》8，引自葛瑞汉《论道者》，p.238。

17.《荀子》15 : 72。Watson 译。

18.《荀子》17 : 44。Watson 译。

19. 同上。Watson 译。

20.《荀子》23 : 1-4。Watson 译。

21. 同上。Watson 译。

22. 同上。

23.《荀子》21 : 28-30。

24.《荀子》19 : 63。Watson 译。

25.《荀子》19 : 17-79。Watson 译。

26.《荀子》19，在书中经常出现，本句如叠句贯穿本节。

27.《荀子》21 : 34-39。Watson 译。

28. 同上。Watson 译。

29. 同上。Watson 译。

30. 葛瑞汉，《论道者》，p.215；伊懋可，《中国发生过超越性的变革吗？》，p.352；休斯顿 · 史密斯，《人的宗教——人类伟大的智慧传统》(San Francisco, 1991)，p.197；马克斯 · 康德谟 (Max Kaltenmark)，《老子和道教》(*Lao Tzu and Taoism*)，Roger Greaves 译 (Stanford, Calif., 1969)，p.14。

31. 史华慈，《古代中国的思想世界》，pp.186-215；伊懋可，《中国发生过超越性的变革吗？》pp.352-54；马克斯 · 康德谟，《老子和道教》；冯友兰，《中国哲学简史》，pp.93—103；葛瑞汉，《论道者》，pp.170-231；霍姆斯 · 韦尔奇 (Holmes Welch)，《道之分离——老子和道教运动》(*The Parting of the Way: Lao Tzu and the Taoist Movement*) (London, 1958)。

32.《道德经》(*Daodejing*) ("Classic of the Way and Its Potency") 1，见刘殿爵译的 *Tao Te Ching* (London and New York, 1963)。

33.《道德经》25。刘殿爵译。

34.《道德经》59。

35.《道德经》21；6。

36.《道德经》16。刘殿爵译。

37. 同上。

38.《道德经》11，见 Kaltenmark 的 *Lao Tzu and Taoism*, p.43。

39. 同上。

40.《道德经》16。

41.《道德经》37。刘殿爵译。

42. 葛瑞汉，《论道者》，pp.223-24。

43. 见《荀子》17 : 51 ; *Spring and Autumn Annals* 17:7。

44.《道德经》78。刘殿爵译。

45.《道德经》43。

46.《道德经》7。刘殿爵译。

47.《道德经》31，见 Kaltenmark 的 *Lao Tzu and Taoism*, p.56。

48.《道德经》30。刘殿爵译。

49.《道德经》68，见 Kaltenmark 的 *Lao Tzu and Taoism*, p.56。

50. 同上。

51.《道德经》22，见德巴里、布卢姆，《中国传统的起源》(New York, 1999)，p.85。

52.《道德经》49。刘殿爵译。

53.《道德经》18 ; 19。

54.《道德经》13，见德巴里、布卢姆，《中国传统的起源》, pp.83-84。

55. 史华慈，《古代中国的思想世界》，p.211。

56. 罗宾 · 莱恩 · 福克斯（Robin Lane Fox），《亚历山大大帝》(*Alexander the Great*)(London, 1973)，p.331。

57. 约翰 · 凯伊，《印度历史》(London, 2000)，p.71。

58. 查尔斯 · 弗里曼，《希腊的成就——西方世界的根基》(New York and London, 1999)，pp.362-65。

59. 安东尼 · 戈特利布，《理性之梦——从古希腊到文艺复兴时期哲学史》(London, 2000)，pp.283-345 ; 理查德 · 塔尔纳斯，《西方精神的激情——领略塑造人们世界观的思想》(New York and London, 1991)，pp.73-85。

60. 伊壁鸠鲁（Epicurus），《致美诺益凯的信》(*Letter to Menoeceus*) 125，见戈特利布的《理性之梦》，p.296。

61. 第欧根尼 · 拉尔修，《名哲言行录》19.61，同上，p.329。

62. 塞克斯都 · 恩披里柯（Sextus Empiricus），《皮浪学说概要》(*Outlines of Pyrrhonism*) 1.29，同上，p.335。

63. 罗伯特 · 帕克，《雅典宗教史》(Oxford and New York, 1996)，p.280。

64. "大摩崖法敕" 第十三章，引自罗米拉 · 撒帕尔（Romila Thapar）的 *Asoka and the Decline of the Mauryas* (Oxford, 1961)，p.256。

65. dhamma 即梵文 dharma 的巴利文形式。

66. 凯伊，《印度》，pp.91-94。

67. 同上，p.88。

68. 同上，pp.94-100 ; 罗米拉 · 撒帕尔，《古代印度——从起源到公元 1300 年》(Berkeley and Los Angeles, 2002)，pp.202-4。

69. 撒帕尔，《阿育王》(*Ashoka*)，p.254。

70. 同上，p.255。

71. 托马斯 · J. 霍普金斯,《印度宗教传统》(Belmont, Calif, 1971), p.72。
72.《白净识者奥义书》(*Shvetashvatara Upanishad*) 1 : 8, 10, 见 Patrick Olivelle 译的 *Upanisads* (Oxford and New York, 1996)。
73.《白净识者奥义书》2 : 15。Olivelle 译。
74.《白净识者奥义书》3 : 7。Olivelle 译。
75.《白净识者奥义书》3 : 13。Olivelle 译。
76.《白净识者奥义书》6 : 23。Olivelle 译。
77. 克劳斯 · K. 克洛斯特迈尔,《印度教纵览》, 2nd ed. (Albany, 1994), pp.221-37。
78.《薄伽梵歌》(*Bhagavad-Gita*) 1 : 30-37。所有薄伽梵歌的引文均引自 Barbara Stoler Miller 译的 *The Bhagavad-Gita: Krishna's Counsel in Time of War* (New York, 1986)。
79.《薄伽梵歌》1 : 47。
80.《薄伽梵歌》2 : 9。
81.《薄伽梵歌》2 : 47-48。
82.《薄伽梵歌》4 : 20。
83.《薄伽梵歌》4 : 6。
84.《薄伽梵歌》4 : 8。
85.《薄伽梵歌》9 : 9。
86.《薄伽梵歌》11 : 15-16。
87.《薄伽梵歌》9 : 18。
88.《薄伽梵歌》11 : 32-33。
89.《薄伽梵歌》11 : 55。
90.《薄伽梵歌》18 : 63-66。
91.《薄伽梵歌》9 : 32。
92.《薄伽梵歌》13 : 7。

第十章

1. 卡尔 · 雅斯贝尔斯,《历史的起源与目标》, Michael Bullock 译 (London, 1953), p.51。
2. 司马迁,《史记》6 : 21, 见葛瑞汉《论道者》(La Salle, Ill, 1989), p.370。
3. 本杰明 · I. 史华慈,《古代中国的思想世界》(Cambridge, Mass., and London, 1985), pp.350-82 ; 冯友兰,《中国哲学简史》, Derk Bodde 编译 (New York, 1976), pp.130-202;葛瑞汉,《论道者》, pp.325-58。
4. 葛瑞汉,《后期墨家逻辑、伦理与科学》(Hong Kong, 1978), p.411。
5. 司马迁,《史记》6 : 237, 见葛瑞汉,《论道者》, p.371。
6. 霍姆斯 · 韦尔奇,《道之分离——老子和道教运动》(London, 1958), pp.89-98。
7. 司马迁,《史记》6 : 87, 见冯友兰《中国哲学简史》, p.204。
8. 同上。
9. 史华慈,《古代中国的思想世界》, pp.237-53。
10.《庄子》33, 见 Martin Palmer 与 Elizabeth Brenilly 译的 *The Book of Chuang Tzu* (London and New York, 1996)。
11. 同上。
12. 冯友兰,《中国哲学简史》, pp.205-16 ; 葛瑞汉,《论道者》, pp.313-77 ; 史华慈,《古代中国的思想世界》，pp.383-406。

13. 司马迁，《史记》8：1，见冯友兰：《中国哲学简史》，p.215。

14. 《汉书》(*Hanshu*)(“History of the Former Han”) 130，见葛瑞汉《论道者》，pp.379-80。

15. 休斯顿 · 史密斯，《世界宗教——人类伟大的智慧传统》(San Francisco, 1991)，p.189。

16. 冯友兰，《中国哲学简史》，p.215。

17，路易斯 · 雷诺，《古代印度宗教》(London, 1953)，pp.46-47。

18. 布赖恩 · K. 史密斯 (Brian K. Smith)，《反思相似性、仪式与宗教》(*Reflections on Resemblance, Ritual and Religion*)(Oxford and New York, 1989)，pp.195-202。

19. 《宝陀耶那法经》(Baudhayana Dharma Sutra) 2.6.11：2-6，见史密斯，《反思相似性、仪式与宗教》，p.196。

20. 《摩奴法典》(*The Law of Manu*) 3: 68-69，同上，p.198。

21. 加文 · 弗勒德，《印度教导论》(Cambridge, U.K., and New York, 1996)，p.61。

22. L. 杜蒙 (L. Dumont)，《等级人——种姓制度及其涵义》(*Homo Hierarchicus: The Caste System and Its Implications*)(Chicago and London, 1980)，p.54。

23. 《摩奴法典》10.51。

24. 引自克劳斯 · K. 克洛斯特迈尔 (Klaus K. Klostermaier)，《印度教纵览》(*A Survey of Hinduism*)，2nd ed. (Albany, 1994)，p.222。

25. 《薄伽梵歌》12：8-10，见 Barbara Stoler Miller 译的 *The Bhagavad-Gita: Krishna's Counsel in Time of War* (New York, 1986)。

26. 《薄伽梵往世书》(Bhagavata Purana)(c. 800 CE)，见克洛斯特迈尔的《印度教纵览》，p.229。

27. 《薄伽梵歌》6.32。Miller 译。

28. 弗雷达 · 马切特 (Freda Matchett)，《克里希纳——主或化身？克里希纳与毗湿奴的关系》(*Krsna: Lord or Avatara? The Relationship Between Krsna and Visnu*)(Richmond，U.K., 2001)，pp.1-4。

29. 同上，p.5。

30. 《梨俱吠陀》1.155.4，见 Ralph T. Griffith 译的 *The Rig Veda* (New York, 1992)。

31. 《梨俱吠陀》7.100.2；8.25.2。

32. 克劳斯 · K. 克洛斯特迈尔，《印度教简史》(Oxford，2000)，pp.135-78；克洛斯特迈尔，《印度教纵览》，pp.262-69。

33. 克洛斯特迈尔，《印度教纵览》，pp.307-19。

34. 《八千颂般若经》(Astasahasrika) 15: 293，引自 Edward Conze 著的 *Buddhism: Its Essence and Development* (Oxford, 1951)，p.125。

35. 《安息日》(Shabbat) 31a，见 A. Cohen 编的 *Everyman's Talmud* (New York, 1975)，p.65。一些学者认为，这则故事与两百年之后的另外某位拉比有关。

36. 《拉比拿单箴言》(Aboth de Rabbi Nathan) 1. N, 11a, 见 C. G. Montefiore 与 H. Loewe 合编的 *A Rabbinic Anthology* (New York, 1976)，pp.430-31。

37. 《拉比西蒙关于〈出埃及记〉的注释书》(Mekhiha de Rabbi Simon on Exodus) 19: 6，见 J. Abelson, *The Immanenee of God in Rabbinical Literature* (London, 1912)，p.230。

38. 《雅歌注释》(Song of Songs Rabbah) 8: 12，同上，p.231。

39. 《亚库特论雅歌》(Yakult on Song of Songs) 1: 2。

40. 《利未记释经书》(Sifre on Leviticus) 19: 8，见 Samuel Belkin 的 *In His Image: The Jewish Philosophy of Man as Expressed in Rabbinic Tradition* (London, 1960)，p.241。

41. 《关于〈出埃及记〉的注释书》(Makhilta on Exodus) 20：13，同上，p.50。

42. 《法庭》(Sanhedrin) 4：5。

43. 《中间一道门》(Baba Metziah) 58b。

44.《阿拉金》(Arakim) 15b。

45.《 大 米 德 拉 西 》(Midrash Rabbah),《 民 数 记 》19 : 6， 见 Gerald L. Bruns, “Midrash and Allegory”，见 Robert Alter 与 Frank Kermode 合编的 *The Literary Guide to the Bible* (London, 1987)，p.632。

46.《大米德拉西》1.10.2，同上，p.627。

47.《中间一道门》59b,《申命记》30 : 12，见 Cohen 的 *Everyman's Talmud*, pp.40-41。

48.《出埃及记注释》(Exodus Rabbah) 34 : 1 ;《哈加达》(Hagigah) 13b，见 Abelson 的 *Immanence of God*, pp.115-16。

49.《马太福音》(Matthew) 12 : 18-21。

50.《马太福音》7 : 12 ;《路加福音》6 : 31。

51.《马太福音》22 : 34-40 ;《马可福音》(Mark) 12 : 29-31 ;《路加福音》10 : 25-28。

52.《腓立比书》(Philippians) 2 : 6-11。

53.《腓立比书》2 : 5。

54.《腓立比书》2 : 2-4。

55.《罗马书》6 : 1-11。

56.《罗马书》8 : 14-39。

57.《加拉太书》(Galatians) 2 : 20。

58.《哥林多前书》(1 Corinthians) 13 : 4-8。

59.《马太福音》7 : 1。

60.《马太福音》25 : 31-46。

61.《马太福音》19 : 16-22 ;《马可福音》10 : 13-16 ;《路加福音》18 : 18-23。

62.《马太福音》6 : 1-6。

63.《马太福音》5 : 39-40。

64.《马太福音》26 : 53。

65.《路加福音》22 : 34。

66.《马太福音》5 : 43-48。

67.《古兰经》(Qur'an) 3 : 58-62 ; 2 : 129-32。

68.《古兰经》29:46。古兰经引文摘自 Muhammad Asad 译的 *The Message of the Qur'an* (Gibraltar, 1980)。

69.《古兰经》55 : 10。

70.《古兰经》2 : 217 ; 2 : 190。

71.《古兰经》22 : 39-40。

72.《古兰经》2 : 292。

73.《古兰经》16 : 125-26。

74.《古兰经》48 : 1。

75.《古兰经》48 : 26。

76.《古兰经》48 : 29。

77. 格雷戈里 · 帕拉马斯 (Gregory Palamas),《狄奥法内斯》，见 J. P. Migue 编的 *Patrologia Graeca* (Paris, 1864-84) , 9.932D。

78.《马太福音》7 : 5。

术 语

（按汉字拼音首字母顺序排列）

A

阿胡拉（Ahura，阿维斯陀语）：“主”，雅利安万神殿中最重要神灵的称号。阿胡拉成为琐罗亚斯德教徒敬拜的神灵。

阿兰若（Aranya，梵语）：森林、丛林。《阿兰耶迦》（“森林书”）阐释吠陀宗教仪式的秘义。

阿梅沙（Amesha，阿维斯陀语）：“不朽者”。在琐罗亚斯德的宗教中，此术语意指至高神阿胡拉·马兹达侍从中的七个神灵。

阿特曼、个我（Atman，梵语）：退隐者和《奥义书》的神秘主义者所探寻的不朽的、永恒的“自我”，被认为与梵相一致。

阿修罗（Asura，梵语）：见“阿胡拉”。吠陀雅利安人给琐罗亚斯德教徒所敬拜的阿修罗降了级。他们认为，与生机勃勃的迪弗相比较，阿修罗缺乏生气、不活跃。

埃洛希姆（Elohim，希伯来语）：概括性术语，指对于人类来说，神灵所意味的一切；神。也通常用来指耶和华的正式称谓，被译为“上帝”。

奥义书（Upanishads，梵语）：“近坐”；深奥的秘传圣典，被尊为《吠陀经》的极点。13部经典的奥义书创作于公元前7世纪至公元前2世纪。

B

宾（Bin，汉语）：“款待”；为向祖先表示敬意而设的宴会仪式，人们相信祖先们也会参加。家族中的年轻成员扮演祖先，人们认为他们在仪式进行过程中会被祖先的灵魂附体。

保持中立、适中（En mesoi，希腊语）：“不偏不倚”；表示雅典的民主政体公开而易于接近的特征。

C

诚（Cheng，汉语）：“真诚”。被认为是全神贯注，而非伪善而恶意地执行中国宗教仪式的人。

城邦（Polis，希腊语）：复数形式为“poleis”——希腊城邦。

城邦酒神节（City Dionysia）：一年一度纪念酒神狄奥尼索斯的节日，其时在雅典卫城南坡的剧场上演悲剧作品。

次神（Daimon，希腊语）：次级的神圣存在。居于地位比其更高的神与人之间。

D

达摩（Dhamma，巴利语）：见“法”（dharma）。在佛教术语中，通常意指一个特定流派的教义。灵魂超度的途径。

打坐（Asana）：“坐姿”；瑜伽修行的正确姿态，背部挺直，双腿交叉。

岱基（Dike，希腊语）：正义；也指正义女神，宙斯的女儿之一。

道（Dao，汉语）：道理，正确的途径或方式。许多中国宗教仪式的目的是确保人间诸事顺应天道。人性的价值在于生活须合乎“德”——尘世间表现“道”的力量。轴心时代道家学派的代表人物是庄子和老子。在道家思想中，“道”成为终极而不可言喻的实在，一切表面事物衍生的源泉。自身并非被造物，却是一切存在之物的制造者，保证世界的稳定和秩序。

道德（Daode，汉语）：“道的力量”，尤其被君主或诸侯所宣示。它是一种神秘的力量，能将秩序赋予天地万物和王国。

迪弗（Daeva，阿维斯陀语）：复数形式是“daevas”，意为“闪光者”、神。琐罗亚斯德教徒认为迪弗是有魔力的，他们敬拜阿修罗——迪弗的“主”，也是真理和秩序的护卫者。

迪弗（Deva，梵语）：复数形式为“devas”，意为“闪光者”，吠陀的神。参看“迪弗（daeva）”。琐罗亚斯德教徒将迪弗降了级，认为它们是邪恶、暴虐和有魔力的，但吠陀印度人热爱迪弗的活力，敬拜它们更胜于阿修罗。

抵制（Herem，希伯来语）：“禁令”；古代以色列的圣战。

第四等级、日佣级（Thetes，希腊语）：希腊社会最低的几个社会等级。

毒气、血污、谋杀（Miasma，希腊语）：一种传染、污染性的力量，存在于针对一位家庭成员或邻人的激烈暴行之中。它拥有自身不受制约的生命；它能够毒害完全无辜的，与作恶者有关或仅仅是碰巧在附近的人。与放射性不无相同之处。一旦行了恶事，它的毒气便仅会通过惩罚——通常是作恶者激烈的、献祭式的死亡——来消除。厄里倪厄斯掌管毒气的消除并追捕罪犯。

对立统一（Coincidentia oppositorum，拉丁语）：对统一的神化体验，它超越世俗生活表面的矛盾而存在。

E

厄里倪厄斯（Erinyes，希腊语）：复仇女神；古代冥府的神灵，为家人遭遇残忍的凶杀而复仇。

恩惠、仁慈（Hesed，希伯来语）：通常译为“爱”或“仁慈”，但最初是表示忠诚于部落亲族关系的术语，要求成员为了家族群体而毫无私心。

F

法（Dharma，梵语）：一个复杂的词语，有一系列不同的意义。最初意指事物的自然状况、本质及其存在的基本规律。后来演变为象征限定吠陀社会中每个等级的职责和生活方式的法规和义务。最终意指宗教真理，构成一个特定宗教体系的教义和修行。在巴利文中，“dharma”演变为“dhamma”。

法（Fa，汉语）：“准则、规范、方法”；通常被译为“法律”。中国古代法家的重要概念。

泛雅典娜节（Panathenaea，希腊语）：雅典的新年节庆，庆祝雅典的诞生。由沿着雅典街道上行至雅典卫城的游行组成，人们在卫城给雅典娜的雕像呈献一件新礼服。

梵（Brahman，梵语）：“一切”，现实的统一体，存在的本质，每个存在物的根本，存在自身。整合宇宙并使之生长发展的力量。吠陀宗教的至高实在。

梵头（Brahmasiris，梵语）：神话中的一种至高法宝。

梵行（Brahmacarya，梵语）：吠陀学生在随导师学徒期间所过的“圣洁的生活”，导师传授给他献身的箴言。在学习吠陀经文的过程中，他必须过一种戒杀并且保持贞节的恭顺、谦卑的生活。一个梵志（brahmacarin）是一名吠陀学生。

吠舍（Vaishya，梵语）：宗族成员。吠陀社会的第三等级，其职责是为社会创造财富；最初是通过畜牧业和农业，后通过贸易和商业。

吠陀（Veda，梵语）：“知识”。此术语用来指雅利安印度人篇幅庞大的神圣著作集。

佛（Buddha，梵语、巴利语）：一个有智慧的或“觉悟的”人。

G

戈音、异邦人（Goyim，希伯来语）：外来民族。

歌兰（Golah，希伯来语）：回归犹大的流亡者群体。

格兰马（Grama，梵语）：村庄。这一术语起初指一队徒步跋涉的战士。

古希腊城邦民众（Demos，希腊语）：民众，平民。

H

豪麻草（Haoma，阿维斯陀语）：一种用于雅利安人的敬拜仪式中使人引起幻觉的植物。它的茎在仪式上被收集起来、压碎，与水混合，制成一种神圣的、令人陶醉兴奋的酒。它也被尊为神。见“苏摩（soma）”。

后代、后继者（Diadochoi，希腊语）：亚历山大大帝的六个“继承者”，在亚历山大死后为争夺统治权而战。

胡勃理斯（Hubris，希腊语）：骄傲，自私自利，行为极端，拒绝遵守规定的约束，自尊自大。

化身、权现（Avatara，梵语）：“化身”，“降凡”，神灵在尘世中显现的形象。例如，克里希纳（黑天）是吠陀神灵毗湿奴的化身。

火坛祭（Agnicayana，梵语）：吠陀的宗教仪式，为火神阿耆尼而建的砖造祭火坛。

混乱无序（Dysnomia，希腊语）：“混乱”；一项不安定的社会政策，允许人口中的某些部分处于过于优势的地位。

J

即位礼祭（Rajasuya，梵语）：皇家就职仪式。

技术、技艺（Techne，希腊语）：技术。

伽萨（Gathas，阿维斯陀语）：琐罗亚斯德教的经典，琐罗亚斯德得到灵感而作的17首赞美诗。

甲兵（Hoplite）：来源于希腊语“hopla”，意为“武器”。古希腊武装自己的公民—战士。

兼爱（Jian ai，汉语）：墨家学派崇尚的首要美德；通常译为“普遍的爱”，但更为确切的译法为“关注每个人”，一种原则性的公正。

解脱（Moksha，梵语）：从转世和无休止的轮回中获得“解放”，对真正自我的必然的醒悟。

诫律（Mitzvah，希伯来语）：复数形式为“mitzvoth”——耶和华之律法的“诫律”。

戒杀（Ahimsa，梵语）：“无害”，非暴力。

禁制（Yamas，梵语）：瑜伽修行者初步训练的五种“禁戒”，他们在开始静虑之前必须掌握；也称五项“誓约”。它们是禁止暴力、偷盗、说谎、淫欲和贪酒等动摇心志和阻碍人集中精神的内容。

精（Jing，汉语）：“气”的最高形式，生命的神圣本质，存在自身，万物神性的精髓。

净化（Katharsis，希腊语）：“清洁、净化”。它起初指祭品和宗教仪式的净化；在悲剧中，观众洗涤他们仇恨和恐惧的情绪。

竞争、锦标赛、集会（Agon，希腊语）：竞赛，竞争。

均法（Isonomia，希腊语）：“平等的秩序”；公元前6世纪早期雅典的克利斯提尼创建的政府。

君子（Junzi，汉语）：最初仅意指有身份的人，古代中国贵族的成员。儒家学者去除了它的阶级内涵而使其民主化。对于儒家来说，君子是成熟、完善，已磨炼出天赋才能的人。有时译为“渊博的”或“出众的”人。

K

苦（Dukkha，梵语）：“有缺陷的、有瑕疵的、不尽如人意的”；通常简明地译为“受苦的”。

苦行、热力（Tapas，梵语）：“受热”；一种苦行修炼，人们坐在圣火旁，出汗并感到一股热潮在内心升腾，人们将其体验为神圣和创造性的力量。经过引申，它通常意指“禁欲苦行”。

L

拉贾、王（Raja，梵语）：“首领、王侯”。

梨多、天则（Rita，梵语）：神圣的秩序。见“天则（asha）”。

梨俱吠陀（Rig Veda，梵语）：“诗文中的知识”；吠陀经典中最神圣的部分，包含一千余首赞歌。

礼（Li，汉语）：仪式、礼仪，调整一位君子全部生活的一套礼仪知识。

理论、思辨（Theoria，希腊语）：沉思冥想。

轮回（Samsara，梵语）：“维持运转”；死亡和再生的循环，推动人从一次生命进入下一次生命。它通常意指人类境遇的不安和短暂。

逻各斯（Logos，希腊语）：“对话式言论”，理性的、符合逻辑的、科学的思想。在某些哲学体系，如斯多亚哲学中，它意指自然界合理的、占统治地位的法则。

律法书（Torah，希伯来语）：“教导”；以色列的神圣律法，据说由上帝在西奈山传授给摩西。

律法书卷（Sefer torah，希伯来语）：公元前622年在耶路撒冷的神殿中发现的律法皮纸卷。

M

曼荼罗、坛场（Mandala，梵语）：宇宙象征性的、形象化的表现，往往是圆形，显示出包含一切的渗透；帮助禅定的图像。

弥赛亚（Messiach，希伯来语）：“受膏者”。此术语最初指以色列和犹大国王在其加冕典礼中被敷膏油，并获得一种特别的与耶和华在崇拜仪式上的亲密关系。他成为“神的儿子”，并承担了一项特殊使命。经过引申，“以赛亚第二”将此术语用于波斯国王居鲁士，他是属于耶和华的王并且从事耶和华的工作。

谜题问答（Brahmodya，梵语）：一种竞赛仪式。每个竞赛参加者尝试找到一个口头用语，以表达梵的神秘而不可言喻的实在。当竞争者逐渐因敬畏而无言，竞赛则以静默而告终。他们在静默中体会梵的存在。

秘仪参加者（Mystai，希腊语）：经历希腊神秘宗教入教仪式的人，这种宗教给予他们亲身强烈的神圣体验。

冥府的、大地的（Chthonian）：希腊语中的引申语，与居住在地下的（chthon）希腊众神（如厄里倪厄斯）有关的术语。

命、灵魂（Jiva，梵语）：灵魂；一个活跃的、发光的、有智力的实体。耆那教徒相信，每种生物——人、植物、动物，甚至岩石和树木——都有能够感知痛苦和忧伤的灵魂，因此应当受到保护和尊敬。

牟尼、贤人（Muni，梵语）："沉默的圣人"，退隐者。

N

涅槃（Nibbana，巴利语）："消除"，"寂灭"，自我的消失，从痛苦与灾难中解脱而获得开悟和解放。在梵语中，变为"nirvana"（涅槃）。

O

欧诺弥亚（Eunomia，希腊语）：秩序；一个和谐的社会，其中不允许任何人凌驾于他人之上。用以表示公元前6世纪雅典的梭伦所制定的政策。

P

婆罗门（Brahmin，梵语）：吠陀祭司，僧侣阶级中的一员。

菩提、统觉（Buddhi，梵语）："智慧"，数论派体制中人的最高等级，唯一能够反映永恒神我（purusha）的一部分人。

Q

耆那、胜者（Jina，梵语）：精神上的"胜利者"，获得了戒杀的教化。耆那教信仰（Jains）是耆那（Jinas）的宗教。

气（Qi，汉语）：生命的质料，其基本能量和原初灵魂，赋予万物生命。它无穷无尽地活动着，以不同的形式聚结，在道的引导下形成个体生物；一段时间之后，气分散开，生物死亡或分解，但气继续存在，以新的方式结合，产生完全不同的生命。气赋予万物各自独特的外形和结构。让气在人体内自由流动成为中国神秘主义的主要目标：它是人性的基础、存在的基础，因此完美地与"道"相协调。

劝制（Niyama，梵语）：瑜伽修行者的初步"准则"，包括学习精神导师的教导、仪态安详，以及对一切怀有善意。

R

让（Rang，汉语）："退让"，由表达敬畏和尊重的中国宗教仪式所灌输给人们的态度。

仁（Ren，汉语）：起初意为"人类"。孔子赋予了它新的重要意义，但是拒绝描述它，因为它超越了孔子时代任何知识范畴。它是一种超验价值，最高的善。"仁"始终与人性的概念相关，被译为"富有同情心"。后来，孔子将其与慈爱或怜恤相等同。它是儒家所推崇的首要美德。

儒（Ru，汉语）：中国精通宗教礼仪的专家。

入迷状态（Ekstasis，希腊语）：出神；字面意义为"暂时离开"，超越自我；超出正常的体验。

S

僧伽（Sangha，梵语）：最初指雅利安人的部落集会，后引申为退隐者的宗教团体。

刹帝利、王族（Kshatriya，梵语）：“得到授权的人”、印度武士阶级，负责政府及社会防卫事务。

神（Shen，汉语）：具有神圣、超自然的属性，创造了每一个独特的人。是神授予了人作为个体在天堂中生活并在祭礼中成为被尊崇的祖先的权利。在中国的神秘主义思想中，“神”涉及一个人最深沉的神圣自我，与生命之精共存。

神话（Mythos，希腊语）：“神话”。一个从某种意义上说只发生过一次但却贯彻始终的事实。涉及令人困惑之永恒真理的虚构的言说，以及由逻各斯所补充的对终极意义的追寻。

神圣的（Qaddosh，希伯来语）：“分离的，不同的”，引申为“神圣的”。

神性的放弃（Kenosis，希腊语）：“掏空”。在精神信仰上，它用于描述虚己，对自尊自大的摒弃。

圣人、仙人（Rishi，梵语）：“先知”。此术语适用于梨俱吠陀中富有灵感的诗人。也指幻想家、神秘主义者或圣人。

时代（Yuga，梵语）：一个时代、纪元，历史的循环。

士（Shi，汉语）：中国的低等贵族，普通绅士。他们通常在政府的行政部门中从事一些影响力较小的工作，如兵士、各种分支学科的专家、成文律法的监管人和书吏。中国轴心时代的贤哲大抵出自这一阶层。

市场、市集（Agora，希腊语）：希腊城邦中心的空地，中心会场。

守贞专奉（Bhakti，梵语）：“爱”，“虔诚”；赋予印度宗教的名称，基于对一位神灵的专心恋慕。奉爱者（bhakta）可以是湿婆或毗湿奴等神灵的虔诚信徒。

首陀罗、隶民（Shudra，梵语）：印度的非雅利安居民，吠陀社会的最低等级，其职责是提供劳动。

数论派（Samkhya，梵语）：“辨别”。一种类似瑜伽修行论的哲学，将宇宙分解为24个不同的范畴，并创造了一种作为禅定目标的宇宙论，以获得轮回中的解脱。

恕（Shu，汉语）：“以己量人”。儒家崇尚的为他人着想的美德，与“己所不欲，勿施于人”的“金规则”相关。

颂歌、曼陀罗、真言（Mantra，梵语）：一种短小的散文体，在宗教仪式中吟诵。在吠陀宗教中，声音是神圣的，因此颂歌也是神圣的，是迪弗。颂歌可将神浓缩体现于人类的语音形式中。

苏摩（Soma，梵语），见“豪麻草（Haoma）”。一种用于雅利安人的宗教仪式中使人引起幻觉的植物。苏摩也指祭司，保护人们脱离饥荒并照顾他们的牲畜。

T

天则（Asha，阿维斯陀语）：整合天地万物并使生命成为可能的神圣秩序。

调息（Pranayama，梵语）：瑜伽术的呼吸训练，能够导致入定和安宁的状态。

同情、共同感受（Sympatheia，希腊语）：“同感”，与宗教仪式极度密切的关系。后经过引申，表示与其他遭受苦难的人们引起共鸣。

W

万军、上帝（Sabaoth，希伯来语）：“由万军万民组成”，耶和华的主要称号。

王、君主、贵族（Basileus，希腊语）：“basileis”的复数形式；“领主”，希腊贵族。

为神所感召，神灵附体（Entheos，希腊语）：字面意义为“神在心中”；神灵附体，尤其是在狄俄尼索斯秘密宗教仪式过程中的出神体验。

闻智（Shruti，梵语）：“听到的事”，启示。

无为（Wu wei，汉语）：“什么都不做”。

无我（Anatta，巴利语）：“没有自我”；佛教教义，否认有一个持续、稳定和抽象的人格存在，意要鼓励佛教徒放下我执。

无限定者（Apeiron，希腊语）：在阿那克西曼德哲学中，指宇宙中“无限的”原始物质。

无忧（Ataraxia，希腊语）：从痛苦中解脱。

X

希洛特（Helots，希腊语）：麦西尼亚的土著居民，其领土被占领之后沦为斯巴达的奴隶。*

系缚（Bandhu）：“联系”。在吠陀的宗教仪式学中，献祭者和祭司应当在执行献祭的时候寻找俗世与神圣的本体之间的关联。系缚是基于功能或外观的相似性，或是基于两个物体之间的神秘关联。

侠（Xie，汉语）：周游四方的武艺高强之人。

先知（Prophet）：希腊语中的引申语，代表上帝讲话的人。

贤（Xian，汉语）：墨家“有价值的人”，奉行实际行动的人。

乡民（Am ha-aretz，希伯来语）：公元前7世纪时犹大国的乡村贵族阶层。流放归来之后，此术语意指巴比伦战争后迁入迦南的异乡人，以及没有被流放到巴比伦的以色列和犹太人。

相似的、一致的（Homoioi，希腊语）：“平等的”或“相同的”人；斯巴达公民的称谓。

向善者（Ashavan，阿维斯陀语）：琐罗亚斯德宗教中的“天则的捍卫者”。

心智（Nous，希腊语）：“精神”。

欣奈尼（Hinneni，希伯来语）：意思是“我在这里！”先知和以色列祖先蒙上帝召遣时的应答，表达他们随时都在上帝面前，以及准备为上帝做任何事的意愿。顺服和虔诚奉献的一种表达方式。

Y

雅典石山（Areopagus，希腊语）：雅典市场附近的小石丘，是贵族元老院（通常被认为是雅典最高法院政务会）的集会地点。

雅典卫城（Acropolis，希腊语）：雅典城外的圣山。

亚该亚人（Achaean）：用以描述古代迈锡尼的希腊人，其中许多居住在亚该亚。

业（Karma，梵语）：“行动”。最初指宗教仪式活动，但后来引申为包含所有行为，诸如恐惧、欲望或仇恨等心理活动。

业瑜伽（Karma-yoga，梵语）：此短语由克里希纳在《薄伽梵歌》中创造，以描述武士的瑜伽苦行，他学习从其行为中游离出来，因而不再对从中获取任何利益而感兴趣。

---

* 希洛特指斯巴达的农奴。他们很可能不是一个民族，而是被斯巴达人征服的那些国家的居民。许多麦西尼亚人被征服后成为希洛特，而不能说希洛特是麦西尼亚的土著居民。原文有误。

一神崇拜（Monolatry）：希腊语中的引申语，指对单个神的崇拜。它与认为只存在一个神的一神论不同；一个实践一神崇拜的人可能相信许多神的存在，但决定只敬拜其中之一。以色列的先知或许相信其他神灵的存在，但是他们希望人们只敬拜耶和华，而不去参与对其他神灵的崇拜。

有经人（Ahl al-kitab，阿拉伯语）：通常译为“拥有经书的人”。但由于公元 7 世纪时阿拉伯半岛几乎没有几本经书，当《古兰经》被发现时，此术语被更准确地译为“信奉天启经典者”。

有为（Yu wei，汉语）：守纪且有目的的行动。

逾越节（Pesach，希伯来语）：“越过”。犹太人春季逾越节的名称，后来用以庆祝以色列人在埃及获得解放。当时死亡天使掠过以色列人的房子，却杀死了埃及人的长子。

瑜伽（Yoga，梵语）：“用轭联结”。起初此术语指在开始发动袭击时，把供役使的牲畜套在战车上。后指“束缚”精神力量以实现开悟。静虑修行意欲消除阻止我们从轮回中得到解脱和涅槃的自负感。

瑜伽修行者（Yogin）：瑜伽修行的实践者。

原人、神我（Purusha，梵语）：“人”。此术语最初用于自愿让神灵以他来献祭，以使世界得以形成的原始人。这种原型的献祭在梨俱吠陀的《原人歌》中举行。后来原人与创造之神生主（Prajapati）的形象相结合，从而变得对开创印度轴心时代的礼仪改革至关重要。在数论派哲学中，“神我”指每一个体永恒、神圣的自我，它必然从自然中得以释放。

原型（Archetype）：希腊语中的引申语，“原始模式”或范例。与永恒哲学相关，认为俗世中的每一种物体或体验都是复制品，是更为强大和丰饶的神圣世界的一个暗淡影像。在古代宗教中，回归原型实体被看作人或物体的圆满，由此获得了更完全、更丰富的实存。

Z

赞诵祭司、劝请僧（Hotr，阿维斯陀语、梵语）：擅长于吟诵圣歌的祭司。

战士的英勇（Aristeia，希腊语）：希腊武士“胜利的暴怒”，在战斗的昂扬精神中达到忘我境界。

专心一致（Ekagrata，梵语）：瑜伽的一种修行方法；全神贯注“于一点”。

自然哲学家、物理学家（Physikoi，希腊语）：“物理学家”，意大利南部的米利都和爱利亚的自然科学家。

总督（Satrap，波斯语）：地方长官。

尊者（Arya），雅利安人（Aryan）：字面意义“可敬的，高贵的”；印欧人，源于俄罗斯南部大草原，后移居印度和伊朗。

译后记

一

“天才的著作给人的启发往往有这样的特点：它就像一束探照灯的灯光，能够照亮远离自己领域的许多阴暗地方。在这种灯光的投射下，从前看不见或者显得无足轻重的东西现在变得引人注目。这突如其来的光亮也许使人目眩，其焦点也可能让人误入歧途，但那确实是实实在在的灯光。”我们之所以引用已故英国著名学者简·艾伦·赫丽生（Jane Ellen Harrison）的这段话，是因为《轴心时代》正是这样一部天才的著作。作者凯伦·阿姆斯特朗学贯中西，在书中刻画了人类古代圣贤们的灵性探索历程，深入挖掘宗教对于战争与和平的意义，并发出呐喊，呼吁世界人民在当今的社会中反省自身，尝试着去实践博大的轴心精神，以改造我们的社会，创造和谐美好的世界。或许她不是纯粹的学者，但确是一位目光犀利、胸怀广阔的思想家。起初阅读原著时，感叹这是一部好书，并且被作者生动简明的语言和字里行间洋溢出的激情深深吸引，因而毫不犹豫地承担起翻译任务。进入实质性的工作之后，才逐渐深切地感受到其分量之重和难度之大。回想整个翻译过程，译者委实受益匪浅。

首先,本书作者构思精巧,视野开阔。作者着眼于世界上四个“非同一般”的地区，评述中国的儒道思想，印度的耆那教、印度教和佛教，希腊的哲学理性主义，以及中东地区的袄教、犹太教及其延展出的基督教和伊斯兰教的初始形成阶段及其社会背景。全书的十章内容按照历史的纵向发展即时间顺序排列，每一章代表一段特定的历史时期。同时，各章都有一个论述的主题，围绕这个主题，展开对上述四个地区的宗教思想文化发展及其社会背景细致入微的横向比较。如果将各章中涉及同一地区的内容抽取出来重新编排，全书便会成为一部“四合一”的人类古代宗教哲学思想发展简史。

其次，本书将宏观与微观、高度与深度有机结合。我们见过一些类似题材的著作，或理论框架庞大但内容枯燥乏味，或流于历史记叙而缺乏思想深度。本书没有去空洞地阐释宏观理论，对微观事件和人物的描述细腻却不琐碎，读来津津有味，全无艰涩之感。其信息量大，思想性强，旁征博引，深入浅出，足见作者渊博的学识、深厚的学术功底和对语言的高超掌控能力。本书涵括的丰富内容决定了翻译难度是隐藏在一门外语这一表象背后的。译者的研究专业虽是宗教学，但远未达到精通每种世界宗教的水平，并感到这几乎是遥不可及的，于是参阅了大量中文文献。鉴于我国宗教学界目前对于世界各宗教古代初始阶段的研究尚不完善，某些内容很难找到相关中文参考资料。作为译者，只能跟随作者的脚步，对人类灵性智慧的载体逐一进行挖掘和探索，寻求不可能中之可能。对译者来说这是一个大好的学习机会，自然也要付出时间和艰辛；就语言本身来讲，作者文笔优美，本书因而具有很强的可读性，而原著语言愈是生动，翻译难度亦愈大。作者写作使用的是英文，但书中涉及古汉语、梵语、希腊语、希伯来语、阿维斯陀语和波斯语等语言系统，很多词汇是由各种古代语言转译成英语，有时有必要找到语境之源，才能更确切地用中文表达，其结果是，一天的翻译进度可能只有几个术语或古代地名而已。译者已尽力而为，但与“信、达、雅”的境界有多大差距，唯待读者做出评断。完美无瑕的著作也许是不存在的，对于本书英文原著来说亦是同样。书中涉及内容极为宽泛，作者引用的某些古代参考文献来自其他语言的英译本，因此我们认为书中出现个别错误在所难免，希望译者的部分注释能为此弥补些许缺憾。

第三，作者对古代历史的深邃回眸以及对当今社会精神危机的忧患意识给我们以警示。作者开宗明义地指出：“历史已到了一个转折点……我们所面临的许多困境背后隐藏着更深刻的精神危机。”作者还感叹道：“轴心时代是产生精神天才的时代，我们则生活在一个产生科技天才的时代，但我们的精神教育往往是欠发达的。”从某种程度上说，我们身处急功近利、灵性匮乏的社会环境之中。对利益和霸权的追逐胜过人的尊严和生命，物质的丰足带来精神的缺失，市场经济引发的物欲至上激流勇进。大家不如心平气和地坐下来，踏踏实实地读一读书，增长些知识，默思人类先祖、前辈的训导，反思今日之言行，再迈步向前也不迟。简·艾伦·赫丽生认为：“人类在享受现代社会的物质浮华的同时，还需要心灵和精神的净化，其秘笈蕴涵在我们祖先超凡脱俗的智慧之中。”根据本书作者的观点，我们祖先超凡脱俗的智慧即凝集于轴心时代每一种思想传统均发展出的“己所不欲，勿施于人”的“金规则”之中。超越自我中心主义的限制，践行“金规则”，才是解救当代精神危机的良方。“‘爱’与‘关注’将会比自我本位或目光短浅的政策更能使每个人受益。”作者提议，我们要做自我批评，仿效轴心时代的贤哲们，并采取务实而有效的行动。乍看上去，作者的观点不免有些理想化，甚至只是美好的愿望。理想当然不同于现实，但人类绝不能失去理想。况且，“金规则”并非某一两位圣人的发明创造，而是轴心时代的贤哲们在世界上不同地域生发出的一致见解。这是人类共同的精神追求。这一点给生活在全球化时代的我们以启示：我们无须背离自身传统，即可学习、借鉴他人的有益思想。不同国家、民族和种族的人们在某一点上能够达成共识。因而，实现和谐、和平等人类普遍理想的可能性是切实存在的。

第四，依照作者的观点，宗教就是“金规则”。应当如何恰当地理解宗教呢？首先，“宗教理解不仅仅是抽象或理论的”。宗教不等于教义或教条，它还应是一种“行动纲要”，否则，将会导致死的宗教或宗教之死。作为宗教研究者，我们所要探讨的不仅仅是神学，而且是促使人性得以升华的宗教性的生活方式。其次，提到宗教，人们会轻易将其与“恐怖主义、仇恨和褊狭”联系在一起。的确，绝大多数宗教传统在历史上都有着“不光彩的片段”，神圣经文不断被利用来为暴力行为实施辩护，宗教“似乎时常表达出一种体制上的自我中心主义：我的信仰比你的更好”。这些都“彻底违背了轴心思想”，对宗教产生的偏见亦由此引发。轴心时代世界各地区的历史说明，宗教本身并不必然是暴力的，仇恨和褊狭也并非为某种宗教传统所特有。事实上，“每一种信仰都始于从那个时代史无前例的暴力中进行有原则的、发自内心的撤退”。对某一种宗教的检验标准是看其是否真正实践了“金规则”的精神内核。再次，当代人应“重温轴心时代的精神气质”。只有心怀善意，对他人宽大为怀，我们才能拯救这个世界。而尊重一切生命的神圣权力就是宗教。人类本拥有丰富而高尚的精神世界，现代社会生活仍需要宗教的惠顾和调节。人们通常认识到的世界是由物体的长、宽、高构成的三维空间世界。爱因斯坦把时间与空间统一起来，使时间成为世界的第四维度。英国宗教哲学家和神学家约翰·希克（John Hick）认为，我们既是理智的动物，又是“灵性的”存在物。人生还有超乎时空质能的一面，还有超越而高贵的精神或灵性的一面，即人的本性之“第五维度”。而人性之精神或灵性的维度，与宗教所指向的“终极实在”相对应。正因为拥有这一维度，人才会对生存之奥秘产生回应，会在混乱中寻找意义，会在宗教中探索奠定一切、渗透一切、超越一切的世界本源。英国神学家约翰·麦奎利（John Macquarrie）指出："人不是一种纯理智的存在物，而是还包含着感受、意愿以及真正人性的生存方式所不可缺少的别的东西。"他认为："人类生活所需要的不仅仅是对事实的认识，不仅仅是科学所能提供的东西。我们还需要诗歌、音乐、正义、伟大的艺术、道德以及宗教。一方面，我们需要真理，另一方面，我们还需要追求其他的价值——爱、善、美，以及神圣。"

第五，作者并未把轴心时代的思想传统全部奉为至高法宝。她指出了轴心时代的缺陷，并认为我们面临当代社会的种种难题，需要一种不断向新思想开放的精神。我们应当对轴心时代的见解进行"再创造"，以跟上时代发展的步伐。这实际上也符合轴心时代的"精神要旨"，它并不主张盲目遵从。面对当前的危机，我们需要一场精神变革。这意味着向新思想开放，而"变革必须始于自我"，即每个人——包括信奉宗教的基要主义者，也包括抵制宗教的"世俗基要主义者"——都应敞开胸怀，向他人开放。这两种基要主义者的行为同样具有毁灭性，一系列历史事件表明了这一点。没有每个人的尊严，社会和谐便无从谈起。当代人可以继续执拗于狭隘的现实利益，也可以尝试超越自我的藩篱，实践博爱与仁慈，以获得精神上的升华，呼吸海阔天空的清新气息。这是我们的自由选择。

第六，作者在书中对中国和印度部分所用的笔墨极重，可见她对东方文明的喜爱和推崇。中国传统文化为世界文明作出了巨大贡献。公元前6世纪晚期，孔子首先发扬了完满的轴心精神。"己所不欲，勿施于人"的"金规则"由他首倡，并被后人尊奉为世界伦理。在作者看来，孔子在诠释宗教传统时所关注的重点与前人截然不同，他将中国的宗教带到了人间的实际生活之中。"古老的宗教关注的焦点是上天……而孔子关注的却是此世。"他的思想在中国人的精神生活中留下了不可磨灭的印记，中国与西方宗教传统的差异也从中略现端倪。尽管中国的传统宗教始终保持着自身的特色，但作者这样评价中国人的思想境界："中国人懂得，任何人都不能在关于真理的问题上强辩到底。任何正统思想，无论它何其尊贵，都无法宣称能得到所有人的认同。尊重他人的观点比获得一种毫无谬误的见解更为重要。中国的包容精神是独一无二的……人们达成了广泛共识，即每一种信仰都有其适用范围——这种轴心时代的思想态度正是我们这个时代所迫切需要的。"

二

译罢这部天才的著作，译者深感这实非一己之力所能达成。为本书翻译付出辛劳的不仅仅是译者，还有很多学者分别在古代语言、中国古代哲学、历史和文学、古代印度哲学和宗教、古希腊哲学和宗教、袄教、犹太教、基督教和伊斯兰教以及书稿的审校等方面给予译者无私而细致的帮助。其中，为书中有关中国的内容提供指导的有中国社会科学院徐义华、马银琴、陈才智、章永俊、宋学立和中国人民大学刘殿利老师；为有关印度的内容提供指导的有中国社会科学院世界宗教研究所黄夏年、周广荣和李建欣老师；为有关希腊的内容提供指导的有中国社会科学院詹文杰和石衡潭老师；为有关中东的内容提供指导的有中国社会科学院世界宗教研究所王美秀、段琦、黄陵瑜、杨华明、李林、刘国鹏，北京大学外国语学院东语系陈贻绎和商务部张磊老师，等等。他们的专业素养和敬业精神令人钦佩。

中国社会科学院世界宗教研究所高师宁老师目睹了译著诞生的全过程，并向译者提出全方位的指导；卓新平老师为译者推荐相关领域专家并提出中肯的建议；张新鹰和于静老师帮助引荐相关领域专家；上海复旦大学徐以骅老师为译者推荐相关参考文献并讲授翻译技巧；浙江大学王志成老师帮助译者分析作者思想。Jim Kitay 和

Harold Weaver 两位老师在英语语言理解方面为译者提供指导。译者在此特别致谢。

我的父母时常询问翻译进度，根据自身工作经验提出参考意见，推荐参考文献，并帮助校对部分书稿。没有他们的帮助、鼓励和督促，本书的翻译工作是无法顺利完成的。

由衷感谢海南出版社柯祥河先生向译者提供参考资料并给予精神鼓励，他付出的辛劳为本书增添了光彩。

特别致谢北京理想国公司黄燕女士和王家胜先生。在新版修订过程中，他们严谨的治学态度令人赞赏。

尽管得到诸多专家的帮助，由于译者愚拙，书中难免疏漏和错误，敬请读者批评指正。

三

近年来，一些学者倡导“第二轴心时代”的观念，主张我们正进入一个新的时代，它在某种意义上可与卡尔·雅斯贝尔斯提出的“轴心时代”相提并论。因为在全球化的世界中，酝酿着一系列巨大的变革，全球意识和生态意识是这个时代呈现出的两大特征。但在当前弥漫的精神危机烟雾下，人们迫切希望开展一场自觉的精神变革。从某种程度上说，我们正在“走向”第二轴心时代，但尚未“走进”之。先人留下了珍贵的精神财富，我们当为这个世界做些什么呢？现实中的世界永远不会完美，个人的力量极其有限。但“勿以善小而不为”，让我们完善自我，友爱邻人，为人类的共同家园尽一己微薄之力，成就美好的明天。

坐而论道，起而行之。

孙艳燕，于北京